2026대비

형법 핵심 지문 총정리

이인규·정현석 공편저

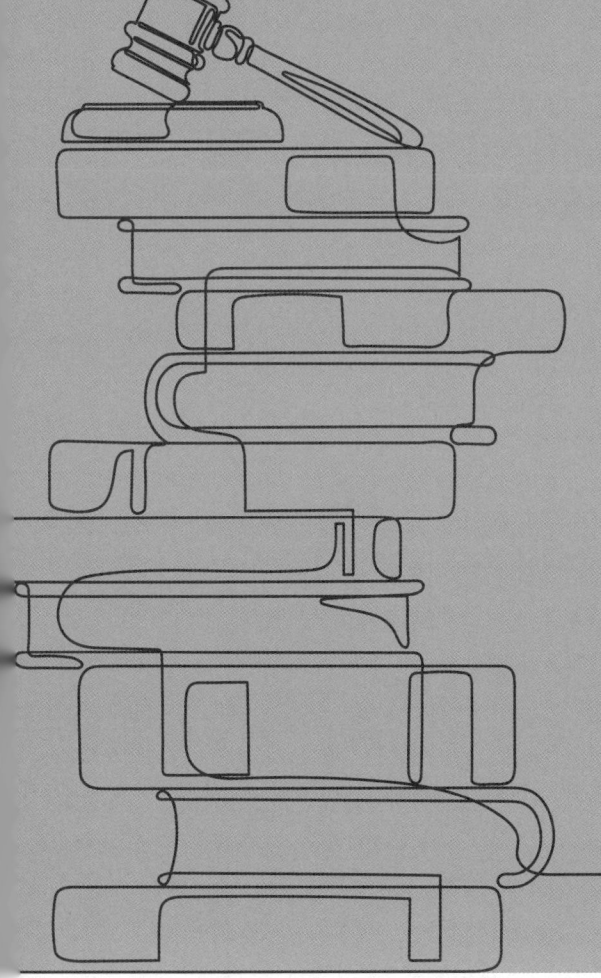

머리말

형법 핵심 지문 총정리

1. 변호사시험 형법 선택형 대비 교재로 「Rainbow 핵심 OX 형법」이 있으나, 시험준비 마지막 시기에 모든 지문을 일독 하기에는 그 양이 적지 않아서 수험생 여러분의 마지막 정리에 도움을 드리고자 핵심지문총정리 교재를 재발간하게 되었습니다.
본 교재는 「Rainbow 핵심 OX 형법」의 요약정리서라 할 수 있습니다.

2. 본 교재는 변호사시험 준비를 함에 있어 반드시 숙지해야 하는 지문 등을 단기간에 다회독이 가능할 수 있도록 핵심지문만을 정선하여 수록하였습니다.

3. 본 교재의 지문에 별도의 정오표시 없이 해당 판례번호 또는 관련 조문만이 기재된 경우 모두 정지문입니다. 즉 본 교재는 기본적으로 정지문집 형식을 취하였으므로 별도의 오지문 표시 '(X)'가 없는 경우 모두 정지문임을 유의하여 주시기 바랍니다.

4. 선택형 지문에서도 사례형 빈출 쟁점과 연계되는 지문들이 적지 않습니다. 이에 본 교재에서는 사례형 빈출 쟁점과 연계되는 지문의 경우 「사례문제 기출례」의 별도 표시를 통해 사례형 빈출 쟁점명과 기출 표시를 하여 필수 사례형 쟁점정리도 함께 할 수 있도록 구성하였습니다.

5. 본 교재의 지문 중 사례형 내지 기록형에서도 중요한 지문들은 그 중요도에 따라 ★ 표시를 추가하였습니다.

수험생 여러분들의 건승을 진심으로 기원합니다.

감사합니다.

2025. 3. 25.
이인규 · 정현석 올림

목 차

형법 핵심 지문 총정리

PART 01. 형법 총론

제1편 서 론 3
    제1절 죄형법정주의 3
    제2절 형법의 시간적 적용범위 10

제2편 범죄론 15
  제1장 범죄론의 기초 15
    제1절 범죄의 의의 및 종류 15
    제2절 범죄체계론과 범죄의 성립요건 / 제3절 범죄의 처벌조건과 소추조건 17
    제4절 행위론 / 제5절 행위의 주체 17
  제2장 고의의 작위·기수범 19
    제1절 구성요건 19
    제2절 위법성 27
    제3절 책임론 41
  제3장 미수론 55
    제1절 미수범의 일반이론 55
    제2절 미수범의 일반적 요건 55
    제3절 중지미수 58
    제4절 불능미수 61
    제5절 예비죄 64
  제4장 범죄의 다수참가형태(공범론) 66
    제1절 다수참가형태의 일반이론 66
    제2절 간접정범 70

제3절 공동정범 ··· 72
　　제4절 교사범 ··· 77
　　제5절 방조범 ··· 81
　　제6절 공범과 신분 ★★ ··· 84
　제5장 과실범 및 결과적 가중범 ··· 88
　　제1절 과실범 ··· 88
　　제2절 결과적 가중범 ··· 94
　제6장 부작위범 ·· 100

제3편 죄수론 ··· 106
　제1장 죄수의 일반이론 ··· 106
　제2장 일죄 ·· 106
　제3장 수죄 ·· 117

제4편 형벌론 ··· 125
　　제1절 형벌의 의의 및 종류 ··· 125
　　제2절 형의 양정 ··· 130
　　제3절 누범 ·· 133
　　제4절 유예제도 ·· 134
　　제5절 형의 집행 / 제6절 형의 시효·소멸·기간 ································· 138

PART 02.　형법 각론

제1편 개인적 법익에 대한 죄 ··· 141
　제1장 생명과 신체에 대한 죄 ··· 141
　　제1절 살인의 죄 ··· 141
　　제2절 상해와 폭행의 죄 ·· 143
　　제3절 과실치사상의 죄 ··· 147
　　제4절 낙태의 죄 ··· 149
　　제5절 유기와 학대의 죄 ·· 149

제2장 자유에 대한 죄 ··· 151
- 제1절 협박의 죄 ··· 151
- 제2절 강요의 죄 ··· 153
- 제3절 체포와 감금의 죄 ··· 154
- 제4절 약취, 유인 및 인신매매의 죄 ··· 155
- 제5절 강간과 추행의 죄 ··· 156

제3장 명예와 신용에 대한 죄 ··· 163
- 제1절 명예에 관한 죄 ··· 163
- 제2절 신용·업무와 경매에 관한 죄 ··· 173

제4장 사생활의 평온에 대한 죄 ··· 182
- 제1절 비밀침해의 죄 ··· 182
- 제2절 주거침입의 죄 ··· 183

제5장 재산에 대한 죄 ··· 187
- 제1절 절도의 죄(재산죄 일반 이론 포함) ··· 187
- 제2절 강도의 죄 ··· 196
- 제3절 사기의 죄 ··· 203
- 제4절 공갈의 죄 ··· 223
- 제5절 횡령의 죄 ··· 225
- 제6절 배임의 죄 ··· 240
- 제7절 장물에 관한 죄 ··· 256
- 제8절 손괴의 죄 ··· 260
- 제9절 권리행사를 방해하는 죄 ··· 262

제2편 사회적 법익에 대한 죄 ··· 269

제1장 공공의 안전과 평온에 대한 죄 ··· 269
- 제1절 공안을 해하는 죄 ··· 269
- 제2절 폭발물에 관한 죄 ··· 270
- 제3절 방화와 실화의 죄 ··· 270
- 제4절 일수와 수리에 관한 죄 ··· 272
- 제5절 교통방해의 죄 ··· 273

제2장 공공의 신용에 대한 죄 ··· 274
- 제1절 문서에 대한 죄 ··· 274
- 제2절 통화에 관한 죄 ··· 293

제3절 유가증권 등에 관한 죄 ··· 293
　　제3절 인장 등에 관한 죄 ·· 296
　제4장 사회도덕에 대한 죄 ·· 297
　　제1절 성풍속에 관한 죄 ··· 297
　　제2절 도박과 복표에 관한 죄 ··· 298
　　제3절 신앙에 관한 죄 ··· 300

제3편 국가적 법익에 대한 죄 ·· 301

　제1장 국가의 존립과 권위에 대한 죄 ····································· 301
　　제1절 내란의 죄 ·· 301
　　제2절 외환의 죄 ·· 302
　　제3절 국교에 관한 죄 ··· 302
　제2장 국가의 기능에 대한 죄 ·· 303
　　제1절 공무원의 직무에 관한 죄 ······································· 303
　　제2절 공무방해에 관한 죄 ·· 318
　　제3절 도주와 범인은닉의 죄 ·· 325
　　제4절 위증과 증거인멸의 죄 ·· 330
　　제5절 무고죄 ·· 337

PART 03. 특별형법

　　제1절 도로교통법 ·· 345
　　제2절 교통사고처리특례법 ··· 346
　　제3절 특정범죄 가중처벌 등에 관한 법률 ····························· 348
　　제4절 폭력행위 등 처벌에 관한 법률 ·································· 352
　　제5절 특정경제범죄 가중처벌 등에 관한 법률 ························ 354
　　제6절 성폭력처벌법 / 아청법 ·· 355
　　제7절 정보통신망 이용촉진 및 정보보호 등에 관한 법률 ············· 361
　　제8절 기타 특별형법 ·· 362

형법 핵심 지문 총정리

PART 01

형법 총론

제1편 서 론
제2편 범죄론
제3편 죄수론
제4편 형벌론

제1편 서론

PART 01. 형법 총론

제1절 죄형법정주의

1. 입법의 위임이 헌법상 죄형법정주의의 원칙에 위배되는지 여부를 판단할 때 해당사건의 법률 적용 대상자가 위법한 행위를 하지 않을 수 있는 지식 또는 지위를 갖추고 있는가를 고려해서는 안 된다. (X) [21(3)모]

   : 이 사건 법률조항의 '적용 대상자'가 회계처리기준의 내용을 잘 알고 있거나 잘 알 수 있는 지위에 있고 또한 이를 알고 있어야 할 책임이 있는 사람들이라는 점까지 아울러 고려한다면, 이 사건 벌률조항이 입법위임의 한계를 벗어나는 등 죄형법정주의의 원칙에 위배된 것이라고는 볼 수 없다(대판 2005도7474).

2. 입법자의 상세한 규율이 불가능하거나 상황의 변화에 탄력적으로 대응할 필요성이 강하게 요구되는 경우에는 위임법률이 구성요건의 점에서는 처벌대상인 행위가 어떠한 것인지 이를 예측할 수 있을 정도로 구체적으로 정하고, 형벌의 점에서는 형벌의 종류 및 그 상한과 폭을 명확히 규정하는 것을 전제로 위임입법이 허용된다(대판 2002도2998). [24(2)모 · 08사시]

3. 법률의 시행령이 형사처벌에 관한 사항을 규정하면서 법률의 명시적인 위임 범위를 벗어나 처벌의 대상을 확장하는 것은 죄형법정주의의 원칙에도 어긋나는 것이므로, 그러한 시행령은 위임입법의 한계를 벗어난 것으로서 무효이다(대판(全) 2015도16014). [25변시]

4. 관습형법은 금지되므로, 관습형법은 간접적으로도 형법의 해석에 영향을 미칠 수 없다. (X) [12(2)모]

   : 행위자에게 유리한 관습형법(관습법에 의한 책임조각사유 · 위법성조각사유 인정 등)은 물론 관습법이 성문형법의 해석에 영향을 미치는 보충적 관습법(관습법에 의한 수리방해죄에 있어서 수리권의 근거, 부진정부작위범의 작위의무의 근거 인정)은 허용된다.

5. 헌법재판소의 위헌결정에 소급효를 인정하는 것은 신뢰보호원칙을 따르는 것인 반면, 개별사건에서 정의 · 평등 원칙과는 배치된다. (X) [21(3)모]

   : 헌법재판소의 위헌결정에 소급효를 인정하는 것은 신뢰보호원칙과 배치되는 면이 있지만, 개별사건에서 정의 · 평등 원칙을 관철시키기 위한 것이다.

6. 포괄일죄로 평가되는 뇌물수수행위가 상당기간에 걸쳐 이루어졌는데 그 중간 시점에 수뢰액의 2배 이상 5배 이하의 벌금을 병과하도록 하는 규정이 새로 마련된 경우, 벌금형 산정의 기준이 되는 수뢰액은 위 규정이 신설된 이후에 수수한 금액으로 한정된다(대판 2011도4260). [18(1)모]

7. 1억 원 이상의 벌금형을 선고하는 경우 노역장유치기간의 하한을 중하게 정한 개정 「형법」 제70조 제2항을 시행일 이후 최초로 공소제기되는 경우부터 적용하도록 한 개정 「형법」 부칙 제2조 제1항은 형벌불소급의 원칙에 위반된다(헌결 2015헌바239). [21변시]

8. 대법원 양형위원회가 설정한 '양형기준'이 발효하기 전에 공소가 제기된 범죄에 대하여 위 '양형기준'을 참고하여 형을 양정하더라도 피고인에게 불리한 법률을 소급하여 적용한 것으로 볼 수 없다(대판 2009도11448). [12변시 · 17(3)모]

9. 인지의 소급효는 친족상도례에 관한 규정의 적용에도 미친다고 보아야 할 것이므로, 인지가 범행 후에 이루어진 경우라고 하더라도 그 소급효에 따라 형성되는 친족관계를 기초로 하여 친족상도례의 규정이 적용된다(대판 96도1731). [12변시 · 22(1)모 · 11 · 12법행]

10. 행위시에 없던 보호관찰규정이 재판시에 신설되어 이를 근거로 보호관찰을 명할 경우, 형벌불소급의 원칙 또는 죄형법정주의에 위배된다. (X) [21변시 · 20(1) · 17(3)모]

: 재판시의 규정에 의하여 보호관찰을 받을 것을 명할 수 있다고 할 것이고 이와 같은 해석이 형벌불소급의 원칙이나 죄형법정주의에 위배되는 것이라고 볼 수 없다(대판 91감도71).

11. 가정폭력범죄의 처벌 등에 관한 특례법이 정한 보호처분 중의 하나인 사회봉사명령은 형벌 그 자체가 아니라 보안처분의 성격을 가지는 것이나, 한편으로 이는 가정폭력범죄를 범한 자에게 의무적 노동을 부과하고 여가시간을 박탈하여 실질적으로는 신체적 자유를 제한하게 되므로, 이에 대하여는 원칙적으로 형벌불소급의 원칙에 따라 행위시법을 적용함이 상당하다(대결 2008어4). [21 · 17 · 12변시 · 21(1)모]

12. 「특정 범죄자에 대한 위치추적 전자장치 부착 등에 관한 법률」을 개정하여 부착명령의 기간을 연장하면서 개정 이전의 범죄에도 적용하도록 하더라도 소급입법금지원칙에 반하지 않는다(대판 2010도11996). [16(2)모 · 15(1)모]

▎유제▎ 구 「특정 범죄자에 대한 위치추적 전자장치 부착 등에 관한 법률」에 의한 전자감시제도는, 성폭력범죄자의 재범방지와 성행교정을 통한 재사회화를 위하여 그의 행적을 추적하여 위치를 확인할 수 있는 전자장치를 신체에 부착하게 하는 부가적인 조치를 취함으로써 성폭력범죄로부터 국민을 보호함을 목적으로 하는 보안처분으로서 형벌에 관한 소급입법금지의 원칙이 적용된다. (X) [24(2)모]

13. 특정 범죄자에 대한 보호관찰 및 전자장치 부착 등에 관한 법률상 전자장치 부착명령에 관하여 피고인에게 실질적인 불이익을 추가하는 내용의 법 개정이 있고, 그 규정의 소급적용에 관한 명확한 경과규정이 없는 한 그 규정의 소급적용은 이를 부정하는 것이 피고인의 권익 보장이나, 위 법 부칙에서 일부 조항을 특정하여 그 소급적용을 인정하는 경과규정을 둔 입법자의 의사에 부합한다고 할 것이다(대판 2013도6181). [20법행]

14. 「아동 · 청소년의 성보호에 관한 법률」에 정한 공개명령제도를 이 제도가 시행되기 이전에 범한 범죄에도 적용하도록 하는 것은 소급입법금지원칙에 반하지 않는다(대판 2012도2763). [21(1)모 · 17(3)모 · 16(2)모]

15. 디엔에이신원확인정보의 수집·이용은 수형인 등에게 심리적 압박으로 인한 범죄예방효과를 가진다는 점에서 보안처분의 성격을 지니지만, 처벌적인 효과가 없는 비형벌적 보안처분으로서 소급입법금지원칙이 적용되지 않는다(헌결 2011헌마28). [21변시]

16. ① 공소시효에 관한 규정은 소추가능성에만 연관될 뿐 행위의 가벌성에는 영향을 미치지 않으므로 원칙적으로 형벌불소급의 원칙이 적용되지 않는다(헌재 96헌가2). [17(3)모]
② 과거에 이미 행한 범죄에 대하여 공소시효를 정지시키는 법률이라고 하더라도 그 사유만으로 형벌불소급의 원칙에 언제나 위배되는 것은 아니다(헌재 96헌가2). [12변시]

★
17. 행위 당시의 판례에 의하면 처벌대상이 되지 아니하는 것으로 해석되었던 행위를 판례의 변경에 따라 확인된 내용의 형법조항에 근거하여 처벌하는 것은 형벌불소급의 원칙에 반하지 않는다(대판 95도2870). [12변시·22(1)모·19(3)모·17(2)모][24모사]

18. 법규범의 문언은 어느 정도 가치개념을 포함한 일반적·규범적 개념을 사용하지 않을 수 없는 것이기 때문에 명확성의 원칙이란 기본적으로 최대한이 아닌 '최소한'의 명확성을 요구하는 것으로서, 그 문언이 법관의 보충적인 가치판단을 통해서 그 의미내용을 확인할 수 있고, 그러한 보충적 해석이 해석자의 개인적인 취향에 따라 좌우될 가능성이 없다면 명확성의 원칙에 반한다고 할 수 없다(대판 2008초기264). [12(3)모·10(1)모]

19. 「형법」 제349조 제1항(부당이득죄) 중 '궁박', '현저하게 부당한 이익'이라는 개념은 구체적 사안에 있어서 일정한 해석을 통하여 적용할 수 있는 일반적, 규범적 개념의 하나로서 명확성 원칙에 위배되지 아니한다(헌재 2005헌바19). [23(1)모]

20. 법률에 특정 범죄에 대하여 "예비·음모는 이를 처벌한다."라고 규정하여 놓았으나 그 형을 따로 정하여 놓지 아니한 경우, 예비·음모죄를 범한 자를 미수범에 준하여 처벌하는 것은 죄형법정주의의 원칙에 반하여 허용되지 않는다(대판 78도957). [21(2)모·20(3)모·13(1)모]

21. 법령에서 쓰인 용어에 관해 그 법령에서 정의규정이 없는 경우에는 원칙적으로 사전적인 정의 등 일반적으로 받아들여진 의미에 따라야 하며, 형벌법규는 문언에 따라 엄격하게 해석·적용하여야 하고 피고인에게 불리한 방향으로 지나치게 확장하거나 유추해석 하여서는 아니되지만, [22(1)모·20(3)모·16(2)모]
형벌법규의 해석에 있어서도 법률문언의 통상적인 의미를 벗어나지 않는 한 그 법률의 입법취지와 목적, 입법연혁 등을 고려한 목적론적 해석이 배제되는 것은 아니며 가능한 문언의 의미 내에서 당해 규정의 입법취지와 목적 등을 고려한 법률체계적 연관성에 따라 그 문언의 논리적 의미를 분명히 밝히는 체계적·논리적 해석방법은 그 규정의 본질적 내용에 가장 접근한 해석을 위한 것으로서 죄형법정주의의 원칙에 부합한다(대판 2007도2162). [22(2)모·20(2)(3)모·20법행]
다만 법률을 해석할 때 체계적·논리적 해석 방법을 사용할 수 있으나, 문언 자체가 비교적 명확한 개념으로 구성되어 있다면 원칙적으로 이러한 해석 방법은 활용할 필요가 없거나 제한될 수밖에 없다. 죄형법정주의 원칙이 적용되는 형벌법규의 해석에서는 더욱 그러하다(대판(全) 2015도8335). [21(3)모]
이러한 법해석의 원리는 행정형벌법규의 규정을 해석하는 데에도 마찬가지로 적용된다(대판 2006도4582).

22. 지상의 항공기가 이동할 때 '운항 중'이 된다는 이유만으로 항공기가 이동하는 지상의 길까지 '항로'로 해석하는 것은 문언의 가능한 의미를 벗어난다(대판 2015도8335). [21(1)모]

23. 반의사불벌죄에 있어서 피해자의 피고인 또는 피의자에 대한 처벌을 희망하지 않는다는 의사표시 또는 처벌을 희망하는 의사표시의 철회는, 의사능력이 있는 피해자가 단독으로 이를 할 수 있고, 거기에 법정대리인의 동의가 있어야 한다거나 법정대리인에 의해 대리되어야만 한다고 볼 것은 아니다(대판(全) 2009도6058). [17변·16사시]

24. 피고인에게 유리한 유추해석은 문리를 넘어서는 유추해석을 하지 않으면 그 결과가 현저히 형평과 정의에 반하거나 심각한 불합리가 초래되는 경우에 한하여 허용된다(대판 2004도4049). [14(1)모]

25. [1] 형사소송법이 고소와 고소취소의 불가분에 관한 규정을 반의사불벌죄에 준용하는 규정을 두지 아니한 것은 처벌을 희망하지 아니하는 의사표시나 처벌을 희망하는 의사표시의 철회에 관하여 친고죄와는 달리 공범자간에 불가분의 원칙을 적용하지 아니하고자 함에 있다고 볼 것이지, 입법의 불비로 볼 것은 아니다(대판 93도1689). [13변시]

[2] 친고죄에 관한 고소의 주관적 불가분원칙을 규정하고 있는 형사소송법 제233조가 공정거래위원회의 고발에도 유추적용된다고 해석한다면 이는 공정거래위원회의 고발이 없는 행위자에 대해서까지 형사처벌의 범위를 확장하는 것으로서, 결국 피고인에게 불리하게 형벌법규의 문언을 유추해석한 경우에 해당하므로 죄형법정주의에 반하여 허용될 수 없다(대판 2008도4762). [14(1)(2)모]

[3] 또한 동법 제70조의 양벌규정에 따라 처벌되는 법인이나 개인에 대한 고발의 효력이 그 대표자나 대리인, 사용인 등으로서 행위자인 사람에게까지 미친다고 볼 수도 없다(대판 2008도5757).

26. ① 형법 제227조의2(공전자기록위작·변작)의 적용과 관련 그 행위주체가 공무원과 공무소가 아닌 경우에는 형법 또는 특별법에 의하여 공무원 등으로 의제되는 경우를 제외하고는 계약 등에 의하여 공무와 관련되는 업무를 일부 대행하는 경우가 있더라도 공무원 또는 공무소가 될 수 없다. (O) [23(1)모]

② 한국환경공단이 환경부장관의 위탁을 받아 건설폐기물 인계·인수에 관한 내용 등의 전산처리를 위한 전자정보처리프로그램인 올바로시스템을 구축·운영하고 있더라도, 그 업무를 수행하는 한국환경공단 임직원을 공전자기록의 작성권한자인 공무원으로 보거나 한국환경공단을 공무소로 볼 수는 없다. 이는 한국환경공단 또는 그 임직원이 환경부장관으로부터 위탁받은 업무와 관련하여 직무상 작성한 문서를 공문서로 볼 수 없는 것과 마찬가지이다(대판 2016도19170). [21법행]

답 O, O

27. 「군형법」제64조 제1항의 상관면전모욕죄의 구성요건은 '상관을 그 면전에서 모욕하는' 것인데, 여기에서 '면전에서'라 함은 얼굴을 마주 대한 상태를 의미하는 것임이 분명하므로, 전화를 통하여 통화하는 것을 면전에서의 대화라고는 할 수 없다(대판 2002도2539). [22(2)모]

28. 공직선거법 제250조 제1항 허위사실공표죄에서 '경력 등'이란 후보자의 '경력·학력·학위·상벌'을 말하는데(같은 법 제64조 제5항), '어떤 단체가 특정 후보자를 지지·추천하는지 여부'를 '경력'에 포함된다고 해석하는 것은 허용되지 않는다(대판 2010도16942). [21법행]

29. '블로그', '미니홈페이지', '카페' 등의 이름으로 개설된 사적 인터넷 게시공간의 운영자가 게시공간에 게시된 타인의 글을 삭제할 권한이 있는데도 이를 삭제하지 아니한 경우를 국가보안법 제7조 제5항의 '소지' 행위로 보는 것은 유추해석금지원칙에 반한다(대판 2010도8336). [17변시·14사시]

30. 구「특정 범죄자에 대한 위치추적 전자장치 부착 등에 관한 법률」제5조 제1항 제3호는, 검사가 전자장치 부착명령을 법원에 청구할 수 있는 경우 중의 하나로 '성폭력범죄를 2회 이상 범하여(유죄의 확정판결을 받은 경우를 포함한다) 그 습벽이 인정된 때'라고 규정하고 있는바, 피부착명령청구자가 소년법에 의한 보호처분을 받은 전력이 이에 해당한다고 보는 것은 유추해석금지원칙에 반한다(대판 2011도15057). [17변시·14사시]

31. 군인에 대하여 항문성교나 그 밖의 추행을 한 사람을 처벌하는「군형법」제92조의6은 동성(同性)인 군인 사이의 항문성교나 그 밖에 이와 유사한 행위가 사적 공간에서 자발적 의사 합치에 따라 이루어지는 등 군이라는 공동사회의 건전한 생활과 군기를 직접적, 구체적으로 침해한 것으로 보기 어려운 경우에는 적용되지 않는다고 해석하는 것은 죄형법정주의에 위배되지 아니한다(대판 2019도3047). [23(1)모]

32. 비의료인이 의료기관의 개설·운영 등에 필요한 자금 전부 또는 대부분을 의료법인에 출연하거나 의료법인 임원의 지위에서 의료기관의 개설·운영에 주도적으로 관여하는 것은 의료법인의 본질적 특성에 기초한 것으로서 의료법인의 의료기관 개설·운영을 허용한 의료법에 근거하여 비의료인에게 허용된 행위이므로, 비의료인의 주도적 자금 출연 내지 주도적 관여 사정만을 근거로 비의료인이 실질적으로 의료기관을 개설·운영하였다고 판단할 경우, 허용되는 행위와 허용되지 않는 행위의 구별이 불명확해져 죄형법정주의 원칙에 반할 수 있다(대판 2017도1807). [24(2)모]

33.「형법」제62조의2 제1항은 "형의 집행을 유예하는 경우에는 보호관찰을 받을 것을 명하거나 사회봉사 또는 수강을 명할 수 있다."고 규정하고 있으므로, 형의 집행을 유예하는 경우에는 보호관찰과 사회봉사 또는 수강을 동시에 명할 수는 없다. (X) [23변시·13(1)모·15사시]

: 형법 제62조에 의하여 집행유예를 선고할 경우에는 같은 법 제62조의2 제1항에 규정된 보호관찰과 사회봉사 또는 수강을 동시에 명할 수 있다고 해석함이 상당하다(대판 98도98).

34. 형벌법규에서 '타인'이나 '다른 사람'이 반드시 생존하는 사람만을 의미하는 것은 아니고 형벌법규가 보호하고자 하는 법익과 법문의 논리적 의미를 분명히 밝히는 체계적·논리적 해석을 통하여 사망한 사람도 포함될 수 있다. (O) [20(3)모]

: 의료인의 비밀누설 금지의무는 환자가 사망한 후에도 그 본질적인 내용이 변한다고 볼 수 없고 환자가 사망했다고 해서 보호 범위에서 제외된다고 볼 수 없기 때문이다(대판 2018도2844).

35. 의사 등이 구 의료법 제17조 제1항에 따라 직접 진찰하여야 할 환자를 진찰하지 않은 채 그 환자를 대상자로 표시하여 진단서·증명서 또는 처방전을 작성·교부하였다면 구 의료법 제17조 제1항을 위반한 것으로 보아야 하고, 이는 환자가 실제 존재하지 않는 허무인인 경우에도 마찬가지이다(대판 2020도13899). [21법행]

36. 반복적인 절도 범행 등에 대한 누범가중 처벌규정인 특가법 제5조의4 제5항 제1호 중 '세 번 이상 징역형을 받은 사람'은 그 문언대로 형법 제329조 등의 죄로 세 번 이상 징역형을 받은 사실이 인정되는 사람으로 해석하면 충분하고, 전범 중 일부가 나머지 전범과 사이에 후단 경합범의 관계에 있다고 하여 이를 처벌조항에 규정된 처벌받은 형의 수를 산정할 때 제외할 것은 아니다(대판 2019도17381). [21·20법행]

37. 아동복지법 제17조(금지행위)는 "누구든지 다음 각 호의 어느 하나에 해당하는 행위를 하여서는 아니 된다."라고 규정하고 있으나, 같은 법 제3조 제7호는 아동학대의 주체를 '보호자를 포함한 성인'으로 제한하고 있으므로, 아동복지법 제17조에서 금지하고 있는 행위 중 '아동학대'에 해당하는 행위의 경우 성인이 아닌 자는 금지행위규정 및 처벌규정의 적용에서 배제된다. (X) [21법행]

: 성인이 아니라고 하여 위 금지행위규정 및 처벌규정의 적용에서 배제된다고 할 수는 없다(대판, 2020도6422).

38. 「농수산물의 원산지 표시에 관한 법률」 제14조 제2항에서 정한 '제1항의 죄로 형을 선고받고 그 형이 확정'된 경우는 공판절차 등에서 벌금형을 선고받아 확정된 경우 외에 법원으로부터 벌금형의 약식명령을 고지받아 확정된 경우까지 포함된다(대판 2022도10961). [24(1)모]

39. 정보통신망법 제49조의 '정보통신망에 침입하는 등 부정한 수단 또는 방법'에는 사용자가 식별부호(아이디와 비밀번호)를 입력하여 정보통신망에 접속된 상태에 있는 것을 기화로 정당한 접근권한 없는 사람이 사용자 몰래 정보통신망의 장치나 기능을 이용하는 등의 방법으로 타인의 비밀을 취득·누설하는 행위도 포함된다. 그와 같은 해석이 죄형법정주의에 위배된다고 볼 수는 없다(대판 2017도15226). [20(2)모]

40. 분대장은 분대원에 대한 관계에서 군형법상 상관모욕죄에서의 상관에 해당하고, 이는 분대장과 분대원이 모두 병(兵)이어도 마찬가지이다(대판 2018도12270). [21법행]

41. 약사가 아닌 사람이 이미 개설된 약국의 시설과 인력을 인수하고 그 운영을 지배·관리하는 등 종전 개설자의 약국 개설·운영행위와 단절되는 새로운 개설·운영행위를 한 것으로 볼 수 있는 경우라면 약사법에서 금지하는 약사가 아닌 사람의 약국 개설행위에 해당한다(대판 2021도6092). [22법행]

42. ① 행위자가 상대방의 의사에 반하여 정당한 이유 없이 전화를 걸어 피해자의 휴대전화에 벨소리가 울리게 하거나 부재중 전화 문구 등이 표시되도록 하여 피해자에게 불안감이나 공포심을 일으키는 행위는 「스토킹범죄의 처벌 등에 관한 법률」 제2조 제1호 다목에 정한 스토킹행위에 해당한다(대판 2022도12037). [24(1)모]
② 甲의 전화통화 행위가 A의 불안감 또는 공포심을 일으키는 것으로 평가되면, 甲이 A의 휴대전화 상태나 전화수신 여부를 알 수 없었더라도 甲으로서는 적어도 미수신시 A의 휴대전화에서 벨소리나 진동음이 울리거나 부재중 전화 문구 등이 표시된다는 점을 알 수 있었고 그러한 결과의 발생을 용인하는 의사가 있는 경우에는 스토킹범죄의처벌등에관한법률위반죄에 있어 고의를 인정할 수 있다(대판 2022도12037). [23(3)모]

43. 형사소송법 제33조(국선변호인)에 규정된 법원이 직권으로 변호인을 선정하여야 할 사유 중 하나인 '피고인이 구속된 때'의 의미에 피고인이 해당 형사사건이 아닌 별개의 사건, 즉 별건으로 구속되어 있거나 다른 형사사건에서 유죄로 확정되어 수형 중인 경우도 포함된다고 보는 것은 문언해석의 한계를 벗어나지 않는다(대판 2021도6357). [25변시]

44. 대한민국 국민이 아닌 사람이 외국에 거주하다가 그곳을 떠나 반국가단체의 지배하에 있는 지역으로 들어간 경우 외국인의 국외범에 해당하여 국가보안법이 적용되지 않는다(대판 2004도4899). [15변시]

45. 피고인에게 유리한 규정을 축소해석하여 피고인에게 불리한 결과를 초래하는 것은 허용된다. (X) [12(2)모·20법행]

: 위법성 및 책임의 조각사유나 소추조건, 또는 처벌조각사유인 형면제 사유에 관하여 그 범위를 제한적으로 유추적용하게 되면 행위자의 가벌성의 범위는 확대되어 행위자에게 불리하게 되는바, 이는 가능한 문언의 의미를 넘어 범죄구성요건을 유추적용하는 것과 같은 결과가 초래되므로 죄형법정주의의 파생원칙인 유추해석금지의 원칙에 위반하여 허용될 수 없다(대판(전) 96도1167).

46. ① 유추해석금지의 원칙은 모든 형벌법규의 구성요건과 가벌성에 관한 규정에 준용되고, 위법성 및 책임의 조각사유나 소추조건 또는 처벌조각사유인 형면제 사유의 제한에 관하여도 적용된다. (O) [17(2)모·14(1)모·13(2)모·12사시]

② 피고인에게 유리한 규정을 축소해석하여 피고인에게 불리한 결과를 초래하는 것은 허용된다. (X) [12(2)모·20법행]

③ 「공직선거법」 제262조에서의 '자수'를 '범행발각 전에 자수한 경우'로 한정하여 해석하는 것은 자수라는 단어가 통상 관용적으로 사용되는 용례에서 갖는 개념 외에 '범행발각 전'이라는 또 다른 개념을 추가하는 것으로서 유추해석금지 원칙에 반한다. (O) [23(1)모]

: 유추해석금지의 원칙은 모든 형벌법규의 구성요건과 가벌성에 관한 규정에 준용되는데, 위법성 및 책임의 조각사유나 소추조건, 또는 처벌조각사유인 형면제 사유에 관하여 그 범위를 제한적으로 유추적용하게 되면 행위자의 가벌성의 범위는 확대되어 행위자에게 불리하게 되는바, 죄형법정주의의 파생원칙인 유추해석금지의 원칙에 위반하여 허용될 수 없다.

한편 공직선거법 제262조의 '자수'를 '범행발각 전에 자수한 경우'로 한정하는 풀이는 '자수'라는 단어가 통상 관용적으로 사용되는 용례에서 갖는 개념 외에 '범행발각 전'이라는 또 다른 개념을 추가하는 것으로서 결국은 '언어의 가능한 의미'를 넘어 공직선거법 제262조의 '자수'의 범위를 그 문언보다 제한함으로써 공직선거법 제230조 제1항 등의 처벌범위를 실정법 이상으로 확대한 것이 되고, 따라서 이는 단순한 목적론적 축소해석에 그치는 것이 아니라, 형면제 사유에 대한 제한적 유추를 통하여 처벌범위를 실정법 이상으로 확대한 것으로서 유추해석금지의 원칙에 위반된다(대판(전) 96도1167). 답 O, X, O

┃유제┃ 형면제 사유에 관하여 그 범위를 제한적으로 유추적용하는 것은 죄형법정주의에 어긋나지 않는다. (X) [25변시]

┃유제┃ 처벌규정의 소극적 구성요건을 문언의 가능한 의미를 벗어나 지나치게 좁게 해석하게 되면 유추해석금지 원칙에 어긋날 수 있다(대판 2018도7041). (O) [20(2)모]

47. 법인의 대표자 등이 법인의 재산을 국외로 도피한 경우 행위자를 벌하는 외에 그 법인에도 도피액의 2배 이상 10배 이하에 상당하는 벌금형을 과하는 「특정경제범죄 가중처벌 등에 관한 법률」 제4조 제4항은 법인의 대표자가 법인의 자금을 횡령하여 국외로 도피한 행위로 인해 법인이 손해만 입고 이익을 얻은 바 없는 경우에도 적용된다(헌재 2015헌바443). [20(2)모]

48. 어린이 보호구역에서 주의의무위반으로「교통사고처리 특례법」제3조 제1항의 죄를 범하여 어린이를 사망에 이르게 한 운전자를 무기 또는 3년 이상의 징역으로 가중처벌하는 「특정범죄 가중처벌 등에 관한 법률」 제5조의13은 죄형법정주의 명확성원칙에 위반되지 아니한다. 나아가 과잉금지원칙에 위반되어 청구인들의 일반적 행동자유권을 침해한다고 볼 수 없다(헌재 2020헌마460 등). [24(1)모]

제2절 형법의 시간적 적용범위

1. 「형법」제1조 제1항 "범죄의 성립과 처벌은 행위시의 법률에 따른다."라고 할 때의 '행위시'라 함은 범죄행위 종료 시를 의미하므로 구법 시행시 행위가 종료하였으나 결과는 신법 시행 시에 발생한 경우에는 신법이 적용된다. (X) [23변시 · 18(1)모 · 13사시]

: 범죄의 성립과 처벌은 행위시의 법률에 따른다고 할 때의 '행위시'라 함은 범죄행위의 종료시를 의미한다(대판 94도563). 따라서 구법 시행시 행위가 종료하였으나 결과는 신법 시행시에 발생한 경우라면 행위시법인 구법을 적용하여야 한다.

★
2. ① 포괄일죄에 관한 기존 처벌법규에 대하여 그 표현이나 형량과 관련한 개정을 하는 경우가 아니라 애초에 죄가 되지 아니하던 행위를 구성요건의 신설로 포괄일죄의 처벌대상으로 삼는 경우, 신설된 포괄일죄 처벌법규가 시행되기 이전의 행위에 대하여는 신설된 법규를 적용하여 처벌할 수 없고, 이는 신설된 처벌법규가 상습범을 처벌하는 구성요건인 경우에도 마찬가지이다(대판 2022도10660). [23(3)(2)모]
② 상습강제추행죄가 시행되기 이전에 범해진 강제추행행위는 습벽에 의한 것이라도 상습강제추행죄로 처벌할 수 없고 강제추행죄로 처벌할 수 있을 뿐이다. (O) [23변시 · 18(1)모]

3. 포괄일죄로 되는 개개의 범죄행위가 법 개정의 전후에 걸쳐서 행하여진 경우에는 신구법의 법정형에 대한 경중을 비교할 필요도 없이 포괄일죄를 구성하는 최종의 범죄실행행위 종료시의 법이 제1조 제1항의 행위시법이므로 행위시법인 신법을 적용하여 포괄일죄로 처단해야 한다(대판 92도407). [15변시 · 24(3) · 23(2)모 · 17(1)모 · 14(3)모]

4. 일반적으로 계속범의 경우 실행행위가 종료되는 시점에서의 법률이 적용되어야 할 것이나, 법률이 개정되면서 그 부칙에서 '개정된 법 시행 전의 행위에 대한 벌칙의 적용에 있어서는 종전의 규정에 의한다'는 경과규정을 두고 있는 경우 개정된 법이 시행되기 전의 행위에 대해서는 개정 전의 법을, 그 이후의 행위에 대해서는 개정된 법을 각각 적용하여야 한다(대판 2001도3990). [14변시]

5. 헌법재판소의 위헌결정으로 인하여 형벌에 관한 법률 또는 법률조항이 소급하여 그 효력을 상실한 경우에는 당해 법조를 적용하여 기소한 피고사건이 범죄로 되지 아니한 때에 해당한다고 할 것이고, 범죄 후의 법령의 개폐로 형이 폐지되었을 때에 해당한다고 할 수 없다. 따라서 이 부분 공소사실은 형사소송법 제325조 전단에 따라 무죄라 할 것이다(대판 99도3003). [23변시 · 20(3)모 · 18(1)모]

6. 어느 법률조항의 개정이 자구만 형식적으로 변경된 데 불과하여 개정 전후 법률조항들 자체의 의미내용에 아무런 변동이 없어 양자의 동일성이 그대로 유지되고 있는 경우에는 '개정 전 법률조항'에 대한 위헌결정의 효력은 '개정 법률조항'에 대하여도 미친다. 그러나 이와 달리 '개정 법률조항'에 대한 위헌결정이 있는 경우에는, '개정 법률조항'에 대한 위헌결정의 효력이 '개정 전 법률조항'에까지 그대로 미친다고 할 수는 없다. 이는 헌법재판소가 '개정 법률조항'에 대한 위헌결정의 이유에서 '개정 전 법률조항'에 대하여 한 종전 합헌결정의 견해를 변경한다는 취지를 밝히는 경우에도 마찬가지이다(대결 2015모2204). [24(2)모]

7. 형벌에 관한 법률 또는 법률조항은 헌법재판소의 위헌 결정으로 소급하여 그 효력을 상실하지만, 해당 법률 또는 법률의 조항에 대하여 종전에 합헌으로 결정한 사건이 있는 경우에는 그 합헌결정이 있는 날의 다음 날로 소급하여 효력을 상실한다(헌법재판소법 제47조 제3항). [15변시·16(2)(3)모]

8. 재심이 개시된 사건에서 형벌에 관한 법령이 재심판결 당시 폐지된 경우, 그 폐지가 당초부터 헌법에 위배되어 효력이 없는 법령에 대한 것인 때에는 그 법령을 적용하여 공소가 제기된 피고사건에 대하여 법원은 무죄를 선고하여야 한다(대판 2010도5986). [16변선·23(2)모]

9. 형벌법규 제정의 이유가 된 법률이념의 변경에 따라 종래의 처벌 자체가 부당하였다거나 또는 과형이 과중하였다는 반성적 고려에서 법령을 변경하였는지 여부가「형법」제1조 제2항의 "범죄 후 법률이 변경되어 그 행위가 범죄를 구성하지 아니하게 되거나 형이 구법보다 가벼워진 경우"에 해당하는지 여부를 결정하는 기준이 된다. (X) [23(2)모]

[1] 범죄의 성립과 처벌에 관하여 규정한 형벌법규 자체 또는 그로부터 수권 내지 위임을 받은 법령의 변경에 따라 범죄를 구성하지 아니하게 되거나 형이 가벼워진 경우에는, 종전 법령이 범죄로 정하여 처벌한 것이 부당하였다거나 과형이 과중하였다는 반성적 고려에 따라 변경된 것인지 여부를 따지지 않고 원칙적으로 형법 제1조 제2항과 형사소송법 제326조 제4호가 적용된다. [24(3)·23(3)모]

[2] 형벌법규가 대통령령, 총리령, 부령과 같은 법규명령이 아닌 고시 등 행정규칙·행정명령, 조례 등(이하 '고시 등 규정'이라고 한다)에 구성요건의 일부를 수권 내지 위임한 경우에도 그 변경에 따라 범죄를 구성하지 아니하게 되거나 형이 가벼워졌다면 마찬가지로 형법 제1조 제2항과 형사소송법 제326조 제4호가 적용된다.

[3] 해당 형벌법규 자체 또는 그로부터 수권 내지 위임을 받은 법령이 아닌 다른 법령이 변경된 경우 형법 제1조 제2항과 형사소송법 제326조 제4호를 적용하려면, 형사법적 관점의 변화를 주된 근거로 하는 법령의 변경에 해당하여야 하므로, 이와 관련이 없는 법령의 변경으로 인하여 해당 형벌법규의 가벌성에 영향을 미치게 되는 경우에는 형법 제1조 제2항과 형사소송법 제326조 제4호가 적용되지 않는다.

[4] 법령이 개정 내지 폐지된 경우가 아니라, 스스로 유효기간을 구체적인 일자나 기간으로 특정하여 효력의 상실을 예정하고 있던 법령이 그 유효기간을 경과함으로써 더 이상 효력을 갖지 않게 된 경우도 형법 제1조 제2항과 형사소송법 제326조 제4호에서 말하는 법령의 변경에 해당한다고 볼 수 없다(대판(全) 2020도16420). [23(2)모]

10. 법무사인 피고인이 개인파산·회생사건 관련 법률사무를 위임받아 취급하는 것을 변호사가 아니면서 「변호사법」 제109조 제1호 가목의 비송사건을 대리한 것으로 해석되어 변호사법위반으로 기소되었는데, 범행 이후에 개정된 「법무사법」 제2조 제1항 제6호에 의하여 '개인의 파산사건 및 개인회생사건 신청의 대리'가 법무사의 업무로 추가된 경우, 위 「법무사법」 개정은 형사법적 관점의 변화를 주된 근거로 하는 법령의 변경에 해당하여 「형법」 제1조 제2항이 적용된다. (X) [23(3)모]

: 위 법무사법 개정은 범죄사실의 해당 형벌법규 자체인 변호사법 제109조 제1호 또는 그로부터 수권 내지 위임을 받은 법령이 아닌 별개의 다른 법령의 개정에 불과하고, 위 법무사법 개정은 형사법적 관점의 변화를 주된 근거로 하는 법령의 변경에 해당하지 않으므로, 원심이 형법 제1조 제2항과 형사소송법 제326조 제4호를 적용하지 아니하고 변호사법 제109조 제1호 위반의 유죄를 인정한 것은 정당하다(대판 2022도4610).

11. 범죄 후 법률이 변경되었으나 개정 전후에 형의 경중에 차이가 없는 경우에는 원칙규정인 형법 제1조 제1항에 의해 행위시법을 적용하여야 한다(대판 91도2303). [23변시·15변시·19(3)모]

12. 법률의 변경에 따른 형의 경중의 비교는 원칙적으로 법정형을 표준으로 하되(대판 92도2194), 가중 또는 감경사유가 있을 때에는 각 소정의 가중 또는 감경을 한 후에 비교한다(대판 4293형상664). [13(1)모]

13. 범죄행위시와 재판시 사이에 수차 법률이 개정되어 형이 변경된 경우 그 전부의 법률을 비교하여 가장 형이 가벼운 법률을 적용하여야 한다(대판 68도1324). [15변시·08·97사시]

14. 범죄 후 법률의 변경으로 행위가 범죄를 구성하지 않게 된 경우, 무죄판결을 선고해야 한다. (X) [14(2)모·11(1)모]

: 이 경우 면소판결을 한다(형법 제1조 제2항 및 형사소송법 제326조 제4호).

15. 범죄 후 법률의 개정에 의하여 법정형이 가벼워진 경우에는 당해 범죄사실에 적용될 가벼운 법정형(신법의 법정형)이 공소시효기간의 기준이 된다(대판 87도84). [15변시·12(3)모·13사시]

16. 재판확정 후 법률의 변경으로 행위가 범죄를 구성하지 않게 된 경우, 형의 집행을 면제한다(형법 제1조 제3항). [16(1)모·11(1)모]

17. 형법 제1조 제2항 및 제8조에 의하면 범죄 후 법률의 변경에 의하여 형이 구법보다 가벼운 때에는 원칙적으로 신법에 따라야 하지만, 신법에 경과규정을 두어 이러한 신법의 적용을 배제하는 것도 허용되는 것으로서, 형을 종전보다 가볍게 형벌법규를 개정하면서 그 부칙에서 개정된 법의 시행 전의 범죄에 대하여는 종전의 형벌법규를 적용하도록 규정한다 하여 형벌불소급의 원칙이나 신법우선의 원칙에 반한다고 할 수 없다(대결 99초76). [15변시·24(3)·20(3)모·18(1)모]

18. 우리 형법은 속지주의를 원칙으로 하고, 속인주의와 보호주의를 보충하고 있다(형법 제2조 내지 제6조). [11(1)모]

19. 북한에서 행하여진 범죄에 대해서는 대한민국 형법이 적용되지 않는다. (X) [21변시]

: 북한도 대한민국의 영토에 속하는 것이 분명하다(대판(全) 97도2021). 따라서 북한에서 행하여진 범죄에 대해서는 형법 제2조의 속지주의에 의해 대한민국 형법이 적용된다.

20. 대한민국 국민이 대한민국 내의 미국문화원에서 범죄행위를 한 경우 속인주의에 의하여 한국 형법이 적용된다(대판 86도403). [15(1)모]

21. 외국인이 대한민국 공무원에게 알선한다는 명목으로 금품을 수수하는 행위가 대한민국 영역 내에서 이루어진 이상, 비록 금품수수의 명목이 된 알선행위를 하는 장소가 대한민국 영역 외라 하더라도 대한민국 영역 내에서 죄를 범한 것이라고 하여야 할 것이므로, 형법 제2조에 의하여 대한민국의 형벌법규인 (구)변호사법 제90조 제1호가 적용되어야 한다(대판 99도3403). [20(3)모·19(1)모·15(1)모]

22. 「형법」제2조는 "본법은 대한민국영역 내에서 죄를 범한 내국인과 외국인에게 적용한다."고 규정하고 있는데, 이를 적용함에 있어서 공모공동정범의 경우 공모지도 범죄지로 보아야 한다(대판 98도2734). [18(2)모·20법행]

23. 영국인이 미국 영해에서 운항 중인 대한민국 국적의 선박에서 미국인을 살해한 경우에는 우리나라「형법」이 적용된다. (O) [24변시]

: 기국주의에 관한 제4조 참조.

24. 필리핀국에서 카지노의 외국인 출입이 허용되어 있다 하여도, 형법 제3조에 따라 필리핀국에서 도박을 한 피고인에게 우리나라 형법이 당연히 적용된다(대판 99도3337). (속인주의 적용) [15변시·18(2)모·12법행]

25. 내국인의 출입을 허용하는 폐광지역개발지원에관한특별법 등에 따라 카지노에 출입하는 것은 법령에 의한 행위로 위법성이 조각된다(대판 2002도2518). [20법행]

26. 「형법」제6조 본문에서 정한 '대한민국 또는 대한민국 국민에 대하여 죄를 범한 때'란 대한민국 또는 대한민국 국민의 법익이 직접적으로 침해되는 결과를 야기하는 죄를 범한 경우를 의미한다(대판 2011도6507). [21변시·22(2)모·20법행]

27. 중국인이 한국으로 입국하기 위하여 중국에 소재한 대한민국 영사관에서 그곳에 비치된 여권발급신청서를 위조한 경우 보호주의에 의하여「형법」이 적용된다. (X) [21·15변시·20(3)모·19(1)(3)모]

: 사문서위조죄가 형법 제6조의 대한민국 또는 대한민국 국민에 대하여 범한 죄에 해당하지 아니함은 명백하므로 내국인이 아닌 피고인이 중국 북경시에 소재한 대한민국 영사관 내에서 공소외인 명의의 여권발급신청서 1장을 위조한 경우 외국인의 국외범에 해당하여 피고인에 대한 재판권이 없고(대판 2006도5010), 사인위조죄는 형법 제6조의 '대한민국 또는 대한민국국민에 대하여 범한 죄'에 해당하지 아니하므로 중국 국적자가 중국에서 대한민국 국적 주식회사의 인장을 위조한 경우에는 외국인의 국외범으로서 그에 대하여 재판권이 없다(대판 2002도4929).

28. 형법 제6조 본문에 의하여 외국인이 대한민국 영역 외에서 대한민국 국민에 대하여 범죄를 저지른 경우 우리 형법이 적용되지만, 같은 조 단서에 의하여 행위지 법률에 의하여 범죄를 구성하지 아니하거나 소추 또는 형의 집행을 면제할 경우에는 우리 형법을 적용하여 처벌할 수 없고, 이 경우 행위지 법률에 의하여 범죄를 구성하는지는 엄격한 증명에 의하여 검사가 이를 증명하여야 한다(대판 2011도6507).
[24(2)모·20(3)모·19(2)모·12(2)모]

29. 인신매매죄에 대해서는 세계주의가 적용된다. (O)　　　　　　　　　　　　　　　　[23변시]

: 형법은 총칙규정에는 세계주의에 관한 규정이 없으나, 개정형법은 약취, 유인, 및 인신매매의 죄에 대해 세계주의 규정을 두고 있다(제296조의2 참조).

▮유제▮ 우리 형법은 미성년자 약취·유인, 인신매매 행위에 대하여 대한민국 영역 밖에서 죄를 범한 외국인에게도 자국형법을 적용한다는 세계주의를 선언하는 명시적 규정을 두고 있지 않다. (X)　　　[19(3)모·17(1)모]

30. 일본인이 행사할 목적으로 중국에서 미화 100달러 지폐를 위조한 경우에는 우리나라 「형법」이 적용된다. (O)　　　　　　　　　　　　　　　　　　　　　　　　　　　　　　　　　　　　[24변시]

: 형법 제5조 제4호 참조.

31. 외국에서 이루어진 미결구금을 형법 제57조 제1항에서 규정한 '본형에 당연히 산입되는 미결구금'과 같다고 볼 수 없고, 외국에서 형이 집행된 것이 아니라 단지 미결구금되었다가 무죄판결을 받았을 뿐인 사람의 미결구금일수를 형법 제7조의 유추적용에 의하여 그가 국내에서 같은 행위로 인하여 선고받는 형에 산입하여야 한다는 것은 허용되기 어렵다(대판(全) 2017도5977).　　　[24(2)모·23(2)모·19(3)모·18(2)모]

32. 피고인이 외국에서 형사처벌을 과하는 확정판결을 받았더라도 그 외국 판결은 우리 법원을 기속할 수 없고 우리나라에서는 기판력도 없어 일사부재리의 원칙이 적용되지 않는다(대판(全) 2017도5977).
[18변시·20(3)모]

제2편 범죄론

PART 01. 형법 총론

제1장 범죄론의 기초

제1절 범죄의 의의 및 종류

1. ① 침해범이란 구성요건상 보호법익에 대한 현실적 침해를 필요로 하는 범죄를 말한다. (O) [12(2)모]
② 위험범이란 구성요건상 보호법익에 대한 현실적 침해까지 있을 필요는 없고, 행위의 실현과정에서 단지 침해의 위험성만 있으면 성립하는 범죄를 말한다. (O) [12(2)모]

2. 추상적 위험범이란 행위 자체가 현실적 위험결과를 발생시킬 필요 없이 일반적인 위험성만 노출시켰으면 가벌성이 인정되는 범죄를 말한다. (O) [12(2)모·97사시]

3. 추상적 위험범에서 위험은 입법의 이유이지만 범죄의 요소로 법률에 규정되어 있지는 않다.(O) [21(1)모]

: 구체적 위험범의 경우는 위험의 발생이 구성요건요소이므로 위험발생에 대한 인식도 고의의 내용이 됨에 반해, 추상적 위험범의 경우는 위험이 입법의 이유에 불과하므로 위험발생은 범죄의 구성요건요소가 아니며 당연히 법률에 규정되어 있지 않다.

▎유제▎ 일반물건방화죄의 경우 '공공의 위험 발생은 고의의 내용이므로 행위자는 이를 인식할 필요가 있다. (O) [17변시]
- 일반물건방화죄는 구체적 위험범

4. 목적범에 있어서 목적의 달성 여부는 기수범의 성립에 영향이 없다(대판 96도3376). [09사시]

5. 내란죄는 국토를 참절하거나 국헌을 문란할 목적으로 폭동한 행위로서, 다수인이 결합하여 위와 같은 목적으로 한 지방의 평온을 해할 정도의 폭행·협박행위를 하면 기수가 되고, 그 목적의 달성 여부는 이와 무관한 것으로 해석되므로, 다수인이 한 지방의 평온을 해할 정도의 폭동을 하였을 때 이미 내란의 구성요건은 완전히 충족된다고 할 것이어서 계속범이 아니라 상태범에 해당한다(대판 96도3376). [14변시·21(2)모]

6. 학대죄는 상태범 또는 즉시범이므로 수십 회에 걸쳐서 계속되는 일련의 폭행행위가 있었다 하더라도 그중 친권자로서의 징계권의 범위에 속하여 위법성이 조각되는 부분이 있다면 그 부분을 따로 떼어 무죄의 판결을 할 수 있다(대판 84도2922). [21(2)모]

7. 범죄단체조직죄의 법적 성격을 즉시범으로 보면 범죄단체의 조직과 동시에 공소시효가 진행되고, 계속범으로 보면 범죄단체의 해산이나 단체로부터의 탈퇴시점부터 공소시효가 진행된다. 다만 판례에 의하면 '조직·가입'은 즉시범(대판 91도3192), '활동'은 계속범이다(대판 2008도1857). [21(1)모]

8. 부설주차장을 주차장 외의 용도로 사용하여 주차장법을 위반한 죄는 계속범이므로, 종전의 용도 외 사용행위에 대하여 처벌받은 일이 있다고 하더라도, 그 후에도 계속하여 용도 외로 사용하고 있는 이상 종전 재판 후의 사용에 대하여 다시 처벌할 수 있다(대판 2005도7283). [14변시]

9. 공익법인이 주무관청의 승인을 받지 않은 채 수익사업을 하는 행위는 시간적 계속성이 구성요건적 행위의 요소로 되어 있다는 점에서 계속범에 해당한다고 보아야 할 것이므로, 승인을 받지 않은 수익사업이 계속되고 있는 동안에는 아직 공소시효가 진행하지 않는다(대판 2004도4751). [14변시]

10. 건설폐기물을 무허가 처리업체에 위탁하여 처리하는 행위는 위탁처리를 위한 도급계약에 따른 건설폐기물의 처리행위를 계속함으로써 위법상태가 지속되는 동안 범죄행위도 종료되지 않고 계속되는 계속범이므로, 도급계약이 처벌조문이 신설되기 전에 체결되었다고 하더라도 그에 따른 건설폐기물의 처리 행위가 처벌규정의 신설 후에도 계속적으로 이루어진 이상 처벌할 수 있다(대판 2008도8607). [14변시·21(2)모]

11. 청소년유해업소에 청소년고용을 금지하는 법률규정을 위반한 행위는 일반적으로 고용이 노무의 제공이라는 계속적 상태를 요구한다는 점에서 계속범의 실질을 가지는 것으로서 청소년에 대한 고용을 중단하지 않는 한 가벌적 위법상태가 지속되므로, 그 위반죄의 성립 여부 및 범의는 청소년 고용이 지속된 기간을 전체적으로 고려하여 판단하여야 한다(대판 2010도10029). [21(2)모]

12. [1] 목적범에서의 목적은 범죄 성립을 위한 초과주관적 위법요소로서 고의 외에 별도로 요구되는 것이므로, 행위자가 표현물의 이적성을 인식하고 제5항의 행위를 하였다고 하더라도(즉 고의가 있더라도) 이적행위를 할 목적이 인정되지 아니하면 그 구성요건은 충족되지 아니한다. (O)
[2] 그리고 행위자에게 이적행위를 할 목적이 있었다는 점은 검사가 증명하여야 하며, 행위자가 이적표현물임을 인식하고 제5항의 행위를 하였다는 사실만으로 그에게 이적행위를 할 목적이 있었다고 추정해서는 아니된다(대판 2010도1189). [22(2)모·18(3)모]
[3] 또한 목적은 엄격한 증명사항에 속하나 결과발생의 희망·의욕임을 필요로 한다고 할 수는 없고, 또 확정적 인식임을 요하지 아니하며, 다만 미필적 인식이 있으면 족하다 할 것이다(대판 80도306 등). [21(3)모·13(2)모]

▎유제▎「국가보안법」에 의해 처벌되는 이적표현물임을 인식하면서 취득·소지 또는 제작·반포하였다면 그 행위자에게는 그 표현물의 내용과 같은 이적행위를 할 목적이 있는 것으로 추정된다. (X) [22(1)모]

제2절 범죄체계론과 범죄의 성립요건 / 제3절 범죄의 처벌조건과 소추조건

1. 「국회증언감정법」에 의하여 선서한 증인이 허위의 진술을 한 경우, 해당 증인을 조사한 본회의 또는 위원회가 위증으로 고발하여야 하지만 자백이 있는 경우에는 고발하지 않을 수 있다고 한 동법의 규정에서 고발은 소추조건으로 보아야 한다(대판 2017도14749). [20(2)모]

2. 소추요건에 관하여 그 범위를 유추적용할 경우 가벌성의 범위가 확대되어 행위자에게 불리하게 되더라도, 이는 가능한 문언의 의미를 넘어 범죄구성요건을 유추하는 것은 아니므로 죄형법정주의의 파생원칙인 유추해석금지의 원칙에 반하는 것은 아니다. (X) [22(1)모]

: 특별위원회가 소멸하여 존속하지 아니하게 되었음에도 과거 특별위원회가 존속할 당시 재적위원이었던 사람이 연서로 고발할 수 있다고 해석하는 것은 소추요건인 고발의 주체와 시기에 관하여 그 범위를 행위자에게 불리하게 확대하는 것으로 이는 가능한 문언의 의미를 벗어나므로 유추해석금지의 원칙에 반한다(대판 2017도14749). [21(3)모]

제4절 행위론 / 제5절 행위의 주체

1. 배임죄에서 타인의 사무를 처리할 의무의 주체가 법인인 경우라도 법인은 사법상의 의무주체가 될 뿐 범죄능력이 없고 그 법인을 대표하여 사무를 처리하는 자연인인 대표기관이 배임의 주체가 된다(대판 82도2595). [13변시 · 21(2)모 · 15(3)모]

2. [1] 양벌규정에서 '법인' 또는 개인에 대하여도 각 해당 조항의 벌금형에 처한다고 규정하고 있을 뿐이고 '법인격 없는 사단'에 대하여서도 위 양벌규정을 적용할 것인가에 관하여는 아무런 명문의 규정을 두고 있지 아니하므로, 죄형법정주의의 원칙상 법인격 없는 사단에 대하여는 같은 법 제74조에 의하여 처벌할 수 없고(대판 94도3325), [20법행]

[2] 법인격 없는 사단에 고용된 사람이 위반행위를 하였더라도 법인격 없는 사단의 구성원 개개인이 위 법 제112조에서 정한 '개인'의 지위에 있다 하여 그를 처벌할 수는 없다(대판 2017도13982). [20법행]

★
3. 구 개인정보 보호법은 제2조 제5호, 제6호에서 공공기관 중 법인격이 없는 '중앙행정기관 및 그 소속 기관' 등을 개인정보처리자 중 하나로 규정하고 있으면서도, 양벌규정에 의하여 처벌되는 개인정보처리자로는 같은 법 제74조 제2항에서 '법인 또는 개인'만을 규정하고 있을 뿐이고, 법인격 없는 공공기관에 대하여도 위 양벌규정을 적용할 것인지 여부에 대하여는 명문의 규정을 두고 있지 않다. 따라서 죄형법정주의의 원칙상 '법인격 없는 공공기관'을 위 양벌규정에 의하여 처벌할 수 없고, 그 경우 행위자 역시 위 양벌규정으로 처벌할 수 없다고 봄이 타당하다(대판 2020도1942). [22법행]

4. 양벌규정에 의해 법인이 처벌되는 경우, 공모한 수인의 사용인 가운데 A법인의 사용인은 실행행위에 직접 가담하지 않고 B법인의 사용인만 실행을 분담하여도 A법인이 공동정범이 될 수 있다(대판 81도2545). [13(2)모]

5. '법인 또는 개인의 대리인·사용인 기타의 종업원이 그 법인 또는 개인의 업무에 관하여 제○○조의 규정에 의한 위반행위를 한 때에는 행위자를 벌하는 외에 그 법인 또는 개인에 대하여도 해당 조문의 벌금형을 과한다'는 내용의 양벌규정은 법치국가의 원리 및 죄형법정주의로부터 도출되는 책임주의원칙에 반한다. (O) [21변시·13(2)모]

: 이는 다른 사람의 범죄에 대하여 그 책임 유무를 묻지 않고 형벌을 부과함으로써 법치국가의 원리 및 죄형법정주의로부터 도출되는 책임주의원칙에 반한다(헌재 2009헌가25).

▎유제▎ 법인의 대리인·사용인 기타의 종업원이 그 법인의 업무에 관하여 위반행위를 한 경우 법인도 처벌하는 양벌조항은, 형벌의 자기책임원칙에 비추어 보면 위반행위가 발생한 그 업무와 관련하여 법인이 상당한 주의 또는 관리감독 의무를 게을리 한 때에 한하여 적용된다(대판 2009도5824). [21(2)모]

6. 법인 대표자의 법규위반행위에 대한 법인의 책임은 법인 자신의 법규위반행위로 평가될 수 있는 행위에 대한 법인의 직접책임으로서, 대표자의 고의에 의한 위반행위에 대하여는 법인 자신의 고의에 의한 책임을, 대표자의 과실에 의한 위반행위에 대하여는 법인 자신의 과실에 의한 책임을 부담한다(대판 2010도14817). [21변시·21(2)모]

7. [1] 양벌규정에 의한 영업주의 처벌은 금지위반행위자인 종업원의 처벌에 종속하는 것이 아니라 독립하여 그 자신의 종업원에 대한 선임감독상의 과실로 인하여 처벌되는 것이므로 종업원의 범죄성립이나 처벌이 영업주 처벌의 전제조건이 될 필요는 없고(대판 2005도7673), [13변시·18(1)모·15(3)모]
[2] 영업주의 위 과실책임을 묻는 경우 금지위반행위자인 종업원에게 구성요건상의 자격이 없다고 하더라도 영업주의 범죄성립에는 아무런 지장이 없다(대판 87도1213). [19(2)모]

8. 양벌규정에서 말하는 법인의 사용인에는 법인과 정식 고용계약이 체결되어 근무하는 자뿐만 아니라 그 법인의 업무를 직접 또는 간접으로 수행하면서 법인의 통제·감독하에 있는 자도 포함된다(대판 2011도11264). [15(2)모]

9. 양벌규정의 '법인의 대표자'는 그 명칭 여하를 불문하고 당해 법인을 실질적으로 경영하면서 사실상 대표하고 있는 자를 포함한다(대판 2011도15056). [21변시]

10. [1] 기관위임사무의 경우 지방자치단체는 국가기관의 일부로 볼 수 있고, 지방자치단체가 그 고유의 자치사무를 처리하는 경우 지방자치단체는 국가기관과는 별도의 독립한 공법인으로서 양벌규정에 의한 처벌대상이 되는 법인에 해당한다.
[2] 지방자치단체 소속 공무원이 지방자치단체 고유의 자치사무를 수행하던 중 도로법 제81조 내지 제85조의 규정에 의한 위반행위를 한 경우에는 지방자치단체는 도로법 제86조의 양벌규정에 따라 처벌대상이 되는 법인에 해당한다(대판 2004도2657). [06사시]

11. 양벌규정을 두고 있는 법률에 그 법률위반의 주체를 일정한 업무주로 한정하고 있는 경우에는 "행위자를 벌하는 외에 법인 또는 개인을 처벌한다"는 규정을 통해 업무주 아닌 행위자는 처벌할 수 없다. (X) [13(2)모]

: 양벌규정은 업무주가 아니면서 당해 업무를 실제로 집행하는 자가 있는 때에 양벌규정에 의하여 처벌할 수 있도록 한 행위자의 처벌규정임과 동시에 그 위반행위의 이익귀속주체인 업무주에 대한 처벌규정이다(대판(全) 95도2870 등). [21변시]

제2장 고의의 작위·기수범

제1절 구성요건

1. 살인죄와 상해치사죄 및 과실치사죄의 법정형이 서로 다른 것은 결과불법보다 행위불법 측면을 중시한 결과이다. (O) [21(3)모]

: 살인죄와 상해치사죄 및 과실치사죄는 모두 사람의 생명이 침해되었다는 결과불법은 동일하지만, 고의·과실 등 행위불법의 차이를 고려하여 법정형을 달리 규정하고 있다.

2. 불가벌적 불능범과 가벌적 불능미수는 위험성 평가와 관련된 결과불법의 정도가 다르다. (O) [21(3)모]

: 기수·미수·불능범은 고의·목적 등 행위불법은 동일하지만, 기수는 법익침해 등 결과불법의 정도가 다르다.

3. 결과범에서는 실행행위와 결과발생 간에 인과관계가 요구되지만, 거동범에서는 그렇지 않다. (O) [21(1)모]

4. 고의의 결과범에서 실행행위와 결과발생 간에 인과관계가 없는 경우 행위자를 기수범으로 처벌할 수 없다. (O) [23변시]

: 결과범에서 인과관계가 부정되면 고의범에 한해 미수의 성립 여부가 문제된다.

5. 앞으로 몇 시간밖에 살 수 없는 환자의 고통을 완화시키기 위해 약물을 투여하여 사망하게 한 경우, "어차피 환자는 약물을 투여하지 않더라도 사망하게 되어 있다"라는 가설적으로 발생 가능한 결과는 인과관계 판단에서 고려할 필요가 없다. (O) [24(2)모]

: 사안처럼 가정된 다른 조건의 효과가 나타나기 전에 원인행위(사안에서는 '약물투여 행위')가 먼저 개입하여 결과발생을 앞당긴 경우를 추월적 인과관계 사례라고 한다. 추월적 인과관계 사례의 경우 현실적 조건인 원인행위와 결과 사이에는 항상 인과관계가 인정된다. 따라서 가정적 조건에 의해 가설적으로 발생 가능한 결과는 인과관계 판단에서 고려할 필요가 없다.

6. 가설적 제거절차에 의하여 인과관계를 판단하는 조건설은 '택일적 (이중적) 인과관계'가 문제되는 사례의 경우 인과관계가 부정된다. (O) [22(1)모·15(1)모]

: 조건설은 절대적 제약공식에 입각하여 조건적 인과관계, 즉 '그것(일정한 행위)이 없었더라면 일정한 결과가 발생하지 않았으리라'는 관계에 있는 모든 조건은 결과발생에 대해 등가적이기 때문에 모두 원인이 된다는 이론이다(등가설이라고도 함). 절대적 제약공식을 엄격히 적용하면 가설적 인과관계와 택일적(이중적) 인과관계의 경우 행위가 없었더라도 결과가 발생하므로 인과관계가 부정되는 불합리가 있다.

★★ 사례문제 기출례 인과관계에 관한 학설 [25·20·16·14변사 등]

7. 조건설 : 행위와 결과 사이에 그 행위가 없었더라면 결과가 발생하지 않았다고 볼 수 있는 모든 조건에 대하여 인과관계가 인정된다는 견해. 중요한 원인과 중요하지 않은 원인을 구별하지 않고 모든 조건을 동일한 원인으로 파악한다. 단독으로 동일한 결과를 발생시킬 수 있는 수개의 조건이 결합하여 결과가 발생한 경우에 행위자의 책임을 인정해야 함에도 인과관계를 부인하게 되는 불합리한 결과가 발생한다.

8. 합법칙적 조건설 : 행위가 시간적으로 뒤따르는 외계의 변화에 연결되고, 외계변화가 행위와 합법칙적으로 결합되어 구성요건적 결과로 실현되었을 때에 인과관계가 인정된다는 견해. 행위와 결과 간의 전개과정이 이미 확립되어 있는 자연과학적 인과법칙에 부합하는가를 심사하여 인과관계를 판단한다. 당대의 지식수준에서 알려진 법칙적 관계의 내용이 명확하게 제시되어 있지 않고, 인과관계를 인정하는 범위가 너무 넓어 결과책임을 제한하려는 형법의 목적을 실현하는 데에 문제가 있다.

9. 상당인과관계설 : 결과발생을 위해 경험칙상 상당한 조건만이 원인이 되고 이 경우 인과관계가 인정된다는 견해. 사실적 측면과 규범적 측면을 모두 고려하여 행위와 결과 사이의 높은 가능성이라는 개연성 관계를 판단한다. 인과관계와 결과귀속을 혼동한 잘못이 있을 뿐 아니라 인과관계의 판단척도가 모호하여 법적안정성을 해칠 우려가 있다.

10. 평소 병약한 상태에 있던 피해자가 폭행으로 사망함에 있어서, 그의 지병 또한 사망의 결과에 영향을 주었다면 폭행과 사망 사이에 인과관계가 인정되지 않는다. (X) [18(2)모]

: 피고인의 폭행과 사망 사이에 행위 당시에 존재한 특이체질·지병 등의 사정이 개입한 경우 일반적으로 예견이 가능한 사정(고혈압·심장질환 등 지병)이 개입한 경우는 인과관계를 인정하면서, 일반적으로 예견이 불가능한 사정(피해자의 지나치게 얇은 두개골과 뇌수종)이 개입한 경우는 인과관계를 부정한다(대판 78도1961).

11. 甲이 A의 뺨을 때리고 목을 쳐 A의 머리를 땅바닥에 부딪치게 하여 A가 두부손상을 입어 병원에서 입원치료를 받다가 합병증인 폐렴으로 인한 패혈증 등으로 사망에 이르게 된 경우, 그 직접사인의 유발에 피해자의 기왕의 간경화 등 질환이 영향을 미쳤다고 하더라도 甲의 행위와 A의 사망 간에는 인과관계가 있다. [25변시·16·14사시]

: 피고인의 행위가 피해자를 사망하게 한 직접적 원인은 아니었다 하더라도 이로부터 발생된 다른 간접적 원인이 결합되어 사망의 결과를 발생하게 한 경우 그 행위와 사망 사이에는 인과관계가 있다(대판 93도3612). [15(1)모]

★★ 사례문제 기출례 인과관계에 관한 판례의 상당인과관계설 [20·16변사, 21모사 등]

12. 살인의 실행행위가 피해자의 사망이라는 결과를 발생하게 한 유일한 원인이거나 직접적인 원인이어야만 되는 것은 아니므로, 살인의 실행행위와 피해자의 사망과의 사이에 다른 사실이 개재되어 그 사실이 치사의 직접적인 원인이 되었다고 하더라도 그와 같은 사실이 통상 예견할 수 있는 것에 지나지 않는다면 살인의 실행행위와 피해자의 사망과의 사이에 인과관계가 있는 것으로 보아야 한다(대판 93도3612).
[23·22·18변시·23(1)모·22(1)모]

13. ① 결과적 가중범에서 그 행위와 결과 사이에 피해자나 제3자의 과실 등 다른 사실이 개재 된 때에도 그와 같은 사실이 통상 예견될 수 있는 것이라면 인과관계를 인정할 수 있다. [23(1)모·15(1)모·15사시]
② 교통방해치사상죄가 성립하려면 교통방해행위가 피해자의 사상이라는 결과를 발생하게 한 유일하거나 직접적인 원인일 필요가 없고, 그 행위와 결과 사이에 피해자나 제3자의 과실 등 다른 사실이 개재된 경우라도 그와 같은 사실이 통상 예견될 수 있는 것이라면 상당인과관계를 인정할 수 있다. [17변시·24(2)·19(2)모]
③ 甲이 고속도로 2차로를 따라 자동차를 운전하다가 1차로를 진행하던 A의 차량 앞에 급하게 끼어든 후 곧바로 정차하여, A의 차량 및 이를 뒤따르던 차량 2대는 연이어 급제동하여 정차하였으나 그 뒤를 따라오던 B의 차량이 앞의 차량들을 연쇄적으로 추돌케 하여 B를 사망에 이르게 한 경우, B에게 주의의무를 위반한 과실이 있더라도 甲에게 일반교통방해치사죄가 성립한다(대판 2014도6206). [16변시·21(2)모·18(2)모]

: 형법 제188조에 규정된 교통방해치사상죄는 결과적 가중범이므로, 위 죄가 성립하려면 교통방해 행위와 사상의 결과 사이에 상당인과관계가 있어야 하고 행위 시에 결과의 발생을 예견할 수 있어야 한다. [20(2)모]
그리고 교통방해 행위가 피해자의 사상이라는 결과를 발생하게 한 유일하거나 직접적인 원인이 된 경우만이 아니라, 그 행위와 결과 사이에 피해자나 제3자의 과실 등 다른 사실이 개재된 때에도 그와 같은 사실이 통상 예견될 수 있는 것이라면 상당인과관계를 인정할 수 있다(대판 2014도6206).

14. 폭행이나 협박을 가하여 간음을 하려는 행위와 이에 극도의 흥분을 느끼고 공포심에 사로잡혀 이를 피하려다 사상에 이르게 된 사실과는 이른바 상당인과관계가 있어 강간치사상죄가 성립한다(대판 95도425). [25변시·22(1)모·19(1)모]

15. 피해자가 甲의 상해행위를 피하려고 도로를 건너 도주하다가 차량에 치여 사망한 경우, 甲의 행위와 피해자의 사망 사이에 인과관계가 있다(대판 96도529). [17(3)모·15(3)모]

16. 피해자의 하차 요구를 무시한 채 시속 약 60~70km의 속도로 진행하자 피해자가 그와 같은 상태에서 벗어나기 위해 차에서 뛰어내려 사망하게 된 경우 감금행위와 사망의 결과 사이에 인과관계가 인정된다(대판 99도5266). [17(3)모·15(3)모]

17. 甲이 A를 강간하였는데, A가 집으로 돌아온 뒤 강간을 당하여 생긴 수치심과 장래에 대한 비관으로 자살한 경우, 甲의 행위와 A의 사망 간에는 인과관계를 인정할 수 없다(대판 82도1446). [16사시]

18. 운전자 甲이 차를 세워 시동을 끄고 1단 기어가 들어가 있는 상태에서 시동열쇠를 끼워 놓은 채 11세의 초등학생 A를 조수석에 남겨두고 차에서 내렸는데, A가 시동열쇠를 돌리며 악셀레레이터 페달을 밟아 차량이 진행하여 사고가 발생한 경우, 甲의 행위와 차량사고 간에는 인과관계가 있다(대판 86도1048). [17(3)모·16(2)모]

19. 甲이 주먹으로 A의 복부를 1회 강타하여 장파열로 인한 복막염으로 사망케 하였다면, 비록 의사의 수술지연 등 과실이 A의 사망의 공동원인이 되었다 하더라도 甲의 행위가 사망의 결과에 대한 유력한 원인이 된 이상 甲의 행위와 사망 사이에는 상당인과관계가 인정된다(대판 84도831). [17(2)모]

객관적 귀속이론

20. 위험증대설은 적법한 대체행위를 하였다고 하더라도 동일한 결과가 발생하였을 것이 확실한 경우에 객관적 귀속을 긍정한다. (X) [22(1)모]

: 위험증대설은 주의의무위반관련성 여부가 의심스러운 경우에도 위험증대를 이유로 귀속을 인정하려는 이론이다. 따라서 지문처럼 '적법한 대체행위를 하였다고 하더라도 동일한 결과가 발생하였을 것이 확실'한 경우는 주의의무 위반관련성이 부정되는 경우이므로 위험증대설에 의하더라도 객관적 귀속이 부정된다.

21. 의사가 시술의 위험성에 관하여 설명을 하였더라면 환자가 시술을 거부하였을 것이라는 점이 합리적 의심의 여지가 없이 증명되지 못한 경우에는 의사의 설명의무 위반과 환자의 상해 또는 사망 사이에 상당인과관계를 인정할 수 없다(대판 2016도13089). [23변시]

22. 종합병원 마취담당의사 甲이 난소종양절제를 위해 전신마취에 의한 개복수술을 함에 있어서 개복 전 종합적인 간기능검사가 필수적임에도 소변에 의한 간검사 결과만을 믿고 수술한 결과 수술 후 22일만에 환자가 급성 간염으로 사망한 경우, 甲에게 업무상과실이 인정되나, 종합적인 간기능 검사를 하였더라면 간기능에 이상이 있었다는 검사결과가 나왔으리라는 점이 증명되지 않는 한 甲의 과실과 환자의 사망 사이에 인과관계가 있다고 볼 수 없다(대판 90도694). [10사시]

★ 사례문제 기출례 합법적 대체행위이론[21변시] : 주의의무를 다한 합법적 대체행위가 있었더라도 같은 결과가 발생하였을 것이 확실한 경우에는 그 결과는 객관적으로 귀속되지 않고, 합법적 대체행위가 있었더라면 확실히 방지될 수 있었던 결과라면 객관적으로 귀속된다.

23. 한의사가 피해자에게 문진하여 과거 봉침을 맞고도 별다른 이상반응이 없었다는 답변을 듣고 부작용에 대한 충분한 사전 설명 없이 환부인 목 부위에 봉침시술을 하였는데 피해자가 위 시술 직후 쇼크반응을 나타내는 등 상해를 입은 경우 한의사가 봉침시술에 앞서 설명의무를 다하였더라도 피해자가 반드시 봉침시술을 거부하였을 것이라고 볼 수 없다면 한의사의 설명의무 위반과 피해자의 상해 사이에 상당인과관계가 인정되지 않는다(대판 2010도10104). [16(1)모·15(3)모·20법행]

24. 의사 甲이 고령의 간경변증 환자 A에게 수술과정에서 출혈 등으로 신부전이 발생하여 생명이 위험할 수 있다는 점에 대하여 설명하지 아니하고 수술하던 도중 출혈 등으로 A가 사망한 경우, A가 당해 수술의 위험성을 충분히 인식하고 있어 甲이 설명의무를 다하였더라도 A가 수술을 거부하지 않았을 것으로 인정된다면 甲의 설명의무위반과 A의 사망 사이에 인과관계가 부정된다(대판 2014도11315). [17변시]

25. 운전자 甲이 주의의무를 게을리 하여 열차건널목을 그대로 건너는 바람에 그 자동차가 열차 좌측 모서리와 충돌하여 20여 미터쯤 열차 진행방향으로 끌려가면서 튕겨나갔고, A는 타고 가던 자전거에서 내려 위 자동차 왼쪽에서 열차가 지나가기를 기다리고 있다가 위 충돌사고로 놀라 넘어져 상처를 입었다면, 甲의 위 과실과 A의 상처 사이에는 상당인과관계가 인정된다(대판 89도866). [17(2)모]

구성요건적 고의

26. 고의를 구성요건적 고의와 책임고의로 나누어 고의의 이중적 지위(기능)를 인정하는 견해에 의하면 책임고의에는 객관적 행위상황의 인식 및 위법성인식이 포함되지 않는다. (O) [22(3)모]

: 고의의 이중적 기능을 인정하는 견해에 의하면 객관적 행위상황의 인식은 구성요건적 고의의 내용이 된다. 또한 이중기능성설의 책임고의는 자신의 행위가 법적으로 금지되어 있다는 것을 인식하는 '위법성의 인식'과 구별된다. 즉 위법성의 인식은 '법적 금지성'을 인식하는 것이고, 심정반가치로서의 책임고의는 법적 금지성을 인식하고서도 구태여 행위를 하겠다고 결심한 심정적인 측면을 문제삼는다.

27. 절도죄에 있어서 재물의 타인성은 고의의 인식대상이다(대판 2010도9570 참조). [23변시]

28. 상습절도의 '상습성'은 동종의 범행을 반복·누행(累行)하는 습벽으로 고의의 인식대상이 아니다(대판 90감도3). [21(2)모]

29. 「형법」 제331조 제2항(흉기휴대절도)의 특수절도죄에서 행위자는 흉기를 휴대하고 있다는 사실을 인식할 필요가 없다. (X) [17변시]

: 형법 제331조 제2항(흉기휴대절도)의 특수절도죄에서 행위자는 흉기를 휴대하고 있다는 사실도 고의의 인식대상이므로 이에 대한 인식이 있어야 고의가 성립한다.

30. 사전수뢰죄에 있어서 '공무원 또는 중재인이 된 때'와 같은 객관적 처벌조건은 고의의 인식대상이 아니다. (O) [19(3)모]

31. 친족상도의 친족관계는 행위시에 객관적으로 존재하면 충분하고 이를 인식할 필요도 없으며, 이에 관한 착오는 범죄성립에 지장이 없다(대판 66도104). [19·17변시·22(3)모·22(1)모]

32. 아동·청소년의 성을 사는 행위를 알선하는 행위를 업으로 하여 청소년성보호법 제15조 제1항 제2호의 위반죄가 성립하기 위해서는 알선행위를 업으로 하는 사람이 아동·청소년을 알선의 대상으로 삼아 그 성을 사는 행위를 알선한다는 것을 인식하여야 하지만, 이에 더하여 알선행위로 아동·청소년의 성을 사는 행위를 한 사람이 행위의 상대방이 아동·청소년임을 인식하여야 한다고 볼 수는 없다(대판 2015도15664). [18변시]

★★ 사례문제 기출례 미필적 고의와 인식 있는 과실의 구별 [19·16변사, 22·21모사 등] : 개연성설, 감수설, 용인설(判)

33. 범죄구성요건의 주관적 요소로서 미필적 고의라 함은 범죄사실의 발생가능성을 불확실한 것으로 표상하면서 이를 용인하는 경우를 말하고, 미필적 고의가 있었다고 하려면 범죄사실의 발생가능성에 대한 인식이 있음은 물론 나아가 범죄사실이 발생할 위험을 용인하는 내심의 의사가 있어야 한다(대판 2004도74). [18변시·21(2)모]

34. 행위자가 범죄사실이 발생할 가능성을 용인하고 있었는지 여부는 행위자의 진술에 의존하지 않고 외부에 나타난 행위의 형태와 행위 상황 등 구체적인 사정을 기초로 일반인이라면 해당 범죄사실이 발생할 가능성을 어떻게 평가할 것인지를 고려하면서 '행위자'의 입장에서 그 심리상태를 추인하여야 한다(대판 2004도74).
[20(3)모·21(2)모·19(2)모]

35. 살인죄에서 살인의 범의는 반드시 살해의 목적이나 계획적인 살해의 의도가 있어야 하는 것은 아니고 자기의 행위로 인하여 타인의 사망이라는 결과를 발생시킬 만한 가능성 또는 위험이 있음을 인식하거나 예견하면 족한 것이며 그 인식이나 예견은 확정적인 것은 물론 불확정적인 것이라도 이른바 미필적 고의로 인정된다(대판 2006도734).
[21(2)모·18(3)모·12(2)모]

36. 청소년유해업소의 업주로서는 청소년이 자신의 신분과 연령을 감추고 유흥업소 취업을 감행하는 사례가 적지 않은 유흥업계의 취약한 고용실태 등에 비추어 대상자의 연령을 공적 증명에 의하여 확실히 확인할 수 있는 때까지 그 채용을 보류하거나 거부하여야 함에도 불구하고, 주민등록증의 사진과 얼굴이 다르다는 의문을 가지면서도 고용계약을 하였다면 청소년임에도 불구하고 그들을 고용한다는 점에 관한 미필적 고의가 있었던 것이다(대판 2013도8385).
[21(2)모]

37. 지하철화재 사고 현장을 수습하기 위한 청소 작업이 한참 진행되고 있는 시간 중에 실종자 유족들로부터 이의제기가 있었음에도 지하철공사 사장 甲이 즉각 청소 작업을 중단하도록 지시하지 아니한 경우, 甲에게 증거인멸죄의 고의를 인정할 수는 없다(대판 2004도74).
[19(3)모]

38. 피고인이 범죄구성요건의 주관적 요소인 고의를 부인하는 경우, 그 범의 자체를 객관적으로 증명할 수는 없으므로 사물의 성질상 범의와 관련성이 있는 간접사실 또는 정황사실을 증명하는 방법으로 이를 증명할 수밖에 없다(대판 2003도6056).
[19(2)모]

▎유제▎ 공모공동정범에서 공모자들이 공모는 물론이고 범의까지 부인하는 경우, 이러한 주관적 요소로 되는 사실은 사물의 성질상 범의와 상당한 관련성이 있는 간접사실 또는 정황사실을 증명하는 방법에 의하여 이를 입증할 수 있다(대판 2016도15470 등).
[19(3)모]

구성요건적 착오

39. 절도죄에 있어서 재물의 타인성을 오신하여 그 재물이 자기에게 취득할 것이 허용된 동일한 물건으로 오인하고 가져온 경우에는 범죄사실에 대한 인식이 있다고 할 수 없으므로 범의가 조각되어 절도죄가 성립하지 아니한다(대판 83도1762).
[19변시·20(2)모]

★★ 사례문제 기출례 구성요건적 착오문제 해결 [23·21변사, 24·23·21모사 등] :
① 구체적부합설, ② 법정적부합설(判), ③ 추상적부합설

40. 만일 乙이 A의 집 앞에서 기다리고 있다가 B를 A로 착각하여 칼로 찔러 살해했다면, 법정적 부합설에 따를 경우, 乙에게는 A에 대한 살인미수죄와 B에 대한 과실치사죄가 성립하고 양 죄는 상상적 경합 관계이다. (X) [24·23변시]

: 구체적 사실의 착오 중 객체의 착오는 구체적 부합설, 법정적 부합설 및 추상적 부합설, 모두 발생사실인 B에 대한 살인(기수)죄의 죄책을 진다.

┃유제┃ 乙이 丙을 甲으로 오인하고 자동차로 들이받아 골절상을 입힌 행위의 죄책에 관하여서는 법정적 부합설과 구체적 부합설의 결론이 동일하다. (O) [23(2)모]

41. 추상적 사실의 착오에 있어서 법정적 부합설은 객체의 착오와 방법의 착오 효과를 동일하게 파악한다. (O) [24(1)모]

: 법정적 부합설(구체적 부합설도 동일함)은 추상적 사실의 착오 사례의 경우 객체의 착오와 방법의 착오 모두 인식사실의 미수와 발생사실의 과실의 상상적 경합을 인정한다.

42. 구체적 사실의 착오에 있어서 구체적 부합설은 객체의 착오와 방법의 착오의 효과를 서로 다르게 파악한다. (O) [24(1)모]

: 구체적 부합설은 구체적 사실의 착오의 경우 객체의 착오만 인식사실의 고의를 발생사실로 전용하여 발생사실의 고의기수를 인정하고, 방법의 착오는 인식사실 미수와 발생사실 과실의 상상적 경합을 인정한다.

43. 구체적 부합설에 대하여는 고의의 기수책임을 인정하는 범위가 지나치게 협소하다는 비판이 제기된다. (O) [24(1)모]

: 구체적 부합설이 구체적 사실의 착오 중 객체의 착오 대해서만 고의기수를 인정하기 때문에 받는 비판이다.

44. 구체적 사실의 착오에 관하여 추상적 부합설은 구체적 부합설과 같은 결론을 낸다. (X) [24(1)모]

: 추상적 부합설은 구체적 사실의 착오 사례에 대해서는 객체의 착오 및 방법의 착오 모두 발생사실에 대한 고의기수를 인정하므로, 법정적 부합설과 결론을 같이 하고 구체적 부합설과는 결론을 달리한다.

45. 甲이 A를 살해하기 위해 A를 향하여 총을 쏘았으나 총알이 빗나가 A의 옆에 있던 B에게 맞아 B가 즉사한 경우, 구체적 부합설에 의하면 甲에게는 B에 대한 살인죄의 죄책이 인정되지 않는다. (O) [19변시·14(2)모]

: 방법의 착오의 경우 구체적 부합설은 인식사실의 미수와 발생사실의 과실범의 상상적 경합을 인정하고 법정적 부합설과 추상적 부합설은 발생사실에 대한 기수를 인정한다.

46. 사람을 살해할 목적으로 총을 발사한 이상 그것이 행위자가 인식했으나 목적하지 아니한 다른 사람에게 명중되어 사망의 결과가 발생하였더라도 사망한 자에 대한 살인죄의 고의가 인정된다(대판 75도727). [22(1)모]

- 구체적 사실의 착오에 관하여 법정적 부합설 취지의 판례

47. 甲이 A, B, C 등 3명과 싸우다가 힘이 달리자 갑자기 인근 가게에서 식칼을 가지고 와 상해의 고의로 이들 3명을 상대로 휘두르다가 빗나가 옆에 있던 D에게 상해를 입혔다면 甲에게 D의 상해에 대한 고의가 인정된다. (O) [22변시]

: 방법의 착오의 경우 판례의 입장인 법정적 부합설에 따르면 발생사실에 대한 고의기수를 인정한다.

48. 甲이 상해의 고의로 A에게 쇠파이프를 휘둘렀으나 A가 피하는 바람에 그 옆에 있던 공기청정기가 파손된 경우, 법정적 부합설에 의하면 특수상해미수죄와 특수손괴죄의 상상적 경합이 성립한다. (X) [13변시·23(2)모]

: 추상적 사실의 착오의 경우, 법정적 부합설에 의하면 인식사실에 대한 미수범과 발생사실에 대한 과실범(과실범이 처벌되는 범죄일 경우)의 상상적 경합이 성립한다. 그런데 손괴죄의 과실범이 처벌되지 않으므로, 본 지문에서 甲은 특수상해미수죄의 죄책만 진다.

▮유제▮ 상해의 고의로 사람에게 돌을 던졌으나 빗나가서 그 사람 옆에 주차되어 있던 자동차 앞 유리에 맞아 유리가 파손되었다면 상해죄로 처벌된다. (X) [22(3)모]

49. 甲이 마당에 있는 乙의 도자기를 손괴하려고 돌을 던졌으나 빗나가 옆에 있던 乙에게 상해를 입힌 경우, 법정적 부합설에 따르면 甲은 상해죄로 처벌된다. (X) [14변시]

: 甲에게는 손괴미수와 과실치상죄의 상상적 경합이 인정된다.

★★ 사례문제 기출례 정범의 객체의 착오시 교사범의 착오 [23·19변사, 23·20모사 등]

50. ① 동일한 구성요건 간의 착오의 해결에 대한 법정적 부합설의 입장에서는 피교사자가 객체의 착오를 일으킨 경우에도 교사자에게 발생한 결과에 대한 고의기수의 교사범 성립을 인정한다. (O) [22(2)모]
② 甲은 乙에게 A를 살해하라고 교사하였으나 乙이 B를 A로 착각하여 B를 살해한 경우, 甲에게 객체의 착오를 인정하는 견해에 따르면 甲에게는 B에 대한 살인교사죄가 성립한다. (O) [17변시·12(2)모]

: 정범의 객체의 착오가 공범에게는 어떤 착오가 되는가와 관련하여 대체로 법정적 부합설의 입장에서는 객체의 착오로, 구체적 부합설의 입장에서는 방법의 착오로 이해한다. 따라서 법정적 부합설에 따르면 발생사실에 대한 고의범의 교사범이 된다.

51. 피해자가 장모임을 인식하지 못하고 자신을 추격하는 사람을 살해한 것은 「형법」 제15조 제1항이 반전된 형태, 즉 '특히 중한 죄가 되는 사실을 인식하지 못한' 행위로서 존속살해죄의 형으로 처단하여야 한다. (X) [20(2)모·12(2)모]

: 직계존속임을 인식치 못하고 살인을 한 경우는 형법 제15조 소정의 특별히 중한 죄가 되는 사실을 인식하지 못한 행위에 해당한다(단순살인죄 인정, 대판 4293형상494).

52. 강간피해자가 도피하면서 현장에 놓아두고 간 만년필을 그 정을 알지 못하는 행인이 점유이탈물로 생각하고 취득하였다면 절도죄로 처벌할 수 없다. (O) [20(2)모]

: 사안은 점유이탈물횡령의 고의로 절도를 실현한 경우에 해당한다. 이 경우 형법 제15조 소정의 특별히 중한 죄가 되는 사실을 인식하지 못한 경우에 해당하여 중한 절도죄로 처벌할 수 없고 인식한 경한 점유이탈물횡령죄의 고의기수가 된다.

★★ 사례문제 기출례 개괄적 고의사례에서 고의귀속의 문제 [20변사, 20모사 등]:
① 개괄적 고의에 의한 단일행위설, ② 인과관계착오의 특수한 유형설, ③ 미수와 과실의 경합설

53. 피해자가 피고인들의 살해의 의도로 행한 구타행위에 의하여 직접 사망한 것이 아니라 죄적을 인멸할 목적으로 행한 매장행위에 의하여 사망하게 되었다 하더라도 전과정을 개괄적으로 보면 피해자의 살해라는 처음에 예견된 사실이 결국은 실현된 것으로서 살인죄의 죄책을 면할 수 없다(대판 88도650). [24·14변시·22(1)(2)모·20(2)모·13(2)모]

┃유제┃ 甲은 살인 고의로 A의 머리를 둔기로 가격한 후 A가 실신하자 죽었다고 생각하고 죄적인멸을 위해 A를 매장했으나 A는 매장으로 질식사한 경우, 甲에게 살인미수죄와 과실치사죄의 상상적 경합이 인정된다.(X)
[25·17·13변시]

★ 사례문제 기출례 개괄적 과실사례

54. 甲이 호텔에 함께 투숙한 A에게 상해를 가하고 A가 정신을 잃자 사망한 것으로 오인하고 자살한 것처럼 위장하기 위하여 베란다 아래로 A를 떨어뜨려 두개골 골절로 사망케 하였다면, 甲의 행위는 포괄하여 단일의 상해치사죄로 처벌된다(대판 94도2361). [19·13변시·21(1)모·20(1)(3)모]

┃유제┃ 상해의 고의로 행한 구타행위로 상해를 입은 피해자가 정신을 잃고 빈사상태에 빠지자 사망한 것으로 오인하고, 자신의 행위를 은폐하고 피해자가 자살한 것처럼 가장하기 위해 피해자를 호텔 베란다 밖으로 떨어뜨려 사망하게 하였다면, 상해죄와 과실치사죄의 경합범이 된다.(X)
[22변시·14(2)모]

제2절 위법성

1. ① 행위자의 행위가 긴급피난에 해당하기 위해서는 긴급피난상황에 대한 인식만 있으면 족하며, 위난을 피하고자 하는 의사까지 필요한 것은 아니다. (X) [24변시]
② 긴급피난에서 피난의사는 위법성조각사유의 주관적 요건이지만, 과잉피난이 성립하기 위해서는 피난의사가 요구되지 않는다. (X) [24(3)모]

: 정당방위·과잉방위나 긴급피난·과잉피난이 성립하기 위하여는 방위의사 또는 피난의사가 있어야 하는바, 피고인들에게 방위의사나 피난의사가 있다고 볼 수도 없어 정당행위, 정당방위·과잉방위, 긴급피난·과잉피난에 해당한다고 할 수 없다(대판(全) 96도3376).
답 ×, ×

★★ 사례문제 기출례 주관적 정당화요소 결여의 효과 [23·22·17모사] :
① 위법성조각설(결과반가치론), ② 기수범설(행위반가치론), ③ 불능미수범설(이원적 인적 불법론)

2. 객관적인 정당화상황이 존재하지만 주관적인 정당화요소가 없는 경우의 법적 효과에 대하여 위법성이 조각되기 위해서는 주관적인 정당화요소가 필요하다는 입장 내에서도 불능미수범으로 보는 견해와 기수범으로 보는 견해로 나누어진다. (O) [14(3)모·12(2)모]

: 주관적 정당화요소를 결한 우연방위의 경우에 결과반가치론에 의하면 위법성이 조각되어 무죄가 되는 반면 일원적 주관적 불법론에서는 행위반가치만으로 불법을 판단하므로 이 경우에도 살인기수가 된다. 한편 이원적 인적 불법론에 따르면 객관적 정당화상황이 존재하여 기수범의 결과반가치는 배제되지만 행위반가치는 그대로 존재하므로 살인죄의 불능미수라고 본다.

3. 위법성을 조각하기 위한 행위에 주관적 정당화요소가 필요하지 않다는 견해에 따르면 버스기사의 운전을 방해하여 버스정류장에 연착하게 만들었는데, 이로 인해 마침 도착예정 시각에 발생한 주유소 폭발사고를 우연히 피하게 만든 경우에는 위법성이 조각된다. (O) [21(3)모]

: 정당방위(긴급피난)의 성립에 주관적 정당화요소가 필요하지 않다고 보면 우연방위(피난)는 정당방위(긴급피난)에 해당한다. (O) [20(1)모]

4. 늦은 밤 어두운 골목길을 걸어 귀가하던 甲은 10여 분간 뒤따라오던 乙 때문에 짜증이 나자 갑자기 뒤돌아서서 상해의 고의로 乙을 주먹과 발로 구타하여 4주간의 치료가 필요한 상해를 가하였다. 그러나 사실 乙은 평소 원한관계에 있던 甲을 발견하고는 기습적으로 공격하려고 주머니에 칼을 숨긴 채 기회를 엿보며 뒤따라가고 있었고, 甲이 공격하던 그 순간 칼을 꺼내 甲을 찌르려고 하던 중이었다.
객관적 정당화요소만 충족되면 위법성이 조각된다는 입장에 따를 경우 위법성이 조각되어 무죄이나, 주관적 정당화요소까지 충족되어야 위법성이 조각된다는 입장에 의할 때는 상해죄의 불능미수가 성립한다. (O) [15변시]

정당방위

5. 자연재해나 야생동물에 의한 침해에 대하여는 정당방위를 할 수 없다. (O) [20(1)모]

: 정당방위는 현재의 부당한 침해에 대해서만 가능한바, 여기서 침해란 법익에 대한 사람의 공격을 말한다.

6. 甲은 乙과 말다툼을 하다가 낫을 들고 반항하는 乙로부터 낫을 빼앗아 乙의 가슴, 배, 목 등을 10여 차례 찔러 乙로 하여금 자상으로 사망하게 한 경우, 甲의 행위는 그 정도를 초과한 것으로서 「형법」 제21조 제2항의 과잉방위에 해당한다. (X) [22·17변시·14사시]

: 피고인의 범행행위가 피해자의 피고인에 대한 현재의 부당한 침해를 방위하기 위한 행위로 상당한 이유가 있는 경우에 해당한다고 볼 수 없고, 방위행위가 그 정도를 초과한 때에 해당하거나 정도를 초과한 방위행위가 야간 기타 불안스러운 상태하에서 공포, 경악, 흥분으로 인한 때에 해당한다고 볼 수도 없다(대판 2007도1794).

┃유제┃ 싸우다가 도망가는 피해자를 쫓아가 그가 소지하고 있던 식칼을 빼앗아 피해자를 찔러 살해한 행위는 정당방위에 해당한다. (X) [20(1)모]

7. 정당방위에서 '침해의 현재성'이란 침해행위가 형식적으로 기수에 이르렀는지에 따라 결정되는 것이 아니라 자기 또는 타인의 법익에 대한 침해상황이 종료되기 전까지를 의미하는 것이므로 일련의 연속되는 행위로 인해 침해상황이 중단되지 아니하거나 일시 중단되더라도 추가 침해가 곧바로 발생할 객관적인 사유가 있는 경우에는 그중 일부 행위가 범죄의 기수에 이르렀더라도 전체적으로 침해상황이 종료되지 않은 것으로 볼 수 있다(대판 2020도6874). [24(3)모]

사례문제 기출례 계속적 위험과 정당방위

8. [1] 정당방위의 성립요건으로서의 방어행위에는 순수한 수비적 방어뿐 아니라 적극적 반격을 포함하는 반격방어의 형태도 포함되나, 그 방어행위는 자기 또는 타인의 법익침해를 방위하기 위한 행위로서 상당한 이유가 있어야 한다. (O) [12변시·24(3)모·18(3)모 등]
[2] 의붓아버지의 강간행위에 의하여 정조를 유린당한 후 계속적으로 성관계를 강요받아 온 피고인이 상피고인과 사전에 공모하여 범행을 준비하고 의붓아버지가 제대로 반항할 수 없는 상태에서 식칼로 심장을 찔러 살해한 행위는 사회통념상 상당성을 결여하여 정당방위가 성립하지 아니한다. (O)
[3] 피고인이 약 12살 때부터 의붓아버지인 피해자의 강간행위에 의하여 정조를 유린당한 후 계속적으로 이 사건 범행 무렵까지 피해자와의 성관계를 강요받아 왔고, 그러한 침해행위가 그 후에도 반복하여 계속될 염려가 있었다면, 피고인들의 이 사건 범행 당시 피고인의 신체나 자유 등에 대한 현재의 부당한 침해상태가 있었다고 볼 여지가 없는 것은 아니나, 피고인들의 판시 행위가 형법 제21조 소정의 정당방위나 과잉방위에 해당한다고 하기는 어렵다(대판 92도2540). [11(1)모·12사시]

9. 정당방위는 현재의 부당한 침해를 방어하기 위한 것이므로 위법하지 않은 정당한 침해에 대한 정당방위는 인정되지 않는다(대판 2003도3606). [18(3)모]

10. 공직선거 후보자 합동연설회장에서 후보자 甲이 적시한 연설 내용이 다른 후보자 乙에 대한 명예훼손 또는 후보자비방의 요건에 해당하나 그 위법성이 조각되는 경우, 甲의 연설 도중에 乙이 마이크를 빼앗고 욕설을 하는 등 물리적으로 甲의 연설을 방해한 행위는 정당방위에 해당한다. (X) [22(1)모·16(3)모]
: 이 경우 甲의 '위법하지 않은 정당한 침해'에 대하여 이루어진 것일 뿐만 아니라 '상당성'을 결여하여 정당방위의 요건을 갖추지 못하였다(대판 2003도3606).

11. 검사가 참고인조사를 받는 줄 알고 검찰청에 자진출석한 변호사 사무실 사무장을 긴급체포의 요건을 갖추지 못하였음에도 긴급체포하자 변호사가 이를 제지하는 과정에서 검사에게 상해를 가한 경우, 공무집행방해죄의 구성요건에 해당하지 않고 상해죄의 구성요건에만 해당하지만, 상해죄는 정당방위로 위법성이 조각된다(대판 2006도148). [17변시·12변시·18(3)모]

12. 운전자가 경찰관의 불심검문을 받아 운전면허증을 교부한 후 경찰관에게 큰 소리로 욕설을 하였는데, 경찰관이 자신을 모욕죄의 현행범으로 체포하려고 하자 반항하면서 경찰관에게 가벼운 상해를 입힌 경우 정당방위에 해당한다(대판 2011도3682). [18변시·15(3)모]
┃유제┃甲이 불심검문을 받아 경찰관 A에게 운전면허증을 교부한 후 불심검문에 항의하는 과정에서 우발적으로 큰소리로 욕설을 하여 A뿐만 아니라 인근 주민도 그 욕설을 직접 들었던 상황에서, A가 甲을 모욕죄의 현행범으로 체포하려 하자 甲이 이에 반항하는 과정에서 A에게 상해를 입힌 경우, ① 공무집행방해죄는 구성요건에 해당하지 않고, [24(1)모] ② 상해죄는 정당방위에 해당한다.(O) [22변시]

13. 타인의 법익에 대한 현재의 부당한 침해를 방어하기 위한 행위도 상당한 이유가 있으면 정당방위에 해당된다. (O) [18(3)모·14(2)모]

14. A와 B가 차량 통행 문제로 다투던 중에 A가 차를 몰고 문안으로 운전해 들어가려 하자 B가 양팔을 벌리고 제지하였음에도 A가 차를 약 3미터 가량 B의 앞쪽으로 급진시키자, 이때 그 차 운전석 옆에 서 있던 B의 아들 甲이 B를 구하려고 차를 정지시키기 위하여 운전석 옆 창문을 통해 A의 머리카락을 잡아당겨 A의 흉부가 차의 창문틀에 부딪혀 약간의 상처를 입게 하였다면, 甲의 행위는 정당방위에 해당한다(대판 86도1091). [23변시]

15. 정당방위·과잉방위나 긴급피난·과잉피난이 성립하기 위하여는 방위의사 또는 피난의사가 있어야 한다고 할 것이다(대판 96도3376). [12변시·17(2)모]

16. 甲이 군무기피의 목적이 있었으나 국군보안사령부의 민간인에 대한 정치사찰을 폭로한다는 명목으로 군무를 이탈한 경우라면 위법성이 조각된다. (X) [17변시]

: 군무기피를 목적으로 한 피고인의 부대이탈행위가 형법 제21조에 정한 정당방위에 해당한다거나 같은 법 제20조에 정한 사회통념상 허용될 수 있는 정당행위에 해당한다고 볼 수는 없다(대판 93도766).

17. 가해자의 행위가 피해자의 부당한 공격을 방위하기 위한 것이라기보다는 서로 공격할 의사로 싸우다가 먼저 공격을 받고 이에 대항하여 가해하게 된 경우, 그 가해행위는 방어행위인 동시에 공격행위의 성격을 가지므로 정당방위 또는 과잉방위라고 볼 수 없다(대판 2000도223). [14변시·17(1)모·18(3)모]

18. ① 겉으로는 서로 싸움을 하는 것처럼 보이더라도 실제로는 한쪽 당사자가 일방적으로 위법한 공격을 가하고 상대방은 이러한 공격으로부터 자신을 보호하고 이를 벗어나기 위한 저항수단으로서 유형력을 행사한 경우, 그 행위가 새로운 적극적 공격이라고 평가되지 아니하는 한, 이는 사회관념상 허용될 수 있는 상당성이 있는 것으로서 위법성이 조각된다(대판 99도3377). [18(3)모·16(3)모]
② 자신의 남편과 甲이 불륜을 저지른 것으로 의심한 乙이 이를 따지기 위해 乙의 아들 등과 함께 甲의 집안으로 들어와 서로 합세하여 甲을 구타하자, 그로부터 벗어나기 위해 손을 휘저으며 발버둥치는 과정에서 乙에게 상해를 가한 甲의 행위는 위법성이 조각된다(대판 2009도12958). [17변시·14변시·19(1)모]

19. 甲은 술에 취한 처남 乙이 자신의 처(妻) A와 말다툼을 벌이다 乙이 A의 머리채를 잡고 때리는 광경을 목격하고는 화가 나서 乙과 싸우게 되었는데, 그 과정에서 85kg이 넘는 乙이 62kg의 甲을 침대 위에 넘어뜨리고 가슴 위에 올라타 목 부분을 누르자, 甲은 침대 위에 놓여있던 과도로 乙을 찔러 상해를 입혔다. 甲의 행위는 乙의 부당한 공격을 방위하기 위한 것이라기보다는 서로 공격할 의사로 싸우다가 먼저 공격을 받고 이에 대항하여 가해하게 된 것이므로, 그 가해행위는 방어행위인 동시에 공격행위의 성격을 가지고 있어서 정당방위 또는 과잉방위행위라고 볼 수 없다(대판 2000도228). [16사시]

20. 甲이 자신의 개로 하여금 乙을 공격하게 하자 乙이 행인 丙의 고가의 우산을 빼앗아 개를 쫓는 과정에서 우산을 훼손한 경우, 우산 손괴행위는 정당방위에 해당하지 않는다. (O) [17(1)모]

: 침해자의 법익이 아닌 제3자의 법익에 대한 반격은 긴급피난이 문제된다.

21. 정당방위의 성립요건으로서의 방어행위에는 순수한 수비적 방어뿐 아니라 적극적 반격을 포함하는 반격방어의 형태도 포함되나, 그 방어행위는 자기 또는 타인의 법익침해를 방위하기 위한 행위로서 상당한 이유가 있어야 한다(대판 92도2540). [12변시·24(3)·18(3)모·17(2)모·05사시]

★ 사례문제 기출례 정당방위의 상당한 이유 [17변사 · 20모사] : ① 필요성(수단의 적합성, 상대적 최소침해), ② 사회윤리적 제한

22. 정당방위가 성립하려면 침해행위에 의하여 침해되는 법익의 종류, 정도, 침해의 방법, 침해행위의 완급과 방위행위에 의하여 침해될 법익의 종류, 정도 등 일체의 구체적 사정들을 참작하여 방위행위가 사회적으로 상당한 것이어야 한다(대판 2003도3606). [16(3)모 · 15(3)모][20(2)사]

23. 甲은 약혼자를 승용차에 태우고 도로를 진행하고 있었는데, 술에 취하여 인도에서 택시를 기다리고 있던 乙이 甲의 차를 乙의 회사 직원이 타고 가는 차로 오인하고 차도로 나와 甲의 차를 세워 타려고 하였다. 이에 甲이 항의하자 乙은 甲의 바지춤을 잡고 끌어당겨 甲의 바지를 찢어지게 한 다음 甲을 잡아끌고 가려다가 甲과 함께 넘어졌다. 甲이 약혼자의 신고로 출동한 경찰관이 현장에 도착할 때까지 약 3분가량 乙의 양손을 잡아 누르고 있었다면 甲의 행위는 정당방위에 해당한다(대판 99도943). [20변시]

24. 이혼소송중인 남편이 찾아와 피해자의 목에 가위를 겨누면서 이혼하면 죽여 버리겠다고 협박하고 변태적 성행위를 강요하는 데에 격분하여 피해자가 사전에 침대 밑에 숨겨놓았던 칼로 남편의 복부를 찔러 사망에 이르게 한 경우, 이는 과잉방위에 해당한다. (X) [19변시 · 17(1)(3)모 · 12(2)모]

: 그 행위는 방위행위로서의 한도를 넘어선 것으로 사회통념상 용인될 수 없으므로 정당방위나 과잉방위에 해당하지 않는다(대판 2001도1089).

25. 甲이 A를 7군데나 식칼로 찔러 사망케 하였더라도 그 행위가 A의 구타행위로 말미암아 유발된 경우라면 정당방위가 아니라 과잉방위에 해당한다. (X) [19(3)모]

: 피해자의 구타행위로 말미암아 유발된 범행이었다 하더라도 피고인이 피해자를 7군데나 식칼로 찔러 사망케 한 경우는 정당방위나 과잉방위 해당하지 않는다(대판 83도1906).

26. 甲이 乙로부터 갑자기 뺨을 맞는 등 폭행을 당하여 서로 멱살을 잡고 다투자 주위 사람들이 싸움을 제지하였으나 甲은 맨손으로 공격하는 乙에게 대항하기 위하여 깨어진 병으로 乙을 찌를 듯이 겨누어 협박한 경우, 甲의 행위는 사회통념상 그 정도를 초과하여 상당성이 결여된 것으로서 정당방위에 해당하지 않는다(대판 91도80). [22변시 · 16사시]

27. 甲은 심야에 그의 가족과 함께 극장구경을 마치고 귀가하는 도중 乙이 甲의 조카 A에게 키스를 하자고 달려들고 또한 甲의 처 B를 땅에 넘어뜨리고 구타하고 돌로 B를 내리치려는 순간, 그 침해를 방위하기 위하여 농구화를 신은 발로 乙의 복부를 한 차례 차서 사망에 이르게 하였다. 甲의 행위는 위법성이 조각된다. (X) [13(3)모]

: 피고인의 행위가 과잉방위에 해당한다 할지라도 행위당시 야간에 술이 취한 피해자의 불의의 행패와 폭행으로 인한 불안스러운 상태에서의 공포, 경악, 흥분 또는 당황에 기인된 것으로 형법 제21조 제3항이 적용되어 피고인은 무죄가 된다(대판 73도2380). - 위법성은 인정되나 책임이 조각되어 무죄

★★ 사례문제 기출례 외연적 과잉방위 [19모사]: 공격하는 상대방에게 제1의 반격을 가하여 이미 침해가 중지되었음에도 반격을 계속하는 사례에서 판례의 태도

28. [1] 이 사건 당시 평소 흉포한 성격인데다가 술까지 몹시 취한 A가 심하게 행패를 부리던 끝에 모두 죽여 버리겠다면서 식칼을 들고 甲의 모인 乙에게 달려들어 찌를 듯이 면전에 칼을 들이대다가 甲의 동생 丙으로부터 제지를 받자, 다시 丙의 목을 손으로 졸라 숨쉬기를 어렵게 한 위급한 상황에서 甲이 순간적으로 丙을 구하기 위하여 A에게 달려들어 그의 목을 조르면서 뒤로 넘어뜨린 행위는 乙과 丙의 생명, 신체에 대한 현재의 부당한 침해를 방위하기 위한 상당한 행위라 할 것이나, 나아가 위 사건당시 A가 甲의 위와 같은 방위행위로 말미암아 뒤로 넘어져 더 이상 침해행위를 계속하는 것이 불가능하거나 또는 적어도 현저히 곤란한 상태에 빠졌음에도 甲이 A의 몸 위에 타고앉아 그의 목을 계속하여 졸라 누름으로써 결국 피해자로 하여금 질식하여 사망에 이르게 한 행위는 정당방위의 요건인 상당성을 결여한 행위라고 보아야 할 것이다.

[2] 그러나 극히 짧은 시간내에 계속하여 행하여진 甲의 위와 같은 일련의 행위는 이를 전체로서 하나의 행위로 보아야 할 것이므로, 방위의사에서 비롯된 甲의 위와 같이 연속된 전후행위는 하나로서 형법 제21조 제2항 소정의 과잉방위에 해당한다 할 것이고, 당시 야간에 불안스러운 상태하에서 공포, 경악, 흥분 또는 당황 등으로 말미암아 저질러진 것이라고 보아야 할 것이다(대판 86도1862). [19(3)사]

긴급피난

29. 정당방위는 위법(부당)한 침해를 전제로 하기 때문에 '부정 대 정(不正 對 正)'의 관계로 표현됨에 비하여, 긴급피난은 '정 대 정(正 對 正)'의 관계로 표현되기 때문에 위난의 원인은 정(正)임을 요한다. (X) [12(3)모·03사시]

: 긴급피난은 '정 대 정(正 對 正)'의 관계로 표현된다. 여기서 '正 대 正'이란 피난행위의 상대방이 正이고 피난행위도 正이라는 의미이다. 따라서 위난의 원인은 정(正)임을 요하지 않는다. 부당한 침해에 대해서도 정당방위로 대항하지 않고 긴급피난을 할 수 있기 때문이다.

30. 정당방위행위에 대해서도 제3자의 법익을 침해하는 형태의 긴급피난이 가능하고, (정당화적) 긴급피난에 대해서는 정당방위는 불가능하지만 긴급피난은 가능하다. (O) [14(3)모·14사시]

31. 긴급피난의 본질을 책임조각사유로 이해하는 견해에 의하더라도, 긴급피난에 대해서는 긴급피난을 할 수 있다. (O) [16사시]

: '현재의 위난'이라면 위난의 원인은 불문하고 긴급피난은 가능하고 위난이 위법하거나 부당할 것을 요하지 않는다. 위난이 위법할 경우에는 정당방위가 가능하지만 긴급피난도 가능하다.

32. 긴급한 위난을 당한 데에 책임이 있는 경우에는 긴급피난이 인정될 수 없다. (X) [13(2)모]

: 피난자의 고의·과실에 의하여 자초된 위난의 경우라도 권리남용이 아니거나 예상외의 위난이 초래된 경우에는 긴급피난이 가능하다(다수설).

33. 甲이 스스로 야기한 강간범행의 와중에 피해자 A가 甲의 손가락을 깨물며 반항하자 물린 손가락을 비틀어 잡아 뽑다가 A에게 치아결손의 상해를 입힌 경우, 甲의 행위는 법에 의하여 용인되는 피난행위라 할 수 없다(대판 94도2781). [22변시·21(3)모·16(2)모]

34. 선박의 이동에도 새로운 공유수면점용허가가 있어야 하고 휴지선을 이동하는 데는 예인선이 따로 필요한 관계로 비용이 많이 들어 다른 해상으로 이동을 하지 못하고 있는 사이에 태풍을 만나게 되고, 그와 같은 위급한 상황에서 선박과 선원들의 안전을 위한 조치를 취한 결과 인근 양식장에 피해를 준 경우 긴급피난에 해당한다. (O) [14변시]

: 미리 선박을 이동시켜 놓아야 할 책임을 다하지 아니함으로써 위와 같은 긴급한 위난을 당하였다는 점만으로는 긴급피난을 인정하는데 아무런 방해가 되지 아니한다(대판 85도221).

┃유제┃ 선장이 피조개양식장에 피해를 주지 않기 위해 양식장까지의 거리가 약 30미터가 되도록 선박의 닻줄을 7샤클(175미터)에서 5샤클(125미터)로 감아놓았는데, 태풍을 갑자기 만나게 되면서 선박의 안전을 위하여 어쩔 수 없이 선박의 닻줄을 7샤클로 늘여 놓았다가 피조개양식장을 침범하여 물적 피해를 야기한 경우, 긴급피난에 해당한다. (O) [18변시]

★★ [사례문제 기출례] 긴급피난의 상당한 이유 [21모사] : ① 보충성(최후수단성, 상대적 최소피난), ② 균형성(본질적 우월 이익), ③ 적합성(사회윤리적 적합성)

35. 긴급피난의 '상당한 이유 있는 행위'에 해당하려면, 첫째 피난행위는 위난에 처한 법익을 보호하기 위한 유일한 수단이어야 하고, 둘째 피해자에게 가장 경미한 손해를 주는 방법을 택하여야 하며, 셋째 피난행위에 의하여 보전되는 이익은 이로 인하여 침해되는 이익보다 우월해야 하고, 넷째 피난행위는 그 자체가 사회윤리나 법질서 전체의 정신에 비추어 적합한 수단일 것을 요하는 등의 요건을 갖추어야 한다(대판 2005도9396). [20(2)모 · 17(3)모 · 15(2)모]

36. 다수 주민들의 민원에 따라 입주자대표회의 회장이 위성방송 수신을 방해하는 케이블TV방송의 시험방송 송출을 중단시키기 위하여 위 케이블TV방송의 방송안테나를 절단하도록 지시한 경우, 이는 긴급피난 내지는 정당행위에 해당한다고 볼 수 없다(대판 2005도9396. 업무방해죄). [19 · 18변시 · 17(3)모]

37. 甲이 乙의 개가 자신의 애완견을 물어뜯는 공격을 하자 소지하고 있던 기계톱으로 乙의 개를 절개하여 죽인 경우 긴급피난의 요건을 갖춘 행위로 보기 어렵다(대판 2014도2477). [18 · 17변시]

38. 부작위의무와 부작위의무를 동시에 이행해야 할 경우는 의무의 충돌에 해당하지 않는다. (O) [21(3)모]

: 의무충돌은 동시에 이행할 수 없는 둘 이상의 '법적 의무'가 충돌하는 긴급상태에서 행위자가 그 중 어느 한 의무를 이행한 결과, 이행하지 못한 다른 의무가 형법상의 구성요건을 실현한 경우를 말한다. 따라서 동시이행이 가능한 경우라면 의무충돌상황이 아니다. 부작위의무는 아무리 많아도 동시이행이 가능하므로, 부작위의무와 부작위의무의 충돌은 의무의 충돌에 해당하지 않는다.

자구행위

39. 정당방위, 긴급피난, 자구행위 모두 타인을 위한 경우도 인정된다. (X) [12(2)모 · 08 · 03사시]

: 자구행위는 불법하게 권리를 침해당한 자가 공권력에 의하지 않고 자력으로 그 권리를 보전·회복하는 행위를 말한다. 따라서 자구행위는 자신의 청구권을 보전·회복할 경우에만 인정된다.

40. 자구행위에 의하여 보호되는 청구권은 보전할 수 있는 권리임을 요하므로, 명예와 같은 원상회복이 불가능한 권리는 자구행위의 청구권에 포함되지 않는다(대판 69도2138 참조). [15사시]

41. 토지소유권자 甲이 피해자가 운영하는 회사에 대하여 그 토지의 인도 등을 구할 권리가 있다는 이유만으로 위 회사로 들어가는 진입로를 폐쇄한 경우 자구행위 및 정당행위에 해당하지 아니한다(대판(全) 2006도4328). [16(2)모]

42. 인근 상가의 통행로로 이용되고 있는 토지의 사실상 지배권자가 위 토지에 철주와 철망을 설치하고 포장된 아스팔트를 걷어냄으로써 통행로로 이용하지 못하게 한 경우 자구행위에 해당하지 않는다(대판 2007도7717). [14변시·19(3)모]

43. 甲은 가구대리점을 운영하는 A에게 가구를 팔았는데 A가 대금을 갚지 않고 부도를 낸 후 도피하자 자신의 물품대금 채권을 다른 채권자들보다 우선적으로 확보할 목적으로 A가 부도를 낸 다음날 새벽에 A의 승낙을 받지 아니한 채 A의 가구점의 시정장치를 쇠톱으로 절단하고 침입하여 시가 1천만 원 상당의 가구들을 화물차에 싣고 간 경우, 甲의 행위는 자구행위나 과잉자구행위에 해당하지 않는다(대판 2005도8081). [21(3)모·19(3)모·19(2)모]

또한 甲이 A의 가구들을 취거할 당시 A의 추정적 승낙이 있다고 볼 수 없다. (O) [24(2)모]

44. 긴급피난과 자구행위에 의한 위법성조각을 위해서는 공통적으로 상당한 이유가 있는 것으로 평가되어야 하고, 상당한 이유가 있는 것으로 평가받기 위해서는 공통적으로 보충성의 원칙이 적용되어야 한다. (O) [22(2)모]

45. 방위행위, 피난행위, 자구행위가 그 정도를 초과한 때에는 정황에 의하여 그 형을 감경 또는 면제하여야 한다. (X) [22(2)모·12(2)모·11사시]

: 과잉방위·과잉피난·과잉자구행위는 모두 정황에 의하여 형을 감경 또는 면제할 수 있는 '임의적' 감면사유에 해당한다(제21조 제2항, 제22조 제3항, 제23조 제2항).

46. 형법은 과잉방위행위, 과잉피난행위, 과잉자구행위가 야간 기타 불안스러운 상태하에서 공포, 경악, 흥분 또는 당황으로 인한 때에는 벌하지 아니한다고 규정하고 있다. (X) [12(2)모·12사시]

: '야간 기타 불안스러운 상태하에서 공포, 경악, 흥분 또는 당황으로 인한 때에는 벌하지 아니한다.'는 규정은 과잉방위행위, 과잉피난행위에만 규정되어 있고, 과잉자구행위에는 규정되어 있지 않다.

피해자의 승낙

47. [1] 타인 명의의 사문서를 작성·수정할 당시 명의자의 현실적인 승낙은 없었지만, 그 승낙을 얻는 것이 불가능하였고 그 당시의 모든 객관적 사정을 종합하여 명의자가 행위 당시 그 사실을 알았다면 당연히 승낙했을 것이라고 추정되는 경우 사문서의 위·변조죄가 성립하지 않는다. (O)
[19 · 17변시 · 22(2)모 · 21(2)모]

[2] 명의자의 명시적인 승낙이나 동의가 없다는 것을 알고 있으면서도 명의자 이외의 자의 의뢰로 문서를 작성하는 경우 명의자가 문서작성 사실을 알았다면 승낙하였을 것이라고 기대하거나 예측한 것만으로는 그 승낙이 추정된다고 단정할 수 없다(대판 2002도235). [20(2)모 · 17(1)모 · 13(2)모]

▮유제▮ 타인 명의로 사문서를 작성함에 있어 그 명의자의 명시적이거나 묵시적인 승낙(위임)이 있었더라도 사문서위조죄는 사회적 법익에 관한 죄이므로 이는 사문서위조에 해당한다. (X) [24(3)모]

48. 피해자의 승낙을 구성요건해당성배제사유로 보는 견해에 의하면, 피해자의 승낙이 존재하지 않음에도 불구하고 존재한다고 오인한 경우에는 과실범이 성립할 수 있다. (O) [15사시]

49. A는 동거 중인 甲이 자신의 지갑에서 현금을 꺼내가는 것을 보았으나 이를 만류하지 않았다. 甲의 행위는 위법성이 조각된다. (X) [19(1)모]

: 절도죄에서 피해자의 동의는 구성요건을 조각하는 양해에 해당한다(대판 85도1487).

50. 피고인이 피해자에게 이 사건 밍크 45마리에 관하여. 자기에게 그 권리가 있다고 주장하면서 이를 가져간 데 대하여 피해자의 묵시적인 동의가 있었다면 피고인의 주장이 후에 허위임이 밝혀졌더라도 피고인의 행위는 절도죄의 절취행위에는 해당하지 않는다(대판 90도1211). [24(3) · 13(3)모 · 10법행]

51. 피해자의 승낙은 형사불법의 귀속에 관하여 피해자에게 처분권을 부여해 주는 규정으로서, 형법이론적으로 피해자 고려, 형법의 보충성 실현, 형법의 민사화 등의 의미를 갖는다. (O) [16변시]

52. 산부인과 의사에 의하여 행해진 자궁적출 시술이 환자의 승낙에 의해 이루어졌더라도, 그 승낙이 의사의 불충분하고 부정확한 설명에 근거한 것이라면 그 승낙은 수술의 위법성을 조각할 수 없다(대판 92도2345).
[21 · 16변시 · 14(2)모]

▮유제▮ 난소의 제거로 이미 임신 불능 상태에 있는 피해자의 자궁을 적출했다 하더라도 그 경우 자궁을 제거한 것이 신체의 완전성을 해한 것이 아니라거나 생활기능에 아무런 장애를 주는 것이 아니라거나 건강상태를 불량하게 변경한 것이 아니라고 할 수 없으므로 상해에 해당한다. (O) [19(2)모]

53. 피해자의 승낙은 침해행위 이전에 자유롭게 철회할 수 있고, 그 철회의 방법에는 특별한 제한이 없다. (O)
[24(3) · 22(2)모 · 14(2)모]

: 그러나 승낙은 법익침해시에 존속해야 하므로 행위당시에 이미 철회된 경우에는 그 행위는 위법성이 조각될 수 없다. 또한 사후승낙은 위법성을 조각하지 않는다. [16변시 · 14(3)모]

54. 묵시적 승낙이 있는 경우에도 피해자의 승낙에 의해 위법성이 조각될 수 있다(대판 2008도6940). [21변시]

★ 사례문제 기출례 승낙에 의한 행위의 사회상규 위반 여부 판단기준 [12변사]

55. 개인적 법익을 훼손하는 경우에 「형법」 제24조의 피해자의 승낙에 의해 위법성이 조각되려면 그 승낙이 법률상 이를 처분할 수 있는 사람의 승낙이어야 할 뿐 아니라 윤리적, 도덕적으로 사회상규에 반하지 않아야 할 것이라는 요건도 충족되어야 한다(대판 2008도9606). [21·17·12변시·22(2)모]

56. 피해자의 승낙에 의한 행위가 사회상규에 위배된 때에는 위법하다는 이른바 피해자의 승낙에 대한 '사회상규적·윤리적 한계에 의한 제약'은 판례에 의할 때 상해죄에 대하여만 인정된다. (X) [16변시]

: 상해죄에 한하지 않고 형법 '제24조의 규정에 의하여 위법성이 조각'되는 모든 범죄에 공통적으로 이를 요구한다.

57. 甲이 피해자와 공모하여 교통사고를 가장하여 보험금을 편취할 목적으로 피해자에게 상해를 가한 경우 피해자의 승낙에 의하여 위법성이 조각되지 않는다(대판 2008도9606). [23변시·24(3)·23(2)모·19(3)모]

▎유제▎ 사채업자 A의 채무변제 독촉을 받고 있던 甲은 아들 B(20세)의 상해보험금을 타서 이를 변제하기로 하고 B의 진지한 승낙을 받아 B의 새끼손가락을 절단한 경우, 甲의 상해행위는 위법성이 조각되지 않는다. (O) [22변시]

58. 피해자의 승낙이 객관적으로 존재하는데도 불구하고 행위자가 이를 알지 못하고 행위한 경우에는 위법성조각사유의 전제사실의 착오가 되어 위법성이 조각되지 않는다. (X) [21변시]

: 승낙이 있었음에도 이를 인식하지 못한 때에는 주관적 정당화요소가 결여된 경우에 해당(우연승낙)하고, 이 경우의 효과에 대해서는 무죄설(위법성조각설), 기수설 및 불능미수설(다수설)이 대립한다. 반면에 승낙이 없음에도 있다고 오인한 경우가 오상승낙으로 위법성조각사유의 전제사실에 관한 착오에 해당한다.

59. 추정적 승낙이란 피해자의 현실적인 승낙이 없었다고 하더라도 행위 당시의 모든 객관적 사정에 비추어 볼 때 만일 피해자가 행위의 내용을 알았더라면 당연히 승낙하였을 것으로 예견되는 경우를 말한다(대판 2005도8081). [12변시·21(2)모]

정당행위

60. 민사소송법 제335조에 따른 법원의 감정인 지정결정 또는 같은 법 제341조 제1항에 따른 법원의 감정촉탁을 받은 경우에는 감정평가업자가 아닌 사람이더라도 그 감정사항에 포함된 토지 등의 감정평가를 할 수 있고, 이러한 행위는 법령에 근거한 법원의 적법한 결정이나 촉탁에 따른 것으로 형법 제20조의 정당행위에 해당하여 위법성이 조각된다(대판 2017도10634). [22법행]

61. 상관의 적법한 직무상 명령에 따른 행위는 정당행위로서 형법 제20조에 의하여 그 위법성이 조각된다고 할 것이나, 상관의 위법한 명령에 따라 범죄행위를 한 경우에는 상관의 명령에 따랐다고 하여 부하가 한 범죄행위의 위법성이 조각될 수는 없다(대판 96도3376). [20법행]

62. 직장의 상사가 범법행위를 하는 데 가담한 부하가 그 상사와 직무상 지휘·복종관계에 있는 경우, 그 부하에게는 상사의 범법행위에 가담하지 않을 기대가능성이 있다(대판 99도1911). [23·18변시]

63. 중대장의 당번병이 그 임무 내에 속하는 일로 오인하고 관사를 무단이탈하였을 경우 그 오인에 정당한 이유가 있는 때에는 위법성이 없다(대판 86도1406). [22(1)모 · 13(2)모]

사례문제 기출례 징계권 행사의 위법성조각 요건 및 허용한계 [20변사]

64. 甲은 중학교 교사로서 학생들에게 초 · 중등교육법 시행령과 학교의 생활지도 규정에서 금지하는 수단과 방법을 사용하여 체벌을 하였다면 훈육 또는 지도 목적으로 행하여졌다고 할지라도 허용될 수 없다(대판 2022도1718). [06사시 수정]

: 학교의 장은 초 · 중등교육법 제18조 제1항 본문에 따라 지도를 할 때에는 학칙으로 정하는 바에 따라 훈육 · 훈계 등의 방법으로 하되, 도구, 신체 등을 이용하여 학생의 신체에 고통을 가하는 방법을 사용해서는 아니 된다(초 · 중등교육법 시행령 제31조 제8항).

65. 사인(私人)은 현행범을 체포하기 위하여 타인의 주거에 들어갈 수 없으므로 현행범을 추적하여 그 범인의 집에 들어가서 체포하였다면 주거침입죄의 죄책을 진다(대판 65도899). [18(1)모]

66. 근로자의 쟁의행위에 대한 정당행위 판단기준은 쟁의행위의 목적을 알리는 등 적법한 쟁의행위에 통상 수반되는 부수적 행위가 정당행위인지에 대하여도 동일하게 적용된다. (O) [24(2)모]

: 근로자의 쟁의행위가 형법상 정당행위에 해당하려면, ㉠ 주체가 단체교섭의 주체로 될 수 있는 자이어야 하고, ㉡ 목적이 근로조건의 향상을 위한 노사 간의 자치적 교섭을 조성하는 데에 있어야 하며, ㉢ 사용자가 근로자의 근로조건 개선에 관한 구체적인 요구에 대하여 단체교섭을 거부하였을 때 개시하되 특별한 사정이 없는 한 조합원의 찬성결정 등 법령이 규정한 절차를 거쳐야 하고, ㉣ 수단과 방법이 사용자의 재산권과 조화를 이루어야 함은 물론 폭력의 행사에 해당되지 아니하여야 한다는 조건을 모두 구비하여야 하고, 이러한 기준은 쟁의행위의 목적을 알리는 등 적법한 쟁의행위에 통상 수반되는 부수적 행위가 형법상 정당행위에 해당하는지 여부를 판단할 때에도 동일하게 적용된다(대판 2019도10516).

67. 조합원의 찬 · 반 투표는 없었으나 조합원 대다수가 찬성하는 것으로 보이는 상황에서 쟁의행위가 시작되었고 노조 집행부의 지시에 따라 파업에 단순 가담한 행위는 위법성이 조각될 수 있다. (X) [16(1)모 · 13법행]

: 근로자의 쟁의행위가 형법상 정당행위가 되기 위하여는 조합원의 찬성결정(조합원의 직접 · 비밀 · 무기명투표에 의한 찬성결정) 등 법령이 규정한 절차를 거쳐야 한다(대판(全) 99도4837).

68. 사용자가 제3자와 공동으로 관리 · 사용하는 공간을 근로자들이 사용자에 대한 정당한 쟁의행위를 이유로 관리자의 의사에 반하여 침입 · 점거한 경우, 위 제3자에 대하여도 정당행위로서 주거침입의 위법성이 조각된다. (X) [15(2)모 · 13법행]

: 이를 공동으로 관리 · 사용하는 제3자의 명시적 또는 추정적인 승낙이 없는 이상 위 제3자에 대하여서까지 이를 정당행위라고 하여 주거침입의 위법성이 조각된다고 볼 수는 없다(대판 2009도5008).

69. [1] 쟁의행위가 정당행위로 위법성이 조각되는 것은 사용자에 대한 관계에서 인정되는 것이므로, 제3자의 법익을 침해한 경우에는 원칙적으로 정당성이 인정되지 않는다. (O)

[2] 수급인 소속 근로자의 쟁의행위가 도급인의 사업장에서 일어나 도급인의 형법상 보호되는 법익을 침해한 경우에는 사용자인 수급인에 대한 관계에서 쟁의행위의 정당성을 갖추었다는 사정만으로 사용자가 아닌 도급인에 대한 관계에서까지 법령에 의한 정당한 행위로서 법익 침해의 위법성이 조각된다고 볼 수는 없다. (O) [22법행]

[3] 다만, 사용자인 수급인에 대한 정당성을 갖춘 쟁의행위가 도급인의 사업장에서 이루어져 형법상 보호되는 도급인의 법익을 침해한 경우, 그것이 항상 위법하다고 볼 것은 아니고, 법질서 전체의 정신이나 그 배후에 놓여있는 사회윤리 내지 사회통념에 비추어 용인될 수 있는 행위에 해당하는 경우에는 형법 제20조의 '사회상규에 위배되지 아니하는 행위'로서 위법성이 조각된다(대판 2015도1927). [22법행]

70. 적법한 쟁의행위로서 사업장을 점거 중인 근로자들이 직장폐쇄를 단행한 사용자로부터 퇴거요구를 받았으나 이에 불응한 채 직장점거를 계속하더라도 퇴거불응죄가 성립하지 않는다(대판 2007도5204). [18(1)모·13·12사시]

71. 성직자인 사제가 죄지은 자를 능동적으로 고발하지 않는 것에 그치지 아니하고 은신처마련, 도피자금 제공 등 범인을 적극적으로 은닉·도피케 하는 행위는 사제의 정당한 직무에 속하는 것이라고 할 수 없다(대판 82도3248). [18(1)모]

72. 신문기자가 조세포탈 의혹을 받고 있는 자에게 수차례 조세포탈에 대한 취재를 요구하였으나 거절당하자 인터뷰 협조요청서와 서면질의 내용을 주고 나오면서 취재요구에 응하지 않으면 자신이 취재한 내용대로 보도하겠다고 말한 경우 위법성이 조각된다(대판 2011도639). [14·12사시·20법행]

73. 사회상규에 반하지 않는 행위는 국가질서의 존중이라는 인식을 바탕으로 한 국민일반의 건전한 도의적 감정에 반하지 아니하는 행위를 가리키는 것으로, 초법규적인 기준에 의해 평가되어서는 안 된다. (X) [19변시·22(2)모·18(2)모]

: 판례에 의하면 사회상규에 반하지 않는 행위는 초법규적인 기준에 의해 평가될 수 있다(대판 71도827).

★★ 사례문제 기출례 사회상규위배 여부 판단기준 : 목, 수, 법, 긴급, 보

74. [1] 어떠한 행위가 위법성조각사유로서 정당행위나 정당방위가 되는지 여부는 구체적인 경우에 따라 합목적적·합리적으로 가려야 하고, 또 행위의 적법 여부는 국가질서를 벗어나서 이를 가릴 수 없다(대판 2017도2758). [24(1)·20(2)모·20법행]

[2] 어떠한 행위가 사회상규에 위배되지 아니하는 정당한 행위로서 위법성이 조각되려면 동기나 목적의 정당성, 수단이나 방법의 상당성, 법익균형성, 긴급성, 보충성 등의 요건을 갖추어야 한다(대판 2017도2758). [12(2)모·20법행]

[3] '목적의 정당성'과 '수단의 상당성' 요건은 행위의 측면에서 사회상규의 판단 기준이 되고, 보호이익과 침해이익 사이의 법익균형은 결과의 측면에서 사회상규에 위배되는지를 판단하기 위한 기준이다. 이에 비하여 행위의 긴급성과 보충성은 수단의 상당성을 판단할 때 고려요소의 하나로 참작하여야 하고 이를 넘어 독립적인 요건으로 요구할 것은 아니다. 또한 그 내용 역시 다른 실효성 있는 적법한 수단이 없는 경우를 의미하고 '일체의 법률적인 적법한 수단이 존재하지 않을 것'을 의미하는 것은 아니라고 보아야 한다(대판 2017도2760). [24(1)(3)모]

75. X대학교 학교법인의 전 이사장 A가 부정입학과 관련된 금품수수 등의 혐의로 구속되었다가 X대학교 총장으로 선임됨에 따라 학내 갈등을 빚던 중, 총학생회 간부인 피고인들이 A와의 면담을 요구하면서 총장실 입구에서 진입을 시도하거나 교무위원회 회의실에 들어가 A의 사퇴를 요구하면서 이를 막는 학교 교직원들과 실랑이를 벌임으로써 위력으로 업무를 방해하였다는 내용으로 기소된 경우, 피고인들의 행위는 동기와 목적의 정당성, 행위의 수단이나 방법의 상당성, 법익균형성이 인정되고, 특히 학습권 침해가 예정된 이상 긴급성이 인정되고, 피고인들이 선택할 수 있는 법률적 수단이 더 이상 존재하지 않는다거나 다른 구제절차를 모두 취해본 후에야 면담 추진 등이 가능하다고 할 것은 아니어서 보충성도 인정되므로 정당행위가 성립한다(대판 2017도2760). [24(2)모]

76. 시장번영회의 회장으로서 시장번영회에서 제정하여 시행 중인 관리규정을 위반하여 칸막이를 천장까지 설치한 일부 점포주들에 대하여 회원들의 동의를 얻어 시행되고 있는 관리규정에 따라 단전조치를 한 경우 업무방해죄로 처벌할 수 없다(대판 93도2899). [13변시]

┃유제┃ ① 시장번영회 회장이 이사회의 결의와 시장번영회의 관리규정에 따라서 관리비 체납자의 점포에 대하여 단전조치를 실시한 경우는 정당행위로서 위법성이 조각된다(대판 2003도4732).
② 피해자가 시장번영회를 상대로 잦은 진정을 하고 협조를 하지 않는다는 이유로, 시장번영회 총회결의에 의하여 피해자 소유점포에 대하여 정당한 권한 없이 단전조치를 한 것은 위력에 의한 업무방해죄가 성립한다(대판 83도1798).
③ 백화점 입주상인들이 영업을 하지 않고 매장 내에서 점거 농성만을 하면서 매장 내의 기존의 전기시설에 임의로 전선을 연결하여 각종 전열기구를 사용함으로써 화재위험이 높아 백화점 경영회사의 대표이사인 피고인이 부득이 단전 조치를 취하였다면, 단전조치 당시 보호받을 업무가 존재하지 않았을 뿐만 아니라 정당한 권한 행사의 범위 내의 행위에 해당하므로 업무방해죄를 구성한다고 볼 수 없다(대판 94도3136).

77. 임차인 甲이 영업부진으로 5개월간 월차임을 지급하지 못하자 임대인 乙은 월차임의 지급을 요구하다가, 미지급 월차임을 공제하더라도 당시 임대차보증금이 1억 8,500만 원 상당 남았고 임대차기간도 5개월 정도 남아 있음에도 단전·단수조치를 취하였더라도, 甲과 乙이 A상가에 관하여 임대차계약을 체결할 당시 월차임이 3개월 이상 연체되는 때에는 乙이 A상가에 대해 단전·단수조치를 할 수 있다고 약정하였다면 乙의 단전·단수조치는 업무방해죄에 해당하지 않는다. (X) [16(2)모]

: 약정 기간이 만료되었고 임대차보증금도 차임연체 등으로 공제되어 이미 남아있지 않은 상태에서 미리 예고한 후 단전·단수조치를 하였다면 형법 제20조의 정당행위에 해당하지만, 사안의 경우 사회통념상 허용될 만한 정도의 상당성이 있는 위법성이 결여된 행위로서 형법 제20조에 정하여진 정당행위에 해당한다고 볼 여지가 없다(대판 2006도9157).

78. 차임이나 관리비를 단 1회도 연체한 적이 없는 피해자가 수십 차례에 걸쳐 피고인으로부터 단전조치를 통지받고도, 임대차계약의 종료 후 임대료와 관리비를 인상하는 내용의 갱신계약 여부에 관한 의사표시나 명도의무를 지체하고 있다는 이유만으로 그 종료일로부터 16일 만에 피해자의 사무실에 단전조치를 취한 경우, 이상의 사정만으로는 이 사건 단전조치를 묵시적으로 승낙하였던 것으로 볼 수도 없고, [22(3)모]
이 사건 단전조치가 사회상규에 위배되지 아니하는 정당행위로 볼 수도 없으며, [21(2)모]
계약서 등을 근거로 하여 죄가 되지 않는다고 오인한 것이더라도 그 오인에 정당한 이유 있는 법률의 착오로 볼 수도 없다(대판 2005도8074). [22(3)모]

79. 자신의 남편과 이혼소송 중, 남편이 만나는 여자와 그 여자의 방에서 간통을 할 것이라는 추측 하에 이혼소송에 사용할 증거를 확보하기 위하여 그들의 간통현장을 직접 보고 그 현장사진을 촬영할 목적으로 그 여자의 방에 침입한 경우에 정당행위에 해당하지 않는다(대판 2003도3000). [13변시·14(2)모]

80. 주식회사 감사인 피고인이 회사 경영진과의 불화로 한 달 정도 결근하다가 자신의 출입카드가 정지되어 있는데도 이른 아침에 경비원에게서 출입증을 받아 컴퓨터 하드디스크를 절취하기 위해 회사 감사실에 들어간 경우, 위 방실침입행위는 정당행위에 해당하지 않는다(대판 2010도9570). [14변시·19(1)모]

81. 乙이 양손으로 甲의 넥타이를 잡고 늘어져 후경부피하출혈상을 입을 정도로 목이 졸리게 되자, 乙을 떼어놓기 위하여 왼손으로 자신의 목 부근 넥타이를 잡은 상태에서 오른손으로 乙의 손을 잡아 비틀면서 서로 밀고 당긴 甲의 행위는 소극적인 저항행위에 불과하여 정당행위에 해당한다(대판 96도979). [21(2)모]

82. 싸움의 상황에서 상대방의 공격을 피하기 위하여 소극적으로 방어를 하던 도중 그 상대방을 상해 또는 사망에 이르게 한 경우라 하더라도, 이는 사회통념상 허용될 만한 상당성이 있는 정당행위라고 할 수 없다. (X) [23변시·18(1)모·07사시]

: 피고인의 위 폭행행위는 소극적 방어행위에 지나지 않아 사회통념상 허용될 수 있는 상당성이 있어 위법성이 없다(대판 89도2239).

83. 피고인(34세)이 X마트 실내 어린이 놀이터에서 자신의 딸(4세)에게 피해자 A(2세)가 접근하여 갑자기 딸의 눈 쪽을 향해 오른손을 뻗자 A의 얼굴을 왼손으로 밀어 넘어뜨려 폭행한 경우, 피고인의 이러한 행위는 피해자의 갑작스런 행동에 놀라서 자신의 어린 딸이 다시 얼굴에 상처를 입지 않도록 보호하기 위한 것으로 딸에 대한 피해자의 돌발적인 공격을 막기 위한 본능적이고 소극적인 방어행위라고 평가할 수 있고, 따라서 이를 사회상규에 위배되는 행위라고 보기는 어렵다고 할 것이다(대판 2012도11204). [24(2)모]

84. 건설업체 노조원들이 시위의 방법으로 미리 신고하지 아니한 '삼보일배 행진'을 행하여 차량의 통행을 다소 방해하였다고 하더라도, 이는 사회상규에 위배되지 아니한다(대판 2009도11395). [18(2)모]

85. 해악의 고지, 폭행 또는 기망 등이 비록 정당한 권리의 실현 수단으로 사용된 경우라고 하여도 그 권리실현의 수단방법이 사회통념상 허용되는 정도나 범위를 넘지 않으면 위법성이 조각되지만 그 정도나 범위를 넘는 경우에는 위법성이 조각되지 않는다(대판 94도2422). [17(2)모]

86. 집행관이 압류영장의 집행을 위하여 채무자의 주거에 들어가는 과정에서 집안으로 들어오지 못하도록 저항하는 채무자와 몸싸움을 하던 중 채무자에게 경미한 상해를 가한 경우는 위법성이 조각된다(대판 93도875). [18(1)모]

87. 정당 당직자가 국회 외교통상 상임위원회 회의장 앞 복도에서 출입이 봉쇄된 회의장 출입구를 뚫을 목적으로 회의장 출입문 및 그 안쪽에 쌓여있던 집기를 손상하거나 국회 심의를 방해할 목적으로 회의장 내에 물을 분사한 경우, 이를 정당행위나 긴급피난의 요건을 갖춘 행위로 평가하기 어렵다(대판 2010도13609). [18변시]

88. 수지침은 구체적인 경우에 있어서 개별적으로 보아 법질서 전체의 정신이나 그 배후에 놓여 있는 사회윤리 내지 사회통념에 비추어 용인될 수 있는 행위에 해당한다고 인정되는 경우에는 형법 제20조 소정의 사회상규에 위배되지 아니하는 행위로서 위법성이 조각된다(대판 98도2389). [02사시]

89. 피고인이 한의사 자격이나 이에 관한 면허도 없이 영리를 목적으로 환부에 부항침으로 10회 정도 찌르고 다시 부항을 뜨는 방법으로 치료행위를 하면서 부항침과 부항을 이용하여 체내의 혈액을 밖으로 배출되도록 한 것이라면 이러한 피고인의 시술행위는 사회상규에 위배되지 아니하는 행위로 볼 수 없다(대판 2004도3405). [19변시 · 16(1)모]

제3절 책임론

제1관 책임의 일반이론

1. ① 심리적 책임론에 따르면, 책임의 본질은 결과에 대한 인식과 의사인 고의 또는 결과를 인식하지 못한 과실에 있으며, 범죄 성립의 모든 객관적 · 외적 요소는 구성요건과 위법성단계에, 주관적 · 내적 요소는 책임단계에 배치한다. (O) [13변시]
② 심리적 책임론은 책임의 본질이 위법행위에 대한 심리적 관계인 고의 · 과실에 있다고 하면서 고의와 과실을 책임형식으로 이해한다. (O) [17(2)모]
③ 심리적 책임론은 행위자에게 고의는 있으나 책임능력이 없거나 기대불가능성을 이유로 책임이 조각되는 경우(강요된 행위)를 이론적으로 설명하기 어렵다. (O) [16 · 11 · 08사시]

2. ① 규범적 책임론에 따르면, 책임의 구성요소는 행위자의 감정세계와 구성요건에 해당하는 결과 사이의 심리적 결합이 아니라 행위자의 적법행위가 요구되었음에도 불구하고 위법행위를 하였다는 환경의 평가에 있으므로, 책임은 구성요건에 해당하는 불법행위에 대한 비난가능성이다. (O) [13변시]
② 규범적 책임론에서는 책임의 본질을 의사형성과 의사활동에 대한 비난가능성으로 파악한다. (O) [17(2)모]
③ 적법행위에 대한 기대가능성이 없으면 책임을 물을 수 없다는 것이 규범적 책임론의 입장이다. (O) [12변시]

3. 목적적 범죄체계론에 의하면 고의는 책임의 요소에 속한다. (X) [17(2)모]
: 목적적 범죄체계론 · 순수한 규범적 책임론에 의하면, 평가의 대상에 불과한 고의는 책임의 요소에 속할 수 없고, 불법(특히 구성요건)요소에 속한다.

4. 기능적 책임론에 따르면, 책임의 내용은 형벌의 목적, 특히 일반예방의 목적에 따라 결정되어야 하며, 책임은 예방의 필요성을 한계로 하고 예방의 필요성도 책임형벌을 제한함으로써 책임과 예방의 상호제한적 기능을 인정한다. (O) [13변시]
: 다만 기능적 책임론은 형법과 형사정책의 과제를 혼동함으로써 책임주의가 가지는 형벌제한적 기능을 무력화시켜 결과적으로 법치국가적 보장기능을 침해한다는 비판을 받는다.

5. 기능적 책임론이란 책임의 내용은 형벌의 목적, 특히 일반예방의 목적에 의하여 결정되어야 한다는 책임이론이다. 이 이론은 규범적 책임론과 마찬 가지로 책임을 비난가능성이라고 이해하며, 인간의 자유의사를 긍정하는 도의적 책임론과 대비되는 이론이라고 할 수 있다. 기능적 책임론은 형법과 형사정책의 관계를 혼동함으로써 책임주의를 무의미하게 만든다는 비판을 받는다. (O) [22(3)모]

6. 결정론을 주장하는 사람들은 인간에게 자유의지가 없다고 보므로 인간은 불법을 범하지 않고 적법한 행위로 나아갈 여지가 없다고 본다. 때문에 이 입장에서는 책임이 인정되지 않으므로 책임을 근거로 한 형벌은 더 이상 존재하지 않고 형벌은 장래지향적인 보안처분으로 대체된다. 반면, 비결정론을 주장하는 사람들은 인간의 자유의지를 긍정하고 책임의 개념을 인정한다. 도의적 책임론은 바로 이 입장에 근거하고 있다. (O) [12(2)모]

7. 도의적 책임론은 행위자가 과거에 잘못된 성격을 형성한 성격책임에서 책임의 근거를 찾고 있다. (X) [19변시]

: 도의적 책임론에 의하면 책임의 근거는 자유의사(비결정론)에 있다. [17(2)모]
따라서 책임은 자유의사를 가진 자가 자유의사를 적절히 행사하여 적법행위를 할 수 있음에도 불법을 결의하여 규범위반 '행위'를 한 행위자에 대한 도의적·윤리적 비난이다. 이에 의하면 자유의사가 없으면 책임도 없고 따라서 책임이 없는 자는 범죄를 범할 수도 없으므로 책임능력은 범죄능력으로 이해되고, 개개의 행위에 나타난 비난가능한 '의사결정이 책임의 근거이다(의사책임). 즉 행위자는 자신이 행한 개별'행위' 때문에 처벌되고(행위책임), 따라서 행위자보다는 행위에 중점을 두는 객관주의 책임론과 결합한다. [13변시·16(2)모]

▎유제▎ 도의적 책임론은 형사책임의 근거를 행위자의 자유의사에서 찾으며, 가벌성 판단에서 행위보다 행위자에 중점을 두는 주관주의 책임론의 입장이다. (X) [13변시·16(2)모]

8. 사회적 책임론에 의하면 책임의 근거는 소질과 환경에 의해 결정된 행위자의 반사회적인 '성격'(성격책임)이며, 반사회적인 성격을 가진 '행위자'로부터 사회를 방위하기 위한 처분이 형벌이다(행위자책임).
따라서 책임이란 반사회적인 위험한 성격을 가진 행위자가 '사회방위처분을 받아야 할 지위'를 의미하고, 책임능력은 사회방위처분을 받을 수 있는 능력, 즉 형벌(적응)능력을 의미한다. 따라서 범죄능력이 없는 자도 사회방위처분인 보안처분을 부과하여야 한다. (O) [13변시]

제2관 책임능력

9. 형법은 제9조에서는 '연령(14세)', 제10조에서는 '심신장애'라는 문언을 통해 심리학적 평가방법을 채택하고 있다. (X) [20(3)모]

: 형법 제10조(심신상실자·미약자)는 혼합적 방법에 의해 책임능력의 유무·정도를 규정하고 있고, 제9조(형사미성년자)와 제11조(청각 및 언어 장애인)는 생물학적 방법에 따른 규정으로 이해된다.

10. 사물변별능력이 있는 13세의 소년이 범죄를 범한 경우에 형벌은 부과할 수 없으나 소년법상의 보호처분은 부과할 수 있다. (O) [03·00사시]

11. 「소년법」 제60조 제2항은 '소년의 특성에 비추어 상당하다고 인정되는 때에는 그 형을 감경할 수 있다'고 규정하고 있는데 여기에서의 '소년'에 해당하는지 여부의 판단은 원칙적으로 범죄행위시가 아니라 사실심 판결선고시를 기준으로 한다(대판 2000도2704). [22・14변시・14(2)모]

▍유제▍ 사실심 판결 선고당시 이미 성년이 된 피고인이라 하더라도 그가 범행시에 소년이었다면 소년법에 의하여 법률상 감경을 할 수 있다.(X) [23(3)모・20(3)모]

12. 법정형 중 무기징역을 선택한 후 작량감경한 결과 유기징역을 선고하게 되는 경우에는 피고인이 미성년자라 하더라도 부정기형을 선고할 수 없다(대판 91도357). [18(3)모]

13. 「소년법」에 의하면, 죄를 범할 당시 18세 미만인 소년에 대하여 사형 또는 무기형으로 처할 경우에는 15년의 유기징역으로 한다(소년법 제59조). [24(1)모]

14. 18세 미만인 소년에게는 「형법」 제70조에 따른 유치선고를 하지 못하므로, 판결선고 전 구속되었을 경우에 그 구속기간은 노역장에 유치된 것으로 볼 수 없다. (X) [24(1)모]

: 18세 미만인 소년에게는 형법 제70조에 따른 유치선고를 하지 못한다. 다만, 판결선고 전 구속되었거나 제18조 제1항 제3호의 조치가 있었을 때에는 그 구속 또는 위탁의 기간에 해당하는 기간은 노역장에 유치된 것으로 보아 형법 제57조(판결선고전구금일수의 통산)를 적용할 수 있다(소년법 제62조).

15. ① 소년에 대한 부정기형을 집행하는 기관의 장은 형의 단기가 지난 소년범의 행형 성적이 양호하고 교정의 목적을 달성하였다고 인정되는 경우에는 관할 검찰청 검사의 지휘에 따라 그 형의 집행을 종료시킬 수 있다(소년법 제60조 제4항). [24(1)모]

② 소년이었을 때 범한 죄에 의하여 형의 선고를 받은 자가 그 집행을 종료하거나 면제받은 경우, 자격에 관한 법령을 적용할 때 장래에 향하여 형의 선고를 받지 아니한 것으로 본다(소년법 제67조). [24(1)모]

③ 보호처분이 계속 중일 때에 징역, 금고 또는 구류를 선고받은 소년에 대하여는 먼저 그 형을 집행한다(소년법 제64조). [24(1)모]

답 O, O, O

16. 심신장애를 인정하기 위해서는 정신병 또는 비정상적 정신상태와 같은 정신적 장애가 있는 외에 이와 같은 정신적 장애로 말미암아 사물에 대한 변별능력이나 그에 따른 행위통제능력이 결여 또는 감소되었음을 요한다. (O) [18(1)모]

17. 심신상실자는 정신적 또는 신체적 장애로 인하여 사물을 변별할 능력이나 의사결정의 능력이 결여된 자를 말한다. (X) [16(2)모]

: 여기서 심신장애는 정신장애 또는 정신기능의 장애를 의미하고 신체적 장애로 인하여 사물을 변별할 능력이나 의사결정의 능력이 결여된 자는 심신상실자가 될 수 없다.

18. 반사회적 인격장애 혹은 기타 성격적 결함에 기하여 자신의 충동을 억제하지 못하여 범죄를 저지르는 경우, 특별한 사정이 없는 한 이와 같은 자에 대해서는 자신의 충동을 억제하고 법을 준수하도록 요구할 수 없다. (X) [23 · 21 · 19변시 · 21(2)]

: 위와 같은 성격적 결함을 가진 사람에 대하여 자신의 충동을 억제하고 법을 준수하도록 요구하는 것이 기대할 수 없는 행위를 요구하는 것이라고는 할 수 없으므로, 원칙적으로 충동조절장애와 같은 성격적 결함은 형의 감면사유인 심신장애에 해당하지 아니한다고 봄이 상당하지만, 충동조절장애와 같은 성격적 결함이라 할지라도 그것이 매우 심각하여 원래의 의미의 정신병을 가진 사람과 동등하다고 평가할 수 있는 경우에는 그로 인한 범행은 심신장애로 인한 범행으로 보아야 한다(대판 2006도5360). [17변시]

▌유제▐ 소아기호증, 성주물성애증과 같은 질환이 있다는 사정은 그 자체만으로는 형의 감면사유인 심신장애에 해당하지 아니한다고 봄이 상당하고, 다만 그 증상이 매우 심각하여 원래의 의미의 정신병이 있는 사람과 동등하다고 평가할 수 있거나, 다른 심신장애사유와 경합된 경우 등에는 심신장애를 인정할 여지가 있다(대판 2006도7900 등). [20변시 · 23(3)모 · 19(3)모 · 16(2)모]

19. 甲에게 생물학적으로 보아 정신병, 정신박약 등과 같은 심신장애가 있는 경우 또는 심리학적으로 보아 사물에 대한 판별능력과 그에 따른 행위통제능력이 결여되거나 감소된 경우 중에서 어느 하나에 해당하면「형법」제10조(심신장애자) 제1항 내지 제2항이 적용된다. (X)

: 형법 제10조 제1항 또는 제2항의 심신상실자 또는 심신미약자가 되기 위해서는 '심신장애'라는 생물학적 요소와 이로 인한 '사물을 변별할 능력 또는 의사를 결정할 능력의 결여 또는 미약'이라는 심리적 요소가 동시에 존재해야 한다. 따라서 양 요소 중 어느 하나만으로는 심신상실 또는 심신미약이 될 수 없다(대판 2006도7900).

20. 정신적 장애가 있는 자라고 하여도 범행 당시 정상적인 사물변별능력이나 행위통제능력이 있었다면 심신장애로 볼 수 없다(대판 2006도7900). [25 · 22 · 20변시 · 19(3)모]

따라서 평소 간질병 증세가 있었더라도 범행 당시에는 간질병이 발작하지 않았다면 심신상실 내지 심신미약의 경우에 해당한다고 볼 수 없다(대판 83도1897). [18(3)모 · 14(2)(3)모 · 13(2)모]

21. [1] 심신상실 또는 심신미약에 해당하는 여부는 법률문제에 속하는 것인바, 반드시 전문가의 감정을 거쳐야 하는 것은 아니며(대판 84도545), 전문가의 감정결과가 있더라도 반드시 전문감정인의 의견에 기속되어야 하는 것은 아니고, 여러 사정을 종합하여 법원이 규범적 관점에서 독자적으로 판단할 수 있다(대판 98도3812). [20 · 17변시 · 19(3)모 · 16(2)모]

[2] 또한 음주로 인한 심신장애의 여부는 기록에 나타난 제반자료와 공판정에서의 피고인의 진술 등을 종합하여 판단하여도 무방하다(대판 85도1235). [16(2)모 · 14(3)모]

[3] 반드시 전문의사에 의한 감정에 의하여야 하는 것은 아니다(대판 85도1235). [20변시 · 19(3)모]

[4] 피고인이 편집형 정신분열증환자로서 심신상실의 상태에 있었다는 감정인의 의견을 배척하고 제반 사정을 종합하여 심신미약으로만 인정할 수 있다(대판 94도581).

22. 심신장애 유무를 판단함에 있어서는 반성의 빛 유무, 수사 및 공판정에서의 방어 및 변소의 방법과 태도 등과 같은 범행 이후의 사정을 고려할 수 있다(대판 2006도7900). [18(1)모]

23. 사물변별능력이나 의사결정능력은 판단능력 또는 의지능력과 관련된 것으로서 사실의 인식능력이나 기억능력과 반드시 일치하는 것은 아니다(대판 69도1265). [13(2)모 · 95사시]

▮유제▮ 형법상 심신상실자는 그 범행 당시에 있어서 사물을 변별할 능력이 없거나 의사를 결정할 능력이 없어 그 행위의 위법성을 의식하지 못하고 또는 이에 따라 행위를 할 수 없는 상태에 있어야 하며 피고인이 범행을 기억하고 있지 않다는 사실만으로 바로 피고인이 범행당시 심신상실 상태에 있었다고 단정할 수는 없다. (O)
[22(1)모 · 17(3)모 · 15(1)모]

24. 범행 당시 정신분열증을 앓고 있던 甲에게 A를 살해한다는 명확한 의식이 있었고 甲이 범행 경위를 소상하게 기억하고 있다는 점만으로는 甲이 범행 당시 사물의 변별능력이나 의사결정능력이 결여된 정도가 아니라 미약한 상태에 있었다고 단정할 수는 없다(대판 90도1328). [22(2)모 · 20법행]

25. 심신상실을 이유로 처벌받지 아니하거나 심신미약을 이유로 형벌이 감경될 수 있는 자라 할지라도 금고 이상의 형에 해당하는 죄를 지은 자에 대해서는 치료감호시설에서 치료를 받을 필요가 있고 재범의 위험성이 있는 경우 치료감호의 대상이 된다(치료감호법 제2조 제1항 제1호). [22변시]

26. 치료감호와 형이 병과된 경우에는 치료감호를 먼저 집행한다. 이 경우 치료감호의 집행기간은 형 집행기간에 포함한다(치료감호법 제18조). [20(1)모 · 16(3)모]

27. 형법 제11조에서는 청각 및 언어 장애인의 행위는 형을 감경한다고 하고 있으므로, 청각장애인 또는 언어장애인은 위 제11조에 따라 형을 감경받는다. (X) [20법행]

: 청각 및 언어 장애인이란 청각기능과 발음기능 모두에 장애가 있는 자를 말한다.

★★ 사례문제 기출례   원자행의 책임비난의 근거 및 실행의 착수시기 [20모사]

28. 원인에 있어서 자유로운 행위에 관하여 범죄행위와 책임능력의 동시존재의 원칙을 지키려는 견해는 실행의 착수시기를 원인행위에서 찾는다. (O) [04 · 02사시]

: 구성요건모델(일치설 또는 원인행위시설)의 입장이다. 이 견해는 행위와 책임의 동시존재의 원칙을 원인에 있어서 자유로운 행위에 대하여도 유지하려고 한다. [17(2)(3)모 · 16(2)모]

원인에 있어서 자유로운 행위는 자신을 도구로 이용하는 간접정범이므로 원인행위가 바로 실행행위 또는 그 착수행위이다. [16(1)모]

그 결과 구성요건모델은 실행행위로서의 정형성을 전혀 갖추지 못한 원인행위개시시에 실행의 착수를 인정하여 가벌성의 범위가 확장되어 죄형법정주의의 보장적 기능마저 무시되고 법적 안정성을 해할 위험이 크다는 점에서 비판받는다. [17(2)모]

▮유제▮ 책임의 근거를 원인설정행위에서 구하는 견해(원인설정행위를 실행행위로 파악하는 구성요건모델)에 따르면 ① 행위와 책임의 동시존재의 원칙이 유지되기 어렵다는 단점이 있다. (X)   [17(3)모 · 17(2)모 · 16(2)모
② 구성요건모델은 실행행위의 정형성에 반한다는 비판을 받는다. (O)   [24(3) · 23(3)모]

29. 원인에 있어서 자유로운 행위의 가벌성의 근거를 원인행위와 심신장애상태하에서의 실행행위의 불가분적 관련에서 찾는 예외모델은 구성요건 실행행위로 볼 수 없는 원인행위를 형사책임이 인정되는 범죄실행행위로 보아 원인행위시에 실행의 착수를 인정하므로 실행행위의 정형성에 반한다는 비판을 받는다. (X) [22변시·21(2)모·20(3)모]

: 원인행위와 실행행위의 불가분적인 관련성에서 책임의 근거를 인정하는 견해는 책임모델(**예외모델**), 실행행위시설 또는 결과실현행위시설이다. 책임모델은 책임능력결함상태 하에서의 구성요건실현행위를 실행행위로 파악하면서도, 책임능력결함상태에서의 실행행위와 불가분적 연관되어 있는 원인행위를 책임비난의 근거라고 본다. 이에 따르면 구성요건의 정형성을 관철시키는 점에서는 장점이 있으나, 원인에 있어서 자유로운 행위는 행위와 책임의 동시존재원칙의 예외가 된다는 점에서 비판받는다. [16(1)모·14(3)모]

30. 책임의 근거를 심신장애 상태에서의 행위에서 구하는 견해에 따르면 실행의 착수는 심신장애 상태 하에서 실행행위를 한 때 인정된다. (O) [17(2)모]

: 이 견해는 반무의식상태의 구성요건실현행위가 실행행위이고 이것이 곧 책임의 근거라는 심층심리학적 해석설이다. 이 견해는 행위와 책임의 동시존재의 원칙을 관철시키면서 구성요건의 정형성도 충족시키는 장점을 가지지만, 반무의식상태에서의 행위에 책임을 인정하게 되면 사실상 거의 모든 행위에 책임능력이 인정되어 법적 안정성을 해한다는 비판을 받는다.

★ 〔사례문제 기출례〕 원인에 있어서 자유로운 행위의 효과 [20모사]

31. 대마초 흡연시에 이미 범행을 예견하고 자의로 심신장애를 야기한 경우, 그로 인해 그 범행 시에 의사결정능력이 없거나 미약했다면 심신장애로 인한 감경 등을 할 수 있다. (X) [21변시·18(3)모]

: 형법 제10조 제3항에 의하여 심신장애로 인한 감경 등을 할 수 없다(대판 96도857).

32. [1] 형법 제10조 제3항은 "위험의 발생을 예견하고 자의로 심신장애를 야기한 자의 행위에는 전2항의 규정을 적용하지 아니한다"고 규정하고 있는 바, 이 규정은 고의에 의한 원인에 있어서의 자유로운 행위만이 아니라 과실에 의한 원인에 있어서의 자유로운 행위까지도 포함하는 것으로서,[19변시·24(3)·22(1)모]

[2] 위험의 발생을 예견할 수 있었는데도 자의로 심신장애를 야기한 경우도 그 적용 대상이 된다고 할 것이어서, 피고인이 음주운전을 할 의사를 가지고 음주만취한 후 운전을 결행하여 교통사고를 일으켰다면 피고인은 음주 시에 교통사고를 일으킬 위험성을 예견하였는데도 자의로 심신장애를 야기한 경우에 해당하므로 위 법조항에 의하여 심신장애로 인한 감경 등을 할 수 없다(대판 92도999).

[25·23·21·19변시·24(3)모·20(2)사]

제3관 위법성의 인식

33. 위법성인식은 그 범죄사실이 사회정의와 조리에 어긋난다는 것을 인식하는 것으로 족하며, 구체적인 해당 법조문까지 인식할 필요는 없다(대판 86도2673). [20(1)모·18(3)모]

34. 고의의 성립에 위법성의 인식이 필요하다는 고의설과 위법성의 인식은 고의와는 분리된 독립한 책임요소로 보는 책임설의 입장 모두, 금지착오는 고의의 성립에 영향을 미치지 못하고 착오가 회피불가능할 때에는 책임을 조각하지만 회피가능할 때에는 책임을 감경할 수 있을 뿐이라는 결론에 이른다. (X) [16변시]

: 책임설의 입장에서는 금지착오는 고의의 성립에 영향을 미치지 못하고 착오가 회피불가능할 때에는 책임을 조각하지만 회피가능할 때에는 책임을 감경할 수 있을 뿐이다. 그러나 엄격고의설에 의하면 위법성의 인식이 없는 금지착오는 항상 '고의를 조각'하고, 착오의 회피가능 여부에 따라 과실범 처벌 여부가 결정된다.

35. 위법성의 현실적 인식이 고의의 요소라고 보는 엄격고의설은 과실범은 예외적으로만 처벌하기 때문에 처벌의 공백이 생길 수 있다는 비판을 받는다. (O) [15(3)모]

36. 엄격고의설에 의하면 타인을 살해한 사람이 법외면적이고 법적대적 태도로 인하여 자신의 행위의 위법성을 인식하지 못하였다면 그를 형사처벌할 수 없다. (X) [21(1)모]

: 엄격고의설에 의하면 고의범으로 처벌할 수는 없지만, 그에게 위법성인식 가능성이 있을 경우에는 과실치사죄의 죄책을 물을 수 있다.

37. 제한적 고의설에서는 위법성의 인식가능성이 있었던 경우에는 고의를 조각하지 않지만 그 가능성도 없었던 경우에는 고의를 조각한다. (O) [96사시]

38. 민사소송법 기타 공법의 해석을 잘못하여 압류물의 효력이 없어진 것으로 착오하였거나 또는 봉인 등을 손상 또는 효력을 해할 권리가 있다고 오신한 경우는 형벌법규의 부지에 해당한다. (X) [17(1)모]

: 이는 형벌법규의 부지와 구별되어 범의를 조각한다고 할 것이다(대판 70도1206)

39. 엄격책임설은 위법성의 인식이 결여된 경우 그 착오에 정당한 이유가 있을 때에 한해서 책임을 조각할 뿐 고의 인정 여부와는 관계없는 것으로 본다. (O) [00사시]

┃유제┃ 엄격책임설에 의하면 위법성의 인식 여부는 고의 성립에 영향을 미치지 않는다. (O) [21(1)모]

금지착오

40. 공무원이 뇌물을 받으면 처벌되는 것은 알았으나 업자들이 정기적으로 제공하는 금품은 뇌물이 아니라고 생각하고 그 금품을 받은 경우 법률의 착오에 해당한다. (O) [14(1)모]

: 사안은 '뇌물'이라는 법적 개념의 포섭범위를 너무 좁게 해석한 포섭의 착오에 해당한다.

41. [1] 형법 제16조에 자기의 행위가 법령에 의하여 죄가 되지 아니한 것으로 오인한 행위는 그 오인에 정당한 이유가 있는 때에 한하여 벌하지 아니한다고 규정하고 있는 것은 단순한 법률의 부지의 경우를 말하는 것이 아니고, [24변시·18(3)모·15(2)모]

[2] 일반적으로 범죄가 되는 행위이지만 자기의 특수한 경우에는 법령에 의하여 허용된 행위로서 죄가 되지 아니한다고 그릇 인식하고 그와 같이 그릇 인식함에 있어 정당한 이유가 있는 경우에는 벌하지 아니한다는 취지이다(대판 85도25). [18(3)모 등]

┃유제┃ 행위자가 금지규범의 존재를 아예 인식하지 못한 '법률의 부지'는 행정형법의 영역에서 많이 발생하며 법률의 착오의 전형적인 사례로 인정된다. (X) [16변시]

42. 甲은 건축법의 관계 규정을 알지 못하여 그 건물을 자동차정비공장으로 사용하는 것이 건축법상의 무단용도 변경 행위에 해당한다는 것을 모르고 용도가 근린생활시설로 지정된 건물을 관할관청으로부터 허가를 받지 아니하고 자동차정비공장으로 사용하였다. 甲은 법률의 부지로서 건축법위반의 죄책을 진다(대판 95도1351). [07법행]

43. 일본 영주권을 가진 재일교포가 국내 입국시 관세신고를 하지 않아도 되는 것으로 착오한 경우에는 법률의 착오에 해당한다고 볼 수 없다(대판 2006도1993). [20(1)모·17(1)모·14(1)모]

44. 상호저축은행법상 동일인 대출한도 제한규정을 회피하기 위하여 실질적으로 한 사람에게 대출금이 귀속됨에도 다른 사람의 명의를 빌려 그들 사이에 형식적으로만 공동투자약정을 맺고 동일인 한도를 초과하는 대출을 받는 방식이 관행적으로 이루어져 왔다는 사정만으로는 피고인들이 이 사건 대출행위가 죄가 되지 않는다고 오인하였다거나 그 오인에 정당한 이유가 있다고 볼 수 없다(대판 2009도13868). [13(1)모]

45. 헌법재판소에서 합헌결정이 난 형벌규정에 대한 5인의 헌법재판관의 위헌의견을 근거로 당해 형벌규정이 무효라고 믿은 경우는 법률의 착오에 해당하지 않는다. (O) [20(1)모]

: 피고인이 자신의 행위가 특히 법령에 의하여 허용된 행위로서 죄가 되지 않는다고 그릇 인식한 경우라고 할 수 없고, 단순한 법률의 부지에 해당하는 경우라고 할 것이다(대판 99도5026).

46. 제한적 책임설에 의하면 법이 인정하지 않는 위법성조각사유를 존재하는 것으로 오신한 경우는 위법성조각사유의 전제사실에 관한 착오에 해당하여 행위자의 형사책임을 판단함에 있어서 구성요건착오 규정을 유추적용하여야 한다. (X) [21(1)모]

: 법이 인정하지 않는 '위법성조각사유'가 존재한다고 오신한 경우는 위법성조각사유의 존재에 관한 착오(허용규범의 착오)로서 간접적 금지착오의 한 형태이다. 따라서 법이 인정하는 '위법성조각사유에 해당하는 행위상황'이 존재하지 않음에도 불구하고 존재하는 것으로 오인한 결과 위법성을 인식하지 못한 경우인 위법성조각사유의 전제사실에 관한 착오(허용구성요건의 착오 또는 정당화사정의 착오. 오상방위 등이 이에 해당)와 구별된다.

★★ 사례문제 기출례   위법성의 착오(금지착오)에서 '정당한 이유 유무' 판단기준 [20변사, 24·18·17모사]

47. 제16조에서 정당한 이유가 있는지 여부는 행위자에게 자기 행위의 위법의 가능성에 대해 심사숙고하거나 조회할 수 있는 계기가 있어 자신의 지적능력을 다하여 이를 회피하기 위한 진지한 노력을 다하였더라면 스스로의 행위에 대하여 위법성을 인식할 수 있는 가능성이 있었음에도 이를 다하지 못한 결과 자기 행위의 위법성을 인식하지 못한 것인지 여부에 따라 판단하여야 할 것이며(양심의 긴장 여부와 무관하게 행위자의 지적 능력을 다하였는지 여부에 따라 판단함), [16변시·22(2)모·20법행]
이러한 위법성의 인식에 필요한 노력의 정도는 구체적인 행위정황과 행위자 개인의 인식능력, 그리고 행위자가 속한 사회집단에 따라 달리 평가되어야 한다(대판 2005도3717). [25·19변시·20(1)모·17(1)모]

▎유제▎ 판례에 의하면 위법성 인식의 판단은 행위자의 지적 능력과 관계없이 행위자가 양심의 긴장을 다하였는지를 기준으로 한다. (X) [21(1)모]

48. 부동산중개업자가 부동산중개업협회의 자문을 통하여 인원수의 제한 없이 중개보조원을 채용하는 것이 허용되는 것으로 믿고서 제한인원을 초과하여 중개보조원을 채용함으로써 부동산중개업법 위반에 이르게 된 경우, 정당한 이유를 인정할 수 없다(대판 2000도2943). [15·06사시·09법행]

49. 법원의 무죄판결을 신뢰하여 행위한 경우에는 법률의 착오에 정당한 이유가 있는 것으로 인정될 수 있으나, 검사의 혐의 없음 불기소처분을 믿고 행위한 경우에는 검사의 불기소처분에는 확정력이 없으므로 법률의 착오에 정당한 이유가 있는 것으로 인정될 수 없다. (X) [16변시·13(1)모]

: [1] 설사 피고인이 대법원의 판례에 비추어 자신의 행위가 무허가 의약품의 제조·판매행위에 해당하지 아니하는 것으로 오인하였다고 하더라도, 이는 사안을 달리하는 사건에 관한 대법원의 판례의 취지를 오해하였던 것에 불과하여 그와 같은 사정만으로는 그 오인에 정당한 사유가 있다고 볼 수 없다(대판 95도1081).
[2] 가감삼십전대보초와 한약 가지 수에만 차이가 있는 십전대보초를 제조하고 그 효능에 관하여 광고를 한 사실에 대하여 이전에 검찰의 혐의 없음 결정을 받은 적이 있다면, 자기의 행위가 법령에 의하여 죄가 되지 않는 것으로 믿을 수밖에 없었고, 또 그렇게 오인함에 있어서 정당한 이유가 있는 경우에 해당한다(대판 95도717).

50. 법률 위반 행위 중간에 일시적으로 판례에 따라 그 행위가 처벌대상이 되지 않는 것으로 해석되었던 적이 있었다고 하더라도 그것만으로 자신의 행위가 처벌되지 않는 것으로 믿은 데 정당한 이유가 있다고 할 수 없다(대판 2021도10903). [24·23변시]

51. 甲은 허가를 담당하는 공무원이 허가를 요하지 않는다고 잘못 알려 준 것을 믿고 채광작업을 위하여 허가 없이 산림을 훼손하였다. 甲의 착오에 정당한 이유가 있으므로 甲의 행위는 위법성이 조각된다. (X) [13(3)모·06·02사시]

: 허가를 받지 않더라도 죄가 되지 않는 것으로 착오를 일으킨 데 대하여 정당한 이유가 있는 경우에 해당하여 처벌할 수 없다(대판 94도1814). 즉 책임이 조각된다.

52. 변호사 자격을 가진 국회의원 甲이 선거에 영향을 미칠 수 있는 내용이 포함된 의정보고서를 발간하는 과정에서 보좌관을 통해 관할 선거관리위원회 직원에게 구두로 문의하여 답변을 받은 결과 그 의정보고서를 발간하는 것이 선거법규에 저촉되지 않는다고 오인한 경우, 형법 제16조의 정당한 이유가 인정되지 않는다(대판 2005도3717). [14변시]

53. 광역시의회 의원이 국회의원 선거에 영향을 미칠 목적으로 선거구민들에게 의정보고서를 배부하기에 앞서 관할 선거위원회 소속 공무원들에게 자문을 구하고 그들의 자문에 따라 수정한 의정보고서를 배부한 경우 형법 제16조가 적용되어 벌할 수 없다(대판 2005도835). [13(1)모・14・13사시]

54. 피고인이 도시정비법상 정비사업 관련 자료의 열람・복사 허용에 관한 의무조항과 관련하여 조합의 자문변호사로부터 조합원의 전화번호와 신축건물 동호수 배정 결과를 공개하지 않는 것이 좋겠다는 취지의 답변을 받은 경우, 이는 자문변호사 개인의 독자적 견해에 불과하고 도시정비법의 전체적 규율 내용에 관한 면밀한 검토와 체계적 해석에 터 잡은 법률해석으로는 보이지 않으므로 자신의 행위가 도시정비법 위반의 범죄가 되지 않는다고 오인한 것에 정당한 이유가 인정될 수 없다(대판 2019도18700). [23(3)모]

55. 행위자가 공공의 위험을 방지하려는 의도로 진실인 사실을 알리는 것으로 생각하였으나, 실제로는 허위사실이었으며 이로 인해 피해자의 명예가 훼손된 경우, 이에 대한 법효과제한적 책임설에 따르면 고의의 이중적 지위를 논하는 실익이 있다. (O) [21(3)모]

: 위법성조각사유의 전제사실에 관한 착오는 법효과제한적 책임설에 따르면 고의의 이중적 지위를 논하는 실익으로 평가된다.

56. 아내 甲이 밤늦게 담을 넘어 오던 남편 A를 도둑으로 착각하고 상해를 가한 경우, 엄격책임설은 「형법」제16조를 적용하여 착오에 과실이 있으면(즉, 정당한 이유가 없으면) 甲에게 과실치상죄의 성립을 인정한다. (X) [17변시]

: 엄격책임설은 이를 금지착오로 이해하므로, 그 해결에 있어서는 형법 제16조를 적용한다. 따라서 착오에 과실이 있을 경우, 즉 그 오인에 정당한 이유가 없을 경우 甲은 상해죄의 죄책을 진다.

★★★ 사례문제 기출례 위법성조각사유의 전제사실에 대한 착오 [18변사, 20・14모사 등] :
① 고의범 처벌(엄격책임설, 제한적 고의설), ② 과실범 처벌(소극적구성요건표지이론, 엄격고의설, 구성요건적착오 유추적용설, 법효과제한적 책임설), ③ 판례(정당한 이유 있는 경우 위법성 조각)

〈사례〉
경비병 甲은 초소근무 중 오전 1시 30분경 다음 근무자 乙과 교대시간이 늦었다는 이유로 언쟁을 하다가 乙을 구타하였다. 이에 乙은 소지하고 있던 카빈소총을 甲의 등 뒤에 겨누며 실탄을 장전하는 등 발사할 듯한 태도를 취하였고, 甲은 당황하여 먼저 乙을 사살하지 않으면 생명이 위험하다고 생각하여 뒤로 돌아서면서 소지하고 있던 카빈소총을 乙의 복부를 향해 발사하여 乙이 사망하였다. 그러나 乙은 甲을 살해할 의사가 없었기 때문에 객관적으로 급박하고 부당한 침해의 위험이 없었다. [24변시・19(1)모]

① 엄격책임설에 따르면 甲의 행위에 대하여 살인죄의 구성요건해당성과 위법성이 인정되지만, 착오에 대한 회피가능성이 없었을 경우에는 책임이 부인된다. 즉 위전착을 금지착오로 이해한다 (O)
② 소극적 구성요건요소 이론에 따르면 甲의 행위에 대하여 구성요건적 착오에 관한 규정인 형법 제13조 제1항을 직접 적용해야 한다. 불법과 책임의 2단계 범죄체계론을 기초로 한다. (O)
③ 구성요건적 착오 유추적용설은 이 착오의 경우 불법고의 또는 구성요건적 고의가 탈락하고 그 오인에 정당한 이유가 없으면(즉 착오에 과실이 있으면) 과실범처벌규정이 있을 경우에 한하여 과실범(사안의 경우는 과실치사죄)이 성립한다. 위법성조각사유의 전제사실에 관한 착오도 사실관계를 착오했다는 점에서 사실의 착오와 유사함을 강조한다. (O)

④ 법효과제한적 책임설에 따르면 甲의 행위에 대하여 구성요건해당성과 위법성은 인정되지만 책임영역에서 고의책임이 부정된다. 즉, 고의·과실의 이중기능설을 기초로 고의불법을 인정하면서 책임고의를 부정한다. (O)

⑤ 판례에 따르면 甲이 현재의 급박하고도 부당한 침해가 있는 것으로 오인하는데 대한 정당한 사유가 있는 경우로서 위법성이 조각된다(대판 68도370). (O) [20(1)사]

57. B가 운영하는 복싱클럽에 회원등록을 하였던 A는 등록을 취소하는 과정에서 B로부터 "어른에게 눈 그렇게 뜨고 쳐다보지 말라."라는 질책을 들었다. 약 1시간 후 A가 다시 복싱클럽을 찾아와 B에게 "내가 눈을 어떻게 떴냐?"라며 항의하자 B가 A의 멱살을 잡아당기거나 몸을 밀어 바닥에 세게 넘어뜨린 후 목을 졸랐다. 신체 크기가 비슷한 B와 A가 뒤엉켜 몸싸움하던 것을 지켜보던 복싱클럽 코치 甲은 A가 왼손을 주머니에 넣어 휴대용 녹음기를 꺼내 움켜쥐자 A가 작은 칼 같은 흉기를 꺼내는 것으로 오인하여 이를 확인하려고 A의 왼손 주먹을 강제로 펴게 함으로써 A에게 약 4주간의 치료가 필요한 손가락 골절상을 입혔다. [24(3)모]

① 엄격책임설에 따르면 甲에게 상해죄의 고의는 인정되지만 위법성 인식은 결여되었으므로 착오에 대한 정당한 이유 유무에 관계없이 책임이 조각된다.
② 법효과제한적 책임설에 따르면 甲에게 고의불법은 인정되지만 甲의 착오는 법률효과에 있어서는 사실의 착오와 같이 취급되므로 甲은 상해죄로 처벌되지 않고 과실이 인정될 때 과실치상죄로 처벌된다.
③ 판례에 따르면 甲이 행위 당시 죄가 되지 않는 것으로 오인한 것에 대해 정당한 이유가 인정되므로 위법성은 인정되지만 책임이 조각되어 甲은 처벌되지 않는다.

① (×) 엄격책임설은 이를 금지착오에 해당하는 것으로 보므로, 그 착오에 정당한 이유가 있으면(착오가 회피불가능할 때) 책임이 조각되고, 정당한 이유가 없으면(착오가 회피가능할 때) 상해죄의 죄책을 인정한다.
② (O) 법효과제한적 책임설은 이 착오의 경우에도 구성요건적 고의 및 고의불법은 인정되지만 심정반가치로서의 책임고의가 탈락하여, 오인에 과실이 있고 과실범처벌규정이 있을 경우에 한하여 과실범의 형벌이 부과될 수 있다.
③ (×) 판례는 甲이 당시 죄가 되지 않는 것으로 오인한 것에 정당한 이유가 있었다고 보았다(대판 2023도10768). 따라서 위전착에 대해 그 오인에 정당한 이유가 있다면 위법성이 조각된다는 판례의 입장(대판 68도370)에 따르면, 피고인의 행위는 상해죄의 구성요건에 해당하지만 피고인의 오인에 정당한 이유가 있으므로 위법성이 조각된다.

답 ×, O, ×

58. 소극적 구성요건표지이론은 위법성조각사유의 객관적 전제사실에 관한 착오와 구성요건적 착오의 유사한 측면을 간과하고 있다는 비판을 받는다. (×) [21(3)모]

: '평가 자체'에 대한 착오가 아니라 구성요건적 착오와 유사하게 평가를 기초지우는 '사실관계'에 대한 착오라는 전제사실의 착오의 특수성을 간과했다는 점에서 부당하다는 비판을 받는 것은 위법성조각사유의 객관적 전제사실에 관한 착오를 금지착오로 보는 엄격책임설이다.

59. 甲이 지하철에서 옆 사람이 손잡이를 잡기 위해 팔을 올리는 것을 성추행하는 것으로 경솔하게 오인하여 그 손을 쳐서 전치 4주의 상해를 입힌 경우, 甲의 착오에 대한 엄격책임설과 제한적 책임설의 결론은 동일하다. (X) [14변시·00사시]

: 엄격책임설은 이를 금지착오에 해당하는 것으로 보고 그 착오에 정당한 이유가 없으므로 상해죄의 죄책을 인정한다. 반면 제한적 책임설 중 ⅰ) 구성요건적 착오 유추적용설은 구성요건적 고의를 조각하고 甲의 과실이 존재하므로 과실치상죄의 죄책을 인정하고, ⅱ) 법효과제한적 책임설은 고의의 이중적 지위를 인정하는 입장에서 구성요건적 고의는 인정되나 책임고의가 부정되어 역시 과실치상죄의 죄책을 인정한다.

60. 소극적 구성요건표지이론은 구성요건해당성이 없는 행위와 구성요건해당성이 있지만 위법성이 조각되는 행위 사이의 질적 차이를 간과하였다는 비판을 받는다. (O) [15(3)모]

61. 새벽에 귀가 중인 甲에게 노숙자 A가 구걸을 하려고 접근하였다. 그러나 甲은 이전에 소위 '퍽치기' 강도를 당한 경험 때문에, A를 '퍽치기' 강도로 오인하였다. 이때 현장에 온 택시기사 乙이 A가 노숙자이고 구걸을 하려는 것을 알면서도, 甲에게 "A가 당신을 공격하려 한다."라고 말하였다. 이에 甲은 그 말을 믿고 A를 폭행하였다. [21변시]

① 소극적 구성요건표지이론에 의하면 甲의 착오는 사실의 착오(구성요건적 착오)에 해당하며 폭행죄의 고의가 부정된다. (O)
② 엄격책임설에 의하면 甲의 착오는 법률의 착오에 해당하여 오인함에 정당한 이유가 없는 경우 폭행죄가 성립한다. (O)
③ 구성요건적 착오규정을 유추적용하는 견해에 의하면 甲의 고의가 부정되어 폭행죄가 성립하지 않는다. (O)
④ 법효과제한적 책임설에 의하면 甲에게 고의불법은 인정되지만 고의책임이 배제되어 폭행죄가 성립하지 않는다. (O)
⑤ 소극적 구성요건표지이론에 따르면 제한적 종속형식에 의할 때 乙은 甲의 행위에 대하여 의사지배가 인정될 경우 폭행죄의 간접정범의 죄책은 물을 수 있으나, 교사범의 죄책을 물을 수는 없다. 법효과제한적 책임설에 의하면 악의 가담자 乙에게 의사지배가 인정되면 폭행죄의 간접정범이 성립하고, 의사지배가 부정되더라도 제한종속형식에 의하면 폭행죄의 교사범이 성립한다. (O)

★★★ [사례문제 기출례] 오상방위에 악의로 가담한 자의 죄책 [18·16모시] : ① 법효과제한적책임설(교사범, 간접정범 모두 가능 - 정범개념의 우위성으로 간접정범 결론) ② 판례(교사범만 가능 - '정범배후의 정범이론' 부정)

62. 甲이 乙에게 丙이 공격한다고 거짓말을 하여 乙이 다가오는 丙을 폭행하여 상해를 입힌 경우, 위법성조각사유의 전제사실에 관한 착오 이론 중 엄격책임설에 따르면 乙의 오인에 정당한 이유가 없어도 甲은 상해죄의 간접정범이다. (X) [20(2)모]

: 엄격책임설에 의할 경우 乙이 고의범, 즉 상해죄로 처벌되므로, 甲에게 의사지배가 인정될 경우라도 정범배후의 정범이론을 인정하지 않는 한 악의의 가담자인 甲을 간접정범이 처벌할 수 없고 교사범으로 처벌할 수 있을 뿐이다.

63. 甲은 丙이 "왜 나를 고소했느냐?"라고 따지면서 대들자 마침 그곳을 지나가는 동생 丁에게 "강도인 저 사람이 칼을 갖고 형을 협박하니 좀 때려라."라고 하면서 상해의 고의로 옆에 있던 위험한 물건인 몽둥이를 건네주었고, 甲의 말만 믿은 丁은 甲을 방위할 의사로 丙에게 약 3주간의 치료를 요하는 상해를 가하였다. 丁이 丙을 강도로 오인한 데 대하여 정당한 이유가 인정되지 않는 경우, 엄격책임설에 의하면 甲은 특수상해죄의 교사범이 성립한다. (O) [18변시]

64. 甲이 밤늦게 배송을 위해 찾아온 택배기사 A를 강도범으로 오인하였고 甲이 오인한 것을 알고 있던 乙이 甲에게 A에 대한 상해를 교사하여 甲이 방위의사로 A를 상해한 경우, 공범성립에 관한 제한적 종속성설을 전제로 할 때 엄격고의설이나 사실의 착오 유추적용설(유추적용제한책임설)은 乙을 상해죄의 교사범으로 처벌할 수 없다는 결론에 도달한다. (O) [23(2)모]

: 甲은 오상방위, 乙은 오상방위 악의 가담자이다. 정당한 이유가 없는 오상방위의 경우, 엄격고의설에 의하면 오상방위는 항상 고의가 탈락하고, 그 오인에 과실이 있고 과실범처벌규정이 있으면 과실범으로 처벌된다. 구성요건적 착오 유추적용설에 의하면 불법고의 또는 구성요건적 고의가 탈락하고 그 오인에 정당한 이유가 없으면(즉 착오에 과실이 있으면) 과실범처벌규정이 있을 경우에 한하여 과실범으로 처벌된다. 따라서 엄격고의설은 물론 유추적용제한책임설에 의하더라도 甲의 과실치상죄에 가담한 乙에게 상해죄의 교사범은 성립할 수 없게 된다(간접정범은 가능).

65. 유추적용설은 위법성조각사유의 객관적 전제(요건) 사실의 착오에 빠진 자를 교사하여 죄를 범하게 한 경우 교사자를 교사범으로 처벌할 수 없다는 비판을 받는다. (O) [15(3)모]

66. 소매치기 甲녀가 도주 중 행인 乙에게 강간범이 쫓아온다고 거짓말하여 이를 믿은 乙로 하여금 甲 자신을 추격해오던 피해자에게 상해를 가하게 한 경우, 소극적구성요건표지이론 및 구성요건착오유추적용설에 따르면 甲에게 상해죄의 교사범이 성립한다(단, 乙에 대한 甲의 우월적 의사지배는 부정되고, 제한종속형식에 따름). (X) [17변시]

: 위법성조각사유의 전제사실의 착오에 관한 소극적구성요건표지이론 및 구성요건착오유추적용설에 의하면 乙의 착오를 사실의 착오 또는 사실의 착오규정을 유추적용하므로 乙에게 상해의 고의가 조각되어 과실치상죄의 과실불법만 인정한다. 따라서 이에 악의로 가담한 甲에게 의사지배가 인정될 경우 간접정범의 죄책은 물을 수 있을지라도 (공범의 종속성의 정도에 대해 제한종속형식을 따를 경우) 교사범의 죄책을 물을 수는 없다. 그런데 사안에서 乙에 대한 甲의 우월적 의사지배가 부정된다는 전제가 있으므로 결국 甲은 불가벌이 된다.

기대가능성

67. 적법행위의 기대가능성 유무는 행위 당시의 구체적 상황하에 행위자 대신에 사회적 평균인을 두고 이 평균인의 관점에서 판단하여야 한다(대판 2017도16725). [18변시 · 12변시 · 18(3)모]

68. 「병역법」 제88조 제1항은 현역입영 또는 소집통지서를 받고도 정당한 사유 없이 이에 응하지 않은 사람을 처벌하는데, 여기에서 정당한 사유는 구성요건해당성을 조각하는 사유를 말하는 것이지 위법성조각사유나 기대불가능성에 기초한 책임조각사유를 말하는 것은 아니다(대판(全) 2016도10912 등). [12변시 · 22(2)모 · 20(2)모]

69. 진정한 양심에 따른 예비군훈련거부도 「예비군법」 제15조 제9항 제1호에서 정한 '정당한 사유'에 해당한다(대판 2018도4708). [24(1)모]

70. 자신의 강도상해 범행을 일관되게 부인하였으나 유죄판결이 확정된 피고인이 별건으로 기소된 공범의 형사사건에서 자신의 범행사실을 부인하는 증언을 한 경우, 피고인에게 사실대로 진술할 기대가능성이 있으므로 위증죄가 성립한다(대판 2005도10101). [23 · 20 · 19변시 · 13(2)모]

71. 형법 제12조(강요된 행위)는 적법행위의 기대가능성이 없으므로 책임이 조각되는 경우이다. (O) [12변시]

72. [1] 형법 제12조의 '저항할 수 없는 폭력'은 심리적 의미에서 육체적으로 어떤 행위를 절대적으로 하도록 만드는 경우와 윤리적 의미에서 강압된 경우를 말하고,
[2] '협박'은 자기 또는 친족의 생명, 신체에 대한 위해를 달리 막을 방법이 없는 경우를 말하며, '강요'는 피강요자의 자유로운 의사결정을 하지 못하게 하면서 특정행위를 하게 하는 것을 말한다(대판 83도2276). [22 · 18 · 17변시]

73. 친족의 신체에 대한 위해를 방어할 방법이 없는 협박에 의하여 강요된 행위는 벌하지 아니한다. (O) [18변시]

: 강요된 '협박'은 '자기 또는 친족의 생명 · 신체에 대한 위해'와 연결되어 있어야 한다.

▮유제▮ 친족의 명예에 대한 위해를 내용으로 하는 협박 때문에 자유로운 의사결정을 못한 경우라면 강요된 행위에 해당한다. (X) [12(2)모 · 02 · 95사시]

74. 성장교육과정을 통하여 형성된 내재적인 관념 내지 확신으로 인하여 행위자의 의사결정이 사실상 강제되는 경우에는 강요된 행위가 될 수 없다(대판 89도1670). [10사시]

75. [1] 행위자가 강제상태를 자초한 경우에는 적법행위에 대한 기대가능성이 없다고 할 수 없기 때문에 강요된 행위에 해당하지 않는다. [12(2)모]
[2] 따라서 반국가단체의 지배하에 있는 북한지역으로 탈출하는 자는 특별한 사정이 없는 한 북한집단구성원과의 회합이 있을 것이라는 사실을 예측할 수 있고 자의로 북한에 탈출한 이상 그 구성원과의 회합은 예측하였던 행위이므로 강요된 행위라고는 할 수 없다(대판 72도2585).

제3장 미수론

제1절 미수범의 일반이론

1. 포괄일죄의 공소시효는 최종의 범죄행위가 종료한 때로부터 진행한다(대판 96도1088). [18(1)모 · 14(3)모]

2. 미수범 처벌근거에 대한 학설 중 주관설에 의할 경우 미수와 기수는 동일하게 처벌되어야 한다. (O) [18변시]

: 미수범의 처벌근거에 관한 주관설은 행위에 의하여 외부적으로 표현된 법적대적 의사에서 미수의 처벌근거를 찾는 견해이다. 이에 의하면 ㉠ 미수가 범죄의 기본형태로서 미수는 기수와 동일하게 처벌되어야 하고, ㉡ 불능범의 처벌도 긍정되며, ㉢ 현행법상의 미수규정은 형벌축소사유가 된다.

제2절 미수범의 일반적 요건

1. 목적과 같은 초과주관적 요소가 필요한 범죄에 있어서는 그 미수범의 성립에 있어서도 초과주관적 요소가 구비되어야 한다. (O) [18변시]

2. 미수범은 구성요건의 객관적 요소가 하나라도 충족되지 아니한 때에 성립하는 것으로, 현행법상 고의범은 물론이고 과실범에 대해서도 성립될 수 있다. (X) [15변시 · 22(3)모]

: 미수의 주관적 요건으로 고의가 요구되므로 과실범의 미수는 이론상 성립될 수 없다.

3. 미수범이 성립하기 위해서는 확정적으로 행위의사가 있어야 하나 행위의사가 확정적이면 그 실행이 일정한 조건의 발생에 좌우되는 때에도 고의는 인정된다. (O) [16변시]

4. 피고인이 격분하여 피해자를 살해할 것을 마음먹고 낫을 들고 피해자에게 다가서려 하였으나 제3자가 이를 제지하여 그 틈을 타서 피해자가 도망함으로써 살인의 목적을 이루지 못한 경우, 살인죄의 실행의 착수가 인정된다(대판 85도2773). [16(3)모 · 13(3)모]

5. 간음할 목적으로 새벽 4시에 여자 혼자 있는 방문 앞에 가서 피해자가 방문을 열어 주지 않으면 부수고 들어갈 듯한 기세로 방문을 두드리고 피해자가 위험을 느끼고 창문에 걸터앉아 가까이 오면 뛰어 내리겠다고 하는데도 베란다를 통하여 창문으로 침입하려고 하였다면, 강간의 수단으로서의 폭행에 착수하였다고 할 수 있으므로 강간의 착수가 있었다(대판 91도288). [22(1)모 · 21(2)모 · 15(3)모]

6. 주거침입죄의 보호법익은 주거의 사실상의 평온으로, 사실상의 평온을 침해할 현실적 위험성이 있는 행위를 개시한 때 기수가 된다. (O) [22(3)모]

: 주거침입죄의 실행의 착수는 구성요건의 일부를 실현하는 행위까지 요구하는 것은 아니고 범죄구성요건의 실현에 이르는 현실적 위험성을 포함하는 행위를 개시하는 것으로 족하다(대판 2006도2824).

┃유제┃ 출입문이 열려 있으면 안으로 들어가겠다는 의사 아래 출입문을 당겨보는 행위는 바로 주거의 사실상의 평온을 침해할 객관적인 위험성을 포함하는 행위를 한 것으로 볼 수 있어 그것으로 주거침입의 실행에 착수한 것으로 보아야 한다(대판 2006도2824). [24(1)모 · 20(1)모 · 12(2)모]

7. 야간에 아파트에 침입하여 물건을 훔칠 의도 하에 아파트의 베란다 철제난간까지 올라가 유리창문을 열려고 시도하였다면 야간주거침입절도죄의 실행에 착수한 것으로 보아야 한다(대판 2003도4417). [15 · 10사시 · 09법행]

8. 야간에 다세대주택 2층에 침입해서 물건을 절취하기 위하여 그 다세대주택 외벽 가스배관을 타고 오르다가 순찰 중이던 경찰관에게 발각되어 그냥 뛰어내린 경우 야간주거침입절도죄의 실행의 착수에 이르지 못한 것이다(대판 2008도917). [19변시 · 13(1)모 · 11법행]

9. 야간에 절도의 목적으로 출입문에 장치된 자물통 고리를 절단하고 출입문을 손괴한 뒤 집안으로 침입하려다가 발각된 것이라면 이는 (형법 제331조 제1항의 손괴후주거침입한) 특수절도죄의 실행에 착수한 것이다(대판 86도1273). 이러한 법리는 2인 이상이 합동하여 형법 제331조 제1항의 손괴후주거침입 특수절도죄를 범하는 경우에도 동일하다고 보아야 한다. (O) [13변시]

10. 침입 대상인 아파트에 사람이 있는지를 확인하기 위해 그 집의 초인종을 누른 행위만으로는 침입의 현실적 위험성을 포함하는 행위를 시작하였다거나, 주거의 사실상의 평온을 침해할 객관적인 위험성을 포함하는 행위를 한 것으로 볼 수 없다(대판 2008도1464). [24변시 · 15(3)모]

┃유제┃ 丙은 늦은 밤에 A의 집 대문에 있는 초인종을 눌러 사람이 없는 것이 확인되면 만능키를 이용하여 대문을 열고 들어가 물건을 훔치려고 초인종을 여러 차례 눌렀다. 丙은 A의 주거의 사실상의 평온을 침해할 객관적인 위험성을 포함하는 행위를 한 것으로 볼 수 없어 야간주거침입절도죄의 미수범이 되지 않는다. (O) [23(2)모]

11. 절도죄의 실행의 착수 시기는 재물에 대한 타인의 사실상의 지배를 침해하는 데에 밀접한 행위를 개시한 때라고 할 것인바,
아파트 신축공사 현장 안에 있는 건축자재를 훔칠 생각으로 공범과 함께 위 공사현장 안으로 들어간 후 창문을 통하여 신축 중인 아파트의 지하실 안쪽을 살피다가 발각된 경우 절도죄의 실행의 착수를 인정할 수 없다 (대판 2009도14554). [19(2)모 · 13(1)모 · 13법행]

12. 소를 흥정하고 있는 피해자의 뒤에 접근하여 그가 들고 있던 가방으로 돈이 들어 있는 피해자의 하의 왼쪽 주머니를 스치면서 지나간 행위는 이로써 실행의 착수에 이른 것이라고는 볼 수 없다(대판 86도1109). [22(1)모]

13. 甲이 타인의 자동차 안에 있는 물건을 훔치기 위해 차량 문손잡이를 잡아당긴 후 순찰 중이던 경찰관에게 체포되었다면 미수범으로 처벌될 수 있다(대판 86도2256). [15(3)모]

14. 길가에 세워져 있는 자동차 안의 금품을 절취하기 위하여 준비한 손전등으로 유리창을 통해 자동차의 내부를 비추어 보다가 발각되었다면, 절도죄의 실행의 착수를 인정하기 어려워 절도미수죄로 처벌할 수 없다. (O) [22·15변시·14(2)모]

: 절도미수죄로 처벌할 수 없음은 물론 절도죄는 예비죄를 처벌하지 않으므로 결국 불가벌이 된다(대판 85도464).

15. 허위채권에 기한 공정증서를 집행권원으로 하여 채무자의 소유권이전등기청구권에 대하여 압류신청을 한 시점에 소송사기의 실행에 착수하였다고 볼 것이다. (O) [23변시·22(3)모·17(1)모]

: 이와는 달리 본안소송을 제기하지 아니한 채 가압류를 한 것만으로는 사기죄의 실행에 착수하였다고 할 수 없다(대판 88도55).

16. 방화의 의사로 뿌린 휘발유가 인화성이 강한 상태로 주택주변과 피해자의 몸에 적지 않게 살포되어 있는 사정을 알면서도 라이터를 켜 불꽃을 일으킴으로써 피해자의 몸에 불이 붙었으나, 곧바로 진화되어 불이 방화 목적물인 주택 자체에 옮겨 붙지는 않은 경우 현주건조물방화죄의 실행의 착수를 인정할 수 있다(대판 2001도6641). [12변시·24(1)모·22(1)모·19(1)(2)모]

17. [1] 행사할 목적으로 미리 준비한 물건들과 옵세트인쇄기를 사용하여 한국은행권 5만원권을 사진 찍어 그 필름 원판 7매와 이를 확대하여 현상한 인화지 7매를 만든 경우 아직 통화위조의 착수에는 이르지 아니하였고 그 준비단계에 불과하다(대판 66도1317. 결국 통화위조예비죄로 처벌됨).
[2] 같은 이유에서 종량제 쓰레기봉투에 인쇄할 시장 명의의 문안이 새겨진 필름을 제조한 정도로는 아직 위 시장 명의의 공문서인 종량제 쓰레기봉투를 위조하는 범행의 실행의 착수에 이르지 아니한 것으로서 그 준비단계에 불과한 것으로 보아야 한다(대판 2005도7430). [13(1)모·99사시·05법행]

18. 선서한 증인이 허위증언을 하였다가 증인신문이 끝나기 전에 그 허위진술을 뉘우치고 자신의 진술을 번복한 때에는 위증죄의 중지미수범으로 처벌받는다. (X) [23(2)모·15(3)모·11(1)모]

: 선서한 증인이 일단 기억에 반한 허위의 진술을 하였더라도 그 신문이 끝나기 전에 그 진술을 취소·시정한 경우에는 위증이 되지 아니하며, 따라서 위증죄의 기수시기는 신문 진술이 종료한 때로 해석할 것이다(대판 74도1231). 사안은 이론상 위증죄의 중지미수가 될 수 있지만, 위증죄의 미수범은 처벌하지 않으므로 불가벌이 된다.

19. 피고인이 신고하지 않은 외화 400만 엔이 들어 있는 휴대용 가방을 보안검색대에 올려놓거나 이를 휴대하고 통과하지 않고, 공항 내에서 탑승을 기다리고 있던 중에 체포된 경우라면 외국환거래법이 규정한 국외반출죄의 실행의 착수가 있다고 볼 수 없다(대판 2000도4298). [14변시]

20. 입영대상자가 병역면제처분을 받고자 병원으로부터 허위의 진단서를 발급받았다가 이를 스스로 폐기한 경우에는 병역법위반의 중지미수범으로 처벌받는다. (X) [15(3)모]

: 병역법 제86조에 정한 '사위행위'라 함은 다른 행위 태양인 도망·잠적 또는 신체손상에 상응할 정도로 병역의무의 이행을 면탈하고 병무행정의 적정성을 침해할 직접적인 위험이 있는 단계에 이르렀을 때에 비로소 사위행위의 실행을 한 것이라고 보아야 한다. 입영대상자가 병역면제처분을 받을 목적으로 병원으로부터 허위의 병사용진단서를 발급받았다고 하더라도 이러한 행위만으로는 사위행위의 실행에 착수하였다고 볼 수 없다(대판 2005도3065).

21. 피고인이 필로폰을 소지 또는 입수한 상태 등의 매매행위에 근접하지 않은 상태에서, 필로폰을 구해달라는 부탁과 함께 대금 명목으로 금전을 지급받았다면 필로폰 매매행위의 실행의 착수에 이른 것이라고 볼 수 없다(대판 2014도16920). [24(2)·16(3)모]

22. 장애미수는 형의 임의적 감경사유이고, 중지미수는 형의 필요적 감면사유이며, 불능미수는 형의 임의적 감면 사유이다. (O) [20(1)모]

: 형법 제25조, 제26조, 제27조 참조

제3절 중지미수

★★ [사례문제 기출례] 중지미수의 자의성 판단기준 [24·21·13변사, 23·21모사 등] : 객관설, 주관설, 프랭크의 공식, 절충설(判)

1. 중지미수라 함은 범죄의 실행행위에 착수하고 그 범죄가 완수되기 전에 자기의 자유로운 의사에 따라 범죄의 실행행위를 중지하는 것으로서 장애미수와 대칭되는 개념이나 중지미수와 장애미수를 구분하는데 있어서는 범죄의 미수가 자의에 의한 중지이냐 또는 어떤 장애에 의한 미수이냐에 따라 가려야 하고 특히 자의에 의한 중지 중에서도 그 중지가 일반 사회통념상 범죄를 완수함에 장애가 되는 사정에 의한 것이 아니라면 이는 중지미수에 해당한다(대판 99도640) [20변시·18(1)모·17(1)모]

2. 중지미수에 있어서 자의성 판단기준에 관한 학설 중 Frank의 공식은 행위자가 할 수 있었음에도 불구하고 하기를 원하지 않아서 범죄행위를 중지한 경우는 중지미수에 해당하지만, 행위자가 범죄행위를 하려고 하였지만 할 수가 없어서 중지한 경우는 장애미수라고 하여 양자를 구별하고 있다. (O) [16변시]

3. 甲은 A녀를 강간할 마음을 먹고 A녀에게 폭행을 가한 후 강간하려 하였으나 A녀가 다음번에 만나 친해지면 자진해서 응해주겠다고 하면서 강간하지 말 것을 간곡히 부탁하자 그 이상의 실행행위로 나아가지 아니하고 A녀를 자신의 차에 태워 집까지 데려다 주었다. 이와 같은 경우 甲의 중지에 자의성이 인정된다(대판 93도1851). [11(1)모·16사시·13법행]

4. 乙은 B녀를 강간하려 하였으나 B녀가 수술한지 얼마 안 되어 배가 아프다고 하면서 애원하는 바람에 범행을 그만둔 경우, 이는 일반의 경험상 강간행위를 수행함에 장애가 되는 외부적 사정에 의하여 범행을 중지한 것에 지나지 않는 것으로 중지범의 요건인 자의성을 결여하였다(대판 92도917). [20(2)모·16(1)모]

5. 강도가 강간하려고 하였으나 잠자던 피해자의 어린 딸이 잠에서 깨어 울고, 또 피해자가 시장에 간 남편이 곧 돌아온다고 하자 도주하였다면 중지의 자의성이 인정되지 않는다(대판 93도347). [19(1)모]

6. 丙이 C를 강간하려고 하다가 C가 아는 여성이어서 추후 신고가 될 것이 염려되어 강간을 중단하였다면 丙에게 중지미수의 규정을 적용할 수 없다. (O) [19(1)모]

: 외부사정의 불이익한 변화에서 오는 발각·고소·체포의 두려움은 타율적 동기에 의한 중지이므로 절충설에 의하면 자의성이 부정된다.

┃유제┃ 범행당일 미리 제보를 받은 세관직원들이 범행장소 주변에 잠복근무를 하고 있어 그들이 왔다 갔다 하는 것을 본 피고인이 범행의 발각을 두려워한 나머지 자신이 분담하기로 한 실행행위에 이르지 못한 경우, 이는 피고인의 자의에 의한 범행의 중지가 아니어서 중지범에 해당한다고 볼 수 없다(대판 85도2339). [17(1)모]

7. 甲이 A에게 위조한 주식인수계약서와 통장사본을 보여주면서 50억 원의 투자를 받았다고 거짓말하며 자금 대여를 요청한 후 A와 함께 50억 원의 입금 여부를 확인하기 위해 은행에 가던 중 범행이 발각될 것이 두려워 은행 입구에서 차용을 포기하고 돌아간 행위는 사기죄의 중지미수에 해당하지 않는다. (O) [16변시·19(1)모·17(2)모]

: 이는 피고인이 범행이 발각될 것이 두려워 범행을 중지한 것으로서, 일반 사회통념상 범죄를 완수함에 장애가 되는 사정에 해당한다고 보아야 할 것이므로, 이를 자의에 의한 중지미수라고는 볼 수 없다(대판 2011도10539). [19(3)모·16사시]

┃유제┃ 甲이 장롱 안에 있는 옷가지에 불을 놓아 사람이 주거로 사용하는 건물을 불태우려 하였으나 불길이 치솟는 것을 보고 겁이 나서 물을 부어 불을 끈 것이라면, 자의에 의한 현주건조물방화죄의 중지미수가 성립하지 않는다 (대판 97도957). [23변시·22(1)모·21(1)모]

┃유제┃ 피해자를 살해하려고 목 부위와 가슴을 수 회 찔렀다가 가슴부위에서 피가 흘러나오는 것을 보고 겁을 먹고 그만 둔 것이라면, 자의에 의한 중지미수라고 볼 수 없다(대판 99도640). [14(1)모·13법행]

★ 사례문제 기출례 실행미수의 중지미수 인정요건 : 결과발생방지행위, 결과불발생, 인과관계 [24변사, 23모사 등]

8. 착수미수에서는 단순히 실행을 중지하면 중지미수가 인정되지만, 실행미수가 중지범으로 인정되기 위해서는 단순히 행위의 계속을 포기하는 부작위만으로 족하지 않고 행위자가 자의에 의하여 결과의 발생을 방지할 것이 요구된다. (O) [18변시·19(3)모·17(1)모]

9. 실행미수의 중지미수가 성립하기 위한 객관적 요건인 '결과 발생의 방지'는 행위자 자신뿐만 아니라 제3자의 도움을 받아서 행하여도 무방하다. (O) [16(2)모·12(3)모·05사시]

10. 甲이 A에게 치사량의 독약을 먹인 후 자신의 행위를 후회하고 A를 병원으로 옮겨 생명을 구하였는데, 예기치 않은 병원의 화재로 인하여 A가 사망한 경우, 甲이 자의로 결과발생을 방지하기 위해 노력하였더라도 결과가 발생한 이상 중지미수는 인정되지 않는다. (X) [23(1)모]

: 행위자의 방지행위에도 불구하고 결과가 발생하면 이미 기수에 이르렀으므로 중지미수는 성립할 수 없다. 다만, 결과가 발생한 경우에도 결과에 대해 인과관계가 부정되는 때에는 결과가 발생한 경우에 해당하지 않으므로 중지미수가 될 수 있다. 본 지문에서의 결과는 예기치 않은 병원의 화재로 인한 것으로 甲에게 귀속시킬 수 없는 경우 (판례에 따르면 상당인과관계가 부정되는 경우)에 해당한다. 따라서 甲에게 살인중지미수죄가 인정된다.

11. 타인의 재물을 공유한 자가 공유자의 승낙을 받지 않고 공유대지를 담보로 제공하고 가등기를 경료하였다면, 그 후 자의로 가등기를 말소했다고 하더라도 중지미수에 해당하지 않는다. (O) [18(2)모 · 13법행]

: 공유자의 승낙을 받지 않고 공유대지를 담보에 제공하고 가등기를 경료한 경우 횡령행위는 기수에 이르고 그후 가등기를 말소했다고 하여 중지미수에 해당하는 것이 아니다(대판 78도2175).

★★ [사례문제 기출례] 불능미수의 중지미수 가부 (견해의 대립 有, 명시적 판례는 無) [23모사 등]

12. 甲이 살인의 고의로 乙에게 치사량의 독약을 복용시키려 하였으나 착오로 치사량에 현저히 미달하는 양의 독약을 복용시킨 다음 후회하여 乙에게 해독제를 먹인 경우, 방지행위와 결과불발생 사이에 인과관계를 요구하는 견해에 따르면 살인죄의 불능미수죄가 성립한다. (O) [25변시]

: 결과발생이 애초에 불가능함에도 행위자가 이를 모르고 방지행위를 하였을 경우에도 중지미수가 될 수 있는가, 즉 불능미수에 대해서도 중지미수가 가능한가에 대해서는 ① 방지행위와 결과불발생 사이에 인과관계가 없다는 이유로 부정하는 소극설과 ② 이 경우에도 자의에 의한 중지행위를 인정할 수 있고, 부정할 경우에 초래되는 형의 불균형을 방지해야 함을 이유로 하는 적극설이 대립한다.

★★ [사례문제 기출례] 예비죄에서 중지미수 규정 준용 가부 [23 · 17변시, 24 · 17모사 등]

13. 중지범은 범죄의 실행에 착수한 후 자의로 그 행위를 중지한 때를 말하는 것이고, 실행의 착수가 있기 전인 예비음모의 행위를 처벌하는 경우에 있어서는 중지범의 관념을 인정할 수 없다(대판 91도436). [24 · 21 · 15변시 · 24(2)모]

▎유제▎ 2인 이상의 자가 범죄실행을 합의하고 그 합의에 실질적인 위험성이 인정되는 경우, 자신의 범의를 스스로 포기함으로써 실행의 착수로 나아가지 아니할 뿐만 아니라 다른 공모자의 범죄실행의 착수까지도 중지시키면 음모죄의 중지범으로 처벌된다. (X) [21(2)모]

★★ [사례문제 기출례] 공범과 중지미수 쟁점 [15 · 14 · 12모사]

14. 공동정범 중 1인이 자의로 범행을 중지하였다 하더라도 다른 공범자들의 실행행위를 중지시키지 아니하거나 결과발생을 방지하지 아니한 이상 중지범을 인정할 수 없다(대판 2004도8259). [15변시 · 19(3)모 · 18(1)모]

▎유제▎ 2인이 범행을 공모하여 실행에 착수한 후 그 중 한 사람이 자의로 중지하였더라도 전체범행이 기수에 이르렀다면 전체범행에 대한 기수범의 공동정범이 된다. (O) [17(3)모 · 13(3)모]

▎유제▎ 일반적으로 공범이 자신의 행위를 중지한 것만으로는 중지미수가 성립하지 않지만, 다른 공범 또는 정범의 행위를 중단시키기 위하거나 결과 발생을 저지하기 위한 진지한 노력이 있었을 경우에는 비록 결과가 발생하였다고 할지라도 그 공범에게는 예외적으로 중지미수가 성립될 수 있다. (X) [16 · 14변시]

▎유제▎ 甲과 乙이 A를 순차적으로 강간하기로 모의하고 甲이 망을 보는 동안 乙이 A를 강간한 후, 곧이어 甲도 A를 강간하려고 하였으나 A가 다음번에 만나 친해지면 응해 주겠다는 취지로 간곡히 부탁하여 甲은 A를 강간하지 않았다면 甲에게는 강간죄의 중지미수가 인정된다. (X) [23(1)모 · 21(1)모]

15. 甲이 乙과 함께 A의 사무실의 금품을 절취하기로 공모하고 그 부근 포장마차에서 기다리다가 자신의 범행전력 등을 생각하여 가책을 느끼고 스스로 결의를 바꾸어 A에게 乙의 침입사실을 알려 절취한 금품을 들고 나오는 乙을 체포하게 한 경우, 甲에게는 중지미수가 인정된다. (X) [19(1)모]

: 절도공모자 乙의 절도죄가 기수에 이른 후에 체포하게 한 경우이므로 甲에게도 중지미수가 아니라 절도기수죄의 공동정범이 인정된다.

16. 甲과 乙이 공동으로 A를 살해하려고 칼로 찔렀으나 A가 상처만 입고 죽지 않자 乙은 그대로 가버리고 甲이 자의로 A를 구조하여 A가 사망하지 않은 경우 甲에게만 중지미수에 의한 형의 감면이 인정된다. (O) [16변시]

: 공범관계에 있어서 중지미수의 효과는 일신전속적 성격을 가진다. 그러므로 자의로 중지한 자는 중지미수가 되지만 그렇지 않은 자는 장애미수가 된다(대판 85도2831). [24변시]

▌유제▐ 공동정범 중 1인의 자의에 의한 실행중지만으로는 그의 중지미수를 인정할 수 없으며, 공동정범 전원의 실행행위를 중지시키거나 모든 결과발생을 완전히 방지한 때 공동정범 전체의 중지미수가 인정된다. (X) [21변시]

제4절 불능미수

1. 甲이 A에게 치사량에 미달한 독약을 탄 음료수를 먹게 하여 살해하려고 하였으나 A가 음료수를 토해서 살인에 실패한 경우, 법원은 해당 독약의 치사량을 심리한 다음 살인죄의 장애미수인지 불능미수인지를 판단해야 한다. (O) [23(2)모]

: 피고인이 사용한 독의 양이 치사량 미달이어서 결과발생이 불가능한 경우도 있을 것이고, 한편 형법은 장애미수와 불능미수를 구별하여 처벌하고 있으므로 원심으로서는 이 사건 독약의 치사량을 좀 더 심리하여 피고인의 소위가 위 미수 중 어느 경우에 해당하는지를 가렸어야 한다(대판 83도2967).

2. 甲이 A를 독살하려 하였으나 A가 토함으로써 그 목적을 이루지 못한 경우, 甲이 사용한 독의 양이 치사량에 현저히 미달하여 결과발생이 불가능했다면 甲에게는 살인죄의 장애미수가 성립한다. (X) [17(2)모]

: 불능미수사유와 장애미수사유가 경합할 경우 행위자에게 유리한 불능미수로 종결해야 한다.

3. 불능미수는 행위자가 실제로 존재하지 않는 사실을 존재한다고 오인하였다는 측면에서 존재하는 사실을 인식하지 못한 사실의 착오와 다르다. (O) [20변시·20법행]

4. 객관적으로는 존재하지도 않는 구성요건적 사실을 행위자가 적극적으로 존재한다고 생각한 '반전된 구성요건적 착오'의 경우는 위험성이 있으면 불능미수로 처벌된다(제27조). (O) [19변시]

▌유제▐ 객관적으로는 존재하지도 않는 구성요건적 사실을 행위자가 적극적으로 존재한다고 생각한 '반전된 구성요건적 착오'는 「형법」상 불가벌이다. (X) [19변시]

5. 간통이 범죄가 된다고 생각한 甲이 배우자 있는 乙과 간음한 경우는 '반전된 사실의 착오'에 해당한다. (X) [23(2)모]

: 반전된 사실의 착오란 객관적 구성요건요소에 대한 적극적 착오, 즉 행위자가 실제로 존재하지 않는 '사실'을 존재한다고 오인한 경우를 말하며, 반전된 사실의 착오가 있는 경우 원칙적으로 불가벌이지만, 실행의 수단이나 대상에 대한 반전된 사실의 착오의 경우는 위험성이 있으면 불능미수로 처벌된다(제27조). 이와 달리 처벌되지 않는 행위를 처벌되는 것으로 생각하고 행위한 경우는 반전된 법률의 착오로서 환각범에 해당한다. 환각범의 경우에는 착오의 정당성 여부와 관계없이 항상 불가벌이다. 본 지문에서 "간통이 범죄가 된다"고 생각하고 간음한 것은 '반전된 법률의 착오'에 해당한다.

▌유제▐ 간통이 형사처벌된다고 착오하고 간통행위를 한 경우는 불능범에 해당한다. (X) [25변시]

▎유제▎ 존재하지 않는 형벌법규를 존재하는 것으로 오인하고 행위한 때에는 그 행위에 위험성이 있으면 불능미수가 성립한다. (X) [14(2)모]

6. 행위자가 결과발생이 불가능하다는 것을 알면서 실행에 착수하여 결과는 발생하지 않았지만 위험성이 있는 경우에 불능미수가 성립한다. (X) [19·14변시·22(3)모·20(1)모]

: 불능미수를 포함하여 미수가 성립되기 위해서도 고의가 필요하며, 이때 고의는 기수의 고의라야 한다. 처음부터 결과발생이 불가능함을 인식하였다면 기수의 고의를 인정할 수 없으므로 미수범도 성립할 수 없다.

7. 주체의 착오로 인해 결과발생이 불가능한 경우에도 불능미수가 성립될 수 있는지에 대해서는 형법상 명문의 규정이 없다. (O) [19변시·14(3)모]

: 형법 제27조는 수단 또는 대상의 착오만을 불능미수로 규정하고 있기 때문에 주체의 착오는 불능미수가 될 수 없다.

8. [1] 형법 제27조에서 정한 '실행의 수단 또는 대상의 착오'는 행위자가 시도한 행위방법 또는 행위객체로는 결과의 발생이 처음부터 불가능하다는 것을 의미한다. 그리고 '결과 발생의 불가능'은 실행의 수단 또는 대상의 원시적 불가능성으로 인하여 범죄가 기수에 이를 수 없는 것을 의미한다고 보아야 한다.
[2] 장애미수 또는 중지미수는 범죄의 실행에 착수할 당시 실행행위를 놓고 판단하였을 때 행위자가 의도한 범죄의 기수가 성립할 가능성이 있었으므로 처음부터 기수가 될 가능성이 객관적으로 배제되는 불능미수와 구별된다(대판 2018도16002). [20변시·19(3)모·20법행]

9. 불능미수란 행위자에게 범죄의사가 있고 실행의 착수라고 볼 수 있는 행위가 있더라도 실행의 수단이나 대상의 착오로 처음부터 결과발생 또는 법익침해의 가능성이 없지만 다만 그 행위의 위험성 때문에 미수범으로 처벌하는 경우를 말한다. 여기에서 '결과의 발생이 불가능'하다는 것은 범죄행위의 성질상 어떠한 경우에도 구성요건의 실현이 불가능하다는 것을 의미한다(대판 2019도97). [25변시]

10. 피해자 소유 승용차의 브레이크호스를 잘라 브레이크액을 유출시켜 주된 제동기능을 완전히 상실시킴으로써 그 때문에 피해자가 그 자동차를 몰고 가다가 반대차선을 따라 오던 자동차와의 충돌을 피하기 위하여 브레이크 페달을 밟았으나 전혀 제동이 되지 아니하여 사이드브레이크를 잡아당김과 동시에 인도에 부딪치게 함으로써 겨우 위기를 모면하였다면 살인미수죄가 인정된다(대판 90도1149). [16(3)모·13(3)모·02법행]
– 본 판결의 적용법조는 형법 제27조이므로 불능미수를 인정한 사례

11. 임대인과 임대차계약을 체결한 임차인이 임차건물에 거주하기는 하였으나 그의 처만이 전입신고를 마친 후에 경매절차에서 배당을 받기 위하여 임대차계약서상의 임차인 명의를 처로 변경하여 경매법원에 배당요구를 한 경우, 임차인에게 사기죄가 성립한다. (X) [20법행]

: 위와 같은 경우, 실제의 임차인이 전세계약서상의 임차인 명의를 처의 명의로 변경하지 아니하였다 하더라도 소액임대차보증금에 대한 우선변제권 행사로서 배당금을 수령할 권리가 있다 할 것이어서, 경매법원이 실제의 임차인을 처로 오인하여 배당결정을 하였더라도 이로써 재물의 편취라는 결과의 발생은 불가능하여 객관적으로 결과발생의 가능성이 있는 행위라고 볼 수도 없으므로 형사소송법 제325조에 의하여 무죄이다(대판 2001도6669).

★★ 사례문제 기출례 불능미수의 위험성 판단기준 [24·22변사, 23·22·20모사 등] :
구객관설, 구체적 위험설, 추상적 위험설, 주관설

12. 불능미수의 성립요건인 위험성의 판단에 관한 추상적 위험설에 대해서는 행위자가 경솔하게 잘못 안 경우에도 그 사실을 기초로 위험성을 판단하는 것은 부당하다는 비판이 제기된다. (O) [22(3)모]

: ① 구객관설은 절대적 불능과 상대적 불능으로 나누어 상대적 불능의 경우에만 위험성을 인정하는 견해이고, ② 추상적 위험설'은 '행위자가 인식한 사실'을 기초로 하여 일반인의 관점에서 결과발생의 위험성이 있는지를 판단하는 견해이며, ③ '구체적 위험설'은 행위당시에 '행위자가 인식한 사정 및 일반인이 인식할 수 있었던 사실'을 기초로 하여 일반인이 일반적 경험법칙에 따라 객관적으로 판단하여 구체적 위험성이 인정되면 불능미수가 된다는 견해이다. ④ 주관설은 주관적으로 행위자의 범죄의사가 확실하게 표현된 이상 불능미수범으로 처벌할 수 있다는 견해이다.

| 유제 | 설탕이라고 표기된 병 안의 설탕을 독약으로 오인하고 이를 먹여 살해하려고 한 경우 추상적 위험설에 따르면 불능범이지만, 설탕으로도 사람을 죽일 수 있다고 생각하고 설탕을 먹인 경우 주관설에 따르면 불능미수이다. (X) [23(1)모]

13. 甲이 아버지 A를 살해하려고 농약을 탄 숭늉을 마시게 하였지만 농약의 함량이 치사량에 현저히 미달하여 A가 사망하지 않았다면, 甲의 죄책은 존속살해죄의 불능미수죄의 죄책을 진다(대판 73도354). [18(2)모]

14. 불능범의 판단기준으로서 위험성 판단은 피고인이 행위 당시에 인식한 사정을 놓고 이것이 객관적으로 일반인의 판단으로 보아 결과발생의 가능성이 있느냐를 따져야 한다(대판 2018도16002).
[25·21·20변시·22(1)모]

15. 민사소송법상 소송비용의 청구는 소송비용액 확정절차에 의하도록 규정하고 있으므로, 소송비용을 편취할 의사로 소송비용의 지급을 구하는 손해배상청구의 소를 제기하였다고 하더라도 이는 객관적으로 소송비용의 청구방법에 관한 법률적 지식을 가진 일반인의 판단으로 보아 결과 발생의 가능성이 없어 위험성이 인정되지 않는다고 할 것이다(대판 2005도8105). 따라서 불능범에 해당한다. (O) [25·23·15·13변시]

16. ① 향정신성의약품인 메스암페타민 속칭 '히로뽕'제조를 시도하였으나 그 '약품배합 미숙'으로 그 완제품을 제조하지 못하였다면 위 소위는 그 성질상 결과발생의 위험성이 있고(대판 85도206), [16(1)모]
② 향정신의약품인 메스암페타민을 매수하려 하였으나 매도인이 '소금'을 대신 교부함으로써 미수에 그친 소위는 위 매매행위가 성사될 가능성이 있었으므로 향정신성의약품의 매매미수범에 해당한다(대판 98도2313). [17(2)모]

17. A가 일정량 이상을 먹으면 사람이 죽을 수도 있는 '초우뿌리'나 '부자'달인 물을 마시게 하여 피해자를 살해하려다 피해자가 이를 토해버려 사망하지 않은 경우 A에게 살인미수죄가 성립한다(대판 2007도3687).
[23변시·16(1)모·13(3)모]

18. 甲은 누구나 쉽게 확인할 수 있도록 크게 설탕이라고 표기된 용기 안의 설탕을 청산가리로 오인하여 살해의 고의로 乙에게 먹였다. [20(2)모]

① 행위당시 행위자가 인식한 사정을 기초로 일반인의 관점에서 판단하면, 甲의 행위는 위험성이 인정되므로 불능미수가 성립한다. (O)

② 행위당시 행위자가 인식한 사정과 일반인이 인식할 수 있었던 사정을 기초로 일반인의 관점에서 판단하면, 甲의 행위는 위험성이 부정되어 불능범에 해당한다. (O)

③ 만약 설탕이 들어 있던 용기에 청산가리라는 표시가 부착되어 있었다면, 위 ①의 관점뿐만 아니라, ②의 관점에 의하여도 불능미수가 성립한다. (O)

④ 범죄의사가 확실하게 표현된 경우에 불능미수를 인정하는 견해에 따르면, 위 경우에는 위험성이 인정되어 불능미수가 성립한다. (O)

⑤ 만약 甲이 설탕임을 알았지만 설탕으로도 사람을 죽일 수 있다고 믿고 乙에게 먹였다면, 위 ①과 ②의 어느 관점에 의하더라도 불능범에 해당한다. (O)

제5절 예비죄

1. 자신을 죽여달라는 친구의 부탁을 받고 독약을 준비하였다가 이를 버린 경우 촉탁살인죄의 예비죄로 처벌할 수 있다. (X) [17변시]

: 촉탁살인죄는 예비 · 음모를 처벌하지 않으므로 불가벌이다.

2. 甲은 乙에게 A(21세)를 강간하도록 교사하였고 이를 승낙한 乙이 강간을 실행하지 않은 경우 甲에게 강간예비음모죄가 성립한다(제305조의3 참조). [21(3)모]

3. 내란목적살인의 죄를 범할 목적으로 예비하였으나 그 목적한 죄의 실행에 이르기 전에 자수한 경우 형의 필요적 감면사유에 해당한다(제90조 제1항). [16사시]

4. 통화를 위조하려고 예비한 자가 자신의 범행을 뉘우치고 자수하는 경우에는 반드시 그 형을 감면하여야 한다(제213조). [18(3)모]

5. 예비와 음모는 별개의 범죄이므로 법률이 예비행위만을 형사처벌하고 음모를 처벌하는 규정이 없는 경우에는 음모를 예비죄로 처벌할 수 없다(대판 86도437 참조). [21(2)모]

6. 예비죄에 대하여 독립구성요건의 성질을 전부 또는 일부 인정하는 견해는 실행행위성을 인정한다. (O) [20(2)모 · 16(1)모]

7. 예비를 처벌하는 규정을 독립된 구성요건 개념에 포함시킬 수 있다고 하는 것이 죄형법정주의의 원칙에 부합한다. (X) [20(1)(2)모]

: 형법각칙의 예비죄를 처단하는 규정을 바로 독립된 구성요건개념에 포함시킬 수는 없다고 하는 것이 죄형법정주의의 원칙에도 합당하는 해석이라 할 것이다(대판 75도1549). - 독립범죄설이 아닌 발현형태설의 판례 입장

8. 미수의 경우는 각칙의 처벌규정에 구체적인 법정형까지 규정될 필요가 없는 반면 예비의 경우는 구체적인 법정형까지 규정되어야 한다는 점에서 구별된다. (O) [14(2)모]

9. 형법 제255조의 살인예비죄가 성립하기 위하여는 형법 제255조에서 명문으로 요구하는 살인죄를 범할 목적 외에도 '살인의 준비에 관한 고의'가 있어야 한다(대판 2009도7150). [21변시·22(2)모·21(2)모]

10. 과실범에 대한 예비죄는 성립할 수 있지만 과실행위에 의한 예비죄는 성립할 수 없다. (X) [24(3)모]

: 예비란 특정한 범죄의 실현을 목적으로 하는 '외부적' 준비행위를 말하므로, 예비의 본질상 과실범에 대한 예비죄는 성립할 수 없다. 또한 예비죄가 성립하려면 고의가 있어야 하므로 과실행위에 의한 예비죄도 성립할 수 없다.

11. 甲이 乙을 살해하기 위하여 丙과 丁을 고용하면서 그들에게 대가의 지급을 약속하였다면 甲에게 살인예비죄를 인정할 수 있다(대판2009도7150). [23(2)모·12(2)모·14사시]

12. 살인예비죄가 성립하기 위해서는 살인죄의 실현을 위한 준비행위가 있어야 하는데, 여기서 준비행위는 반드시 객관적으로 보아 살인죄의 실현에 실질적으로 기여할 수 있는 외적 행위임을 요구하지 아니하고 단순히 범행의 의사 또는 계획만으로 족하다. (X) [18변시·24(3)모]

: 단순히 범행의 의사 또는 계획만으로는 그것이 있다고 할 수 없고 객관적으로 보아서 살인죄의 실현에 실질적으로 기여할 수 있는 외적 행위를 필요로 한다(대판 2009도7150).

13. 범죄 실행의 합의인 음모가 있다고 하기 위해서는 단순히 범죄의 결심을 외부에 표시·전달하거나 어떤 범죄를 실행하기로 막연하게 합의한 경우 또는 특정한 범죄와 관련하여 단순히 의견을 교환한 것만으로는 부족하고, 객관적으로 보아 특정 범죄의 실행을 위한 준비행위라는 것이 명백히 인식되고, 그 합의에 실질적인 위험성이 인정되어야 한다(대판 2014도10978). [24변시·22(2)모·16(3)모]

14. 예비죄의 실행행위성을 긍정하면 예비죄의 교사범이나 방조범을 긍정하는 것이 논리적이고, 실행행위성을 부정하면 예비죄의 교사범이나 방조범을 부정하는 것이 논리적이다. (O) [16(2)모·14(2)모]

15. 범죄를 교사하였으나 피교사자가 예비에 그친 경우, 교사자는 예비 또는 음모에 준하여 처벌된다. (O) [18(3)모]

: 예비의 교사는 이른바 '효과없는 교사'에 해당하는바, 형법은 이를 예비·음모에 준하여 처벌하는 특별규정을 두고 있다(형법 제31조 제2항).

★ 사례문제 기출례 예비죄의 공동정범 또는 방조범 성부 [24·22모사 등]

16. 정범이 예비단계에 그친 경우, 이를 방조한 자도 예비죄의 종범으로 처벌된다. (X)
[21·15변시·24(3)·20(3)모]

: 방조죄는 정범의 범죄에 종속하여 성립하는 것으로서 방조의 대상이 되는 정범의 실행행위의 착수가 없는 이상 방조죄만이 독립하여 성립될 수 없다. 따라서 정범이 실행의 착수에 이르지 아니한 예비의 단계에 그친 경우에는 이에 가공하는 행위가 예비의 공동정범이 되는 경우를 제외하고는 종범의 성립을 부정한다(대판 75도1549).
[17·14변시][23(2)모]

┃유제┃ 예비행위는 실행행위성을 인정할 수 없기 때문에 예비죄의 공동정범은 인정되지 않는다. (X)
[17변시·17(3)모·13(1)모]

┃유제┃ 방조행위는 정범의 실행행위 중에 이를 방조하는 경우는 물론, 실행행위에 착수하기 전에 장래의 실행행위를 예상하고 이를 용이하게 하는 경우도 포함하므로 정범이 실행의 착수에 이르지 않고 예비의 단계에 그친 경우에도 종범이 성립할 수 있다. (X)
[15(1)모·16사시]

┃유제┃ 甲이 乙의 강도예비죄의 범행에 방조의 형태로 가담한 경우 甲을 강도예비죄의 방조범으로 처벌할 수 없다. (O)
[24변시]

★ 사례문제 기출례 타인예비 인정여부 [23변시, 22모사]: 긍정설(법익침해의 실질적 위험성 동일), 부정설('죄를 범할 목적'에 타인으로 하여금 범하게 할 목적은 제외)

제4장 범죄의 다수참가형태(공범론)

제1절 다수참가형태의 일반이론

1. 대향범은 2인 이상의 대향적 협력에 의하여 성립하는 범죄로서 대향자 쌍방의 불법내용이 같으므로 「형법」상 쌍방을 처벌하는 경우 전부 쌍방의 법정형이 같은데, 다만 대향자 일방만을 처벌하는 경우가 있다. (X)
[15변시]

: ① 대향자 쌍방의 법정형이 같은 경우(도박죄, 아동혹사죄, 인신매매죄), ② 쌍방의 법정형이 다른 경우(수뢰죄와 증뢰죄, 배임수재죄와 배임증재죄, 도주죄와 도주원조죄) 및 ③ 일방만 처벌되는 경우(음행매개죄, 음화등반포죄, 범인은닉죄)가 있다.

2. 필요적 공범이라는 것은 법률상 범죄의 실행이 다수인의 협력을 필요로 하는 것을 가리키는 것으로서 이러한 범죄의 성립에는 행위의 공동을 필요로 하는 것에 불과하고 반드시 협력자 전부가 책임이 있음을 필요로 하는 것은 아니다(대판 2005도4737).
[22변시]

★★ 사례문제 기출례 필요적 공범과 공범규정의 적용 여부 [23·22·14변사·23모사 등]

3. 필요적 공범관계인 대향범의 경우 내부참가자 사이에는 임의적 공범을 전제로 한 형법 총칙상의 공범규정이 적용되지 아니한다. (O) [13(3)모·15사시·12법행]

: 따라서 대향자 일방에게 따로 처벌규정이 없는 이상 매도인의 매도행위는 그와 대향적 행위의 존재를 필요로 하는 상대방의 매수범행에 대하여 공범이나 방조범관계가 성립되지 아니한다(대판 2001도5158). [17변시·24(1)모·16(3)모]

┃유제┃ 의사가 직접 환자를 진찰하지 않고 처방전을 작성하여 교부한 경우, 그 행위와 대향범 관계에 있는 '처방전을 교부받은 행위'를 한 자가 의사에게 진찰 없는 처방전 교부를 교사한 사실이 인정되더라도 그에게 「형법」 총칙상 교사범 규정을 적용할 수 없다(대판 2011도6287). [18변시]

4. 변호사 사무실 직원 甲이 법원공무원 乙에게 부탁하여 수사 중인 사건의 체포영장 발부자 명단을 누설받은 경우, 乙이 직무상 비밀을 누설한 행위와 甲이 이를 누설받은 행위는 대향범 관계에 있으므로 甲의 행위를 공무상비밀누설교사죄로 처벌할 수 없다(대판 2009도3642) [19변시·15변시·23(2)모22(3)모]

┃유제┃ 변호사가 변호사 아닌 자에게 고용되어 법률사무소의 개설·운영에 관여하는 행위는 변호사법위반죄의 방조범으로 처벌할 수 없다(대판 2004도3994). [16변시·18(3)모·16(1)모]

5. 금품 등의 수수와 같이 2인 이상의 서로 대향된 행위의 존재를 필요로 하는 관계에 있어서는 공범이나 방조범에 관한 형법총칙 규정의 적용이 있을 수 없다. 따라서 금품 등을 공여한 자에게 따로 처벌규정이 없는 이상, 그 공여행위는 그와 대향적 행위의 존재를 필요로 하는 상대방의 범행에 대하여 공범관계가 성립되지 아니하고, 오로지 금품 등을 공여한 자의 행위에 대하여만 관여하여 그 공여행위를 교사하거나 방조한 행위도 상대방의 범행에 대하여 공범관계가 성립되지 아니한다(대판 2013도6969). [22변시·20법행]

┃유제┃ 2인 이상의 서로 대향된 행위의 존재를 요구하는 관계인 금품 수수에서 금품 공여자에 대한 처벌규정이 없다면, 금품 공여자의 행위에만 관여하여 그 공여 행위를 교사·방조한 자는 금품 수수자의 범행에 대하여 공범이 되지 않는다. (O) [21변시]

6. 사용자는 쟁의행위 기간 중 그 쟁의행위로 중단된 업무의 수행을 위하여 당해 사업과 관계없는 자를 채용 또는 대체할 수 없고 이를 위반한 자는 처벌되나, 사용자에게 채용 또는 대체되는 자에 대하여는 처벌 조항이 없는 경우, 채용 또는 대체하는 행위와 채용 또는 대체되는 행위는 2인 이상의 서로 대향된 행위의 존재를 필요로 하는 관계에 있으므로 쟁의행위 기간 중 사용자에게 채용 또는 대체된 자의 행위에 대하여는 일반적인 형법 총칙상의 공범 규정을 적용하여 공동정범, 교사범 또는 방조범으로 처벌할 수 없다(대판 2016도3048). [24(2)모]

7. 대향범에 대하여 공범에 관한 형법 총칙 규정이 적용될 수 없다는 법리는 필요적 공범인 대향범뿐만 아니라 구성요건상으로는 단독으로 실행할 수 있는 형식으로 되어 있는데 단지 구성요건이 대향범의 형태로 실행되는 경우에도 적용된다. (X) [24변시]

: 구성요건상으로는 단독으로 실행할 수 있는 형식으로 되어 있는데 단지 구성요건이 대향범의 형태로 실행되는 경우에는 대향범에 관한 법리가 적용된다고 볼 수는 없다(대판(순) 2017도19025).

8. 마약거래방지법 제7조 제1항에서 정한 '불법수익 등의 출처 또는 귀속관계를 숨기거나 가장하는 행위'는 구성요건상 단독으로 실행할 수 있는 형식으로 되어 있으므로 정범의 이러한 행위에 가담하는 행위에는 형법 총칙의 공범 규정이 적용된다(대판 2017도19025). (O) [24(3)모]

9. 甲과 乙은 절도를 공모하고 甲이 주거출입문을 해제하고 망을 보는 등 범죄수행에 필수불가결한 행위를 수행하는 동안 乙은 주거에 들어가 재물을 절취하였다. 甲에게 형법총칙상 공범규정이 적용된다. (X) [18(1)모]

: 형법 제331조 제2항 후단의 합동범으로 특수절도죄에 해당하고, 절도죄의 공동정범이 아니다.

10. 16세 미만인 A를 보호하는 乙이 A의 생명 또는 신체에 위험한 업무에 사용할 영업자인 甲에게 A를 인도하고 甲은 A를 인도를 받았다. 甲에게 형법총칙상 공범규정이 적용된다. (X) [18(1)모]

: 甲과 乙은 필요적 공범의 내부참가자이므로 공범규정이 적용되지 않는다.

11. 甲은 X시 건물증축허가문제로 고민하는 丁을 乙에게 소개하였는데, 乙의 형 A는 X시 건축허가담당공무원이다. 丁은 乙을 소개받는 자리에서 대뜸 A에게 잘 말해달라는 청탁명목으로 乙에게 3천만 원을 교부하였다. 丁에게는 변호사법위반죄가 성립하고, 甲은 그 방조범이 된다. (X) [18(3)모]

: 변호사법 제111조 제1항은 "공무원이 취급하는 사건 또는 사무에 관하여 청탁 또는 알선을 한다는 명목으로 금품·향응, 그 밖의 이익을 받거나 받을 것을 약속한 자 또는 제3자에게 이를 공여하게 하거나 공여하게 할 것을 약속한 자"를 처벌할 뿐, 금품·향응 등을 제공한 자를 처벌하지 않는다. 사안에서 丁이 乙에게 청탁명목으로 3천만 원을 교부한 행위는 변호사법위반죄에 해당하지 않고, 처벌되지 않는 대향자 丁에게 가담한 甲을 乙의 변호사법위반죄의 공범으로 처벌할 수도 없다.

★ [사례문제 기출례] 정범과 공범의 구별기준 [22모사] : 객관설(행위의 객관적 의미), 주관설(행위자의 의사), 행위지배설(주관적 요소와 객관적 요소 결합)

12. 제한적 정범개념이론에 의하면, 형법상의 공범에 대한 처벌규정은 구성요건적 행위를 하지 않은 자에게까지 가벌성을 확장한 형벌확장사유가 되며, 정범과 공범의 구별에 관한 주관설과 결합된다. (X) [14·97·03사시]

: 제한적 정범개념은 인과관계에 관한 원인설을 기초로 구성요건적 행위를 직접 실행한 자만이 정범이 된다고 보고, 정범과 공범의 구별에 있어서는 객관설과 결합한다.

┃유제┃ 제한적 정범개념이론에 따르면 구성요건적 행위 이외의 다른 행위에 의하여 결과야기에 가공한 자는 정범이 될 수 없다. (O) [20(3)모]

13. 확장적 정범개념은 결과에 대한 모든 조건의 동가치성을 인정하는 조건설을 이론적 기초로 하며, 주관적 정범이론과 결합된다. (O) [03입시·04행시]

: 따라서 간접정범은 당연히 정범이며 간접정범의 개념을 특별히 인정할 필요도 없다. 또한 이에 따르면 방조범규정은 처벌축소사유가 되고 정범과 공범의 구별에 있어서는 주관설과 결합한다. 이 정범개념은 정범개념을 지나치게 확대하므로 죄형법정주의에 반한다는 비판을 받는다.

┃유제┃ 확장적 정범개념이론은 정범에 비하여 방조범을 가볍게 처벌하는 형법규정을 형벌축소사유로 이해한다. (O) [21(1)모·20(3)모]

┃유제┃ 확장적 정범개념이론에 의하면 간접정범은 당연히 정범이며 간접정범의 개념을 특별히 인정할 필요도 없다. (O) [22(3)모 · 09사시]

14. 실질적 객관설 중 결과 내지 구성요건실현에 대하여 원인을 부여한 자를 정범으로 보는 견해에 따르면 교사범은 언제나 정범이 된다. (O) [20(3)모]

15. 공범종속성설에 의하더라도 미수범의 공범은 있을 수 있다. (O) [24(1)모]

: 피교사·방조자가 범죄의 실행에 착수하였으나 범죄를 완성하지 못한 경우, 정범은 미수범으로 처벌되고, 이를 교사·방조한 자는 공범종속성설에 의하더라도 미수범까지 교사범 또는 방조범이 성립한다. 이 경우를 '협의의 공범의 미수'라고 한다.

16. 공범종속성설에 의하면 공범과 간접정범은 엄격히 구별해야 한다. (O) [24(1)모]

: 공범종속성설에 의하면, 정범의 위법한 실행행위(실행의 착수)가 있어야 이에 종속하여 성립하는 공범과 독자적인 정범형태인 간접정범은 엄격히 구별된다. 즉 제한적 정범개념을 취하면서 공범이론의 공범종속성설을 취하는 입장에서는, 간접정범은 스스로 범죄를 실행하지 않으므로 (직접 또는 공동)정범이 아니면서 또 피이용자의 행위가 위법하지 않을 때는 공범도 성립하지 않게 되는 바(제한적 종속형식), 이러한 처벌의 흠결을 메우기 위해 간접정범이라는 독특한 형태의 정범을 인정하게 된다.

17. 판례는 "정범의 성립은 교사범의 구성요건의 일부를 형성하고 교사범이 성립함에는 정범의 범죄행위가 인정되는 것이 그 전제요건이 된다"라고 하여 공범종속성설의 입장을 취하고 있다(대판 81도2422). [24(1)모 · 12법행]

18. 甲이 형사미성년자인 乙을 교사하여 절도죄를 저지르게 하였을 경우, 극단적 종속형식에 따르면 甲은 절도죄의 교사범이 된다. (X) [22(2)모 · 08사시]

: 제한적 종속형식은 정범의 행위가 위법하면 공범이 성립하고, 극단적 종속형식은 정범에게 책임까지 긍정될 때에 비로소 공범이 종속하여 성립할 수 있다. 따라서 책임무능력자를 교사한 경우 제한적 종속형식에 의하면 공범이 성립하고 극단적 종속형식에 의하면 공범이 성립하지 않으므로 간접정범이 된다.

┃유제┃ 제한종속형식에 의할 경우 위법성이 조각되는 행위를 교사·방조한 경우에는 공범이 성립될 가능성이 없다. (O) [17변시]

┃유제┃ 극단적 종속형식에 의하면 공범은 정범의 행위가 구성요건에 해당하고 위법·유책한 때에 성립한다. (O) [24(1)모]

19. 甲이 선서무능력자인 乙로 하여금 범죄 현장을 목격하지 않았음에도 형사법정에서 범죄 현장을 목격한 것처럼 허위의 증언을 하도록 한 경우, 甲은 위증죄의 교사범이 성립하지 않는다. (O) [22(3)모 · 18(2)모]

: 선서무능력자가 형사법정에서 선서 후 범죄 현장을 목격한 양 허위의 증언을 하더라도 선서무능력자는 '법률에 의하여 선서한 증인'이 아니므로 위증죄의 구성요건에 해당하지 않는다. 따라서 그 교사자에게 위증죄의 교사범은 성립할 수 없고, 또한 위증죄는 진정신분범·자수범이므로 간접정범도 성립하지 않는다.

20. 공범의 처벌근거에 관한 종속적 야기설은 공범의 불법을 정범의 불법에서 도출함으로써 공범의 독립적인 불법요소를 인정하지 않는다. (O) [21(1)모]

: 종속적 야기설은 공범의 독자적 불법을 인정하지 않고 공범이 정범의 구성요건적 법익침해를 야기·촉진시켰다는 점이 공범의 처벌근거라 한다.

21. 공범의 처벌근거에 관한 행위반가치·결과반가치 구별설은 공범의 행위반가치는 공범 자신의 교사·방조행위에서 독립적으로 인정되고 공범의 결과반가치는 정범에 종속한다고 본다. (O) [21(1)모]

22. 순수야기설에 의하면 공범의 처벌근거는 공범이 정범의 범행을 야기하거나 촉진한다는 점에 있다. (X) [24(1)모]

: 공범의 처벌근거에 관한 순수야기설은 공범 자체의 독자적 불법을 인정하여 공범은 정범의 불법행위와 무관하게 스스로 공범구성요건의 불법(정범에게 법익침해의 방향을 제시함)을 야기한 점이 처벌근거라는 견해이다. 본 지문은 종속적 야기설이다.

제2절 간접정범

1. 甲이 A에게 면도칼을 주면서 "네가 네 코를 자르지 않으면 돌로 죽인다."는 등 위협을 하자, 자신의 생명에 위험을 느낀 A가 자신의 생명을 보존하기 위해 위 면도칼로 콧등을 절단하여 중상해를 입은 경우 중상해죄의 간접정범이 성립한다(대판 70도1638). [15사시]

★★ 사례문제 기출례 피해자를 도구로 이용한 간접정범 성부 [21변사, 22모사 등]

2. 강제추행죄는 정범 자신이 직접 범죄를 실행하여야 성립하는 자수범이라고 볼 수 없으므로, 처벌되지 아니하는 타인을 도구로 삼아 피해자를 강제로 추행하는 간접정범의 형태로도 범할 수 있다. 여기서 강제추행에 관한 간접정범의 의사를 실현하는 도구로서의 타인에는 피해자도 포함될 수 있으므로, 피해자를 도구로 삼아 피해자의 신체를 이용하여 추행행위를 한 경우에도 강제추행죄의 간접정범에 해당할 수 있다(대판 2016도17733). [22변시·23(1)모·22(1)모·21(3)모]

┃유제┃ A가 B 등을 협박하여 겁을 먹은 B 등으로 하여금 어쩔 수 없이 나체나 속옷만 입은 상태가 되게 하여 스스로를 촬영하게 하거나, 성기에 이물질을 삽입하거나 자위를 하는 등의 행위를 하게 하였다면, 이러한 행위는 B 등을 도구로 삼아 B 등의 신체를 이용하여 그 성적 자유를 침해한 행위로서, A가 직접 위와 같은 행위들을 하지 않았다거나 B 등의 신체에 대한 직접적인 접촉이 없었다고 하더라도 강제추행의 범죄를 실현한 것으로 평가할 수 있다. (O) [20법행]

3. 甲(공무원)의 아내 乙이 甲에게 채무변제로 받는 돈이라고 속여 뇌물을 받게 한 경우, 「형법」 제33조에 의해 乙은 수뢰죄의 간접정범으로 처벌된다. (X) [20(2)모]

: 수뢰죄는 공무원 또는 중재인만이 그 주체가 되는 진정신분범이므로, 공무원 등의 신분이 없는 자가 신분자를 이용한 진정신분범의 간접정범은 불가능하다. 반대로 공무원이 정을 모르는 자기 처를 이용하여 뇌물을 수수하게 하였다면 수뢰죄의 간접정범이 성립할 수 있다.

4. 간접정범이 성립하기 위해서는 처벌되지 아니하는 타인의 행위를 적극적으로 유발하고 이를 이용하여 자신의 범죄를 실현하여야 하며, 그 과정에서 타인의 의사를 부당하게 억압하여야 한다. (X) [19변시 · 22(3)모]

: 그 과정에서 타인의 의사를 부당하게 억압하여야만 간접정범에 해당하는 것은 아니다(대판 2007도7204).

5. 국헌문란의 목적을 달성하기 위하여 그러한 목적이 없는 대통령을 이용하여 비상계엄 전국확대조치를 한 것은 간접정범의 방법으로 내란죄를 실행한 것이다(대판 96도3376). [12(2)모 · 11사시 · 03행시]

┃유제┃ 국헌문란의 목적을 가진 자가 그러한 목적이 없는 자를 이용하여 내란죄를 실행할 수 있다. (O) [23(1)모]

┃유제┃ 甲이 위조통화나 위조유가증권을 사용할 목적으로 그 행사의 목적이 없는 乙을 도구로 이용하여 통화 또는 유가증권을 위조하게 한 경우 통화위조죄 또는 유가증권위조죄의 간접정범이 성립한다. (O) [12(2)모 · 15사시]

6. 인신구속에 관한 직무를 행하는 甲이 A를 구속하기 위하여 진술조서 등을 허위로 작성한 후 검사와 영장전담판사를 기망하여 구속영장을 발부받아 A를 구금한 경우, 甲은 직권남용감금죄의 간접정범이 성립한다(대판 2003도3945). [21(3)모 · 17(2)모 · 12법행]

7. 정을 모르는 사람을 이용하여 그 사람으로 하여금 선서케 하고 위증하게 한 경우 그 이용자에게는 위증죄의 간접정범이 성립한다. (X) [22(3)모 · 12(2)모 · 11사시]

: 위증죄는 자수범에 해당하므로 위증죄는 간접정범으로는 범할 수 없다.

8. 수표의 발행인이 아닌 자는 「부정수표단속법」 제4조가 정한 허위신고죄의 주체가 될 수 없으나, 허위신고의 고의 없는 발행인을 이용하여 간접정범의 형태로 허위신고죄를 범할 수 있다. (X) [18변시 · 21(3)모]

: 발행인 아닌 자는 위 법조가 정한 허위신고죄의 주체가 될 수 없고, 허위신고의 고의 없는 발행인을 이용하여 간접정범의 형태로 허위신고죄를 범할 수도 없다(대판 92도1342).

9. 농업협동조합법 제50조 제2항 소정의 호별방문죄에서 '임원이 되고자 하는 자'라는 특정한 신분을 가진 자가 스스로 호별방문한 경우만 처벌하는 경우, 임원이 되려는 사람이 제3자와 공모하여 금지된 기간 중 제3자만 호별 방문을 하도록 시켰다면 임원이 되려는 사람은 농업협동조합법위반죄의 간접정범으로 처벌된다. (X) [21(1)모 · 14(1)모]

: 농업협동조합법 제50조 제2항 소정의 호별방문죄는 '임원이 되고자 하는 자'라는 신분자가 스스로 호별방문을 한 경우만을 처벌하는 것으로 보아야 하고, 비신분자만이 호별방문을 한 경우에는 신분자는 물론 비신분자도 같은 죄로 의율하여 처벌할 수는 없다(대판 2003도889).

제3절 공동정범

1. 공동정범을 전법률적·자연적 의미의 행위를 공동으로 행하여 범죄를 실행하는 경우로 보는 견해(행위공동설)는 과실범의 공동정범과 결과적 가중범의 공동정범을 모두 긍정한다. (O) [21(1)모]

★ 사례문제 기출례 공동정범의 성립요건 [22·21·20모사]

2. 공동정범이 성립하기 위해서는 주관적 요건으로서 공동가공의 의사와 객관적 요건으로서 공동의사에 기한 기능적 행위지배를 통한 범죄의 실행사실이 필요하고, 공동가공의 의사는 타인의 범행을 인식하면서도 이를 제지하지 아니하고 용인하는 것만으로는 부족하고 공동의 의사로 특정한 범죄행위를 하기 위하여 일체가 되어 서로 다른 사람의 행위를 이용하여 자기의 의사를 실행에 옮기는 것을 내용으로 하는 것이어야 한다(대판 2008도1274 등). [24변시·23(3)모·19(2)모]

3. 공동정범의 본질은 분업적 역할분담에 의한 기능적 행위지배에 있으므로 공동정범은 공동의사에 의한 기능적 행위지배가 있음에 반하여 종범은 그 행위지배가 없는 점에서 양자가 구별된다(대판 88도1247). [18변시·22(2)사]

4. 甲은 피해자 일행을 한 사람씩 나누어 강간하자는 乙, 丙의 제의에 아무런 대답도 하지 않고 이들을 따라 다니다가 자신의 강간 상대방으로 남겨진 A에게 일체의 신체적 접촉도 시도하지 않은 채 乙, 丙이 강간을 마칠 때까지 A와 함께 이야기만 나누었다. 甲은 乙, 丙의 범죄에 대한 기능적 행위지배가 인정되지 않아 공동정범으로서의 책임을 지지 않는다(대판 2002도7477). [19(1)모·16(1)모]

5. 피고인이 공범의 부탁을 받고 그 공범의 배우자인 것처럼 가장하여 그 배우자 명의로 3개의 생명보험계약을 체결한 다음 그 이후로는 아무런 관여를 하지 않았더라도, 그 공범이 배우자가 살해되자 보험회사에 보험금을 청구하여 8억 원의 보험금을 지급받았다면 공범의 사기범행의 공동정범이 성립한다. (X) [16변시 참조]

: ① 그와 같이 하자 있는 보험계약을 체결한 행위만으로는 미필적으로라도 보험금을 편취하려는 의사에 의한 기망행위의 실행에 착수한 것으로 볼 것은 아니며 단지 장차의 보험금 편취를 위한 예비행위에 지나지 않는다. ② 그 보험계약 체결 당시 피고인의 보험계약 체결행위 자체로 보험사고의 우연성 등 보험의 본질을 해칠 정도에 이른 것으로 볼 수 있는 특별한 사정을 인정할 만한 자료를 발견할 수 없고, 그 후 공범의 보험금 청구에 가담하였다는 점을 인정할 만한 증거도 없다면, 피고인의 행위는 보험금 편취를 위한 예비행위에 불과하여 위 공범의 사기범행에 대한 종범으로 인정될 여지가 있을 뿐 공범의 사기범행의 공동정범은 될 수 없다(대판 2013도7494).

6. 甲이 A녀를 강간하고 있을 때, 乙 스스로 甲의 강간행위에 가담할 의사로 甲이 모르는 사이에 망을 보아준 경우, 乙은 강간죄의 공동정범이 된다. (X) [12변시]

: 공동정범의 공동가공의 의사는 공동행위자 상호간에 있어야 하며 행위자 일방의 가공의사만으로는 공동정범관계가 성립할 수 없다(대판 84도2118). 즉 편면적 공동정범은 공동정범이 될 수 없으며 사안에 따라 동시정범 내지 방조범이 될 뿐이다.

7. 상명하복 관계에 있는 공모자들 사이에 있어서도 범행에 공동 가공한 이상 공동정범이 성립할 수 있다(대판 2012도10629). [21변시·16(2)모·14(3)모]

8. 공범관계에 있어서 공모는 법률상 어떤 정형을 요구하는 것이 아니므로, 이러한 공모관계를 인정하기 위하여 엄격한 증명이 요구되지는 않는다. (X) [21변시 · 23(3)모]

: 공모관계를 인정하기 위해서는 엄격한 증명이 요구된다(대판 2011도9721).

9. 2인 이상이 범죄에 공동가공하는 공범관계에서 공모는 법률상 어떤 정형을 요구하는 것이 아니고 2인 이상이 공모하여 범죄에 공동가공하여 범죄를 실현하려는 의사의 결합만 있으면 되고, 비록 전체의 모의과정이 없더라도 수인 사이에 순차적으로 또는 암묵적으로 상통하여 의사의 결합이 이루어지면 공모관계가 성립한다(대판 2011도9721). [13변시 · 13(1)모]

10. 공동정범이 성립하기 위하여 반드시 공범자 간 사전모의가 있어야 하는 것은 아니며, 우연히 만난 자리에서 서로 협력하여 공동의 범의를 실현하려는 의사가 암묵적으로 상통하여 범행에 공동가공하더라도 공동정범은 성립된다(대판 82도1373). [21변시]

11. 甲이 A회사의 직원으로서 경쟁업체에 유출하기 위해 회사의 영업비밀을 무단으로 반출함으로써 업무상배임죄의 기수에 이르렀다면, 그 이후 乙이 甲과 접촉하여 그 영업비밀을 취득하더라도 乙에 대해서 업무상배임죄의 공동정범은 성립하지 않는다(대판 2003도4382). [12변시]

12. 甲이 공갈죄의 실행에 착수한 후에 乙이 그 범행을 인식하면서 甲과 공동의 범의를 가지고 그 후의 공갈행위를 계속하여 재물이나 재산상 이익의 취득한 경우 乙은 공갈죄의 공동정범의 죄책을 진다(대판 96도1959). [18(1)모]

★★ 〔사례문제 기출례〕 승계적 공동정범의 성립범위 [12변시, 23 · 21 · 16모사]

13. 포괄일죄의 범행 도중에 공동정범으로 범행에 가담한 자는 비록 그가 그 범행에 가담할 때에 이미 이루어진 종전의 범행을 알았으며 이를 적극 이용하여 범죄를 수행하였더라도 그 가담 이후의 범행에 대하여만 공동정범의 책임을 진다(대판 97도163). [13변시 · 24(2)모 · 21(2)모 · 15(1)모]

★★ 〔사례문제 기출례〕 과실범의 공동정범 성부 [15변사, 22 · 12모사]

14. 「형법」 제30조의 '공동하여 죄를 범한 때'의 '죄'는 고의범이건 과실범이건 불문한다고 해석하여야 할 것이므로, 2인 이상이 서로의 의사연락 아래 어떠한 과실행위를 하여 범죄결과가 발생한 경우 과실범의 공동정범이 성립한다(대판 79도1249). [15변시 · 14(3)모 · 12(2)모]

15. 공동하여 특정한 범죄를 실현하는 경우만을 공동정범으로 이해하는 견해에 따르면 과실범의 공동정범을 인정할 수 있다. (X) [23(2)모]

: 공동하여 특정한 범죄를 실현하는 경우만을 공동정범으로 이해하는 견해는 범죄공동설이다. 범죄공동설에 따르면, 과실범은 전구성요건적 행위를 공동으로 할 뿐 특정한 범죄를 공동으로 실현할 의사가 없으므로, 과실범의 공동정범은 있을 수 없다.

16. 과실에 의한 공동정범은 물론 과실에 의한 위험범의 성립도 가능하다. (O) [19변시]

: 실화죄와 같이 위험범도 과실에 의하여 범할 수 있다.

17. 건물이 붕괴되어 사상자가 발생한 경우 그 붕괴원인이 건축계획의 수립, 건축설계, 건축공사과정, 건물완공 후의 유지·관리 등에 있어서의 과실이 복합적으로 작용한 경우에는 각 단계별 관련자들에게 이 죄의 공동정범이 성립한다(대판 96도1231). [13(2)모]

18. 공모에 의한 범죄의 공동실행은 모든 공범자가 스스로 범죄의 구성요건을 실현하는 것을 전제로 하지 아니하고 그 실현행위를 하는 공범자에게 그 행위결정을 강화하도록 협력하는 것으로도 가능하다(대판 2007도4697). [17(1)모]

19. 특수강도를 모의하였으나 범행의 실행에 가담하지 않고 공모자들이 강취해 온 장물의 처분을 알선만 한 경우에는 장물알선죄만 성립한다. (X) [19(3)모·17(1)모]

: 특수강도죄의 공동정범이 되고, 본범의 정범은 장물죄를 범할 수 없으므로 장물알선죄는 성립하지 않는다.

20. 절도를 공모하고 나서 다른 공모자들이 타인의 집에 들어가 물건을 절취하는 동안 밖에서 망을 본 것에 불과하더라도 기능적 행위지배가 인정되어 공동정범이 된다(대판 82도1818). [15(3)모·16(2)모]

★★ 사례문제 기출례 공모공동정범의 성립요건 [23·17모사 등]

21. 공동정범은 공동가공의 의사와 그 공동의사에 기한 기능적 행위지배를 통한 범죄 실행이라는 주관적·객관적 요건을 충족함으로써 성립하는바, 공모자 중 일부가 구성요건 행위 중 일부를 직접 분담하여 실행하지 않은 경우라 할지라도 전체 범죄에 있어서 그가 차지하는 지위, 역할이나 범죄 경과에 대한 지배 내지 장악력 등을 종합해 볼 때, 단순한 공모자에 그치는 것이 아니라 범죄에 대한 본질적 기여를 통한 기능적 행위지배가 존재하는 것으로 인정된다면, 이른바 공모공동정범으로서의 죄책을 면할 수 없는 것이다 (대판 2013도9866). [22·21변시·19(3)(1)모]

22. 공모공동정범의 경우 제반 상황에 비추어 공모자들이 범행도중에 부수적인 다른 범죄가 파생되리라고 예상하거나 충분히 예상할 수 있는데도 이를 방지하기 위한 합리적인 조치를 취하지 아니하여 예상되던 범행들이 발생하였다면, 그 파생적인 범행에 대하여 개별적인 의사의 연락이 없었다고 하더라도 당초의 공모자들 사이에 그 범행 전부에 대하여 암묵적인 공모는 물론 그에 대한 기능적 행위지배가 인정된다(대판 2013도6570). [21변시·15변시·24(2)모·20법행]

★
23. 건설회사 대표인 甲이 장기간에 걸쳐 건설공사 현장소장들의 뇌물공여행위를 보고받고 이를 확인·결재하는 등의 방법으로 위 행위에 관여하였다면, 비록 사전에 구체적인 대상 및 액수를 정하여 뇌물공여를 지시하지 아니하였다고 하더라도 그 핵심적 경과를 계획적으로 조종하거나 촉진하는 등으로 기능적 행위지배를 한 것이다 (대판 2010도3544). [23(2)모·19(3)모·13(1)모][23모사]

24. 甲과 乙은 알선 등과 관련하여 금품 등을 특정 금액 이하로만 받기로 약정하고 이를 수수하기로 공모하였지만 乙이 공모내용을 현저히 초과하는 금품을 수수한 경우, 수수한 금품 등의 구체적 금액을 공범자가 알아야 공모공동정범이 성립하는 것은 아니므로 甲에게는 乙이 수수한 금품 전부에 관하여 공모공동정범이 성립한다. (X) [13변시 · 22(1)(2)모 · 19(3)모]

: 사전에 특정 금액 이하로만 받기로 약정하였다든가 수수한 금액이 공모 과정에서 도저히 예상할 수 없는 고액이라는 등과 같은 특별한 사정이 없는 한, 그 수수한 금품이나 이익 전부에 관하여 위 각 죄의 공모공동정범이 성립한다(대판 2010도387).

┃유제┃ 뇌물수수죄의 공범들 사이에 직무와 관련하여 금품이나 이익을 수수하기로 하는 명시적 또는 암묵적 공모관계가 성립하고 공모 내용에 따라 공범 중 1인이 금품이나 이익을 주고받았다면, 특별한 사정이 없는 한 이를 주고받은 때 금품이나 이익 전부에 관하여 뇌물수수죄의 공동정범이 성립하고, 금품이나 이익의 규모나 정도 등에 대하여 사전에 서로 의사의 연락이 있거나 금품 등의 구체적 금액을 공범이 알아야 공동정범이 성립하는 것은 아니다. (O) [21(1)모]

25. 노동조합 지회장 甲은 노조원 300여명과 함께 파업농성을 위해 사업장에 진입하였는데, 그곳을 경비하던 용역직원 40여명을 몰아내는 과정에서 일부 참가자들이 몽둥이와 죽봉을 사용하여 폭행·상해가 이루어졌다. 甲은 노조원들과 함께 사업장 진입에 대하여 사전에 모의하였고, 모의 과정에서는 이야기가 없었으나 진입 당시에 일부 노조원들이 몽둥이와 죽봉을 휴대하고 있다는 사실을 알고 있었으며, 용역직원을 몰아내는 과정에서 몸싸움이 있으리라는 점을 예상할 수 있었다. [19(1)모 · 15(3)모]

① 甲은 노조원들을 지휘하는 위치에 있었기 때문에 폭행·상해행위에 대한 기능적 행위지배가 인정되어 공동정범의 책임을 져야 한다(대판 2008도11138).

② 만약 甲이 사업장 진입 이전에 다른 사건으로 긴급체포되어 현장에 없었다고 하더라도 범죄행위에 대한 기능적 행위지배의 영향력을 제거하지 않는 한 공동정범으로 책임을 져야 한다(대판 2010도6924).

③ 단순참가자인 노조원들 가운데 한 사람인 乙이 노조원으로서 파업농성에 참여하고자 하였으나 실행의 착수 직전에 다른 사건으로 체포되었고, 그 이후에 사업장 진입 과정에서 일부 노조원들이 폭행·상해죄를 범한 경우 乙은 기능적 행위지배가 존재한다고 보기 어려워 공모공동정범의 죄책을 인정할 수 없다(대판 2009도2994). [21(3)모]

┃유제┃ 조직폭력단 두목인 甲은 치밀한 계획 하에 조직원 20여명에게 지시하여 노후 아파트 철거반대 시위를 방해하기 위해 현장에 진입하도록 하였는데, 이를 위해 핸드폰을 이용해 현장진입과 시위방해를 구체적으로 지휘하였고 그 과정에서 일부 조직원들이 몽둥이를 사용하여 시위참여자들에 대한 폭행·상해가 이루어졌다. 甲은 사전에 조직원들과 함께 현장진입과 물리적 충돌 시 대처방안에 대해 모의하였고, 진입 당시에 조직원들이 몽둥이를 휴대하도록 하였으며, 시위대를 몰아내는 과정에서 몸싸움이 있으리라는 점을 충분히 예상할 수 있었다. 甲은 일부 조직원들의 폭행과 상해행위에 대한 공동정범이 인정된다. (O) [21(3)모]

★★★ 사례문제 기출례 실행의 착수 전 공모관계이탈 : 단순참가자와 주모자 구별 판단 [21·19·18 모사 등]

26. ① 공모자 중의 어떤 사람이 다른 공모자가 실행행위에 이르기 전에 그 공모관계에서 이탈한 때에는 그 이후의 다른 공모자의 행위에 관하여 공동정범으로서의 책임은 지지 않는다고 할 것이고, 그 이탈의 표시는 반드시 명시적임을 요하지 않는다(대판 85도2371). [12변시·08·11법행]

② 다만, 공모관계로부터의 이탈은 공모자가 공모에 의하여 담당한 기능적 행위지배를 해소하는 것이 필요하므로, 공모자가 공모에 주도적으로 참여하여 다른 공모자의 실행에 영향을 미친 때에는 범행을 저지하기 위하여 적극적으로 노력하는 등 실행에 미친 영향력을 제거하지 않는 한 공모관계로부터 이탈하였다고 할 수 없다(대판 2008도1274). [15변시·24(2)모·16(2)(3)모]

∥유제∥ 甲, 乙, 丙이 절도를 범하기로 공모하였으나 실행의 착수 이전에 단순가담자인 甲이 공모관계에서 이탈하고 나서 乙, 丙은 절도범행을 실행한 경우, 甲은 乙, 丙이 범한 절도범행의 공동정범이 되지 않는다. (O) [23(2)모]

∥유제∥ 甲이 부녀를 유인하여 성매매를 통해 수익을 얻을 것을 乙과 공모한 후, 乙로 하여금 유인된 A녀(16세)의 성매매 홍보용 나체사진을 찍도록 하고, A가 중도에 약속을 어길 경우 민·형사상 책임을 진다는 각서를 작성하도록 하였지만, 자신이 별건으로 체포되어 구치소에 수감 중인 동안 A가 乙의 관리 아래 성매수의 대가로 받은 돈을 A, 乙 및 甲의 처 등이 나누어 사용한 경우라면 甲에게는 공모관계에서의 이탈이 인정된다. (X) [13변시]

∥유제∥ 처(妻)가 구속된 남편을 대행하여 그의 지시를 받아 회사를 운영하면서 「조세범 처벌법」상의 조세포탈행위를 하다가 협의이혼한 후 처(妻) 혼자 회사를 경영하였더라도 이혼 전 남편의 영향력이 제거되지 않아 조세포탈행위가 계속되었다면 남편은 협의이혼 후에도 여전히 공동정범으로서 책임을 진다(대판 2007도4310). [16사시]

27. 甲이 乙과 丙에게 범행을 제안하여 공모가 이루어진 후, 며칠 후 A가 은행에서 현금 1천만 원을 출금하여 가방에 담아 나오는 것을 본 乙과 丙은 A의 뒤를 따라가기 시작했다. 甲은 차를 몰고 그 뒤를 따라가던 중 갑자기 처벌이 두려워져 핸들을 꺾어 혼자 말없이 도주해 버렸다. [25변시]

① 甲은 혼자 도주하였을 뿐 乙과 丙에게 이탈의 의사표시를 한 바 없고, 乙과 丙은 그대로 범죄행위로 나아갔으므로, 甲이 공모관계에서 이탈하였다고 보기 어렵다.

② 만약 乙이 실행행위 전에 甲과 丙에게 이탈의 의사표시를 명확히 밝히고 혼자 도주하였다면, 그 이후 벌어진 날치기에 관하여 공동정범으로서 죄책을 지지 않는다.

① (O) 甲이 乙과 丙에게 범행을 제안하여 공모가 이루어진 경우이므로, 甲이 공모관계를 주도한 것으로 보아야 한다. 공모관계에서의 이탈은 공모자가 공모에 의하여 담당한 기능적 행위지배를 해소하는 것이 필요하므로 甲이 乙과 丙에게 이탈의사조차 표시하지도 않은 채 혼자 도주한 것만으로는 이탈을 인정할 수 없다.

② (O) 공모관계의 주도자가 아닌 乙은 다른 공모자의 실행행위 전에 혼자 도주하면, 甲과 丙에게 이탈의 의사표시를 명확히 밝혔는지와 관계없이 이탈이 인정되므로, 이후 다른 공모자의 날치기에 대해 공동정범으로서 죄책을 지지 않는다.

28. 모의를 주도한 甲은 乙, 丙, 丁과 함께 강도모의를 한 후, 범행대상을 물색하다가 다른 공모자들이 A를 강도의 대상으로 지목하고 뒤쫓아 가자 "어?"라고 외치더니 乙 등을 뒤따라가지 않고 범행현장에서 200미터 정도 떨어진 곳에 뒤처져 더 이상 뒤따라가지 않았다. 하지만 그 사이에 乙, 丙, 丁은 A를 쫓아가 위협하고 현금과 시계를 빼앗고 팔다리와 안면을 때려 A에게 상해를 입혔다. 乙, 丙, 丁은 강도상해죄, 甲은 강도상해죄의 공동정범의 죄책을 진다(대판 2008도1274). [14(1)모]

★★ 사례문제 기출례 공범과 중지미수 쟁점 [15·12모사]

29. 포괄일죄의 관계에 있는 범행의 일부를 실행한 후 공범관계에서 이탈한 경우 다른 공범자에 의하여 실행된 나머지 범행에 대해서는 죄책을 부담하지 않는다. (X) [17(1)모·14(2)모·20법행]

: 포괄일죄의 일부를 실행한 후 공범관계로부터 이탈하였더라도 그 후의 다른 공범들의 나머지 범죄실행을 저지하지 않았다면 이에 대하여 공동정범의 책임을 진다(대판 2010도9927).

┃유제┃ 금융투자회사 직원 甲이 다른 공범들과 특정 주식의 시세조정 주문을 내기로 공모한 후 이를 일부 실행하다가 해고를 당하여 행위를 중단하게 되었으나 다른 공범들이 나머지 시세조정행위를 계속해서 마무리한 경우 甲은 전체범죄에 대하여 공동정범의 성립이 인정된다. (O) [19(1)모·16(3)모·20법행]

┃유제┃ 관리이사가 공범들과 다단계금융판매조직에 의한 사기범행을 공모하고 피해자들을 기망하여 그들로부터 투자금 명목으로 피해금원의 대부분을 편취한 단계에서 관리이사직을 사임한 경우, 사임한 이후 피해자들이 납입한 나머지 편취금원에 대해서 관리이사에게 공동정범이 성립한다(대판 2001도513). [13(1)모·04사시]

제4절 교사범

1. 피교사자가 교사자의 교사행위 당시 범행을 승낙하지 아니하였다면 이후 그 교사행위에 의하여 범행을 결의한 것으로 인정되어도 교사범이 성립하지 않는다. (X) [23(1)·모21(1)모·17(1)모]

: 피교사자가 교사자의 교사행위 당시에는 일응 범행을 승낙하지 아니한 것으로 보여진다 하더라도 이후 그 교사행위에 의하여 범행을 결의한 것으로 인정되는 이상 교사범의 성립에는 영향이 없다(대판 2012도2744).

2. 교사자가 이미 특정한 범죄의 결의를 가지고 있는 사람을 교사하여 그 결의를 강화시켰다면 교사범이 성립할 수 있다. (X) [21(1)모·17(1)모·12(2)모]

: 피교사자가 이미 범죄의 결의를 가지고 있을 때에는 교사범이 성립할 여지가 없다(대판 91도542).

3. 乙, 丙이 절취하여 온 장물을 상습적으로 매수해 오던 甲이 乙에게 일제 드라이버 1개를 사주면서 "丙이 구속되어 도망 다니려면 돈도 필요할 텐데 열심히 일을 하라"고 말하였다면 甲에게 절도교사죄가 성립한다(대판 91도542). [19(1)모]

4. 甲은 乙에게 절도를 교사하였으나 평소 乙에게 절도의 습벽이 있어 교사행위와 함께 그 습벽이 원인이 되어 乙이 피해자 A로부터 재물을 절취하였다면, 甲의 절도교사와 乙의 절도결의 사이의 인과관계가 부정되어 甲을 절도죄의 교사범으로 처벌할 수 없다. (X) [23(1)모·22(1)모·16사시]

: 교사범의 교사가 정범이 죄를 범한 유일한 조건일 필요는 없으므로, 교사행위에 의하여 정범이 실행을 결의하게 된 이상 비록 정범에게 범죄의 습벽이 있어 그 습벽과 함께 교사행위가 원인이 되어 정범이 범죄를 실행한 경우에도 교사범의 성립에 영향이 없다(대판 91도542).

5. 단순히 범죄를 유발할 수 있는 상황을 만든 것에 불과하거나 범죄행위의 충동을 일으킬 만한 상황을 설정해 준 것에 불과하다면 범행의 결의를 생기게 할 정도에 이르지 못한 것이므로 교사행위로 인정될 수 없다. (O) [22(2)모]

6. 甲이 공무원 乙에게 뇌물을 받으라고 교사하는 경우에는 乙이 공무원임을 甲이 인식하여야 수뢰죄의 교사의 고의를 인정할 수 있다. (O) [22(2)모]

: 신분범을 교사한 경우 교사자에게 정범이 신분자라는 인식 있어야 교사범의 고의가 인정된다.

7. 공무원을 함정에 빠뜨릴 의사로 공무원에게 금품을 공여한 경우에도 공무원이 직무와 관련하여 수수한다는 의사를 가지고 그 금품을 받았다면 甲에게 뇌물공여죄가 성립하지 않는 경우라도 乙에게 뇌물수수죄가 성립한다(대판 2007도10804). [19변시·18(1)모]

8. 甲이 乙을 교사하여 丙을 살해하려 하였으나 乙이 살인의 실행에 착수하지 않은 경우, 甲은 살인죄의 예비·음모에 준하여 처벌된다. (O) [05사시]

: 효과 없는 교사로 예비 또는 음모에 준해서 처벌된다(형법 제31조 제2항).

★★★ 사례문제 기출례 교사의 착오 중 추상적 사실의 착오

9. 甲은 乙에게 A에 대한 강도를 교사하였으나 乙이 강간을 한 경우, 甲에게는 강간죄의 교사범이 아니라 강도죄의 교사범이 성립한다. (X) [17변시]

: 교사의 착오에서 ① 피교사자가 교사내용보다 적게 실행한 경우 교사자는 피교사자의 실행범위 내에서 책임을 진다. ② 양적 초과의 경우 교사자는 초과부분에 대하여는 책임을 지지 않는 것이 원칙이지만, 피교사자가 결과적 가중범을 실행한 경우 교사자에게 과실이 있는 때에 한하여 결과적 가중범의 교사범이 성립한다.
③ 교사자가 교사한 범죄와 정범이 실행한 범죄가 전혀 다른 질적 초과가 있는 경우, 교사자는 피교사자의 초과부분에 대해서는 아무런 책임을 지지 않고(예견가능성을 불문), 교사한 범죄의 예비·음모가 처벌되는 경우에 한하여 제31조 제2항에 의해 예비·음모에 준해 처벌될 뿐이다. 사안에서 甲은 강도예비·음모죄의 죄책을 진다.

┃유제┃ 절도를 교사하였는데 피교사자가 강간을 실행한 경우, 교사자에게 피교사자의 강간행위에 대한 예견가능성이 있는 때에는 강간죄의 교사범으로서의 죄책을 지울 수 있다. (X) [21변시]

10. 甲이 乙에게 강도를 교사하였는데 乙이 절도를 범한 경우 甲은 강도의 예비·음모죄와 절도죄의 교사범의 상상적 경합관계에 있지만 형이 중한 강도의 예비·음모죄의 형으로 처벌된다. (O) [02·03사시]

┃유제┃ 甲이 乙에게 강간을 교사하였는데 乙이 강제추행을 범한 경우 甲은 강간예비·음모죄와 강제추행교사죄의 상상적 경합범의 죄책을 지지만 형이 중한 강제추행교사죄에 정한 형으로 처벌된다. (O) [04입시]

11. 甲이 乙에게 절도를 교사하였는데 乙이 강도를 범한 경우 甲은 절도죄의 교사범으로 처벌된다. (O) [03사시]

12. 甲이 乙에게 상해를 교사하였는데 乙이 절도 또는 강간을 범한 경우 甲은 불가벌이다. (O) [04행시]

13. 甲이 乙에게 상해를 교사하였는데 乙이 살인을 범한 경우, 일반적으로 교사자는 상해죄에 대한 교사범이 되지만 甲에게 피해자의 사망이라는 결과에 대하여 과실 내지 예견가능성이 있는 때에는 상해치사죄의 교사범으로 처벌한다(대판 97도1075). [23변시 · 21(1)모 · 20(3)모]

▌유제▐ 甲이 乙에게 A를 "정신차릴 정도로 때려주라"고 했는데 乙이 너무 심하게 때려서 A가 죽은 경우, 甲이 사망의 결과를 예견할 수 없었다면 甲에게 상해교사죄가 성립한다. (O) [19(1)모]

▌유제▐ 甲이 丙, 丁, 戊, 己에게 甲과 사업관계로 다툼이 있었던 A를 혼내 주되, 평생 후회하면서 살도록 허리 아래 부분을 찌르고, 특히 허벅지나 종아리를 찔러 병신을 만들라는 취지로 이야기하면서 차량과 칼 구입비 명목으로 경비 90만 원 정도를 주었고, 乙은 甲이 丙, 丁, 戊, 己에게 이를 지시하는 과정에서 그들에게 연락하여 모이도록 하였으며, "甲을 좀 도와주어라" 등의 말을 하였는데, 이에 丙, 丁, 戊, 己는 A의 종아리 부위 등을 20여 차례 칼로 찔렀고 A가 과다실혈로 사망한 경우, 乙은 상해치사 교사죄의 죄책을 부담한다(대판 2002도4089). [19(1)모]

▌유제▐ 상해를 교사하였는데 피교사자가 이를 넘어 살인을 실행한 경우 교사자는 상해죄에 대한 교사범이 되는 것이고, 다만 이 경우 교사자에게 피해자의 사망이라는 결과에 대하여 과실 내지 예견가능성이 있는 때에는 상해죄의 교사범과 과실치사죄의 상상적 경합범이 된다. (X) [24변시]

14. 중한 결과에 대한 과실 내지 예견가능성이 인정되지 않더라도 기본범죄에 대한 교사가 있으면 결과적 가중범에 대한 교사범이 성립한다. (X) [22(3)모]

: 교사자에게 피해자의 사망이라는 결과에 대하여 과실 내지 예견가능성이 있는 때에는 상해치사죄의 교사범으로서의 죄책을 지울 수 있다(대판 97도1075).

15. 甲이 乙에게 A의 주거에 침입할 것을 교사했는데 乙이 A의 승낙을 얻어 정당하게 주거에 들어간 경우 주거침입죄에서의 피해자의 동의는 구성요건해당성을 조각하는 양해에 해당하므로, 공범종속성설 중 제한적 종속형식에 의하면 甲은 주거침입죄의 교사범이 성립하지 않는다. (O) [14변시]

★★ 사례문제 기출례 교사의 착오 중 구체적 사실의 착오

16. 甲은 乙에게 A를 살해하라고 교사했는데 乙은 A가 귀가하는 것을 기다리다가 A로 생각되는 사람을 권총으로 살해하였다. 그러나 乙의 총에 사망한 사람은 B였다. 법정적 부합설에 의하면 甲은 살인죄의 교사범으로 처벌된다. (O) [14변시]

17. 甲이 남자친구인 乙에게 甲의 父인 A를 살해하도록 교사한 경우 甲에게 형법 제33조 단서가 형법 제31조 제1항에 우선하여 적용되어 甲이 乙보다 중하게 처벌된다. (O) [14변시]

: 신분관계로 인하여 형의 경중이 있는 경우에 신분이 있는 자가 신분이 없는 자를 교사하여 죄를 범하게 한 때에는 「형법」제33조 단서가 「형법」제31조 제1항에 우선하여 적용된다(대판 93도1002). [17 · 16변시]

18. 교사자가 2인 이상일 때에는 공동교사가 성립할 수 있지만 과실에 의한 교사는 불가능하다. (O) [21(3)모]

: 2인 이상이 공동하여 교사한 경우 공동교사가 인정된다(대판 2002도4089). 그러나 교사범은 피교사자로 하여금 범죄결의를 가지게 한다는 교사의 고의가 있어야 한다(대판 2003도382).

★ 사례문제 기출례 간접교사 인정여부 [21 · 17 · 16모사]

19. 판례는 "甲이 丙에게 범죄를 저지르도록 요청한다 함을 알면서 乙이 甲의 부탁을 받고 甲의 요청을 丙에게 전달하여 丙으로 하여금 범의를 야기케 하는 것은 교사에 해당한다"고 하여 간접교사를 인정한다(대판 73도 3104). [12(2)모 변형]

20. 甲은 A가 자신의 사업을 사사건건 방해하자, 자신의 부하직원 乙에게 거액의 돈을 주면서 A를 살해할 것을 지시하였으나 끝내 乙은 승낙하지 않았다. 공범독립성설에 의하면 甲은 살인의 예비죄로 처벌된다. (X) [13(1)모]

: 공범독립성설에 따르면 정범의 미수는 물론 기도된 교사도 교사의 미수에 해당한다. 따라서 甲은 교사한 범죄의 미수범으로 처벌된다.

21. 형법(제31조)은 효과 없는 교사에 대하여는 교사자와 피교사자를 예비 · 음모에 준하여 처벌하고, 실패한 교사에 대해서는 교사자만 예비 · 음모에 준하여 처벌한다. (O) [21변시 · 20(1)모 · 13(3)모]

: 형법 제31조 제2항 및 제3항 참조

┃유제 3┃ 형법은 실패한 교사와 효과 없는 교사를 구별하여 전자의 경우에만 교사자를 처벌한다. (X) [23(1)모]

★★ 사례문제 기출례 교사관계의 이탈 [20 · 19변사, 23 · 18모사 등]

22. ① 甲이 乙에게 절도를 교사하였으나 乙이 절도의 실행행위로 나아가기 전에 甲이 자신이 형성한 乙의 절도 범행결의를 해소하였다면 이후에 乙이 절도의 실행행위로 나아가더라도 甲은 절도교사범의 죄책을 지지 않는다. (O) [17(1)모]

② 甲이 乙에게 피해자 A의 불륜관계를 이용하여 공갈할 것을 교사하였다. 이에 乙은 A를 미행하여 불륜현장을 촬영한 후 甲에게 이를 알렸으나, 甲은 乙에게 그동안의 수고비를 줄 테니 촬영한 동영상을 넘기고 A를 공갈하는 것을 단념하라고 수차례 만류하였다. 그럼에도 乙은 甲의 제안을 거절하고 촬영한 동영상을 A의 핸드폰에 전송하고 전화 등으로 현금을 주지 않으면 동영상을 유포하겠다고 A에게 겁을 주어 A로부터 500만 원을 교부받은 경우 甲은 공범관계에서 이탈한 것으로 볼 수 없으므로 공갈죄의 교사범이 성립한다. (O) [14사시]

: [1] 교사범이 그 공범 관계로부터 이탈하기 위해서는 피교사자가 범죄의 실행행위에 나아가기 전에 교사범에 의하여 형성된 피교사자의 범죄 실행의 결의를 해소하는 것이 필요하고, 당초의 교사행위에 의하여 형성된 피교사자의 범죄 실행의 결의가 더 이상 유지되지 않는 것으로 평가할 수 있다면 교사자는 형법 제31조 제2항에 의한 죄책을 부담함은 별론으로 하고 형법 제31조 제1항에 의한 교사범으로서의 죄책을 부담하지는 않는다. [2] 피교사자가 피고인의 교사 내용과 같은 범죄 실행의 결의를 그대로 유지하고 그 결의에 따라 실제로 피해자를 공갈하였다면 피고인은 공범관계에서 이탈하였다고 볼 수 없다(대판 2012도7407).

┃유제┃ 甲은 乙에게 칼을 주며 "이번에는 A를 반드시 죽여 달라"라고 당부하였다. 이에 乙은 甲의 당부대로 A의 집으로 향하였으나, 갑자기 마음이 바뀐 甲은 乙이 실행의 착수에 이르기 전 전화로 "그만 두자"라고 乙을 만류하였다. 그러나 乙은 A를 칼로 찔러 살해하였다. 甲이 乙에게 A를 살해할 것을 교사한 후 乙이 실행의 착수에 이르기 전에 범행을 만류하였으므로, 살인교사의 죄책을 지지 않는다. (X) [23변시]

제5절 방조범

1. 형법상 방조행위는 정범이 범행을 한다는 정을 알면서 그 실행행위를 용이하게 하는 직접·간접의 모든 행위를 가리키는 것으로서 유형적·물질적인 방조뿐만 아니라 정범에게 범행의 결의를 강화하도록 하는 것과 같은 무형적·정신적 방조행위까지도 포함한다(대판 96도2427). [20(3)모·20법행]

2. 편면적 공동정범이나 편면적 교사범은 물론 편면적 종범도 인정되지 않는다. (X) [13(3)모·10(1)모]

: 편면적 공동정범이나 편면적 교사범은 인정되지 않는다. 그러나 정범의 실행의 착수가 있다면 편면적 종범은 가능하다.

3. 형법상 방조는 작위에 의하여 정범의 실행을 용이하게 하는 경우는 물론 직무상의 의무가 있는 자가 정범의 범죄행위를 인식하면서도 그것을 방지하여야 할 제반 조치를 취하지 아니하는 부작위로 인하여 정범의 실행행위를 용이하게 하는 경우에도 성립한다(대판 96도1639). [23·22변시·16(3)모]

4. 정범이 실행에 착수하기 전에 방조한 경우에는 그 이후 정범이 실행에 착수하였더라도 방조범이 성립할 수 없다. (X) [17·15·12변시·22(1)모]

: 정범의 실행의 착수 전 예비단계에서 방조한 때에도 그 후에 정범의 실행의 착수가 있으면 방조범이 될 수 있다(대판(全) 96도3377).

▮유제▮ 종범은 정범의 실행행위 중에 이를 방조하는 경우뿐만 아니라, 실행 착수 전에 장래의 실행행위를 예상하고 이를 용이하게 하는 행위를 하여 방조한 경우에도 그 후에 정범이 실행행위를 한 때에 성립하고, 이러한 법리는 부작위에 의한 방조라 하여 달라지지 않는다. (O) [21(3)(1)모·15(3)모]

5. 甲이 자동차운전면허가 없는 乙에게 자신의 승용차를 제공하여 乙로 하여금 무면허운전을 하게 한 경우, 甲에게는 「도로교통법」위반(무면허운전)죄의 방조범이 성립한다(대판 2000도1914). [17(2)모]

6. 정범이 피해자를 만나 공갈, 강요 등의 행위를 할 때에 정범과 '동석'한 것도 정범의 공갈, 강요 등 범행의 실행행위를 용이하게 한 것으로 방조범에 해당한다(대판 2010도13774). [16(1)모]

7. 간첩에게 숙식을 제공하는 사람에게 그 숙식비를 보조해 준 자는 간첩방조죄의 종범으로 처벌받는다. (X) [18(2)모]

: 간첩에게 숙식을 제공하였다고 하여 반드시 간첩방조죄가 성립된다고는 할 수 없고, 간첩에 대한 숙식제공이 간첩방조죄가 되기 위하여서는 행위자에게 간첩의 활동을 방조할 의사와 숙식제공으로서 간첩활동을 용이하게 한 사실이 인정되어야 한다(대판 66도1661).

★
8. ① 방조행위와 정범의 범죄 실현 사이에는 인과관계가 필요하다. 방조범이 성립하려면 방조행위가 정범의 범죄 실현과 밀접한 관련이 있고 정범으로 하여금 구체적 위험을 실현시키거나 범죄 결과를 발생시킬 기회를 높이는 등으로 정범의 범죄 실현에 현실적인 기여를 하였다고 평가할 수 있어야 한다. (O)
[25변시·24(1)모] [23모사]

② 정범의 범죄 실현과 밀접한 관련이 없는 행위를 도와준 데 지나지 않는 경우에는 방조범이 성립하지 않는다. (O)
[24변시]

③ 甲이 정범 乙이 공중송신권을 침해한다는 사실을 충분히 인식하면서 乙의 저작권 침해 게시물에 연결되는 링크를 자신이 운영하는 인터넷 사이트에 영리적·계속적으로 게시함으로써 공중의 구성원이 개별적으로 선택한 시간과 장소에서 침해 게시물에 쉽게 접근할 수 있도록 한 경우, 甲에게 공중송신권 침해로 인한 저작권법위반죄의 방조범이 성립한다(대판(全) 2017도19025). [24(1)모·22(3)모]

9. X노동조합 Y회사 비정규직지회 조합원 500여 명은 사내하청 근로자의 정규직 전환 등을 요구하며 20일 동안 서울 소재 Y회사 공장 생산라인을 점거하였다. 생산라인 점거 과정에서 X노동조합 간부인 甲은 Y회사 정문 앞 집회에 참가하여 사회를 보거나 기자회견을 함으로써 생산라인 점거 농성을 지원하였고(제1행위), 또한 생산라인 점거 농성장에 들어가 농성 중인 비정규직지회 조합원들을 독려하였다(제2행위). 조합원들의 생산라인 점거가 업무방해죄에 해당하는 경우, 甲의 〈제1행위〉는 업무방해방조죄에 해당하지 않지만, 〈제2행위〉는 업무방해방조죄에 해당한다. (O) [24(3)모]

: 피고인의 ② 농성현장 독려 행위는 정범의 범행을 더욱 유지·강화시킨 행위에 해당하여 업무방해방조로 인정할 수 있지만, ① 정문 앞 집회 참가행위는 업무방해 정범의 실행행위에 해당하는 생산라인 점거로 인한 범죄 실현과 밀접한 관련성이 있다고 단정하기 어려우므로 방조범의 성립을 인정할 정도로 업무방해행위와 인과관계가 있다고 보기 어려워 업무방해방조로 인정할 수 없다(대판 2015도12632).

10. 형법상 방조행위는 정범이 범행을 한다는 정을 알면서 그 실행행위를 용이하게 하는 직접·간접의 행위를 말하므로 방조범은 정범의 실행을 방조한다는 방조의 고의와 정범의 행위가 구성요건에 해당하는 행위인 점에 대한 정범의 고의가 있어야 한다(대판 2003도382).
[22·19변시·20(3)모]

11. 방조범에 있어서 정범의 고의는 정범의 행위가 구성요건에 해당하는 행위라는 점에 대한 인식이 있어야 하지만 정범에 의하여 실현되는 범죄의 구체적 내용을 인식할 것을 요하는 것은 아니고 미필적 인식 또는 예견으로 족하다(대판 2003도6056).
[23변시·24(2)모·22(3)모·21(1)(3)모]

12. ① 甲이 乙로부터 마약을 매수하면서 乙의 요구로 차명계좌에 제3자 명의로 마약 매매대금을 입금한 경우, 甲의 행위는 乙의 마약거래방지법상 불법수익 은닉·가장을 방조하는 것으로 불법성이 있다는 것까지 인식해야 甲에게 乙의 위 은닉·가장 범행에 대한 방조범의 고의가 인정될 수 있다(대판(全) 2017도19025). [24(3)모]

② 방조범에게 요구되는 정범 등의 고의는 정범에 의하여 실현되는 범죄의 구체적 내용을 인식해야 하는 것은 아니고 미필적 인식이나 예견으로 충분하지만, 이는 정범의 범행 등의 불법성에 대한 인식이 필요하다는 점과 모순되지 않는다(대판(全) 2017도19025). [24변시]

13. 방조범이 성립하기 위하여 방조범과 정범 사이의 의사연락을 요하지는 않지만, 정범이 누구인지와 범행 일시, 장소, 객체 등에 대한 구체적 인식과 이러한 정범의 실행을 방조한다는 인식이 필요하다. (X)
[21변시 · 12변시 · 22(1)모]

: 방조범이 성립하기 위하여 방조범과 정범 사이의 의사연락을 요하지는 않는다. 방조범에 있어서 정범의 고의는 정범에 의하여 실현되는 범죄의 구체적 내용을 인식할 것을 요하는 것은 아니고 미필적 인식 또는 예견으로 족하므로, 간접적으로 정범을 방조하는 경우에도 방조자에 있어서 정범이 누구에 의해 실행되었는가를 확지할 필요가 없다(대판 2005도872).

14. 과실에 의한 방조는 불가능하나, 과실범에 대한 방조는 간접정범으로 처벌될 수 있다. (O) [15(3)모]

: 교사범 및 방조범의 성립에 '교사 내지 방조의 고의'가 있어야 하므로 과실에 의한 교사 · 방조는 있을 수 없고, 정범의 행위가 구성요건에 해당한다는 점에 대한 정범의 고의가 있어야 하므로 과실범에 대한 교사 · 방조는 교사 · 방조범이 될 수 없고 경우에 따라 간접정범이 성립될 뿐이다.

▎유제▎ 과실에 의한 교사범은 성립할 수 없으나, 과실에 의한 방조범은 성립할 수 있다. (X) [18(2)모 · 10(1)모]
▎유제▎ 방조범에게는 이른바 방조의 고의와 정범의 고의가 있어야 하므로 과실에 의한 방조행위나 과실범에 대한 방조행위를 방조범으로 처벌할 수 없다. (O) [23(2)모]

15. 효과 없는 교사는 예비 · 음모에 준하여 처벌되지만, 효과 없는 방조는 처벌되지 않는다. (O) [10(1)모]

16. 「형법」 제32조 제2항은 "종범의 형은 정범의 형보다 감경한다"라고 규정하고 있는데, 여기서 감경한다는 것은 법정형을 정범보다 감경한다는 것이 아니라 선고형을 감경한다는 의미이다. (X) [20(1)모]

: 여기서의 형은 법정형을 의미하므로 경우에 따라 교사범이나 방조범의 선고형이 정범의 선고형보다 무거울 수도 있고, 정범에게 책임조각사유나 형면제사유가 있을 때에는 교사범 또는 방조범만 처벌될 수도 있다. [17(1)모]

17. 간접방조는 방조범에 대한 방조로 처벌되는 것이 아니라 정범에 대한 방조로 처벌된다(대판 76도4133).
[20(1)모]

18. 교사범을 방조한 경우에는 방조범이 성립하지만, 종범을 교사한 경우에는 교사범이 성립한다. (X) [20(3)모]

: 방조의 방조(간접방조)는 물론 교사의 방조 · 방조의 교사도 정범에 대한 방조범이 성립한다.

19. 甲이 乙에게 A를 살해할 것을 교사하고 乙이 이를 승낙하였으나 실행에 착수하지 않은 경우 甲을 방조한 丙은 처벌되지 않는다. (O) [20(3)모]

: 정범이 실행의 착수에 이르지 아니한 예비 · 음모단계에 그친 경우에 이에 가공하는 행위는 예비 · 음모의 종범의 성립이 부정된다(대판 75도1549).

제6절 공범과 신분 ★★

구성적 신분의 신분자가 비신분자에 가담한 경우

1. 구성적 신분을 가진 사람이 구성적 신분을 가지지 않은 사람을 시켜서 진정신분범의 실행행위를 하도록 만든 경우에는 간접정범이 된다. (O)　　　　　　　　　　　　　　　　　　　　　　　　　　　　　　[19(2)모]

비신분자가 구성적 신분자의 범죄에 가담한 경우 - 33조 본문 적용(연대)

2. ① 신분관계가 없는 사람이 신분관계로 인하여 성립될 범죄에 가공한 경우, 신분관계가 없는 사람에게 공동가공의 의사와 이에 기초한 기능적 행위지배를 통한 범죄의 실행이라는 주관적·객관적 요건이 충족되면 공동정범으로 처벌된다(대판(全) 2018도2738).　　　　　　　　　　　　　　　　[20변시·20법행]
② 공무원이 아닌 사람이 공무원과 공동가공의 의사와 이를 기초로 한 기능적 행위지배를 통하여 공무원의 직무에 관하여 뇌물을 수수하는 범죄를 실행하였다면 공무원이 직접 뇌물을 받은 것과 동일하게 평가할 수 있으므로 공무원과 비공무원에게 형법 제129조 제1항에서 정한 뇌물수수죄의 공동정범이 성립한다(대판(全) 2018도2738).　　　　　　　　　　　　　　　　　[23·22변시·21(1)모·22·21법행]

▎유제▎ 비공무원은 공무원과 함께 뇌물수수죄의 공동정범이 될 수 있으나, 공무원이 뇌물을 받으면 뇌물을 비공무원에게 귀속시키기로 미리 모의하거나 뇌물의 성질에 비추어 비공무원이 전적으로 사용하거나 소비할 것임이 명백한 경우에 공무원과 공동정범 관계에 있는 비공무원에게는 제3자뇌물수수죄의 성립 여부가 문제 될 뿐이다. (X)　　　[23(1)모]

▎유제▎ 비공무원이 공무원과 공동가공의 의사와 이를 기초로 한 기능적 행위지배를 통하여 공무원의 직무에 관하여 부정한 청탁을 받고 뇌물을 수수하더라도 공무원과 비공무원은 제3자뇌물수수죄의 공동정범이 되지 않는다. (O)　　[23(2)모]

3. 공무원이 아닌 자는 본래 허위공문서작성죄의 간접정범으로 처벌할 수 없으나, 공무원이 아닌 자가 공무원과 공동하여 허위공문서작성죄를 범한 때에는 공무원이 아닌 자도 공동정범이 된다(대판 71도795).　　　[19(2)모·18(3)모·16(1)모]

4. 지방공무원법은 공무원은 노동운동이나 그 밖에 공무 외의 일을 위한 집단행위를 하지 못하도록 규정하고, 이를 위반한 경우 처벌하는 규정을 두고 있다. 법이 그 주체를 지방공무원으로 제한하고 있고, 위 법조항에 의하여 행위자의 인격적 요소가 일정한 의미를 가지므로, 지방공무원의 신분을 가지지 아니하는 사람은 지방공무원의 범행에 가공하더라도 형법 제33조 본문에 의해서 공범으로 처벌받을 수 없다. (X)　[22법행]

: 지방공무원의 신분을 가지지 아니하는 사람도 구 지방공무원법 제58조 제1항을 위반하여 같은 법 제82조에 따라 처벌되는 지방공무원의 범행에 가공한다면 형법 제33조 본문에 의해서 공범으로 처벌받을 수 있다(대판 2010도14409).

5. 병가(病暇)중인 철도공무원 甲이 근무 중이던 철도공무원 乙과 공모하여 노동조합의 승인 없이 전국철도노동조합의 일부 조합원들로 구성된 임의단체인 전국기관차협의회가 주도한 불법파업에 참가한 경우, 甲은 병가 중이었으므로 직무유기죄로 처벌되지 않는다. (X)　　　　　　　　　　　　　　　　　　　[12(2)모]

: 병가중인 자는 직무유기죄의 주체로 될 수는 없지만, 병가 중이어서 직무유기죄의 주체로 될 수는 없다 하더라도 직무유기죄의 주체가 되는 다른 조합원들과 공범관계가 인정된다면 그 쟁의행위에 참가한 조합원들 모두 직무유기죄로 처단되어야 한다(대판 95도748).

▌유제▐ 병가중인 공무원은 단독으로는 직무유기죄의 주체가 될 수 없다. (O)　　　　　　　[22(1)모]

가감적 신분범의 신분자가 비신분자에 가담한 경우 [25변사 등]

6. 신분관계로 인하여 형의 경중이 있는 경우에 신분이 있는 자가 신분이 없는 자를 교사하여 죄를 범하게 한 때에는 형법 제33조 단서가 형법 제31조 제1항에 우선하여 적용됨으로써 신분이 있는 교사범이 신분이 없는 정범보다 중하게 처벌된다(대판 93도1002).

7. ① 도박의 습벽있는 甲이 도박의 습벽없는 乙의 도박행위를 방조한 경우 甲은 상습도박방조죄의 죄책을 진다(대판 84도195).　　　　　　　　　　　　　　　　　　　　　　　　　　　　　　　[16변시・17(3)모・15(1)모]

② 도박의 습벽이 있는 자가 도박을 하고 또 도박방조를 하였을 경우 상습도박방조의 죄는 무거운 상습도박의 죄에 포괄시켜 1죄로서 처단하여야 한다(대판 84도195).　　　　　　　　　　　　[16(1)모][19(1)사]

비신분자가 가중적 신분자의 범죄에 가담한 경우 [14변사, 19・11모사 등] - 성립연대・과형개별화

8. 甲이 친구 乙을 교사하여 乙의 아버지를 살해하도록 한 경우 甲은 존속살해죄의 교사범의 죄책을 진다. (O)　　　[20(2)모・18(2)모・15(1)모]

: 판례는 아내가 실자와 공동으로 남편을 살해한 경우 아내에게 존속살해죄의 공동정범을 인정한다(대판 4294형상284). 다만 형법 제33조 단서에 의해 단순살인죄에 정한 형으로 처벌된다.

비신분자가 이중적 신분범에 가담한 경우 [17변사, 24·20·16모사 등]

9. 업무상의 임무라는 신분관계가 없는 자가 그러한 신분관계 있는 자와 공모하여 업무상배임죄를 저질렀다면, 신분관계 없는 공범에게도 일단 신분범인 업무상배임죄의 공동정범이 성립하고 다만 과형에서만 무거운 형이 아닌 단순배임죄의 법정형이 적용된다(대판 2018도10047). [22(1)모·19(3)모·19(1)모]

▍유제▍ 업무상배임죄에서 업무상 임무라는 신분 관계 없는 甲이 신분 있는 乙과 공모하여 업무상배임죄를 범한 경우 甲에게는 단순배임죄가 성립한다. (X) [23·21·16변시·16(3)모]

▍유제▍ 업무상 배임죄의 업무자라는 신분관계가 없는 자가 그러한 신분 있는 자와 공모하여 업무상 배임죄를 저질렀다면, 판례는 물론 통설에 의하더라도 비신분자는 단순배임죄에 정한 형으로 처벌된다. (O) [24변시·20(2)모]

▍유제▍ 업무상 타인의 재물을 보관하는 자와 그렇지 아니한 자가 공동으로 재물을 횡령한 경우에는 두 사람 모두에게 업무상 횡령죄의 공동정범이 성립한다(대판 65도493). (O) [18(3)모·13(3)모·13(2)모]

▍유제▍ 이중신분범인 업무상 횡령죄에 있어서 비신분자인 甲이 신분자인 乙의 범행에 가담한 경우, 진정신분은 연대적으로, 부진정신분은 개별적으로 작용되므로 甲에게는 단순횡령죄의 공범이 성립하고, 그에 따라 단순횡령죄의 형으로 처벌된다. (X) [20(2)모]

★ 사례문제 기출례 모해목적 가진 자의 위증 가담 [16모사]

10. ① 「형법」제152조 제1항과 제2항은 위증을 한 범인이 형사사건의 피고인 등을 '모해할 목적'을 가지고 있었는가 아니면 그러한 목적이 없었는가 하는 범인의 특수한 상태의 차이에 따라 범인에게 과할 형의 경중을 구별하고 있으므로, 이는 「형법」제33조 단서 소정의 '신분관계로 인하여 형의 경중이 있는 경우'에 해당한다(대판 93도1002). [19·16변시·20법행]
② 甲이 A를 모해할 목적으로 乙에게 위증을 교사하였다면 정범인 乙에게 모해의 목적이 없었다고 하더라도, 형법 제33조 단서의 규정에 의하여 甲을 모해위증교사죄로 처단할 수 있다(대판 93도1002). [21(3)모·19(2)모·14(3)모]
③ ②의 경우 형법 제33조 단서가 형법 제31조 제1항에 우선하여 적용됨으로써 신분이 있는 교사범이 신분이 없는 정범보다 중하게 처벌된다(대판 93도1002). [15(2)모]

▍유제▍ 모해의 목적을 가진 甲이 모해의 목적이 없는 乙에게 위증을 교사하여 乙이 위증죄를 범한 경우, 공범종속성에 따라 甲에게는 모해위증교사죄가 성립할 수 없고 위증교사죄가 성립한다. (X) [24·23변시]

소극적 신분과 공범

11. 소극적 신분을 가진 행위자의 행위에 가담한 비신분자는 형법 제33조 본문에 따라 처벌된다. (X) [20(2)모]

: 소극적 신분범의 경우는 형법의 일반규정과 형법의 일반이론(제한종속형식과 책임개별화의 원칙)에 의해 해결하여야 한다. 소극적 신분의 신분자가 비신분자에게 가담한 경우 신분자에게도 공범이 성립한다.

12. 무면허의료행위에 공동가공한 의사에 대해서는 의료법이 규정하는 무면허의료행위의 공동정범이 성립한다(대판 85도448). [21(3)모·18(3)모·16(1)(2)모]

13. 의사인 甲이 모발이식시술을 하기 위해서 환자 A의 뒷머리부분에서 모낭을 채취한 후 간호조무사인 乙로 하여금 식모기(植毛機)를 이용하여 A의 앞머리부위 진피층까지 찔러 넣는 방법으로 모낭삽입시술을 하도록 한 경우, 乙의 행위는 진료보조행위의 범위를 벗어나 의료행위에 해당하므로 甲은 무면허의료행위의 공범으로서의 죄책을 진다(대판 2005도8317). [16변시]

14. 비의료인인 丙이 실질적으로 운영하는 A의원의 원장이자 유일한 의사인 甲이, A의원의 간호조무사인 乙이 丙의 지시에 따라 환자들에 대해 미용성형수술의 재수술을 맡아 하고 있다는 사실을 알면서 월 1,000만 원의 급여를 안정적으로 지급받으며 원장으로 계속 근무한 경우, 위 의원을 실질적으로 운영한 丙 및 乙과 적어도 묵시적인 의사연결 아래 그 무면허의료행위에 가담하였다고 보아야 하므로 甲에게 위 무면허의료행위에 대한 공동정범으로서의 죄책이 있다(대판 2007도1977). [16변시]

15. 의사인 甲이 자신이 운영하는 병원의 모든 시술에서 특별한 제한 없이 전신마취제인 프로포폴을 투여하여 준다는 소문을 듣고 찾아온 사람들에게 환자에 대한 진료 및 간호사와 간호조무사에 대한 구체적인 지시·감독 없이 간호사와 간호조무사로 하여금 프로포폴을 제한 없이 투약하게 한 경우, 甲은 무면허의료행위의 공동정범으로서의 죄책을 진다(대판 2012도16119). [16변시]

16. 치과의사 甲이 치과의사면허가 없는 치과기공사 乙에게 치과진료행위를 하도록 교사한 경우 甲은 무면허 의료행위의 교사범에 해당한다(대판 86도749). [21변시]

17. 간호조무사의 무면허 진료행위가 있은 후에 이를 의사가 진료부에 기재하는 행위는 정범의 실행행위종료 후의 단순한 사후행위에 불과하다고 볼 수 없고 무면허 의료행위의 방조에 해당한다(대판 82도122).
[12변시·24(1)모·15(3)모]

18. 의료인이 아닌 A는 의료인 甲과 공모하여 甲의 의사 명의를 대여하여 줄기세포를 이용한 치료 시술을 하는 X 병원을 개설하여 운영하였고, 甲은 X 병원의 고용의사로 근무하였다. 甲과 A에게는 비의료인의 의료기관 개설금지에 관한 의료법위반죄의 공동정범이 성립한다. (O) [23(3)모]

: 의료인이 의료인의 자격이 없는 일반인의 의료기관 개설행위에 공모하여 가공하면 구 의료법 제87조 제1항 제2호, 제33조 제2항 위반죄의 공동정범에 해당한다(대판 2017도378).

19. 약사 甲이 약사 또는 한약사가 아닌 乙의 약국 개설행위에 공모하여 가담하였는데 乙에 대하여 약사 또는 한약사가 아니면 약국을 개설할 수 없도록 규정한 약사법위반죄가 성립하는 경우, 소극적 신분자인 甲은 위 범죄의 공동정범에 해당한다(대판 2017도378). [21(2)모]

제5장 과실범 및 결과적 가중범

제1절 과실범

1. 행정상의 단속을 주안으로 하는 법규라 하더라도 '명문규정이 있거나 해석상 과실범도 벌할 뜻이 명확한 경우'를 제외하고는 형법의 원칙에 따라 '고의'가 있어야 벌할 수 있다(대판 2009도9807). [17·13변시·15(2)모]

2. [1] '당한 자'라는 문언은 타인이 어떠한 행위를 하여 그로부터 위해 등을 입는 것을 뜻하고 스스로 어떠한 행위를 한 자를 포함하는 개념이 아니다. 형사법은 고의범과 과실범을 구분하여 구성요건을 정하고 있는데, 위와 같은 문언은 과실범을 처벌하는 경우에 사용하는 것으로 볼 수 있다.
[2] 폐쇄회로 영상정보를 직접 훼손한 어린이집 설치·운영자가 '영상정보를 훼손당한 자'에 포함된다고 해석하는 것은 문언의 가능한 범위를 벗어나는 것으로서 받아들이기 어렵다(대판 2019도9044). [23법행]

3. 인식 있는 과실은 인식 없는 과실보다 법률상 중하게 처벌된다. (X) [22(3)모]

: 인식 있는 과실은 인식 없는 과실은 불법과 책임의 내용에 차이가 없고 동일하게 처벌된다.

4. 인식 없는 과실은 결과발생의 가능성에 대한 인식 자체가 없는 경우이지만, 그 경우에도 결과발생을 인식하지 못하였다는 데에 대한 부주의, 즉 규범적 실재로서의 과실책임이 있다(대판 83도3007). [24변시·18(1)모·18(3)모·20법행]

5. 업무자는 일반인에 비해 더 높은 주의의무가 요구되기 때문에 업무상 과실이 가중처벌된다는 입장에 의하면 업무상과실범은 책임가중사유이다. (X) [22(3)모]

: 업무상과실의 가중처벌 근거에 대해 ㉠ 법이 업무자에게 일반인보다 높은 '주의의무'를 요구하고 있기 때문이라는 불법가중설, ㉡ 일반인과 동일한 주의의무위반이 있더라도 그 비난가능성은 일반인이 중과실을 범한 경우와 같아 형이 가중된다는 책임가중설 및 ㉢ 일반인에 비하여 업무자의 높은 '주의능력' 만큼 법이 '주의의무'를 상승시킨 것으로 이해하는 불법 및 책임가중설 등이 있다.

6. 과실치상죄는 중과실치상죄와 달리 반의사불벌죄이고(제266조 제2항), 여기서 중과실과 과실의 구별은 구체적인 경우에 사회통념을 고려하여 결정된다(대판 79도305). [10(1)모]

7. 중과실은 행위자가 극히 근소한 주의를 함으로써 결과발생을 예견할 수 있었음에도 불구하고 부주의로 이를 예견하지 못하는 경우를 말하는 것으로 경과실보다 가중 처벌된다. (O) [18(1)모·15(2)모]

8. 여관에 투숙하여 담배를 피운 후 재떨이에 담배를 껐으나, 담뱃불이 완전히 꺼졌는지 확인하지 않고 휴지를 재떨이에 버려 담뱃불이 휴지와 침대시트에 옮겨 붙어 화재가 발생한 경우, 중실화죄에 해당한다(대판 2009도12109). [22(1)모·18(2)모]

9. 주의의무의 판단기준에 관한 주관설에 따르면 행위자가 평균인 이하의 능력을 가졌기 때문에 결과발생을 예견할 가능성이 없더라도 주의의무위반에 따른 결과가 발생한 이상 과실범의 불법은 긍정된다. (X) [22(3)모]

: 주관설은 주의의무위반 여부는 행위자 개인의 능력과 지식을 기준으로 판단하여야 한다는 견해이다. ① 행위자가 자신의 지적 능력을 모두 고려하였다면, 주관적 주의의무위반이 없으므로, 행위자가 평균인 이하의 능력을 가졌기 때문에 결과발생을 예견할 가능성이 없는 경우에도 과실범의 불법은 '부정'될 수 있고, ② 행위자가 자신의 지적 능력을 모두 고려하지 않았다면, 주관적 주의의무위반이 인정되고 행위자가 평균인 이하의 능력을 가졌기 때문에 결과발생을 예견할 가능성이 없는 경우라도 과실범의 불법은 '긍정'될 수 있다.

▮유제▮ 주의의무의 판단기준에 관한 주관설에 따르면 행위자가 평균인 이하의 능력을 가졌기 때문에 결과발생을 예견할 가능성이 없었더라면 과실범의 불법은 부정될 수 있다. (O) [13변시]

10. 과실범의 불법구성요건으로서 주의의무위반을 일반인의 주의능력을 기준으로 판단하는 객관설은 예측가능성을 담보할 수 있으므로 평등원칙에 충실하다. (O) [23(3)모]

: 과실의 체계적 지위에 관한 객관설은 과실 유무를 행위자가 객관적으로 요구되는 주의를 다하였는가를 기준으로 판단한다. 이때 주의의무위반의 판단기준은 통찰력 있는 사람, 즉 신중하고 사려깊은 평균인의 지식과 능력이 된다. 따라서 과실 판단에 예측가능성을 담보할 수 있으므로 평등원칙에 충실하다는 평가를 받는다.

11. [1] 의료사고에 있어서 의사의 과실의 유무를 판단함에는 같은 업무와 직무에 종사하는 보통인의 주의정도를 표준으로 하여야 하며, 이에는 사고 당시의 일반적인 의학의 수준과 의료환경 및 조건, 의료행위의 특수성 등이 고려되어야 한다. [13변시·18(3)모·16(2)모]
[2] 이러한 법리는 한의사의 경우에도 마찬가지라고 할 것이다(대판 2010도10104). [17변시]

12. 의사는 환자의 상황과 당시의 의료수준 그리고 자기의 지식경험에 따라 적절하다고 판단되는 진료방법을 선택할 상당한 범위의 재량을 가진다고 할 것이고, 그것이 합리적인 범위를 벗어난 것이 아닌 한 진료의 결과를 놓고 그중 어느 하나만이 정당하고 이와 다른 조치를 취한 것은 과실이 있다고 말할 수는 없다(대판 2008도3090). [24(2)모]

▮유제▮ 의사가 특정 진료방법을 선택하여 진료를 하였다면 해당 진료방법 선택과정에 합리성이 결여되어 있다고 볼 만한 사정이 없는 이상, 진료의 결과만을 근거로 하여 그 진료방법을 선택한 것이 과실에 해당한다고 말할 수 없다(대판 2014도11315). [18변시]

13. ① 운동경기에 참가하는 자가 그 경기의 성격상 당연히 예상되는 정도의 경미한 규칙위반 속에 제3자에게 상해의 결과를 발생시킨 경우, 사회적 상당성의 범위를 벗어나지 않는 한 과실치상죄가 성립하지 않는다(대판 2008도6940). [18(2)모]
② 골프경기를 하던 중 골프공을 쳐서 아무도 예상하지 못한 자신의 등 뒤편으로 보내어 경기보조원에게 상해를 입힌 행위는 사회적 상당성의 범위를 벗어난 행위로서 과실치상죄가 성립한다(대판 2008도6940). [14사시]

14. 甲이 함께 술을 마신 乙과 도로 중앙선에 잠시 서 있다가 지나가는 차량의 유무를 확인하지 아니하고, 고개를 숙인 채 서 있는 乙의 팔을 갑자기 끌어당겨 도로를 무단횡단하던 도중에 지나가던 차량에 乙이 충격당하여 사망한 경우, 甲이 乙의 안전을 위하여 차량의 통행 여부 및 횡단 가능 여부를 확인하여야 할 주의의무가 있다(대판 2002도2800). [18변시]

15. 인턴이 응급실로 이송되어 온 환자를, 담당의사로부터 이송 도중 환자에 대한 앰부 배깅(ambu bagging)과 진정제 투여 업무만을 지시받고, 구급차에 태워 다른 병원으로 이송하던 중 산소통의 산소잔량을 체크하지 않아 산소 공급이 중단된 결과 환자가 폐부종 등으로 사망에 이르게 된 경우 특별한 사정이 없는 한 인턴에게 업무상 과실이 인정되지 않는다(대판 2009도13959). [14사시 · 20법행]

16. 피고인이 전원받는 병원 의료진에게 피해자가 고혈압환자이고 제왕절개수술 후 대량출혈이 있었던 사정을 설명하지 않은 경우, 피고인에게 전원과정에서 피해자의 상태 및 응급조치의 긴급성에 관하여 충분히 설명하지 않은 과실이 있다(대판 2009도7070). [16(2)모]

★
17. 환자의 명시적인 수혈 거부 의사가 존재하여 수혈하지 아니함을 전제로 환자의 동의를 받아 수술하였는데 수술 과정에서 수혈을 하지 않으면 생명에 위험이 발생할 수 있는 응급상태에 이른 경우에, 환자의 생명을 보존하기 위한 수혈을 선택하지 않은 의사에게는 업무상 과실이 있으나 정당행위로서 위법성이 조각된다. (X) [21(2)모]

: 이 사건에서는 망인의 생명과 자기결정권을 비교형량하기 어려운 특별한 사정이 있으므로, 타가수혈하지 아니한 사정만을 가지고 피고인이 의사로서 진료상의 주의의무를 다하지 아니하였다고 할 수 없다(대판 2009도14407).

18. 의사가 설명의무를 위반한 채 의료행위를 하여 환자에게 상해가 발생하였더라도, 업무상 과실로 인한 형사책임을 지우기 위해서는 상해와 의사의 설명의무위반 내지 승낙취득 과정의 잘못 사이에 상당인과관계가 존재하여야 한다(대판 2010도10104). [22(1)모 · 18(2)모]

19. 종업원의 부주의 등으로 발생한 결과에 대해 회사의 대표이사에게 업무상과실의 죄의 성립을 인정하려면, 종업원에 대한 일반적 · 추상적 지휘감독의 책임이 있는 것만으로는 부족하고 구체적이고 직접적인 주의의무 위반이 있어야 한다(대판 89도1618). [13(2)모]

20. 도급인이 수급인에게 공사의 시공이나 개별 작업에 관하여 구체적으로 지시 · 감독하였더라도, 법령에 의하여 도급인에게 구체적인 관리 · 감독의무가 부여되어 있지 않다면 도급인에게는 수급인의 업무와 관련하여 사고방지에 필요한 안전조치를 해야 할 주의의무가 없다. (X) [18변시 · 17변시]

: 법령에 의하여 도급인에게 수급인의 업무에 관하여 구체적인 관리 · 감독의무 등이 부여되어 있거나 도급인이 공사의 시공이나 개별 작업에 관하여 구체적으로 지시 · 감독하였다는 등의 특별한 사정이 있는 경우에는 도급인에게도 수급인의 업무와 관련하여 사고방지에 필요한 안전조치를 취할 주의의무가 있다(대판 2008도7030).

21. 건설회사가 건설공사 중 타워크레인의 설치작업을 전문업자에게 도급을 주어 타워크레인 설치작업을 하던 중 발생한 사고에 대하여, 건설회사의 현장대리인 甲에게 타워크레인의 설치작업을 관리하고 통제할 실질적인 지휘 · 감독 권한이 없었다면 업무상 주의의무를 위반한 과실이 있다고 볼 수 없다(대판 2005도3108). [24변시]

22. 호텔을 경영하는 주식회사에 대표이사가 따로 있고 동 회사의 실질적인 책임자로서 업무전반을 총괄하는 전무 밑에 상무, 지배인, 관리부장, 영업부장 등을 따로 두어 각 소관업무를 분담처리하도록 하는 한편, 소방법 소정의 방화관리자까지 선정, 당국에 신고하여 동인으로 하여금 소방훈련 및 화기사용 또는 취급에 관한 지도감독 등을 하도록 하고 있다면 위 회사의 업무에 전혀 관여하지 않고 있던 소위 회장에게는 동 호텔 종업원의 부주의와 호텔구조상의 결함으로 발생, 확대된 화재에 대한 구체적이고도 직접적인 주의의무는 없다(대판 85도108). [19(2)모]

23. 도로상에서 자기 차로를 따라 진행하는 운전자가 갑자기 진행 차로의 정중앙에서 벗어나 다른 차로와 근접한 위치에서 운전 하였다는 것만으로는 다른 차로에서 뒤따라오는 차량과의 관계에서 운전자로서의 업무상의 주의의무를 위반한 과실이 있다고 단정할 수 없다(대판 98도297). [18(3)모]

허용된 위험의 이론과 신뢰의 원칙

24. 허용된 위험의 원칙은 위험한 사업에서의 주의의무를 구체화한다는 측면에서 객관적 주의의무를 축소시켜준다. (O) [15(3)모]

: 허용된 위험의 범위내의 행위라면 비록 법익침해의 결과가 야기되었더라도 과실범의 구성요건해당성이 배제된다. 즉 허용된 위험은 객관적 주의의무의 제한원리가 된다(다수설).

★ 사례문제 기출례 신뢰의 원칙 [16변사, 15·13모사]

25. 신뢰의 원칙은 도로교통영역 등에서 여러 사람 사이의 책임 한계를 설정하는 측면에서 객관적 주의의무를 축소시켜준다. (O) [15(1)(3)모]

26. 업무상과실범의 성립을 신뢰의 원칙에 따라 제한하려는 입장은 결과불법 측면보다 행위불법 측면을 중시한다. (O) [21(3)모]

27. 교차로에서 녹색등화에 따라 직진하는 차량의 운전자는 다른 차량이 신호를 위반하고 직진하는 차량 앞을 가로 질러 좌회전할 경우까지 예상하여 그에 따른 사고발생을 미리 방지하기 위하여 특별한 조치까지 강구할 주의의무는 없다(대판 98도1854). [18(1)모]

▮유제▮ 제한속도를 준수하였는데 빗길이고 "ㅓ"자형 교차로 직전에 오토바이가 일시정지하거나 서행하지 아니하고 그대로 진행한 경우, 왼쪽 도로에서 나와 우회전하는 오토바이가 빗길에 핸들을 제대로 조작하지 못하여 진행차선 부분으로 넘어올 수도 있을 것을 예측하여 이에 대비할 주의의무는 없다(대판 94도995). [15(3)모]

28. 고속도로를 운행하는 자동차의 운전자는 일반적인 경우에 고속도로를 횡단하는 보행자가 있을 것까지 예견하여 보행자와의 충돌사고를 예방하기 위하여 급정차 등의 조치를 취할 수 있도록 대비하면서 운전할 주의의무가 없다. 이러한 결론은 도로 양측에 휴게소가 있는 경우라도 동일하다. (O) [19(3)모·20법행]

: 다만, 고속도로를 무단횡단하는 보행자를 충격하여 사고를 발생시킨 경우라도 운전자가 상당한 거리에서 보행자의 무단횡단을 미리 예상할 수 있는 사정이 있었고, 즉시 감속하거나 급제동하는 등의 조치를 취하였다면 보행자와의 충돌을 피할 수 있었다는 등의 특별한 사정이 인정되는 경우에만 운전자의 과실이 인정된다(대판 2000도2671). [17(2)모]

┃유제┃ 자동차전용도로에서 시속 50km의 속력으로 자동차를 운전한 자가 운전 중 20m 전방의 사람을 발견하였을 때 통상의 주의의무만 다하였더라면 사고를 미연에 방지할 수 있었더라도, 자동차전용도로 안으로 사람이 들어오리라는 것까지 예견해야 할 의무는 없으므로 그 사람을 치어 상해에 이르게 한 경우에는 과실이 인정되지 않는다. (X) (대판 77도2559) [18(3)모]

29. 甲이 야간에 고속도로에서 승용차를 운전하던 중 고속도로 우측 도로변에 서 있던 A가 고속도로를 무단횡단하기 위하여 甲 운전의 승용차 40m 전방에서 갑자기 뛰어 들었고, 甲이 충격을 피하기 위한 조치를 하기에는 이미 늦어 자신의 승용차로 A를 충격하여 상해에 이르게 한 경우, 비록 甲에게 야간에 고속버스와의 안전거리를 확보하지 아니한 채 진행하다가 고속버스의 우측으로 제한최고속도를 시속 20km 초과하여 고속버스를 추월한 잘못이 있더라도 甲의 행위와 A의 상해 사이에는 상당인과관계가 부정된다(대판 2000도2671). [17(2)모·15(3)모]

30. 자동차 운전자는 야간에 무등화(無燈火) 자전거를 타고 차도를 횡단하는 자가 있음을 예상하고 제한속력을 감속하고 잘 보이지 않는 반대차선상의 동태까지 살피면서 서행 운행할 주의의무가 없다(대판 84도1695). [19(3)모]

31. 보행자의 횡단이 금지되어 있는 육교 밑 차도를 주행하는 운전자는 차도에 보행자가 뛰어들 것을 예상하여 감속 조치를 취할 업무상 주의의무는 없다(대판 84도1572). [16사시]

32. 직진 및 좌회전신호에 의하여 좌회전하는 2대의 차량 뒤를 따라 직진하는 차량의 운전자로서는 횡단보도의 신호가 적색인 상태에서 반대차선상에 정지하여 있는 차량의 뒤로 보행자가 횡단보도를 건너올 것이라고 예상하여 서행 운행할 주의의무가 없다(대판 92도2077). [19(3)모]

33. 신뢰의 원칙은 허용된 위험의 원리와 더불어 주의의무를 제한하는 기능을 수행하고 의사와 약사 사이는 물론이고 약사와 제약회사 사이에서도 적용될 수 있다(대판 74도2046). [13변시]

34. 좌회전 금지구역에서 좌회전 하는 중에 50여 미터 후방에서 따라오던 후행차량이 중앙선을 넘어 선행차량의 좌측으로 돌진하여 충돌이 발생한 경우, 후행차량의 운전자가 극히 비정상적인 방법으로 진행할 것까지를 예상하여 사고발생 방지조치를 취하여야 할 업무상 주의의무는 없다(대판 95도1200). [16(1)모]

35. 주치의 甲은 경력 7년의 책임간호사 乙에게 종전 처방과 같이 환자 A에게 별다른 부작용이 없었던 소염제·항생제 등을 대퇴부 정맥에 연결된 튜브를 통하여 투여할 것을 지시하였는데 甲의 예견과는 달리 乙이 간호실습생 丙에게 단독으로 정맥주사를 하게 하였고 丙이 대퇴부 정맥튜브와 뇌실외배액관을 착오하여 뇌실외배액관에 주사액을 주입함으로써 A가 사망한 경우, 甲에게 현장에 입회하여 乙의 주사행위를 감독할 업무상 주의의무가 있다고 볼 수 없다. (O) [22변시·17(2)모]

: 간호사가 진료의 보조를 함에 있어서는 모든 행위 하나하나마다 항상 의사가 현장에 입회하여 일일이 지도·감독하여야 한다고 할 수는 없고, 경우에 따라서는 의사가 진료의 보조행위 현장에 입회할 필요 없이 일반적인 지도·감독을 하는 것으로 족한 경우도 있을 수 있다(대판 2001도3667).

36. 의사가 만연히 간호사를 신뢰하여 간호사에게 수혈을 하도록 지시하였으나 간호사가 A환자에게 수혈할 혈액 봉지를 B환자에게 수혈함으로써 B환자에게 위해가 발생한 경우 의사의 과실은 인정된다(대판 97도2812). [17(2)모]

37. 수술 후 회복과정에 있는 환자에게 인공호흡 준비를 갖추지 않은 상태에서는 사용할 수 없는 약제가 의사들의 과실로 인하여 잘못 처방되었고, 종합병원의 간호사인 피고인이 환자에 대한 투약 과정 및 그 이후의 경과 관찰 등의 직무 수행을 위하여 처방 약제의 기본적인 약효나 부작용 및 주사 투약에 따르는 주의사항 등을 미리 확인·숙지하였다면 과실로 처방된 것임을 알 수 있었음에도 그대로 주사하여 환자가 의식불명 상태에 이르게 된 경우, 피고인에게 업무상과실이 인정된다(대판 2005도8980). [24(2)모]

38. 의사가 환자에 대하여 주된 의사의 지위에서 진료하는 경우라도, 자신은 환자의 수술이나 시술에 전념하고 마취의 의사로 하여금 마취와 환자 감시 등을 담당토록 하거나, 특정 의료영역에 관한 진료 도중 환자에게 나타난 문제점이 자신이 맡은 의료영역 내지 전공과목에 관한 것이 아니라 그에 선행하거나 병행하여 이루어진 다른 의사의 의료영역 내지 전공과목에 속하는 등의 사유로 다른 의사에게 그 관련된 협의진료를 의뢰한 경우처럼 서로 대등한 지위에서 각자의 의료영역을 나누어 환자 진료의 일부를 분담하였다면, 진료를 분담받은 다른 의사의 전적인 과실로 환자에게 발생한 결과에 대하여는 책임을 인정할 수 없다(대판 2022도1499). [24(2)모]

▮유제▮ 내과의사가 신경과 전문의에게 협의진료를 의뢰한 결과 피해자의 증세와 관련하여 신경과 영역에서 이상이 없다는 회신을 받은 후, 그 회신을 신뢰하여 뇌혈관계통 질환의 가능성을 염두에 두지 않은 채 내과 영역의 진료행위를 계속함으로써 피해자의 지주막하출혈을 발견하지 못한 경우에는 업무상과실이 있다고 볼 수 없다(대판 2001도3292). [19(3)모·15(3)모]

★
39. [1] 의료기관 내의 직책상 주된 의사의 지위에서 지휘·감독 관계에 있는 다른 의사에게 특정 의료행위를 위임하는 수직적 분업의 경우, 그 다른 의사에게 전적으로 위임된 것이 아닌 이상 주된 의사는 자신이 주로 담당하는 환자에 대하여 다른 의사가 하는 의료행위의 내용이 적절한 것인지 여부를 확인하고 감독하여야 할 업무상 주의의무가 있다. [23(3)모]

[2] 다만 해당 의료행위가 위임을 통해 분담 가능한 내용의 것이고 실제로도 그에 관한 위임이 있었다면, 그 위임 당시 구체적인 상황하에서 위임의 합리성을 인정하기 어려운 사정이 존재하고 이를 인식하였거나 인식할 수 있었다고 볼 만한 다른 사정에 대한 증명이 없는 한, 위임한 의사는 위임받은 의사의 과실로 환자에게 발생한 결과에 대한 책임이 있다고 할 수 없다(대판 2022도1499).

▮유제▮ 환자의 주치의 겸 정형외과 전공의인 의사는 같은 과 수련의가 당해 환자에 대하여 한 처방이 적절한 것인지의 여부를 확인하고 감독해야 할 업무상 주의의무가 있다(대판 2005도9229). [16(1)(2)모·16사시]

40. 가습기 살균제 제조업자가 가습기 살균제의 주요 성분인 PHMG 원료물질에 대한 급성 흡입독성시험을 실시하였다면 해당 제품의 유해성을 확인할 수 있었음에도 불구하고 그와 같은 시험을 실시하지 아니하였고 해당 가습기 살균제를 사용한 다수의 사람이 가습기 살균제의 독성으로 인하여 사망한 경우, 급성 흡입독성시험을 실시하지 않은 업무상과실과 피해자의 사망 사이에 인과관계가 인정된다(대판 2017도12537). [23(2)모]

41. 의사에게 의료행위로 인한 업무상과실치사상죄를 인정하기 위해서는, 의료행위 과정에서 업무상과실의 존재는 물론 그러한 업무상과실로 인하여 환자에게 상해·사망 등 결과가 발생한 점에 대하여도 엄격한 증거에 따라 합리적 의심의 여지가 없을 정도로 증명이 이루어져야 하지만, 의료행위와 환자에게 발생한 결과 사이에 인과관계가 인정되는 경우라면 업무상과실로 평가할 수 있는 행위의 존재 또는 그 업무상과실의 내용을 검사가 구체적으로 증명하지 못하였더라도 의사의 업무상과실을 인정할 수 있다. (X) [24(2)모]

: 설령 의료행위와 환자에게 발생한 상해·사망 등 결과 사이에 인과관계가 인정되는 경우에도, 검사가 업무상과실로 평가할 수 있는 행위의 존재 또는 그 업무상과실의 내용을 구체적으로 증명하지 못하였다면, 의료행위로 인하여 환자에게 상해·사망 등 결과가 발생하였다는 사정만으로 의사의 업무상과실을 추정하거나 함부로 이를 인정할 수는 없다(대판 2022도11163).

42. 자동차의 운전자가 통상 예견되는 상황에 대비하여 결과를 회피할 수 있는 정도의 주의의무를 다하지 못한 것이 교통사고 발생의 직접적인 원인이 되었을 경우, 자동차가 보행자를 직접 충격한 것이 아니고 보행자가 자동차의 급정거에 놀라 도로에 넘어져 상해를 입을 때에도 업무상 주의의무 위반과 피해자의 상해 사이에 인과관계를 인정할 수 있다. (O) [25변시·23(2)모]

: 피고인으로서는 횡단보도 부근에서 도로를 횡단하려는 보행자가 흔히 있을 수 있음을 충분히 예상할 수 있었으므로, 보행자를 발견한 즉시 안전하게 정차할 수 있도록 제한속도 아래로 속도를 더욱 줄여 서행하고 전방과 좌우를 면밀히 주시하여 안전하게 운전함으로써 사고를 미연에 방지할 업무상 주의의무가 있었음에도 이를 위반하였고, 횡단보도 부근에서 안전하게 서행하였더라면 사고 발생을 충분히 피할 수 있었을 것이므로, 피고인의 업무상 주의의무 위반과 사고 발생 사이의 상당인과관계가 인정되므로, 피고인에게 특가법위반(도주치상)죄를 인정할 수 있다(대판 2022도1401).

43. 피해자의 승낙은 과실범의 경우에 위법성조각사유가 되지 않는다. (X) [13변시·22(2)모]

: 과실범의 위법성조각사유로는 정당방위·긴급피난·피해자의 승낙이 흔히 문제될 수 있다.

▮유제▮ 정당방위, 긴급피난, 피해자의 승낙은 과실범의 경우에도 위법성조각사유가 될 수 있다. (O) [14(3)모]

제2절 결과적 가중범

1. 결과적 가중범은 고의 있는 기본범죄에 전형적으로 내포된 잠재적인 위험이 중한 결과로 실현된 것이라는 점에서 일반 과실범에 의한 결과 실현보다 행위반가치가 크다. (O) [22(3)모]

2. 진정결과적 가중범에서 중한 결과의 발생은 기본범죄행위 그 자체로부터 발생하는 경우뿐만 아니라 기본범죄에 수반하는 행위에서 발생한 경우도 포함한다(대판 2007도10120). [24(3)모]

3. 기본범죄가 예비단계에 그친 상태에서 중한 결과가 발생한 경우에도 결과적 가중범이 성립한다. (X)
[17(3)모·15(2)모]

: 기본범죄가 예비단계에 그친 상태에서 중한 결과가 발생하더라도 결과적 가중범은 될 수 없다.

4. 진정결과적 가중범에서 기본범죄에 대하여 위법성조각사유가 인정되면 중한 결과에 대한 과실범만 문제된다. (O)
[24(3)모·15(2)모]

: 고의의 기본범죄에만 위법성조각사유가 있을 경우에는 중한 결과에 대한 과실범의 성부가 문제되고, 과실의 중한 결과에만 위법성조각사유가 있을 경우에는 고의의 기본범죄만 성립하게 된다.

5. 결과적 가중범은 중한 결과가 발생하여야 성립되는 범죄이므로 「형법」에는 결과적 가중범의 미수를 처벌하는 규정을 두고 있지 않다. (X)
[15변시·12(3)모]

: 형법은 진정결과적 가중범인 (해상)강도치사상죄(형법 제337조, 제338조, 제340조 제2·3항 및 제342조)와 인질치사상죄(형법 제324조의3과4 및 제324조의5 참조)뿐 아니라 부진정결과적 가중범인 현주건조물일수치사상죄에 형식상 미수범을 처벌하는 규정을 두고 있다(형법 제182조).

6. 결과적 가중범에서 중한 결과에 대한 예견가능성이 인정되면 그 행위와 중한 결과 사이에 인과관계가 없더라도 중한 죄로 벌할 수 있다. (X)
[21(3)모·16(3)모·12(2)모]

: 결과적 가중범의 경우에도 기본범죄행위와 중한 결과 사이에 (상당)인과관계가 있어야 한다.

▎유제▎ 진정결과적 가중범에서 기본범죄와 중한 결과 사이에 상당인과관계가 인정되더라도 중한 결과에 대한 과실이 없으면 결과적 가중범이 아닌 고의의 기본범죄 성립만이 문제된다. (O)
[24(3)모]

7. 행위자가 행위시에 중한 범죄결과의 발생을 예견할 수 없었을 때에는 비록 그 행위와 결과 사이에 인과관계가 있다 하더라도 발생한 결과에 대하여 형사책임을 지지 않는다. (O)
[23(3)모·22(1)모·19(1)모]

: 폭행치사죄는 결과적 가중범으로서 폭행과 사망의 결과 사이에 인과관계가 있는 외에 사망의 결과에 대한 예견가능성 즉 과실이 있어야 한다(대판 2010도2680).

▎유제▎ 기본 범죄와 중한 결과 사이에 인과관계가 인정된다면, 중한 결과에 대한 예견 가능성이 없는 경우라도 결과적 가중범으로 처벌할 수 있다. (X)
[13(2)모·14사시]

▎유제▎ 폭행치사죄는 결과적가중범으로서 폭행과 사망의 결과 사이에 인과관계가 있는 외에 사망의 결과에 대한 예견가능성 즉 과실이 있어야 하고, 이러한 예견가능성의 유무는 폭행의 정도와 피해자의 대응상태 등 구체적 상황을 살펴서 엄격하게 가려야 한다. (O)
[20(2)모]

8. 甲은 공장에서 동료 A와 말다툼을 하던 중 A에게 삿대질을 하였는데 이를 피하고자 A 자신이 두어 걸음 뒷걸음 치다가 회전 중이던 십자형 스빙기계 철받침대에 걸려 넘어져 머리를 시멘트 바닥에 부딪혀 두개골 절로 사망한 경우, 甲에게 폭행치사죄의 책임을 물을 수 없다(대판 90도1596).
[15사시·07법행]

9. 강도치상죄에서의 상해는 강도의 기회에 범인의 행위로 발생하면 충분하므로, 택시를 타고 가다가 요금지급을 면하기 위해서 소지한 칼로 택시운전자를 협박하였고 이에 놀란 운전자가 택시를 급우회전하면서 그 충격으로 범인이 겨누고 있던 칼에 어깨를 찔려 상처를 입었다면 강도치상죄가 성립한다(대판 84도2397).
[21(1)모·18(2)모]

★ 사례문제 기출례 부진정결과적 가중범 인정여부 [25 · 24 · 17 · 14변사, 24 · 22모사 등]

10. 부진정결과적 가중범은 예견가능한 결과를 예견하지 못한 경우뿐만 아니라 그 결과를 예견하거나 고의가 있는 경우까지도 포함하는 개념이며, [17변시 · 17(3)모 · 14(3)모]
판례는 부진정결과적 가중범의 존재를 인정한다. (O) [14(2)모]

: 현주건조물방화치사죄는 사망의 결과에 대하여 과실이 있는 경우뿐만 아니라 고의가 있는 경우에도 성립하는 부진정결과적 가중범이다(대판 96도215). [22(1)모 · 20(3)모]

11. 특수공무집행방해치상죄는 원래 결과적 가중범이기는 하지만, 이는 중한 결과에 대한 예견가능성이 있었음에도 불구하고 예견하지 못한 경우뿐만 아니라 그 결과에 대한 고의가 있는 경우까지도 포함하는 부진정결과적 가중범이다(대판 94도2842). [24변시 · 22(3)모 · 19(1)모 · 08법행]

12. 부진정결과적 가중범은 중한 결과를 야기하는 기본범죄가 고의범인 경우뿐만 아니라 과실범인 경우에도 인정되는 개념이다. (X) [21 · 14변시]

: 부진정결과적 가중범도 기본범죄는 고의범인 경우에 한한다.

13. 부진정결과적 가중범은 중한 결과에 대하여 과실뿐만 아니라 고의가 있는 경우에도 성립하고 이때 중한 결과에 대한 고의는 기본범죄의 실행행위 시점이 아닌 중한 결과가 발생한 시점에 존재하여야 한다. (X) [24(3)모]

: 부진정결과적 가중범의 경우 기본범죄에 대한 고의는 물론 중한 결과에 대한 고의 또는 과실도 기본범죄의 실행행위시에 존재해야 한다(대판 88도178 취지).

14. 가해행위시에 중상해의 고의는 없고 단지 상해의 고의만 있었을 뿐이라면 그 가해행위로 인하여 중상해의 결과가 발생한 경우, 중상해에 대한 예견가능성이 인정되더라도 중상해죄의 죄책을 물을 수 없다. (X) [18(2)모]

: 중상해죄는 상해죄의 부진정결과적 가중범이므로(통설), 가해행위시에 단순 상해에 대한 고의와 중상해의 결과에 대해 과실이 있는 경우는 물론 중상해에 대한 고의가 있는 경우에도 성립한다.

15. 중한 결과에 대해 고의가 있는 경우가 과실이 있는 경우보다 가볍게 처벌되는 형의 불균형을 시정하여야 한다는 점이 부진정결과적 가중범을 인정하는 긍정설의 논거이다. (O) [13(1)모]

│유제│ 부진정결과적 가중범을 부정하는 견해에 대하여는, 중한 결과에 대하여 과실이 있는 경우가 고의가 있는 경우보다 중하게 처벌되는 불균형이 야기될 수 있다는 비판이 제기된다. (O) [11(1)모 · 03사시]

16. 부진정결과적 가중범의 예로는 현주건조물방화치사상죄, 현주건조물일수치사상죄, 중체포 · 감금죄 등이 있다. (X) [16변시]

: 중체포 · 감금죄는 사람을 체포 또는 감금하여 가혹한 행위를 가함으로써 성립하는 범죄로 결과적 가중범이 아니다.

★★ 사례문제 기출례 부진정결과적 가중범의 죄수 [24변사, 24·23·22·18모사 등]

17. 부진정결과적 가중범에 있어서, 중한 결과에 대한 고의범의 법정형이 결과적 가중범의 법정형보다 중한 경우에는 양자가 상상적 경합관계에 있지만 그렇지 않은 경우에는 결과적 가중범이 고의범에 대하여 특별관계에 있으므로 결과적 가중범만 성립한다(대판 2008도7311). [23·16·15변시·22(1)모]

▮유제▮ 부진정결과적 가중범에서 고의로 중한 결과를 발생하게 한 행위가 별도의 구성요건에 해당하고 그 고의범을 더 무겁게 처벌하는 규정이 없는 경우, 고의범과 부진정결과적 가중범의 상상적 경합이 성립한다. (X)
[20(1)(2)모·14(2)모]

▮유제▮ 부진정결과적 가중범에서 고의로 중한 결과를 발생하게 한 행위가 별도의 구성요건에 해당하고 그 고의범에 대하여 결과적 가중범에 정한 형보다 더 무겁게 처벌하는 규정이 있는 경우에는 법조경합 중 특별관계에 있는 고의범만 성립한다. (X) [23(1)모]

▮유제▮ 살인의 고의로 사람이 현존하는 건조물에 방화하여 사람을 살해한 경우 현주건조물방화치사죄로 의율하여야 한다. (O) [21(3)모·14(2)모]

▮유제▮ 존속살해죄와 현주건조물방화치사죄는 상상적 경합범 관계에 있으므로, 법정형이 중한 존속살인죄로 의율함이 타당하다(대판 96도485). [21(3)모·19(1)모][23·22모사]

▮유제▮ 재물을 강취한 후 그 피해자를 살해할 목적으로 현주건조물에 방화하여 사망에 이르게 하였다면 강도살인죄와 현주건조물방화치사죄가 성립하고 양 죄는 상상적 경합관계에 있다(대판 98도3416). [22·18·19·17변시]

18. 직무를 집행하는 공무원에게 위험한 물건을 휴대하여 고의로 상해를 가한 경우 특수공무집행방해치상죄와 형법 제258조의2의 특수상해죄의 상상적 경합이 된다. (X) [23·22변시·22(2)모·20(2)모][21(2)사]

: 특수공무집행방해치상죄만 성립할 뿐, 이와는 별도로 특수상해죄를 구성하지 않는다.

▮유제▮ 甲은 승용차를 운전하던 중 음주단속을 피하기 위해 승용차로 단속경찰관을 들이받아 경찰관의 공무집행을 방해하고 경찰관에게 상해를 입혔는데, 甲은 공무집행방해의 고의는 물론 상해의 고의도 가지고 있었다. 甲은 특수공무집행방해치상죄와 특수상해죄의 상상적 경합으로 처벌된다. (X) [24·13변시·14(3)모·13법행]

19. 판례에 따르면 피해자를 살해할 고의 없이 주거에 방화하였는데, 불타고 있는 주거에서 피해자가 빠져나오려 하자 방문에서 가로막아 빠져나오지 못하게 함으로써 피해자를 불에 타서 숨지게 하였다면 현주건조물방화죄와 살인죄의 실체적 경합이 된다(대판 82도2341). [23(3)모·14(2)모·14(1)모]

20. 특수공무집행방해치상죄가 성립하기 위해서는 행위자가 상해의 결과를 의도할 필요는 없고 그 결과의 발생을 예견할 수 있으면 족하다(대판 97도1720). [22(1)모·20(2)모·17(2)모]

★★ 사례문제 기출례 결과적 가중범의 미수 [21·16변사, 23·22모사 등]

21. 결과적 가중범의 기본범죄가 미수에 그친 경우에도 중한 결과가 발생하면 결과적 가중범의 기수가 성립한다. (O)
[15변시·24(3)모·13(2)모·04법행]

: 강간이 미수에 그친 경우라도 그 수단이 된 폭행에 의하여 피해자가 상해를 입었으면 강간치상죄가 성립하고(대판 88도1628), 강도상해·치상죄는 재물강취의 기수와 미수를 불문하고 범인이 강도범행의 기회에 사람을 상해하거나 치상하게 되면 성립하는 것이다(대판 86도1526). [12(3)모]

▮유제▮ 결과적 가중범의 미수범 규정이 있는 경우, 기본범죄가 미수에 그친 때에는 결과적 가중범의 미수범이 성립된다. (X) [21변시]

▮유제▮ 강간이 미수에 그친 경우에도 강간치상죄의 기수범이 성립하고, 이 경우 피고인이 자의로 실행에 착수한 행위를 중지하였더라도 마찬가지이다. (O) [22(1)모·20(1)모·14(3)모]

▮유제▮ "甲이 자신이 운영하는 주점에 손님으로 온 A의 목에 칼을 들이대고 재물을 요구하자 A가 이를 피하다가 넘어져 뇌출혈으로 사망하였고, 甲은 재물을 취거하지 못한 채 도망하였다"면, 강도가 미수에 그쳤지만 甲에게는 강도치사죄가 성립한다. (O) [17(2)모]

22. 특수강간이 미수에 그쳤다 하더라도 그로 인하여 피해자가 상해를 입었으면 「성폭력처벌법」에 의한 특수강간치상죄의 기수가 성립하고, [22변시·22(1)모·21(1)(3)모][21(3)사]
특수강간의 죄를 범한 자가 피해자에 대하여 상해의 고의를 가지고 피해자에게 상해를 입히려다가 미수에 그친 경우에는 특수강간상해죄의 미수범으로 처벌된다(대판 2007도10058). [18변시]

▮유제▮ '성폭력처벌법'이 규정하고 있는 특수강간치상죄와 관련하여 특수강간이 미수인 상태에서 그 기회에 과실로 상해의 중한 결과가 발생한 경우 결과적 가중범의 미수가 인정될 수 없기 때문에 특수강간미수와 과실치상죄의 상상적 경합으로 처리되어야 한다. (X) [14변시]

▮유제▮ 전자충격기를 사용하여 피해자에게 강간을 시도하다가 미수에 그치고 약 2주간의 치료를 요하는 상해에 이르게 한 경우, 「성폭력처벌법」상의 특수강간치상죄가 성립한다. (O) [23·17변시·20(3)모]

▮유제▮ 「성폭력처벌법」에 규정한 미수범처벌규정은 특수강간상해죄에는 적용되지만 특수강간치상죄에는 적용되지 않는다. (O) [21(1)모]

23. 중한 결과에 대한 과실이 있었으나 중한 결과가 발생하지 않은 경우에는 결과적 가중범의 미수가 아니라 기본범죄만 성립한다. (O) [13(1)모]

★
24. 甲이 A에 대한 살인의 고의로 A가 자고 있는 집에 불을 놓아 불이 A의 집 안방 천장까지 붙었으나 A가 잠에서 깨어 집 밖으로 빠져나오는 바람에 살인의 목적을 달성하지 못하였다면, 甲은 현주건조물방화치사죄의 미수범으로 처벌된다. (X) [24변시][25변사, 23모사]

: 중한 결과인 사망의 결과가 발생하지 않았으므로, 이론상 현주건조물방화치사죄의 미수가 가능하지만 형법은 부진정결과적 가중범인 현주건조물방화치사죄의 미수범을 처벌하는 규정을 두고 있지 않으므로 현주건조물방화치사미수죄는 인정할 수 없다. 따라서 이 경우 甲은 현주건조물방화기수죄와 乙에 대한 살인미수죄의 상상적 경합범의 죄책을 진다.

▮유제▮ 甲은 자신이 직접 A의 집에 불을 질러 그를 죽이기로 결심하고, A가 사는 주택의 창문을 열고 옷에 불을 붙여 방안으로 던져 넣었다. 옷은 모두 타버렸으나 집은 불이 붙지 않았고, A는 옷이 타면서 발생한 연기에 놀라 집에서 빠져나왔다. 甲은 현주건조물방화치사죄의 미수범으로 처벌된다. (X) [24(2)모]

▮유제▮ 甲이 A의 사망에 대한 미필적 고의를 가지고 A가 주거로 사용하는 건조물을 소훼하였으나 이를 후회하고 진지한 노력으로 A를 구조함으로써 A가 사망하지 않은 경우에는 현주건조물방화치사죄의 중지미수범으로 처벌된다. (X) [19변시]

★ [사례문제 기출례] 결과적 가중범의 공동정범 인정여부 [16·15·12변사, 23모사 등]

25. 결과적 가중범인 상해치사죄의 공동정범은 폭행 기타의 신체 침해 행위를 공동으로 할 의사가 있으면 성립되고 결과를 공동으로 할 의사는 필요하지 않다(대판 2000도745). [23·21·14변시·20(1)(2)모]

26. 여러 사람이 상해의 범의로 범행 중 한 사람이 중한 상해를 가하여 피해자가 사망에 이르게 된 경우 나머지 사람들은 사망의 결과를 예견할 수 없는 때가 아닌 한 상해치사의 죄책을 면할 수 없다(대판 2000도745). [15변시·20(1)(3)모·19(1)모]

┃유제┃ 결과적 가중범의 공동정범이 성립하기 위해서는 기본범죄를 공동으로 하고 중한 결과에 대하여 과실 내지 예견가능성이 인정되어야 한다. (O) [14변시·16(3)모·14(3)모]

27. 甲이 자신의 여동생을 강간한 자를 응징하러 가자는 乙의 연락을 받고 함께 피해자를 찾아 상해의 고의로 주먹과 발 그리고 각목으로 무수히 때려 사망케 하였다면 상해치사죄의 공동정범이 된다(대판 2000도745). (O) [15(3)모]

28. 강간치사상죄에 있어서 사상의 결과는 간음행위 그 자체나 수단인 폭행행위는 물론 강간에 수반하는 행위에서 발생한 경우도 포함되므로, 피고인들이 의도적으로 피해자를 술에 취하도록 유도하고 수차례 강간한 후 의식불명 상태에 빠진 피해자를 비닐창고로 옮겨 놓아 피해자가 저체온증으로 사망한 경우에도 강간치사죄가 성립한다(대판 2007도10120). [23(1)모·18(2)모]

29. 사람이 현존하는 건조물을 방화하는 집단행위의 과정에서 일부 집단원이 고의행위로 상해를 가한 경우에도 다른 집단원에게 그 상해의 결과가 예견가능한 것이었다면, 다른 집단원도 그 결과에 대하여 현존건조물방화치상죄의 책임을 진다(대판 96도215). [23변시]

┃유제┃ 공무집행을 방해하는 집단행위 과정에서 일부 집단원이 고의로 방화행위를 하여 사상의 결과를 초래한 경우에 다른 집단원이 그 방화행위로 인한 사상의 결과를 예견할 수 있는 상황이었다면 후자의 집단원은 특수공무집행방해치사상의 죄책을 진다. (O) [21(3)모]

30. 결과적 가중범에 대해서는 방조범뿐만 아니라 교사범도 인정될 수 있다. (O) [14(2)모·13(2)모·13(1)모]

: 교사자가 피교사자에 대하여 상해를 교사하였는데 피교사자가 이를 넘어 살인을 실행한 경우, 교사자에게 피해자의 사망이라는 결과에 대하여 과실 내지 예견가능성이 있는 때에는 상해치사죄의 교사범으로서의 죄책을 지울 수 있다(대판 97도1075). [16·14변시·23(1)모·17(3)모]

┃유제┃ 과실범의 교사범은 성립할 수 없고, 중한 결과에 대한 과실이 있는 결과적 가중범의 교사범도 성립할 수 없다. (X) [23(2)모]

31. 甲은 乙이 상급자에게 무례한 행동을 하는 A를 교육시킨다는 정도로 가볍게 생각하고 乙에게 각목을 건네주었다가 乙의 폭행이 심해지자 乙을 제지하려고 노력하였으나 결국 乙의 폭행으로 A가 사망한 경우 甲에게는 특수폭행치사의 방조범이 성립한다. (X) [20(3)모]

: 甲은 B의 폭행으로 인한 A의 사망을 예견할 수 없었으므로 특수폭행치사방조가 아닌 특수폭행죄의 방조범만 성립한다(대판 98도2061).

제6장 부작위범

1. 형법 제18조의 부작위는 법적 기대라는 규범적 가치판단 요소에 의하여 사회적 중요성을 가지는 사람의 행태가 되어 법적 의미에서 작위와 함께 행위의 기본 형태를 이루게 된다(대판 2015도6809). [21(2)모]

2. 부작위는 작위에 비해 일반적으로 불법의 정도와 책임이 낮기 때문에 임의적 감경사유로 규정하여 처벌하고 있다. (X) [23(3)모]

: 부진정부작위범은 작위범과 동일한 형으로 처벌한다.

3. 전담의사가 중환자실에서 인공호흡기를 부착하고 치료를 받던 환자의 처의 요청에 따라 치료를 중단하고 퇴원조치를 함으로써 귀가 후 수련의의 인공호흡기 제거로 환자가 사망한 경우, 전담의사에게 작위에 의한 살인방조죄가 성립한다. (O) [21·13변시·20(1)모]

: [1] 담당 전문의와 주치의에게 환자의 사망이라는 결과 발생에 대한 정범의 고의는 인정되나 환자의 사망이라는 결과나 그에 이르는 사태의 핵심적 경과를 계획적으로 조종하거나 저지·촉진하는 등으로 지배하고 있었다고 보기는 어려워 공동정범의 객관적 요건인 이른바 기능적 행위지배가 흠결되어 있으므로 '작위'에 의한 살인방조죄만 성립한다. [16변시]
[2] 행위자가 자신의 신체적 활동이나 물리적·화학적 작용을 통하여 적극적으로 타인의 법익 상황을 악화시킴으로써 결국 그 타인의 법익을 침해하기에 이르렀다면, 이는 '작위'에 의한 범죄로 봄이 원칙이고, 작위에 의하여 악화된 법익 상황을 다시 되돌이키지 아니한 점에 주목하여 이를 부작위범으로 볼 것은 아니다. [22(1)모·21(2)모]
[3] 나아가 악화되기 이전의 법익 상황이, 그 행위자가 과거에 행한 또 다른 작위의 결과에 의하여 유지되고 있었다 하여 이와 달리 볼 이유가 없다(대판 2002도995). [12변시·24(2)모·20(3)모]

▮유제▮ 생존가능성이 있는 환자를 보호자의 요구로 치료를 중단하고 퇴원을 지시하여 사망하게 한 의사의 경우에는 치료중단이라는 부분에 비난의 중점이 있기 때문에 부작위범으로 평가된다. (X) [14변시]

4. 진정 부작위범과 부진정 부작위범 모두 작위의무가 법적으로 인정되더라도 작위의무를 이행하는 것이 사실상 불가능한 상황이었다면 범죄는 성립될 수 없다. (O) [21변시·16(1)모·13(2)모]

: 작위의무를 이행할 수 있는 사실상의 가능성, 즉 '개별적 작위가능성'은 부작위범의 객관적 구성요건요소이므로 이것이 인정되지 않으면 부작위범이 성립할 수 없다.

5. 일정 기간 내에 잘못된 상태를 바로잡으라는 행정청의 지시를 이행하지 않았다는 것을 구성요건으로 하는 범죄는 진정부작위범으로서 그 의무이행기간의 경과에 의하여 범행이 기수에 이른다. (O) [23변시·23(1)모·22(1)모·20(2)모]

: 따라서 2개월 내에 작위의무를 이행하라는 행정청의 지시를 이행하지 아니한 행위와 7개월 후 다시 같은 내용의 지시를 받고 이를 이행하지 아니한 행위는 실체적 경합관계에 있다(대판 93도1731).

6. 사회통념상 모든 성의와 노력을 다했어도 임금이나 퇴직금의 체불이나 미불을 방지할 수 없었다는 것을 인정할 정도가 되어 사용자에게 더 이상의 적법행위를 기대할 수 없거나 불가피한 사정이었음이 인정되는 경우에는 「근로기준법」이나 「근로자퇴직급여 보장법」에서 정하는 임금 및 퇴직금 등의 기일 내 지급의무 위반죄의 책임이 조각된다(대판 2001도204). [20·19변시·23(3)모·16(3)모]

7. ① 부작위범은 형법이 금지하고 있는 법익침해의 결과발생을 방지할 법적인 작위의무를 지고 있는 자를 행위주체로 한다. (O) [18(2)모]
② 작위의 실행행위를 예정하고 있는 범죄를 부작위에 의해 실현하는 경우, 그 부작위가 작위에 의한 법익침해와 동등한 형법적 가치를 가지는 때에만 그 범죄의 실행행위로 평가된다(대판 91도2951). [18(2)모]

8. ① 부작위가 의미를 가지기 위해서는 보호법익의 주체에게 해당 구성요건적 결과발생의 위험이 있는 상황에서 행위자가 구성요건의 실현을 회피하기 위하여 요구되는 행위를 현실적·물리적으로 행할 수 있었음에도 하지 아니하였다고 평가될 수 있어야 한다. (O) [24(2)모·20(3)모·18(3)모]
② 부작위에 의한 살인죄가 인정되기 위해서는 행위자에게 침해위협으로부터 법익을 보호해 주어야 할 법적 작위의무가 있을 뿐 아니라, 부작위행위자가 그러한 보호적 지위에서 법익침해를 일으키는 사태를 지배하고 있어야 한다. (O) [18(3)모]
③ 형법상 부작위범이 인정되기 위해서는 부작위가 작위에 의한 법익침해와 동등한 형법적 가치가 있는 것이어서 그 범죄의 실행행위로 평가될 만한 것이어야 한다(대판(숲) 2015도6809 : 세월호사건). [12변시·18(3)모·16(2)모]

┃유제┃ 작위의무자의 부작위를 살인죄의 실행행위로 평가하려면 작위의무자가 피해자가 처한 사태를 지배하고 있어 구조의무 이행으로 사망의 결과를 쉽게 방지할 수 있어야 한다. (O) [25변시]

9. ① 부진정부작위범의 고의는 반드시 구성요건적 결과발생에 대한 목적이나 계획적인 범행 의도가 있어야 하는 것은 아니고 법익침해의 결과발생을 방지할 법적 작위의무를 가지고 있는 자가 그 의무를 이행함으로써 그 결과발생을 쉽게 방지할 수 있었음을 예견하고도 결과발생을 용인하고 이를 방관한 채 그 의무를 이행하지 아니한다는 인식을 하면 족하다. (O) [25·24·18변시·24(2)모·23(3)모]
② 부진정부작위범에 있어서 미필적 고의는 작위의무자의 예견 또는 인식 등이 불확정적이더라도 인정될 수 있다. (O) [18(3)모·17(3)모]
③ 부진정부작위범에 있어서의 고의의 유무를 판단함에 있어서는 작위의무의 발생근거, 법익침해의 태양과 위험성뿐만 아니라 요구되는 작위의무의 내용과 이행의 용이성도 고려된다(대판 2015도6809). [22(3)모·18(3)모]

10. 부작위에 의한 살인에 있어서 작위의무를 이행하였다면 사망의 결과가 발생하지 않았을 것이라는 관계가 인정될 경우, 부작위와 사망의 결과 사이에 인과관계가 인정된다(대판 2015도6809). [25·18변시·23(2)모]

11. 형법상 진정부작위범의 미수범은 처벌할 수 없으나 부진정부작위범의 미수범은 처벌할 수 있다. (X) [22(3)모]

: 형법은 진정부작위범인 퇴거불응죄와 집합명령위반죄에 미수범처벌규정을 두고 있다(제322조 및 제149조).

12. 업무상배임죄는 부작위에 의해서도 성립할 수 있는바, 그러한 부작위를 실행의 착수로 볼 수 있기 위해서는 작위의무가 이행되지 않으면 사무처리의 임무를 부여한 사람이 재산권을 행사할 수 없으리라고 객관적으로 예견되는 등으로 구성요건적 결과 발생의 위험이 구체화한 상황에서 부작위가 이루어져야 한다(대판 2020도15529). [24변시·23(3)모]

13. 업무상배임죄는 부작위에 의해서도 성립할 수 있는데, 이때 행위자는 부작위 당시 자신에게 주어진 임무를 위반한다는 점만 인식하면 족하고, 그 부작위로 인해 손해가 발생할 위험이 있다는 점을 인식할 필요는 없다. (X) [23(1)모·22(1)모·22법행]

: 업무상배임죄에서 부작위를 실행의 착수로 볼 수 있기 위해서는 구성요건적 결과 발생의 위험이 구체화한 상황에서 부작위가 이루어져야 한다. 그리고 행위자는 부작위 당시 자신에게 주어진 임무를 위반한다는 점과 그 부작위로 인해 손해가 발생할 위험이 있다는 점을 인식하였어야 한다(대판 2020도15529).

14. 부작위에 의한 살인죄의 실행의 착수가 인정되기 위해서는 피해자의 사망 위험이 구체화한 상황에서 부작위가 이루어지고, 부작위 당시 자신이 구조의무 위반행위를 하고 있으며 그로 인하여 피해자의 사망 위험이 생긴다는 점을 인식해야 한다(대판 2020도15529). [25변시]

15. 과실범 처벌규정이 있는 한 과실범의 부작위범도 성립할 수 있다. (O) [24(3)모·20(2)모]

16. 진정부작위범과 부진정부작위범 모두 부작위의 동가치성은 범죄 성립을 위해 필요한 요소이다. (X) [16(1)모]

: 부작위의 동치성(보증인적 지위 + 행위정형의 동가치성)은 부작위에 의하여 작위범의 구성요건을 실현하는 부진정부작위범에만 요구된다.

17. 부작위의 동가치성은 형법이 명문으로 요구하고 있는 범죄 성립요건이다. (X) [16(1)모]

: 형법 제18조는 '위험의 발생을 방지할 의무가 있거나 자기의 행위로 인하여 위험발생의 원인을 야기한 자가 그 위험발생을 방지하지 아니한 때에' 부작위범이 성립하는 것으로 규정하여, '보증인적 지위'에 있는 자의 부작위만이 처벌될 수 있음을 밝히고 있을 뿐, '행위정형의 동가치성'에 대해서는 규정하고 있지 않으나 통설은 물론 판례도 이를 요구하고 있다.

18. 부진정부작위범에 있어 보증인적 지위를 구성요건요소로 보는 견해에 따르면 그에 대하여 착오한 경우는 과실범이 되거나 무죄이다. (O) [14(3)모]

19. 부진정부작위범에서의 보증인지위와 보증의무를 구별하는 입장에 의하면, 보증의무가 존재하지 아니하는 것으로 착오한 경우는 법률의 착오로 취급된다. (O) [21변시]

: 보증인지위의 체계적 지위에 관해 보증인지위는 구성요건요소, 보증인의무는 위법성요소로 보는 이분설에 의하면 보증인지위에 대한 착오는 구성요건적 착오, 보증인의무(작위의무)에 대한 착오는 위법성의 착오(금지착오)에 해당한다. [14변시] 따라서 보증의무의 착오에 정당한 이유가 있는 경우에는 책임이 조각되고, 정당한 이유가 없는 경우에는 고의범으로 처벌된다. [13사시]

▮유제▮ 보증인지위와 보증인의무의 체계적 지위에 대한 이분설에 따를 때 보증인지위와 보증인의무에 대한 착오는 구성요건적 착오에 해당한다. (X) [19변시 · 17(3)모 · 14(2)모]

▮유제▮ 甲이 자신의 아들이 물에 빠졌는데 그를 타인의 아들이라고 잘못 생각하여 구조행위를 하지 않아 아들이 사망한 경우, 보증인지위는 구성요건요소로, 보증인의무는 위법성요소로 보는 견해에 따르면 甲의 착오는 법률의 착오에 해당한다. (X) [14변시 · 20(1)모]

▮유제▮ 남편 甲이 물에 빠져 익사할 위험에 처한 아내 乙을 다른 사람인 줄 알고 자신에게는 구할 의무가 없다고 생각하여 구조하지 않은 경우, 보증인지위와 보증의무를 구별하는 견해에 따르면 甲의 착오는 보증인지위에 대한 착오로서 구성요건착오이므로 고의가 조각된다. (O) [20(2)모]

▮유제▮ A(5세)의 아버지 甲은 해수욕장에서 자신으로부터 10m 정도 떨어진 곳에서 A가 익사 위기에 처했음도 甲은 누군가 익사 위기에 처해 있다고 생각했을 뿐 그 대상이 A임을 인식하지 못하여 아무런 조치를 취하지 아니하였고, 결국 A는 사망한 경우, 보증인적 지위는 구성요건요소이지만 보증의무는 위법성요소라고 보는 견해에 따르면, 甲의 부작위는 구성요건에 해당하고 위법하지만 그러한 착오에 정당한 이유가 있는 때에 한하여 법률의 착오로서 책임이 조각된다. (X) [25변시]

20. 보증인적 지위를 인정할 수 있는 근거에 대해서는 현행 형법에 명문 규정이 없어 학설과 판례에 의해서 인정되고 있다. (X) [16(1)모]

: 형법 제18조는 보증인적 지위가 발생하는 하나의 예시로 '자기의 행위로 인하여 위험발생의 원인을 야기한 자', 즉 선행행위만을 규정하고 있다.

★★ 사례문제 기출례 보증인적 지위의 발생근거 : 형식설(判), 실질설(보호의무, 안전의무), 절충설 [17변사, 22 · 19모사 등]

21. 부진정부작위범의 작위의무는 법적인 의무이어야 하므로 단순한 도덕상 또는 종교상의 의무는 포함되지 않으나 작위의무가 법적인 의무인 한 성문법이건 불문법이건 상관이 없고, 법령, 법률행위, 선행행위로 인한 경우는 물론이고 기타 신의성실의 원칙이나 사회상규 혹은 조리상 작위의무가 기대되는 경우에도 법적인 작위의무는 있다(대판 95도2551). [24 · 23 · 12변시 · 17(3)모 · 20(3) · 16(2)모]

22. 甲은 조카 乙(9세)을 살해할 생각으로 저수지로 데리고 가서 미끄러지기 쉬운 쪽으로 유인하여 함께 걷고 있었는데, 乙이 미끄러져 물에 빠지자 아무런 구호활동을 하지 않았고 결국 乙이 사망하였다. 甲에게 乙에 대한 민법상의 보증인적 지위가 인정되지 않는다고 하더라도 선행행위에 의한 보증인적 지위를 인정할 수 있다(대판 91도2951). [10(1)모]

23. 유인한 미성년자를 포박하여 감금을 계속하던 중에 살해의 고의가 생겨 위험발생을 방지하지 아니하고 피해자를 그대로 방치하여 사망하게 한 경우, 부작위에 의한 살인의 죄책을 진다(대판 82도2024).
[20(1)모 · 17(3)모 · 14(1)모]

24. 법무사가 아닌 사람이 법무사로 소개되거나 호칭되는 데도 자신이 법무사가 아니라는 사실을 밝히지 않은 채 법무사 행세를 계속하면서 근저당권설정계약서를 작성해 준 경우, 법무사가 아님을 밝힐 계약상 또는 조리상 법적 의무가 있음에도, 자신이 법무사로 호칭되도록 계속 방치한 것은 작위에 의하여 법무사의 명칭을 사용한 경우와 동등한 형법적 가치가 있는 것으로 볼 수 있다(대판 2007도9354). [13변시]

25. 자신의 처가 자살하려는 것을 목격하고도 그 자살을 방치한 경우에는 부작위에 의한 살인죄가 성립할 수 있다. (X) [12(2)모]

: 자신의 처가 자살하려는 것을 목격하고도 그 자살을 방치한 경우에는 부작위에 의한 자살방조죄가 성립한다.

26. 부부는 타방의 범죄행위를 저지해야 할 안전의무를 부담하지 않는다. (O) [12(3)모]

: 부부 등 가족적 보호관계에 있는 자들 상호간에는 법익 '보호의무'를 부담한다. 따라서 부부의 일방이 정신병자 등의 특별한 사정이 없는 한 타방의 범죄행위를 저지해야 할 '안전의무'를 부담하지는 않는다.

27. 교통사고의 결과가 피해자의 구호 및 교통질서의 회복을 위한 조치가 필요한 상황인 이상 도로교통법 제54조 제1항, 제2항이 규정한 교통사고 발생 시의 구호조치의무 및 신고의무는 교통사고를 발생시킨 당해 차량의 운전자에게 그 사고 발생에 있어서 고의 · 과실 혹은 유책 · 위법의 유무에 관계없이 부과된 의무이다(대판 2000도1731). [19변시 · 15(1)모]

28. 부진정부작위범의 요건으로 행위태양의 동가치성을 요구하는 것은 부진정부작위범의 형사처벌을 제한하는 기능을 한다. (O) [21변시 · 23(3)모]

29. 작위와의 동가치성은 부진정부작위범의 정범은 물론이고 공범의 성립요건이기도 하다. (O) [14(2)모]

: 부작위자에게 보증인적 지위가 있을 경우에도 다시 그 부작위의 행위정형이 작위 정범과 동가치인지, 작위 방조범과 동가치인를 평가하여 부작위범의 정범인지 방조범인지를 판단하여야 한다. 즉 부작위 정범은 작위 정범과, 부작위 공범은 작위 공범과 동치되어야 부작위범으로 처벌할 수 있다(대판 2003도80 참조).

30. 부작위범을 도구로 이용한 간접정범은 가능하다. (O) [19변시 · 13(3)모]

31. 진정부작위범의 경우 다수의 부작위범에게 공통된 의무가 부여되어 있고 그 의무를 공통으로 이행할 수 있을 때에만 부작위범 사이의 공동정범이 성립한다(대판 2008도89). [24 · 17변시 · 23(1)모 · 20(2)(3)모 · 18(2)모]

┃유제┃ 진정부작위범의 경우 다수의 부작위범에게 부여된 작위의무가 각각 다르더라도 각각의 작위의무에 위반되는 행위를 공동으로 하였다면 부작위범의 공동정범이 성립할 수 있다. (X) [12변시]

┃유제┃ 진정부작위범인 주식 등 변경 보고의무 위반으로 인한 자본시장법위반죄의 공동정범은 그 의무가 수인에게 공통으로 부여되어 있는데도 수인이 공모하여 전원이 그 의무를 이행하지 않았을 때 성립한다. (O) [23(3)모]

32. 부작위범과 과실범은 모두 공동정범의 성립이 가능하다. (O) [12(3)모]

33. 부작위범과 과실범에 대해서는 모두 교사범이나 종범의 성립이 불가능하다. (X) [12(3)모]

: 부작위범에 대하여 적극적인 작위에 의한 교사와 방조는 가능하고 이 경우 교사범 또는 방조범에게 보증인적 지위가 있을 필요도 없다. 그러나 정범의 범행결의를 인정할 수 없는 과실범에 대한 교사 내지 방조는 있을 수 없다(이 경우 간접정범이 성립),

▮유제▮ 부작위범에 대한 교사범은 보증인적 지위에 있는 자로 한정된다. (X) [19변시 · 18(2)모]

34. 부작위범에 대한 방조범은 작위에 의한 방조이든 부작위에 의한 방조이든 방조자에게 일정한 결과발생방지의무 내지 보증의무가 있음에도 결과발생을 방치한 경우에 성립한다. (X) [20(2)모]

: 부작위범에 대한 방조는 가능하고, 그 방조가 작위에 의한 방조라면 방조범에게 보증인적 지위가 있을 필요도 없다.

▮유제▮ 부작위범에 대한 교사범은 보증인적 지위에 있는 자로 한정되지 않으나, 부작위에 의한 방조범은 보증인적 지위에 있는 자로 한정된다. (O) [22(3)모 · 15사시]

35. 과실에 의한 교사와 방조가 모두 불가능하듯이, 부작위에 의한 교사와 방조도 모두 불가능하다. (X) [14변시]

: ㉠ 교사범이나 방조범의 성립에는 '교사의 고의' 또는 '방조의 고의'가 있어야 하므로 과실에 의한 교사나 방조는 있을 수 없고, 정범의 행위가 구성요건에 해당한다는 점에 대한 '정범의 고의'가 있어야 하므로 과실범에 대한 교사 또는 방조는 교사범이나 방조범이 될 수 없다(간접정범 성립 가능).
㉡ 부작위에 의한 교사는 인정되지 않지만, 부작위에 의한 방조는 가능하다.

▮유제▮ 형법상 방조는 작위에 의하여 정범의 실행행위를 용이하게 하는 경우는 물론, 직무상의 의무가 있는 자가 정범의 범죄행위를 인식하면서도 그것을 방지하여야 할 제반조치를 취하지 아니하는 부작위로 인하여 정범의 실행행위를 용이하게 하는 경우에도 성립한다. (O) [23 · 22 · 15변시]

▮유제▮ 부작위에 의한 교사범은 성립할 수 없으나, 보증인의무가 인정되는 경우 부작위에 의한 방조범은 성립할 수 있다. (O) [12변시 · 23(3)모 · 22(2)모]

★ [사례문제 기출례] 부작위범의 정범과 공범의 구별 [21 · 19변사, 23 · 20모사 등] : 정범설, 방조범설(判)

36. 은행지점장 甲이 은행에 대한 부하직원 乙의 업무상 배임 사실을 발견하고도 손해의 보전에 필요한 조치를 취하지 아니하고 그 배임행위를 방치한 경우, 甲에게는 업무상 배임죄의 방조범이 성립한다(대판 84도1906). [17(2)모 · 02법행]

37. 상표법이나 (구)부정경쟁방지법을 위반하여 가짜상표를 판매하는 백화점의 매장을 단속할 업무를 하는 백화점직원이 이를 알고도 적절한 조치를 취하지 않고 방치한 경우에는 부작위에 의한 상표법위반이나 (구)부정경쟁방지법위반죄의 방조범이 성립한다(대판 96도1639). [16사시]

38. 인터넷 포털 사이트 내 오락채널 총괄팀장과 위 오락채널 내 만화사업의 운영 직원들이 콘텐츠제공업체들의 음란만화 게재를 알면서도 방치한 경우 부작위에 의한 (구)전기통신기본법 제48조의2 위반죄의 방조범이 성립한다(대판 2003도4128). [20(1)모]

제3편 죄수론

PART 01. 형법총론

제1장 죄수의 일반이론

1. 횡령 세금에 직할시세인 취득세·등록세와 과세의 주체가 다르고 세금수납의 근거규정이 다른 구세(區稅)인 재산세·종합토지세 및 국세(國稅)인 방위세·교육세가 포함되어 있는 경우, 비록 세금 횡령이라는 단일한 범의가 계속적으로 발현된 일련의 범행이더라도 각 범행을 합하여 하나의 포괄일죄로 볼 수는 없다. (O) [19(1)모]

∵ 그 피해자 내지 피해법익별로(즉 직할시세, 구세 및 국세별로) 구분하여 별개의 죄가 성립한다(대판 95도1269).

제2장 일죄

1. 법조경합은 1개의 행위가 외관상 수개의 죄의 구성요건에 해당하는 것처럼 보이나 실질적으로 1죄만을 구성하는 경우인데 반해 상상적 경합은 1개의 행위가 실질적으로 수개의 구성요건을 충족하는 경우로서, 실질적으로 1죄인가 또는 수죄인가는 구성요건적 평가와 보호법익의 측면에서 고찰하여 판단하여야 한다(대판 2002도6033 등). [21(3)모·17(3)모]

2. 법조경합의 한 형태인 특별관계란 어느 구성요건이 다른 구성요건의 모든 요소를 포함하는 외에 다른 요소를 구비하여야 성립하는 경우로서 특별관계에 있어서는 특별법의 구성요건을 충족하는 행위는 일반법의 구성요건을 충족한다(대판 2002도6033). [12사시]

3. 수뢰후부정처사죄와 뇌물수수죄는 법조경합 관계에 있으므로 수뢰후부정처사죄만 성립한다(대판 2004도7510). [18(2)모]

4. 살해의 목적으로 동일인에게 일시 장소를 달리하고 수차에 걸쳐 단순한 예비행위를 하거나 또는 공격을 가하였으나 미수에 그치다가 드디어 그 목적을 달성한 경우에 그 예비행위 내지 공격행위가 동일한 의사발동에서 나왔고 그 사이에 범의의 갱신이 없는 한 그 살해의 목적을 달성할 때까지의 행위는 모두 실행행위의 일부로서 이를 포괄적으로 보고 단순한 한 개의 살인기수죄로 처단할 것이지 살인예비 내지 미수죄와 동 기수죄의 경합죄로 처단 할 수 없는 것이다(대판 65도695). [22(2)모 · 18(2)모 · 17(3)모]

5. 유기시에 요부조자의 사망에 대한 미필적 고의가 있으면 유기죄와 살인죄가 성립하고, 양 죄는 실체적 경합관계에 있다. (X) [18(1)모]

: 침해범인 살인죄가 성립하면 위험범인 유기죄는 보충관계에서 배척되어 살인죄만 성립한다.

6. 공갈죄의 수단으로서 한 협박은 공갈죄에 흡수되어 별도로 협박죄를 구성하지 않으므로, 乙이 甲을 협박죄로 고소하였다가 취소하였다고 하여도 이는 甲을 공갈죄로 처벌하는 데에 장애가 되지 않는다(대판 96도2151). [18변시 · 18(1)모]

7. 폭행으로 부녀를 강간한 경우에는 강간죄만 성립하고 이와 별도로 형법상의 폭행죄나 협박죄 또는 폭처법위반의 죄를 구성한다고는 볼 수 없으며, 양자는 법조경합의 관계에 있다(대판 2002도51). [12사시]

8. 甲이 주거에 침입하여 강간 범행을 하는 과정에서 한 폭행행위가 단순한 폭행이 아니라 보복의 목적을 가지고 한 것이었다면, 특가법위반(보복범죄 등)죄가 성폭력처벌법위반(주거침입강간 등)죄에 흡수되는 법조경합의 관계에 있다고 볼 수 없고, 양 죄는 상상적 경합관계에 있다(대판 2012도544). [14사시]

9. 甲은 A의 인장을 위조하고 이를 이용하여 A명의의 사문서를 위조하였다. 인장위조죄와 사문서위조죄는 상상적 경합관계에 있다. (X) [08사시 · 03행시]

: 인장위조죄는 사문서위조죄에 흡수되어 인장위조죄는 불성립한다(대판 78도1787).

10. 동일한 피해자에 대한 공동폭행행위가 업무방해죄의 수단이 된 경우, 폭처법위반(공동폭행)죄와 업무방해죄는 상상적 경합의 관계에 있다(대판 2012도1895). [25 · 20 · 14변시 · 22(2)모]

11. 성매매처벌법에 따른 성매매알선행위와 건물제공행위는 비록 처벌규정은 동일하지만, 범행방법 등의 기본적 사실관계가 상이할 뿐 아니라 주체도 다르다고 보아야 하므로 서로 독립된 가벌적 행위로서 별개의 죄를 구성한다(실체적 경합범)(대판 2010도6090). [12(3)모]

12. 타인의 사무를 처리하는 자가 그 임무에 위배하여 본인을 기망하고 착오에 빠진 본인으로부터 재산상 이득을 취하는 경우와 같이 배임행위에 사기행위가 수반된 때에는 사기죄와 배임죄의 상상적 경합에 해당된다(대판 2002도669). [15(3)모 · 12법행]

▮유제▮ 1개의 행위가 사기죄와 업무상배임죄의 각 구성요건을 모두 구비한 때, 예컨대 타인의 사무를 처리하는 자가 본인을 기망하여 재물을 교부받은 경우, 법조경합으로 사기죄만 성립한다. (X) [12변시 · 22(2)모]

★
13. 배임행위가 본인 이외의 제3자에 대한 사기죄를 구성한다 하더라도 그로 인하여 본인에게 손해가 생긴 때에는 사기죄와 함께 배임죄가 성립하고, 두 죄는 실체적 경합의 관계에 있다(대판 2010도10690).
[19 · 18변시]

▎유제▎ 건물관리인 甲은 건물주 A로부터 월세 임대차계약의 체결 업무를 위임 받았으나 임차인 B를 기망하여 전세 임대차계약을 체결하고 그 전세보증금 2억 원을 임의 소비하였다. A에 대한 배임죄와 B에 대한 사기죄는 실체적 경합관계에 있다. (O)
[12(3)모]

14. 절취한 자기앞수표를 음식대금으로 교부하고 거스름돈을 환불받은 행위는 절도의 불가벌적 사후행위로서 사기죄가 성립하지 않는다(대판 86도1728).
[21변시 · 22(2)모 · 16(2)모][22(1)기 · 19(3)기]

15. 절도범으로부터 그가 훔친 자기앞수표를 그 정을 알고 교부받은 甲이 이를 음식대금을 지불하고 거스름돈을 받은 경우 장물취득죄와 사기죄가 성립한다. (X)
[15(3)모 · 15사시]

: 장물인 자기앞수표를 취득한 후 이를 현금 대신 교부한 행위는 장물취득에 대한 가벌적 평가에 당연히 포함되는 불가벌적 사후행위로서 별도의 사기죄를 구성하지 아니한다(대판 93도213).

16. 甲이 피해자를 기망하여 약속어음을 교부받은 후 이를 피해자에 대한 甲의 채권의 변제에 충당한 경우 사기죄와 별도로 횡령죄가 성립한다. (X)
[18(2)모 · 11(1)모 · 05 · 06법행]

: 그 교부받은 즉시 사기죄가 성립하고 그 후 이를 피해자에 대한 피고인의 채권의 변제에 충당하였다 하더라도 불가벌적 사후행위가 됨에 그친다(대판 82도3079).

17. 절취한 열차승차권을 역무원에게 자기 것처럼 제시하여 그 열차요금을 환불받은 경우 열차요금 환불행위는 불가벌적 사후행위에 해당한다(대판 75도1996).
[18(2)모]

18. ① 타인의 부동산을 보관 중인 자가 그 부동산에 근저당권설정등기를 마침으로써 횡령행위가 기수에 이른 후 해당 부동산을 매각함으로써 기존의 근저당권과 관계없이 법익침해의 결과를 발생시켰다면, 특별한 사정이 없는 한 불가벌적 사후행위가 아니라 별도의 횡령죄가 성립한다. (O)
[25 · 20변시 · 22(3)모 · 17(1)모]

② 부동산실명법상 유효한 부동산의 명의수탁자인 甲이 신탁자의 승낙 없이 乙 앞으로 근저당권설정등기를 경료했다가 후에 그 말소등기를 신청함과 동시에 丙 앞으로 소유권이전등기를 신청함에 따라 乙 명의의 근저당권말소등기와 丙 명의의 소유권이전등기가 순차 경료된 경우 丙 명의의 소유권이전등기를 경료해 준 행위는 별도로 횡령죄를 구성한다. (O)
[11(1)모 · 05 · 04사시]

: 후행 처분행위가 이를 넘어서서, 선행 처분행위로 예상할 수 없는 새로운 위험을 추가함으로써 법익침해에 대한 위험을 증가시키거나 선행 처분행위와는 무관한 방법으로 법익침해의 결과를 발생시키는 경우라면, 이는 선행 처분행위에 의하여 이미 성립된 횡령죄에 의해 평가된 위험의 범위를 벗어나는 것이므로 특별한 사정이 없는 한 별도로 횡령죄를 구성한다(대판 2010도10500).

▎유제▎ 타인의 부동산을 적법하게 보관 중이었던 甲이 임의로 A에게 해당 부동산에 대한 근저당권설정등기를 경료해 주고, 한 달 후 B에게 해당 부동산을 임의로 매도한 경우, 2개의 횡령죄가 성립하고 양자는 실체적 경합관계에 있다. (O)
[23(1)모]

▎유제▎ 부동산실명법상 유효한 명의신탁의 명의수탁자가 신탁 받은 부동산의 일부에 대한 토지수용보상금 중 일부를 소비하고, 이어 수용되지 않은 나머지 부동산 전체에 대한 반환을 거부한 경우에는 별개의 횡령죄가 성립한다. (O)
[13(3)모 · 11(1)모 · 10(1)모]

19. 사기죄의 피해자에게 그 대가가 지급된 경우, 피해자를 기망하여 그가 보유하고 있는 그 대가를 다시 편취하더라도 새로운 법익이 침해된 것은 아니므로 기존에 성립한 사기죄와 별도의 새로운 사기죄가 성립하는 것은 아니다. (X) [25·22변시·22(2)모]

: 이는 새로운 법익의 침해가 발생한 경우이므로, 기존에 성립한 사기죄와는 별도의 새로운 사기죄가 성립한다(대판 2009도7052).

★ 사례문제 기출례 장물보관죄 성립 후 보관장물 영득시 횡령죄 성부 [19·18모사 등]

20. ① 절도범인으로부터 장물보관을 의뢰받고 그 정을 알면서 이를 인도받아 보관하고 있다가 자기 마음대로 이를 처분하였다 하여도 장물보관죄가 성립되는 때에는 이미 그 소유자의 소유물추구권을 침해하였으므로 그 후의 횡령행위는 불가벌적 사후행위에 불과하여 별도로 횡령죄가 성립하지 않는다(대판 76도3067). [24·23변시·21(1)모·19(1)모·17(3)모]

② 甲이 업무상 과실로 장물을 보관함으로써 甲에게 업무상과실장물보관죄가 성립한다면, 그 후 甲이 위 장물을 임의로 처분하더라도 이러한 행위는 업무상과실장물보관죄의 가벌적 평가에 포함되어 별도로 횡령죄를 구성하지 않는다. (O) [23변시·17(3)모·16(3)모]

┃유제┃ 乙이 甲에게 절도를 교사하고 甲이 범행 후 훔친 귀금속을 맡아 달라고 부탁하자 乙이 이를 수락하고 귀금속을 교부받아 갖고 있다가 임의로 처분하였다면, 乙에게는 절도교사죄 이외에 장물보관죄 및 횡령죄가 성립한다. (X) [20변시]

21. 주식회사 대표이사인 피고인이 자신의 채권자에게 차용금에 대한 담보로 회사명의 정기예금에 질권을 설정해 준 후, 채권자가 정기예금 계좌에 입금되어 있던 회사자금을 전액 인출하는 것에 동의한 경우, 예금인출 동의행위는 불가벌적 사후행위에 해당한다(대판 2012도10980). [13(3)모·20법행]

22. 회사의 사무를 처리하는 자가 회사로 하여금 자신의 개인채무에 관해 연대보증채무를 부담하게 한 다음 회사의 자금을 보관하는 자의 지위에서 그 자금을 임의로 인출해 자신의 개인채무 변제에 사용한 행위는 업무상배임죄와 별도로 업무상횡령죄를 구성한다. (O) [19(3)모·15(2)모·20법행]

: 약속어음금채무와 연대보증채무 부담으로 인한 회사에 대한 배임죄와 다른 새로운 보호법익을 침해하는 것으로서 배임 범행의 불가벌적 사후행위가 되는 것이 아니라 별죄인 횡령죄를 구성한다(대판 2011도277).

23. 보이스피싱 범죄의 범인이 피해자를 기망하여 피해자의 돈을 사기이용계좌로 송금·이체받은 후에 사기이용계좌에서 현금을 인출하였다면 사기와는 별도로 횡령죄가 성립한다. (X) [17(3)모]

: 피해자와 사이에 어떠한 위탁 또는 신임관계가 존재한다고 할 수 없는 이상 피해자의 돈을 보관하는 지위에 있다고 볼 수 없으며, 이는 이미 성립한 사기범행의 실행행위에 지나지 아니하여 새로운 법익을 침해한다고 보기도 어려우므로, 위와 같은 인출행위는 사기의 피해자에 대하여 횡령죄를 구성하지 아니한다(대판 2017도3045).

24. 절취한 전당표를 제3자에게 교부하면서 자기 누님의 것이니 찾아 달라고 거짓말을 하여 이를 믿은 제3자가 전당포에 이르러 그 종업원에게 전당표를 제시하여 기망케 하고 전당물을 교부받게 하여 편취한 경우, 전당물을 교부받은 행위는 불가벌적 사후행위에 해당한다. (X) [13(3)모·99사시]

: 그 종업원에게 전당표를 제시하여 기망케 하고 전당물을 교부받게 하여 편취하였다면 이는 사기죄를 구성하는 것이다(대판 80도2155).

25. 甲은 타인의 신용카드를 절취한 후 약 3시간에 걸쳐 절취한 신용카드로 7군데 가맹점에서 마치 자신이 카드의 진정한 소유자인 것처럼 행세하며 물품을 구입하였다. [24(2)모·12(2)모]
① 甲이 신용카드를 7차례 사용한 것은 여신전문금융업법상 신용카드부정사용죄의 포괄일죄에 해당한다. (O)

: 신용카드의 각 부정사용의 피해법익도 모두 위 신용카드를 사용한 거래의 안전 및 이에 대한 공중의 신뢰인 것으로 동일하므로, 피고인이 동일한 신용카드를 위와 같이 부정사용한 행위는 포괄하여 일죄에 해당한다(대판 96도1181).

26. ② 甲이 절취한 신용카드를 이용하여 물품을 구입하는 행위는 사기죄에 해당하며 7군데 가맹점에서 물품을 구입하였다면 각 행위는 실체적 경합이 된다. (O) [22(1)모]
③ 甲의 신용카드부정사용죄와 사기죄는 실체적 경합관계이다(대판 96도1181). (O)

27. 동일한 폭행·협박으로 피해자의 항거가 불능하거나 현저히 곤란한 상태가 계속되는 상태에서 피해자를 수회에 걸쳐 간음하였는데, 피고인의 의사 및 범행 시각과 장소로 보아 수회의 간음행위를 하나의 계속된 행위로 볼 수 있는 경우라면 하나의 강간죄만 성립한다(대판 2002도2581). [20법행]

28. 피고인 甲이 피해자를 1회 강간한 후 약 1시간이 지나 장소를 옮겨 동일한 피해자를 다시 1회 강간한 경우 두 번의 간음행위는 포괄하여 일죄로 보아야 한다. (X) [19(3)모·10(1)모]

: 피해자를 1회 강간하여 상처를 입게 한 후 약 1시간 후에 장소를 옮겨 같은 피해자를 다시 1회 강간한 행위는 그 범행시간과 장소를 달리하고 있을 뿐만 아니라 각 별개의 범의에서 이루어진 행위로서 강간치상죄와 강간죄의 실체적 경합범에 해당한다(대판 87도694).

29. 甲이 A를 살해한 다음 그 범죄의 흔적을 은폐하기 위하여 그 시체를 다른 장소로 옮겨 유기하였을 경우, 甲은 살인죄와 사체유기죄의 죄책을 지고 양 죄는 실체적 경합관계에 있다(대판 97도1142).
[19변시·22(2)모·18(3)모]

30. 대마취급자가 아닌 자가 절취한 대마를 흡입할 목적으로 소지하는 행위는 절도죄와 무허가대마소지죄의 실체적 경합이 된다(대판 98도3619). [17(1)모]

31. 자동차를 절취한 후 자동차 등록번호판을 떼어낸 행위는 절도죄의 불가벌적 사후행위에 해당한다. (X)
[20변시·13(3)모·16사시]

: 자동차를 절취한 후 자동차등록번호판을 떼어내는 행위는 새로운 법익의 침해로 보아야 하므로 번호판을 떼어내는 행위가 절도범행의 불가벌적 사후행위가 되는 것은 아니다(대판 2007도4739).
- 절도죄, 공기호부정사용죄, 부정사용공기호행사죄의 실체적 경합범

32. 부정한 이익을 얻을 목적으로 타인의 영업비밀이 담긴 CD를 절취하여 그 영업비밀을 부정사용한 경우, 그 부정사용행위가 절도범행의 불가벌적 사후행위가 되는 것은 아니다(대판 2008도5364).
[18(2)모·10(1)모·10법행]

33. 위탁자로부터 당좌수표 할인을 의뢰받은 자가 제3자를 기망하여 당좌수표를 할인받은 다음 그 할인금을 임의소비한 경우, 제3자에 대한 사기죄와 별도로 위탁자에 대한 횡령죄가 성립한다(대판 97도3057).
[13(3)모]

34. 1인 회사의 주주가 자신의 개인채무를 담보하기 위하여 회사 소유의 부동산에 대하여 근저당권설정등기를 마쳐 주어 배임죄가 성립한 이후에 그 부동산에 대하여 새로운 담보권을 설정해 주는 행위는 선순위 근저당권의 담보가치를 공제한 나머지 담보가치 상당의 재산상 이익을 침해하는 행위로서 별도의 배임죄가 성립한다(대판 2005도4915).
[18(2)모 · 10 · 12법행]

★
35. 甲은 A에게서 돈을 빌리면서 담보 명목으로 甲의 B에 대한 채권을 A에게 양도하였는데, 甲은 B에게 채권양도 통지를 하기 전에 B로부터 채권을 추심하여 임의로 소비하였다. 채권양도에 관한 진정성이 인정되는 경우라면 추심한 채권을 임의로 소비한 행위에 대하여 횡령죄 내지 배임죄는 성립하지 않는다. (O)
[21(3)모][21(3)기]

: [1] 채무자가 기존 금전채무를 담보하기 위하여 다른 금전채권을 채권자에게 양도하였는데, 채무자가 제3채무자에게 채권양도 통지를 하지 않은 채 자신이 사용할 의도로 제3채무자로부터 변제를 받아 변제금을 수령한 경우, 이는 단순한 민사상 채무불이행에 해당할 뿐, 채무자가 채권자와의 위탁신임관계에 의하여 채권자를 위해 위 변제금을 보관하는 지위에 있다고 볼 수 없고, 채무자가 이를 임의로 소비하더라도 횡령죄는 성립하지 않는다(대판 2020도12927). [2] 채무자가 채권양도담보계약에 따라 부담하는 '담보 목적 채권의 담보가치를 유지 · 보전할 의무'를 이행하는 것은 채무자 자신의 사무에 해당할 뿐이고, 채무자가 통상의 계약에서의 이익대립관계를 넘어서 채권자와의 신임관계에 기초하여 채권자의 사무를 맡아 처리한다고 볼 수 없으므로, 이 경우 채무자는 채권자에 대한 관계에서 '타인의 사무를 처리하는 자'에 해당한다고 할 수 없어 배임죄도 성립하지 않는다(대판 2015도5184).

┃유제┃ A 회사의 실제 운영자인 甲이 乙로부터 사업자금 명목으로 돈을 차용한 후 乙에게 위 채무에 대한 담보로 A 회사의 B 회사에 대한 대여금 채권을 양도하였음에도 제3채무자인 B 회사에 채권양도통지를 하지 아니한 채 B 회사에 위 채권 일부의 변제를 요구하여 B 회사로부터 A 회사 명의의 계좌로 그 일부 변제금을 송금받아 이를 임의로 사용한 경우 乙에 대한 횡령죄가 성립한다. (X)
[21(3)모]

36. 돈을 빌리면서 담보 명목으로 제3자에 대한 채권을 양도한 자가 채권양도 통지 전에 이를 추심하여 임의로 소비한 경우, 차용금에 대한 변제의사 및 능력이 없고 당초부터 위 공사대금 채권을 추심하여 빼돌릴 생각을 가지고 있었다면 사기죄와 횡령죄가 성립하고 양 죄는 상상적 경합의 관계이다. (X)
[14변시 · 21(1)모]

: 차용금 편취에 관한 사기죄만 성립하고, 위 공사대금 채권을 양도한 후 공사대금을 수령하여 임의 소비한 행위는 금전 차용 후 담보로 제공한 양도채권을 추심받아 이를 빼돌리려는 사기범행의 실행행위에 포함된 것으로 봄이 상당하므로 사기죄와 별도로 횡령죄는 성립되지 않는다(대판 2011도1442).

37. 아파트 소유권자인 甲이 가등기권리자 乙에게 아파트에 관한 소유권이전청구권가등기를 말소해 주면 대출은행을 변경한 후 곧바로 다시 가등기를 설정해 주겠다고 속여 가등기를 말소하게 하여 재산상 이익을 편취하고, 가등기를 회복해 줄 임무에 위배하여 아파트에 제3자 명의로 근저당권 및 전세권설정등기를 마친 경우, 甲에게 사기죄가 성립하고 배임죄는 별도로 성립하지 않는다. (O)
[19(1)모]

: 사기죄를 인정하는 이상 비양립적 관계에 있는 배임죄는 별도로 성립하지 않는다(대판 2016도15226).

38. 포괄일죄란 구성요건을 충족하는 행위가 수개가 있어 수개의 범죄가 성립하는 것처럼 보이나, 수개의 행위를 포괄하는 하나의 범죄만이 성립하는 경우를 말한다(대판 82도2201).
[14(3)모]

39. 범죄단체에 가입한 후 구성원으로서 목적한 범죄실행의 활동을 한 경우는 범죄단체가입죄와 범죄단체활동죄가 성립하고, 양 죄는 실체적 경합의 관계이다. (X) [21(1)모]

: 범죄단체 구성원으로서의 활동은 범죄단체의 구성이나 가입을 당연히 전제로 하는 것이므로, 범죄단체를 구성하거나 이에 가입한 자가 더 나아가 구성원으로 활동하는 경우, 이는 포괄일죄의 관계에 있다(대판 2015도7081).

40. 음주상태로 자동차를 운전하다가 제1차 사고를 내고 그대로 진행하여 제2차 사고를 낸 경우, 제1차 사고시의 음주운전죄와 제2차 사고시의 음주운전죄는 포괄일죄에 해당한다. (O) [20법행]

: 이러한 음주운전행위는 동일 죄명에 해당하는 연속된 행위로서 단일하고 계속된 범의하에 일정기간 계속하여 행하고 그 피해법익도 동일한 경우이므로 포괄일죄에 해당한다(대판 2007도4404).

41. 절도가 주인집의 방 안에서 재물을 절취하고 그 무렵 세 들어 사는 사람의 방 안에서 재물을 절취한 경우 실체적 경합관계가 인정된다. (O) [15사시·10법행]

: 위 두 범죄는 그 범행장소와 물품의 관리자를 달리하고 있어서 별개의 범죄를 구성한다(대판 89도664).

42. 여러 개의 위탁관계에 의하여 보관하던 여러 개의 재물을 하나의 행위에 의하여 횡령한 경우 위탁관계별로 수 개의 횡령죄가 성립하고 그 수 개의 죄는 상상적 경합의 관계에 있다(대판 2013도10020). [15(2)모]

▌유제▌ 甲은 A로부터 그 소유의 노트북컴퓨터를 위탁받아 보관하였고, B로부터 그 소유의 태블릿 PC를 위탁받아 보관하던 중 이러한 위탁 사실을 알고 있는 乙에게 일괄 매각하여 도박 자금을 마련하였다. 甲에게는 피해자 A, B에 대한 각 횡령죄가 성립하고, 두 개의 횡령죄는 상상적 경합의 관계에 있다. (O) [25변시]

43. 甲은 乙의 지갑을 훔쳐 달아나던 중 이웃 주민 丙, 丁에게 추격을 당하게 되었다. 이에 甲은 체포를 면탈할 목적으로 가지고 있던 주머니칼로 丙의 팔에 전치 3주의 상해를 입혔는데, 이후 甲은 계속하여 추격해온 丁에게 위 칼을 내밀며 "쫓아오면 칼로 찔러 죽인다."라고 소리쳐 협박하였다면 준강도상해죄의 포괄일죄가 성립한다. (O) [13변시·11사시·09법행]

: 절도가 같은 기회에 동시 또는 이시에 체포를 면탈할 목적으로 추격하여 온 수인에게 폭행 또는 협박을 하였다 하더라도 준강도의 포괄일죄가 성립하고, 절도범이 체포면탈의 목적으로 체포하려는 여러 명의 피해자에게 같은 기회에 폭행을 가하여 그 중 1명에게만 상해를 가한 경우 포괄하여 강도상해죄 일죄만 성립한다(대판 2001도3447). [17변시]

▌유제▌ 절도범이 체포를 면탈할 목적으로 체포하려는 피해자 A, B에게 같은 기회에 폭행을 가하여 그 중 B에게만 상해를 가하였다면 A에 대한 준강도와 B에 대한 강도상해가 성립하고 양 죄는 실체적 경합관계에 있다. (X) [18·15변시·22(3)모]

44. 甲은 A소유의 금반지 1개를 절취한 다음 도망하려고 할 때에 순찰중이던 경찰관 B와 C에게 발각되어 추격당하자 체포를 면할 목적으로 B와 C에게 휴대하고 있던 칼을 내밀어 찔러 죽인다고 협박한 후 도망하였다. 甲은 특수강도의 준강도 포괄일죄, B에 대한 특수공무집행방해죄, C에 대한 특수공무집행방해죄가 성립하고, 이들 죄는 상상적 경합에 해당한다. (O) [13(1)모]

: 절도범인이 체포를 면탈할 목적으로 경찰관에게 폭행·협박을 가한 때에는 준강도죄와 공무집행방해죄를 구성하고 양 죄는 상상적 경합관계에 있고(대판 92도917), [17변시] 여러 사람이 함께 공무를 집행하는 경우에 이에 대하여 폭행을 하고 공무집행을 방해하는 경우에는 하나의 행위로 여러 죄명에 해당하는 소위 상상적 경합관계에 있다(대판 4294형상415).

▎유제▎ 절도범이 쫓아온 피해자 A와 범행 근처를 순찰 중이던 사법 경찰관 P에게 발각되자 체포를 면탈하기 위하여 같은 기회에 A와 P를 폭행하고 도주한 경우 준강도의 포괄일죄와 공무집행방해죄의 상상적 경합의 죄책을 진다. (O) [22(3)모]

45. ① 2017.1.26. 21:00경 甲은 乙과 함께 강도의 목적으로 투숙객으로 가장하여 X 모텔로 들어가 1층 안내실에 있던 모텔직원 A를 회칼로 찔러 상해를 입힌 후 현금을 빼앗고, 이어서 모텔 2층으로 올라가 손님 B를 회칼로 위협하여 현금을 빼앗은 후 도주하였다. A에 대한 강도상해죄와 B에 대한 특수강도죄는 실체적 경합의 관계에 있다. (O) [17(1)모]

: 강도가 서로 다른 시기에 다른 장소에서 수인의 피해자들에게 각기 폭행 또는 협박을 하여 각 그 피해자들의 재물을 강취하고, 그 피해자들 중 1인을 상해한 경우에는, 각기 별도로 강도죄와 강도상해죄가 성립한다(대판 91도643).

46. ② 2017.1.30. 23:00경 甲과 乙은 다시 강도의 목적으로 Y 모텔에 침입하여 1층 안내실에 있던 모텔직원 C를 회칼로 찔러 상해를 입히고 곧이어 안내실로 들어오는 모텔직원 D를 회칼로 위협하여 C와 D로부터 현금을 빼앗은 후 도주하였다. C에 대한 강도상해죄와 D에 대한 특수강도죄는 상상적 경합의 관계에 있다. (O) [17(1)모]

: 여관 종업원과 주인에 대한 각 강도(상해)행위가 각별로 강도죄를 구성하되 피고인이 피해자인 종업원과 주인을 폭행·협박한 행위는 법률상 1개의 행위로 평가되는 것이 상당하므로 위 2죄는 상상적 경합범관계에 있다(대판 91도643).

47. 강도가 한 개의 강도범행을 하는 기회에 수명의 피해자에게 각 폭행을 가하여 각 상해를 입힌 경우에는 각 피해자별로 수개의 강도상해죄가 성립하며 이들은 실체적경합 관계에 있다(대판 87도527). [20변시·22(3)모·16(3)모]

48. 강도가 시간적으로 접착된 상황에서 가족을 이루는 수인에게 폭행·협박을 가하여 집안에 있는 가족 공동점유의 재물을 탈취한 경우 가족 구성원 수만큼 수개의 강도죄가 성립한다. (X) [13·11법행·05사시]

: 강도의 소위가 동일한 장소에서 동일한 방법에 의하여 시간적으로 접착된 상황에서 이루어진 경우 피해자가 여러 사람이라도 피해자들이 동일한 가족에 속할 때에는 재물은 가족의 공동점유에 있으므로 위 탈취행위는 그 소유자가 누구인지 불문하고 단일한 강도죄를 구성한다(대판 96도1285).

49. 동일한 피해자에 대하여 수회에 걸쳐 기망행위를 하여 금원을 편취하였으나 범의의 단일성과 계속성이 인정되지 않거나 범행방법이 동일하지 않은 경우에는 각 범행은 실체적 경합범에 해당한다(대판 89도1309). [17(3)모·15(2)모·20법행]

: 그러나 그 범의가 단일하고 범행 방법이 동일하다면 사기죄의 포괄일죄만이 성립한다(대판 2002도2029).

50. 여러 사람의 피해자에 대하여 따로 기망행위를 하여 각각 재물을 편취한 경우에는 비록 범의가 단일하고 범행방법이 동일하더라도 각 피해자의 피해법익은 독립한 것이므로 그 전체가 포괄일죄로 되지 아니하고 피해자별로 독립한 여러 개의 사기죄가 성립한다(대판 2003도382). [24변시·16(2)모·20법행]

51. 수인의 피해자에 대하여 1개의 기망행위를 통해 각각 재물을 편취한 경우에는 범의가 단일하고 범행방법이 동일하더라도 피해자별로 독립한 사기죄가 성립하고 각 사기죄는 상상적 경합관계에 있다(대판 2014도16980). (O) [24변시]

▮유제▮ 계주인 甲은 A, B, C 세 명의 계원을 단일하고 계속된 범의 아래 같은 장소에 5차례 모아 놓고 계불입금을 편취하였다. 피해자별로 1개의 사기죄가 성립하고, 각 사기죄 상호간은 상상적 경합관계가 된다. (O) [16(2)모]
- A, B, C에 대한 기망의 동일성이 인정된 사례

52. 甲은 계원들로부터 계불입금을 편취하려고 계획하고 다수의 계(契)를 조직하여 순차적으로 A, B, C 3명을 '각각' 기망하여 계불입금을 편취하였다. 만약 A, B, C로부터 편취한 이득액의 합계가 5억 원 이상이라면 甲은 특경법이 적용되어 가중처벌된다. (X) [17(2)모]

: 「특가법」의 적용대상이 되는 사기 등으로 인한 '이득액'은 '단순일죄'의 이득액이나 혹은 '포괄일죄'가 성립되는 경우의 이득액의 합산액을 의미하고, 경합범으로 처벌될 수죄에 있어서 이득액을 합한 금액을 의미하는 것이 아니다(대판 93도743). 그런데 사기죄의 경우 여러 사람의 피해자에 대하여 따로 기망행위를 하여 각각 재물을 편취한 경우에는 비록 범의가 단일하고 범행방법이 동일하더라도 각 피해자의 피해법익은 독립한 것이므로 그 전체가 포괄일죄로 되지 아니하고 피해자별로 독립한 여러 개의 사기죄가 성립한다(대판 2003도382).
- A, B, C에 대한 기망의 동일성이 부정된 사례

53. 수개의 업무상 횡령행위라 하더라도 피해법익이 단일하고, 범죄의 태양이 동일하며 단일 범의의 발현에 기인하는 행위라고 인정될 때에는 포괄하여 일죄로 본다(대판 2010도13801). [16(3)모]

54. 하나의 사건에 관하여 한 번 선서한 증인이 같은 기일에 여러 가지 사실에 관하여 기억에 반하는 허위의 진술을 한 경우 이는 포괄하여 1개의 위증죄를 구성한다(대판 97도3340). [19·13변시·20(2)모]

: 또한 같은 민사소송사건의 같은 심급에서 변론기일을 달리하여 수차 증인으로 나가 수 개의 허위진술을 하더라도 최초에 한 선서의 효력을 유지시킨 후 증언한 이상 1개의 위증죄를 구성함에 그친다(대판 2005도60).

55. 사기의 수단으로 발행한 수표가 지급거절된 경우, 부정수표단속법위반죄와 사기죄는 그 행위의 태양과 보호법익을 달리하므로 실체적 경합범의 관계에 있다(대판 2004도1751). [16사시·22법행]

56. 의사가 아닌 甲이 반복해서 여러 번 무면허 의료행위를 한 경우 포괄하여 일죄가 성립한다(대판 92도1671). [10(1)모]

57. 비의료인이 의료기관을 개설하여 운영하는 도중 의료시설과 의료진을 그 동일성을 상실할 정도로 변경하지 않은 채 단지 개설자 명의만을 다른 의료인 등으로 변경한 경우, 개설자 명의별로 별개의 의료법위반죄가 성립하고 각 죄는 실체적 경합범의 관계에 있다(대판 2018도10779). [20·19법행]

58. 공무원이 동일한 사항에 대하여 동일인으로부터 뇌물을 정기적으로 수수한 경우에는 뇌물수수죄의 포괄일죄에 해당한다(대판 88도858). [12(2)모·20법행]

▎유제▎ 17개월간 17회에 걸쳐 정기적으로 동일한 납품업자로부터 뇌물을 수수한 경우 뇌물수수의 포괄일죄로 보아 그 수뢰금액의 총액을 기준으로 '특가법'에 의율하여 처벌할 수 있다. (O) [12(3)모]

59. ① 甲이 2020. 4. 1. 23시 30분부터 다음 날 03시 경까지 운전한 행위는 도로교통법위반(무면허운전)죄의 포괄일죄가 성립한다. (O) [21(2)모]
② 계속적으로 무면허운전을 할 의사를 가지고 여러 날에 걸쳐 무면허운전행위를 반복하였다면 이는 포괄하여 도로교통법위반(무면허운전)의 일죄로 볼 수 있다. (X) [11(1)모·15사시·11법행]

: 무면허운전으로 인한 도로교통법위반죄에 있어서는 어느 날에 운전을 시작하여 다음날까지 동일한 기회에 일련의 과정에서 계속 운전을 한 경우 등 특별한 경우를 제외하고는 사회통념상 운전한 날을 기준으로 운전한 날마다 1개의 운전행위가 있다고 보는 것이 상당하므로 운전한 날마다 무면허운전으로 인한 도로교통법위반의 1죄가 성립한다고 보아야 할 것이고, 비록 계속적으로 무면허운전을 할 의사를 가지고 여러 날에 걸쳐 무면허운전행위를 반복하였다 하더라도 이를 포괄하여 일죄로 볼 수는 없다(대판 2001도6281). [23(2)모·19(1)모]

▎유제▎ 같은 날 무면허운전 행위를 여러 차례 반복한 경우, 각 무면허운전 행위는 동일 죄명에 해당하는 수 개의 동종 행위가 동일한 의사에 의하여 반복되거나 접속·연속하여 행하여진 것으로 봄이 상당하고 그로 인한 피해법익도 동일한 이상 포괄일죄로 처단되어야 한다(대판 2022도8806). [23(2)모]

60. 상습성을 갖춘 자가 여러 개의 죄를 반복하여 저지른 경우에는 각 죄를 별 죄로 보아 경합범으로 처벌할 것이 아니라 그 모두를 포괄하여 하나의 상습범으로 처벌하여야 한다(대판 2001도3206). [18(1)모]

61. 약 20일간 3번의 특수절도와 2번의 특수절도미수 및 1번의 야간주거침입절도를 범한 경우, 그 중 법정형이 가장 중한 상습특수절도의 죄에 나머지 행위를 포괄시켜 하나의 죄만이 성립된다(대판 75도1184). [12(3)모·10(1)모]

62. 상습절도의 범행을 한 자가 절도 습벽의 발현으로 자동차등불법사용 범행을 함께 저지른 경우 자동차등불법사용죄는 별도로 성립하지 않는다(대판 2002도429). [11(1)모·07법행]

63. 심신미약 등 정신적 장애상태에 있었다는 점은 다른 사정들과 함께 참작되어 그 행위자의 상습성을 부정하는 자료가 될 수 있다. (O) [18(1)모]

: 심신미약 등의 사정은 상습성을 부정할 것인지 여부를 판단하는 데 자료가 되는 여러 가지 사정들 중의 하나일 뿐이다(대판 2008도11550).

64. 상습법의 상습성을 인정하는 자료에는 아무런 제한이 없으므로 과거에 소년법에 의한 보호처분을 받은 사실도 상습성 인정의 자료로 삼을 수 있다(대판 86도2725). [23(1)모]

65. 유사수신행위 금지규정에 위반한 유사수신행위가 별도로 사기죄의 구성요건도 충족하는 경우 유사수신행위의 규제에 관한 법률 위반죄와 사기죄는 실체적 경합관계에 있다(대판 2007도10414). [20법행]

66. 유사수신행위를 한 자가 출자자에게 별도의 기망행위를 하여 유사수신행위로 조달받은 자금의 전부 또는 일부를 다시 투자받는 행위는 유사수신행위법 위반죄와 다른 새로운 보호법익을 침해하는 것으로서 유사수신행위법 위반죄의 불가벌적 사후행위가 되는 것이 아니라 별죄인 사기죄를 구성한다(대판 2023도12424).   [24(3)모]

67. PC방 운영자가 음란동영상을 공연히 전시한 혐의로 기소되면서 범행에 사용된 서버 컴퓨터 등을 압수당하였으나 기소 직후 또 다시 새로운 장비와 프로그램을 갖추어 동일한 장소에서 동일한 범죄를 저질렀다면, 범의의 갱신이 인정되어 기소 전·후의 범죄사실은 실체적 경합관계에 있다(대판 2005도4051).   [18(1)모]

68. 甲이 영업신고를 하지 아니하고 2015. 1. 20.부터 2016. 1. 7.까지 서울시 △△구에서 ○○분식이라는 상호로 떡볶이, 김밥, 라면 등을 조리·판매하여 휴게음식점 영업행위를 하였다면, 반복된 수개의 행위 상호 간에 일시·장소의 근접, 방법의 유사성, 기회의 동일, 범의의 계속 등 밀접한 관계가 있어 전체를 1개의 행위로 평가함이 상당하므로 甲의 식품위생법 위반행위는 포괄적으로 한 개의 범죄를 구성하고, 영업행위가 종료한 때에 전체 범죄행위가 종료된 것으로 보아야 한다(대판 2004도5014).   [20(2)모]

69. 저작재산권 침해행위는 저작권자가 같더라도 저작물별로 침해되는 법익이 다르므로, 각각의 저작물에 대한 침해행위는 원칙적으로 각 별개의 죄를 구성한다. 다만 단일하고도 계속된 범의 아래 '동일한 저작물'에 대한 침해행위가 일정기간 반복하여 행하여진 경우에는 포괄하여 하나의 범죄가 성립한다고 볼 수 있다(대판 2011도12131).   [14변시]

70. 상습성이 있는 자가 같은 종류의 죄를 반복하여 저질렀다 하더라도 상습범을 별도의 범죄유형으로 처벌하는 규정이 없는 한 각 죄는 원칙적으로 실체적 경합범으로 처단된다(대판 2011도12131).   [20변시]

71. 상습범의 중간에 동종의 상습범의 확정판결이 있는 경우 확정판결 전후의 범행은 두 개의 죄로 분단된다(대판 99도4797).   [09사시]

★
72. 포괄일죄의 중간에 다른 종류의 범죄에 대하여 금고 이상의 형에 처한 확정판결이 끼어 있는 경우 그 포괄일죄는 확정판결 후의 범죄로 다루어야 하므로 사후적 경합범이 되지 않는다. (O)   [15변시·11(1)모·15사시]

: 포괄일죄로 되는 개개의 범죄행위가 '다른 종류의 죄'의 확정판결의 전후에 걸쳐서 행하여진 경우에는 그 죄는 2죄로 분리되지 않고 확정판결 후인 최종의 범죄행위시에 완성되는바, 사후적 경합범의 판결이 확정되지 않은 죄를 범한 시기의 기준은 범죄의 종료시이므로 포괄일죄의 중간에 다른 종류의 범죄에 대하여 금고 이상의 형에 처한 확정판결이 끼어 있는 경우에는 그 포괄일죄는 확정판결 후의 범죄로 다루어야 한다. 따라서 포괄일죄와 판결이 확정된 다른 범죄는 사후적 경합범이 되지 않는다(대판 2000도4880).

┃유제┃ 포괄일죄로 되는 개개의 범죄행위가 다른 종류의 죄의 확정판결 전후에 걸쳐서 행하여진 경우에는 그 죄는 2죄로 분리되지 않고 확정판결 후인 최종의 범죄행위시에 완성되므로 후단 경합범에 해당하지 않는다. (O)   [22변시·16(2)모]

73. 상습범으로서 포괄적 일죄의 관계에 있는 여러 개의 범죄사실중 일부에 대하여 유죄판결이 확정되고 그 확정판결에서 당해 피고인이 상습범으로 기소되어 처단된 경우라야 그 확정판결의 사실심판결 선고 전에 저질러진 나머지 범죄에 대하여 그 확정판결의 기판력이 미치게 된다. (O)   [12(2)모]

: 상습범으로서 포괄일죄의 관계에 있는 여러 개의 범죄사실 중 일부에 대하여 유죄판결이 확정된 경우에, 그 확정판결의 사실심판결 선고 전에 저질러진 나머지 범죄에 대하여 새로이 공소가 제기되었다면 이에 대하여는 판결로써 면소의 선고를 하여야 하는 것인바(형사소송법 제326조 제1호), 다만 이러한 법리가 적용되기 위해서는 전의 확정판결에서 당해 피고인이 '상습범'으로 기소되어 처단되었을 것을 필요로 하는 것이고, 상습범 아닌 기본 구성요건의 범죄로 처단되는 데 그친 경우에는, 앞서의 확정판결을 상습범의 일부에 대한 확정판결이라고 보아 그 기판력이 그 사실심판결 선고 전의 나머지 범죄에 미친다고 보아서는 아니 된다(대판(全) 2001도3206).

❙유제❙ 상습범으로서 포괄적 일죄의 관계에 있는 여러 개의 범죄사실 중 일부에 대하여 기본 구성요건 범죄로 기소되어 유죄판결이 확정된 경우, 기판력은 그 사실심판결 선고 전의 나머지 범죄에 미치지 아니한다. (O)   [18(1)모·12법행]

제3장 수죄

1. 상상적 경합범이나 실체적 경합범은 실질적으로 수죄에 속한다. (O)   [17(3)모·14(3)모]

: 상상적 경합범은 실질적으로는 수죄이지만, 처분상으로는 일죄로 취급된다.

2. 무면허인 고등학생 甲은 친구들과 맥주 2캔을 마신 후 혈중알코올농도가 0.07%인 상태에서 아버지의 차량을 운전하였다. 甲의 운전행위는 「도로교통법」상 무면허운전죄와 음주운전죄가 성립하고, 양죄는 상상적 경합의 관계이다(대판 86도2731).   [24·21·17변시·24(3)모·15(1)모]

3. 문서위조죄의 죄수는 작성명의인의 수를 기준으로 결정하므로 2인 이상의 연명으로 된 문서를 위조한 경우에 상상적 경합범에 해당한다(대판 87도564).   [24변시·01·03사시]

4. 공무원이 취급하는 사건에 관하여 청탁 또는 알선을 할 의사와 능력이 없음에도 청탁 또는 알선을 한다고 기망하고 금품을 교부받은 경우에는 사기죄와 변호사법위반죄가 성립하고 두 죄는 상상적 경합관계에 있다(대판 2005도8704).   [21·20변시·20법행][22(2)기]

5. 甲과 乙은 길거리에서 서로 몸싸움을 하였다. 출동한 경찰관 P가 甲과 乙을 현행범으로 체포하려고 하자 甲이 P의 얼굴을 주먹으로 쳐 P에게 2주간의 치료를 요하는 타박상을 가하였다. 공무집행방해죄와 상해죄를 구성하고, 두 죄의 관계는 상상적 경합범이다. (O)   [20변시]

6. 강도가 재물강취의 뜻을 재물의 부재로 이루지 못한 채 미수에 그쳤으나 그 자리에서 항거불능의 상태에 빠진 피해자를 간음할 것을 결의하고 실행에 착수했으나 역시 미수에 그쳤더라도 반항을 억압하기 위한 폭행으로 피해자에게 상해를 입힌 경우에는 강도강간미수죄와 강도치상죄의 상상적 경합범이 성립한다(대판 88도820). [22변시·22(1)모·15(2)모]

7. ① 절도범인이 체포를 면탈할 목적으로 경찰관에게 폭행을 가한 때에는 준강도죄와 공무집행방해죄를 구성하고 양 죄는 상상적 경합관계에 있다. (O) [16(1)모·13(2)모·13(1)모]
② 강도범인이 체포를 면탈할 목적으로 경찰관에게 폭행을 가한 때에는 강도죄와 공무집행방해죄는 실체적 경합관계에 있다(대판 92도917). [22(3)모·20(2)모·16(1)모]

8. 甲은 A가 운영하는 식당에 들어가 금품을 절취하기로 마음먹고 야간에 일반적인 드라이버로 A의 식당 창문과 방충망을 그대로 창틀에서 분리만 한 후 식당 안으로 들어갔으나 곧바로 방범시스템이 작동하여 그 경보소리를 듣고 달려온 A와 근처를 순찰 중이던 경찰관 B에게 발각되자 체포를 면탈할 목적으로 A와 B를 폭행하고 도주하였다. 甲은 A에 대하여 준강도미수죄, B에 대하여 준강도미수죄와 공무집행방해죄가 성립하고, 각 죄는 실체적 경합관계에 있다. (X) [17변시]

: 절도가 같은 기회에 동시 또는 이시에 체포를 면탈할 목적으로 추격하여 온 수인에게 폭행 또는 협박을 하였다 하더라도 준강도의 포괄일죄가 성립하므로(대판 66도1392), 甲이 체포를 면탈할 목적으로 경보 소리를 듣고 달려온 A와 경찰관 B를 폭행한 경우 준강도미수죄 포괄일죄와 공무집행방해죄의 상상적 경합의 죄책을 진다.

9. ① 절도범인이 그 범행수단으로 주거침입을 한 경우에 그 주거침입행위는 별개로 주거침입죄를 구성하여 절도죄와는 실체적 경합의 관계에 서는 것이 원칙이다(대판 2009도9667). [13변시·17(1)모]
② 주간에 2인이 주거에 침입하여 절도한 경우에는 주거침입죄와 특수절도죄(합동범)의 실체적 경합관계에 있다(대판 2009도9667). [16변시·12(2)모·12법행]
③ 상습으로 단순절도를 범한 甲이 상습적인 절도범행의 수단으로 주간에 타인의 주거에 침입하여 물건을 절취한 경우 상습절도죄(제332조)와 별개로 주거침입죄가 성립한다. [18·17변시·22(2)모]

: 주간 주거침입행위의 위법성에 대한 평가가 형법 제332조, 제329조의 구성요건적 평가에 포함되어 있다고 볼 수 없으므로 형법 제332조에 규정된 상습절도죄를 범한 범인이 범행의 수단으로 주간에 주거침입을 한 경우 주간 주거침입행위는 상습절도죄와 별개로 주거침입죄를 구성한다(대판 2015도8169).

10. '주간'에 주거에 침입하여 절도함으로써 특가법 제5조의4 '제5항' 위반죄(누범가중규정)가 성립하는 경우, 별도로 형법 제319조의 주거침입죄를 구성한다(대판 2008도7820). [13변선·12모선]

11. 특가법 제5조의4 제6항에 규정된 상습절도 등 죄를 범한 범인이 그 범행의 수단으로 주거침입을 한 경우에 주거침입행위는 상습절도 등 죄에 흡수되어 위 조문에 규정된 상습절도 등 죄의 1죄만이 성립하고 별개로 주거침입죄를 구성하지 않는다(대판 2017도4044). [22변시·19법행]

12. 甲은 주간에 A의 집에 들어가 자전거 1대를 절취(㉠)하여 가던 중 귀가하던 A에게 체포되었는바, 甲은 ㉠ 이외에도 며칠 전 길에 세워 둔 B의 자전거 1대를 절취(㉡)한 사실이 있었다. 甲에게 절도의 상습성이 인정되었다. 甲의 ㉠행위가 일몰 후에 행해졌다면 甲의 ㉠, ㉡행위는 포괄하여 상습야간주거침입절도죄가 성립한다. (O) [19변시]

: 20여일 사이에 행한 3번의 특수절도, 2번의 특수절도 미수, 1번의 야간주거침입절도, 1번의 단순절도사실들이 상습적으로 반복된 것으로 볼 수 있다면, 그 중 법정형이 가장 중한 상습특수절도의 죄에 나머지 행위를 포괄시켜 하나의 죄만이 성립된다(대판 75도1184).

13. 감금행위가 강간죄나 강도죄의 수단이 된 경우에도 감금죄는 강간죄나 강도죄에 흡수되지 아니하고 별도로 성립하고, 양 죄는 상상적 경합관계에 있다(대판 83도323). [17변시·19(1)모·16(1)모]

14. 재물을 강취하기 위하여 피해자를 강제로 승용차에 태우고 가다가 주먹으로 때려 반항을 억압한 다음 현금 35만 원 등이 들어 있는 가방을 빼앗은 후 약 15km를 계속하여 진행하여 가다가 교통사고를 일으켜 발각된 경우 감금죄와 강도죄는 실체적 경합 관계이다. (O) [18·17·14변시·16(2)모]

: 감금행위가 단순히 강도상해 범행의 수단이 되는데 그치지 아니하고 강도상해의 범행이 끝난 뒤에도 계속된 경우에는 1개의 행위가 감금죄와 강도상해죄에 해당하는 경우라고 볼 수 없고, 이 경우 감금죄와 강도상해죄는 형법 제37조의 경합범관계에 있다(대판 2002도4380).

15. 甲은 자신의 여동생 A를 강제추행한 乙을 호텔 로비로 유인한 후 주머니에 있는 과도를 보여주며 '사람 많은 이곳에서 다리 병신이 될래. 아니면 조용히 방으로 갈까'라고 말하자, 겁을 먹은 乙은 甲을 따라 호텔 객실로 갔다. 객실에서 甲은 위 과도를 휴대한 채 乙에게 A에 대한 사죄가 포함된 반성문을 작성할 것을 요구하면서 乙이 3시간 동안 호텔 객실 밖으로 나가지 못하도록 하였고, 乙은 어쩔 수 없이 반성문을 작성하였다.

① 甲에게 특수감금죄가 성립할 경우 그 수단인 특수협박죄는 특수감금죄에 흡수되어 별죄를 구성하지 않는다. (O)

② 甲은 특수강요죄의 죄책을 지고, 특수감금죄와는 실체적 경합의 관계에 있다. (X) [21(1)모]

: 감금을 하기 위한 수단으로서 행사된 단순한 협박행위는 감금죄에 흡수되어 따로 협박죄를 구성하지 아니한다(대판 82도705). 사안의 특수감금죄는 반성문을 받는 특수강요의 수단으로 행하여진 것으로 보이므로 특수감금죄와 특수강요죄는 상상적 경합범관계에 있다. 답 O, X

16. 운전면허 없이 운전하다가 업무상과실치사죄를 범한 경우에 경합범이다(대판 72도201). [03사시]

17. 위조통화를 행사하여 상대방으로부터 재물을 편취한 경우, 위조통화행사죄와 사기죄는 실체적 경합관계에 있다(대판 91도1722). [12변시·22(1)모·13(2)모]

18. 구 아청법상 아동·청소년이용음란물을 제작한 자가 그 음란물을 소지하게 되는 경우 아동·청소년이용음란물소지죄는 아동·청소년이용음란물제작죄에 흡수되나, 아동·청소년이용음란물을 제작한 자가 제작에 수반된 소지행위를 벗어나 사회통념상 새로운 소지가 있었다고 평가할 수 있는 별도의 소지행위를 개시하였다면 이는 아동·청소년이용음란물제작죄와 별개의 아동·청소년이용음란물소지죄에 해당한다(대판 2021도2993). [22법행]

19. 수인이 공모공동하여 향정신성의약품을 매수한 후 그 공범자 사이에 그 중 일부를 수수하는 경우에 있어서 그 매수의 범행 당시 공범들이 각자 그 구입자금을 갹출하여 그 금액에 상응하는 분량을 분배하기로 약정하고, 그 약정에 따라 이를 수수하는 경우와 같이 그 수수행위와 매매행위가 불가분의 관계에 있는 것이 아닌 한, 그 수수행위는 매매행위에 포괄 흡수되지 아니하고 향정신성의약품매매죄와는 별도로 향정신성의약품수수죄가 성립하고, 두 죄는 실체적 경합관계에 있다(대판 98도2584). [22법행]

20. 甲이 A의 예금통장과 인장을 강취하고 A 명의의 예금청구서를 작성한 다음 이를 은행원에게 제출하여 예금 인출금 명목의 금원을 교부받은 경우, 甲에게는 강도, 사문서위조, 위조사문서행사, 사기의 각 범죄가 성립하고 이들은 실체적 경합관계에 있다(대판 74도2817). [17(1)모·14(1)모·12(3)모]

21. 허위사실을 유포한 1개의 행위가 허위사실 유포에 의한 업무방해죄와 더불어 허위사실 적시에 의한 명예훼손 죄에도 해당하는 경우 양 죄는 상상적 경합관계에 있다(대판 2007도7140). [17(1)모·15(3)모]

22. 회사 명의의 합의서를 임의로 작성·교부한 행위에 의해 회사에 재산상 손해를 가하였다면, 사문서위조죄 및 그 행사죄와 업무상 배임죄는 실체적 경합관계에 있다. (X) [24변시]

: 회사 명의의 합의서를 임의로 작성·교부한 행위에 대하여 약식명령이 확정된 사문서위조 및 그 행사죄의 범죄사실과 그로 인하여 회사에 재산상 손해를 가하였다는 업무상 배임의 공소사실은 그 객관적 사실관계가 하나의 행위이므로 1개의 행위가 수개의 죄에 해당하는 경우로서 상상적 경합관계에 있다(대판 2008도5634).

23. 시험을 관리하는 공무원이 돈을 받고 시험문제를 알려준 경우 공무상비밀누설죄와 수뢰후부정처사죄의 상상적 경합범이 성립한다(대판 70도562). [12(2)모]

★ 〔사례문제 기출례〕 연결효과에 의한 상상적 경합 [22·21·19모사 등]

24. X구청 건설도시국 도시과에서 토지분할, 지목 변경, 합병, 지적고시에 따른 도시계획도 지적선의 정리, 토지 이용계획확인원 발급업무에 종사하는 공무원 甲은 도시경계선과 토지계획도로선을 자신에게 유리하게 변경 해달라는 A의 청탁을 받으면서 300만 원의 현금을 수수한 뒤, 행사할 목적으로 기존의 도시계획선을 지우고 새로이 선을 그어 도시계획도를 변경한 후 이를 구청 지적서고에 비치하여 열람가능한 상태에 두었다. 공도화변조죄와 변조공도화행사죄는 경합범 가중을 한 후 수뢰후부정처사죄와 비교하여 보다 중한 형으로 처벌해야 한다. (X) [18(2)모][22(3)사]

: 공도화변조죄와 동행사죄가 수뢰후부정처사죄와 각각 상상적 경합범 관계에 있을 때에는 공도화변조죄와 동행사죄 상호간은 실체적 경합범 관계에 있다고 할지라도 상상적 경합범 관계에 있는 수뢰후부정처사죄와 대비하여 가장 중한 죄에 정한 형으로 처단하면 족한 것이고 따로 경합범 가중을 할 필요가 없다(대판 2000도1216).[24(1)모]

25. 상상적 경합에 대해 형법 제40조에서 '가장 중한 죄에 정한 형으로 처벌한다'고 규정한 것은 수개의 죄명 중 가장 중한 형을 규정한 법조에 의하여 처단한다는 취지와 함께 다른 법조의 최하한의 형보다 가볍게 처단할 수 없다는 취지, 즉 각 법조의 상한과 하한을 모두 중한 형의 범위 내에서 처단한다는 것을 포함하는 것이다(대판 83도3160). [14(1)모·08법행]

26. 만약 사기죄와 변호사법위반죄가 상상적 경합관계에 있다면, 형이 더 무거운 사기죄에 정한 형으로 처벌하기로 하면서 필요적 몰수·추징에 관한 변호사법 규정에 따라 청탁 명목으로 받은 금품을 몰수하거나 그 상당액을 추징할 수 있다(대판 2005도8704). [21변시]

27. 공소제기의 효력은 상상적 경합관계에 있는 죄의 전부에 미치고, 상상적 경합관계에 있는 죄들 중 일부의 죄에 대하여 형을 선고한 판결이 확정되면 기판력은 다른 죄에도 미친다(대판 2010도13801). [12변시]

28. 상상적 경합관계에 있는 죄들 중 일부의 죄에 대해 공소시효가 완성되었다고 하여 그 죄와 상상적 경합관계에 있는 다른 죄의 공소시효까지 완성되는 것은 아니다. (O) [12변시]

: 상상적 경합은 실질상 수죄이기 때문이다.

29. 횡령교사를 한 후 그 횡령한 물건을 취득한 때에는 횡령교사죄 외에 장물취득죄가 성립하고, 양 죄는 실체적 경합 관계에 있다. (O) [17(3)모·15(2)(3)모]

: 본범의 정범은 장물죄의 주체가 될 수 없지만, 본범의 교사범·방조범은 장물죄의 주체가 될 수 있고, 절도나 횡령을 교사한 자가 장물을 취득한 때에는 절도 또는 횡령교사죄와 장물죄의 경합범이 된다(대판 86도1273).

30. 피고인이 A, B, C죄를 순차적으로 범하고 이 중 A죄에 대하여 벌금형에 처한 판결이 확정된 후, 그 판결확정 전에 범한 B죄와 판결확정 후에 범한 C죄가 기소된 경우 법원은 B죄와 C죄를 동시적 경합범으로 처벌할 수 없다. (X) [15변시]

: 사후적 경합범이 되기 위하여는 금고 이상의 형에 처한 판결이 확정된 경우여야 하므로 벌금형을 선고한 판결이 확정된 경우나 약식명령이 확정된 때는 물론 자격정지의 형을 선고한 판결이 확정된 경우는 사후적 경합범이 될 수 없고 확정판결 전후의 범죄는 동시적 경합범이 된다(대판 2003도7124).

▮유제▮ 피고인이 A, B, C죄를 순차적으로 범하고 이 중 A죄에 대하여 벌금형에 처한 판결이 확정된 후 그 판결확정 전에 범한 B죄와 판결확정 후에 범한 C죄가 기소된 경우, 법원은 B죄와 C죄가 동시적 경합범 관계에 있으므로 이에 대하여 하나의 형을 선고하여야 한다. (O) [21(3)모]

31. 「형법」개정법률에서는 「형법」제37조 후단의 '판결이 확정된 죄'를 '금고 이상의 형에 처한 판결이 확정된 죄'로 개정하면서 특별한 경과규정을 두지 않았다. 그러나 피고인에게 불리하게 되는 등의 특별한 사정이 없는 한 위 개정법률 시행 당시 법원에 계속 중인 사건 중 위 개정법률 시행 전에 벌금형에 처한 판결이 확정된 경우에도 개정법률이 적용되는 것으로 보아야 한다. (O) [17변시]

: 형법 제37조는 경합범의 처벌에 관하여 형을 가중하는 규정으로서 일반적으로 두 개의 형을 선고하는 것보다는 하나의 형을 선고하는 것이 피고인에게 유리하므로 위 개정법률을 적용하는 것이 오히려 피고인에게 불리하게 되는 등의 특별한 사정이 없는 한 형법 제1조 제2항을 유추적용하여 위 개정법률 시행 당시 법원에 계속중인 사건 중 위 개정법률 전에 벌금형에 처한 판결이 확정된 경우에도 적용된다고 보아야 한다(대판 2001도3178).

32. 확정판결이 있는 죄에 대하여 일반사면이 있는 경우는 형의 선고효력이 상실되지만 그 죄에 대한 확정판결이 있었던 사실 자체는 인정되므로 그 확정판결 이전에 범한 죄와의 관계에서 후단 경합범이 성립한다. (O)
[22변시·10사시]

: 금고 이상의 형에 처한 '판결이 확정된 죄'란 어느 한 죄에 대하여 금고 이상의 형에 처한 확정판결이 있었다는 사실 자체를 의미한다. 따라서 금고 이상의 형에 처한 확정판결이 있었다면, 집행유예의 판결이 확정된 후 집행유예가 실효되거나 유예기간의 경과로 형의 선고가 실효되었거나(대판 92도1417) 확정판결을 받은 죄에 대하여 일반사면으로 형의 선고의 효력이 상실된 경우도 여기에 해당한다(대판 95도2446).

▮유제▮ '판결이 확정된 죄'라 함은 수개의 독립된 죄 중의 어느 죄에 대하여 확정판결이 있었던 사실 그 자체를 의미하나, 일반사면으로 형의 선고의 효력이 상실된 경우에는 '판결이 확정된 죄'에 해당하지 않는다.(X)
[17변시·24(1)모]

▮유제▮ 후단 경합범이란 금고 이상의 형에 처한 판결이 확정된 죄와 그 판결확정 전에 범한 죄를 가리키는데, 여기서 말하는 판결에는 집행유예 판결도 포함된다. (O)
[22변시]

33. ① 아직 판결을 받지 아니한 수개의 죄가 이미 판결이 확정된 죄를 전후하여 저질러지고 판결 확정 전에 범한 죄를 이미 판결이 확정된 죄와 동시에 판결할 수 없었던 경우라면 그 수개의 죄 사이에는 형법 제37조 후단의 경합범 관계가 성립될 수 없고, 그 판결 확정을 전후한 각각의 범죄에 대하여 별도로 형을 정하여 선고하여야 한다. (O)
[24(1)모·14(3)모]

② 판결을 받지 아니한 수개의 죄가 판결확정을 전후하여 저질러진 경우 판결확정 전에 범한 죄를 이미 판결이 확정된 죄와 동시에 판결할 수 없었던 경우라면, 판결확정을 전후한 각각의 범죄는 「형법」 제37조 후단 경합범이 아니라 전단 경합범에 해당하여 하나의 형을 선고하여야 한다. (X)
[22변시]

: [1] 아직 판결을 받지 아니한 죄가 이미 판결이 확정된 죄와 동시에 판결할 수 없었던 경우에는 형법 제37조 후단의 경합범 관계가 성립할 수 없고 형법 제39조 제1항에 따라 동시에 판결할 경우와 형평을 고려하여 형을 선고하거나 그 형을 감경 또는 면제할 수도 없다.

[2] 아직 판결을 받지 아니한 수개의 죄가 판결 확정을 전후하여 저질러진 경우 판결 확정 전에 범한 죄를 이미 판결이 확정된 죄와 동시에 판결할 수 없었던 경우라고 하여 마치 확정된 판결이 존재하지 않는 것처럼 그 수개의 죄 사이에 형법 제37조 전단의 경합범 관계가 인정되어 형법 제38조가 적용된다고 볼 수도 없으므로, 판결 확정을 전후한 각각의 범죄에 대하여 별도로 형을 정하여 선고할 수밖에 없다(대판 2014도469).

34. 상습범으로 유죄의 확정판결을 받은 사람이 그 후 동일한 습벽에 의하여 별개의 후행범죄를 저질렀는데 유죄의 확정판결에 대하여 재심이 개시된 경우, 후행범죄가 재심대상판결에 대한 재심판결 확정 전에 범하여졌다 하더라도 아직 판결을 받지 아니한 후행범죄와 재심판결이 확정된 선행범죄 사이에는 사후적 경합범 관계가 인정되지 않는다. (O)
[24변시·21(1)모·22·20법행]

: 유죄의 확정판결을 받은 사람이 그 후 별개의 후행범죄를 저질렀는데 유죄의 확정판결에 대하여 재심이 개시된 경우, 후행범죄가 재심대상판결에 대한 재심판결 확정 전에 범하여졌다 하더라도 아직 판결을 받지 아니한 후행범죄와 재심판결이 확정된 선행범죄 사이에는 형법 제37조 후단에서 정한 경합범 관계가 성립하지 않고, 동시에 판결할 경우와 형평을 고려하여 그 형을 감경 또는 면제할 수 없다. 아직 판결을 받지 아니한 후행범죄는 재심심판절차에서 재심대상이 된 선행범죄와 함께 심리하여 동시에 판결할 수 없었기 때문이다(대판 2018도20698).

35. 甲이 A(1년 이상 5년 이하의 징역형), B(15년 이하의 징역형), C(1년 이하의 징역형)의 범죄를 범하여 이를 동시에 경합범으로 재판하게 되었다고 가정할 경우 甲에게 선고할 수 있는 징역형(처단형)의 범위는 "1년 이상 21년 이하의 징역"이 된다. (O) [14(1)모]

: 가중주의에서 가중의 방법은 경합범의 각 죄에 선택형이 있는 때에는 먼저 처단할 형종을 선택한 후, 가장 중한 죄에 정한 선택된 형종의 장기 또는 다액의 2분의 1까지 가중하되, 각 죄에 정한 형의 장기 또는 다액을 합산한 형기 또는 액수를 초과할 수 없다(제38조 제1항 제2호). 다만 가장 중한 죄 아닌 죄에 정한 형의 단기가 가장 중한 죄에 정한 형의 단기보다 중한 때에는 그 중한 단기를 하한으로 한다(대판 84도2890).

36. 검사가 기소한 甲의 도박 범행과 강도 범행이 모두 유죄로 인정되어 판결을 선고하는 경우, 도박죄에서 정한 벌금형은 강도죄의 3년 이상의 유기징역형에 흡수되므로, 벌금형이 병과되어 선고될 여지는 없다. (X) [21변시]

: 경합범을 동시에 판결할 때에 각 죄에 정한 형이 무기징역이나 무기금고 이외의 이종의 형인 때에는 병과한다(제38조 제1항 제3호).

▮유제▮ 법정형이 1천만 원 이하의 벌금인 도박죄와 법정형이 1년 이상 10년 이하의 징역인 특수절도죄가 실체적 경합범인 경우, 법원은 징역형과 벌금형을 병과하여 형을 선고하여야 한다. (O) [20(1)모]

37. 경합범 중 판결을 받지 아니한 죄가 있는 때에는 그 죄와 판결이 확정된 죄를 동시에 판결할 경우와 형평을 고려하여 그 죄에 대하여 형을 선고하되 그 형을 감경 또는 면제한다. (X) [17변시 · 21(1)]

: 제39조(판결을 받지 아니한 경합범, 수개의 판결과 경합범, 형의 집행과 경합범) ① 경합범 중 판결을 받지 아니한 죄가 있는 때에는 그 죄와 판결이 확정된 죄를 동시에 판결할 경우와 형평을 고려하여 그 죄에 대하여 형을 선고한다. 이 경우 그 형을 감경 또는 면제할 수 있다. (재량규정) [21모선]

▮유제▮ 판결을 받지 아니한 죄가 이미 판결이 확정된 죄와 동시에 판결할 수 있었던 경우에는 형법 제37조 후단의 경합범 관계가 성립하고, 형법 제39조 제1항에 따라 동시에 판결할 경우와 형평을 고려하여 형을 선고하거나 그 형을 감경 또는 면제할 수 있다(대판 2011도15914). (O) [14(3)모]

38. 「형법」 제37조 후단 경합범의 선고형은 그 죄에 선고될 형과 판결이 확정된 죄의 선고형의 총합이 두 죄에 대하여 「형법」 제38조를 적용하여 산출한 처단형의 범위에서 정하여야 한다. (X) [15변시]

: 그 죄와 판결이 확정된 죄에 대한 선고형의 총합이 두 죄에 대하여 형법 제38조를 적용하여 산출한 처단형의 범위 내에 속하도록 후단 경합범에 대한 형을 정하여야 하는 제한을 받는 것은 아니며, 후단 경합범에 대한 형을 감경 또는 면제할 것인지는 원칙적으로 그 죄에 대하여 심판하는 법원이 재량에 따라 판단할 수 있다(대판 2006도8376).

39. 경합범에 의한 판결의 선고를 받은 자가 경합범 중의 어떤 죄에 대하여 사면을 받은 경우 다른 죄에 대해 다시 형을 정한다. 이때 이미 집행한 형기는 통산한다. (O) [14(3)모 · 10(1)모 · 07법행]

: 제39조 제2항, 제3항 참조

40. 무기징역에 처한 판결이 확정된 죄와 형법 제37조의 후단 경합범의 관계에 있는 죄에 대하여 공소가 제기된 경우, 뒤에 공소제기된 후단 경합범에 대한 형을 필요적으로 면제한다. (X) [24(1)모 · 11법행]

: 형법 제38조 제1항 제1호가 전단 경합범 중 가장 중한 죄에 정한 처단형이 무기징역인 때에는 흡수주의를 취하였다고 하여 뒤에 공소 제기된 후단 경합범에 대한 형을 필요적으로 면제하여야 하는 것은 아니다(대판 2006도8376).

41. 형법 제37조 후단의 경합범 관계가 성립할 수 없어 경합범 중 판결을 받지 아니한 죄에 대하여 형을 선고할 때는, 그 죄와 판결이 확정된 죄를 동시에 판결할 경우와 형평을 고려하도록 한 형법 제39조 제1항을 적용하여야 한다. (X) [14(3)모]

: 아직 판결을 받지 아니한 죄가 이미 판결이 확정된 죄와 동시에 판결할 수 없었던 경우에는 형법 제39조 제1항에 따라 동시에 판결할 경우와 형평을 고려하여 형을 선고하거나 그 형을 감경 또는 면제할 수 없다고 해석함이 상당하다(대판 2009도9948).

42. 甲이 ㉮, ㉯, ㉰의 범죄를 순차적으로 범하였는데 ㉰범죄에 대하여 약식명령이 확정되어 있는 경우, 법원은 ㉮, ㉯ 범죄에 대하여 형을 선고함에 있어서 ㉰범죄와 동시에 판결할 경우와 형평을 고려하여야 한다. (X) [21(1)모]

: ㉰범죄에 대한 확정판결이 금고 이상의 형에 처한 확정판결이 아니므로 ㉮㉯의 범죄와 ㉰의 범죄는 사후적 경합범이 될 수 없다. 이 경우, 법원은 ㉮㉯ 범죄에 대하여 형을 선고함에 있어서 ㉰범죄와 동시에 판결할 경우와 형평을 고려하여서는 아니되고, ㉮㉯ 범죄에 대하여만 동시적 경합범의 예에 따라 처벌하여야 한다.

43. 형의 감경에는 법률상 감경과 재판상 감경인 작량감경이 있다. 작량감경 외에 법률의 여러 조항에서 정하고 있는 감경은 모두 법률상 감경이라는 하나의 틀 안에 놓여 있다. 따라서 형법 제39조 제1항 후문에서 정한 감경도 당연히 법률상 감경에 해당한다(대판 2017도14609). [20법행]

44. 후단 경합범에 대하여 「형법」 제39조 제1항에 의하여 형을 감경할 때에도 법률상 감경에 관한 「형법」 제55조 제1항이 적용되어 유기징역을 감경할 때에는 그 형기의 2분의 1 미만으로는 감경할 수 없다(대판(全) 2017도14609). [22변시 · 24(1)모 · 21(1)(3)모 · 20(3)모]

45. 아직 판결을 받지 아니한 수개의 죄가 유죄판결 확정을 전후해 행해진 경우, 그 수 개의 죄 사이에는 사후적 경합범 관계가 인정된다. (X) [21(1)모]

: '금고 이상의 형에 처한 판결이 확정된 죄와 그 판결확정 전에 범한 죄'를 사후적 경합범이라 한다(제37조 후단). 따라서 아직 판결을 받지 아니한 수개의 죄가 유죄판결 확정을 전후해 행해진 경우, ㉠ 확정된 유죄판결에서 처한 형이 '금고 이상'일 경우에는 판결이 확정된 죄와 그 판결확정 전에 범한 죄가 사후적 경합범이므로, 금고 이상의 형에 처한 확정판결 전에 범한 A죄와 그 확정판결 후에 범한 B죄는 어떤 경합범도 될 수 없으므로, 법원은 A죄와 B죄에 대해 각 별개의 주문으로 판결을 선고해야 하고(대판 67도701), ㉡ 벌금형을 선고한 판결이 확정된 경우나 약식명령이 확정된 때는 물론 자격정지의 형을 선고한 판결이 확정된 경우는 확정판결 전후의 범죄는 동시적 경합범이 된다(대판 2003도7124).

▮유제▮ 금고 이상의 형에 처한 확정판결 전에 범한 A죄와 그 확정판결 후에 범한 B죄에 대하여는 별개의 주문으로 형을 선고해야 한다. (O) [15변시]

▮유제▮ 수개의 죄의 중간에 확정판결이 존재하여 확정판결 전후의 범죄가 서로 경합범 관계에 있지 않게 된 경우, 「형법」 제39조 제1항에 따라 2개의 주문으로 형을 선고하여야 한다. (O) [24(1)모]

제4편 형벌론

형법 핵심 지문 총정리

PART 01. 형법 총론

제1절 형벌의 의의 및 종류

1. 벌금은 5만원 이상으로 한다. 다만, 감경하는 경우에는 5만원 미만으로 할 수 있다(형법 제45조). [20법행]

2. 과료를 납입하지 않는 경우 1일 이상 30일 미만의 노역장유치에 처해진다. (O) [13(3)모]

: 제69조(벌금과 과료) ② 벌금을 납입하지 아니한 자는 1일 이상 3년 이하, 과료를 납입하지 아니한 자는 1일 이상 30일 미만의 기간 노역장에 유치하여 작업에 복무하게 한다.

3. 합병으로 인하여 소멸한 법인이 그 종업원 등의 위법행위에 대해 양벌규정에 따라 부담하던 형사책임은 그 성질상 이전을 허용하지 않는 것으로서 합병으로 인하여 존속하는 법인에 승계되지 않는다(대판 2005도4471). [13변시·15(3)모·13(2)모]

4. 행위자에게 유죄의 재판을 아니 할 경우에는 몰수의 요건이 있더라도 몰수만을 선고할 수 없다. (X) [12(2)모·11법행]

: 제49조(몰수의 부가성) 몰수는 타형에 부가하여 과한다. 단, 행위자에게 유죄의 재판을 아니할 때에도 몰수의 요건이 있는 때에는 몰수만을 선고할 수 있다.

5. ① 형의 선고유예를 하는 경우 몰수의 요건이 있다고 하더라도 몰수형만을 선고할 수 없다. (X) [17(2)모]
② 주형을 선고유예할 때에는 몰수나 몰수에 갈음하는 추징도 선고유예할 수 있고, 이는 필요적 몰수의 경우에도 마찬가지이다. (O) [21(1)모·18(2)모]

: 몰수 또는 이에 갈음하는 추징은 부가형적 성질을 띠고 있어 그 주형에 대하여 선고를 유예하는 경우에는 그 부가할 몰수·추징에 대하여도 선고를 유예할 수 있으나, 그 주형에 대하여 선고를 유예하지 아니하면서 이에 부가할 몰수·추징에 대하여서만 선고를 유예할 수는 없다(대판 88도551). 필요적 몰수의 경우라도 주형을 선고유예하는 경우에는 몰수나 또는 몰수에 갈음하는 추징도 선고유예를 할 수 있다(대판 76도2262).

┃유제┃ 주형과 부가형이 있는 경우 주형을 선고유예하면서 부가형도 선고유예할 수 있으나, 주형을 선고유예하지 않으면서 부가형만을 선고유예할 수는 없다. (O) [13사시·05법행]

6. 행위자에게 유죄의 재판을 하지 아니하면서 몰수를 선고하기 위하여서는 몰수의 요건이 공소가 제기된 공소사실과 관련되어 있어야 하고, 공소가 제기되지 아니한 별개의 범죄사실을 인정하여 몰수만을 선고하는 것은 허용되지 아니한다(대판 2009도11732). [12변시]

▎유제▎ 공소사실이 인정되지 않는 경우에 이와 관련되지 않은 범죄사실을 법원이 인정하여 몰수·추징을 선고하는 것은 불고불리의 원칙에 위반된다. (O) [24변시]

▎유제▎ 몰수·추징이 공소사실과 관련이 있다 하더라도 그 공소사실에 관하여 이미 공소시효가 완성된 경우에는 몰수·추징을 할 수 없다. (O) [24변시]

7. 추징이 징벌적 성격을 갖는 경우, 여러 사람이 공모하여 범칙행위를 하고 몰수할 수 없게 되었다면 각 범칙자 전원에 대하여 몰수대상의 가액 전부의 추징을 명하여야 하고 그 중 한 사람이 추징금 전액을 납부하였을 때에는 다른 사람은 추징의 집행을 면하지만 그 일부라도 납부하지 않은 경우에는 그 범위 내에서 각 범칙자는 추징의 집행을 면할 수 없다(대판 2008도7034). [14(1)모]

8. ① 형법 제48조는 몰수의 대상을 '물건'으로 한정하고 있는바, 여기서의 '물건'은 민법 제98조의 물건, 즉 '유체물 및 전기 기타 관리할 수 있는 자연력'을 의미한다고 보아야 한다. (O)
② 피고인이 정보통신망을 통하여 음란한 화상 또는 영상을 배포하고, 도박 사이트를 홍보한 공소사실이 유죄로 인정될 경우, 피고인이 범죄행위에 이용한 웹사이트나 웹사이트 매각을 통해 취득한 대가는 형법 제48조 제1항 제2호, 제2항이 규정한 몰수 또는 추징의 대상에 해당한다. (X) [23변시]

: 범죄행위에 이용한 웹사이트는 범죄행위에 제공된 '무형의 재산'에 해당할 뿐 형법 제48조 제1항 제2호에서 정한 범죄행위로 인하여 생하였거나 이로 인하여 취득한 '물건'에 해당하지 않으므로, 피고인이 범죄행위에 이용한 웹사이트 매각을 통해 취득한 대가는 형법 제48조가 규정한 추징의 대상에 해당하지 않는다(대판 2021도7168).

9. 휴대전화로 촬영한 동영상은 일정한 저장매체에 전자방식이나 자기방식에 의하여 저장된 기록으로서 저장매체를 매개로 존재하는 물건이므로 몰수의 사유가 있는 때에는 그 전자기록을 몰수할 수 있다(대판 2017도5905). [23변시]

10. 피고인이 음란물유포 인터넷사이트를 운영하면서 정보통신망이용촉진 및 정보보호 등에 관한 법률 위반(음란물유포)죄와 도박개장방조죄에 의하여 비트코인(Bitcoin)을 취득한 경우 비트코인은 몰수할 수 있다. (O) [22법행]

: 범죄수익은닉규제법에 정한 중대범죄에 해당하는 범죄행위에 의하여 취득한 것으로 재산적 가치가 인정되는 무형재산도 몰수할 수 있다. 즉 '물건'만을 몰수 대상으로 규정한 형법 제48조가 아니라 무형의 '재산'을 몰수 대상으로 규정하고 있는 '범죄수익은닉규제법'에 따라 몰수가능하다(대판 2018도3619).

11. 법원이나 수사기관은 필요한 때에는 증거물 또는 몰수할 것으로 사료하는 물건을 압수할 수 있으나, 몰수대상물건이 압수되어 있는가 하는 점 및 적법한 절차에 의하여 압수되었는가 하는 점은 몰수의 요건이 아니다(대판 2003도705). [22(2)모]

12. 대형할인매장에서 수회 상품을 절취하여 자신의 승용차에 싣고 간 경우, 위 승용차는 형법 제48조 제1항 제1호에 정한 범죄행위에 제공한 물건으로 보아 몰수할 수 있다. (O) [13·08·09법행]

: 형법 제48조 제1항 제1호의 "범죄행위에 제공한 물건"은, 범죄의 실행행위 자체에 사용한 물건에만 한정되는 것이 아니며, 실행행위의 착수 전의 행위 또는 실행행위의 종료 후의 행위에 사용한 물건이더라도 그것이 범죄행위의 수행에 실질적으로 기여하였다고 인정되는 한 위 법조 소정의 제공한 물건에 포함된다(대판 2006도4075).

┃유제┃ 甲은 편의점에서 미리 소지하고 있던 칼을 점원 A에게 들이댄 다음, A로부터 금고 안에 들어 있던 현금 500,000원을 빼앗았다. 칼은 범죄행위에 제공된 물건으로서 몰수할 수 있다. (O) [23(3)모]

┃유제┃ 범죄행위의 수행에 실질적으로 기여한 것으로 인정된다고 하더라도, 실행행위의 착수 전 또는 실행행위 종료 후의 행위에 사용되었을 뿐 범죄의 실행행위 자체에 사용되지 않은 물건은 몰수·추징의 대상인 '범죄행위에 제공한 물건'에 포함될 수 없다. (X) [24변시]

13. 사기도박에 참여하도록 유인하기 위하여 고액의 수표를 제시해 보인 경우라도 그 수표가 직접적으로 도박자금으로 사용되지 않았다면 몰수할 수 없다. (X) [22변시·17(3)모]

: 위 수표가 직접적으로 도박자금으로 사용되지 아니하였다 할지라도, 위 수표가 피해자로 하여금 사기도박에 참여하도록 만들기 위한 수단으로 사용된 이상, 이를 몰수할 수 있다(대판 2002도3589).

14. 「형법」제48조가 규정하는 몰수·추징의 대상인 범인이 범죄행위로 인하여 취득한 물건에서의 '취득'이란 해당 범죄행위로 인하여 결과적으로 이를 취득한 때를 말한다고 제한적으로 해석함이 타당하다(대판 2020도10970). [22(2)모]

15. 공무원인 범인이 금품을 무상대여 받음으로써 위법한 재산상 이익을 취득한 경우, 그가 받은 부정한 이익은 그로 인한 금융이익 상당액이라 할 것이므로 추징의 대상이 되는 것은 무상으로 대여받은 금품 그 자체가 아니라 위 금융이익 상당액이라고 보아야 한다(대판 2014도1547). [19변시]

16. [1] 마약류 불법거래 방지에 관한 특례법 제6조를 위반하여 마약류를 수출입제조·매매하는 행위 등을 업으로 하는 범죄행위의 정범이 그 범죄행위로 얻은 수익은 몰수·추징의 대상이 된다.
[2] 그러나 정범으로부터 대가를 받고 판매할 마약을 공급하는 방법으로 범행을 용이하게 한 방조범은 정범의 범죄행위로 인한 수익을 정범과 공동으로 취득하였다고 평가할 수 없다면 정범과 같이 추징할 수는 없고, 그 방조범으로부터는 방조행위로 얻은 재산 등에 한하여 몰수, 추징할 수 있다고 보아야 한다(대판 2020도16369). [21법행]

17. 밀수전용의 선박·자동차 기타 운반기구가 몰수대상이 되는지의 여부를 판단함에 있어 당해 운반기구가 누구의 소유에 속하는가 하는 것은 권리의 실질적인 귀속관계가 아니라 그 공부상의 명의를 기준으로 판단하여야 한다. (X) [22(2)모]

: 몰수대상물의 소유권귀속은 판결선고당시를 기준으로, 공부상의 명의 여하에 불구하고 권리의 실질적인 귀속관계에 따라 판단하여야 한다(대판 99도3478).

18. [1] 형법 제48조 제1항의 '범인'에는 공범자도 포함되므로 피고인의 소유물은 물론 공범자의 소유물도 그 공범자의 소추 여부를 불문하고 몰수할 수 있고, 여기에서의 공범자에는 공동정범, 교사범, 방조범에 해당하는 자는 물론 필요적 공범관계에 있는 자도 포함된다. [22변시 · 19변시]

[2] '범인'에 해당하는 공범자는 반드시 유죄의 죄책을 지는 자에 국한된다고 볼 수 없고 공범에 해당하는 행위를 한 자이면 족하므로 이러한 자의 소유물도 이를 '피고인'으로부터 몰수할 수 있다(대판 2006도5586 등). [22(2)모 · 14(1)모]

▎유제▎ 甲은 오피스텔을 가장하여 성매매업소를 운영하였는데, 이 오피스텔은 乙이 처음부터 성매매알선 등을 하기 위해 취득하여 甲에 명의신탁한 것이었다. 乙은 소추되지 아니하고 甲만 「성매매처벌법」 위반으로 처벌받을 경우 성매매영업장소로 활용된 오피스텔은 甲의 소유가 아니므로 몰수할 수 없다. (X) [20(2)모]

▎유제▎ 甲과 乙은 함께 A를 주먹으로 때리고 乙은 소지하고 있던 식칼로 A를 위협하였다. 이에 A가 도망가자 乙의 뒤를 따라 A를 추격하던 甲은 乙이 떨어뜨린 식칼을 주워 A를 추격하여 그 칼로 A의 왼쪽 가슴을 찔러 과다출혈로 사망케 하였다. 甲이 유죄판결을 받을 경우 乙 소유인 식칼을 甲으로부터 몰수하는 것은 위법하다. (X) [18(3)모]

19. 몰수는 특정된 물건에 대한 것이고 추징은 본래 몰수할 수 있었음을 전제로 하는 것임에 비추어 뇌물에 공할 금품이 특정되지 않았다면 몰수할 수 없고 그 가액을 추징할 수도 없다(대판 96도221). [20(1)모]

20. 수뢰자가 자기앞수표를 뇌물로 받아 이를 소비한 후 자기앞수표 상당액을 증뢰자에게 반환하였다면 수뢰자로부터 그 가액을 추징하여야 한다(대판 98도3584). [24 · 12변시 · 17(2)모 · 16(3)모]

21. 특가법위반(알선수재)죄로 유죄가 선고된 사안에서, 범인이 공무원의 직무에 속한 사항의 알선에 관하여 금품을 받음에 있어 타인의 동의하에 그 타인 명의의 예금계좌로 입금받는 방식을 취하였다고 하더라도 이는 범인이 받은 금품을 관리하는 방법의 하나에 지나지 아니하므로, 그 가액 역시 범인으로부터 추징해야 한다 (대판 2006도4659). [19변시]

22. 공무원 甲이 乙로부터 5,000만 원의 뇌물을 받아 은행에 예치한 직후 마음이 바뀌어 같은 액수의 금액을 乙에게 반환한 경우 乙로부터 5,000만 원을 추징하여야 한다. (X) [24(2)모 · 18(3)모 · 16(3)모]

: 뇌물로 받은 돈을 은행에 예금한 경우 그 예금행위는 뇌물의 처분행위에 해당하므로, 그 후 수뢰자가 같은 액수의 돈을 증뢰자에게 반환하였다 하더라도 이를 뇌물 그 자체의 반환으로 볼 수 없으니 이러한 경우에는 수뢰자로부터 그 가액을 추징하여야 한다(대판 96도2022). [24변시]

23. 피고인이 뇌물로 받은 돈을 그 후 다른 사람에게 다시 뇌물로 공여하였더라도 그것이 뇌물로 받은 돈을 소비하는 방법에 지나지 않는 것인 때에는 피고인으로부터 그 수뢰액 전부를 추징하여야 한다(대판 86도1951). [16(3)모]

24. 수뢰자가 뇌물을 받아 그대로 보관하였다가 증뢰자에게 반환한 때에는 증뢰자로부터 몰수 · 추징한다(대판 83도2783). [20(1)모 · 16(3)모]

25. 수인이 공동하여 수수한 뇌물을 분배한 경우에는 각자로부터 실제로 분배받은 금품만을 개별적으로 몰수하거나 그 가액을 추징하여야 하고, 개별적으로 수수한 액수를 알 수 없으면 평등하게 분할한 액을 몰수 또는 추징해야 한다(대판 93도2056). [22(2)모·12법행]

26. 피고인이 공무원의 직무에 속한 사항의 알선에 관하여 금품을 받고 그 금품 중의 일부를 받은 취지에 따라 청탁과 관련하여 관계 공무원에게 뇌물로 공여한 경우에는 이를 제외한 나머지 금품만을 피고인으로부터 몰수하거나 그 가액을 추징하여야 한다(대판 2002도1283). [16(3)모·09법행]

┃유제┃ 「성매매처벌법」 위반으로 기소된 甲은 판사출신 변호사 丙에게 사건의 변호를 의뢰하고, 수임료와는 별도로 사건 판사에 대한 교제명목으로 2,000만 원을 교부하였다. 이에 丙은 2,000만 원 중 1,000만 원은 자신이 소비하였고, 500만 원은 공동 변호 명목으로 다른 변호사에게 지급하는 한편 500만 원은 사건 청탁 명목으로 사건 담당 판사에게 전달하였다. 甲의 취지에 따라 사건 담당 판사에게 전달한 500만 원은 실질적으로 丙에게 귀속된 것이 아니므로, 이를 제외한 나머지 금액만을 丙에게 추징하여야 한다. (O) [20(2)모]

27. 공무원이 뇌물을 받음에 있어서 그 취득을 위하여 상대방에게 뇌물의 가액에 상당하는 금원의 일부를 비용의 명목으로 출연한 경우, 그 공무원으로부터 뇌물죄로 얻은 이익을 몰수·추징함에 있어서는 그 뇌물의 가액에서 위와 같은 지출을 공제한 나머지 가액에 상당한 이익만을 몰수·추징해야 하는 것이지 그 받은 뇌물 자체를 몰수해야 하는 것은 아니다. (X) [19변시·22(2)모·19(3)모]

: 이는 뇌물을 받는데 지출한 부수적 비용에 불과하다고 할 것이어서 그 받은 뇌물 자체를 몰수하여야 하고, 그 뇌물의 가액에서 위와 같은 지출을 공제한 나머지 가액에 상당한 이익만을 몰수·추징할 것은 아니다(대판 99도1638).

┃유제┃ 공무원이 뇌물을 받는 데에 필요한 경비를 지출한 경우 그 경비는 뇌물수수의 부수적 비용에 불과하여 뇌물의 가액과 추징액에서 공제할 항목에 해당하지 않는다. (O) [22변시]

28. A 금융컨설팅 주식회사 대표이사 甲은 금융기관에 청탁하여 B 주식회사가 20억 원의 대출을 받을 수 있도록 알선행위를 하고 그 대가로서 컨설팅 용역계약 수수료 명목으로 1억 원을 A 주식회사의 계좌로 송금받았다. 위 1억 원 중 1,000만 원은 직원급여로 지급되었다. [18변시]

① 대출 알선행위의 대가로 받은 수수료에 대한 권리가 A 회사에 귀속되므로 수수료로 받은 금원의 가액을 A 회사로부터 추징하여야 한다. (X)

② 甲이 위 1억 원 중 개인적으로 실제 사용한 금원이 있을 경우 그 금원에 한해 그 가액을 추징할 수 있다. (X)

③ 위에서 법원이 선고하여야 할 추징 액수는 직원에게 지급된 급여를 제외한 9,000만 원이다. (X)

: A 회사 계좌를 통해 송금받아 특정가법위반(알선수재)죄가 인정될 경우, 수수료에 대한 권리가 A 회사에 귀속된다 하더라도 행위자인 피고인으로부터 수수료로 받은 금품을 몰수 또는 그 가액을 추징할 수 있고, 피고인이 개인적으로 실제 사용한 금품이 없더라도 마찬가지이다(대판 2012도7571). 즉 수수료로 받은 금원의 가액을 甲으로부터 추징하여야 하고, 추징가액도 甲이 개인적으로 실제 사용한 금원이 아니라 수수한 금원 전부이다. 따라서 직원급여로 지급된 1,000만 원도 공제되지 않는다.

29. 몰수하기 불능한 때에 추징해야 할 가액의 산정은 재판선고시의 가격을 기준으로 하여야 한다(대판 91도352). [13(3)모·04법행]

30. 유기징역은 1개월 이상 30년 이하로 하고, 자격정지는 1개월 이상 15년 이하로 한다. (X) [20법행]

제44조 (자격정지) ① 전조에 기재한 자격의 전부 또는 일부에 대한 정지는 1년 이상 15년 이하로 한다.

제2절 형의 양정

1. 형의 양정은 법정형 확인, 처단형 확정, 선고형 결정 등 단계로 구분된다. 법관은 형의 양정을 할 때 법정형에서 형의 가중·감경 등을 거쳐 형성된 처단형의 범위 내에서만 양형의 조건을 참작하여 선고형을 결정하여야 하고, 이는 형법 제37조 후단 경합범의 경우에도 마찬가지이다(대판 2017도14609). [20법행]

2. 「형법」은 상대적 법정형을 원칙으로 하고, 여적죄에 관해서만 절대적 법정형을 두고 있다. (O) [16변시]

: 여적죄의 경우는 절대적 법정형으로 사형만을 규정하고 있다(형법 제93조).

3. 형법총칙은 일반적 가중사유로 경합범 가중, 누범 가중, 특수교사·방조의 세 가지 경우를 인정하고 있다. (O) [16변시]

: 형법 제38조, 형법 제35조, 형법 제34조 제2항 참조

4. ① 형법총칙상 필요적 감경사유로 청각 및 언어 장애인(제11조. 구 농아자), 종범(제32조 제2항) 등이 있고, 임의적 감경사유로 심신미약자(제10조 제2항), 장애미수(제25조 제2항)가 있다.
② 중지미수는 필요적 감면사유(제26조), 과잉방위, 과잉피난, 불능미수, 자수 또는 자복 등은 임의적 감면사유이다(제21조 제2항, 제27조, 제52조 등 참조). [16변시]

5. 정상참작감경을 할 때 감경사유가 수개 있는 경우에는 거듭 감경할 수 없지만, 법률상 감경을 한 후에 다시 정상참작감경을 할 수는 있다(대판 63도410). [16변시·18(3)모]

▎유제▎ 법률상 감경사유와 정상참작감경사유가 있는 때에는 법률상 감경보다 정상참작감경을 우선하여야 한다. (X) [17(3)모]

6. 형법 제53조에 의한 정상참작감경의 방법도 제55조(법률상의 감경)의 방법에 따라야 한다. (O) [12(2)모]

7. 징역형과 벌금형을 병과하여야 할 경우에 특별한 규정이 없는 한 징역형에만 정상참작감경을 하고 벌금형에는 정상참작감경을 하지 않는 것은 위법하다(대판 96도3466). [20(1)(2)모·13(1)모]

8. 경합범의 처벌에 관한 「형법」 제38조 제1항 제3호에 의하여 징역형과 벌금형을 병과하는 경우에 징역형에만 정상참작감경을 하고 벌금형에는 정상참작감경을 하지 않는 것은 위법하다. (X) [22변시·18(3)모]

: 피고인에게 특가법위반(절도)죄 등에 대한 징역형과 도로교통법 위반죄에 대한 벌금형을 병과하는 경우에는 각 형에 대한 범죄의 정상에 차이가 있을 수 있으므로 징역형에만 작량감경을 하고 벌금형에는 작량감경을 하지 아니하였다고 하여 이를 위법하다고 할 수 없다(대판 2006도1076).
- 위의 지문(대판 96도3466)은 1죄를 전제로, 본 지문(대판 2006도1076)은 경합범을 전제로 함에 주의요

9. 회사 대표자 등 행위자의 위반행위에 대하여 징역형의 형량을 작량감경하고 병과하는 벌금형에 대하여 선고유예를 한 이상 양벌규정에 따라 그 회사를 처단함에 있어서도 같은 조치를 취하여야 한다. (X)
[21・13변시・16(2)모]

: 양벌규정에 의해 자연인과 법인이 함께 처벌받을 경우 자연인에 대해서는 작량감경을 하고 법인에 대해서는 작량감경을 하지 않아도 무방하다(대판 95도1893).

10. 자수는 범인이 수사기관에 의사표시를 함으로써 성립하는 것이므로 내심적 의사만으로는 부족하고 외부로 표시되어야 하며, 수사기관의 직무상 질문이나 조사에 응하여 범죄사실을 진술하는 것은 자백일 뿐 자수로는 되지 아니한다(대판 86도792, 대판 92도962).
[23(3)모]

11. 수사기관에 뇌물수수의 범죄사실을 자발적으로 신고하였으나 그 수뢰액을 실제보다 적게 신고함으로써 적용법조와 법정형이 달라지게 된 경우, 자수가 성립하지 않는다(대판 2004도2003).
[13・11법행]

12. 법인의 직원 또는 사용인이 위반행위를 하여 양벌규정에 의하여 법인이 처벌받는 경우, 그 위반행위를 한 직원 또는 사용인이 자수하였다면 법인에게 자수감경에 관한 형법 제52조 제1항의 규정을 적용하여야 한다. (X)
[16(2)모・16사시]

: 법인에게 자수감경에 관한 「형법」 제52조 제1항의 규정을 적용하기 위해서는 법인의 이사 기타 대표자가 자수한 경우에 한하고, 그 위반행위를 한 직원 또는 사용인이 자수한 것만으로는 위 규정을 적용할 수 없다(대판 95도391).

13. 수사기관에 자발적으로 자신의 범죄사실을 신고하였으나 그 내용이 자기의 범행을 명백히 부인하는 내용인 때에는 「형법」 제52조 제1항의 자수가 성립하지 아니하지만, 그 이후의 수사과정이나 재판과정에서 범행을 시인하는 때에는 새롭게 자수가 있는 것으로 보아야 한다. (X)
[21(2)모]

: 수사기관에의 신고가 자발적이라고 하더라도 그 신고의 내용이 자기의 범행을 명백히 부인하는 등의 내용으로 자기의 범행으로서 범죄성립요건을 갖추지 아니한 사실일 경우에는 자수는 성립하지 않고, 수사과정이 아닌 그 후의 재판과정에서 범행을 시인하였다고 하더라도 새롭게 자수가 성립할 여지는 없다(대판 2004도2003).

14. 일단 자수가 성립한 이상 자수의 효력은 발생하나 그 후에 범인이 번복하여 수사기관이나 법정에서 범행을 부인하는 경우에는 일단 발생한 자수의 효력이 소멸한다. (X)
[13・12법행]

: 형법상 자수의 효력이 발생하였다면, 그 후에 검찰이나 법정에서 범죄사실을 일부 부인하였다고 하더라도 일단 발생한 자수의 효력이 소멸하는 것은 아니다(대판 99도1695)

15. ① 강도상해의 범행에 대하여 자수한 사안에서 법원이 자수감경을 하지 않았거나 자수감경 주장에 대한 판단을 하지 않았다고 해도 위법하다고 할 수 없다. (O)
[22변시・22(2)모]
② 시골마을에 사는 할머니 甲은 경작지의 농수 문제로 시비가 붙어 인근에 사는 A 할머니를 돌로 때려 살해하였다. 그 후 甲이 경찰서에 자진 출석해서 범죄사실을 자백하여 자수가 성립한 경우, 형을 감경하지 않아도 위법하지 않다. (O)
[19변시]

: 자수는 법원이 임의로 형을 감면할 수 있음에 불과한 것이기 때문이다(대판 2011도12041).

16. 甲이 A에 대하여 폭행죄를 범한 후 A에게 자신의 범죄사실을 고백하고 용서를 구하는 의사표시를 한 경우, 「형법」제52조(자수, 자복)에 의하여 형을 감경 또는 면제할 수 있다. (O) [21(2)모]

: 자복이란 반의사불벌죄의 범인이 자발적으로 피해자에게 자신의 범죄를 고백하는 것을 말하는데, 반의사불벌죄에 있어서 피해자에게 자복한 때에는 그 형을 감경 또는 면제할 수 있다(제52조 제2항).

17. 형법 제56조는 형을 가중·감경할 사유가 경합된 경우 '1. 각칙 본조에 의한 가중, 2. 제34조 제2항의 가중, 3. 누범가중, 4. 법률상감경, 5. 경합범가중, 6. 정상참작감경' 순으로 하도록 정하고 있다. (O) [20법행]

▎유제▎ 형의 가중·감경사유가 경합할 때에는 먼저 형을 가중(「형법」각칙 본조에 의한 가중, 제34조 제2항의 가중, 누범가중, 경합범가중)한 후 법률상 감경 및 정상참작감경의 순으로 한다. (X) [18(3)모]

18. 무기징역형을 선택한 후 정상참작감경을 하여 유기형을 선고하는 경우에는 30년을 초과한 징역형을 선고할 수 없다. (X) [14(2)모]

: 무기징역을 감경하는 경우 10년 이상 50년 이하의 징역으로 한다(제55조 제1항 제2호).

19. 유기징역형에 대한 법률상 감경을 하면서 「형법」제55조 제1항 제3호에서 정한 것과 같이 장기와 단기를 모두 2분의 1로 감경하는 것이 아닌 장기 또는 단기 중 어느 하나만을 2분의 1로 감경하는 방식이나 2분의 1보다 넓은 범위의 감경을 하는 방식 등은 죄형법정주의 원칙상 허용될 수 없다(대판 2018도5475). [23변시·22(1)모·21법행]

▎유제▎ 중지미수의 경우에는 법정형의 상한과 하한 모두를 2분의 1로 감경하는 반면, 장애미수의 경우에는 법익침해의 위험 발생 정도에 따라 법정형에 대한 감경을 하지 않거나 법정형의 하한만 2분의 1로 감경할 수 있다. (X) [24변시]

20. 장애미수에서 형을 '감경할 수 있다'는 것은 감경을 '하는 경우의 범위'와 '하지 않는 경우의 범위' 모두에 걸쳐서 선고형을 정할 수 있다는 의미이므로 처단형의 범위는 감경을 하지 않은 범위의 상한과 「형법」제55조 제1항 제3호에 따라 감경을 한 범위의 하한 사이이다. (X) [23(1)모]

: 형법 제258조의2 제3항, 제1항, 제257조 제1항의 특수상해미수죄(징역 1년 이상 10년 이하)를 예로 들면, 형법 제25조 제2항, 제55조 제1항 제3호에 따라 형을 감경할 경우 처단형은 '징역 6월 이상 5년 이하', 형을 감경하지 않을 경우 처단형은 '징역 1년 이상 10년 이하'의 두 가지 형태로 나타난다. 현재 실무는 법관이 임의적 감경을 할 것인지를 선택함으로써 위 두 가지 중 하나에 따라 처단형을 결정하고 그 처단형의 범위 내에서 선고형을 정하도록 하고 있다.

21. 甲은 2011. 3. 2. 사기죄로 징역 2년을 선고받아 2012. 11. 5. 그 형의 집행을 종료하였다. 甲은 다시 2015. 6. 2. 사기죄를 범한 후 도피 중 2016. 6. 7. 강도상해죄를 범하고 체포되어 위 두 죄로 기소되었다. 법원은 공소사실을 모두 유죄로 인정하고 제1심 판결을 선고하면서 작량감경을 하고, 특히 강도상해죄를 범할 당시 심신미약의 상태였음을 인정한다.

※ 「형법」제337조 강도상해죄의 법정형은 무기 또는 7년 이상의 징역이고, 「형법」제347조 사기죄의 법정형은 10년 이하의 징역 또는 2천만 원 이하의 벌금이다.

※ 이 사례에서 제시된 것 외의 다른 가중, 감경 사유는 없다. [17변시]

22. 법정형에 징역형과 벌금형을 병과할 수 있도록 규정되어 있는 경우, 법원은 공소장에 기재된 적용법조나 검사의 구형과 관계없이 심리·확정한 사실에 대하여 재량으로 벌금형의 병과 여부를 정할 수 있다(대판 2010도7404).
[13(1)모]

23. 범죄의 불법과 책임을 근거지우거나 가중·감경사유가 된 상황은 다시 양형의 자료가 될 수 없는데, 이를 '이중평가의 금지'라고 한다. (O)
[16변시]

제3절 누범

1. 누범(형법 제35조)의 형은 그 죄에 정한 형의 장기 및 단기의 2배까지 가중한다. (X) [22변시·21(2)모]

: 제35조(누범) ① 금고(禁錮) 이상의 형을 선고받아 그 집행이 종료되거나 면제된 후 3년 내에 금고 이상에 해당하는 죄를 지은 사람은 누범(累犯)으로 처벌한다. ② 누범의 형은 그 죄에 대하여 정한 형의 장기(長期)의 2배까지 가중한다.

2. 상습범은 행위자책임에 형벌가중의 본질이 있고, 누범은 행위책임에 형벌가중의 본질이 있다(대판 2007도4913).
[11법행]

3. 누범가중의 요건인 '금고이상의 형이 선고된 선행범죄'에는 고의범분만 아니라 과실범도 포함된다. (O)
[12(2)모]

4. 금고 이상의 형의 선고를 받은 자가 특별사면을 받아 형의 집행을 면제받고 또 후에 복권이 되었다고 하더라도 출소한 후 3년 이내에 금고 이상의 형에 해당하는 죄를 저지른 경우 누범가중은 정당하다. (O)
[24(1)모·15(2)모·15사시]

: 특별사면을 받았다 하더라도 형의 선고의 효력이 상실되는 것은 아니므로 누범가중은 정당하다(대판 81도543).

5. 일반사면된 전과사실을 이유로 누범가중을 할 수 없다. (O) [15(2)모]

: 일반사면의 효과는 형선고의 효력이 상실되는 것이므로 그 범죄는 누범의 전과가 될 수 없다(대판 65도910).

6. 집행유예의 선고를 받은 후 그 선고의 실효 또는 취소됨이 없이 유예기간을 경과한 경우 그 전과사실은 누범가중의 사유에 해당하지 않는다. (O)
[15(2)모·16사시]

: 집행유예시 유예기간을 경과한 경우 형의 선고가 효력을 잃으므로 그 전과는 누범전과가 될 수 없다(대판 2010도8).

7. ① 집행유예기간 중에 있는 자가 금고 이상의 형에 해당하는 범죄를 범한 경우에는 누범에 해당되지 않는다(대판 83도1600).
[24(1)모·15(2)(3)모·11법행]
② 가석방 기간 중에 금고 이상에 해당하는 죄를 범한 경우에는 누범가중을 할 수 없다(대판 76도2071).
[21변시·20(1)모·17(3)모]

8. 누범이 성립하려면 '금고 이상의 형'을 받아 그 집행을 종료하거나 면제받은 후 3년 내에 '금고 이상에 해당하는 죄'를 범하여야 하는바, 여기서 전자의 '금고 이상의 형'은 선고형을 의미하나, 후자의 '금고 이상에 해당하는 죄'에서 '금고'란 법정형을 의미한다. (X) [14사시]

: '금고 이상에 해당하는 죄'에서 '금고'란 '선고형'을 의미한다. 즉 형법 제35조 제1항에 규정된 "금고 이상에 해당하는 죄"라 함은 유기금고형이나 유기징역형으로 처단할 경우에 해당하는 죄를 의미하는 것으로서 법정형 중 벌금형을 선택한 경우에는 누범가중을 할 수 없다(대판 82도1702).

9. 누범에 해당하는지를 판단할 때, 다시 금고 이상에 해당하는 죄를 범하였는지 여부는 그 범죄의 실행행위를 하였는지 여부를 기준으로 결정하여야 하므로, 3년의 기간 내에 실행의 착수가 있으면 족하고 그 기간 내에 기수에까지 이르러야 되는 것은 아니다(대판 2005도9858). [24(1)모 · 15(3)모 · 15사시]

10. 상습범 중 일부 행위가 누범기간 내에 이루어진 이상 나머지 행위가 누범기간 경과 후에 행하여졌더라도 그 행위 전부가 누범관계에 있다(대판 82도600). [24(1)모 · 17(2)모 · 16사시 · 11법행]

제4절 유예제도

1. 500만 원 이하의 벌금형에 대한 집행유예도 가능하다. (O) [17(2)모 · 21(1)모]

: 제62조(집행유예의 요건) ① 3년 이하의 징역이나 금고 또는 500만원 이하의 벌금의 형을 선고할 경우에 제51조의 사항을 참작하여 그 정상에 참작할 만한 사유가 있는 때에는 1년 이상 5년 이하의 기간 형의 집행을 유예할 수 있다.

2. 집행유예 기간 중에 범한 범죄에 대하여 형을 선고하는 경우 집행유예가 실효 또는 취소됨이 없이 그 유예기간이 경과한 경우이더라도 이에 대해 다시 집행유예를 선고할 수 없다. (X) [21변시 · 16(1)모]

: 집행유예 기간 중에 범한 죄에 대하여 형을 선고할 때에, 집행유예의 결격사유를 정하는 형법 제62조 제1항 단서 소정의 요건에 해당하는 경우란, ㉠ 이미 집행유예가 실효 또는 취소된 경우와 ㉡ 그 선고 시점에 미처 유예기간이 경과하지 아니하여 형 선고의 효력이 실효되지 아니한 채로 남아 있는 경우로 국한되고, 집행유예 기간 중에 범한 범죄라고 할지라도 집행유예가 실효 취소됨이 없이 그 유예기간이 경과한 경우에는 이에 대해 다시 집행유예의 선고가 가능하다(대판 2006도6196).

▮유제▮ 2020. 7. 1. 무고죄로 징역 1년에 집행유예 2년을 선고받고 그 판결이 같은 달 9. 확정된 甲이 2021. 6. 1. 상습도박죄를 범하여 같은 해 11. 1. 유죄판결을 선고받는 경우, 법원은 甲에게 상습도박죄에 대한 집행유예는 선고할 수 없다. (O) (집행유예기간 중에 범한 죄에 대해 집행유예기간 중에 형을 선고하는 경우) [22변시]

3. 판례에 의할 때 甲이 2000. 10. 1. A죄를 범하고 기소되어 2001. 1. 5. 제1심 법원에서 징역 1년에 집행유예 2년을 선고받고 그 판결이 항소기간의 도과로 확정되었는데, 그 후 2000. 12. 1. 범행한 B죄가 발각되어 2001. 3. 20. 제1심 법원에서 B죄에 대한 유죄판결을 선고하는 경우에 甲에 대하여 집행유예를 할 수 있다. (O) [03사시]

: 금고 이상의 형이 확정된 때부터 그 집행을 종료하거나 면제된 후 3년까지의 기간에 범한 죄에 대해서는 집행유예를 선고할 수 없다(형법 제62조 제1항). 그러므로 i) 금고 이상의 실형이 확정된 때부터 그 형이 집행이 종료되거나 면제된 날로부터 3년까지 사이에 범한 죄에 대해서는 다시 집행유예를 선고할 수 없지만, ii) 금고 이상의 형이 확정되기 전에 범한 죄는 물론 iii) 형의 집행을 종료하거나 면제된 후 3년 이후에 범한 죄에 대해서는 집행유예를 선고할 수 있다.

4. 형법 제37조 후단의 경합범 관계에 있는 죄에 대하여 하나의 판결로 두 개의 자유형을 선고하는 경우에 하나의 자유형에 대하여는 실형을, 다른 하나의 자유형에 대하여는 집행유예를 선고하는 것은 허용되지 않는다. (X) [14변시·16(1)모·13(1)모]

: 형법 제37조 후단의 경합범 관계에 있는 죄에 대하여 하나의 판결로 두 개의 자유형을 선고하는 경우 그 두 개의 자유형은 각각 별개의 형이므로 형법 제62조 제1항에 정한 집행유예의 요건에 해당하면 그 각 자유형에 대하여 각각 집행유예를 선고할 수 있는 것이고, 또 그 두 개의 자유형 중 하나의 자유형에 대하여 실형을 선고하면서 다른 자유형에 대하여 집행유예를 선고하는 것도 우리 형법상 이러한 조치를 금하는 명문의 규정이 없는 이상 허용되는 것으로 보아야 한다(대판 2000도4637).

▌유제▐ 하나의 판결로 두 개의 자유형을 선고하는 경우, 하나의 자유형에 대해서는 실형을 선고하면서 다른 자유형에 대하여는 집행유예를 선고할 수도 있다. (O) [18(2)모·17(2)모]

5. 1개의 형 중 그 형기의 일부에 대해서는 실형을, 나머지 일부에 대해서는 집행유예를 선고할 수 있다. (X) [20(1)모·16(1)모·12(3)모]

: 집행유예의 요건에 관한 형법 제62조 제2항은 "형을 '병과'할 경우에는 그 형의 '일부'에 대하여 집행을 유예할 수 있다."고 규정하고 있는바, 비록 형법 제62조 제1항이 '형'의 집행을 유예할 수 있다고만 규정하고 있다고 하더라도 조문의 체계적 해석상 하나의 형의 전부에 대한 집행유예에 관한 규정이라 할 것이다(대판 2006도8555).

6. 집행유예를 선고하면서 사회봉사명령으로서 일정액의 금전 출연을 주된 내용으로 하는 사회공헌계획의 성실한 이행을 명하는 것은 허용될 수 없다. (O) [14변시]

: 사회봉사명령으로서 일정액의 금전출연을 주된 내용으로 하는 사회공헌계획의 성실한 이행을 명하는 것은 허용될 수 없고, 준법경영을 주제로 하는 강연과 기고를 명하는 것은 헌법상 양심의 자유 등에 대한 심각하고 중대한 침해가능성 등이 있어 허용될 수 없다(대판 2007도8373).

7. 보호관찰법 제32조 제3항이 보호관찰 대상자에게 과할 수 있는 특별준수사항으로 정한 "범죄행위로 인한 손해를 회복하기 위하여 노력할 것(제4호)" 등 같은 항 제1호부터 제9호까지의 사항은 보호관찰 대상자에 한해 부과할 수 있을 뿐, 사회봉사명령·수강명령 대상자에 대해서는 부과할 수 없다(대판 2017도18291). [23(3)모·21법행]

8. 집행유예의 선고를 받은 후에 그 선고가 실효 또는 취소됨이 없이 유예기간이 경과하더라도 형의 선고가 있었다는 사실 자체가 없어지는 것은 아니다(대결 83모8). [14변시·04법행]

9. 집행유예의 선고를 받은 자가 유예기간 중 고의로 범한 죄로 벌금형 이상의 실형을 선고받아 그 판결이 확정된 때에는 집행유예의 선고는 효력을 잃는다. (X) [16(3)모]

: 제63조(집행유예의 실효) 집행유예의 선고를 받은 자가 유예기간 중 고의로 범한 죄로 금고 이상의 실형을 선고받아 그 판결이 확정된 때에는 집행유예의 선고는 효력을 잃는다.

▎유제▎ 집행유예의 선고를 받은 자가 유예기간 중 고의 또는 과실로 금고 이상의 실형을 선고받아 그 판결이 확정된 때에는 집행유예의 선고는 효력을 잃는다. (X) [18(2)모]

10. 제64조(집행유예의 취소) ① 집행유예의 선고를 받은 후 제62조 단행의 사유가 발각된 때에는 집행유예의 선고를 취소한다. (O) [18변선]

11. 집행유예를 선고받은 자가 준수사항을 위반하고 그 위반사실이 범죄행위에 해당하는 경우 법원은 집행유예를 의무적으로 취소하여야 한다. (X) [12(3)모]

: 제64조(집행유예의 취소) ② 제62조의2의 규정에 의하여 보호관찰이나 사회봉사 또는 수강을 명한 집행유예를 받은 자가 준수사항이나 명령을 위반하고 그 정도가 무거운 때에는 집행유예의 선고를 취소할 수 있다.

12. 폭처법 제2조 제3항은 2회 이상 징역형을 받은 사람에 대해서 누범으로 가중 처벌하도록 하고 있는데, 집행유예의 선고를 받은 후 그 선고가 실효 또는 취소됨이 없이 유예기간을 경과하여 형의 선고가 효력을 잃은 경우는 위 조항의 '징역형을 받은 경우'에 해당하지 않는다(대판 2016도5032). [23변시]

13. 제59조(선고유예의 요건) ① 1년 이하의 징역이나 금고, 자격정지 또는 벌금의 형을 선고할 경우에 제51조의 사항을 고려하여 뉘우치는 정상이 뚜렷할 때에는 그 형의 선고를 유예할 수 있다. 다만, 자격정지 이상의 형을 받은 전과가 있는 사람에 대해서는 예외로 한다. (O)
② 형을 병과할 경우에도 형의 전부 또는 일부에 대하여 선고를 유예할 수 있다. (O) [21모선]

14. 자유형의 일종인 구류에 대한 선고유예는 가능하지만, 과료에 대하여서는 선고유예를 할 수 없다. (X) [21(1)모]

: 선고유예는 1년 이하의 징역이나 금고, 자격정지 또는 벌금의 형을 선고할 경우에 가능하므로 구류, 과료에 대해서는 선고를 유예할 수 없다.

15. 징역형과 벌금형을 병과하는 경우에 징역형에 대하여는 그 집행을 유예하면서 벌금형에 대해서는 그 선고만을 유예할 수는 없다. (X) [13(1)모·08법행·11사시]

: 형을 병과할 경우에도 형의 전부 또는 일부에 대하여 그 선고를 유예할 수 있다(제59조 제2항). 징역형과 벌금형을 병과하는 경우에 징역형에 대하여는 그 집행을 유예하면서 벌금형에 대해서는 그 선고를 유예할 수 있다(대판 74도1266).

16. 형을 선고하지 않더라도 피고인이 다시 범행을 저지르지 않으리라는 사정이 현저하게 기대되는 경우라면 피고인이 죄를 뉘우치는 정상이 뚜렷하지 않더라도 선고유예를 할 수 있다. (X) [14변시·21(1)모]

: 최근 개정된 형법(2020. 12. 8. 개정; 2021. 12. 9. 시행)은 선고유예의 요건 중 '개전의 정상이 현저한 때' 부분을 '뉘우치는 정상이 뚜렷할 때'라고 문언을 개정하였다.

17. 징역형의 집행유예를 선고받은 자가 그 선고가 실효 또는 취소됨이 없이 정해진 유예기간을 경과하여 형의 선고가 효력을 잃게 된 이후 다른 범죄를 범한 경우, 그 형의 선고유예를 할 수 있다. (X) [21(1)모]

: 형의 집행유예를 선고받은 자는 형법 제65조에 의하여 그 선고가 실효 또는 취소됨이 없이 정해진 유예기간을 무사히 경과하여 형의 선고가 효력을 잃게 되었다고 하더라도 형의 선고의 법률적 효과가 없어진다는 것일 뿐, 형의 선고가 있었다는 기왕의 사실 자체까지 없어지는 것은 아니므로, 형법 제59조 제1항 단행에서 정한 선고유예 결격사유인 "자격정지 이상의 형을 받은 전과가 있는 자"에 해당한다고 보아야 한다(대판 2003도3768).

┃유제┃ 형의 집행유예를 선고받은 자가 집행유예가 실효 또는 취소됨이 없이 정해진 유예기간을 무사히 경과하여 형의 선고가 효력을 잃게 되었다면 형법 제59조 제1항 단서에서 정한 선고유예 결격사유인 '자격정지 이상의 형을 받은 전과가 있는 자'에 해당하지 않는다. (X) [17(3)모·11(1)모]

18. 형법 제39조 제1항에 의하여 형법 제37조 후단 경합범 중 판결을 받지 아니한 죄에 대하여 형을 선고하는 경우에, 형법 제37조 후단에 규정된 '금고 이상의 형에 처한 판결이 확정된 죄'의 형은 선고유예의 결격사유인 '자격정지 이상의 형을 받은 전과'에 포함되지 않는다. (X) [14변시]

: 형법 제37조 후단에 규정된 금고 이상의 형에 처한 판결이 확정된 죄의 형도 형법 제59조 제1항 단서에서 정한 '자격정지 이상의 형을 받은 전과'에 포함된다고 봄이 상당하다(대판 2010도931).

19. 선고유예의 경우 보호관찰을 명할 수 있지만 사회봉사명령이나 수강명령은 부과할 수 없다. (O) [17(3)모·16(3)모·12(3)모]

: 제59조의2 (보호관찰) ① 형의 선고를 유예하는 경우에 재범방지를 위하여 지도 및 원호가 필요한 때에는 보호관찰을 받을 것을 명할 수 있다.

20. 형의 선고유예를 받은 날로부터 1년을 경과한 때에는 면소된 것으로 간주한다. (X) [20법행]

: 제60조 (선고유예의 효과) 형의 선고유예를 받은 날로부터 2년을 경과한 때에는 면소된 것으로 간주한다.

21. 선고유예 판결의 경우 그 판결이유에서는 선고할 형의 종류와 양을 정해 놓아야 하지만, 그 선고를 유예하는 형이 벌금형일 경우에는 그 벌금액만 정해 놓으면 되고 환형유치처분까지 정해둘 필요는 없다. (X) [23(3)모·20(1)모·17(2)모]

: 선고유예 판결에서도 그 판결이유에서는 선고할 형의 종류와 양, 즉 선고형을 정해 놓아야 하고, 그 선고를 유예하는 형이 벌금형일 경우에는 그 벌금액 뿐만 아니라 환형유치처분까지 해 두어야 한다(대판 186도2654).

제5절 형의 집행 / 제6절 형의 시효·소멸·기간

1. 가석방 중 과실로 인한 죄로 형의 선고를 받았을 때에는 가석방처분은 실효되지 않는다. (O)　　[16(3)모]

: 제74조(가석방의 실효) 가석방 기간 중 고의로 지은 죄로 금고 이상의 형을 선고받아 그 판결이 확정된 경우에 가석방 처분은 효력을 잃는다.

2. 추징형의 시효는 강제처분을 개시함으로써 중단되는데, 추징형의 집행을 채권에 대한 강제집행의 방법으로 하는 경우에 특별한 사정이 없는 한 검사가 집행명령서에 기하여 법원에 채권압류명령을 신청하는 때에 시효중단의 효력이 발생한다(대결 2021모3227).　　[23(3)모]

: [1] 이와 같이 수형자의 재산이라고 추정되는 채권에 대하여 압류신청을 한 이상 피압류채권이 존재하지 않거나 압류채권을 환가하여도 집행비용 외에 잉여가 없다는 이유로 집행불능이 되었다고 하더라도 이미 발생한 시효중단의 효력이 소멸하지 않는다. 또한 채권압류가 집행된 후 해당 채권에 대한 압류가 취소되더라도 이미 발생한 시효중단의 효력이 소멸하지 않는다. [2] 채권압류의 집행으로 압류의 효력이 유지되고 있는 동안에는 특별한 사정이 없는 한 추징형의 집행이 계속되고 있는 것으로 보아야 한다(대결 2021모3227).

3. 수형자가 벌금의 일부만을 납부한 경우에는 그 벌금형의 시효가 중단되지 않는다. (X)　　[17(2)모]

: 수형자가 벌금의 일부를 납부한 경우에는 이로써 집행행위가 개시된 것으로 보아 그 벌금형의 시효가 중단된다고 봄이 상당하고, 이 경우 벌금의 일부 납부란 수형자 본인이 스스로 벌금을 일부 납부한 경우, 즉 벌금의 일부를 수형자 본인 또는 그 대리인이나 사자가 수형자 본인의 의사에 따라 이를 납부한 경우를 말하는 것이고, 수형자 본인의 의사와는 무관하게 제3자가 이를 납부한 경우는 포함되지 아니한다(대결 2001모91).

형법 핵심 지문 총정리

PART 02

형법 각론

제1편 개인적 법익에 대한 죄
제2편 사회적 법익에 대한 죄
제3편 국가적 법익에 대한 죄

제1편 개인적 법익에 대한 죄

PART 02. 형법 각론

제1장 생명과 신체에 대한 죄

제1절 살인의 죄

1. 산모의 골반이 태아에 비하여 협소할 뿐 아니라 분만진통의 통증이 극심한 등 정상분만이 어려운 상태였음에도 불구하고 조산원 甲은 정상분만 할 수 있으리라고 경솔하게 판단하여 정상분만을 계속 진행시키기 위하여 산모의 배를 계속하여 아래로 쓸어내리며 자궁수축제를 수차례 사용하였다. 그 결과 태아가 질식사하였다면 업무상과실치사죄에 해당한다. (O) [12(2)모]

: 사람의 시기는 규칙적인 진통을 동반하면서 태아가 태반으로부터 이탈하기 시작한 때 다시 말하여 분만이 개시된 때(소위 진통설 또는 분만개시설)라고 봄이 타당하므로 조산원이 분만 중인 태아를 질식사에 이르게 한 경우에는 업무상 과실치사죄가 성립한다(대판 81도2621).

2. 사람의 시기(始期)는 규칙적인 진통을 동반하면서 분만이 개시된 때를 말하고, 제왕절개 수술의 경우에는 '의학적으로 제왕절개 수술이 가능하였고 규범적으로 수술이 필요하였던 때'를 분만이 개시된 때로 보아야 한다. (X) [18변시·10사시]

: 제왕절개 수술의 경우 '의학적으로 제왕절개 수술이 가능하였고 규범적으로 수술이 필요하였던 시기(時期)'는 판단하는 사람 및 상황에 따라 다를 수 있어, 분만개시 시점 즉, 사람의 시기(始期)도 불명확하게 되므로 이 시점을 분만의 시기(始期)로 볼 수는 없다(대판 2005도3832).

3. 의료인이 과실로 태아를 사망에 이르게 하는 행위는 임산부에 대한 상해가 된다고 볼 수 없다. (O) [23(1)모·17(1)모]

: 태아를 사망에 이르게 하는 행위가 임산부 신체의 일부를 훼손하는 것이라거나 태아의 사망으로 인하여 그 태아를 양육, 출산하는 임산부의 생리적 기능이 침해되어 임산부에 대한 상해가 된다고 볼 수는 없다(대판 2005도3832).

4. 甲이 불치의 질병에 걸려 고생하는 아버지 A의 간청에 따라 A를 살해한 경우, 촉탁에 의한 살인이라는 점에서 법정형이 감경되고 존속살해라는 점에서 법정형이 가중된다. (X) [15(1)모]

: 촉탁·승낙살인죄 및 자살교사·방조죄의 경우는 그 객체가 자기 또는 배우자의 직계존속일 경우에도 형이 가중되지 않고 일반인의 경우와 동일하게 처벌된다(제252조 제1항 및 제2항 참조).

5. 甲의 의사지배에 의하여 乙이 자살한 경우, 형법은 자살행위를 처벌하는 규정을 두고 있지 않기 때문에 乙은 처벌되지 않고 甲도 살인죄의 간접정범으로 처벌되지 않는다. (X) [20(2)모]

: 판례는 7세, 3세 남짓된 어린자식들에게 함께 죽자고 권유하여 물속에 따라 들어오게 하여 결국 익사하게 하였다면 자살의 의미를 이해할 능력이 없고 피고인의 말이라면 무엇이나 복종하는 어린 자식들을 권유하여 익사하게 한 이상 살인죄의 범의는 있었음이 분명하다고 한다(대판 86도2395). - 살인죄의 간접정범 성립

▌유제▐ 계속된 생활고에 시달리던 甲은 자살의 의미를 모르는 5세의 자녀 B와 동반자살 할 생각으로 바닷가로 가서 함께 죽자고 권유하면서 물속에 따라 들어오게 하였는데, 결국 B만 익사하게 되었다. 甲에게는 위계살인죄가 아니라 살인죄가 성립한다. (O) [23(3)모]

6. 자살할 결심을 하였음을 알고 유서를 대신 작성하여 주었는데 생각을 바꾸어 자살을 결행하지 않은 경우 유서대필자는 자살방조죄의 미수범으로 처벌된다. (O) [99사시]

: 유서를 대필해 준 것은 결국 적극적·정신적 방법으로 자살하려는 사람에게 자살의 동인과 명분을 주어 용이하게 실행하도록 하였다는 것으로서 자살방조죄에 해당한다(대판 92도1148). 또한 자살방조죄는 방조행위를 개시한 때에 실행의 착수가 있으므로 사안에서 피교사자가 자살을 결행하지 않았으므로 자살방조죄는 미수가 된다.

7. 甲은 처 乙과 심각한 말다툼을 하다가, 乙이 '죽고 싶다' 또는 '같이 죽자'고 하면서 기름을 사오라는 말을 하자 乙에게 휘발유 1병을 사다주었는데, 그 직후 乙이 자신의 몸에 그 휘발유를 뿌리고 불을 붙여 죽은 경우, 甲에게 촉탁살인죄가 성립한다. (X) [15(1)모·16사시]

: 피고인이 이 사건 당시 피해자에게 휘발유를 사다주면 이를 이용하여 자살할 수도 있다는 것을 충분히 예상할 수 있었음에도 피해자에게 휘발유를 사다주어 피해자가 자살하도록 방조한 것이다(대판 2010도2328).

8. 타인의 자살을 교사하였으나 거절당한 경우에는 살인의 예비·음모에 준하여 처벌한다. (X) [12(2)모]

: 자살을 교사·방조하는 행위 그 자체가 자살교사·방조죄의 독자적인 실행행위가 되기 때문에 자살교사·방조죄는 자살에 대한 교사·방조행위를 개시한 때에 실행의착수가 있다(다수설). 따라서 타인의 자살을 교사하였으나 거절당한 경우에도 자살교사미수죄에 해당한다.

9. 인터넷 사이트 내 자살 관련 카페 게시판에 청산염 등 자살용 유독물의 판매광고를 한 행위가 단지 금원 편취목적의 사기행각의 일환으로 이루어졌고, 자살자들이 다른 경로로 입수한 청산염을 이용하여 자살하였다면 자살방조에 해당하지 않는다. (O) [23(1)모·12사시]

: 자살방조죄가 성립하기 위해서는 그 방조 상대방의 구체적인 자살의 실행을 원조하여 이를 용이하게 하는 행위의 존재 및 그에 대한 행위자의 인식이 요구되는바, 사안의 경우 자살방조에 해당하지 않는다(대판 2005도1373).

10. 사람을 살해할 목적으로 사냥용 엽총을 구입하였더라도 그 엽총으로 살해할 대상자가 아직 확정되지 않았다면 살인예비죄가 성립하지 않는다(대판 4292형상387). [18(3)모·00사시]

제2절 상해와 폭행의 죄

1. 甲이 A에게 약 2시간 동안 계속하여 소주병을 깨어 찌를 듯한 태도를 보이면서 위협하다가 손바닥으로 A의 얼굴을 수회 때리자 A가 극도의 공포감을 이기지 못하고 기절하여 출동한 119 구급차 안에서 겨우 정신을 차린 경우에는 상해죄가 성립한다. (O) [19(2)모·17(3)모·16(1)모]

: 오랜 시간 동안의 협박과 폭행을 이기지 못하고 실신하여 구급차 안에서야 정신을 차리게 되었다면, 외부적으로 어떤 상처도 발생하지 않았다 하더라도 생리적 기능에 훼손을 입어 신체에 대한 상해가 있었다고 봄이 상당하다(협박이나 폭행은 상해죄에 흡수)(대판 96도2529). [23(1)모]

▌유제▐ 피해자의 생리적 기능에 장애를 초래하는 것은 상해에 해당한다. (O) [19(2)모]

2. 상처의 정도가 일상생활에 지장을 초래하지 않았고 그에 대하여 치료행위가 특별히 필요하지 않은 정도이면 상해죄나 강도상해죄에 있어 상해에 해당된다고 할 수 없다. (O) [16(1)모]

: 상처의 정도가 굳이 치료를 받지 않더라도 일상생활을 하는데 지장이 없으며, 시일이 경과함에 따라 자연적으로 치유될 정도라면, 강도상해죄의 상해에 해당되지 않는다(대판 2001도4389).

3. 상해죄에 있어서 신체의 완전성을 해하는 행위로 인하여 약 14일간의 치료를 요하는 상해의 결과가 발생하였다면, 설사 상해부위가 명백하게 확정되지 않아 재판부가 상해부위의 판시 없이 상해죄의 성립을 인정하였더라도 위법은 아니다. (X) [23(1)모]

: 상해사실의 인정에 있어 상해의 부위와 정도가 증거에 의하여 명백히 확정되어야 하고 상해부위의 판시 없는 상해죄의 인정은 위법하다(대판 2002도5016 등).

4. 중상해죄에서 중상해는 사람의 신체를 상해하여 생명에 대한 위험을 발생하게 하거나 신체의 상해로 인하여 불구 또는 불치나 난치의 질병에 이르게 한 경우에 성립하므로 3주간의 치료를 요하는 우측흉부자상은 중상해에 해당하지 아니한다(대판 2005도7527). [17(3)모·16(1)모]

5. 甲이 폭행의 의사로 A에게 폭행을 가하여 A로 하여금 난치의 질병에 이르게 한 경우에는 甲의 행위는 폭행치상죄에 해당하고 중상해의 예에 따라 처벌된다. (O) [14(1)모]

: 중상해죄는 상해죄의 부진정결과적 가중범이므로 폭행의 고의로 중상해의 결과가 발생한 경우에는 폭행치상죄가 성립하고 중상해죄의 형으로 처벌된다(다수설).

★★ [사례문제 기출례] 상해죄의 동시범 특례 [21·18변사, 16모사 등] : ① 상해 또는 폭행의 고의에서만 적용, ② 이시 불문, ③ 사망의 결과에도 적용

6. 2인 이상이 상호의사의 연락이 없이 동시에 범죄구성요건에 해당하는 행위를 하였는데 그 결과발생의 원인이 된 행위가 분명하지 아니한 때에는 각 행위자를 미수범으로 처벌하지만, 독립행위가 경합하여 상해의 결과가 발생하게 한 경우 원인된 행위가 판명되지 아니한 때에는 공동정범의 예에 의한다. (O) [20법행]

: 형법 제19조(독립행위의 경합) 및 형법 제263조(동시범) 참조

7. 공동정범 관계에 있는 여러 사람의 행위가 경합하여 하나의 결과가 발생되었으나 그 결과발생의 원인행위가 밝혀지지 아니한 경우에는 각 행위자를 미수범으로 처벌해야 한다. (X)　　　　　　[18변시 · 18(3)모]

: 동시범은 '독립행위'의 경합을 전제로 하므로 공범관계에 있어 공동가공의 의사가 있었다면 처음부터 동시범은 문제될 수 없다(대판 85도1892).

▎유제▎ 2인이 폭행을 공모한 후 폭행하여 사망의 결과가 발생하였으나 누구의 폭행에 의하여 사망하였는지가 판명되지 않은 경우는 「형법」 제263조 상해죄의 동시범특례 규정을 적용한다. (X)　　　　[21(1)모 · 17(3)모]

▎유제▎ A가 甲으로부터 폭행을 당하고 얼마 후 함께 A를 폭행하자는 甲의 연락을 받고 달려 온 乙로부터 다시 폭행을 당하고 사망하였으나 사망의 원인행위가 판명되지 않았다면, 「형법」 제263조가 적용되어 甲과 乙은 폭행치사죄의 공동정범의 예에 의해 처벌된다. (X)　　　　　　　　　　　　　　[20변시]

8. 甲과 乙은 식당에서 큰 소리로 대화를 하던 중 옆 테이블에서 혼자 식사 중인 丙이 甲, 乙에게 "식당 전세 냈냐, 조용히 좀 합시다."라고 말하자, 甲, 乙은 丙에게 다가가 甲은 "식당에서 말도 못하나?"라고 소리치며 丙을 밀어 넘어뜨리고, 乙은 발로 丙의 몸을 찼다. 이로 인하여 丙은 약 3주간의 치료를 요하는 상해를 입었는데 甲, 乙 중 누구의 행위로 인해 상해가 발생하였는지는 불분명하다. 만일 乙이 甲과 상해에 대해 공모한 사실이 없고 발로 丙의 몸을 찬 사실, 즉 丙에게 폭행을 가한 사실 자체도 분명하지 않은 경우, 「형법」 제263조 동시범의 특례 규정이 적용되지 아니하여 乙은 상해죄의 죄책을 지지 아니한다. (O)　　　　[18변시]

: 형법 제263조는 독립행위의 '경합'을 전제로 하므로 '경합' 여부가 의심스러운 경우에도 특례는 적용되지 않는다. 즉 가해행위를 한 것 자체가 의심스러울 때에는 특례는 적용될 여지가 없다(대판 84도488).

▎유제▎ 수인 중에서 가해행위를 한 것 자체가 분명하지 않은 사람에 대해서는 형법 제263조의 적용이 처음부터 배제된다. (O)　　　　　　　　　　　　　　　　　　　　　　　　　　　　　　[12(2)모 · 13사시]

9. 시간적 차이가 있는 독립된 상해행위나 폭행행위가 경합하여 사망의 결과가 일어나고 그 사망의 원인된 행위가 판명되지 않은 경우에는 공동정범의 예에 의하여 처벌된다(대판 2000도2466). [20 · 18변시 · 18(2)모]

10. 2인의 독립된 강간행위가 경합하여 상해의 결과가 발생하고 상해의 원인행위가 판명되지 않은 경우 2인은 각각 강간죄로 처벌된다. (O)　　　　　　　　　　　　　　　　　　　　　　　　　[21(1)(3)모]

: 제263조는 경합된 독립행위의 고의가 상해 또는 폭행일 경우에 적용되므로, 강간 · 강간상해의 고의가 있는 경우, 과실범의 경우 등에는 특례가 적용되지 않는다(대판 84도372). 따라서 2인의 독립된 강간행위가 경합하여 상해의 결과가 발생하고 상해의 원인행위가 판명되지 않은 경우에는 형법 제19조가 적용된다. 즉 강간치상죄의 미수범이 문제되지만, 강간치상죄의 미수범은 처벌되지 않으므로 각자 강간죄로 처벌된다.

▎유제▎ A가 甲이 운전하는 차량에 의해 교통사고를 당한 후 얼마 지나지 않아 다시 乙이 운전하는 차량에 의해 교통사고를 당하고 사망하였으나 사망의 원인행위가 판명되지 않았다면, 「형법」 제263조가 적용되어 甲과 乙은 교통사고처리특례법위반(치사)죄의 공동정범의 예에 의해 처벌된다. (X)　　　　　　　　　[21 · 20변시]

11. A가 甲으로부터 폭행을 당하고 얼마 후 乙이 甲과 의사연락 없이 A를 폭행하자 A가 乙의 계속되는 폭행을 피하여 도로를 무단횡단하다 지나가던 차량에 치어 사망하였다면, 「형법」제263조가 적용되어 甲과 乙은 폭행치사죄의 공동정범의 예에 의해 처벌된다. (X) [20변시]

: 형법 제263조는 '원인된 행위가 판명되지 아니한 때'를 전제하므로, 독립행위가 경합한 경우라도 원인행위가 판명된 때, 즉 각 독립행위와 결과 사이에 인과관계의 유무가 밝혀진 때에는 본 특례는 적용되지 않는다. 사안의 경우는 乙만 폭행치사죄로 처벌받는다.

┃유제┃ 甲과 乙이 의사연락이 없이 상해의 고의로 폭행하여 A가 실신한 경우, 실신의 원인이 판명된다면 甲과 乙은 상해죄의 공동정범이 된다. (X) [15(3)모]

12. ① 폭행죄의 폭행은 사람의 신체에 대한 유형력의 행사를 가리키며, 그 유형력의 행사는 신체적 고통을 주는 물리력의 작용을 의미한다. (O) [20(2)모·14(2)모]
② 폭행죄에서의 '폭행'은 사람의 신체에 대한 물리적 유형력의 행사를 뜻하며, 반드시 피해자의 신체에 대한 접촉함을 요하지는 않는다(대판 2000도5716). [21(1)모]

┃유제┃ 근접하여 욕설을 하면서 때릴 듯이 손발이나 물건을 휘두르거나 던지는 행위는 직접 피해자의 신체에 접촉하지 않았다고 하여도 피해자에 대한 불법한 유형력의 행사로서 폭행에 해당한다(대판 89도1406). [18변시·17(3)모]

13. 폭행죄에 있어서 폭행의 방법에는 제한이 없으며 혐오감이나 불쾌감을 줄 정도의 큰 음향이나 소음을 내는 경우도 해당하므로, 甲이 A에게 방문을 열어주지 않으면 모두 죽여 버린다고 폭언하면서 시정된 방문을 수회 발로 찬 행위는 폭행죄에 해당한다. (X) [23(3)모]

: 단순히 방문을 발로 몇 번 찼다고 하여 그것이 피해자들의 신체에 대한 유형력의 행사로는 볼 수 없어 폭행죄에 해당한다 할 수 없다(대판 83도3186).

14. 甲이 자신의 차를 가로막는 A를 부딪친 것은 아니라고 하더라도, A를 부딪칠 듯이 차를 조금씩 전진시키는 것을 반복하는 행위는 특수폭행죄를 구성한다(대판 2016도9302). [23변시·21(3)모]20(3)사]

15. 전화하면서 고성을 내거나 그 전화 대화를 녹음 후 듣게 하는 경우는 특수한 방법으로 수화자의 청각기관을 자극하여 그 수화자로 하여금 고통스럽게 느끼게 할 정도의 음향을 이용하였다는 등의 특별한 사정이 없는 한 신체에 대한 유형력의 행사를 한 것으로 보기 어렵다(대판 2000도5716). [18(3)모·16(1)모]

┃유제┃ 거리상 멀리 떨어져 있는 사람에게 전화하면서 고성을 낸 경우 수화자로 하여금 고통스럽게 느끼게 할 정도의 음향이라 하더라도 폭행죄에 있어서의 신체에 대한 유형력의 행사를 한 것으로 볼 수 없다. (X) [21(3)모]

16. 특수폭행에서 '위력을 보인다'라고 함은 사람의 의사를 제압할 만한 세력을 상대방에게 인식시키는 것을 말한다. (O) [16(2)모·13(1)모]

: '위력을 보인다'고 함은 사람의 의사를 제압하기에 족한 세력을 상대방에게 인식시키는 것으로 반드시 상대방의 의사가 현실적으로 제압될 것을 요하지 않는다.

★ 사례문제 기출례 위험한 물건 [14·13·11모사 등]

17. 위험한 물건이란 그 물건의 객관적 성질과 사용방법에 따라서는 사람을 살상할 수 있는 물건을 말하지만, 구체적인 사안에서 사회통념에 비추어 그 물건을 사용하면 상대방이나 제3자가 생명 또는 신체에 위험을 느낄 수 있는지 여부에 따라 판단하여야 한다(대판 99도1496). [16(2)모]

18. 당구공으로 피해자의 머리를 툭툭 건드린 정도에 불과한 경우 이 행위로 인하여 사회통념상 피해자나 제3자에게 생명 또는 신체에 위험을 느끼게 하였으리라고 보여지지 아니하므로 위 당구공은 '위험한 물건'에는 해당하지 아니한다(대판 2007도9624). [13변시]

19. 피해자가 먼저 식칼을 들고 나와 피고인을 찌르려다가 피고인이 이를 저지하기 위하여 그 칼을 뺏은 다음 피해자를 훈계하면서 위 칼의 칼자루 부분으로 피해자의 머리를 가볍게 쳤을 뿐이라면 피해자가 위험성을 느꼈으리라고는 할 수 없다(대판 89도1570). [13변시]

★★ 사례문제 기출례 형법상 휴대의 의미 [21·13모사 등] / 기록형의 특수폭행, 특수협박 빈출 쟁점

20. 특수상해죄에서 '위험한 물건을 휴대하여'란 범행에 사용하려는 의도 아래 위험한 물건을 소지하거나 몸에 지닌 이상 그 사실을 피해자가 인식하거나 실제로 범행에 사용하였을 것은 요하지 않는다. (O) [18변시·21(1)모]

21. 위험한 물건을 '휴대'한다는 말은 소지뿐만 아니라 널리 이용 또는 사용한다는 의미도 포함한다(대판 2002도2812). [13(1)모]

22. 甲은 A 등과 이혼에 관한 사항을 협의하던 도중 A 등과 가벼운 실랑이를 하게 되었다. 이 과정에서 甲의 승낙 없이 A의 아버지인 B가 甲의 아들을 자신의 중형승용차에 태운 후 시동을 걸고 출발하려고 하였다. 甲은 이를 제지하기 위하여 급히 자신의 소형승용차를 출발시켜 B가 운전하던 승용차를 저속으로 가볍게 충격하였다. 이로 인하여 B는 특별한 치료를 요하지 않는 가벼운 상해를 입었으며, 甲의 차량과 B의 차량도 경미한 손상을 입게 되었다. 이와 같은 경우 '흉기 기타 위험한 물건을 휴대'한 경우에 해당하지 아니한다(대판 2007도3520). [13변시·13법행]

[비교판례] 시비가 있은 후 자신의 자동차를 뒤따라오는 피해자에게 겁을 주기 위하여 자동차를 정차한 후 4 내지 5m 후진하여 피해자의 자동차와 충돌한 경우, 그 자동차는 '위험한 물건'에 해당한다(대판 2010도10256).

23. 甲은 A가 견인료 납부를 요구하면서 자신의 승용차 앞을 가로막고 서 있자 A의 다리 부분을 위 승용차 앞범퍼로 들이받고 약 1m 정도 진행하였고, 이로 인하여 A는 땅바닥으로 넘어졌다. 이와 같은 경우 '흉기 기타 위험한 물건을 휴대'한 경우에 해당한다(대판 97도597). [13변시·17(3)모·13법행]

24. 자신이 흉기를 휴대한 사실을 알지 못하고 타인의 집에 들어가 절도한 경우, 흉기휴대의 고의가 인정되지 않으므로 특수(흉기휴대)절도로 처벌할 수 없다. (O) [18변시·22(3)모]

: 흉기를 휴대하여 그 죄를 범한 자란 범행현장에서 그 범행에 사용하려는 의도아래 흉기를 소지하거나 몸에 지니는 경우를 가리키는 것이다(대판 90도401). [21(2)기]

25. 빚 독촉을 하다가 멱살을 잡고 대드는 피해자 A의 손을 뿌리치고 그를 뒤로 밀어 넘어뜨려 A의 등에 업힌 B(생후 7개월)에게 상해를 입혀 사망에 이르게 하였다면 B에 대한 폭행치사죄가 성립한다(대판 72도2201). [16변시]

┃유제┃ 甲이 乙과 시비 도중 乙이 멱살을 잡고 대들자 乙의 손을 뿌리치고 뒤로 밀어 넘어뜨렸는데 그 순간 乙의 등에 업힌 딸 丙이 두개골 골절 등 상해를 입어 사망한 경우, 甲이 乙의 손을 뿌리친 것이 정당행위에 해당하여도 乙을 넘어뜨려 丙을 사망하게 한 행위는 폭행치사죄에 해당한다. (O) [20(2)모]

26. 특수폭행의 죄를 범하여 사람을 상해에 이르게 한 때에는 특수상해의 예에 의하여 처벌한다. (X) [20(2)(3)모]

: 특수폭행치상의 경우 형법 제258조의2의 신설에도 불구하고 종전과 같이 형법 제257조 제1항의 예에 의하여 처벌(적용법조 : 형법 제262조, 제261조, 제257조 제1항)하는 것으로 해석함이 타당하다(대판 2018도3443).

┃유제┃ 甲은 자동차를 운전하고 가다가 A가 바로 앞에서 리어카를 천천히 끌고 가기에 A를 향해 경적을 울렸다. 이에 A가 욕설을 하며 소리를 치자 甲은 화가 나 A에게 겁을 주려고 폭행의 고의로 A를 추월했다가 A 앞에서 급정거하였다. 그런데 뜻하지 않게 A는 이를 피하는 과정에서 넘어져 상해를 입었다. 甲은 특수폭행치상죄로서 「형법」 제258조의2(특수상해)의 예에 의하여 처벌된다. (X) [22변시 · 21(3)(1)모]

27. 단순폭행의 범행과 존속폭행의 범행이 동일한 폭행 습벽의 발현에 의한 것으로 인정되는 경우, 하나의 상습존속폭행죄가 성립한다. (O) [21(3)모 · 20(2)모]

: 그리고 상습존속폭행죄로 처벌되는 경우에는 형법 제260조 제3항이 적용되지 않으므로, 피해자의 명시한 의사에 반하여도 공소를 제기할 수 있다(대판 2017도10956).

28. 재물손괴나 주거침입 전과 역시 그것이 폭행 범행을 반복하여 저지르는 습벽의 발현으로 인정되는 것이라면 「형법」 제264조의 상습폭행죄의 상습성을 판단함에 있어서 종합적으로 고려하여 판단할 수 있다. (X) [20(2)모]

: 형법 제264조에서 말하는 '상습'이란 위 규정에 열거된 상해 내지 폭행행위의 습벽을 말하는 것이므로, 위 규정에 열거되지 아니한 다른 유형의 범죄까지 고려하여 상습성의 유무를 결정하여서는 아니 된다. 상습폭행죄의 상습성을 판단함에 있어 피고인의 재물손괴나 주거침입 전과까지 종합하여 판단하는 것은 위법이다(대판 2017도21663). [23(3)모]

제3절 과실치사상의 죄

1. 특정범죄가중처벌등에관한법률위반(도주차량)죄에 관한 설명 중 옳지 않은 것은? (다툼이 있는 경우 판례에 의함) [16변시]

① 사고운전자가 사고 후 피해자 일행에게 자신의 인적사항을 알려주었고 근처에 있던 택시기사에게 피해자를 병원으로 이송해줄 것을 부탁하였다면, 피해자의 병원 이송 및 경찰관의 사고현장 도착 이전에 사고운전자가 사고현장을 이탈하였더라도 특가법위반(도주차량)죄가 인정되지 않는다. (X)

: 피해자의 병원이송 및 경찰관의 사고현장 도착 이전에 사고 운전자가 사고현장을 이탈하였다면, 이탈 전에 부근의 택시 기사에게 피해자를 병원으로 이송하여 줄 것을 요청하였으나 경찰관이 온 후 병원으로 가겠다는 피해자의 거부로 피해자가 병원으로 이송되지 아니한 사정이 있고, 그 후 피해자가 택시를 타고 병원에 이송되어 치료를 받았다고 하더라도 운전자는 피해자에 대한 적절한 구호조치를 취하지 않은 채 사고현장을 이탈하였다고 할 것이다(대판 2004도250).

2.
② 사고운전자가 사고 후 주변사람의 신고로 도착한 구급차에 올라타서 피해자와 함께 병원에 동행하면서 사고와 무관한 사람인 것처럼 행세하였지만 1시간 가량 경과 후 자신의 잘못을 인정하고 가해자임을 밝혔다면, 특가법위반(도주차량)죄가 인정되지 않는다(대판 2003도8125).

③ 운전자가 11세인 피해자의 왼쪽 손부분 등을 차로 들이받아 땅바닥에 넘어뜨려 약 1주일간의 치료를 요하는 상해를 입게 한 사건에서, 스스로 자기 몸의 상처가 어느 정도인지 충분히 파악하기에는 나이어린 피해자가 집으로 혼자 돌아갈 수 있느냐는 질문에 "예"라 답했다는 이유만으로 아무런 보호조치도 없는 상태에서 피해자를 그냥 돌아가게 했다면 도주에 해당한다(대판 94도1651).

④ 특가법 제5조의3 제1항 소정의 '차의 교통으로 인하여「형법」제286조의 죄를 범한 당해차량의 운전자'란 차의 교통으로 인한 업무상과실 또는 중대한 과실로 인하여 사람을 사상에 이르게 한 자를 가리키는 것이지 과실이 없는 사고 운전자까지 포함하는 것은 아니다(대판 91도711).

⑤ 자동차 운전자가 업무상 과실로 동시에 수인을 사상케 하고 도주한 경우, 특가법위반(도주차량)죄는 피해자별로 수죄가 성립하며 이러한 수죄는 상상적 경합관계에 있다(대판 2001도6408).

답 ①

3.
① 업무상과실치사상죄의 업무란 사람의 사회생활면에 있어서의 하나의 지위로서 계속적으로 종사하는 사무를 말하고, 여기에는 수행하는 직무 자체가 위험성을 갖기 때문에 안전배려를 의무의 내용으로 하는 경우는 물론 사람의 생명·신체의 위험을 방지하는 것을 의무내용으로 하는 업무도 포함된다(대판 2009도1040). [18(1)모·16(1)모]

② 안전배려 내지 안전관리 사무에 계속적으로 종사하여 위와 같은 지위로서의 계속성을 가지지 아니한 채 단지 건물의 소유자로서 건물을 비정기적으로 수리하거나 건물의 일부분을 임대하였다는 사정만으로는 업무상과실치상죄에 있어서의 '업무'로 보기 어렵다(대판 2009도1040). [17변시]

▎유제▎ 4층 건물의 소유자가 그중 2층을 임대하여 임차인이 학원을 운영하던 중 건물 내부 벽면에 설치된 분전반을 통해 3층과 4층으로 가설된 전선이 합선으로 단락되어 화재가 나 학생들에게 상해가 발생한 경우, 건물의 소유자로서 건물을 비정기적으로 수리하거나 건물의 일부분을 임대하였다는 사정만으로는 업무상과실치상죄의 '업무'로 보기 어렵다. (O) [22변시]

4. 소유자가 건물을 임대한 경우, 그 건물의 전기배선이 벽 내부에 매립·설치되어 건물 구조의 일부를 이루고 있다면 그에 관한 관리책임은 통상적으로 건물을 직접 사용하는 임차인이 아닌 소유자에게 있어, 특별한 사정이 없는 한 소유자가 전기배선의 하자로 인한 화재를 예방할 주의의무를 부담한다(대판 2009도1040). [18변시]

5. 음주의 영향으로 정상적인 운전이 곤란한 상태에서 운전면허도 없이 운전하다 사람을 치상한 피고인에게는, 교통사고처리특례법 제3조 제2항 단서 각 호의 사유에서 무면허운전과 음주운전이 경합하므로 교통사고처리특례법 제3조의 경합범이 성립한다. (X) [16(3)모]

: (구)교통사고처리특례법 제3조 제2항 단서 각 호에서 규정한 신호위반 등의 예외사유는 같은 법 제3조 제1항 위반 죄의 구성요건요소가 아니라 공소제기의 조건에 관한 사유이므로, 단서 각 호의 사유가 경합하더라도 하나의 교통사고처리 특례법 위반죄가 성립할 뿐 각 호마다 별개의 죄가 성립하는 것은 아니다(대판 2011도3630).

제4절 낙태의 죄

1. 낙태죄는 태아를 자연분만기에 앞서서 인위적으로 모체 밖으로 배출하거나 모체 안에서 살해함으로써 성립하고, 배출 결과 태아가 사망하였는지 여부는 낙태죄의 성립에 영향이 없다(대판 2003도2780). [17(1)모]

제5절 유기와 학대의 죄

★ [사례문제 기출례] 유기죄의 보호의무 발생근거 [17·16변사, 22모사]

1. 유기죄에서의 보호의무를 법률상·계약상 보호의무로 국한하는 판례의 입장에 따르면 부진정부작위범에서의 보호의무는 유기죄의 그것보다 성립범위가 더 넓게 된다. (O) [12(3)모·12사시]

: ① 부진정부작위범의 작위의무는 법률상 또는 계약상 작위의무가 인정되는 경우뿐만 아니라 '신의성실의 원칙이나 사회상규 혹은 조리상' 작위의무가 기대되는 경우에도 인정되는 반면, ② 유기죄에서 보호의무는 법률상 또는 계약상의 의무가 있는 경우에만 그 보호의무가 인정된다(대판 76도3419). 따라서 부진정부작위범의 작위의무의 발생근거가 유기죄에서 보호의무의 발생근거보다 그 범위가 넓다.

┃유제┃ 부조를 요하는 자를 보호할 법률상, 계약상 또는 사회상규상 의무 있는 자가 유기한 때에는 유기죄가 성립한다. (X) [03·04사시]

┃유제┃ 피고인과 피해자가 특정 지점까지 가기 위하여 길을 같이 걸어간 관계가 있다는 사실만으로는 피고인에게 피해자를 구조해야 할 의무가 발생하지 않는다. (O) [12(2)모]

2. 유기죄에서 말하는 법률상 보호의무 가운데는 「민법」에 근거한 부부간의 부양의무도 포함된다(대판 2007도3952). [23(1)모]

3. 사실혼 관계에 있는 당사자간에 혼인의 의사가 있고 사회관념상 가족질서적인 면에서 부부공동생활을 인정할 만한 혼인생활의 실체가 존재하는 경우에는 그 당사자간에는 유기죄 성립의 전제가 되는 법률상 보호의무가 인정된다(대판 2007도3952). [16(3)모·13(3)모·12(2)모]

┃유제┃ 민법상 부부간의 부양의무에 근거한 법률상 보호의무인 작위의무는 법률상 부부의 경우에 한정되므로 사실혼 관계에서는 인정될 여지가 없다. (X) [19변시·19(2)모·17(1)모]

┃유제┃ 사실혼관계에 있는 배우자 간에 보호의무가 인정되기 위해서는 단순한 동거 또는 간헐적인 정교관계를 맺고 있다는 사정만으로는 부족하고, 당사자 사이에 혼인의 의사가 있고 사회관념상 부부공동생활을 인정할 만한 혼인생활의 실체가 존재하여야 한다. (O) [18(1)모]

4. ① 유기죄에 있어서의 '계약상 의무'는 간호사나 보모와 같이 계약에 기한 주된 급부의무가 부조를 제공하는 것인 경우에 반드시 한정되지 아니하며, 계약의 해석상 계약관계의 목적이 달성될 수 있도록 상대방의 신체 또는 생명에 대하여 주의와 배려를 한다는 부수적 의무의 한 내용으로 상대방을 부조하여야 하는 경우를 배제하는 것은 아니다(대판 2011도12302). [19(2)모]
② 부수의무로서의 민사적 부조의무 또는 보호의무가 인정되는 경우 유기죄에서의 '계약상 의무'가 당연히 긍정된다. (X) [19(2)모]

: 그러나 단지 위와 같은 부수의무로서의 민사적 부조의무 또는 보호의무가 인정된다고 해서 형법 제271조 소정의 '계약상 의무'가 당연히 긍정된다고는 말할 수 없고, 제반 사정을 고려하여 위 '계약상의 부조의무'의 유무를 신중하게 판단하여야 한다(대판 2011도12302). 답 O, X

5. 유기는 상대방을 장소적으로 이전시키거나 두고 떠나는 경우뿐만 아니라 장소적 격리 없이 상대방에게 생존에 필요한 보호를 하지 않는 경우도 포함한다. (O) [23(1)모]

6. 유기죄에서의 유기행위는 도움이 필요한 자를 보호 없는 상태로 둠으로써 생명·신체를 위태롭게 하는 것이므로 작위뿐만 아니라 부작위에 의하여도 성립하며, 유기를 당한 사람의 생명·신체에 위험을 발생하게 할 가능성 외에 보호의 가능성이 전혀 없을 것이 요구된다. (X) [25변시]

: 유기를 당한 사람의 생명·신체에 위험을 발생하게 할 가능성이 있으면 유기행위의 요건은 충족되고 반드시 보호의 가능성이 전혀 없을 것을 요하는 것은 아니다(대판 2015도6809).

★
7. 甲이 자신이 운영하는 주점에 손님으로 와서 수일 동안 한 끼의 식사도 하지 않은 채 계속하여 술을 마시고 만취한 A를 주점 내에 그대로 방치하여 저체온증 등으로 사망에 이르게 한 때에는 甲에게 유기치사죄가 성립한다. (O) [17(2)모·16(3)모·13(3)모]

: 피고인은 주점의 운영자로서 피해자의 생명 또는 신체에 대한 위해가 발생하지 아니하도록 피해자를 주점 내실로 옮기거나 인근에 있는 여관에 데려다 주어 쉬게 하거나 피해자의 지인 또는 경찰에 연락하는 등 필요한 조치를 강구하여야 할 계약상의 부조의무를 부담하므로 유기치사죄에 해당한다(대판 2011도12302).

8. 사망의 위험이 예견되는 딸에게 수혈이 최선의 치료방법이라는 의사의 권유에도 불구하고 어머니가 종교적 이유로 수혈을 거부함으로써 딸이 사망한 경우 유기치사죄에 해당한다(대판 79도1387). [16(3)모·12(2)모]

9. 유기죄의 주관적 요건은 행위자가 요부조자에 대한 보호책임의 발생원인이 된 사실이 존재한다는 것을 인식하고 이에 기한 부조의무를 해태한다는 인식이 있음을 요한다(대판 86도225). [18(1)모·16(3)모]

▌유제▌ 유기죄가 성립하기 위하여는 도움이 필요한 사람에 대한 보호책임의 발생원인이 된 사실이 존재한다는 것을 인식하여야 한다. (O) [23(1)모]

10. 강간치상의 범행을 저지른 甲이 그 범행으로 인하여 실신상태에 있는 피해자를 구호하지 아니하고 방치하였다 하더라도, 유기죄는 성립하지 아니하고 포괄적으로 단일의 강간치상죄만 성립한다(대판 80도726). [23변시·18(1)모·16(3)모]

11. 학대죄는 자기의 보호 또는 감독을 받는 사람에게 육체적으로 고통을 주거나 정신적으로 차별대우를 하는 행위가 있음과 동시에 범죄가 완성되는 상태범 또는 즉시범이다(대판 84도2922). [20변시]

제2장 자유에 대한 죄

제1절 협박의 죄

★ 사례문제 기출례 협박죄의 기수시기 [20 · 15모사]

1. ① 협박죄는 사람의 의사결정의 자유를 보호법익으로 하는 위험범이고, 해악의 고지가 상대방에게 도달은 하였으나 상대방이 이를 지각하지 못하였거나 고지된 해악의 의미를 인식하지 못한 경우에도 협박죄는 기수에 이르렀다고 해야 한다. (X) [20변시]

② 일반적으로 사람으로 하여금 공포심을 일으키게 할 만한 해악을 고지함으로써 상대방이 그 의미를 인식한 이상 현실적으로 공포심을 일으키지 않더라도 협박죄의 기수가 된다. (O) [20(1)모 · 16(3)모]

: [1] 협박죄가 성립되려면 고지된 해악의 내용이 일반적으로 사람으로 하여금 공포심을 일으키게 하기에 충분한 것이어야 하지만, 그와 같은 정도의 해악을 고지함으로써 상대방이 그 의미를 인식한 이상, 상대방이 현실적으로 공포심을 일으켰는지 여부와 관계없이 그로써 구성요건은 충족되어 협박죄의 기수에 이르는 것이다. [2] 결국 협박죄는 사람의 의사결정의 자유를 보호법익으로 하는 위험범으로 봄이 상당하고, 협박죄의 미수범 처벌조항은 해악의 고지가 현실적으로 상대방에게 도달하지 아니한 경우나 도달하였으나 전혀 지각하지 못한 경우 혹은 고지된 해악의 의미를 상대방이 인식하지 못한 경우 등에 적용될 뿐이라고 할 것이다(대판(全) 2007도606). 답 X, O

▮유제▮ 협박행위로 상대방이 현실적으로 공포심을 일으켰다는 점이 증명된다면 협박죄의 기수에 이르렀다고 인정하고, 이에 대한 증명이 부족하거나 오히려 상대방이 현실적으로 공포심을 일으키지 않았다는 점이 증명된다면 협박죄의 미수에 그친 것으로 보아야 한다. (X) [24(1)모]

▮유제▮ A주식회사는 직원 甲을 통해 乙에게 외제 승용차를 할부 판매하였는데, 乙이 약정기일에 할부금을 갚지 못하여 甲이 회사에서 책임추궁을 당하자 할부금을 갚지 않으면 乙의 아들에게 상해를 가하겠다는 협박편지를 乙의 아파트 우편함에 넣어 두었으나 경비원이 이를 휴지통에 버린 경우 甲은 협박죄의 미수에 해당한다. (O) [15변시]

▮유제▮ X회사에 근무하던 甲은 대표이사 A와 갈등으로 퇴사하게 되자 재직하면서 알게 된 회사 비리를 국세청과 수사기관에 알리겠다며 각각 3차례에 걸쳐 A에게 협박 메일을 발송하였다. 甲이 A에게 발송한 협박 메일이 A의 메일함에 도착하였으나 스팸메일로 분류되어 자동 삭제되었거나 A가 이를 읽지 않고 지워버렸다 하더라도 협박죄는 위험범이므로 해악의 고지가 상대방에게 도달한 이상 협박죄의 기수가 된다. (X) [22변시 · 19(1)모]

▮유제▮ 정보보안과 경찰관인 甲은 자신의 지위를 내세우면서 乙(채권자)과 丙(채무자)의 민사분쟁에 개입하여 빨리 채무를 변제하지 않으면 상부에 보고하여 문제를 삼겠다고 丙에게 말하였으나 丙은 현실적으로 공포심을 느끼지는 아니하였다. 甲의 협박죄는 기수에 이르렀다. (O) [15(3)모 · 12(2)모]

2. ① 해악의 고지는 행위자가 직접 해악을 가하겠다고 하는 것은 물론 제3자로 하여금 해악을 가하도록 하겠다는 방식으로도 가능하며, 이때 고지자가 실제로 제3자의 행위를 사실상 지배할 수 있는 지위에 있지 않는 한 협박죄는 성립하지 아니한다. (X) [19(1)모]

② 해악의 고지가 제3자로 하여금 해악을 가하도록 하겠다는 방식인 경우 고지자가 제3자에게 영향을 미칠 수 있는 지위에 있는 것으로 믿게 하는 묵시적 언동을 하는 때에도 협박죄의 협박이 된다. (O) [11 · 09사시 · 12법행]

: 협박의 경우 행위자가 직접 해악을 가하겠다고 고지하는 것은 물론, 제3자로 하여금 해악을 가하도록 하겠다는 방식으로도 얼마든지 가능하지만, 이 경우 고지자가 제3자의 행위를 사실상 지배하거나 제3자에게 영향을 미칠 수 있는 지위에 있는 것으로 믿게 하는 명시적 · 묵시적 언동을 하였거나 제3자의 행위가 고지자의 의사에 의하여 좌우될 수 있는 것으로 상대방이 인식한 경우에 한하여 비로소 협박으로 평가할 수 있다(대판 2006도6155).

3. ① 협박죄는 사람의 의사결정의 자유를 보호법익으로 하는 범죄로서 자연인만을 그 대상으로 예정하고 있을 뿐 법인은 협박죄의 객체가 될 수 없다(대판 2010도1017). [22(1)모·19(1)모·18(1)모]
② 피해자 본인이나 그 친족뿐만 아니라 그 밖의 제3자에 대한 법익 침해를 내용으로 하는 해악을 고지하는 것이라고 하더라도 피해자 본인과 제3자가 밀접한 관계에 있어 그 해악의 내용이 피해자 본인에게 공포심을 일으킬 만한 정도의 것이라면 협박죄가 성립할 수 있고, 이 때 제3자에는 자연인뿐만 아니라 법인도 포함된다(대판 2010도1017). [22변시·20(1)모·19(1)모·13(1)모]

┃유제┃ A 주식회사 대표이사에게 자신의 횡령행위를 문제 삼으면 A 주식회사의 내부비리 등을 금융감독원 등 관계기관에 고발하겠다고 발언하는 경우 대표이사뿐만 아니라 법인에 대하여도 협박죄가 성립한다. (X)
[14변시·23(3)모]

4. A회사 감사팀으로부터 횡령 의혹을 받고 있는 직원인 甲과 乙은 공모하여 '회사의 내부비리를 금융감독원 등 관계기관에 고발하겠다'는 취지의 서면을 A회사 대표이사의 처남이자 상무이사인 B에게 팩스로 송부하였다. 그 후 甲은 B에게 전화를 하여 "당신도 그 비리에 연루되어 있으니 우리의 횡령행위를 문제 삼지 말라."라고 요구하면서 위 서면의 내용과 같은 말을 하였다. 비리를 관계기관에 고발하는 것은 국민의 권리일 뿐 아니라 고발의 내용도 위법하지 않으므로 甲과 乙의 행위는 정당한 권리행사로서 협박죄가 성립할 수 없다. (X)
[12변시]

: 그 해악의 고지가 외관상 권리행사나 직무집행으로 보이더라도 실질적으로 권리나 직무권한의 남용이 되어 사회상규에 반하는 때에는 협박죄가 성립한다(대판(全) 2007도606).

5. 상대방과 말다툼을 하다가 화가 나 횟집 주방에 있던 회칼을 들고 나와 자신의 요구에 응하지 않으면 스스로 죽어버리겠다며 자해하려고 한 경우, 협박죄가 성립한다(대판 2010도14316). [23(3)모·20(1)모]

6. 협박죄의 고의는 행위자가 그러한 정도의 해악을 고지한다는 것을 인식, 인용하는 것을 그 내용으로 하고 고지한 해악을 실제로 실현할 의도나 욕구는 필요로 하지 아니한다(대판 90도2102). [13(1)모·09사시]

7. 행위자의 언동이 단순한 감정적인 욕설 내지 일시적 분노의 표시에 불과하여 주위사정에 비추어 가해의 의사가 없음이 객관적으로 명백한 때에는 협박행위 내지 협박의 의사를 인정할 수 없다(대판 90도2102). [19(1)모]

★ [사례문제 기출례] 채권추심의 수단으로 협박하여 협박죄가 인정된 사례 [22·18·12변시 등]

8. 사채업자 甲이 채무자 A에게 채무를 변제하지 않으면 A가 숨기고 싶어하는 과거 행적과 사채를 쓴 사실 등을 남편과 시댁에 알리겠다는 등의 문자메시지를 발송한 경우, 甲의 행위는 사회통념상 용인되는 범위를 넘는 것이어서 협박죄가 성립한다(대판 2011도2412). [23변시·16(1)모·14(3)모]

제2절 강요의 죄

1. 강요죄의 폭행은 사람에 대한 직접적인 유형력의 행사분만 아니라 간접적인 유형력의 행사도 포함하며, 반드시 사람의 신체에 대한 것에 한정되지 않는다(대판 2018도1346). [23(3)모]

2. 강요죄에서 협박은 객관적으로 사람의 의사결정의 자유를 제한하거나 의사실행의 자유를 방해할 정도로 겁을 먹게 할 만한 해악을 고지하는 것을 말하며, 이와 같은 협박이 인정되기 위해서는 발생 가능한 것으로 생각할 수 있는 정도의 구체적인 해악의 고지가 있어야 한다. (O) [23(3)모]

: 따라서 공무원이 자신의 직무와 관련한 상대방에게 공무원 자신 또는 자신이 지정한 제3자를 위하여 재산적 이익 또는 일체의 유·무형의 이익 등을 제공할 것을 요구하고 상대방은 공무원의 지위에 따른 직무에 관하여 어떠한 이익을 기대하며 그에 대한 대가로서 요구에 응하였다면, 다른 사정이 없는 한 공무원의 위 요구 행위를 객관적으로 사람의 의사결정의 자유를 제한하거나 의사실행의 자유를 방해할 정도로 겁을 먹게 할 만한 해악의 고지라고 단정하기는 어렵다. 공무원인 행위자가 상대방에게 어떠한 이익 등의 제공을 요구한 경우 위와 같은 해악의 고지로 인정될 수 없다면 직권남용이나 뇌물 요구 등이 될 수는 있어도 협박을 요건으로 하는 강요죄가 성립하기는 어렵다(대판(全) 2018도13792).

3. ① 행위자가 직무상 또는 사실상 상대방에게 영향을 줄 수 있는 직업이나 지위에 있고 직업이나 지위에 기초하여 상대방에게 어떠한 요구를 하였더라도 곧바로 그 요구 행위를 강요죄의 성립을 위한 해악의 고지라고 단정하여서는 안 된다. (O) [25변시]

② 직장에서 상사가 범죄행위를 저지른 부하직원에게 징계절차에 앞서 자진하여 사직할 것을 단순히 권유한 경우, 강요죄가 성립하지 않는다. (O) [24(3)모·20(1)모]

: 강요죄의 협박은 객관적으로 사람의 의사결정의 자유를 제한하거나 의사실행의 자유를 방해할 정도로 겁을 먹게 할 만한 해악을 고지하는 것을 말하므로, 직장에서 상사가 범죄행위를 저지른 부하직원에게 징계절차에 앞서 자진하여 사직할 것을 단순히 권유하였다고 하여 이를 강요죄에서의 협박에 해당한다고 볼 수는 없다(대판 2008도7018).

4. 피고인이 甲과 공모하여 甲 소유의 차량을 피해자 소유 주택 대문 바로 앞부분에 주차하는 방법으로 피해자가 차량을 피해자 소유 주택 내부의 주차장에 출입시키지 못하게 하였더라도, 피해자는 차량을 용법에 따라 정상적으로 사용할 수 있었으므로, 주차 당시 피고인과 피해자 사이에 물리적 접촉이 있거나 피고인이 피해자에게 어떠한 유형력을 행사했다고 볼만한 사정이 없다면, 강요죄는 성립하지 않는다(대판 2018도1346). [23(3)(2)모·22법행]

5. 골프시설의 운영자가 골프회원에게 불리하게 내용이 변경된 회칙에 대하여 동의한다는 내용의 등록신청서를 제출하지 않으면 회원으로 대우하지 않겠다고 통지하는 것은 강요죄의 협박에 해당한다(대판 2003도763). [14변시·18(2)모]

6. 피해자의 해외도피를 방지하기 위하여 피해자를 협박하고 이에 피해자가 겁을 먹고 있는 상태를 이용하여 피해자 소유의 여권을 교부하게 함으로써 피해자가 그의 여권을 강제회수당하였다면 강요죄의 기수가 성립한다(대판 93도901). [12변시·06법행]

7. 강요죄에서 '의무 없는 일'이란 법령, 계약 등에 기하여 발생하는 법률상 의무 없는 일을 말하므로, 폭행 또는 협박으로 법률상 의무 있는 일을 하게 한 경우에는 폭행 또는 협박죄만 성립할 뿐 강요죄는 성립하지 아니한다(대판 2008도1097). [22변시·20(1)모]

┃유제┃ 조직폭력의 전과가 있는 연예기획사 대표 甲은 영화배우 A가 팬미팅 공연계약을 하고도 이를 이행하지 않자 자신의 부하인 乙에게 A가 계약을 이행하도록 폭행·협박할 것을 지시하여, 乙이 A에게 팬미팅 공연을 이행하지 않으면 쥐도 새도 모르게 죽여 버리겠다고 협박하는 휴대폰 문자를 보냈으나 A는 이를 스팸문자로 알고 지워버렸다. 甲에게 강요죄 교사의 미수, 乙에게 강요죄 기수가 성립한다. (X) [20(1)모]

제3절 체포와 감금의 죄

1. ① 정신질환자도 감금죄의 객체가 될 수 있다(대판 2002도4315). [17변시·24(2)모·22(1)모]
② 감금죄에서 감금행위는 사람으로 하여금 일정한 장소 밖으로 나가지 못하도록 신체의 자유를 제한하는 행위를 가리키며 그 방법은 반드시 물리적인 장애를 사용하는 경우뿐만 아니라 무형적인 수단으로서 공포심에 의하여 나갈 수 없게 한 경우도 포함한다(대판 98도1036). [12법행]
③ 감금죄가 성립하기 위하여 반드시 사람의 행동 자유를 전면적으로 박탈할 필요는 없고, 감금된 특정한 구역 범위 안에서 일정한 생활의 자유가 허용되어 있었다고 하더라도 사람이 특정한 구역에서 벗어나는 것을 불가능하게 하거나 매우 곤란하게 한 이상 감금죄의 성립에는 아무런 지장이 없다(대판 98도1036). [12·09법행]

┃유제┃ 감금은 무형적 방법으로도 가능하고, 감금죄가 성립하기 위하여 반드시 사람의 행동의 자유를 전면적으로 박탈할 필요는 없다. (O) [24(2)모]

┃유제┃ 경찰서 내 대기실로서 일반인과 면회인 및 경찰관이 수시로 출입하는 곳이고 여닫이문만 열면 나갈 수 있도록 된 구조라 하여도 경찰서 밖으로 나가지 못하도록 그 신체의 자유를 제한하는 유·무형의 억압이 있었다면 이는 감금에 해당한다. (O) [17변시]

2. ① 체포죄는 사람의 신체에 대하여 직접적이고 현실적인 구속을 가하여 신체활동의 자유를 박탈하는 죄로서 그 실행의 착수 시기는 체포의 고의로 타인의 신체적 활동의 자유를 현실적으로 침해하는 행위를 개시한 때이다(대판 2016도18713). [22법행]
② 체포죄는 체포의 행위에 확실히 사람의 신체의 자유를 구속한다고 인정할 수 있을 정도의 시간적 계속이 있어야 기수에 이르고 신체의 자유에 대한 구속이 그와 같은 정도에 이르지 못하고 일시적인 것으로 그친 경우, 체포죄의 미수범이 성립한다(대판 2016도18713). [25변시·24(1)·23(3)모·21(3)모]

┃유제┃ B가 甲의 집을 나와 엘리베이터를 타자 甲이 뛰쳐나와서 B의 팔을 잡고 끌어내리려고 했고 B는 이를 뿌리쳤다. 이어서 甲이 닫히는 엘리베이터 문을 손으로 막으며 안으로 들어오려고 하자 B는 닫힘 버튼을 누르고 손으로 甲을 밀어냈다. 甲의 행위는 체포미수죄에 해당한다(대판 2017도21249). [20(3)모]

┃유제┃ 타인의 신체적 활동의 자유를 현실적으로 침해하지 않더라도 잠재적으로 침해하는 행위를 개시하였다면 체포죄의 실행에 착수하였다고 볼 것이다. (X) [24(2)모]

3. 사람을 체포한 자가 계속해서 감금한 때에는 포괄하여 하나의 감금죄가 성립한다. (O) [09법행]

4. 감금을 하기 위한 수단으로서 행사된 협박행위는 감금죄에 흡수되어 따로 협박죄를 구성하지 아니한다(대판 82도705). [17변시·13(2)모·13(1)모]

5. 피해자를 감금하였다가 상해를 가한 후 계속하여 감금한 경우 감금죄와 상해죄는 실체적 경합관계에 있다. (O) [13(2)모]

제4절 약취, 유인 및 인신매매의 죄

1. 甲이 미성년자 A를 약취하여 돈을 요구하였으나 A의 부모가 가난한 사실을 알고 A를 돌려보냈다면 甲의 행위는 「특정범죄 가중처벌 등에 관한 법률」상 재물요구죄의 중지미수에 해당한다. (X) [16사시]

   : 미성년자를 약취한 자가 그 부모에게 재물을 요구하였으나 취득하지 못한 경우 검사는 이를 '재물요구죄'로 기소할 수 있음은 물론, '재물취득의 점을 중시하여 '재물취득 미수죄'로 기소할 수도 있다(대판 2008도3747). - 재물요구죄는 기수, 재물취득죄는 미수에 해당

2. 이혼소송 중인 부부가 별거하는 상황에서 일방 배우자 甲이 면접교섭권을 행사하기 위하여 외국에서 타방 배우자 乙과 함께 생활하던 자녀 A(만 5세)를 대한민국으로 데려온 후 면접교섭 기간이 종료하였음에도 乙에게 데려다 주지 않고 법원의 유아인도명령에 따르지 않는 등 A와 乙 간의 유대관계를 잃어버리게 한 경우라도 甲이 적법하게 A를 데리고 온 이상 이를 약취라 볼 수 없으므로 미성년자약취죄가 성립하지 않는다. (X) [25변시]

   : 피고인의 행위는 불법적인 사실상의 힘을 수단으로 피해아동을 그 의사와 복리에 반하여 자유로운 생활 및 보호관계로부터 이탈시켜 자기의 사실상 지배하에 옮긴 적극적 행위와 형법적으로 같은 정도의 행위로 평가할 수 있으므로, 형법 제287조 미성년자약취죄의 약취행위에 해당한다(대판 2019도16421).

3. 미성년자의 어머니가 교통사고로 사망하여 아버지가 미성년자의 양육을 외조부에게 맡겼으나 교통사고 배상금 등으로 분쟁이 발생하자, 학교에서 귀가하는 미성년자를 아버지가 본인의 의사에 반하여 강제로 차에 태우고 데려간 경우 미성년자약취죄가 성립한다. (O) [14변시]

   : 미성년자를 보호감독하는 자라 하더라도 다른 보호감독자의 감호권을 침해하거나 자신의 감호권을 남용하여 미성년자 본인의 이익을 침해하는 경우에는 미성년자 약취·유인죄의 주체가 될 수 있다(대판 2007도8011). [24(2)모]

4. 약취란 폭행·협박을 수단으로 하여 사람을 자기 또는 제3자의 지배하에 옮기는 행위를 말하는데, 그 폭행 또는 협박의 정도는 상대방을 실력적 지배하에 둘 수 있을 정도이면 족하고 반드시 상대방의 반항을 억압할 정도의 것임을 요하지는 아니한다(대판 2009도3816). [24(2)모·13(1)모]

5. 미성년자가 혼자 머무는 주거에 침입하여 그를 감금한 뒤 폭행 또는 협박에 의하여 부모의 출입을 봉쇄하고 독자적인 생활관계를 형성하기에 이르렀다면 비록 장소적 이전이 없었다 할지라도 미성년자약취죄가 성립한다(대판 2007도8485). [18변시·14변시]

: 형법 제287조에 규정된 약취행위에는 미성년자를 장소적으로 이전시키는 경우뿐만 아니라 장소적 이전 없이 기존의 자유로운 생활관계 또는 부모와의 보호관계로부터 이탈시켜 범인이나 제3자의 사실상 지배하에 두는 경우도 포함된다(대판 2007도8485).

┃유제┃ 약취는 피약취자를 장소적으로 이전시키는 경우만을 의미하지만 유인은 피유인자의 장소적 이전을 반드시 요하지는 않는다. (X) [24(2)모]

6. 유인의 수단이 되는 기망이 피유인자에게 가해질 필요는 없고 그 보호자에게 가해지더라도 상관없다. (O) [24(2)모]

: 예컨대 보호자를 유인하여 피유인자를 자유로운 생활관계 또는 보호관계로부터 이탈시켜 범인이나 제3자의 '실력적 지배'를 설정하는 것도 가능하다.

7. 미성년자약취죄가 미성년자의 자유 외에 보호감독자의 감호권도 그 보호법익으로 하고 있다는 점을 고려하면, 피고인과 공범들이 폭행, 협박 또는 불법적인 사실상의 힘을 사용하여 미성년자를 보호·감독하고 있던 아버지의 감호권을 침해하여 그를 자신들의 사실상 지배하로 옮긴 이상 미성년자약취죄가 성립하고, 약취행위에 미성년자의 동의가 있었다 하더라도 본죄의 성립에는 변함이 없다(대판 2002도7115). [22(2)모·13(1)모]

8. 미성년자약취죄는 계속범이므로, 미성년자를 약취한 자가 계속해서 피해자를 불법하게 감금한 경우에는 감금죄는 성립하지 않는다. (X) [24(2)모·13(1)(2)모·12법행]

: 약취·유인한 자가 인취한 미성년자를 계속해서 감금한 경우에는 미성년자약취·유인죄와 감금죄의 경합범이 된다(대판98도1036).

9. 우리나라 「형법」상 약취·유인 및 인신매매의 죄는 그 예비·음모를 제외하고 우리나라 영역 밖에서 죄를 범한 외국인에게도 적용된다. (O) [24변시]

: 개정형법은 약취, 유인 및 인신매매의 죄에 대해 세계주의 규정을 두고 있다(제296조의2 참조). 그런데 형법 제296조의2는 '제287조부터 제292조까지 및 제294조'에 대해 세계주의를 규정하고 있다. 따라서 제296조에 규정된 약취·유인죄 및 인신매매죄의 예비·음모에는 세계주의가 적용되지 않는다.

제5절 강간과 추행의 죄

1. 혼인관계가 파탄된 경우뿐만 아니라 혼인관계가 실질적으로 유지되고 있는 경우에도 남편이 반항을 불가능하게 하거나 현저히 곤란하게 할 정도의 폭행이나 협박을 가하여 아내를 간음한 경우에는 강간죄가 성립한다(대판(全) 2012도14788). [22(1)모·20(2)모·19(2)(3)모]

★
2. ① 강간죄의 폭행은 피해자의 반항이 불가능하거나 현저히 곤란할 정도임을 요한다(대판 2006도5979).
[14(2)모]

② 폭행·협박 선행형 강제추행죄의 '폭행 또는 협박'은 상대방의 항거를 곤란하게 할 정도로 강력할 것이 요구되지 아니하고, 상대방의 신체에 대하여 불법한 유형력을 행사(폭행의 경우)하거나 일반적으로 보아 상대방으로 하여금 공포심을 일으킬 수 있는 정도의 해악을 고지(협박의 경우)하는 것을 말한다(대판 2018도13877).

③ 강제추행죄는 상대방에 대하여 폭행 또는 협박을 가하여 항거를 곤란하게 한 뒤에 추행행위를 하는 경우뿐만 아니라, 폭행행위 자체가 추행행위인 경우도 포함되는 것이며 이 경우에 있어서의 폭행은 상대방의 의사에 반하는 유형력의 행사가 있기만 하면 그 힘의 대소강약을 불문한다(대판 2001도2417).
[23·18변시·21(1)모]

답 ○,○,○

▎유제▎ 피고인이 자신의 주거지 방안에서 4촌 친족관계인 피해자(여, 15세)의 학교 과제를 도와주던 중 피해자를 양팔로 끌어안은 다음 침대에 쓰러뜨린 후 피해자의 가슴을 만지는 등 추행한 경우, 피고인의 행위가 피해자의 항거를 곤란하게 할 정도의 폭행 또는 협박에 해당하지 않더라도 성폭력처벌법위반(친족관계에의한강제추행)죄가 성립한다(대판 2018도13877).
[24(3)모]

3. ① 강간죄에 있어 폭행 또는 협박이 피해자의 항거를 현저히 곤란하게 할 정도의 것이었는지 여부는 유형력을 행사한 당해 폭행 및 협박의 내용과 정도는 물론이고, 유형력을 행사하게 된 경위, 피해자와의 관계, 범행 당시의 정황 등 제반 사정을 종합하여 판단하여야 한다(대판 2005도3071).
[19(2)모]

② 강간죄가 성립하기 위한 가해자의 폭행·협박이 있었는지 여부와 관련하여 사후적으로 보아 피해자가 범행현장을 벗어날 수 있었다거나 피해자가 사력을 다하여 반항하지 않았다는 사정만으로는 가해자의 폭행·협박이 피해자의 항거를 현저히 곤란하게 할 정도에 이르지 않았다고 단정할 수는 없다(대판 2005도3071).
[19(2)모]

4. 가해자가 폭행을 수반함 없이 오직 협박만으로 피해자를 간음한 경우에도 그 협박의 정도가 피해자의 항거를 불가능하게 하거나 곤란하게 할 정도의 것이라면 협박과 간음 사이에 시간적 간격이 있더라도 강간죄가 성립할 수 있다(대판 2006도5979).
[19(2)모]

5. 甲이 乙의 의사에 반하여 기습적으로 자신의 성기를 乙의 성기에 삽입하고 양팔로 팔과 몸통을 세게 끌어안고 가슴으로 등을 세게 눌러 움직이지 못하도록 한 다음 간음행위를 계속한 경우, 간음행위를 시작하던 당시 乙의 반항을 현저히 곤란하게 하거나 이를 불가능하게 할 정도의 폭행·협박이 없었던 이상 甲을 강간죄로 처벌할 수 없다. (X)
[20(2)모]

: 강간죄에서의 폭행·협박과 간음 사이에는 인과관계가 있어야 하나, 폭행·협박이 반드시 간음행위보다 선행되어야 인과관계가 인정되는 것은 아니므로, 비록 간음행위를 시작할 때 폭행·협박이 없었다고 하더라도 간음행위와 거의 동시 또는 그 직후에 피해자를 폭행하여 간음한 것으로 볼 수 있다면, 이는 강간죄를 구성한다(대판 2016도16948).
[25변시·21(3)모·19(2)모·19(3)모]

6. 남자인 甲이 남자인 乙을 협박하여 강제로 계간한 경우 강간죄가 성립한다. (X)
[10(1)모]

: 폭행 또는 협박으로 사람에 대하여 구강, 항문 등 신체(성기는 제외한다)의 내부에 성기를 넣거나 성기, 항문에 손가락 등 신체(성기는 제외한다)의 일부 또는 도구를 넣는 행위를 한 경우 유사강간죄가 성립한다(제297조의2).

7. 甲이 버스에서 내려 혼자 걸어가는 A(27세, 여)를 발견하고 마스크를 착용한 채 뒤따라가다가 인적이 없고 외진 곳에서 가까이 접근하여 껴안으려고 양 팔을 든 순간, A가 뒤돌아보면서 소리치자 甲이 그 상태로 몇 초 동안 A를 쳐다보다가 다시 오던 길로 되돌아간 경우, 甲에게는 강제추행미수죄가 성립한다. (O) [25·19변시·24(1)모·22(1)모·20(3)모][23모사]

: 피고인의 팔이 A의 몸에 닿지 않았더라도 양팔을 높이 들어 갑자기 뒤에서 껴안으려는 행위는 A의 의사에 반하는 유형력의 행사로서 폭행행위에 해당하며, 그때 '기습추행'에 관한 실행의 착수가 있으므로, 피고인의 행위는 강제추행미수죄에 해당한다(대판 2015도6980).

8. 강제추행죄에서 추행이란 일반인에게 성적 수치심이나 혐오감을 일으키고 선량한 성적 도의관념에 반한 것으로 충분하고 피해자의 성적 자기결정의 자유를 침해하는 것일 필요는 없다. (X) [21(3)모·18(3)모]

: 강제추행죄에서 '추행'이란 일반인에게 성적 수치심이나 혐오감을 일으키고 선량한 성적 도덕관념에 반하는 행위인 것만으로는 부족하고 그 행위의 상대방인 피해자의 성적 자기결정의 자유를 침해하는 것이어야 한다(대판 2011도8805). [21(2)모]

9. 피고인이 처음 보는 여성인 피해자의 뒤로 몰래 접근하여 성기를 드러내고 피해자를 향한 자세에서 피해자의 등 쪽에 소변을 본 행위는 피해자의 성적 자기결정권을 침해하는 추행행위에 해당한다고 볼 여지가 있으나, 행위 당시에 피해자가 이를 인식하지 못하였다면 추행에 해당하지 않는다. (X) [22법행]

: 피고인의 행위가 객관적으로 추행행위에 해당한다면 그로써 행위의 대상이 된 피해자의 성적 자기결정권은 침해되었다고 보아야 하며, 행위 당시에 피해자가 이를 인식하지 못하였다고 하여 추행에 해당하지 않는다고 볼 것은 아니다(대판 2021도7538).

10. 여성에 대한 추행에 있어 신체 부위에 따라 본질적인 차이가 있다고 볼 수 없다(대판 2019도12282). [21(1)모]

11. 甲이 엘리베이터라는 폐쇄된 공간에서 여자인 A를 칼로 위협하는 등으로 꼼짝하지 못하도록 한 다음 자위행위 모습을 보여주고 A로 하여금 이를 외면하거나 피할 수 없게 한 행위는 성폭력처벌법위반(특수강제추행)죄에 해당한다(대판 2009도13716). [13·12사시]

12. 위력에 의한 추행죄에서 '위력'은 유형력의 대상이나 내용 등에 비추어 강제추행죄의 '폭행 또는 협박'에 해당하지 아니하는 폭행·협박은 물론, 상대방의 자유의사를 제압하거나 혼란하게 할 만한 사회적·경제적·정치적인 지위나 권세를 이용하는 것을 포함한다(대판 2011도7164). [25변시]

13. 甲이 11세의 여자 아이와 단둘이 있는 아파트 엘리베이터 내에서 성기를 꺼내어 잡고 여러 방향으로 움직이다가 이를 보고 놀란 여자 아이 앞으로 가까이 다가간 경우 아직 신체에 대한 접촉을 하지 않았더라도 「성폭력처벌법」상 위력에 의한 추행에 해당한다(대판 2011도7164). [16사시]

14. 자신이 알고 있는 사람과 다툼을 일으키고 자신의 말을 무시하고 차량이 주차된 장소로 가는 48세 부녀자인 A를 뒤따라가 '그냥 가면 가만두지 않겠다'라고 하면서 바지를 벗고 자신의 성기를 보여준 甲의 행위는 비록 사람들이 왕래하는 골목길 도로이고 직접적인 신체적 접촉이 없었으나, 주차된 차량들 사이에서 발생한 것이고, 저녁 8시경에 이루어졌으며, 객관적으로 일반인에게 성적수치심과 혐오감을 일으키는 행위이므로 강제추행죄가 성립한다. (X) [13변시 · 22(1)모 · 20(1)모]

: 피해자에게 어떠한 신체적 접촉도 하지 아니한 점, 행위 장소가 폐쇄된 곳이 아니었던 점, 피해자 자신의 성적 결정의 자유를 침해당하였다고 볼 만한 사정은 없는 점 등의 사정에 비추어 강제추행죄의 '추행'에 해당한다고 볼 수 없다(대판 2011도8805).

15. 알고 지내던 피해자가 자신의 머리채를 잡아 폭행을 가하자 보복의 의미에서 피해자의 입술, 귀, 유두, 가슴 등을 입으로 깨무는 등의 행위는 강제추행죄의 추행에 해당한다. (O) [15(3)모]

: 강제추행죄의 성립에 필요한 주관적 구성요건으로 성욕을 자극 · 흥분 · 만족시키려는 주관적 동기나 목적이 있어야 하는 것은 아니다(대판 2013도5856).

▎유제▎ 미성년자의제강제추행죄는 13세미만의 아동을 추행한다는 인식 이외에 자신의 성욕을 자극 · 흥분 · 만족시키려는 주관적 동기와 목적이 있어야 성립한다. (X) [18(3)모]

16. 강간죄는 '폭행 또는 협박으로' 항거를 불가능하게 하는 데 반하여, 준강간죄는 이미 존재하고 있는 '항거불능의 상태를 이용'한다는 점이 다를 뿐임에도 준강간죄의 객체를 '사람'이 아닌 '심신상실 또는 항거불능의 상태에 있는 사람'이라고 보는 것은 형벌조항의 문언의 범위를 벗어나는 해석이다. (X) [22(1)모 · 20(2)모]

: 준강간죄에서 행위의 대상은 '심신상실 또는 항거불능의 상태에 있는 사람'이다(대판(全) 2018도16002).

17. ① 준강간의 고의는 피해자가 심신상실 또는 항거불능의 상태에 있다는 것과 그러한 상태를 이용하여 간음한다는 구성요건적 결과 발생의 가능성을 인식하고 그러한 위험을 용인하는 내심의 의사를 말한다. (O) [23변시 · 20(3)모]

② 甲은 자신의 집에서 B녀(21세)와 술을 마시다가 B가 술에 취하여 잠이 들자 항거불능의 상태에 있다고 인식하고 이 상태를 이용하여 간음할 의사로 B를 간음하였다. 그러나 B는 실제로는 항거불능의 상태에 있지 않았다. 甲의 행위는 준강간죄의 불능미수에 해당한다. (O) [20(3)모]

: 피고인이 행위 당시에 인식한 사정을 놓고 일반인이 객관적으로 판단하여 보았을 때 준강간의 결과가 발생할 위험성이 있었으므로 준강간죄의 불능미수가 성립한다(대판(全) 2018도16002). [24변시 · 20법행]

▎유제▎ 甲이 심신상실상태에 있지 않은 A를 그러한 상태에 있다고 인식하고 이를 이용하여 간음할 의사로 A를 간음한 경우, 판례에 의하면 행위 당시에 '일반인'이 인식할 수 있었던 사정을 놓고 일반인이 객관적으로 판단하여 보았을 때 준강간의 결과가 발생할 위험성이 있었다면 준강간죄의 불능미수가 인정된다. (X) [21(1)모]

▎유제▎ 피고인이 피해자가 심신상실 또는 항거불능의 상태에 있다고 인식하고 그러한 상태를 이용하여 간음할 의사로 피해자를 간음하였으나 피해자가 실제로는 심신상실 또는 항거불능의 상태에 있지 않다면, 준강간죄의 고의는 있으나 객관적 구성요건이 충족된다고 볼 수 없으므로 무죄이다. (X) [24(2)모 · 20(3)모]

18. 피해자가 깊은 잠에 빠져 있거나 술 · 약물 등에 의해 일시적으로 의식을 잃은 상태 또는 완전히 의식을 잃지는 않았더라도 그와 같은 사유로 정상적인 판단능력과 대응 · 조절능력을 행사할 수 없는 상태에 있었다면 준강간죄 또는 준강제추행죄에서의 심신상실 또는 항거불능 상태에 해당한다(대판 2018도9781). [21법행]

19. ① 음주 후 준강간 또는 준강제추행을 당하였음을 호소한 피해자의 경우, 범행 당시 알코올이 기억형성의 실패만을 야기한 알코올 블랙아웃 상태였다면 피해자는 기억장애 외에 인지기능이나 의식 상태의 장애에 이르렀다고 인정하기 어렵다. (O) [21법행]

: 이에 비하여 피해자가 술에 취해 수면상태에 빠지는 등 의식을 상실한 패싱아웃 상태였다면 심신상실의 상태에 있었음을 인정할 수 있다(대판 2018도9781).

20. ② 성범죄의 피해자가 의식상실 상태에 빠져 있지는 않지만 알코올의 영향으로 의사를 형성할 능력이나 성적 자기결정권 침해행위에 맞서려는 저항력이 현저하게 저하된 상태였다면 '항거불능'에 해당하여, 이러한 피해자에 대한 간음 또는 추행행위는 준강간죄 또는 준강제추행죄를 구성할 수 있다(대판 2018도9781). [22(3)모]

21. 피고인이 간음하기 위해 피해자의 바지를 벗기려는 순간 피해자가 어렴풋이 잠에서 깨어나 피고인을 자신의 애인으로 착각하여 불을 끄라고 말하였고, 피고인이 여관으로 가자고 제의하자 그냥 빨리하라고 하면서 성교에 응하자 피고인이 피해자를 간음한 경우 준강간죄가 성립하지 않는다(대판 98도4355). [15변시·18(3)모]

22. 술에 취하여 모텔 침대에 잠들어 있는 피해자를 간음할 의사로 피고인이 피해자의 속바지를 벗기다가 피해자가 깨어나자 중단하였다면, 피고인의 행위는 간음의 의도를 가지고 간음의 수단이라고 할 수 있는 행동을 시작한 것으로서 준강간죄의 실행에 착수한 것이다(대판 2018도19295). [24(2)모]

23. 13세 미만의 소녀가 자신에 대한 간음에 동의하였더라도 간음행위의 위법성이 조각되지 않는다(대판 82도2183). [16변시·20(3)모]

24. 성인 남성 甲은 여성 A(2010. 1. 1.생)와 교제를 하던 중 2024. 6. 6.경 합의하에 성관계를 하였다. 甲이 A를 간음한 행위는 「형법」 제305조의 미성년자의제강간죄에 의해 처벌하기 어렵다. (X) [25변시]

: 형법(제305조)은 '13세 미만의 사람'에 대한 간음 등은 모두 처벌하면서, '13세 이상 16세 미만의 사람'에 대한 간음 등은 행위자가 미성년자이면 처벌하지 않고 성년자일 경우에 한하여 처벌한다. 나아가 본죄의 수단에는 제한이 없으므로 위계나 위력을 사용한 경우는 물론 피해자의 동의가 있어도 성립한다(대판 82도2183).

25. 「형법」 제305조(미성년자에 대한 간음, 추행)에서 규정한 「형법」 제297조(강간)와 제298조(강제추행)의 '예에 의한다'는 의미는 미성년자의제강간·강제추행죄의 처벌에 있어 그 법정형뿐만 아니라 미수범에 관하여도 강간죄와 강제추행죄의 예에 따른다는 취지로 해석된다(대판 2006도9453). [19(3)모·18(3)모]

26. 상해죄에서와 달리 강간이나 강제추행의 수단으로 행하여진 폭행으로 인한 상처는 비록 경미하여 굳이 치료할 필요가 없이 시일이 경과함에 따라 자연적으로 치유될 수 있는 정도라고 하더라도 상해에 해당하므로 이 경우 강간치상죄 또는 강제추행치상죄가 성립된다. (X)

: 강간행위에 수반하여 생긴 상해가 극히 경미한 것으로서 굳이 치료할 필요가 없어서 자연적으로 치유되며 일상생활을 하는 데 아무런 지장이 없는 경우에는 강간치상죄의 상해에 해당되지 아니한다(대판 2003도4606).

27. 강제추행치상죄에 있어서의 상해는 피해자의 신체의 건강상태가 불량하게 변경되고 생활기능에 장애가 초래되는 것을 말하는 것으로서, 신체의 외모에 변화가 생겼다고 하더라도 신체의 생리적 기능에 장애를 초래하지 아니하는 이상 상해에 해당한다고 할 수 없다(대판 99도3099). [23(1)모]

28. 약물을 투약하여 타인을 일시적으로 수면 상태에 이르게 한 경우에도 약물로 인하여 건강상태가 불량하게 변경되고 생활기능에 장애가 초래되었다면 자연적으로 의식을 회복하였더라도 이는 강간치상죄에서 말하는 상해에 해당한다(대판 2017도3196). [18변시·23(1)모]

┃유제┃ 약물을 투약하여 피해자를 일시적으로 의식불명 상태에 이르게 한 후 강간하였으나 피해자가 자연적으로 의식을 회복한 경우, 정보나 경험을 기억하는 신체의 기능에 일시적으로 장애가 생겼다 하더라도 강간치상죄가 성립하지 아니한다. (X) [20(2)모]

29. 8세인 미성년자에 대한 추행행위로 피해자의 외음부 부위에 염증이 발생한 경우 그 증상이 약간의 발적과 경도의 염증이 수반된 정도에 불과하더라도 그로 인하여 피해자 신체의 건강상태가 불량하게 되고 생활기능에 장애가 초래된 것이라면 이러한 상해는 미성년자의제강제추행치상죄의 상해의 개념에 해당한다(대판 96도1395). [15변시]

30. 甲이 A와 술값 문제로 시비가 되어 A를 폭행하여 비골 골절 등의 상해를 가한 다음 A의 가슴을 만지는 등 A를 강제로 추행한 경우 상해죄와 강제추행치상죄가 성립한다. (X) [14변시·10법행]

: 피고인의 위 폭행을 강제추행의 수단으로서의 폭행으로 볼 수 없어 위 상해와 강제추행 사이에 인과관계가 없으므로 강제추행치상죄는 성립하지 않는다(상해죄와 강제추행죄의 경합범)(대판 2009도1934).

★
31. [1] 행위자가 간음의 목적으로 피해자에게 오인, 착각, 부지를 일으키고 피해자의 그러한 심적 상태를 이용하여 간음의 목적을 달성하였다면 위계와 간음행위 사이의 인과관계를 인정할 수 있고, 따라서 위계에 의한 간음죄가 성립한다. [23변시]
[2] 피해자가 오인, 착각, 부지에 빠지게 되는 대상은 간음행위 자체일 수도 있고, 간음행위에 이르게 된 동기이거나 간음행위와 결부된 금전적·비금전적 대가와 같은 요소일 수도 있다.
[3] 다만 행위자의 위계적 언동이 존재하였다는 사정만으로 위계에 의한 간음죄가 성립하는 것은 아니므로 위계적 언동의 내용 중에 피해자가 성행위를 결심하게 된 중요한 동기를 이룰 만한 사정이 포함되어 있어 피해자의 자발적인 성적 자기결정권의 행사가 없었다고 평가할 수 있어야 한다(대판(全) 2015도9436). [25변선·23(1)모·22(3)모·21(2)(3)모]

답 ○, ○, ○

┃유제┃ 행위자가 간음의 목적으로 피해자인 아동·청소년에게 간음행위 자체가 아니라 간음행위와 결부된 금전적·비금전적 대가에 대해 오인, 착각, 부지를 일으키고 피해자의 그러한 심적 상태를 이용하여 간음의 목적을 달성한 경우, 위계와 간음행위 사이에 인과관계를 인정할 수 있다. (○) [23(2)모]

┃유제┃ 사리판단력이 있는 고등학교 1년생으로 종전에 성경험이 있었던 A(16세, 여)에게 甲이 성교의 대가로 돈을 주겠다고 거짓말하여 이에 속은 A와 성교행위를 한 경우, 위계로써 아동·청소년을 간음한 경우에 해당하므로, 甲에게는 「형법」상 미성년자간음죄가 아니라 아·청법위반(위계등간음)죄가 성립한다. (○) [19변시]

32. 甲이 스마트폰 채팅 애플리케이션을 통하여 알게 된 14세의 피해자에게 자신을 '고등학교 2학년인 乙'이라고 거짓으로 소개하고 채팅을 통해 교제하던 중 자신을 스토킹하는 여성 때문에 힘들다며 그 여성을 떼어내려면 자신의 선배와 성관계를 하여야 한다는 취지로 피해자에게 이야기하고, 甲과 헤어지는 것이 두려워 甲의 제안을 승낙한 피해자를 마치 자신이 乙의 선배인 것처럼 행세하여 간음한 경우, 甲의 위 행위는 아청법 제7조 제5항에서의 위계에 해당한다. (O) [21법행]

: 피고인은 간음의 목적으로 피해자에게 오인, 착각, 부지를 일으키고 피해자의 그러한 심적 상태를 이용하여 피해자를 간음한 것이므로 이러한 피고인의 간음행위는 위계에 의한 것이라고 평가할 수 있다(대판(全) 2015도9436).

33. 피고인이 심신미약자인 피해자를 여관으로 유인하기 위하여 인터넷쪽지로 남자를 소개해 주겠다고 거짓말을 하여 피해자가 이에 속아 여관으로 오게 되었고, 그곳에서 성관계를 하게 되었다면 거짓말로 여관으로 유인한 행위는 위계에 의한 심신미약자간음죄의 위계에 해당한다. (X) [15변시]

: 피고인의 유인행위는 피해자를 피고인의 집으로 오게 하기 위한 행위에 불과하고, 피해자가 피고인의 집으로 온 것과 성교행위나 제모행위 사이에 불가분적 관련성이 인정되지 아니하는 경우라면, 피해자가 피고인의 유인행위로 인하여 간음행위나 추행행위 자체에 대한 착오에 빠졌다거나 이를 알지 못하게 되었다고 할 수 없다(대판 2014도8423).

34. 「형법」제302조의 미성년자간음죄에서 위력이란 폭행·협박이나 지위·권세 등의 타인의 자유의사를 제압할 만한 힘의 사용을 의미하며, 이 때 폭행·협박의 정도가 강간죄의 폭행·협박 정도에 이른 경우에는 「형법」제302조의 미성년자간음죄에 해당하지 않는다. (O) [22(3)모]

: 강간죄에서 요구하는 정도의 폭행·협박을 사용한 경우에는 미성년자나 심신미약자라도 강간죄가 성립한다(대판 65도45).

35. 「형법」제302조의 미성년자·심신미약자에 대한 간음·추행죄에 있어서 추행은 사회 전체가 아니라 객관적으로 피해자와 같은 처지에 있는 일반적·평균적인 사람을 기준으로 하여 볼 때 성적 수치심이나 혐오감을 일으키게 하고 선량한 성적 도덕관념에 반하는 행위로서 피해자의 성적 자유를 침해하는 행위를 의미한다(대판 2019도3341). [20(2)모]

36. 피해자의 사전 동의에 의한 성매매 과정에서 동의 당시 일반인이 예견하기 어려운 성적 접촉이나 성적 행위가 있었던 경우, 그 행위는 비록 성적 수치심이나 혐오감을 일으키게 하고 선량한 성적 도덕관념에 반한다고 하더라도 추행행위로 볼 수 없다. (X) [20(2)모]

: 피해자가 사전에 성매매에 동의하였다 하더라도 피해자는 여전히 그 동의를 번복할 자유가 있을 뿐 아니라 자신이 예상하지 않았던 성적 접촉이나 성적 행위에 대해서는 이를 거부할 자유를 가지는 것이다(대판 2019도3341).

37. 피구금부녀간음죄의 경우 피구금부녀의 승낙이 있어도 위법성이 조각되지 않는다. (O) [13(2)모]

38. 채용 전 단계에서 채용 절차의 영향력의 범위 안에 있는 사람도 「성폭력범죄의 처벌 등에 관한 법률」제10조의 업무상 위력 등에 의한 추행죄에서 "업무, 고용이나 그 밖의 관계로 인하여 자기의 보호, 감독을 받는 사람"에 해당한다(대판 2020도5646). [25변시·21(2)모]

39. 「형법」은 유사강간죄의 예비·음모행위를 처벌하는 규정을 두고 있다. (O) [23변시]

: 강간죄(제297조), 유사강간죄(제297조의2), 준강간죄(제299조. 단, 준유사강간죄 및 준강제추행죄는 예비·음모 불처벌), 강간등상해죄(제301조. 단, 강간등살인죄와 강간등치사상죄는 예비·음모 불처벌) 및 미성년자의제강간·유사강간·강제추행죄(제305조)의 예비·음모죄가 처벌된다.

제3장 명예와 신용에 대한 죄

제1절 명예에 관한 죄

1. 甲은 A에게 공공장소에서 "㉠ 너는 사기 전과가 5개나 되잖아. ㉡ 이 사기꾼 같은 놈아, 너 같은 사기꾼은 총 맞아 뒈져야 해."라고 말하였다. ㉠사실에 해당하는 범죄는 공연성을 구성요건으로 하지만, ㉡사실에 해당하는 범죄는 공연성을 구성요건으로 하지 않는다. (X) [13변시]

: 명예훼손과 모욕은 사실적시의 유무에 의해서 구별될 뿐 보호법익(외적 명예)이나 행위상황(공연히)은 동일하다. ㉠ 발언은 명예훼손, ㉡ 발언은 모욕에 해당하는데, 어느 쪽이든 공연성을 구성요건요소로 요구한다.

2. 사자명예훼손죄는 친고죄이고(제312조 제1항), 출판물에 의한 명예훼손죄는 반의사불벌죄이다(제312조 제2항). [18(1)모]

3. ① 집합적 명사를 쓴 경우에도 어떤 범위에 속하는 특정인을 가리키는 것이 명백하면, 이를 각자의 명예를 훼손하는 행위라고 볼 수 있다. (O) [13(3)모·16시사·11법행]
② 집단표시에 의한 명예훼손의 내용이 개별구성원에 이르러서는 비난의 정도가 희석되어 구성원 개개인의 사회적 평가에 영향을 미칠 정도에 이르지 아니한 때에는 구성원 개개인에 대한 명예훼손죄가 성립하지 않는다. (O) [21변시·19(1)모·20법행]
③ 구성원 개개인에 대한 것으로 여겨질 정도로 구성원 수가 적거나 당시의 주위 정황 등으로 보아 집단 내 개별구성원을 지칭하는 것으로 여겨질 수 있는 때에는 집단 내 개별구성원이 피해자로서 특정된다(대판 2016도14678). [17(3)모·20법행]

답 O, O, O

┃유제┃ 이른바 집단표시에 의한 모욕은, 모욕의 내용이 그 집단에 속한 특정인에 대한 것이라고는 해석되기 힘들고, 집단표시에 의한 비난이 개별구성원에 이르러서는 비난의 정도가 희석되어 구성원 개개인의 사회적 평가에 영향을 미칠 정도에 이르지 아니한 경우에는 구성원 개개인에 대한 모욕이 성립되지 않는다고 봄이 원칙이다. (O) [25·21변시·19(1)모·20법행]

4. '여성 아나운서'와 같이 집단 표시에 의한 구성원 개개인에 대한 명예훼손죄는 성립되지 않는 것이 원칙이고 모욕죄의 경우도 마찬가지이다. (O) [16변시]

: '여성 아나운서'라는 집단 자체의 경계가 불분명하고 그 조직화 및 결속력의 정도 또한 견고하다고 볼 수 없는 점 등에 비추어 보면, 피고인의 이 사건 발언은 여성 아나운서 일반을 대상으로 한 것으로 그 개별구성원인 피해자들에 이르러서는 비난의 정도가 희석되어 피해자 개개인의 사회적 평가에 영향을 미칠 정도에까지는 이르지 아니하므로 형법상 모욕죄에 해당한다고 보기는 어렵다(대판 2011도15631).

5. 공권력의 행사자인 국가나 지방자치단체는 외부적 명예의 주체가 될 수는 없고, 따라서 명예훼손죄나 모욕죄의 피해자가 될 수 없다(대판 2014도15290). [19(1)모 · 18(1)모 · 20법행]

┃유제┃ 명예훼손죄나 모욕죄의 피해자에는 자연인으로서 사람뿐만 아니라 '법인', '법인격 없는 단체'도 포함된다 할 것이므로, 지방자치단체인 군(郡)도 명예훼손죄나 모욕죄의 피해자가 될 수 있다. (X) [24변시]

★ 【사례문제 기출례】 공연성 의미에 관한 판례의 전파성 이론[20모사 등]

6. 명예훼손죄에서 '공연성'은 불특정 또는 다수인이 인식할 수 있는 상태를 의미하므로 비록 개별적으로 한 사람에게 사실을 유포하더라도 그로부터 불특정 또는 다수인에게 전파될 가능성이 있다면 공연성의 요건을 충족한다(대판 98도1949). [23(2)모 · 17(1)모 · 13(3)모]

7. ① 명예훼손죄의 요건인 공연성 판단시 전파가능성에 관하여는 검사의 엄격한 증명이 필요하고, 증명의 정도에 있어서도 단순히 '가능성'이 아닌 '개연성'이 요구된다. (O) [21(3)모 · 22법행]
② 명예훼손죄의 전파가능성에 대한 증명은 검사의 자유로운 증명으로 충분하다. (X) [22법행]
③ 「정보통신망법」이 규정한 명예훼손죄의 경우, 사실적시의 전파가능성이 훨씬 높으므로 공연성의 의미는 형법상 명예훼손죄와 다르게 판단되어야 한다. (X) [21(3)모 · 22법행]

: [1] 개별적으로 소수의 사람에게 사실을 적시하였더라도 그 상대방이 불특정 또는 다수인에게 적시된 사실을 전파할 가능성이 있는 때에는 공연성이 인정되는, 이른바 전파가능성 이론은 공연성에 관한 확립된 법리로 정착되었다. 이러한 법리는 정보통신망법상 정보통신망을 이용한 명예훼손이나 공직선거법상 후보자비방죄 등의 공연성 판단에도 동일하게 적용된다.
[2] 개별적인 소수에 대한 발언을 불특정 또는 다수인에게 전파될 가능성을 이유로 공연성을 인정하기 위해서는 막연히 전파될 가능성이 있다는 것만으로 부족하고, 고도의 가능성 내지 개연성이 필요하며, 이에 대한 검사의 엄격한 증명을 요한다.
[3] 발언 상대방이 발언자나 피해자의 배우자, 친척, 친구 등 사적으로 친밀한 관계에 있는 경우 또는 직무상 비밀유지의무 또는 이를 처리해야 할 공무원이나 이와 유사한 지위에 있는 경우에는 그러한 관계나 신분으로 비밀의 보장이 상당히 높은 정도로 기대되는 경우로서 공연성이 부정된다. 위와 같은 경우에 공연성을 인정하려면 그러한 관계나 신분에도 불구하고 불특정 또는 다수인에게 전파될 수 있다고 볼 만한 특별한 사정이 존재하여야 한다(대판 2015도12933). [24모사]

┃유제┃ 정보통신망을 통한 명예훼손죄는 사실적시 행위를 공공연하게 할 것을 요구하므로 특정 개인이나 소수에게 말하여 그로 인해 불특정 또는 다수에게 전파가능성이 있다는 이유로 공연성을 인정하는 것은 죄형법정주의에서 금지하는 유추해석에 해당한다. (X) [25변시]

8. 발언 이후 실제 전파되었는지 여부는 전파가능성 유무를 판단하는 고려요소가 될 수 있으나, 발언 후 실제 전파 여부라는 우연한 사정은 공연성 인정 여부를 판단함에 있어 소극적 사정으로만 고려되어야 한다(대판 (全) 2020도5813). [22법행]

9. 채권자인 甲과 그의 아내 乙은 빚을 갚지 못하고 있는 채무자 A를 찾아가 함께 심한 욕설을 하였다. 이 경우에는 공연성이 없다. (O) [17변시]

: 판례는 '피해자와 피고인의 남편'만 있는 데서 사실을 적시한 경우 공연성을 부정한다(대판 85도2037).

10. 甲은 자신의 아들 A에게 폭행을 당하여 입원한 B의 1인 병실로 병문안을 가서 B의 모친인 C와 대화하던 중 C의 여동생인 D가 있는 자리에서 "과거에 B에게 정신병이 있었다고 하더라."라고 말하였다. 甲이 B, C, D의 3명이 있는 자리에서 위의 발언을 한 것이라면 불특정 또는 다수인이 인식할 수 있는 상태라고 할 수 없다(대판 2010도7497). [15 · 14변시 · 13(3)모]

11. 이혼소송 계속 중인 처가, 이혼소송 과정에서 남편에게 유리한 증거자료를 작성하여 주었던 남편의 친구에게 서신을 보내면서 남편의 명예를 훼손하는 문구가 기재된 별도의 서신을 동봉한 경우에는 공연성이 없다(대판 99도4579). [10 · 02사시]

12. 진정서 사본과 고소장 사본을 특정 사람들에게만 개별적으로 우송한 경우라도 그 수가 200여 명에 이른 경우에는 명예훼손죄의 요건인 공연성이 인정된다(대판 91도347). [14변시]

13. 개인블로그의 비공개 대화방에서 1:1로 대화하였다면 명예훼손죄의 요건인 공연성이 인정되지 않는다. (X) [23 · 16변시 · 24(1)모 · 17(3)모]

: 그 사정만으로 대화 상대방이 대화내용을 불특정 또는 다수에게 전파할 가능성이 없다고 할 수 없다(대판 2007도8155).

14. 기자를 통해 사실을 적시하는 경우 기자가 취재를 한 상태에서 아직 기사화하여 보도하지 아니한 때에는 전파가능성이 없으므로 명예훼손죄의 요건인 공연성이 인정되지 않는다(대판 99도5622). [23변시 · 20(2)모 · 17(3)모]

15. 보도자료를 만들어 시 교육청 안에 있는 공보실에서 다수의 기자들에게 배포한 행위에는 공연성이 인정된다. (O) [20(2)모]

: 서울시 교육청내 공보실에서 피해자의 이름을 적시하지 않은 채 '3 · 19동지회' 소속 교사들이 학생들을 선동하여 무단 하교하게 하였다는 내용의 보도자료를 기자들에게 배포한 경우, 3 · 19동지회 소속 교사들에 대한 제307조 제2항의 명예훼손죄가 성립한다(대판 99도5407).

16. 명예훼손죄에서 '사실의 적시'는 구체적인 과거 또는 현재의 사실관계에 관한 보고 내지 진술 또는 그에 대한 가치판단이나 평가를 말한다. (X) [17(1)모]

: 명예훼손죄에서 '사실의 적시'란 가치판단이나 평가를 내용으로 하는 '의견표현'에 대치되는 개념으로서 시간과 공간적으로 구체적인 과거 또는 현재의 사실관계에 관한 보고 내지 진술을 의미한다(대판 2007도1220).

17. 다른 사람의 말이나 글을 비평하면서 사용한 표현이 글의 전체적인 내용 등을 종합하여 평균적인 독자의 관점에서 판단할 때 비평자의 주관적 의견에 해당하는 것으로 이해되더라도 그것이 구체적인 사실관계를 서술하는 형태를 취하고 있다면 명예훼손죄의 사실의 적시에 해당한다. (X) [20(3)모]

: 평균적인 독자의 관점에서 문제 된 부분이 실제로는 비평자의 주관적 의견에 해당하고, 다만 비평자가 자신의 의견을 강조하기 위한 수단으로 그와 같은 표현을 사용한 것이라고 이해된다면 명예훼손죄에서 말하는 사실의 적시에 해당한다고 볼 수 없다(대판 2016도19255).

18. 시(詩)의 내용을 이루는 표현이 사실을 적시하고 있는 것으로 이해될 수 있고 평균적인 독자의 관점에서 이를 사실의 적시로 받아들일 여지가 있더라도 그것이 시적 형상화 과정을 거친 비유적인 것에 불과하다면 명예훼손죄의 사실의 적시로 볼 수는 없다. (X) [20(3)모]

: 일반 독자에게 그 표현 자체로서 사실의 적시라고 이해될 여지가 충분하고, 그 내용은 피해자의 의정활동에 관한 것으로서 명예에 관련된 사실에 해당하고 시(時)의 전체 내용에 의하면 피고인의 표현은 그 허용의 정도를 넘었다고 하여야 한다(대판 2007도1307).

19. 장래의 일을 적시한 이상 그것이 과거 또는 현재의 사실을 기초로 하거나 이에 대한 주장을 포함하더라도 명예훼손죄는 성립하지 않는다. (X) [24(1)모 · 20(3)모]

: 장래의 일을 적시하더라도 그것이 과거 또는 현재의 사실을 기초로 하거나 이에 대한 주장을 포함하는 경우에는 명예훼손죄가 성립한다(대판 2002도7420).

20. 甲이 경찰관 A를 상대로 진정한 직무유기 사건이 혐의가 인정되지 않아 내사종결 처리되었음에도, 甲이 도청에 찾아가 다수인이 듣고 있는 가운데 "내일부로 검찰청에서 A에 대한 구속영장이 떨어진다."라고 소리친 경우, 현재의 사실을 기초로 하거나 이에 대한 주장을 포함하여 장래의 일을 적시한 것으로 볼 수 있어 명예훼손죄에 있어서의 사실의 적시에 해당한다(대판 2002도7420). [16변시 · 17(1)(2)모]

21. 적시된 사실이 이미 사회의 일부에서 다루어진 소문이라고 하더라도 이를 적시하여 사람의 사회적 평가를 저하시킬 만한 행위를 한 때에는 명예훼손에 해당한다(대판 2008도2422). [21(3)모 · 15(3)모]

22. 적시된 사실이 진실과 약간 차이가 나거나 다소 과장된 표현이 있는 정도에 불과하다면 이를 허위라고 볼 수 없으나, 중요한 부분이 객관적 사실과 합치하지 않는다면 이를 허위라고 보아야 한다(대판 2007도1220). [20법행]

23. 단순히 어떤 사람을 사칭하여 마치 그 사람이 직접 작성한 글인 것처럼 가장하여 인터넷 게시판에 게시글을 올리는 행위는 그 사람에 대한 사실을 드러내는 행위나 사실의 적시에 해당하지 않아 정보통신망법위반(명예훼손)죄가 성립하지 않는다(대판 2017도607). [24변시]

24. 과거의 역사적 사실에 대하여 이미 민사판결을 통하여 인정된 사실과 반대되는 사실을 적시하였다면 명예훼손죄에서의 '허위의 사실의 적시'에 해당한다. (X) [20(3)모 · 19(1)모 · 20법행]

: 그 진실이 무엇인지 확인할 수 없는 과거의 역사적 사실관계 등에 대하여 민사판결을 통하여 어떠한 사실인정이 있었다는 이유만으로, 이후 그와 반대되는 사실의 주장이나 견해의 개진 등을 형법상 명예훼손죄 등에 있어서 '허위의 사실 적시'라는 구성요건에 해당한다고 쉽게 단정하여서는 아니 된다(대판 2017도15628).

25. 인터넷 포털사이트의 기사 란에 마치 특정 여자연예인이 재벌의 아이를 낳았거나 그 대가를 받은 것처럼 댓글이 달린 상황에서 "지고지순의 뜻이 뭔지나 아나? 모 재벌님하고의 관계는 끝났나?"라는 추가 댓글을 게시한 경우, 허위사실의 적시에 해당하여 정보통신망법상의 명예훼손죄가 성립한다(대판 2008도2422). [14변시]

26. 명예훼손죄는 추상적 위험범이므로 불특정 또는 다수인이 직접 인식할 수 있는 상태에 이르면 기수가 되고, 그 사실을 실제로 인식하거나 명예훼손의 결과발생을 요하지 않는다(대판 2015도15619). [23변시]

▮유제▮ 甲이 A가 빌린 돈을 갚지 않자 'A는 지난 수년간 직장 상사 모 씨와 불륜관계를 유지하면서 모 씨의 도움으로 승진까지 하였다'는 내용의 유인물을 작성하여 직장 게시판에 게시하였다가, A가 불쌍하다는 생각이 들어 다른 사람들이 보기 전에 떼어 냈다면, 명예훼손죄의 중지미수범으로 처벌된다. (X) [21변시]
- 이미 기수

27. ① 명예훼손죄가 성립하기 위해서는 적시된 사실이 특정인의 사회적 평가를 침해할 가능성이 있을 정도로 구체성을 띠어야 한다. (O) [22(1)모]
② 명예훼손죄는 공연히 사실을 적시하여 타인의 명예를 훼손하는 행위가 있음으로써 성립하고, 특정인의 사회적 평가를 침해할 위험이 발생할 것을 그 요건으로 하지 않는다. (X) [22(1)모]

: 추상적 위험범으로서 명예훼손죄는 개인의 명예에 대한 사회적 평가를 진위에 관계없이 보호함을 목적으로 하고, 적시된 사실이 특정인의 사회적 평가를 침해할 가능성이 있을 정도로 구체성을 띠어야 하나, 위와 같이 침해할 위험이 발생한 것으로 족하고 침해의 결과를 요구하지 않는다(대판(전) 2020도5813).

28. 정보통신망을 이용하여 명예훼손성 글을 게재하는 경우에는 게재글이 삭제되지 않는 이상 피해가 지속되므로 삭제 시가 범행종료시이고 공소시효는 그때부터 기산된다. (X) [21변시·21(2)모·14(3)모]

: 정보통신망을 이용한 명예훼손의 경우에도 게시물이 삭제되어 정보의 송수신이 불가능해지는 시점이 아니라 게재행위 즉시 범죄가 성립하고 종료한다(대판 2006도346).

29. 전파가능성을 이유로 명예훼손죄의 공연성을 인정하는 경우에는 적어도 범죄구성요건의 주관적 요소로서 미필적 고의가 필요하므로 전파가능성에 대한 인식이 있음은 물론 나아가 그 위험을 용인하는 내심의 의사가 있어야 한다(대판 2004도340). [22(1)모·21(2)모·19(1)모]

▮유제▮ 명예훼손죄가 성립하기 위해서는 주관적 구성요소로서 타인의 명예를 훼손한다는 고의를 가지고 사람의 사회적 평가를 저하시키는 데 충분한 구체적 사실을 적시하는 행위를 할 것이 요구된다(대판 2018도4200). [23(2)모]

30. 甲이 자신의 딸에 대한 A의 학교폭력을 신고하여 A에 대하여 '접촉 및 보복행위의 금지' 등 조치가 내려지자 자신의 SNS 프로필 상태메시지에 '학교폭력범은 접촉금지' 등의 글을 게시한 행위를 들어 A의 명예를 훼손한 것이라 할 수 없다. (O) [24변시]

: 위 상태메시지에는 그 표현의 기초가 되는 사실관계가 드러나 있지 않고, 특정인을 '학교폭력범'으로 지칭하지 않았으며, 피고인이 '학교폭력범', '접촉금지'라는 단어를 사용하였다는 것만으로 위 의결 등을 통해 A에게 위 조치가 내려졌다는 사실이 A와 같은 반 학생들이나 그 부모들에게 알려졌음을 인정할 증거도 없으므로, A의 사회적 가치나 평가를 저하시키기에 충분한 구체적인 사실을 드러냈다고 볼 수 없다(대판 2019도12750).

31. 명예훼손 사실을 발설한 것이 정말이냐는 질문에 대답하는 과정에서 타인의 명예를 훼손하는 사실을 발설하였다면 명예훼손의 범의를 인정할 수 없고, 질문에 대한 단순한 확인대답이 명예훼손에서 말하는 사실적시라고도 할 수 없다(대판 2008도6515). [16사시]

32. 불미스러운 소문의 진위를 확인하고자 질문을 하는 과정에서 타인의 명예를 훼손하는 발언을 하였다면 그 동기에 비추어 볼 때 명예훼손죄의 고의를 인정하기 어렵다(대판 2018도4200). [21(3)모・19(1)모]

▎유제▎ 교회 목사 甲이 전임목사에 관한 교회내의 불미스러운 소문의 진위를 확인하기 위하여 이를 교회집사들에게 물어본 행위는 명예훼손의 고의 없는 단순한 확인에 지나지 아니하여 사실의 적시라고 할 수 없다. (O) [23(2)모]

33. 허위사실 적시에 의한 명예훼손죄가 성립하기 위해서는 그 허위 여부뿐만 아니라 그 적시된 사실이 허위라는 것을 피고인이 인식하고서 이를 적시하였다는 점은 모두 검사가 입증하여야 한다(대판 2009도4949). [16(2)모]

34. 사실적시명예훼손죄(「형법」 제307조 제1항)의 '사실'은 가치판단이나 평가를 내용으로 하는 '의견'에 대치되는 개념이 아니라 허위사실적시명예훼손죄(「형법」 제307조 제2항)의 '허위의 사실'과 반대되는 '진실한 사실'을 말하는 것이다. (X) [21변시・21(2)모]

: [1] 제307조 제1항의 '사실'은 제2항의 '허위의 사실'과 반대되는 '진실한 사실'을 말하는 것이 아니라 가치판단이나 평가를 내용으로 하는 '의견'에 대치되는 개념이다. 따라서 제307조 제1항의 명예훼손죄는 적시된 사실이 진실한 사실인 경우이든 허위의 사실인 경우이든 모두 성립될 수 있다. [20(3)모]

[2] 특히 적시된 사실이 허위의 사실이라고 하더라도 행위자에게 허위성에 대한 인식이 없는 경우에는 제307조 제2항의 명예훼손죄가 아니라 제307조 제1항의 명예훼손죄가 성립될 수 있다. 즉 허위사실을 진실한 사실로 오인하고 적시한 경우에는 형법 제15조 제1항이 적용되어 제307조 제1항의 명예훼손죄가 성립한다(대판 94도2186).
[21(2)모・18(2)모・17(3)모]

35. 甲은 S당 전당대회장 입구에서 A4 용지 1장으로 된 인쇄물을 작성하여 배포하였는데, 그 인쇄물에는 상대후보 A가 H기업의 회장 B에게 부정하게 정치자금을 받았다는 허위 내용이 들어 있었다. 甲이 배포한 인쇄물은 출판물이라 할 수 없으므로 甲의 행위는 형법 제309조의 출판물에 의한 명예훼손죄에 해당하지 않는다. (O) [18(2)모]

: A4 용지 7쪽 분량의 인쇄물은 그것이 등록된 간행물과 동일한 정도의 높은 전파성, 신뢰성, 보존가능성 등을 가지고 사실상 유통・통용될 수 있는 출판물이라고 보기 어렵다(대판 99도3048).

▎사례문제 기출례▎ 형법 제310조의 적용요건 [16변사, 20・17모사 등]

36. 공연히 사실을 적시하여 사람의 명예를 훼손한 행위가 「형법」 제310조에 따라 위법성이 조각되려면 그것이 진실한 사실로서 오로지 공공의 이익에 관한 때에 해당된다는 점을 행위자가 증명하여야 하고, 그 증명을 함에 있어서 전문증거의 증거능력을 제한하는 「형사소송법」 제310조의2가 적용된다. (X) [16변시・14(3)모・10(1)모]

: [1] 적시된 사실이 진실한 사실로서 오로지 공공의 이익에 관한 때에 해당된다는 점을 행위자(도서・잡지에 의한 경우는 도서・잡지의 집필자 또는 발행인)가 증명하여야 하는 것이나, [21변시・24(2)모・17(3)모・16(2)모]

[2] 그 증명은 유죄의 인정에 있어 요구되는 것과 같이 법관으로 하여금 의심할 여지가 없을 정도의 확신을 가지게 하는 증명력을 가진 엄격한 증거에 의하여야 하는 것은 아니므로, 이 때에는 전문증거에 대한 증거능력의 제한을 규정한 형사소송법 제310조의2는 적용될 여지가 없다(대판 95도1473). [10(1)모・13법행]

37. 적시사실 자체가 허위이고 피고인이 그 적시사실의 주요 부분이 허위임을 충분히 인식하였다면, 특별한 사정이 없는 한 거기에는 피해자를 비방할 목적이 있다고 볼 것이므로, 형법 제310조가 적용되지 아니한다 (대판 99도3213). [17(1)모・16(2)모・20법행]

38. 「정보통신망법」제70조 제2항(명예훼손)에서의 비방할 목적이 있는지 여부는 피고인이 드러낸 사실이 거짓인지 여부와 별개의 구성요건으로서, 드러낸 사실이 거짓이라고 해서 비방할 목적이 당연히 인정되는 것은 아니다(대판 2020도11471). [22(2)모]

39. 「형법」제310조는 「형법」제309조 제1항 소정의 행위에 적용되지 아니하나, 적시한 사실이 공공의 이익에 관한 것인 경우에는 다시 「형법」제310조의 적용 여부가 문제될 수 있다. (O) [17(3)모]

: [1] 형법 제309조 제1항 소정의 '사람을 비방할 목적'이란 가해의 의사 내지 목적을 요하는 것으로서 공공의 이익을 위한 것과는 행위자의 주관적 의도의 방향에 있어 서로 상반되는 관계에 있다고 할 것이므로, [2] 적시한 사실이 공공의 이익에 관한 것인 경우에는 특별한 사정이 없는 한 비방 목적은 부인되므로, 형법 제307조 제1항 소정의 명예훼손죄의 성립 여부가 문제될 수 있고 이에 대하여는 다시 형법 제310조에 의한 위법성 조각 여부가 문제로 될 수 있다(대판 97도158). [16사시]

▎유제▎ 「형법」제310조는 「형법」제307조 제1항에 대해서만 적용되고 「형법」제309조 제1항에 대해서는 적용되지 않는다. (O) [24(1)모]

▎유제▎ 「정보통신망법」제70조의 명예훼손에서 적시사실이 공공의 이익에 관한 것일 때에는 특별한 사정이 없는 한 '비방할 목적'은 부인된다. (O) [21(2)모]

▎유제▎ 정보통신망을 통하여 타인의 명예를 훼손하는 글을 게시하였으나 적시된 사실이 진실이고 공공의 이익에 관한 것이어서 비방의 목적이 인정되지 않는 경우에는 「형법」제310조(위법성의 조각)가 적용된다. (O) [23・21변시・16(2)모・20법행]

40. 공직선거법 제250조 제2항 소정의 허위사실공표죄가 성립하는 경우에는 그 행위가 공공의 이익을 위한 것이라고 하여 위법성이 조각된다고 볼 수 없다(대판 2008도11847). [20법행]

41. ① 「형법」제310조의 공공의 이익에 관한 것에는 널리 국가・사회 기타 일반 다수인의 이익에 관한 것뿐만 아니라 특정한 사회집단이나 그 구성원 전체의 관심과 이익에 관한 것도 포함한다(대판 2009도12132). [22(3)모・12(2)모]

② 행위자의 주요한 동기 내지 목적이 공공의 이익을 위한 것이라면 부수적으로 다른 사익적 목적이나 동기가 내포되어 있더라도 형법 제310조의 적용을 배제할 수 없다(대판 97도158). [23변시・22(1)모・17(3)모]

42. ① 사실적시의 내용이 사회 일반의 일부 이익에만 관련된 사항이라도 다른 일반인과의 공동생활에 관계된 사항이라면 이에 대해서는 「형법」제310조에서 말하는 '공공의 이익'이 인정된다(대판(全) 2020도5813). [23(2)모・22(1)모・22법행]

② 사실적시의 내용이 개인에 관한 사항이더라도 그것이 공공의 이익과 관련되어 있고 사회적인 관심을 획득한 경우라면 직접적으로 국가・사회 일반의 이익이나 특정한 사회집단에 관한 것이 아니라는 이유만으로 「형법」제310조의 적용을 배제할 것은 아니다(대판(全) 2020도5813). [23(2)모・22(1)모・22법행]

43. 정부 또는 국가기관은 형법상 명예훼손죄의 피해자가 될 수 없으나, 언론보도의 내용이 공직자 개인에 대한 악의적인 공격으로 현저히 상당성을 잃은 것으로 평가되는 경우에는, 그 보도로 인하여 공직자 개인에 대한 명예훼손죄가 성립할 수 있다(대판 2010도17237). [14변시 · 24(1)모 · 15(3)모]

★★ 사례문제 기출례 적시사실의 진실성에 대한 착오 [16변시, 24 · 20 · 17모사 등]: 위전착으로 보는 견해, 금지착오설, 허용된 위험의 법리원용설 / 判 : 상당이유론

44. 방송국 보도본부장 甲은 특정 보도를 통하여 "해외 제약회사로부터 코로나19 백신을 수입하기 위한 제1차 전문가 기술협의"의 협상단 대표와 주무부처 장관이 해당 업체와 협상을 졸속으로 체결하여 국민을 감염병 위험에 빠뜨리게 하였다는 취지로 표현하여 이들의 명예를 훼손하였다. 만일 甲의 보도가 공공의 이익에 관한 것이고 甲은 적시된 사실을 진실한 것으로 믿었고 또한 그렇게 믿을 만한 상당한 이유가 있다 하더라도 적시된 사실이 진실한 것이라는 증명이 있어야만 위법성이 조각된다. (X) [21(3)모]

: 적시된 사실이 진실한 것이거나 적시된 사실이 진실한 것이라는 증명이 없더라도 행위자가 그 사실을 진실한 것이라 믿었고 그렇게 믿을만한 상당한 이유가 있는 경우에는 형법 제310조가 적용되어 위법성이 조각된다(대판 98도2188). - 적시사실의 진실성 착오에 관한 대법원의 상당이유론 [24변시 · 22(3)모 · 16(2)모 · 15(3)모]

45. 징계절차에 회부된 단계에서 징계 업무 담당 직원이 징계절차에 회부된 사실과 징계사유가 기재된 문서를 회사 게시판에 게시하여 공지한 경우, 이를 사회적으로 상당한 행위라고 보기는 어렵고, 그 단계에서의 공개로 '회사 내부의 원활하고 능률적인 운영의 도모'라는 공익이 달성될 수 있을지도 의문이므로 공공의 이익에 관한 것이라고 보기 어렵다(대판 2021도6416). [22(3)모]

46. 「정보통신망법」 제70조에서 정한 '사람을 비방할 목적'이란 가해의 의사 내지 목적을 요하며, 이러한 비방의 목적이 있었는지 여부는 그 표현에 의하여 훼손되거나 훼손될 수 있는 명예의 침해 정도 등을 비교 · 형량하여 판단되어야 한다(대판 2010도10864). [21(3)모]

47. 음악평론가 甲은 유명한 작곡가 乙이 사망한 후, 다음과 같은 내용의 글을 작성하여 음악잡지에 기고하였고 이 글이 잡지에 실려 출간되었다. "乙이 생전에 작곡하여 크게 히트한 A곡은 실은 일본 가요 B곡을 표절한 것이다. 그리고 乙이 작곡한 것으로 알려진 대중가요 C곡은 그의 문하생인 丙이 작곡한 것을 가로채어 자신이 작곡한 것으로 발표한 것이다. 乙은 사생활도 매우 문란해서 그의 곡을 받아 노래한 여자 가수 丁도 농락한 바 있다. 乙은 파렴치하고 극히 비열한 인간이었다." [10(1)모]
① 甲이 적시한 사실이 모두 진실인 경우에는 甲을 명예훼손죄로 처벌할 수 없다. (O)
② 甲이 乙을 비방할 목적으로 허위 내용의 글을 기고한 것이라면 甲은 출판물 등에 의한 명예훼손죄로 가중처벌될 수 있다. (X)
③ "乙이 파렴치하고 극히 비열한 인간이었다"라고 甲이 글을 작성한 부분에 대해서는 甲을 모욕죄로 처벌할 수 있다. (X)

: ① 사자명예훼손죄는 허위사실을 적시한 경우에만 성립하므로(제308조) 甲이 적시한 사실이 모두 진실인 경우에는 甲을 명예훼손죄로 처벌할 수 없다. ②, ③ 사자에 대해서는 출판물에 의한 경우 명예훼손을 가중처벌하는 규정이나 모욕죄를 처벌하는 규정이 없다. ②의 경우는 사자명예훼손죄로 처벌되고, ③의 경우는 무죄가 된다.

48. 인터넷 포털사이트의 지식 검색 질문, 답변 게시판에 성형시술 결과가 만족스럽지 못하다는 주관적인 평가를 주된 내용으로 하는 한 줄의 댓글을 게시한 경우, 사실의 적시에는 해당하지만 비방의 목적이 없어서 「정보통신망법」상의 명예훼손죄가 성립하지 않는다(대판 2008도8812). [14변시]

★ 사례문제 기출례 출판물에 의한 명예훼손죄의 간접정범의 성부 [24 · 20모사]

49. 타인을 비방할 목적으로 허위사실인 기사 자료를 그 정을 모르는 신문기자에게 제공하여 신문에 게재되도록 한 경우 「형법」 제309조 제2항의 허위사실적시 출판물 등에 의한 명예훼손죄의 간접정범이 성립한다. (O)
[22변시 · 24(1)모 · 21(2)모 · 20(2)모]

: 이를 편집인이 신문지상에 게재한 이상 기사의 게재는 기사재료를 제공한 자의 행위에 기인한 것이므로 기사재료의 제공행위는 출판물에 의한 명예훼손죄(간접정범)의 죄책을 면할 수 없다(대판 93도3535).

|유제| 甲이 A를 비방할 목적으로 신문기자 乙에게 허위사실인 기사의 재료를 제공하자 이를 진실한 것으로 오신함에 정당한 이유가 있는 乙이 기사를 작성하여 공표한 경우, 甲에게 출판물에 의한 명예훼손죄의 교사범이 성립한다. (X)
[18(2)모 · 13(3)모 · 10(1)모]

50. 甲이 자신과 X회사 사이에 발생한 분쟁을 정치적으로 해결하고자 Y정당 소속 乙에게 분쟁관련 자료를 넘겨주었고, 이에 乙이 같은 당 소속 丙의원에게 이 자료를 넘겨주었으며 丙의원이 그 자료를 근거로 국회에서 공개적으로 A회사의 명예를 훼손하는 주장을 하고 이것이 각 일간신문에 게재되어 일반에게 배포된 경우, 甲의 행위는 출판물에 의한 명예훼손 교사죄에 해당한다. (X)
[19(1)모 · 05시시 · 04입시]

: 제보자가 기사의 취재 · 작성과 직접적인 연관이 없는 자에게 허위의 사실을 알렸을 뿐인 경우에는, 제보자가 피제보자에게 그 알리는 사실이 기사화되도록 특별히 부탁하였다거나 피제보자가 이를 기사화 할 것이 고도로 예상되는 등의 특별한 사정이 없는 한, 피제보자가 언론에 공개하거나 기자들에게 취재됨으로써 그 사실이 신문에 게재되어 일반 공중에게 배포되더라도 제보자에게 출판 · 배포된 기사에 관하여 출판물에 의한 명예훼손죄의 책임을 물을 수는 없다(대판 2000도3045). [20(2)모]

51. 모욕죄는 피해자의 외부적 명예를 저하시킬 만한 추상적 판단이나 경멸적 감정을 공연히 표시함으로써 성립하고, 피해자의 외부적 명예가 현실적으로 침해되거나 구체적 · 현실적으로 침해될 위험이 발생하여야 하는 것은 아니다(대판 2016도9674). [17(1)모]

52. 어떠한 표현이 상대방의 인격적 가치에 대한 사회적 평가를 저하시킬 만한 것이 아니라면 표현이 다소 무례한 방법으로 표시되었다 하더라도 모욕죄의 구성요건에 해당한다고 볼 수 없는 경우가 있다(대판 2015도2229). [20법행]

|유제| 아파트 입주자대표회의 감사인 甲이 관리소장 A의 업무처리에 항의하기 위해 관리소장실을 방문한 자리에서 A와 언쟁을 하다가 "야, 이따위로 일할래.", "나이 처먹는 게 무슨 자랑이냐."라고 말한 경우, 甲의 발언은 상대방을 불쾌하게 할 수 있는 무례하고 저속한 표현이기는 하지만 객관적으로 A의 인격적 가치에 대한 사회적 평가를 저하시킬 만한 모욕적 언사에 해당하지 않는다(대판 2015도2229). [17(2)모]

53. "부모가 그런 식이니 자식도 그런 것이다"와 같은 표현은 그로 인하여 상대방의 기분이 다소 상할 수 있다고 하더라도 그 내용이 너무 막연하므로 그것만으로 모욕죄를 구성한다고 보기는 어렵다(대판 2006도8915). [14(3)모]

54. 임대아파트의 분양전환과 관련하여 임차인이 아파트 관리사무소의 방송시설을 이용하여 임차인대표회의의 전임회장을 비판하며 "전(前)회장의 개인적인 의사에 의하여 토지주택공사의 일방적인 견해에 놀아나고 있기 때문에"라고 한 표현은 모욕죄의 '모욕'에 해당하지 않는다(대판 2008도8917). [17(2)모]

55. 甲은 자신의 인터넷개인방송에서 乙이 방송한 영상을 게시하면서 乙의 얼굴을 가리는 용도로 '개(dog)'의 얼굴로 합성한 영상을 내보냈다. 乙에 대한 합성 영상은 乙의 인격적 가치에 대한 사회적 평가를 저하시킬만한 표현을 한 것이므로 甲에게는 모욕죄가 성립한다. (X) [23(3)모]

[1] 모욕의 수단과 방법에는 제한이 없으므로 언어적 수단이 아닌 비언어적·시각적 수단만을 사용하여 표현을 하더라도 그것이 사람의 사회적 평가를 저하시킬 만한 추상적 판단이나 경멸적 감정을 전달하는 것이라면 모욕죄가 성립한다. [23법원직]

[2] 피고인이 자신의 유튜브 채널에 甲의 얼굴에 '개' 얼굴을 합성하는 방법으로 甲의 방송 영상을 게시한 경우, 甲에 대한 부정적인 감정을 다소 해학적으로 표현하려 한 것에 불과하다고 볼 여지도 상당하므로, 해당 영상이 甲을 불쾌하게 할 수 있는 표현이기는 하지만 객관적으로 甲의 인격적 가치에 대한 사회적 평가를 저하시킬 만한 모욕적 표현을 한 경우에 해당한다고 단정하기 어렵다(대판 2022도4719).

56. 甲이 택시 기사와 요금 문제로 시비가 벌어져 112 신고를 한 후, 신고를 받고 출동한 경찰관 A에게 늦게 도착한 데 대하여 항의하는 과정에서 "아이 씨발!"이라고 말한 경우 이는 단순히 발언자 자신의 불만이나 분노한 감정을 표출하기 위하여 흔히 쓰는 말로서 상대방을 불쾌하게 할 수 있는 무례하고 저속한 표현이기는 하지만 직접적으로 피해자를 특정하여 그의 인격적 가치에 대한 사회적 평가를 저하시킬 만한 경멸적 감정을 표현한 모욕적 언사에 해당한다고 단정하기 어렵다(대판 2015도6622). [17(2)모]

57. 모욕죄에는 「형법」 제310조에 의한 위법성조각 규정은 적용되지 않는다(대판 4291형상539). [21(2)모]

58. 어떤 글이 모욕적 표현을 담고 있는 경우에도 객관적 타당성이 있는 사실을 전제로 하여 자신의 의견을 밝힘에 있어 타당성을 강조하는 부분에서 부분적으로 모욕적 표현이 사용된 것에 불과하다면 사회상규에 위배되지 않는 정당행위로서 위법성이 조각될 수 있다(대판 2017도17643). [22(3)모]

59. 甲이 골프클럽 경기보조원들의 구직편의를 위해 제작된 인터넷 사이트 내 회원 게시판에 특정 골프클럽의 운영상 불합리성을 비난하는 글을 게시하면서 위 클럽담당자에 대하여 '한심하고 불쌍한 인간'이라는 등 경멸적 표현을 한 경우 위법성이 조각된다(대판 2008도1433). [16(2)모·13(1)모]

60. 자동차 정보 관련 인터넷 신문사 소속 기자가 작성한 기사가 인터넷 포털 사이트의 자동차 뉴스 '핫이슈' 란에 게재되자 피고인이 "이런 걸 기레기라고 하죠?"라는 댓글을 게시하였더라도 '기레기'는 기사 및 기자의 행태를 비판하는 글에서 비교적 폭넓게 사용되는 단어이며, 위 기사에 대한 다른 댓글들의 논조 및 내용과 비교할 때 댓글의 표현이 지나치게 악의적이라고 하기도 어려운 경우 위와 같은 댓글을 작성한 행위는 사회상규에 위배되지 않는 행위로서 형법 제20조에 의하여 위법성이 조각된다(대판 2017도17643). [22법행]

61. 피고인이 자신의 페이스북에 피해자의 공적 활동과 관련한 자신의 의견을 담은 게시글을 작성하면서 피해자를 "철면피, 파렴치, 양두구육, 극우부패세력" 등의 표현이 포함된 글을 게시한 행위는 사회상규에 위배되지 않는 행위로서 형법 제20조에 의하여 위법성이 조각될 여지가 크다(대판 2020도16897). [23(2)모]

62. 피고인이 피해자를 '어용', '앞잡이' 등으로 표현한 현수막, 피켓 등을 장기간 반복하여 일반인의 왕래가 잦은 도로변 등에 게시한 행위는 피해자에 대한 모욕적 표현으로서 사회상규에 위배되지 않는 행위라고 보기 어렵다(대판 2016도88). [22법행]

제2절 신용·업무와 경매에 관한 죄

★
1. 甲은 'A퀵서비스'라는 상호로 배달·운송업을 하는 자로, 자신의 A퀵서비스 배달업무를 하면서 불친절하고 배달을 지연시켜 손님의 불만이 예상되는 배달 건에 대하여는 B퀵서비스 명의로 된 영수증에 자신이 한 배달내역을 기입하여 손님들의 불만을 乙에게 떠넘기는 방법으로 영업을 하였다.

① 甲의 행위는 B퀵서비스의 지급능력이나 지급의사에 대한 사회적 신뢰를 저해하는 행위에 해당한다고 볼 수 없으므로 신용훼손죄에 해당하지 아니한다(대판 2009도5549). [18(2)모]

② 甲의 행위로 인해 B퀵서비스에 대한 업무방해의 결과가 실제로 발생하지 않았더라도 업무방해의 결과를 초래할 위험이 발생했다면 업무방해죄가 성립한다(대판 2006도1721). [18(2)모]

2. 신용훼손죄에서의 '허위사실의 유포'란 객관적으로 진실과 부합하지 않는 과거 또는 현재의 사실을 유포하는 것인데, 미래의 사실도 증거에 의한 입증이 가능할 때는 여기의 사실에 포함된다(대판 82도2486). [24(2)모]

3. 신용훼손죄에서의 '신용을 훼손'하는 것이란 신용을 저하할 염려가 있는 상태를 발생시키는 것으로 족하다(대판 2006도3400). [24(2)모]

★ 사례문제 기출례 업무방해죄의 업무의 개념 [18변시]

4. [1] 업무방해죄에 있어서의 업무라 함은, 직업 또는 사회생활상의 지위에 기하여 계속적으로 종사하는 사무 또는 사업을 말하는 것인바, 여기에서 말하는 사무 또는 사업은 그것이 사회생활적인 지위에 기한 것이면 족하고 경제적인 것이어야 할 필요는 없으며, [16(1)모]

[2] 종중 정기총회를 주재하는 종중 회장의 의사진행업무 자체는 1회성을 갖는 것이라고 하더라도 그것이 종중 회장으로서의 사회적인 지위에서 계속적으로 행하여 온 종중 업무수행의 일환으로 행하여진 것이라면, 그와 같은 의사진행업무도 업무방해죄에 의하여 보호되는 업무에 해당된다(대판 95도1589). [23변시·16(1)모]

답 O, O

5. X농협 임원인 피고인이 이사회에서 '급여규정 일부 개정안'에 대하여 허위로 설명 또는 보고하거나 개정안과 관련하여 허위의 자료를 작성하여 제시한 경우, 이는 위계로써 X농협 감사의 X농협의 재산과 업무집행상황에 대한 감사, 이사회에 대한 의견 진술 등에 관한 업무를 방해한 것이므로 위계에 의한 업무방해죄가 성립한다. (X) [24(3)모]

: [1] 업무방해죄의 보호대상이 되는 '업무'라 함은 직업 또는 사회생활상의 지위에 기하여 계속적으로 종사하는 사무나 사업을 말하는 것으로, 이러한 주된 업무와 밀접불가분의 관계에 있는 부수적인 업무도 이에 포함된다. [2] 피고인들의 행위는 직접적·본질적으로 이사들의 '급여규정 일부 개정안' 심의·의결 업무를 방해한 것으로 볼 수 있을 뿐, 이사회에 참석한 이사회 구성원 아닌 감사의 (甲 농협의 재산과 업무집행상황에 대한 감사, 이사회에 대한 의견 진술 등에 관한) 업무를 방해한 것으로 보기는 어렵다(대판 2023도9332).

6. 초등학생들이 학교에 등교하여 교실에서 수업을 듣는 것은 업무방해죄의 보호대상인 '직업 기타 사회생활상의 지위에 기하여 계속적으로 종사하는 사무 또는 사업'에 해당한다고 할 수 없다(대판 2013도3829). [23변시]

┃유제┃ 초등학생들이 학교에 등교하여 교실에서 수업을 듣는 것은 업무방해죄의 보호대상이 되는 업무에 해당하지 않으므로, 초등학교 교실 안에서 교사들에게 욕설을 하거나 학생들에게 욕설을 하여 수업을 할 수 없게 하였다고 하더라도 학생들의 업무를 방해하였다고 볼 수 없다. (O) [20변시 · 16(2)모]

7. 주주로서 주주총회에서 의결권을 행사하는 것은 주식의 보유자로서 그 자격에서 권리를 행사하는 것에 불과할 뿐 그것이 '직업 기타 사회생활상의 지위에 기하여 계속적으로 종사하는 사무 또는 사업'에 해당한다고 할 수 없다(대판 2004도1256). [13(2)모 · 12법행]

8. 임대인의 승낙 없이 건물을 전차한 전차인은 비록 불법 침탈 등의 방법에 의하여 건물의 점유를 개시한 것이 아니고 그동안 평온하게 음식점 영업을 하면서 점유를 계속하여 왔더라도 그 전대차로써 임대인에게 대항할 수 없기 때문에, 임대인이 그 건물의 열쇠를 새로 만들어 잠근 행위는 업무방해죄의 위법성을 조각하는 자구행위에 해당한다. (X) [23변시]

: 불법침탈 등의 방법에 의하여 위 지하실의 점유를 개시한 것이 아니고 그동안 평온하게 음식점영업을 하면서 점유를 계속하여온 전차인의 업무를 업무방해죄에 의하여 보호받지 못하는 권리라고 단정할 수 없으므로, 위와 같은 행위를 사회상규에 위배되지 않는 정당한 행위이거나 자구행위에 해당한다고 볼 수 없다(대판 86도1372).

9. 형법상 업무방해죄의 보호대상이 되는 '업무'라고 함은 직업 또는 계속적으로 종사하는 사무나 사업으로서 타인의 위법한 침해로부터 형법상 보호할 가치가 있는 것이어야 하므로 어떤 사무나 활동 자체가 위법의 정도가 중하여 사회생활상 도저히 용인될 수 없는 정도로 반사회성을 띠는 경우에는 업무방해죄의 보호대상이 되는 '업무'에 해당한다고 볼 수 없다(대판 2006도6599).
따라서 형법상 보호할 가치가 없는 위법한 업무를 위력으로써 방해한 경우에는 업무방해죄가 성립하지 않는다. (O) [24(2)모]

10. 업무방해죄의 보호대상이 되는 '업무'라 함은 타인의 위법한 행위에 의한 침해로부터 보호할 가치가 있는 것이면 되고, 그 업무의 기초가 된 계약 또는 행정행위 등이 반드시 적법하여야 하는 것은 아니다(대판 91도944). [19(3)모 · 05사시]

11. 의료인이 아닌 자가 의료기관을 개설하여 운영하는 행위는 그 위법의 정도가 중하여 사회생활상 도저히 용인될 수 없는 정도로 반사회성을 띠고 있으므로 업무방해죄의 보호대상이 되는 '업무'에 해당하지 않는다(대판 2001도2015). [17변시 · 19(3)모 · 16(1)모]

┃유제┃ 폭력조직 간부가 영업이익을 정기적으로 상납하지 않는다는 이유로 조직원들과 공모하여 타인이 운영하는 성매매업소 앞에 속칭 '병풍'을 치거나 차량을 주차해 놓는 등 위력으로써 성매매업을 방해한 경우 업무방해죄로 처벌할 수 없다. (O) [14변시 · 13변시 · 18(3)모]

┃유제┃ 성매매알선 등 행위는 법에 의하여 원천적으로 금지된 행위로서 형사처벌의 대상이 되는 중대한 범죄행위일 뿐 아니라 정의관념상 용인될 수 없는 정도로 반사회성을 띠는 경우에 해당하더라도, 결과불법이 인정되므로 업무방해죄의 보호대상이 되는 업무라고 볼 수 있다. (X) [21(3)모]

12. ① 의료인이나 의료법인이 아닌 자가 의료기관을 개설하여 운영하는 행위는 업무방해죄의 보호대상이 되는 업무에 해당하지 않지만 무자격자에 의해 개설된 의료기관에 고용된 의료인이 환자를 진료하는 행위 또한 당연히 반사회성을 띠는 행위라고 볼 수는 없다. (O)   [24(3)모]

② 의료인이 아닌 A가 의료인 甲의 의사 명의를 빌려 X 병원을 개설하여 운영하였고, 甲은 X 병원의 고용의사로 근무하였는데, 乙은 X 병원에서 甲에게 줄기세포 치료를 받았으나 부작용이 발생하자 甲으로 하여금 진료를 할 수 없도록 계속하여 소란을 피웠다. X 병원은 비의료인이 개설하여 운영하는 속칭 '사무장 병원'으로 甲의 진료업무는 업무방해죄의 보호대상이 되는 업무에 해당하지 않으므로, 乙에게는 업무방해죄가 성립하지 않는다. (X)   [23(3)모]

: 의료인인 甲의 명의로 의료인이 아닌 乙이 개설하여 운영하는 丙 병원에서, 피고인이 큰 소리를 지르거나 환자 진료 예약이 있는 甲을 붙잡고 있는 등의 방법으로 위력으로써 甲의 진료 업무를 방해하였다면, 丙 병원의 운영에 관한 업무는 업무방해죄의 보호대상이 되는 업무에 해당하지 않는다고 하더라도, 丙 병원에 고용된 의료인 甲이 환자를 진료하는 행위는 업무방해죄의 보호대상이 될 수 있다(대판 2021도16482).   답 O, X

13. 공인중개사가 아닌 사람이 영위하는 중개업을 위력으로 방해한 경우 업무방해죄가 성립하지 않는다. (O)   [24변시]

공인중개사가 아닌 피해자(A)의 중개업은 법에 의하여 금지된 행위로서 형사처벌의 대상이 되는 범죄행위에 해당하는 것으로서 사회통념상 도저히 용인될 수 없는 정도로 반사회성을 띠는 경우에 해당하여 업무방해죄의 보호대상이 되는 업무라고 볼 수 없다(대판 2006도6599).

14. 법원의 직무집행정지 가처분결정에 의하여 직무집행이 정지된 자가 법원의 결정에 반하여 직무를 수행함으로써 업무를 계속 행하는 경우, 비록 그 업무가 반사회성을 띠는 경우라고까지는 할 수 없다 하더라도 법적 보호라는 측면에서는 그와 동등한 평가를 받을 수밖에 없으므로, 그 업무자체는 법의 보호를 받을 가치를 상실하였다고 하지 않을 수 없어 업무방해죄에서 말하는 업무에 해당하지 않는다(대판 2001도5592).   [23 · 17변시 · 13(3)모]

★ 사례문제 기출례 공무에 대한 업무방해죄 성부 [19 · 17 · 15모기]

15. 지방경찰청 민원실에서 민원인이 진정사건의 처리와 관련하여 지방경찰청장과의 면담을 요구하면서 이를 제지하는 경찰관들에게 큰 소리로 욕설을 하고 행패를 부려 경찰관들의 수사 관련 업무를 방해하였더라도 공무집행방해죄는 물론 위력에 의한 업무방해죄도 성립하지 아니한다. (O)   [24 · 20변시 · 22(2)모 · 18(3)모]

: [1] 형법이 업무방해죄와는 별도로 공무집행방해죄를 규정하고 있는 것은 사적 업무와 공무를 구별하여 공무에 관해서는 공무원에 대한 폭행, 협박 또는 위계의 방법으로 그 집행을 방해하는 경우에 한하여 처벌하겠다는 취지라고 보아야 한다. 따라서 공무원이 직무상 수행하는 공무를 방해하는 행위에 대해서는 업무방해죄로 의율할 수는 없다. [2] 경찰관 B에게 큰소리로 욕설하고 민원실 바닥에 뒹구는 등 소란을 피운 것은 '위력'으로 볼 수는 있을지라도 '폭행'이나 '협박'으로 보기는 어려워 공무집행방해죄에 해당한다고 할 수 없고, 공무원이 직무상 수행하는 공무를 방해하는 행위에 대해서는 업무방해죄로 의율할 수는 없다(대판(全) 2009도4166).   [15(3)모]

┃유제┃ 업무방해죄에 있어서 '업무'에는 공무원이 직무상 수행하는 공무도 포함되는 것으로서 직무를 집행하는 공무원에게 폭행 또는 협박의 정도에 이르지 않는 위력을 가하여 그의 공무 수행을 방해한 경우에는 업무방해죄가 성립한다. (X)   [24(2)(1)모 · 23(3)모]

16. 허위사실의 유포에 의한 업무방해죄에서 허위사실은 기본적 사실이 허위이어야만 하는 것이므로, 허위가 아닌 기본적 사실에 허위사실을 상당 정도 부가시킨 경우는 업무방해죄에 해당하지 않는다. (X) [23(3)모]

: 반드시 기본적 사실이 거짓이어야 하는 것은 아니고 비록 기본적 사실은 진실이더라도 이에 거짓이 덧붙여져 타인의 업무를 방해할 위험이 있는 경우도 업무방해에 해당한다. 그러나 그 내용 전체의 취지를 살펴볼 때 중요한 부분이 객관적 사실과 합치되고 단지 세부적으로 약간의 차이가 있거나 다소 과장된 표현이 있는 정도에 지나지 않아 타인의 업무를 방해할 위험이 없는 경우는 이에 해당하지 않는다(대판 2021도6634).

17. 현금자동지급기를 이용한 무통장 입금을 하면서 '1인 1일 100만 원' 한도제한을 회피하기 위하여 제3자의 이름과 주민등록번호를 입력한 후 100만 원 이하의 금액으로 나누어 여러 차례 현금을 입금하는, 이른바 '쪼개기 송금' 행위는 은행직원의 업무가 관여되었다고 보기 어려우므로 은행에 대한 위계에 의한 업무방해죄가 성립하지 않는다. (O) [23(3)모]

: [1] 컴퓨터 등 정보처리장치에 정보를 입력하는 등의 행위가 그 입력된 정보 등을 바탕으로 업무를 담당하는 사람의 오인, 착각 또는 부지를 일으킬 목적으로 행해진 경우에는 그 행위가 업무를 담당하는 사람을 직접적인 대상으로 이루어진 것이 아니라고 하여 위계가 아니라고 할 수는 없으나(대판 2013도5117), [16(2)모]
[2] 위와 같은 행위로 말미암아 업무와 관련하여 오인, 착각 또는 부지를 일으킨 상대방이 없었던 경우에는 위계가 있었다고 볼 수 없다(대판 2021도12394).

18. 전체 논문의 초안 작성을 타인에게 의뢰하고 그에 따라 작성된 논문의 내용에 약간의 수정만을 가하여 제출하는 것은 업무방해죄에 해당한다(대판 94도2708). [13(2)모·98사시·03행시]

19. 타인 명의로 허위의 학력과 경력을 기재한 이력서를 작성하고, 그 타인의 고등학교 생활기록부 등 관련 서류를 작성·제출하여 응시자의 지능과 경험, 교육정도 등을 감안하여 적격여부를 판단하는 A회사의 채용시험에 합격하였다면, A회사의 채용업무를 위계에 의하여 방해하였다고 보아야 한다(대판 91도2221). [17변시]

20. 교수인 乙이 출제교수로부터 대학원 신입생 전형 시험문제를 받아 수험생 甲에게 그 시험문제를 알려주어, 甲이 답안쪽지를 작성한 다음 이를 답안지에 그대로 베껴 써서 시험 감독관에게 제출한 경우, 甲에게 업무방해죄가 성립한다(대판 91도2211). [17변시·15사시]

21. ① 지방공사 사장이 신규직원 채용권한을 행사하는 것은 공사의 기관으로서 공사의 업무를 집행하는 것이므로, 신규직원 채용업무는 위 권한의 귀속주체인 사장 본인에 대한 관계에서도 업무방해죄의 객체인 타인의 업무에 해당한다(대판 2005도6404). [23·17변시]

② 신규 직원 채용권한을 가지고 있는 지방공사 사장이 시험업무 담당자에게 지시하여 상호 공모 내지 양해하에 시험성적조작 등의 부정한 행위를 한 경우 '위계'에 의한 업무방해죄가 인정된다. (X) [20변시·13(3)모·10사시]

: 위와 같은 경우 법인인 공사에게 신규직원 채용업무와 관련하여 오인·착각 또는 부지를 일으키게 한 것이 아니므로, '위계'에 의한 업무방해죄에 해당하지 않는다(대판 2005도6404).

22. 수산업협동조합의 신규직원 채용에 응시한 A와 B가 필기시험에서 합격선에 못 미치는 점수를 받게 되자, 채점업무 담당자들이 조합장인 피고인의 지시에 따라 점수조작행위를 통하여 이들을 필기시험에 합격시킴으로써 필기시험 합격자를 대상으로 하는 면접시험에 응시할 수 있도록 한 경우, 위 점수조작행위에 공모 또는 양해하였다고 볼 수 없는 일부 면접위원들이 조합의 신규직원 채용업무로서 수행한 면접업무는 위 점수조작행위에 의하여 방해되었다고 보아야 한다(대판 2009도8506). [13변시]

★
23. [1] 상대방으로부터 신청을 받아 일정한 자격요건 등을 갖춘 경우에 한하여 그에 대한 수용 여부를 결정하는 업무에서, 업무담당자가 사실을 충분히 확인하지 아니한 채 신청인이 제출한 허위 신청사유나 허위 소명자료를 가볍게 믿고 수용하였다면 이는 업무담당자의 불충분한 심사에 기인한 것으로서 신청인의 위계가 업무방해의 위험성을 발생시켰다고 할 수 없어 위계에 의한 업무방해죄를 구성하지 않는다.

[2] 계좌개설 신청인이 접근매체를 양도할 의사로 금융기관에 법인 명의 계좌를 개설하면서 예금거래신청서 등에 허위로 기재하였으나, 계좌개설 심사업무를 담당하는 업무담당자가 단순히 계좌개설 신청인의 허위 답변만을 그대로 믿고 그 내용의 진실 여부를 확인할 수 있는 증빙자료의 요구 등 추가적인 확인조치 없이 법인 명의의 계좌를 개설해 준 경우 그 계좌개설은 금융기관 업무담당자의 불충분한 심사에 기인한 것이므로, 위계에 의한 업무방해죄를 구성하지 않는다(대판 2021도17151). [24(3)모]

답 O, O

▮유제▮ 주한미국대사관 영사부의 비자발급업무 담당자가 허위의 소명자료를 가볍게 믿고 이를 수용한 경우, 이는 신청인의 위계가 업무방해의 위험성을 발생시켰다고 할 수 있어 위계에 의한 업무방해죄를 구성한다. (X) [19(3)모]

▮유제▮ 개인택시운송사업 면허 발급과 같이 신청을 받아 일정한 자격요건 등을 갖춘 경우에 한하여 그에 대한 수용 여부를 결정하는 업무에 있어서 업무담당자가 사실을 충분히 확인하지 아니한 채 신청인이 제출한 허위의 신청사유를 가볍게 믿고 이를 수용한 경우 허위의 신청을 한 행위는 위계에 의한 업무방해죄에 해당한다. (X) [15(3)모]

24. 주한미국대사관에 비자를 신청하면서 허위의 사실을 기재하여 신청서와 이를 입증할 다른 허위자료까지 제출하고 공범에게는 미국대사관에서 문의전화가 오면 허위답변을 하도록 시킨 경우 판례에 의하면 업무방해죄가 성립한다. (O) [11(1)모・09사시]

: 그 수리 여부를 결정하는 업무담당자가 관계 규정이 정한 바에 따라 그 요건의 존부에 관하여 나름대로 충분히 심사를 하였음에도 신청사유 및 소명자료가 허위임을 발견하지 못하여 그 신청을 수리하게 될 정도에 이르렀다면, 이는 업무담당자의 불충분한 심사가 아니라 신청인의 위계행위에 의하여 업무방해의 위험성이 발생한 것이어서 위계에 의한 업무방해죄가 성립한다(대판 2003도7927).

25. ① 업무방해죄의 수단인 위력은 사람의 자유의사를 제압·혼란하게 할 만한 일체의 억압적 방법을 말하고 이는 제3자를 통하여 간접적으로 행사하는 것도 포함될 수 있다. (O) [23법원직]

② [1] 어떤 행위의 결과 상대방의 업무에 지장이 초래되었다 하더라도 행위자가 가지는 정당한 권한을 행사한 것으로 볼 수 있는 경우에는, 그 행위의 내용이나 수단 등이 사회통념상 허용될 수 없는 등 특별한 사정이 없는 한 업무방해죄를 구성하는 위력을 행사한 것이라고 할 수 없다. [23법원직]
[2] 제3자로 하여금 상대방에게 어떤 조치를 취하게 하는 등으로 상대방의 업무에 곤란을 야기하거나 그러한 위험이 초래되게 하였더라도, 행위자가 그 제3자의 의사결정에 관여할 수 있는 권한을 가지고 있거나 그에 대하여 업무상의 지시를 할 수 있는 지위에 있는 경우에는 특별한 사정이 없는 한 업무방해죄를 구성하지 아니한다(대판 2021도3805). [23법원직]

③ 공기업 사장인 甲이 인사담당자에게 채용공고상 자격요건을 무단으로 변경하도록 지시하여 특정인을 채용하였다면, 甲이 직원 채용여부에 관한 결정에 있어 인사담당자의 의사결정에 관여할 수 있는 권한을 갖고 있어 관련 업무지시를 위력으로 행사한 것으로 볼 수 없으므로, 위력에 의한 업무방해죄가 성립하지 않는다(대판 2020도16182). [23(3)모]

답 O, O, O

26. Y고등학교의 교장이자 학교입학전형위원회 위원장인 피고인이 신입생 입학 사정회의 과정에서 논의가 길어지자 면접위원인 피해자들에게 특정 학생을 선발시키자는 의견을 제시하면서 "참 선생님들이 말을 안 듣네. 중학교는 이 정도면 교장 선생님한테 권한을 줘서 끝내는데. 왜 그러는 거죠?" 라고 발언을 하였고 특정학생이 선발된 경우, 위력에 의한 업무방해죄가 성립한다. (X) [24(3)모]

: 피고인이 이 사건 발언을 하면서 다소 과도한 표현을 사용하였다고 하더라도 그로 인해 피해자들의 자유의사를 제압하거나 사회통념상 허용할 수 없는 위력을 행사였다고 보기 어려운 점 등에 비추어 업무방해죄로 보기 어렵다고 한 사례(대판 2019도7446).

27. 위력에 의한 업무방해죄는 위력에 의해 현실적으로 피해자의 자유의사가 제압되지 않은 경우에도 성립할 수 있다. (O) [24변시]

: 업무방해죄에 있어서의 '위력'이란 사람의 자유의사를 제압·혼란케 할 만한 일체의 세력을 말하고, 유형적이든 무형적이든 묻지 아니하며, 폭행·협박은 물론 사회적, 경제적, 정치적 지위와 권세에 의한 압박 등을 포함한다고 할 것이고, 위력에 의해 현실적으로 피해자의 자유의사가 제압되는 것을 요하는 것은 아니다(대판 2021도9055).

28. 사채업자 甲은 소규모 간판업자 乙에게 300만 원을 빌려 주었는데 乙이 변제기가 지나도록 채무를 변제하지 않자 乙의 사무실과 휴대폰으로 매일 수십 회에 걸쳐 독촉전화를 걸었다. 그러나 실제 통화를 한 것은 한 번뿐이고 나머지는 전화를 받지 아니하였더라도 甲이 우월한 경제적 지위를 이용하여 乙을 압박하는 방법으로 전화공세를 하여 乙의 업무가 방해될 위험이 발생하였다면 甲은 업무방해의 죄책을 진다(대판 2004도8447). [17변시 · 18변시]

29. 甲은 X의 건설공사에 반대하는 乙, 丙 등과 함께 공사현장 출입구 중앙에 일렬로 의자를 놓고 앉아서 버티는 방법으로 공사차량의 통행을 가로막았다. X의 신고를 받고 출동한 경찰관들은 공사현장을 출입하는 차량이 있으면 甲 등을 의자에 앉은 채로 들어서 옆으로 이동시켰다.
피고인의 행위는 위 차량이 그대로 진행할 경우 인명 피해의 가능성이 큰 상황을 조성한 것으로서, 공사현장 출입이 가로막힌 차량의 운전자들과 공사현장에서 실제 공사를 수행하던 피해자들의 자유의사를 제압하기에 충분한 세력에 해당하므로 피고인의 위와 같은 행위는 업무방해죄에서 말하는 '위력'의 행사에 해당하고, 피고인의 행위로 공사 차량의 출입에 장애가 생긴 이상 피해자들이 수행하던 공사업무가 방해될 위험은 이미 발생하였으므로 업무방해죄를 구성한다(대판 2016도3986). [23(2)모]

30. 근로자들이 집단적으로 근로의 제공을 거부하여 사용자의 정상적인 업무 운영을 저해하고 손해를 발생하게 한 행위는 당연히 업무방해죄의 위력에 해당되고 노동관계 법령에 따른 정당한 쟁의행위로서 위법성이 조각되는 경우가 아닌 한 업무방해죄로 처벌된다. (X) [13변시]

: [1] 쟁의행위로서 파업도, 단순히 근로계약에 따른 노무의 제공을 거부하는 '부작위'에 그치지 아니하고 이를 넘어서 사용자에게 압력을 가하여 근로자의 주장을 관철하고자 집단적으로 노무제공을 중단하는 실력행사(즉 작위)이므로, 업무방해죄에서 말하는 위력에 해당하는 요소를 포함하고 있다. [2] 쟁의행위로서 파업은 사용자가 예측할 수 없는 시기에 전격적으로 이루어져 사용자의 사업운영에 심대한 혼란 내지 막대한 손해를 초래하는 등으로 사용자의 사업계속에 관한 자유의사가 제압·혼란될 수 있다고 평가할 수 있는 경우에 비로소 집단적 노무제공의 거부가 위력에 해당하여 업무방해죄가 성립한다(대판(全) 2007도482).

❙유제❙ 근로자가 사업장에 결근하면서 근로제공을 하지 않는 것은 근로계약상의 의무를 이행하지 않는 부작위에 해당하므로, 이러한 부작위에 의하여 위력을 행사한 것과 동일한 결과를 실현될 수 있고 근로자들이 그러한 결과의 발생을 방지하여야 할 보증인적 지위에 있다고 볼 수 있으면, 위력에 의한 업무방해죄가 성립한다. (X) [22(1)모]

❙유제❙ 쟁의행위로서의 파업이 언제나 업무방해죄에 해당하는 것으로 볼 것은 아니고, 전후 사정과 경위 등에 비추어 사용자가 예측할 수 없는 시기에 전격적으로 이루어져 사용자의 사업운영에 심대한 혼란 내지 막대한 손해를 초래하는 등으로 사용자의 사업계속에 관한 자유의사가 제압·혼란될 수 있다고 평가할 수 있는 경우에 비로소 그 집단적 노무제공의 거부가 위력에 해당하여 업무방해죄가 성립한다. (O) [16(2)모]

31. 업무방해죄의 위력은 원칙적으로 피해자에게 행사되어야 하지만, 그 위력행사의 상대방이 제3자인 경우라도 그 위력행사가 피해자에 대한 위력행사와 동일시 할 수 있는 경우에는 피해자에 대한 업무방해죄가 성립한다(대판 2010도410). [16(2)모]

32. 甲은 乙과 토지 지상에 창고를 신축하는 데 필요한 형틀공사 계약을 체결한 후 그 공사를 완료하였는데, 乙이 공사대금을 주지 않는다는 이유로 위 토지에 쌓아 둔 건축자재를 치우지 않고 공사현장을 막는 방법으로 위력으로써 乙의 창고 신축 공사 업무를 방해하였다는 내용으로 기소되었다.

① 특정한 행위를 하지 아니하는 부작위가 형법적으로 부작위로서의 의미를 가지기 위해서는, 보호법익의 주체에게 해당 구성요건적 결과발생의 위험이 있는 상황에서 행위자가 구성요건의 실현을 회피하기 위하여 요구되는 행위를 현실적·물리적으로 행할 수 있었음에도 하지 아니하였다고 평가될 수 있어야 한다 (대판 2015도6809). (O) [24(2)모·20(3)모]

② 甲이 자신의 공사를 위하여 쌓아 두었던 건축자재를 공사 완료 후에 단순히 치우지 않은 행위가 위력으로써 乙의 추가 공사 업무를 방해하는 업무방해죄의 실행행위가 되기 위하여는 乙의 업무에 대하여 하는 적극적인 방해행위와 동등한 형법적 가치를 가져야 한다. (O)

③ 甲에게 부작위에 의한 업무방해죄가 성립하기 위하여는 일반적 작위가능성과 개별적 행위가능성이 존재해야 한다. (O)

④ 甲이 일부러 건축자재를 乙의 토지 위에 쌓아 두어 공사현장을 막은 것이 아니라 당초 자신의 공사를 위해 쌓아 두었던 건축자재를 공사 완료 후 치우지 않은 것에 불과하더라도 甲에게는 작위의무가 있으므로 부작위에 의한 업무방해죄가 성립한다. (X) [22변시·20(3)모]

: 비록 공사대금을 받을 목적으로 건축자재를 치우지 않았더라도, 피고인이 자신의 공사를 위하여 쌓아 두었던 건축자재를 공사 완료 후에 단순히 치우지 않은 행위는 위력으로써 甲의 추가 공사 업무를 방해하는 업무방해죄의 실행행위로서 甲의 업무에 대하여 하는 적극적인 방해행위와 동등한 형법적 가치를 가진다고 볼 수 없다 할 것이다 (대판 2017도13211). [23변시]

33. X마트 노동조합 간부와 조합원인 甲과 乙 등 7명이 X마트의 ○○지점 매장 안에서 현장점검 업무를 하던 ○○지점장 A와 임직원들을 약 1~2m 이상 거리를 두고 뒤를 따라다니면서 '부당해고'라고 쓰인 피켓을 들고 약 30분간 "강제전배 멈추세요. 일하고 싶습니다."라고 고성을 지르는 방법으로 외쳤다면, 설령 甲과 乙 등이 욕설과 협박을 하지 않았고 A의 업무를 물리적으로 막지 않았더라도 위력에 의한 업무방해죄가 성립한다. (X) [23(3)모]

: 피고인들의 육성이 피해자의 현장점검 업무를 어렵게 할 정도의 소음이었다고 볼 만한 객관적인 증거도 없고, 피해자 등의 자유의사를 제압하기에 족한 위력을 행사하였다고 단정하기 어려우므로 업무방해에 해당하지 않는다 (대판 2021도9055).

34. 업무방해죄의 성립에는 업무방해의 결과가 실제로 발생함을 요하지 않고 업무방해의 결과를 초래할 위험이 발생하는 것이면 족하며, 업무수행 자체가 아니라 업무의 적정성 내지 공정성이 방해된 경우에도 업무방해죄가 성립한다(대판 2006도1721). [24·13변시·24(3)모·19(3)모]

35. 甲이 서류배달업 회사의 직원 모르게 위 회사가 고객으로부터 배달을 의뢰받은 서류의 포장 안에 특정종교를 비방하는 내용의 전단을 집어넣어 함께 배달되게 한 경우에는 위 회사의 서류배달업무를 방해한 것이 되어 업무방해죄가 성립한다(대판 98도3767). [15·09사시]

36. 업무방해죄는 업무방해의 결과를 초래할 위험이 발생하면 충분하므로 시험출제위원이 문제를 선정하여 시험실시자에게 제출하기 전에 이를 유출하였다면, 그 후 그 문제가 시험실시자에게 제출되지 아니하였더라도 업무방해죄가 성립한다. (X) [20변시·10사시]

: 그 후 그와 같이 유출된 문제가 시험실시자에게 제출되지도 아니하였다면 그러한 문제유출로 인하여 시험실시 업무가 방해될 추상적인 위험조차도 있다고 할 수 없으므로 업무방해죄가 성립한다고 할 수 없다(대판 99도3487).

37. 업무방해죄가 성립하려면 업무방해의 결과가 실제로 발생하여야 하는 것은 아니고 업무방해의 결과를 초래할 위험이 있으면 충분하므로, 행위자는 자기의 행위로 인해 타인의 업무가 방해될 가능성이나 위험에 대한 인식이나 예견도 필요하지 않다. (X) [21(1)모]

: 업무방해의 고의는 반드시 업무방해의 목적이나 계획적인 업무방해의 의도가 있어야만 하는 것이 아니고, 자신의 행위로 인하여 타인의 업무가 방해될 가능성 또는 위험에 대한 인식이나 예견으로 충분하며, 그 인식이나 예견은 확정적인 것은 물론 불확정적인 것이라도 이른바 미필적 고의로도 인정된다(대판 2015도12094).

38. 주택재건축조합 조합장이 자신에 대한 감사활동을 방해하기 위하여 조합 사무실에 있던 컴퓨터에 비밀번호를 설정하고 하드디스크를 분리·보관하는 방법으로 그 조합의 정보처리 업무를 방해한 경우,「형법」제314조 제2항의 컴퓨터등장애업무방해죄가 성립한다. (O) [23·22변시·14사시]

: 담당 직원의 의사와는 상관없이 함부로 컴퓨터에 비밀번호를 설정한 행위는 '허위의 정보 또는 부정한 명령의 입력'에 해당하며 컴퓨터의 하드디스크를 분리·보관한 행위는 같은 항의 '손괴'에 해당하므로, 형법 제314조 제2항의 컴퓨터 등 장애 업무방해죄에 해당한다고 할 것이다(대판 2011도7943).

39. 회사 메인컴퓨터의 시스템관리자가 그 컴퓨터의 비밀번호를 후임자에게 알려주지 않은 행위는 컴퓨터등장애업무방해죄에 해당한다. (X) [15사시]

: 단순히 메인 컴퓨터의 비밀번호를 알려주지 아니한 것만으로는 컴퓨터등장애업무방해죄로 의율할 수 없다(대판 2002도631).

40. 택시노조의 조합장인 甲이 자신을 반대하는 택시기사 B를 자신의 지지자 乙, 丙과 함께 폭행한 경우, B에 대한 폭행행위가 그에 대한 업무방해의 수단이 되었다고 하더라도 그러한 폭행행위가 업무방해죄에 대하여 불가벌적 수반행위로서 흡수관계에 있다고 볼 수 없고, 甲의 B에 대한 행위의 경우 폭처법위반(공동폭행)죄와 업무방해죄의 상상적 경합관계에 해당한다(대판 2012도1895). [20변시]

41. 甲이 포털사이트 운영회사의 통계집계시스템 서버에 허위의 클릭정보를 전송하여 검색순위 결정과정에서 위와 같이 전송된 허위의 클릭정보가 실제로 통계에 반영됨으로써 정보처리에 장애가 발생하더라도 그로 인하여 실제로 검색순위에 변동을 초래하지 않았다면 甲에게 컴퓨터등장애업무방해죄가 성립하지 않는다. (X) [16변시·18(3)모]

: '컴퓨터 등 장애 업무방해죄'가 성립하기 위해서는 정보처리에 장애가 현실적으로 발생하였을 것을 요하나, 정보처리에 장애를 발생하게 하여 업무방해의 결과를 초래할 위험이 발생한 이상, 업무방해의 결과가 실제로 발생하지 않더라도 위 죄가 성립한다(대판 2008도11978). [24변시]

42. 입찰절차가 아니라 경제주체의 임의적 선택에 따른 계약체결의 과정에서 공정한 경쟁을 해치는 행위를 한 경우에도 입찰방해죄가 성립한다. (X) [24(2)모]

: 방해의 대상인 '입찰'은 공정한 자유경쟁을 통한 적정한 가격형성을 목적으로 하는 입찰절차를 말하고, 공적·사적 경제주체가 임의의 선택에 따라 진행하는 계약체결 과정은 이에 해당하지 않는다(대판 2022도8459).

43. 입찰방해죄는 위계 또는 위력 기타의 방법으로 입찰의 공정을 해하는 경우에 성립하는 것으로서, 입찰의 공정을 해할 행위를 하면 족한 것이지 현실적으로 입찰의 공정을 해하는 결과가 발생할 필요가 없으므로, 적법한 입찰의 절차가 존재하지 않더라도 입찰방해죄는 성립한다. (X) [07법행]

: 입찰방해죄가 성립하려면 최소한 적법하고 유효한 입찰절차의 존재가 전제되어야 한다(대판 2005도3857).

44. 입찰방해죄는 위험범으로서 결과의 불공정성이 현실적으로 나타나는 것을 요하지 않고, 가격결정의 공정을 해하는 행위뿐 아니라, 적법하고 공정한 경쟁방법을 해하는 행위도 입찰방해에 포함된다(대판 2010도4940). [21(1)모]

45. 실제로 실시된 입찰절차에서 실질적으로는 단독입찰을 하면서 마치 경쟁입찰을 한 것처럼 가장하는 경우, 그 행위가 동종업자 사이의 무모한 출혈경쟁을 방지하기 위한 수단에 불과하여 입찰가격에 있어 입찰실시자의 이익을 해하거나 입찰자에게 부당한 이익을 얻게 하는 것이 아니었다면 입찰방해죄가 성립되지 않는다. (X) [12사시·10·12법행]

: 단독입찰을 하면서 마치 경쟁입찰을 한 것처럼 가장하는 경우는 그 목적을 묻지 않고 입찰방해 행위에 해당한다 (대판 2000도4700).

제4장 사생활의 평온에 대한 죄

제1절 비밀침해의 죄

1. 회사의 직원이 회사의 이익을 빼돌린다는 소문을 확인할 목적으로, 비밀번호 설정에 의해 비밀장치를 한 전자기록인 그 직원이 사용하던 개인용 컴퓨터의 하드디스크를 떼어내어 다른 컴퓨터에 연결한 다음 의심이 드는 단어로 파일을 검색하여 메신저 대화내용, 이메일 등을 출력한 회사 대표이사의 행위는 정당행위에 해당한다(대판 2007도6243). [14(3)모·13(2)모]

제2절 주거침입의 죄

1. 주거침입죄는 사실상의 주거의 평온을 보호법익으로 하는 것이므로 그 거주자 또는 관리자가 건조물 등에 거주 또는 관리할 권한을 가지고 있는가 여부는 범죄의 성립을 좌우하는 것이 아니다(대판 2007도11322). [22변시·22(1)모]

|유제| 주거침입죄는 사실상의 주거의 평온을 보호법익으로 하는 것이므로 점유할 권리가 없는 자의 점유라고 하더라도 그 주거의 평온은 보호되어야 할 것이므로, 권리자가 그 권리를 실행함에 있어 법에 정해진 절차에 의하지 아니하고 그 건조물 등에 침입한 경우 주거침입죄가 성립한다. (O) [24(1)모·12(3)모]

2. 甲이 자신이 점유하던 백화점 용도로 건축 중인 공사현장에 대한 점유 및 관리 권한을 놓고 A와 분쟁하던 중, A가 불법적으로 공사현장을 점거하였지만 관할 경찰서로부터 집단민원현장 경비원배치신고 및 관련 허가를 받아 경비원을 상주시키면서 공사현장을 점유·관리하여 왔다. 이에 甲은 공사현장의 점유를 탈환하기 위하여 80명의 용역직원들과 함께 공사현장에 들어가 A측 경비직원들을 외부로 끌어내고 공사현장을 점거하였다. [24(3)모]

① A의 공사현장 점유가 정당한 권원이 없는 사법상 불법점유이더라도 甲과 용역직원들이 정당한 절차에 의하지 아니하고 건조물에 침입한 행위는 특수건조물침입죄(공동정범)를 구성한다. (O)

② 업무방해죄의 보호대상이 되는 '업무'는 타인의 위법한 행위에 의한 침해로부터 보호할 가치가 있으면 되고 반드시 그 업무가 적법하거나 유효할 필요는 없으므로 甲과 용역직원들이 공사현장에서 A측 경비직원들을 외부로 끌어낸 행위는 업무방해죄(공동정범)를 구성한다. (O)

[1] 관리자가 건조물을 사실상 점유·관리하는 경우라면 설령 정당한 권원이 없는 사법상 불법점유이더라도 적법한 절차에 의하여 점유를 풀지 않는 한 그에 따른 사실상 평온은 보호되어야 하므로 사법상 권리자라 하더라도 정당한 절차에 의하지 아니하고 건조물에 침입한 경우에는 건조물침입죄가 성립한다.
[2] 업무의 개시나 수행과정에 실체상 또는 절차상 하자가 있더라도 사회생활상 도저히 용인할 수 없는 정도로 반사회성을 띠는 데까지 이르거나 법적 보호라는 측면에서 그와 동등한 평가를 받을 수밖에 없는 경우에 이르지 아니한 이상 업무방해죄의 보호대상이 된다(대판 2022도5940).

3. ① 타인이 점유·관리하는 가옥을 소유하는 자도 그 가옥에 대한 주거침입죄의 주체가 될 수 있다(대판 89도889). [22(1)모]

② 건물의 소유자라고 주장하는 피고인과 그것을 점유관리하고 있는 피해자 사이에 건물의 소유권에 대한 분쟁이 계속되고 있는 상황이라면 피고인이 그 건물에 침입하는 것에 대한 피해자의 추정적 승낙이 있었다고 볼 수 없다(대판 89도889). [22(2)모]

4. 계약금과 중도금을 지급한 후 그 주택을 명도받아 점유하고 있던 주택의 매수인이 매매계약을 해제하고 중도금반환청구소송을 제기하여 얻은 승소판결에 기하여 강제집행에 착수한 이후, 매도인이 매수인이 잠가 놓은 위 주택의 출입문을 열고 들어간 경우, 그 주택에 대하여 보호받아야 할 피해자의 주거에 대한 평온상태는 소멸되었다고 볼 수 있으므로 매도인의 위 소위는 주거침입죄를 구성하지 아니한다(대판 87도3). [20(1)모·20법행]

5. ① 공동생활장소인 아파트의 공동거주자 A가 정당한 이유 없이 다른 공동거주자 甲의 아파트 출입을 금지하자, 甲이 출입문 잠금 장치를 손괴하여 A의 사실상 평온상태를 해치면서 위 아파트에 들어가더라도 주거침입죄가 성립하지 않는다. (O) [22(3)모][22(3)기]

② 위 ①에서 공동거주자인 甲의 승낙을 받아 공동생활의 장소에 함께 들어간 외부인 乙에게도 주거침입죄는 성립하지 않는다. (O) [22(3)모][22(3)기]

: [1] 주거침입죄의 객체는 '타인'이 거주하는 주거 등이라고 할 것이므로 행위자 자신이 단독으로 또는 다른 사람과 공동으로 거주하거나 관리·점유하는 주거 등에 임의로 출입하더라도 주거침입죄를 구성하지 않는다. 다만 다른 사람과 공동으로 주거에 거주하거나 관리하던 사람이 공동생활관계에서 이탈하거나 주거 등에 대한 사실상의 지배·관리를 상실한 경우 등 특별한 사정이 있는 경우에 주거침입죄가 성립할 수 있을 뿐이다.

[2] 공동거주자 각자가 공동생활의 장소에서 누리는 사실상 주거의 평온이라는 법익은 공동거주자 상호 간의 관계로 인하여 일정 부분 제약될 수밖에 없고, 공동거주자는 이러한 사정에 대한 상호 용인하에 공동주거관계를 형성하기로 하였다고 보아야 한다. [23(2)모]

[3] 공동거주자 중 한 사람이 법률적인 근거 기타 정당한 이유 없이 다른 공동거주자가 공동생활의 장소에 출입하는 것을 금지한 경우, 다른 공동거주자가 이에 대항하여 공동생활의 장소에 들어갔더라도 그의 출입을 금지한 공동거주자의 사실상 주거의 평온이라는 법익을 침해하는 행위라고는 볼 수 없으므로 주거침입죄는 성립하지 않는다.

[4] 설령 그 공동거주자가 공동생활의 장소에 출입하기 위하여 다소간의 물리력을 행사하여 그 출입을 금지한 공동거주자의 사실상 평온상태를 해쳤더라도 주거침입죄는 성립하지 않으며, 그 공동거주자의 승낙을 받아 공동생활의 장소에 함께 들어간 외부인에 대하여도 역시 주거침입죄가 성립하지 않는다(대판(全) 2020도6085). [25·24변시]

★ 사례문제 기출례 주거침입죄의 주거의 범위 [21변시, 23·19·18모사 등]

6. 주거침입죄의 객체는 건조물 그 자체뿐만 아니라 그에 부속하는 위요지를 포함하나, 건조물의 이용에 기여하는 인접의 부속 토지가 인적 또는 물적 설비 등에 의한 구획 내지 통제가 없어 통상의 보행으로 그 경계를 쉽사리 넘을 수 있는 정도라면 특별한 사정이 없는 한 위요지에 해당하지 않는다(대판 2009도14643). [24·22·12변시·22(1)모]

7. 다가구용 단독주택, 다세대주택·연립주택·아파트 등 공동주택 안에서 공용으로 사용하는 엘리베이터, 계단과 복도는 특별한 사정이 없는 한 주거침입죄의 객체인 '사람의 주거'에 해당하고, 위 장소에 거주자의 명시적, 묵시적 의사에 반하여 침입하는 행위는 주거침입죄를 구성한다(대판 2009도4335). [22·13변시·20(1)모]

8. 대문을 몰래 열고 들어가 담장과 피해자가 거주하던 방 사이의 좁은 통로에서 창문을 통하여 방안을 엿보았다면, 주거침입죄에 해당한다(대판 2001도1092). [24변시·24(1)모·18(1)모·20법행]

9. 甲이 수개월 전 헤어진 연인인 A를 폭행하기 위하여 A가 사는 오피스텔 공동현관의 출입문에 교제 당시 알게 된 비밀번호를 눌러 들어간 후 엘리베이터를 타고 A의 집 현관문 앞으로 이동해 침입하려다 실패하여 도주한 경우, 알고 있던 공동현관 비밀번호를 입력하여 출입한 이상 공용부분에 대한 주거침입을 인정할 여지는 없다. (X) [24변시]

: 아파트 등 공동주택의 공동현관에 출입하는 경우에도, 외형적으로 외부인의 무단출입을 통제·관리하고 있는 사정이 존재하고, 외부인이 이를 인식하고서도 그 출입에 관한 거주자나 관리자의 승낙이 없음은 물론 정당한 이유 없이 비밀번호를 임의로 입력하거나 조작하는 등의 방법으로 거주자나 관리자 모르게 공동현관에 출입한 경우와 같이 공동주택 거주자의 사실상 주거의 평온상태를 해치는 행위태양으로 볼 수 있는 경우라면 공동주택 거주자들에 대한 주거침입에 해당할 것이다(대판 2021도15507).

┃유제┃ 아파트의 공동현관에 출입하는 것도 그것이 아파트 거주자의 사실상 주거의 평온상태를 해치는 행위태양으로 평가될 수 있는 때에는 공동주택 거주자들에 대한 주거침입에 해당한다. (O) [24(1)모]

10. 출입문이 잠긴 채 관리인이 없는 골리앗 크레인에 70명 정도가 들어가서 농성하였다면 주거침입죄에 해당한다(대판 91도753). [99사시]

11. 건물 신축공사 현장의 타워크레인에 올라가 이를 점거한 경우 주거침입죄의 건조물에 침입한 것에 해당하지 않는다(대판 2005도5351). [12(3)모]

12. A의 주택에 무단 침입한 범죄사실로 이미 유죄판결을 받은 甲이 그 유죄판결이 확정된 후에도 퇴거하지 않은 채 계속하여 A의 주택에 거주한 경우에는 그 판결 확정 이후의 행위는 별도의 주거침입죄를 구성한다(대판 2007도11322). [24(1)모 · 23(2)모 · 20(1)모]

13. [1] 주거침입죄의 범의는 반드시 신체의 전부가 타인의 주거 안으로 들어간다는 인식이 있어야만 하는 것이 아니라 신체의 일부라도 타인의 주거 안으로 들어간다는 인식이 있으면 족하다. [22(1)모 · 18(1)모]
[2] 야간에 타인의 집의 창문을 열고 집 안으로 얼굴을 들이미는 등의 행위를 하였다면 피고인이 자신의 신체의 일부가 집 안으로 들어간다는 인식하에 하였더라도 주거침입죄의 범의는 인정되고, 또한 비록 신체의 일부만이 집 안으로 들어갔다고 하더라도 사실상 주거의 평온을 해하였다면 주거침입죄는 기수에 이르렀다(대판 94도2561). [20(1)모 · 18(1)모 · 12(3)모]

답 O, O

14. 丁이 건조물에 들어간 행위가 건조물관리자인 입주자대표회의의 명시적 의사에 반하더라도, 일부 입주자의 승낙을 받고 출입 당시 관리자의 구체적인 제지를 받지 않았다면 사실상의 평온상태를 해치는 행위태양으로 주거에 들어간 것이라고 볼 수 없으므로 건조물침입죄에서 규정하고 있는 침입행위에 해당하지 않는다. (X) [22(3)모]

: 설령 외부인이 일부 입주자 등의 승낙을 받고 단지 안의 주차장에 들어갔다고 하더라도 개별 입주자 등은 그 주차장에 대한 본질적인 권리가 침해되지 않는 한 입주자대표회의의 단지 안의 주차장 관리에 관한 결정에 따를 의무가 있으므로 건조물침입죄의 성립에 영향이 없다(대판 2017도21323).

15. 甲男의 노크 소리를 듣고 자기 남편으로 오인한 피해자 乙女가 공중화장실 용변칸 문을 열어주자 甲이 乙을 강간할 의도로 들어간 경우, 피해자가 명시적 또는 묵시적으로 이를 승낙하였다고 볼 수 없어 주거침입죄에 해당한다(대판 2003도1256). [12변시 · 20(1)모 · 17(1)모]

16. X회사에 근무하던 甲이 퇴사 후 ○○빌딩 6층에 있는 X회사에 들어갈 생각으로 5층 베란다 테라스의 난간을 잡고 기어올라 6층 창문을 통해 자신이 사용하던 사무실로 들어간 행위는 사실상 평온을 해하지 않으므로 방실침입죄가 성립하지 않는다. (X) [22변시]

: 그 거주자나 관리자와의 관계 등으로 평소 그 건조물에 출입이 허용된 사람이라 하더라도 주거에 들어간 행위가 거주자나 관리자의 명시적 또는 추정적 의사에 반함에도 불구하고 감행된 것이라면 주거침입죄는 성립하며, 출입문을 통한 정상적인 출입이 아닌 경우 특별한 사정이 없는 한 그 침입 방법 자체에 의하여 위와 같은 의사에 반하는 것으로 보아야 한다(대판 2007도2595 등).

★ 사례문제 기출례 공동주거자의 부재중 1인의 동의하에 주거에 들어간 자의 주거침입죄 성부 [22모사]

17. 피고인이 甲의 부재중에 甲의 처 乙과 혼외 성관계를 가질 목적으로 乙이 열어 준 현관 출입문을 통하여 甲과 乙이 공동으로 거주하는 아파트에 들어갔다면, 피고인이 乙로부터 현실적인 승낙을 받아 통상적인 출입방법에 따라 주거에 들어갔으므로 주거의 사실상 평온상태를 해치는 행위태양으로 주거에 들어간 것이 아니어서 주거침입죄는 성립하지 않는다. (O)　　　　　　　　　　　　　　　　　　　　　[22법행][22(2)사]

: [1] 공동거주자 중 주거 내에 현재하는 거주자의 현실적인 승낙을 받아 통상적인 출입방법에 따라 들어갔다면, 설령 그것이 부재중인 다른 거주자의 의사에 반하는 것으로 추정된다고 하더라도 주거침입죄의 보호법익인 사실상 주거의 평온을 깨트렸다고 볼 수는 없다. [22법행]

[2] 주거침입죄의 침입에 해당하는지 여부는 출입 당시 객관적·외형적으로 드러난 행위태양을 기준으로 판단함이 원칙이다. 단순히 주거에 들어가는 행위 자체가 거주자의 의사에 반한다는 거주자의 주관적 사정만으로 바로 침입에 해당한다고 볼 수는 없다(대판(全) 2020도12630). [23(2)모·22(3)모]

★ 사례문제 기출례 영업장소에 범죄 등의 목적으로 출입한 경우 주거침입죄 성부 [22·13모사]

18. 피고인들이 피고인들과 기자가 대화하는 장면을 기자와 음식점 영업주 몰래 촬영하기 위해 카메라를 설치하려고 음식점 영업주의 출입승낙을 받아 통상적인 방법으로 음식점에 들어간 경우라면 특별한 사정이 없는 한 사실상의 평온상태가 침해되었다고 볼 수 없으므로 주거침입죄가 성립하지 않는다. (O)

: 일반인의 출입이 허용된 음식점에 영업주의 승낙을 받아 통상적인 출입방법으로 들어갔다면 특별한 사정이 없는 한 주거침입죄에서 규정하는 침입행위에 해당하지 않는다. 설령 행위자가 범죄 등을 목적으로 음식점에 출입하였거나 영업주가 행위자의 실제 출입 목적을 알았더라면 출입을 승낙하지 않았을 것이라는 사정이 인정되더라도 그러한 사정만으로는 출입 당시 객관적·외형적으로 드러난 행위 태양에 비추어 사실상의 평온상태를 해치는 방법으로 음식점에 들어갔다고 평가할 수 없으므로 침입행위에 해당하지 않는다(대판(全) 2017도18272). [22(1)사]

▮유제▮ 손님을 가장하여 통상적인 방법으로 편의점에 들어간 甲은 A에게 담배 2갑을 달라고 주문하여 A가 담배를 꺼내어 주자, 갑자기 계산대 안으로 들어가 미리 소지하고 있던 칼을 A에게 들이댄 다음, A로부터 금고 안에 들어 있던 현금 500,000원을 빼앗았다. 甲에게는 특수강도죄 이외에 건조물침입죄가 별도로 성립하지 않는다. (O) [23(3)모]

▮유제▮ 甲은 집에 돌아가던 중 영업 중인 X상가로 들어가는 D(17세)를 발견하고 D를 따라 들어가 승강기 앞에서 D의 엉덩이를 만졌다. 甲의 행위는 건조물침입에 해당하지 않는다. (O) [24(1)모]

19. 甲이 관리자에 의해 출입이 통제되는 건조물에 관리자의 승낙을 받아 건조물에 통상적인 출입방법으로 들어 갔으나 관리자가 甲의 실제 출입 목적을 알았더라면 출입을 승낙하지 않았을 사정이 있었다면 甲에게 건조 물침입죄가 성립한다. (X)　　　　　　　　　　　　　　　　　　　　　　　　　　　　　[24변시·23(2)모]

: 관리자에 의해 출입이 통제되는 건조물에 관리자의 승낙을 받아 건조물에 통상적인 출입방법으로 들어갔다면, 이러한 승낙의 의사표시에 기망이나 착오 등의 하자가 있더라도 특별한 사정이 없는 한 형법 제319조 제1항에서 정한 건조물침입죄가 성립하지 않는다.

이러한 경우 관리자의 현실적인 승낙이 있었으므로 가정적·추정적 의사는 고려할 필요가 없다(대판 2018도15213).

20. 甲은 연인관계에 있는 A가 집 안방에 TV를 설치해 달라고 하자 CCTV 카메라와 동영상 저장장치를 부착한 TV라는 사실을 숨기고 A의 집 안방으로 들어가 A가 있는 자리에서 이를 설치해 주었다. 甲이 A의 안방에 들어간 행위는 A의 주거의 사실상 평온상태를 침해하지 않으므로 주거침입죄를 구성하지 않는다. (O)   [23(2)모]

: 행위자가 거주자의 승낙을 받아 주거에 들어갔으나 범죄 등을 목적으로 한 출입이거나 거주자가 행위자의 실제 출입 목적을 알았더라면 출입을 승낙하지 않았을 것이라는 사정이 인정되는 경우 행위자의 출입행위가 주거침입죄에서 규정하는 침입행위에 해당하려면 행위자의 출입 당시 객관적·외형적으로 드러난 행위 태양에 비추어 주거의 사실상 평온상태가 침해되었다고 평가되어야 한다. 사안의 경우, 피해자의 사실상 평온상태가 침해되었다고 볼 만한 사정이 없으므로, 피고인의 출입이 비록 범죄 등의 목적을 숨기고 한 것이라도 주거침입죄가 성립하지 않는다 (대판 2022도1717).

21. 임차인 甲은 임대차 기간이 종료하여 임대인 乙로부터 정당한 퇴거요구를 받고 열쇠를 반환한 다음 건물에서 퇴거하였더라도 건물에 가재도구 등을 남겨 두었다면 퇴거불응죄에 해당한다. (X)   [22변시·13(3)모]

: 퇴거불응죄의 퇴거는 행위자의 신체가 주거에서 나감을 의미한다. 따라서 정당한 퇴거요구를 받고 건물에서 나가면서 가재도구 등을 남겨둔 경우 퇴거불응죄를 구성하지 않는다(대판 2007도6990).

제5장 재산에 대한 죄

제1절 절도의 죄(재산죄 일반 이론 포함)

1. ① 甲이 A와의 합의하에 A 소유의 예당저수지 사금채취광업권을 명의신탁받아 보관하던 중, A로부터 위 광업권을 반환하라는 요구를 받고도 자신은 A로부터 위 광업권을 금 5,000만 원에 매수한 것이라 주장하면서 그 반환요구를 거부한 경우 횡령죄가 성립한다. (X)   [16변시]
② 횡령죄의 객체인 재물은 동산이나 부동산 등 유체물에 한정되지 아니하고 관리할 수 있는 동력도 재물로 간주되므로 사무적으로 관리가 가능한 채권이나 그 밖의 권리도 횡령죄의 객체가 될 수 있다. (X)   [17(1)모]

: 횡령죄의 재물은 동산·부동산의 유체물에 한정되지 아니하고 관리할 수 있는 동력도 재물에 해당하고, 여기서 '관리'란 물리적 또는 물질적 관리를 가리킨다고 볼 것이고, 사무적으로 관리가 가능한 채권이나 광업권 그 밖의 권리는 재물에 포함되지 않는다(대판 93도2272).

┃유제┃ 횡령죄의 객체인 재물에는 물리적으로 관리가능한 무체물이 포함된다. (O)   [24(2)모]

2. 예탁결제원에 예탁되어 계좌 간 대체 기재의 방식에 의하여 양도되는 주권은 물론이고 주권이 발행되지 않은 상태에서 주권불소지 제도, 일괄예탁 제도 등에 근거하여 예탁결제원에 예탁된 것으로 취급되어 계좌 간 대체 기재의 방식에 의하여 양도되는 주식도 횡령죄의 객체가 될 수 있다. (X)   [24(3)모]

: 주권은 유가증권으로서 재물에 해당되므로 횡령죄의 객체가 될 수 있으나, 자본의 구성단위 또는 주주권을 의미하는 주식은 재물이 아니므로 횡령죄의 객체가 될 수 없다(대판 2020도2884).

3. 타인의 유선전화기를 무단으로 사용하여 전화통화를 한 경우 절도죄가 성립하지 않는다. (O) [13사시]

: 이러한 내용의 역무는 무형적인 이익에 불과하고 물리적 관리의 대상이 될 수 없어 재물이 아니므로 절도죄의 객체가 되지 않는다(대판 98도700).

★ **사례문제 기출례** 정보 등 영업비밀의 재물성 [23변사, 16·12모사]

4. ① 컴퓨터에 저장되어 있는 '정보' 그 자체는 유체물이라고 볼 수도 없고, 물질성을 가진 동력도 아니므로 재물이 될 수 없다 할 것이며, 이를 복사하거나 출력했다 할지라도 그 정보 자체가 감소하거나 피해자의 점유 및 이용가능성을 감소시키는 것은 아니므로 그 복사나 출력행위를 가지고 절도죄를 구성한다고 볼 수 없다(대판 2002도745). [20변시]
② 甲이 회사 컴퓨터에 저장된 정보를 출력하여 생성한 문서는 회사 소유의 문서라고 볼 수 없어서 이를 가지고 간 행위를 회사 소유의 문서를 절취한 것으로 볼 수 없다(대판 2002도745). [19(3)모]

┃유제┃ 직원 甲은 회사 컴퓨터에 저장되어 있는 신제품시스템의 설계 도면을 자신의 이동식저장장치인 USB에 저장하여 가지고 나왔다. 절도죄가 성립한다. (X) [18(3)모·13(2)모]

5. 회사 직원이 업무와 관련하여 다른 사람이 작성한 회사의 문서를 복사기를 이용하여 복사를 한 후 원본은 제자리에 갖다 놓고 그 사본만 가져간 경우, 그 회사소유의 문서의 사본을 절취한 것으로 볼 수는 없다(대판 95도192). [24(1)모]

6. 절도죄의 객체인 재물은 반드시 객관적인 금전적 교환가치를 가질 필요는 없고 소유자, 점유자가 주관적인 가치를 가지고 있으면 족하고, 이 경우 주관적, 경제적 가치의 유무를 판별할 때는 그것이 타인에 의하여 이용되지 않는다고 하는 소극적 관계에 있어서 그 가치가 성립하더라도 관계없다(대판 2007도2595). [24(2)모]

┃유제┃ 甲은 지하철역 근처에 설치된 신문가판대에서 무료신문인 A신문 25부를 가지고 집으로 왔다. A신문이 절도죄의 객체가 되기 위해서 반드시 객관적인 금전적 교환가치를 가질 필요는 없다. (O) [24(1)모]

7. 살아있는 사람의 신체는 분리되지 않는 한 절도죄의 객체가 될 수 없다. (O) [24(1)모]

: 절도죄의 객체인 재물은 소유권의 대상이 될 수 있는 것이어야 한다. 따라서 살아있는 사람의 신체는 절도죄의 객체가 될 수 없다. 다만 사람의 신체의 일부가 분리되면 절도죄의 객체인 재물이 될 수 있다. 채혈한 혈액이나 이식을 위해 적출한 장기가 그 예이다.

8. 타인과 공동으로 소유하는 재물도 절도죄의 객체가 될 수 있다. (O) [24(1)모]

: 행위자와 타인의 공동소유물도 타인의 재물에 해당하므로, 피고인이 피고인과 피해자의 동업자금으로 구입하여 피해자가 관리하고 있던 다이야포크레인을 그의 허락 없이 타인으로 하여금 운전하여 가도록 한 경우 절도죄가 성립한다(대판 90도1021).

9. 甲이 A 소유 토지에 임대차계약 등을 체결하지 않는 등 권한 없이 식재한 감나무에서 감을 수확한 경우 그 감나무는 甲의 소유라고 볼 수 있으므로 甲은 절도죄로 처벌되지 않는다. (X) [13변시·11(1)모]

: 타인의 토지상에 권원 없이 식재한 수목의 소유권은 토지소유자에게 귀속되고 권원에 의하여 식재한 경우에는 그 소유권이 식재한 자에게 있다(대판 80도1874).

10. ① 피고인이 자신의 명의로 등록되어 있는 승용차를 사실혼 관계에 있던 피해자에게 선물로 증여한 이래 피해자만 그 승용차를 운행하며 관리해 왔는데, 피고인이 그 승용차를 임의로 운전해 가지고 간 경우, 절도죄가 성립한다. (O) [16(3)모·16사시]

: 이 자동차는 그 등록명의와 관계없이 피고인과 피해자 사이에서는 피해자를 소유자로 보아야 하므로 피고인의 행위는 절도행위에 해당한다(대판 2012도15303).

11. ② 甲이 자신의 어머니 乙 명의로 구입·등록하여 乙에게 명의신탁한 자동차를 丙에게 담보로 제공한 후 丙이 점유 중인 자동차를 丙 몰래 가져간 경우 절도죄가 성립한다. (O) [15·14변시·13(1)모]

: 당사자 사이에 자동차의 소유권을 그 등록명의자 아닌 자가 보유하기로 약정한 경우, 그 약정 당사자 사이의 내부 관계에 있어서는 등록명의자 아닌 자가 소유권을 보유하게 되고, 제3자에 대한 관계에 있어서는 어디까지나 그 등록명의자가 자동차의 소유자라고 할 것이다(대판 2010도11771).

┃유제┃ 甲이 A로부터 명의수탁을 받아 자신의 명의로 등록되어 있는 자동차를 A 몰래 가져간 경우, 자동차의 소유권은 등록명의를 기준으로 하므로 절도죄는 성립하지 않는다. (X) [20변시]
(당사자 사이의 내부관계)

┃유제┃ A가 자동차를 구입하여 장애인에 대한 면세 혜택 등의 적용을 받기 위해 戊의 명의를 빌려 등록하였다. 명의수탁자 戊와 그의 딸 己는 공모하여, 戊는 己에게 자동차이전등록 서류를 교부하고, 己는 그 자동차를 명의신탁자 A몰래 가져와 이를 다른 사람에게 처분하였다. 위 자동차에 대한 실질적인 소유권은 A에게 있으므로 戊와 己는 절도죄의 공동정범의 죄책을 진다. (O) [14변시]
(당사자 사이의 내부관계)

12. ① 자동차의 명의신탁 관계에서 제3자인 甲이 명의수탁자로부터 허락받고 인감증명 등을 교부받아 명의신탁자가 점유하고 있는 위 자동차를 신탁자 몰래 가져간 경우 甲과 명의수탁자의 공모·가공이 밝혀지면 절도죄의 공모공동정범이 성립한다(대판 2006도4498). (O) [11(1)모·16사시][19(1)기]

② 부동산의 명의수탁자가 그 부동산을 자신의 소유라고 말하면서 제3자에게 매도하고 소유권이전등기를 마쳐 준 경우, 제3자에 대한 사기죄가 성립한다. (X) [20변시]

: 부동산 내지 자동차의 명의수탁자가 부동산을 제3자에게 매도하고 매매를 원인으로 한 소유권이전등기까지 마쳐 준 경우, 명의신탁의 법리상 대외적으로 수탁자에게 그 부동산의 처분권한이 있는 것임이 분명하고, 제3자로서도 자기 명의의 소유권이전등기가 마쳐진 이상 무슨 실질적인 재산상의 손해가 있을 리 없으므로, 그 명의신탁 사실과 관련하여 신의칙상 고지의무가 있다거나 기망행위가 있었다고 볼 수도 없어서 그 제3자에 대한 사기죄가 성립될 여지가 없다(대판 2006도4498). [15변시] [21(2)사]

13. 양도담보권설정자인 채무자가 점유개정의 방식으로 담보목적물인 동산을 점유하고 있는 상태에서 양도담보권자인 채권자 丙이 丁에게 담보목적물을 매각하고 목적물반환청구권을 양도하여 丁이 임의로 이를 가져가게 하였다. 위 동산의 실질적인 소유권은 채무자에게 있으므로 丙과 丁은 절도죄의 공동정범의 죄책을 진다. (X) [14변시]

: 채권자가 양도담보 목적물을 위와 같은 방법(목적물 반환청구권 양도)으로 제3자에게 처분하여 그 목적물의 소유권을 취득하게 한 다음 그 제3자로 하여금 그 목적물을 취거하게 한 경우, 그 제3자로서는 자기의 소유물을 취거한 것에 불과하므로, 채권자의 이 같은 행위는 권리행사방해죄를 구성하는 것은 별론으로 하고 절도죄를 구성하지 않는다(대판 2006도4263).

★ 사례문제 기출례 금제품의 타인의 재물성 [24모사]

14. 유가증권도 정상적으로 발행된 것은 물론 비록 작성권한이 없는 자에 의하여 위조된 것이라 하더라도 절차에 따라 몰수되기까지는 형법상 재물로서 절도죄의 객체가 된다(대판 98도2967). [19(3)모 · 18(3)모]

15. 피고인이 내연관계에 있는 A와 아파트에서 동거하다가, A의 사망으로 A의 상속인인 B 및 C 소유에 속하게 된 부동산 등기권리증 등 서류들이 들어 있는 가방을 위 아파트에서 가지고 나간 경우, 절도죄가 성립한다. (X) [16(3)모 · 15사시][11변시]

: 종전 점유자의 점유가 그의 사망으로 인한 상속에 의하여 당연히 그 상속인에게 이전된다는 민법 제193조는 절도죄의 요건으로서의 '타인의 점유'와 관련하여서는 적용의 여지가 없고, 재물을 점유하는 소유자로부터 이를 상속받아 그 소유권을 취득하였다고 하더라도 상속인이 그 재물에 관하여 사실상의 지배를 가지게 되어야만 이를 점유하는 것으로서 그때부터 비로소 상속인에 대한 절도죄가 성립할 수 있다(대판 2010도6334).

★ 사례문제 기출례 사자의 점유 [23 · 16모사]

16. 甲이 A의 자취방에서 재물강취의사 없이 A를 살해한 후 4시간 30분 후에 예금통장과 인장이 들어 있는 A의 잠바를 걸치고 나온 경우, A가 생전에 가진 점유는 사망 후에도 여전히 계속되는 것으로 보아야 하므로, 甲은 절도죄로 처벌된다(대판 93도2143). [13변시 · 12(2)모]

17. 甲이 일가친척 없이 홀로 지내던 A의 주거에 침입할 당시 A는 이미 사망한 상태였고 甲은 그 사망과는 관련이 없는 상태에서 A소유의 재물을 가지고 나왔다. 절도죄가 성립한다. (X) [18(3)모]

: 피고인이 피해자의 주거에 침입할 당시 피해자는 이미 사망한 상태였고 피고인은 그 사망과는 관련이 없으며 정확한 사망시기도 밝혀지지 않아 피고인이 위 주거에 있던 재물을 가지고 나올 때까지 사망 이후 얼마나 시간이 경과되었는지도 분명하지가 않다면, 주거침입절도의 점을 무죄라고 보아야 한다(대판 2013도5355).

18. 甲이 아버지의 예금계좌에서 무단으로 자신의 계좌로 500만 원을 이체한 후 이체한 500만 원을 자신의 현금카드로 인출한 경우 이는 별도의 절도죄에 해당한다. (X) [20변시 · 22(3)모]

: 절취한 타인의 신용카드를 이용하여 현금지급기에서 자신의 예금계좌로 돈을 이체시킨 것은 컴퓨터사용사기죄에 해당하고, 컴퓨터사용사기죄의 범행으로 예금채권을 취득한 다음 자기의 현금카드를 사용하여 현금자동지급기에서 현금을 인출한 경우, 별도로 절도죄나 사기죄의 구성요건에 해당하지 않는다(대판 2008도2440). [20변시 · 22(3)모]

★ 사례문제 기출례 유류물 또는 분실물의 점유관계 [20·18모사]

19. 당구장이나 PC방에서 손님이 잃어버린 물건은 절도죄의 객체가 된다. (O)　　　[14변시][21(1)기]

: 피해자가 피씨방에 두고 간 핸드폰은 피씨방 관리자의 점유하에 있어서 제3자가 이를 취한 행위는 절도죄를 구성한다(대판 2006도9338).

20. 고속버스 운전사가 승객이 두고 내린 물건을 현실적으로 발견하기 전에 다른 승객이 가져간 경우 점유이탈물횡령에 해당한다(대판 92도3170).　　　[22(1)모·11법행]

┃유제┃ 운행 중인 지하철 전동차 선반위에 승객이 잊고 가버린 가방을 가져간 경우 점유이탈물횡령죄가 성립한다. (O)　　　[16(3)모·12(2)모]

21. 강간을 당한 피해자가 도피하면서 현장에 놓아두고 간 손가방은 점유이탈물이 아니라 사회통념상 피해자의 지배하에 있는 물건이라고 보아야 할 것이므로 피고인이 그 손가방 안에 들어 있는 피해자 소유의 돈을 꺼낸 소위는 절도죄에 해당한다(대판 84도38).　　　[19(1)사·20(2)사]

22. 임차인 甲은 임대계약 종료 후 식당건물에서 퇴거하면서 종전부터 사용하던 냉장고의 전원을 켜 둔 채 그대로 두었다가 약 1개월 후 철거해 가는 바람에 그 기간 동안 전기가 소비되게 하였다. 절도죄가 성립한다. (X)　　　[12(3)모·13사시]

: 이는 당초부터 자기의 점유·관리하에 있던 전기를 사용한 것일 뿐 타인의 점유·관리하에 있던 전기가 아니어서 절도죄가 성립하지 않는다(대판 2008도3252).

★ 사례문제 기출례 책략절도 사례 [24·17변사, 24·18모사]

23. 보석상에서 반지를 잠깐 보겠다고 하여 점원이 반지를 내어주자 이를 보는 척하다가 가지고 도주하였다면 사기죄가 성립한다. (X)　　　[24변시·12(2)모·11·12법행]

: 절취란 점유자의 의사에 반하여 그 점유를 배제하고, 자기 또는 제3자의 점유로 옮기는 것을 말한다. 사안의 반지는 도주하기 전까지는 아직 피해자의 점유 하에 있었다고 할 것이므로 절도죄에 해당한다(대판 94도1487).

24. 甲은 결혼예식장에서 신부측 축의금 접수인인 것처럼 행세하여 피해자가 축의금을 내어 놓자 이를 받아갔다. 절도죄가 성립한다(대판 96도2227).　　　[16(3)모·12(3)모]

25. 甲이 상사와의 의견충돌 끝에 항의의 표시로 사표를 제출한 다음 평소 자신이 전적으로 보관·관리해 오던 비자금관련 서류 및 금품이 든 가방을 가지고 나왔으나 그 이후 계속 정상적으로 근무한 경우 불법영득의사를 인정할 수 없을 뿐만 아니라, 그 서류 및 금품이 타인의 점유 하에 있던 물건이라고도 볼 수 없어 절도죄가 성립하지 않는다(대판 94도3033).　　　[14변시·16(1)모·12(2)모]

26. 민법상 점유보조자(점원)라고 할지라도 그 물건에 대하여 사실상 지배력을 행사하는 경우에는 형법상 보관의 주체로 볼 수 있으므로 이를 영득한 경우에는 횡령죄에 해당한다(대판 81도3396).　　　[23(1)모]

┃유제┃ 피해자가 점원에게 금고안의 돈으로 가스대금을 지급하도록 지시하면서 금고열쇠를 주고 외출하자, 점원이 이를 가지고 도주한 경우 절도죄가 성립한다. (X)　　　[12(2)모·06·11법행]

27. 내리막길에 주차된 자동차를 절취할 목적으로 조수석 문을 열고 시동을 걸려고 차 안의 기기를 만지다가 핸드브레이크를 풀게 되어 시동이 걸리지 않은 상태에서 약 10미터 전진하다가 가로수를 들이받게 한 甲은 절도죄의 기수로 처벌되지 않는다(대판 94도1522). [13변시·11(1)모]

★
28. 입목절도의 경우 입목을 절취하기 위하여 캐낸 때에 소유자의 입목에 대한 점유가 침해되어 범인의 사실적 지배하에 놓이게 되므로 범인이 그 점유를 취득하고 절도죄는 기수에 이른다. 그러므로 절도범인이 혼자 입목(영산홍)을 땅에서 완전히 캐낸 후에 비로소 제3자가 가담하여 함께 입목을 운반한 경우, 피고인의 그러한 행위가 다른 죄(필자보충 : 장물운반죄)에 해당하는지의 여부는 별론으로 하고 공동피고인과 합동하여 영산홍 절취행위를 한 것으로 볼 수는 없다(대판 2008도6080). [13변시]

┃유제┃ 甲이 혼자 입목을 땅에서 완전히 캐낸 후에 비로소 乙이 가담하여 함께 입목을 운반한 경우, 甲과 乙은 입목에 대한 특수절도죄의 죄책을 진다. (X) [24(2)·19(3)모·17(3)모]

29. 피해자의 승낙 없이 혼인신고서를 작성하기 위하여 피해자의 도장을 몰래 꺼내어 사용한 후 제자리에 갖다 놓은 경우, 도장에 대한 불법영득의사가 인정되지 않는다(대판 2000도493). [14(3)모·20법행]

30. A 주식회사 감사인 甲이 회사 경영진과의 불화로 한 달 가까이 결근하다가 회사 감사실에 침입하여 자신이 사용하던 컴퓨터에서 하드디스크를 떼어간 후 4개월 가까이 지난 시점에 반환한 경우 일시 보관하였다고 평가하기 어려워 甲에게 절도죄가 성립한다(대판 2010도9570). [16변시]

┃유제┃ 「형법」에서 고의는 행위자의 동기 내지 최종 목적을 의미하는 것은 아니므로 회사의 경영상의 비리를 고발하기 위하여 회사 소유의 하드디스크를 절취한 때에도 절도죄의 고의가 인정된다. (O) [22(1)모]

★ 사례문제 기출례 불법영득의사의 내용 [21·16·14모사 등]

31. 甲이 피해자의 영업점 내에 있는 피해자 소유의 휴대전화를 허락 없이 가지고 나와 휴대전화를 이용하여 통화하고 문자 메시지를 주고받은 다음 2시간 후에 피해자에게 아무런 말을 하지 않고 피해자의 영업점 정문 옆 화분에 놓아두고 간 경우 불법영득의 의사가 인정되어 절도죄가 성립한다. (O) [22·14·16변시·20법행]

: 타인의 재물을 점유자의 승낙 없이 무단 사용하는 경우에 있어서 그 사용으로 인하여 물건 자체가 가지는 경제적 가치가 상당한 정도로 소모되거나 또는 사용 후 그 재물을 본래 있었던 장소가 아닌 다른 장소에 버리거나 곧 반환하지 아니하고 장시간 점유한 때에는 불법영득의 의사를 인정할 수 있다(대판 2012도1132).

┃유제┃ 일시사용 목적으로 타인의 자동차에 대한 점유를 침탈한 후 본래 장소 아닌 다른 곳에 유기하는 경우 절도죄가 아닌 자동차등불법사용죄로 처벌된다. (X) [23(1)모·21(2)모]

┃유제┃ 소유자의 승낙 없이 오토바이를 타고 가서 다른 장소에 버린 경우, 불법영득의사가 인정된다. (O) [14(3)모·13사시]

32. 총기를 분실한 군인이 이를 보충하기 위하여 동료의 총기를 취거한 경우라도 불법영득의 의사가 있다고 보아야 한다. (X) [23(1)모]

: 소속중대에서 총기를 분실하고 그를 보충하기 위하여 타부대 총기를 취거해 왔다고 하면은 그 행위는 자기 또는 타인을 위한 영득의사에 의한 행위라고는 할 수 없으므로 동 행위를 형법 329조의 절도죄로 처단할 수 없다(대판 77도1069).

33. 현금 등이 들어 있는 피해자의 지갑을 가져갈 당시에 피해자의 승낙을 받지 않았다면, 후일 변제할 의사가 있었다고 하더라도 불법영득의사가 인정된다(대판 99도519). [22(2)모·14(3)모]

34. ① 甲이 점유자와 소유자가 다른 승용차를 점유자의 의사에 반하여 자신의 점유로 옮긴 경우, 이러한 甲의 행위가 결과적으로 소유자의 이익이 되거나 이에 대한 소유자의 추정적 승낙이 있다고 볼 만한 사정이 있는 것만으로는 甲의 불법영득의사를 부정할 수 없다(대판 2013도14139). [15사시]
② 甲은 리스한 승용차를 사채업자 A에게 담보로 제공하였고, 사채업자 A는 甲이 차용금을 변제하지 못하자 승용차를 B에게 매도하였는데, 이후 甲은 위 승용차를 발견하고 이를 본래 소유자였던 리스 회사에 반납하기 위하여 취거한 경우 甲에게 절도죄가 성립한다(대판 2013도14139). [16변시·20법행]

★
35. 甲이 자신이 일하는 회사 사무실에서 회사 명의의 예금통장을 몰래 가지고 나와 예금 1,000만 원을 인출한 후 다시 그 통장을 제자리에 갖다 놓은 경우, 甲에게 예금통장에 대한 불법영득의사는 인정되지 않으므로 예금통장에 대한 절도죄는 성립하지 않는다. (X) [19변시·16(3)모·15(3)모]

: 예금통장은 예금액에 대한 증명기능이 있고 이러한 증명기능은 예금통장 자체가 가지는 경제적 가치라고 보아야 하므로, 타인의 예금통장을 무단사용하여 예금을 인출한 후 바로 예금통장을 반환하였다 하더라도 그 사용으로 인한 위와 같은 경제적 가치의 소모가 무시할 수 있을 정도로 경미한 경우가 아닌 이상, 예금통장 자체가 가지는 예금액 증명기능의 경제적 가치에 대한 불법영득의 의사를 인정할 수 있으므로 절도죄가 성립한다(대판 2009도9008). [23(1)모]

36. 타인의 신용카드나 직불카드를 임의로 가지고 가 현금자동지급기에서 현금을 인출한 후 곧바로 반환한 경우 신용카드나 직불카드에 대한 절도죄가 성립하지 않는다. (O) [22(1)(2)모·18(3)모]

: 신용카드 자체가 가지는 경제적 가치가 인출된 예금액만큼 소모되었다고 할 수 없으므로, 이를 일시 사용하고 곧 반환한 경우에는 신용카드 자체에 대한 불법영득의 의사가 없다(대판 99도857). [23(1)모]

다만 인출한 현금에 대해서는 절도죄가 성립한다(대판 2003도1178).

┃유제┃ 타인의 직불카드를 사용하여 그의 예금계좌에서 자기의 예금계좌로 돈을 이체하였다면 이를 일시 사용하고 곧 반환한 때도 그 직불카드에 대한 불법영득의 의사는 있다고 보아야 한다. (X) [23(1)모]

┃유제┃ 甲이 A의 현금카드를 사용하여 돈을 인출할 목적으로 현금카드를 가지고 나와 현금자동지급기에서 돈을 인출한 후 현금카드를 제자리에 가져다 놓은 경우, 현금카드에 대한 절도죄와 인출한 현금에 대한 절도죄가 성립한다. (X) (현금카드에 대한 절도죄는 불성립) [20변시]

★ [사례문제 기출례] 불법영득의사에서 불법의 의미 [17변사, 21모사]: 절취의 불법설(判), 영득의 불법설

37. 굴삭기 매수인이 약정된 기일에 대금채무를 이행하지 아니하면 굴삭기를 회수하여 가도 좋다는 약정을 하고 각서와 매매계약서 및 양도증명서 등을 작성하여 판매회사 담당자에게 교부한 후 그 채무를 불이행하자 그 담당자가 굴삭기를 취거하여 매도한 경우, 굴삭기에 대한 소유권 등록 없이 매수인의 위와 같은 약정 및 각서 등의 작성·교부만으로 굴삭기에 대한 소유권이 판매회사로 이전될 수는 없으므로 굴삭기 취거 당시 그 소유권은 여전히 매수인에게 남아 있고, 매수인의 의사표시 중에 자신의 동의나 승낙 없이 현실적으로 자신의 점유를 배제하고 굴삭기를 가져가도 좋다는 의사까지 포함되어 있던 것으로 보기는 어려우므로 그 굴삭기 취거행위는 절도죄에 해당한다(대판 2001도4546). [15변시]

38. 매수인이 물품대금을 지급하지 않자 매도인 甲이 물품을 도로 찾아가겠다고 통보함으로써 매수인과의 외상 매매계약을 해제한 후 매수인의 승낙을 받지 않고 물품을 가져간 경우, 해제에 의한 물권적 청구권이 존재하기 때문에 절도죄가 성립하지 않는다. (X) [13(2)모·06법행]

: 피고인이 매수인의 승낙을 받지 않고 위 물품들을 가져갔다면 그 물품에 대한 반환청구권이 피고인에게 있었다 하여도 피고인의 행위는 절도행위에 해당한다(대판 72도2538).

★ 〔사례문제 기출례〕 야간주거침입절도죄에서 '야간'의 적용범위 [19·17변시, 24·16모사 등]

39. 만약 甲이 주간에 A의 집에 침입하여 숨어 있다가 야간에 안방에 있던 A의 물건을 훔쳐서 나왔다면, 「형법」 제330조에 따른 야간주거침입절도가 성립한다. (X) [21변시·16(1)모][19(2)기]

: 형법은 야간에 이루어지는 주거침입행위의 위험성에 주목하여 그러한 행위를 수반한 절도를 야간주거침입절도죄로 중하게 처벌하고 있는 것으로 보아야 하고, 주거침입이 주간에 이루어진 경우에는 비록 타인의 재물을 절취한 행위가 야간에 이루어지더라도 야간주거침입절도죄가 성립하지 않는다(대판 2011도300. 주거침입죄와 절도죄의 실체적 경합범).

40. 甲이 야간에 카페에서 업주의 주거로 사용되는 그곳 내실에 침입하여 장식장 안에 들어 있는 정기적금통장을 꺼내 들고 카페로 나오던 중 발각되어 돌려준 경우 야간주거침입절도죄의 기수가 성립한다(대판 91도476). [14변시·03사시]

41. 형법 조항에서 규정한 흉기는 본래 살상용·파괴용으로 만들어진 것이거나 이에 준할 정도의 위험성을 가진 것으로 봄이 상당하고, 특별히 개조된 바는 없는 일반적인 드라이버는 흉기에 해당한다고 보기 어렵다(대판 2012도4175). [20(3)사]

42. 甲이 밤 10시경 절취의 목적으로 피해자 A가 집에 없는 틈을 타 드라이버로 A의 집 현관문을 부순 시점에 집으로 돌아오는 A에게 들켜 도망간 경우, 아직 A의 집 안으로 들어가지 않았으므로 실행의 착수가 인정되지 않아 절도범행은 처벌할 수 없다. (X) [20변시]

: 제331조 제1항의 특수절도죄는 주거침입을 위하여 건조물의 일부를 손괴하기 시작한 때에 실행의 착수가 인정되므로(대판 86도1273), 甲은 제331조 제1항의 특수절도미수죄의 죄책을 진다.

★★ 〔사례문제 기출례〕 합동의 의미에 관한 현장설의 판례 [25·24·22·19·16변시, 23모사 등]

43. 합동범이 성립하기 위하여는 주관적 요건으로서의 공모와 객관적 요건으로서의 실행행위의 분담이 있어야 하고, 그 실행행위에 있어서는 시간적으로나 장소적으로 협동관계가 있음을 요한다(대판 67도1117). [19·18변시][22(2)사]

44. 합동범은 주관적 요건으로서 공모 외에 객관적 요건으로서 현장에서의 실행행위의 분담을 요하나 이 실행행위의 분담은 반드시 동시에 동일장소에서 실행행위를 특정하여 분담하는 것만을 뜻하는 것이 아니라 시간적으로나 장소적으로 서로 협동관계에 있다고 볼 수 있으면 충분하다(대판 92도917). [24(3)모]

45. 공범 중 1인은 사무실에 침입하여 절취행위를 하고 나머지 1인은 사무실 앞에서 망을 보고 있었던 경우, 합동절도의 시간적·장소적 협동관계를 인정할 수 있다(대판 2011도2021). [21(2)모]

★★ 사례문제 기출례 합동범의 공동정범 가부에 관한 판례 [24·12변시, 22·21·18모사 등]

46. 甲이 합동절도의 범행 공모에는 참여하였으나 현장에서 절도의 실행행위를 직접 분담하지 않았더라도, 그가 현장에서 절도 범행을 실행한 乙과 丙의 행위를 자기 의사의 수단으로 하여 합동절도의 범행을 하였다고 평가할 수 있는 정범성의 표지를 갖추고 있다면, 甲에 대하여도 합동절도의 공동정범이 성립될 수 있다(대판(全) 98도321). [23·13변시·22(1)모]

유제 甲의 주도하에 甲, 乙, 丙은 절도를 공모하고 23:00경 乙은 A의 집에 들어가 A 소유의 다이아몬드 반지 1개를 가지고 나오고, 丙은 A의 집 문앞에서 망을 보았다. 다만 甲은 자신의 집에서 전화로 지시를 하였을 뿐 30km 떨어져 있는 A의 집에는 가지 않은 경우, 甲에 대해서는 특수절도죄의 공동정범이 성립한다. (O) [12변시]

유제 乙, 丙과 A회사의 사무실에서 현금을 절취할 것을 공모한 甲이 乙과 丙에게 범행도구를 구입하여 제공해 주었을 뿐만 아니라 乙과 丙이 사무실에서 현금을 절취하는 동안 범행장소가 보이지 않는 멀리 떨어진 곳에서 기다렸다가 절취한 현금을 운반한 경우, 甲은 乙, 丙의 합동절도의 공동정범의 죄책을 진다. (O) [13변시]

47. ① 친족상도례는 공갈의 죄 및 장물에 관한 죄에 적용될 수 있지만 강도의 죄 및 손괴의 죄에는 적용되지 않는다. (O) [20변시]
② 「형법」상 친족상도례에 관한 규정은 「형법」 제323조의 권리행사방해죄에는 적용되나, 「형법」 제327조의 강제집행면탈죄에는 적용되지 않는다. (O) [16사시]

48. 특경법에는 친족상도례에 관한 형법 제361조, 제328조의 적용을 배제한다는 명시적인 규정이 없으므로, 형법 제361조는 특경법 제3조 제1항 위반의 횡령죄 또는 사기죄에도 그대로 적용된다(대판 2013도7754). [18변시·17(2)모·20법행]

유제 甲이 친동생 A에 대한 기망에 성공하여 A의 처분행위로 6억 원 상당의 재산상 이익을 얻은 경우, 甲에게는 친족상도례가 적용된다. (O) [23(3)모]

49. 피고인이 타가에 친양자로 입양되는 경우, 생가를 중심으로 한 종전의 친족관계는 소멸되어 생부 또는 생모와 사이에 친족상도례가 적용되지 않는다(민법 제908조의3). [18(2)모]

50. 사기죄의 범인이 금원을 편취하기 위한 수단으로 피해자와 혼인신고를 한 것이어서 그 혼인이 무효인 경우, 그 피해자에 대한 사기죄에서는 친족상도례를 적용할 수 없다(대판 2014도11533). [20변시·23(3)모·22(1)모]

51. 사기죄를 범한 사람과 피해자가 사돈지간인 경우 친족상도례에 관한 규정이 적용되지 않는다(대판 2011도2170). [20·18변시·15(2)모]

52. 친족상도례가 적용되는 친족의 범위는 민법의 규정에 의한다(대판 2011도2170). [22(1)모]

53. 절도죄의 경우 피해물건의 소유자와 점유자가 다른 때에는 소유자 및 점유자 모두 사이에 친족관계가 있는 경우에만 친족상도례가 적용된다(대판 80도131). [24·18변시·22(1)(2)모]

54. 절취한 아버지(또는 할아버지나 남편) 소유의 예금통장을 현금자동지급기에 넣고 조작하여 예금잔고를 자신의 거래은행 계좌로 이체한 컴퓨터등사용사기죄에 대하여 친족상도례가 적용되지 않는다. (O)

[24 · 20 · 18변시 · 23(3)모 · 18(1)모]

: 친척 소유 예금통장을 절취한 자가 그 친척 거래 금융기관에 설치된 현금자동지급기에 예금통장을 넣고 조작하는 방법으로 친척 명의 계좌의 예금 잔고를 자신이 거래하는 다른 금융기관에 개설된 자기 계좌로 이체한 경우, 그 범행으로 인한 피해자는 이체된 예금 상당액의 채무를 이중으로 지급해야 할 위험에 처하게 되는 그 친척 거래 금융기관이라 할 것이므로, 친족 사이의 범행을 전제로 하는 친족상도례를 적용할 수 없다(대판 2006도2704).

55. 피해물건의 보관을 의뢰한 위탁자와 그 소유자가 다른 경우, 친족상도례의 특례는 횡령범인이 위탁자뿐만 아니라 소유자와의 사이에도 친족관계가 있는 경우에만 적용된다(대판 2008도3438).

[12변시 · 13(3)모 · 12(2)모]

56. 친족상도례의 규정에서의 친족관계는 범행당시에 존재해야 하는 것이 원칙이며, 혼외자의 인지가 범행 후에 이루어진 경우 소급효에 따라 형성되는 친족관계를 기초로 친족상도례의 규정이 적용된다(대판 96도1731).

[12변시 · 22(1)모 · 20(1)모]

57. 甲이 乙에게 절도를 교사하고 이에 따라 乙이 자신과 동거하지 않는 삼촌 丙의 신용카드를 절취한 경우, 丙의 고소가 없더라도 甲을 절도교사죄로 처벌할 수 있다. (O)

[20변시]

: 비친족이 친족간의 재산범죄에 가담한 경우 본 특례는 친족관계가 있는 자에게만 적용되고, 친족관계가 없는 공범에게는 적용되지 않는다(형법 제328조 제3항, 제365조 제2항 단서).

제2절 강도의 죄

1. 강도의 죄에는 친족상도례가 적용되지 않는다. (O)

[24(2)모]

: 친족상도례 규정은 강도죄, 손괴죄, (준)점유강취죄 및 강제집행면탈죄를 제외한 재산범죄에 적용된다.

2. 강도죄의 폭행은 상대방의 반항을 억압하거나 항거를 불가능하게 할 정도의 것이어야 한다(대판 92도2884).

[24(2)모]

3. 채권자를 폭행하여 채무를 면탈함으로써 성립하는 강도죄에서 불법이득의사는 단순 폭력범죄로부터 강도죄를 구별하게 하는 중요한 구성요건 표지가 된다(대판 2020도4539).

[24(2)모]

4. 협박으로 금전채무 지불각서 1매를 쓰게 하고 이를 강취한 경우, 사법상 유효하지 못한 위 지불각서는 강도죄의 객체인 재산상 이익이 될 수 없다. (X)

[20변시]

: 강도죄에서 재산상의 이익은 반드시 사법상 유효한 재산상의 이득만을 의미하는 것이 아니고 외견상 재산상의 이득을 얻을 것이라고 인정할 수 있는 사실관계만 있으면 되는 것이다(대판 93도428).

5. 재물강취 또는 강제이득의 수단으로서의 폭행 또는 협박이 개시되면 강도죄의 실행에 착수한 것으로 보아야 한다. (O) [24(2)모]

★ 사례문제 기출례 날치기에 대한 형법적 평가 [22 · 21 · 14모사 등]

6. 차량을 통한 날치기 수법의 절도시 점유탈취의 과정에서 우연히 피해자가 넘어지거나 부상당한 경우, 강도치상죄가 성립하지 않는다. (O) [17(3)모 · 16(2)모]

: [1] 날치기와 같이 강력적으로 재물을 절취하는 행위는 때로는 피해자를 전도시키거나 부상케 하는 경우가 있고, 구체적인 상황에 따라서는 이를 강도로 인정하여야 할 때가 있다 할 것이나, 그와 같은 결과가 피해자의 반항억압을 목적으로 함이 없이 점유탈취의 과정에서 우연히 가해진 경우라면 이는 절도에 불과한 것으로 보아야 한다.

[2] 날치기 수법의 점유탈취 과정에서 이를 알아채고 재물을 뺏기지 않으려는 상대방의 반항에 부딪혔음에도 계속하여 피해자를 끌고 가면서 억지로 재물을 빼앗은 행위는 피해자의 반항을 억압한 후 재물을 강취한 것으로서 강도에 해당한다(대판 2007도7601). [22(2)사]

★ 사례문제 기출례 이익강취의 경우 피해자의 처분행위 요부 [16 · 14 · 13모사] : 채무면탈 목적 채권자 살해시 강도살인죄 성부 [23모사]

7. 채무의 존재가 명백할 뿐만 아니라 채권자의 상속인이 존재하고 그 상속인에게 채권의 존재를 확인할 방법이 확보되어 있는 경우에는 비록 그 채무를 면탈할 의사로 채권자를 살해하더라도 일시적으로 채권자 측의 추급을 면한 것에 불과하여 재산상 이익의 지배가 채권자 측으로부터 범인 앞으로 이전되었다고 보기는 어려우므로, 이러한 경우에는 강도살인죄가 성립할 수 없다(대판 2004도1098).
[24(3)모 · 21(1)모 · 16(2)모 · 12(2)]

8. 강간범이 피해자가 도피하면서 현장에 놓아두고 간 손가방 안에 들어 있는 그 피해자 소유의 돈을 꺼낸 것은 절도죄에 해당한다(대판 84도38). [24(1)모]

9. ① 타인에게 상해를 가하여 혼수상태에 빠지게 한 후 우발적으로 그 타인의 물건을 들고 간 경우에도 강도죄가 성립한다. (X) [24(2)모]
② 피해자와 합의하에 성교행위 도중 시비 끝에 피해자를 이불로 덮어 씌우고 폭행한 후 이불 속에 들어 있는 피해자를 두고 나가다가 우발적으로 피해자 손가방 안에서 현금을 들고 나간 경우에도 강도죄가 성립한다. (X) [18(2)모 · 16(2)모]

: ① 피고인이 타인에 대하여 반항을 억압함에 충분한 정도의 폭행 또는 협박을 가한 사실이 있다 해도 피고인이 우발적으로 타인의 재물을 취거한 경우에는 위 폭행이나 협박이 재물 탈취의 방법으로 사용된 것이 아니고 양자 사이에 인과관계가 존재하지 아니하므로 강도죄가 성립하지 않는다.

② 이 경우 위 폭행이 피해자의 재물 탈취를 위한 피해자의 반항억압의 수단으로 이루어졌다고 단정할 수 없어 양자 사이에 인과관계가 존재한다고 보기 어렵다(대판 2008도10308). 답 X, X

10. ① 준강도의 주체는 절도범인으로, 절도의 실행에 착수한 이상 미수 · 기수 여부를 불문한다(대판 89도2532). [15변시]
② 준강도죄의 '절도'는 적어도 절도의 실행에 착수한 자이어야 하므로, 예비행위자는 준강도죄의 주체가 될 수 없다. (O) [19(3)모]

11. 준강도죄의 주체는 절도의 정범에 국한되고 교사범, 방조범은 포함되지 않으므로, 절도교사·방조범이 체포를 면탈하기 위하여 폭행·협박을 한 때에는 절도교사·방조죄와 폭행·협박죄의 실체적 경합범이 된다. (O)
[19(3)모]

12. 피고인이 술값의 지급을 면하기 위하여 술집주인인 피해자를 부근에 있는 아파트 뒤편 골목으로 유인한 후 폭행하여 반항하지 못하게 하고 그대로 도주함으로써 술값의 지급을 면한 경우 준강도죄가 성립한다. (X)
[15변시·18(3)모·17(3)모]

: [1] 준강도죄의 주체는 절도범인이고, 절도죄의 객체는 재물이다. [2] 이상의 범죄사실에는 그 자체로 절도의 실행에 착수하였다는 내용이 포함되어 있지 않으므로 준강도죄가 성립할 수 없다(대판 2014도2521). [20법행]

13. 절도가 범행이 발각되어 옷을 잡히자 체포를 면하려고 충동적으로 저항을 시도하여 잡은 손을 뿌리친 정도의 폭행을 준강도죄로 의율할 수는 없다(대판 85도619).
[16(3)모·13(1)모]

★★ 〔사례문제 기출례〕 준강도죄 성립요건인 '절도의 기회' [25·24·22·17·16변사 등]

14. 준강도죄가 성립하기 위해서는 사회통념상 절도범죄가 완료되기 이전에 폭행·협박행위가 있어야 한다. (O)
[16(1)모][21(1)사]

: 준강도죄는 절도가 절도의 기회에 폭행 또는 협박함으로써 성립한다.
여기서 절도의 기회에 대해 판례는 "절도의 실행에 착수하여 그 실행중이거나 또는 실행직후 또는 실행의 범의를 포기한 직후로서 사회통념상 범죄행위가 완료되지 아니하였다고 인정될 만한 단계"라고 하기도 하고, "절도범행이 종료된 직후 또는 폭행·협박이 범인이 일단 체포되어 아직 신병확보가 확실하다고 할 수 없는 상태에서 행해지면 충분하다"고 하기도 한다(대판 2001도4142). [20(3)모·16사시]

또한 절도범인과 피해자측이 절도의 현장에 있는 경우와 절도에 잇달아 또는 절도의 시간·장소에 접착하여 피해자측이 범인을 체포할 수 있는 상황이라고 하기도 한다(대판 2001도4142). [11(1)모][21(1)사]

▌유제▌ 절도와 폭행·협박 사이에 장소적·시간적 근접성이 없을 때에는 준강도죄가 아니라 절도죄와 폭행·협박죄의 실체적 경합범이 될 뿐이다. (O) [19(3)모]

▌유제▌ 甲이 절도행위가 발각되어 도주하다가 곧바로 뒤쫓아 온 보안요원에게 붙잡혀 보안사무실로 인도되어 피해자로부터 그 경위를 확인받던 중 체포된 상태에서 벗어나기 위해 피해자를 폭행하여 상해를 입혔을 경우 강도상해죄가 성립한다. (O) [11(1)모·05사시]

▌유제▌ 甲은 백화점에서 A의 지갑을 절취하기 위해 A와 부딪치며 양복 상의 주머니에 손을 넣는 순간 발각되어 도주하다가 곧바로 뒤쫓아 온 보안요원 X에게 붙잡혔다. 甲은 X로부터 그 경위를 확인받던 중 체포된 상태를 벗어나기 위해 X의 얼굴을 주먹으로 수차례 때려 전치 4주의 상해를 입히고 도주하였다. 甲이 일단 X에게 체포되었으나 아직 신병 확보가 확실하지 않은 단계에서 체포 상태를 면하기 위해 X의 얼굴을 주먹으로 수차례 때려 상해를 가한 것이므로, 甲은 강도상해죄의 죄책을 진다. (O) [25변시]

15. 甲과 乙은 공모 후 乙이 망을 보는 사이 甲이 A가 운영하는 식당에서 A 소유의 현금 10만 원과 신용카드를 절취하였다. 甲이 식당에서 절도범행을 마치고 10분 가량 지나 200m 정도 떨어진 버스정류장까지 도망가다가 뒤쫓아 온 A에게 붙잡혀 식당으로 돌아왔을 때 비로소 A를 폭행한 경우라면 甲에게는 준강도죄가 성립한다. (X)
[20변시·17(2)모·13(1)모]

: 이 경우의 폭행은 사회통념상 절도범행이 이미 완료된 이후에 행해진 것이므로 준강도는 성립하지 않는다(절도죄와 폭행죄의 경합범)(대판 98도3321).

16. ★★ [사례문제 기출례] 준강도죄의 기수와 미수의 구별기준 [17변사, 21·13모사 등]

甲이 주간에 재물을 절취할 목적으로 A가 운영하는 주점에 이르러 주점의 잠금장치를 뜯고 침입하여 주점 내 진열장에 있던 양주 45병을 바구니 3개에 담고 있던 중, A가 주점으로 들어오는 소리를 듣고서 담고 있던 양주들을 그대로 둔 채 출입문을 열고 나오다가 A에게 붙잡히자 체포를 면탈할 목적으로 A를 폭행하였다면, 甲에게는 준강도미수죄가 성립한다. (O) [25·23·22변시·16사시]

: 강도죄와 준강도죄의 구성요건인 재물탈취와 폭행·협박 사이에 시간적 순서상 전후의 차이가 있을 뿐 실질적으로 위법성이 같은바, 이와 같은 준강도죄의 입법 취지, 강도죄와의 균형 등을 종합적으로 고려해 보면, 준강도죄의 기수 여부는 절도행위의 기수 여부를 기준으로 하여 판단하여야 한다(대판(全) 2004도5074).

▌유제▌ 준강도죄는 강도죄와 불법내용의 동일성을 인정할 수 없는 체포면탈이나 죄적인멸을 목적으로 하는 폭행·협박을 포함하는 것이므로 강도죄와 준강도죄는 실질적으로 그 위법성을 달리한다. (X) [20(3)모]

▌유제▌ 준강도죄의 기수·미수의 구별은 구성요건적 행위인 폭행 또는 협박이 종료되었는가 하는 점에 따라 결정된다고 해석하는 것이 법규정의 문언 및 미수론의 법리에 부합한다. (X) [24(1)모]

17. 준강도죄의 기수 여부는 절도죄의 기수 여부를 기준으로 판단하여야 하지만, 절도미수범이 체포를 면탈할 목적으로 상해를 가한 경우 강도상해죄의 기수범으로 처벌된다(대판 70도2518). [15변시·17(3)모]

18. 강도범이 강도의 기회에 사람을 상해하더라도 재물탈취의 목적이 달성되지 않으면 강도상해죄의 미수범이 성립한다. (X) [21(1)모]

: 강도범이 강도의 기회에 사람을 상해하여 상해의 결과가 발생하면 형법 제337조 전단의 강도상해죄의 기수가 되는 것이고 거기에 반드시 재물탈취의 목적달성을 필요로 하는 것은 아니다(대판 87도2492).

▌유제▌ 준강도죄의 기수 여부는 절도죄의 기수 여부를 기준으로 판단하여야 하지만 절도미수범이 체포를 면탈할 목적으로 상해를 가한 경우, 강도상해죄의 기수범으로 처벌된다. (O) [24·15변시·17(3)모]

19. 절도범인이 체포를 면탈할 목적으로 경찰관에게 폭행 협박을 가한 때에는 준강도죄와 공무집행방해죄의 상상적 경합이 성립한다(대판 92도917).

★★ [사례문제 기출례] 준강도죄 내지 준강도상해죄의 공동정범 [25·24변사, 21·18·10모사 등]

20. 甲과 乙이 칼을 들고 강도하기로 공모한 경우, 乙이 피해자의 거소에 들어가 피해자를 향하여 칼을 휘둘러 상해를 가하였다면 대문 밖에서 망을 본 甲은 상해의 결과에 대하여도 공동정범으로서의 책임을 면할 수 없다. (O) [12변시·23(2)모]

: 합동절도범 중 1인이 준강도죄 나아가 강도상해죄 또는 강도치상죄를 범한 경우에 다른 가담자의 죄책에 대해 판례는 "폭행·협박에 대해 공동의사가 없는 다른 공범자도 이를 예견할 수 없었다고 할 수 없는 한 준강도의 공동정범을 인정하면서, 나아가 합동절도의 1인이 폭행으로 상해를 가한 경우에도 다른 공범자가 폭행으로 인한 상해의 결과를 예기하지 못한 것으로 볼 수 없다면 강도상해죄의 공동정범의 죄책을 면할 수 없다"는 입장이다(대판 83도3321). [16(2)모]

21. 수인이 합동하여 강도를 한 후 그 중 1인이 사람을 살해하는 행위를 하여 사망의 결과가 발생한 경우, 고의의 공동이 없으면 다른 강도행위자들은 강도살인죄의 기수 또는 미수의 죄책을 지지 않는다. (O) [15(1)모]

: 수인이 합동하여 강도를 한 경우 그 중 1인이 사람을 살해하는 행위를 하였다면 그 범인은 강도살인죄의 기수 또는 미수의 죄책을 지는 것이고 다른 공범자도 살해행위에 관한 고의의 공동이 있었으면 그 또한 강도살인죄의 기수 또는 미수의 죄책을 지는 것이 당연하다 하겠으나, 고의의 공동이 없었으면 피해자가 사망한 경우에는 강도치사의, 강도살인이 미수에 그치고 피해자가 상해만 입은 경우에는 강도상해 또는 치상의, 피해자가 아무런 상해를 입지 아니한 경우에는 강도의 죄책만 진다. [16변시]

┃유제┃ 수인이 합동하여 강도를 하다 그 중 1인이 사람을 살해하는 행위를 하였으나 피해자가 상해만 입은 경우, 다른 공범자의 죄책과 관련하여 살해행위에 대한 고의의 공동이 있었던 공범자에 대해서는 강도살인죄의 미수가 성립하지만, 상해결과에 대한 예견가능성만 있었던 공범자에게는 강도치상죄가 성립한다. (O) [23(1)모]

22. 甲과 乙이 빈 담배 가게를 털기로 하고, 가게 밖에서 망을 보고 있던 甲은 예기치 않게 담배 가게 주인 A의 "누구냐"라는 소리를 듣고 그 자리에서 멀리 도주하였다. 가게 안에 들어간 乙은 자그마한 담배창구로 빠져 나오려고 하였으나 창구에 몸이 걸려 빠져 나오지 못하게 되어 A에게 붙들리자 체포를 면탈할 목적으로 주먹으로 A의 얼굴을 때려 상해를 가하였다. 乙은 준강도상해죄가 성립하나, 甲에게 준강도상해죄의 공동책임을 지울 수 없다(빈 담배가게 사건. 대판 83도3321). [14(2)모]

★ **사례문제 기출례** 준강도와 준특수강도의 구별기준(폭행·협박태양기준설) [17·12변사, 21모사 등]

23. 절도범이 처음에는 흉기를 휴대하지 아니하였고, 체포를 면탈할 목적으로 폭행 또는 협박을 가할 때에 비로소 흉기를 휴대·사용하게 된 경우에는 단순강도의 준강도가 된다. (X) [24(1)모·19(3)모·17(3)모]

: 절도범인이 처음에는 흉기를 휴대하지 아니하였으나 체포를 면탈할 목적으로 폭행 또는 협박을 가할 때에 비로소 흉기를 휴대사용하게 된 경우에는 형법 제334조의 예에 의한 준강도(특수강도의 준강도)가 되는 것으로 해석하여야 할 것이다(대판(全) 73도1553). [21(1)모]

24. 절도가 같은 기회에 동시 또는 이시에 체포를 면탈할 목적으로 추격하여 온 수인에게 폭행 또는 협박을 하였다 하더라도 준강도의 포괄일죄가 성립한다(대판 66도1392). [19변시]

★ **사례문제 기출례** 야간주거침입강도의 실행의 착수시기 [21변사·24모사]

25. 야간에 주거에 침입하여 강도한 특수강도죄의 실행의 착수시기에 대해 판례는 ㉠ 형법 제334조 제1항 소정의 야간주거침입강도죄는 주거침입과 강도의 결합범으로서 시간적으로 주거침입행위가 선행되므로 주거침입을 한 때에 실행에 착수한 것으로 보기도 하고(대판 92도917), ㉡ 사람의 반항을 억압할 수 있는 정도의 폭행 또는 협박에 나아갈 때에 실행에 착수한 것으로 보기도 한다(대판 91도2296). (O) [12(2)모]

26. 강도범인이 상해행위를 하였다면 강취행위와 상해행위 사이에 다소의 시간적·공간적 간격이 있었다는 것만으로는 강도상해죄의 성립에 영향이 없으나, 상해의 결과는 강도범행의 수단으로 한 폭행에 의하여 발생해야 하므로 상해행위는 강도가 기수에 이르기 전에 행하여져야 한다. (X) [18변시]

: 강도상해죄는 강도범인이 강도의 기회에 상해행위를 함으로써 성립하므로 강도범행의 실행 중이거나 실행 직후 또는 실행의 범의를 포기한 직후로서 사회통념상 범죄행위가 완료되지 아니하였다고 볼 수 있는 단계에서 상해가 행하여짐을 요건으로 한다. 그러나 반드시 강도범행의 수단으로 한 폭행에 의하여 상해를 입힐 것을 요하는 것은 아니고 상해행위가 강도가 기수에 이르기 전에 행하여져야만 하는 것은 아니다(대판 2014도9567).

┃유제┃ 甲이 강도범행 이후에 B를 계속 끌고 다니다가 차량에 태우고 함께 이동하는 등 강취행위와 상해행위 사이에 다소 시간적·공간적 간격이 있더라도 강도범행으로 인한 피해자 B의 심리적 저항불능 상태가 해소되지 않은 상태에서 상해행위가 있었다면 B에 대한 강도상해죄가 성립한다. (O) [20(3)모·16(3)모]

┃유제┃ 강도범행 직후 경찰관에게 붙잡혀 파출소로 연행되던 자가 체포를 면하기 위하여 과도로 경찰관을 찔러 사망케 한 경우 강도살인죄가 성립한다(대판 96도1108). [12(2)·11(1)모]

27. 甲은 A의 집에 침입하여 훔칠 물건을 물색하던 중 A에게 발각되어 도주하기 시작하였다. A가 도망하려는 甲의 목을 감싸 잡고 아래층으로 내려오다 같이 넘어져 부상을 입었다면 위 부상은 피해자의 적극적인 체포행위 과정에서 스스로의 행위의 결과로 입은 상처이어서 강도상해죄로 의율 할 수 없다(대판 85도1109). [13(1)모]

28. 야간에 A와 B가 함께 거주하는 주거에 침입하여 강도죄를 범한 특수강도 甲이 그 기회에 A에게 상해를 가한 경우 강도상해죄 외에 별도로 주거침입죄가 성립하지는 않는다. (O) [16(3)모]

: 강도상해죄에 있어서의 강도는 제334조 제1항 특수강도(야간주거침입강도)도 포함된다고 보아야 한다. 그런데 형법 제334조 제1항 특수강도죄는 '주거침입'이라는 요건을 포함하고 있으므로 형법 제334조 제1항 특수강도죄가 성립할 경우 '주거침입죄'는 별도로 처벌할 수 없고, 형법 제334조 제1항 특수강도에 의한 강도상해가 성립할 경우에도 별도로 '주거침입죄'를 처벌할 수 없다고 보아야 할 것이다(대판 2012도12777).

29. 절도범이 체포를 면탈할 목적으로 피해자를 살해한 때에는 준강도죄와 살인죄의 경합범이 성립한다. (X) [24(1)모·16사시·12·06법행]

: 강도살인죄의 주체인 강도는 준강도의 강도범인을 포함한다 할 것이므로 절도가 체포를 면탈할 목적으로 사람을 살해한 때에는 강도살인죄가 성립한다(대판 87도1592).

30. 강간범이 강간행위 후에 강도의 범의를 일으켜 피해자의 재물을 강취한 경우에는 강도강간죄가 아니라 강간죄와 강도죄의 경합범으로 처벌될 수 있을 뿐이나, 강간행위를 종료하기 전에 강도행위를 할 경우에는 이때에 바로 강도의 신분을 취득하는 것이므로 이후에 그 자리에서 강간행위를 계속하는 때에는 강도강간죄로 처벌된다(대판 2010도3594). [18·13변시·22(3)모·20(3)모]

┃유제┃ 강간범이 강간행위 종료 후 강도의 범의를 일으켜 피해자의 재물을 강취하였다면 강도강간죄가 성립한다. (X) [21(2)모·15(3)모]

┃유제┃ 甲이 야간에 A(26세, 여)의 주거에 침입하여 A에게 칼을 들이대고 협박하여 A의 반항을 억압한 상태에서 강간행위를 실행하던 도중 범행현장에 있던 A 소유의 핸드백을 뺏은 다음 그 자리에서 강간행위를 계속한 경우, 甲에게는 성폭력처벌법위반(특수강도강간)죄가 성립한다. (O) [19변시·21(3)모]

31. ① 강도범이 폭행, 협박으로 타인의 재물을 탈취한 이상 피해자가 우연히 재물탈취 사실을 알지 못하였다고 하더라도 강도죄는 성립한다(대판 2010도9630). [15사시]

② 강간범인이 부녀를 강간할 목적으로 폭행, 협박에 의하여 반항을 억압한 후 반항억압의 상태가 계속중임을 이용하여 재물을 탈취하는 경우 재물탈취를 위한 새로운 폭행, 협박이 없더라도 강도죄가 성립한다(대판 2010도9630). [16(2)(3)모]

▮유제▮ 협박으로 A의 반항을 억압하여 강간행위를 실행하던 도중 재물강취를 위한 새로운 폭행·협박 없이 범행현장에 있던 핸드백을 가져간 경우, A가 재물의 소유자 또는 점유자가 아니라도 강도죄는 성립한다. (O) [16(3)모]

▮유제▮ 甲이 강간행위 도중에 현장에 있던 C의 핸드백을 취득하고 강간을 계속한 경우, 재물탈취를 위한 새로운 폭행·협박이 없더라도 강도강간죄가 성립한다. (O) [24(3)모]

32. 甲이 A와 B가 숲속에서 데이트중인 것을 발견하고 A를 폭행하여 금품을 빼앗은 후 B를 강간한 경우 甲은 강도강간죄의 죄책을 진다. (O) [14(3)모]

: 강도의 기회에 강간이 행해지면 그것으로 강도강간죄가 성립하며 강간피해자가 강도의 피해자와 일치할 것은 요구되지 않기 때문이다(대판 91도2241).

33. 강도강간죄는 강도라는 신분을 가진 범인이 강간죄를 범하였을 때 성립하는 범죄이므로, 강도가 폭행하여 피해자에게 상해를 입혔지만 재물 강취에 성공하지 못하고 그 자리에서 항거불능상태의 피해자를 간음하였다면 강도미수죄와 강간상해죄가 성립하고 양 죄는 상상적 경합관계이다. (X) [22(3)모]

: 강도가 피해자에게 상해를 입혔으나 재물의 강취에는 이르지 못하고 그 자리에서 항거불능 상태에 빠진 피해자를 간음한 경우에는 강도상해죄와 강도강간죄만 성립하고, 그 실행행위의 일부인 강도미수 행위는 위 각 죄에 흡수되어 별개의 범죄를 구성하지 않는다(대판 2010도1099).

34. 강도예비·음모죄가 성립하기 위해서는 예비·음모 행위자에게 미필적으로라도 '강도'를 할 목적이 있어야 하고, 그에 이르지 않고 단순히 '준강도'를 할 목적이 있음에 그치는 경우 강도예비·음모죄로 처벌할 수 없다(대판 2004도6432). [24·22·17·15변시·22(2)모·21(1)모]

▮유제▮ 2024. 5. 오전 11시경 甲은 편의점 물건을 훔치기로 마음먹고 범행이 발각될 경우를 대비하여 등산용 칼을 옷 속에 숨긴 채 Y 편의점으로 들어가자마자 편의점 안에 경찰관이 있는 것을 보고 그대로 돌아 나왔다. 甲은 강도예비·음모죄로 처벌된다. (X) [25변시]

제3절 사기의 죄

1. 주유소 운영자가 농·어민 등에게 「조세특례제한법」에 정한 면세유를 공급한 것처럼 위조한 유류공급확인서로 정유회사를 기망하여 면세유를 공급받은 경우, 국가 또는 지방자치단체에 대한 사기죄를 구성하지 않는다. (O) [17변시]

: 이 경우 정유회사에 대하여 사기죄를 구성하는 것은 별론으로 하고, 국가 또는 지방자치단체를 기망하여 국세 및 지방세의 환급세액 상당을 편취한 것으로 볼 수는 없다(대판 2008도7303).

┃유제┃ 기망행위에 의하여 조세를 포탈하거나 조세의 환급·공제를 받은 경우에는 조세범 처벌법 위반죄가 성립함은 별론으로 하고, 형법상 사기죄는 성립할 수 없다(대판 2021도7831). [예상판례]

┃유제┃ 침해행정 영역에서 일반 국민이 담당 공무원을 기망하여 권력작용에 의한 재산권 제한(농지보전부담금)을 면하는 경우에는 부과권자의 직접적인 권력작용을 사기죄의 보호법익인 재산권과 동일하게 평가할 수 없는 것이므로, 행정법규에서 그러한 행위에 대한 처벌규정을 두어 처벌함은 별론으로 하고, 사기죄는 성립할 수 없다(대판 2019도2003). [예상판례]

2. 부녀가 금품 등을 받을 것을 전제로 성행위를 하는 경우 그 행위의 대가는 사기죄의 객체인 경제적 이익에 해당하므로, 부녀를 기망하여 성행위 대가의 지급을 면하는 경우 사기죄가 성립한다(대판 2001도2991). [20변시·14(2)모]

┃유제┃ 성매매여성을 기망하여 성행위 대가의 지급을 면하는 것은 법률적으로 허용되지 않는 서비스에 대한 대가의 취득이므로 사기죄가 성립하지 않는다. (X) [20(1)모]

3. 법원을 기망하여 부재자의 재산관리인으로 선임된 것은 재산상 이익의 취득이라고 볼 수 없다(대판 73도1080). [20(1)모]

4. 보험모집인인 甲이 자동차가입자인 乙의 형사책임을 면하게 하기 위하여 乙의 미납보험료가 정상적으로 납부된 것처럼 전산 조작하는 방법으로 보험회사를 기망하여 보험가입사실증명원을 발급받은 경우 사기죄가 성립하지 않는다. (O) [18(3)모·16(1)모]

: 보험가입사실증명원은 교통사고를 일으킨 차가 교통사고처리특례법 제4조에서 정한 취지의 보험에 가입하였음을 보험회사가 증명하는 내용의 문서일 뿐이고 거기에 재물이나 재산상의 이익의 처분에 관한 사항을 포함하고 있는 것은 아니므로 보험가입사실증명원은 사기죄의 객체가 되지 아니한다(대판 96도2625).

5. 甲이 乙에게서 매수한 재개발아파트 수분양권을 이미 매도하였는데도 위 수분양권을 이중으로 매도할 목적으로 마치 자신이 乙의 입주권을 정당하게 보유하고 있는 것처럼 乙의 딸과 사위에게 거짓말하여 乙명의의 인감증명서 3장을 교부받은 경우 甲에게 사기죄가 성립한다. (O) [12법행·15사시]

: 인감증명서는 다른 특별한 사정이 없는 한 재산적 가치를 가지는 것이어서 형법상의 '재물'에 해당한다고 할 것이다. 따라서 특정 용도로 발급되어 그 소지인에게 재산적 가치가 있는 것으로 인정되는 인감증명서를 그 소지인을 기망하여 편취하는 것은 그 소지인에 대한 관계에서 사기죄가 성립한다고 할 것이다(대판 2011도9919).

6. 사기 범행의 피해자로부터 현금을 예금계좌로 송금받은 경우 그 사기죄의 객체는 재물이 아니라 재산상의 이익으로 보아야한다. (X) [16(3)모·12(2)모]

: 이는 '재물'에 해당하는 현금을 교부하는 방법이 예금계좌로 송금하는 형식으로 이루어진 것에 불과하여, 피해자의 은행에 대한 예금채권은 당초 발생하지 않는다(대판 2010도6256).

7. 甲은 ○○캐피탈에 가서 친구 A 명의로 담당직원과 승용차량에 대한 리스계약을 체결하였다. 당시 甲은 차량대금을 납부할 의사나 능력이 없으면서도 "회사의 회장님이 승용차를 필요로 하는데 계약을 해주면 틀림없이 대금을 납부하겠다"고 A에게 거짓말 하여 계약에 필요한 서류를 A로부터 전달받아 ○○캐피탈로부터 승용차량을 인도 받았다. 이후 甲은 B에게 2천만 원을 빌리면서 담보로 승용차량을 넘겼다. [15(2)모]
① 甲이 승용차량에 대한 리스계약을 체결하고 그 차량을 인도받은 행위는 A에 대한 사기죄에 해당한다(대판 2010도17349).
② 甲이 B에게 2천만 원을 차용하면서 담보로 승용차량을 넘긴 행위는 ○○캐피탈에 대한 횡령죄에 해당한다(대판 2010도17349).

: 甲이 A를 기망하여 리스계약의 당사자가 되게 하여 리스대금상당의 재산상의 이익을 취득한 부분에 대해 A에 대한 사기죄가 성립하고, B에게 2천만 원을 차용하면서 담보로 리스한 승용차를 B에게 넘긴 부분에 대해 리스회사인 ○○캐피탈에 대한 횡령죄가 성립하여 양죄는 실체적 경합범관계에 있게 된다(대판 2010도17349). 답 ○,○

8. 변제 자력을 기망하여 금융기관으로부터 기존 대출의 변제기를 연장 받은 것에 불과한 경우 사기죄가 성립하지 않는다. (X) [15(3)모]

: 사기죄에 있어서 채무이행을 연기받는 것도 재산상의 이익이 되므로, 채무자가 채권자에 대하여 소정기일까지 지급할 의사와 능력이 없음에도 종전 채무의 변제기를 늦출 목적에서 어음을 발행 교부한 경우에는 사기죄가 성립한다(대판 97도1095).

9. 甲이 치료비 채무의 이행을 면하기 위하여 거짓말을 하고 입원환자인 처와 함께 병원을 빠져나와 도주한 것만으로는 사기죄가 성립하지 않는다. (O) [11(1)모·03사시]

: 채무면탈을 위해 도주한 것만으로는 피고인이 위 치료비의 지급채무를 면탈받은 것은 아니라 할 것이므로 사기죄가 될 수 없다(대판 70도1615).

10. 타인으로부터 금전을 차용함에 있어서 그 차용한 금전의 용도나 변제할 자금의 마련방법에 관하여 진실에 반하는 사실을 고지하여 금전을 교부받으면서 차용금채무에 대한 담보를 제공한 경우 사기죄가 성립하지 아니한다. (X) [20(3)모·12(2)모]

: 차용금의 용도나 변제자금의 마련방법에 관하여 진실에 반하는 사실을 고지하는 등 용도를 속이고 돈을 빌린 경우에 만일 진정한 용도를 고지하였더라면 상대방이 빌려주지 않았을 것이라는 관계에 있는 때에는 기망은 있는 것으로 보아야 하고, 이 경우 차용금채무에 대한 담보를 제공하였다거나 변제자력 있는 보증인을 세웠다는 사정만으로는 결론을 달리 할 것은 아니다(대판 2003도5382). [25변사]

▮유제▮ 사기죄의 실행행위로서의 기망은 법률행위의 중요 부분에 관한 허위표시이어야 하므로, 용도를 속이고 돈을 빌린 경우에는 사기죄의 기망으로 볼 수 없다. (X) [24(2)모]

11. 대출의 조건 및 용도가 임야매수자금으로 한정되어 있는 정부정책자금을 대출받으면서 임야매수자금 외의 용도에 사용할 목적으로 임야매수자금을 실제보다 부풀린 허위계약서를 제출하여 대출받은 행위는, 정책자금을 대출받은 자가 대출의 조건 및 용도에 위반하여 자금을 사용하는 관행이 있더라도 사회상규에 반하므로 위법하다(대판 2006도7634). [15사시]

12. 甲은 식당에 들어가 음식 값을 낼 돈이 없음에도 불구하고 여러 음식을 시켜 먹은 후 식당주인 C가 다른 일을 하는 사이에 식당을 뛰어나가 도망쳤다. 甲은 음식 값을 낼 의사가 없었음에도 불구하고 태도에 의하여 묵시적 기망행위를 한 것이다. (O) [23(1)모]

: 음식점에서 음식을 주문하거나 택시에 승차하는 행위는 그 대가의 지불의사와 지불능력을 묵시적으로 설명하는 행위에 해당한다. 따라서 처음부터 지불의사와 지불능력 없는 무전취식·무전숙박·무임승차는 묵시적 기망행위에 해당한다(다수설).

13. 분식회계에 의한 재무제표 등으로 금융기관을 기망하여 대출을 받았다면 사기죄는 성립하고, 변제의사와 변제능력이 있었다든지 충분한 담보가 제공되었다거나 피해자의 전체 재산상에 손해가 없고 사후에 대출금이 상환되었다고 하더라도 사기죄의 성립에는 영향이 없다(대판 2011도14247). [25변시]

14. 사채업자가 대출희망자로부터 대출을 의뢰받은 다음 대출희망자가 자동차의 실제 구입자가 아님에도 그가 실제로 자동차를 할부로 구입하는 것처럼 그 명의의 대출신청서 등 관련 서류를 작성한 후 이를 할부금융회사에 제출하여 대출금을 받았다면 부작위에 의한 기망에 해당한다. (O) [14(3)모]

: 사채업자로서는 신의성실의 원칙상 사전에 할부금융회사에게 자동차를 구입하여 보유할 의사 없이 자동차할부금융대출의 방법으로 자금을 융통하려는 사정을 고지할 의무가 있다(대판 2003도7828).

15. 사기죄에서 부작위에 의한 기망은 법률상 고지의무 있는 자가 일정한 사실에 관하여 상대방이 착오에 빠져 있음을 알면서도 이를 고지하지 않는 것을 말한다(대판 2005도8645). [23변시·22(3)모·20(3)모]

16. 대출자금으로 빌딩을 경락받았으나 분양이 저조하여 비정상적인 이면약정을 체결하고 점포를 분양하였음에도 금융기관에 대해서는 그러한 이면약정의 내용을 감춘 채 분양중도금의 집단적 대출을 교섭하여 중도금대출명목으로 금원을 지급받았다면 이는 부작위에 의한 기망에 해당한다(대판 2005도8645). [19(2)모]

★ 【사례문제 기출례】 초과 지급된 금원을 수령한 경우 사기죄 성부 [15변시]

17. 부동산의 매도인이 매매잔금을 교부받을 당시 매수인이 천만원권 자기앞수표 1장을 착오로 보태어 함께 교부한다는 사정을 알면서도 이를 수령하였다면 부작위에 의한 사기죄가 성립한다. (O) [16(2)·14(3)모·15사시]

: 피해자가 피고인에게 매매잔금을 지급함에 있어 착오에 빠져 지급해야 할 금액을 초과하는 돈을 교부하는 경우, 피고인이 매매잔금을 교부받기 전 또는 교부받던 중에 그 사실을 알게 되었을 경우에는 피고인으로서는 피해자에게 사실대로 고지하여 피해자의 그 착오를 제거하여야 할 신의칙상 의무를 지므로 그 의무를 이행하지 아니하고 피해자가 건네주는 돈을 그대로 수령한 경우에는 사기죄에 해당될 것이지만, 그 사실을 미리 알지 못하고 매매잔금을 건네주고 받는 행위를 끝마친 후에야 비로소 알게 되었을 경우에는 점유이탈물횡령죄가 될 수 있음은 별론으로 하고 사기죄를 구성할 수는 없다(대판 2003도4531).

┃유제┃ 금원이 착오로 인해 초과 지급된 사실을 수령 당시에는 알지 못했고 차후에 그 사실을 알고서 그대로 보유한 경우에는 사기죄가 성립하지 않는다. (O) [24(2)모]

18. 임대인이 임대차계약을 체결하면서 임차인에게 임대목적물이 경매진행 중인 사실을 알리지 않은 경우 임차인이 등기부를 확인 또는 열람하는 것이 가능하더라도 사기죄가 성립한다(대판 98도3263). [21·18·12변시]

19. 매매 대상 토지에 대하여 도시계획이 입안되어 협의 수용된 것을 알고 있는 매도인이 이러한 사실을 모르는 매수인에게 이 같은 사실을 고지하지 아니하고 매도하였다면, 위와 같은 사정을 고지할 신의칙상 의무가 있으므로 이러한 사정을 고지하지 아니한 피고인의 행위는 부작위에 의한 사기죄를 구성한다(대판 93도14).
[18·14변시]

20. 신장결핵을 앓고 있는 甲이 乙보험회사가 정한 약관에 신장결핵을 포함한 질병에 대한 고지의무를 규정하고 있음을 알면서도 이를 고지하지 아니한 채 그 사실을 모르는 乙보험회사와 그 질병을 담보하는 보험계약을 체결한 후 신장결핵의 발병을 사유로 하여 보험금을 청구하여 수령한 경우, 甲에게는 사기죄가 성립한다. (O)
[18변시]

∶ 또한 보험회사가 그 사실을 알지 못한 데에 과실이 있다거나 고지의무위반을 이유로 보험계약을 해제할 수 있다고 하여 사기죄의 성립에 영향이 생기는 것은 아니다(대판 2007도967).

┃유제┃ 특정 질병을 앓고 있는 사람이 보험회사의 약관에 따라 고지해야 할 질병임을 알면서도 이를 고지하지 아니한 채 그 사실을 모르는 보험회사와 그 질병을 담보하는 보험계약을 체결한 다음 바로 그 질병의 발병을 사유로 하여 보험금을 청구하였더라도, 보험회사가 그 사실을 알지 못한 데에 과실이 있거나 고지의무위반을 이유로 보험계약을 해제할 수 있다면 원칙적으로 사기죄에서의 기망행위로 인정할 수 없다. (X)
[23(1)모]

21. 고지의무 위반은 보험사고가 이미 발생하였음에도 이를 묵비한 채 보험계약을 체결하거나 보험사고 발생의 개연성이 농후함을 인식하면서도 보험계약을 체결하는 경우 또는 보험사고를 임의로 조작하려는 의도를 가지고 보험계약을 체결하는 경우와 같이 '보험사고의 우연성'이라는 보험의 본질을 해할 정도에 이르러야 비로소 보험금 편취를 위한 고의의 기망행위에 해당한다(대판 2014도2754).
[20법행]

22. 보험계약 체결 당시에 이미 발생한 교통사고로 인한 질환과 관련하여 피고인이 치료를 받았을 뿐만 아니라 앞으로 치료를 더 받게 될 개연성이 농후한데도 자기의 과거병력과 치료이력을 묵비하고 보험계약을 체결하는 경우는 기망에 해당한다(대판 2017도1405).
[22(2)모]

23. ① 사기죄의 실행행위로서의 기망은 반드시 법률행위의 중요 부분에 관한 허위표시를 해야 하는 것은 아니고, 상대방을 착오에 빠지게 하여 행위자가 희망하는 재산적 처분행위를 하도록 하기 위한 판단의 기초가 되는 사실에 관한 것으로 족하다. (O)
[23(1)모]

② 거래의 상대방이 일정한 사정에 관한 고지를 받았더라면 당해 거래에 임하지 아니하였을 것이라는 관계가 인정되는 경우에는, 그 거래로 재물을 받는 자에게는 신의성실의 원칙상 사전에 상대방에게 그와 같은 사정을 고지할 의무가 있다. 그런데도 이를 고지하지 않은 것은 고지할 사실을 묵비함으로써 상대방을 기망한 것이 되어 사기죄를 구성한다(대판 2017도20682).
[23(1)모]

24. 비의료인이 개설한 의료기관이 마치 「의료법」에 의하여 적법하게 개설된 요양기관인 것처럼 국민건강보험공단에 요양급여비용의 지급을 청구하여 요양급여비용을 지급받은 경우, 의료기관의 개설인인 비의료인이 개설 명의를 빌려준 의료인으로 하여금 환자들에게 진단, 치료 등 요양급여를 실제로 제공하게 하였다 하더라도 사기죄가 성립한다(대판 2017도17699). [16변시]

25. 보험상담원이 진정으로 보험료를 납부할 의사와 능력이 없는 보험가입자들의 1회 보험료를 대납하는 방식으로 보험계약을 체결하고 그 실적에 따라 피해자로부터 수수료를 지급받은 행위는 고지할 사실을 묵비함으로써 피해자를 기망한 것이므로 사기죄에 해당한다(대판 2013도9644). [22(2)모]

26. 甲은 할부금융회사로부터 금융을 얻어 자동차를 매수한 후 乙에게 그 자동차를 매도하였는데, 계약체결 당시 자동차에 대하여 저당권이 설정되거나 가압류된 사실이 없고 甲과 乙 사이의 계약조건에 할부금채무의 승계에 대한 내용도 없다면, 甲이 중고 자동차 매매를 하면서 할부금채무의 존재를 乙에게 고지하지 않았더라도 사기죄가 성립하지 않는다(대판 98도231). [18·13변시]

: 할부금 채무가 당연히 매수인에게 승계되는 것이라고 볼 근거도 없고 자동차 매수인이 장차 계약 목적물인 자동차의 소유권을 확보하지 못할 위험이 생기는 것은 아니라 할 것이므로, 피고인들에게 그에 관한 고지의무가 있다고 볼 수도 없으며 피고인들의 그와 같은 부작위가 기망행위에 해당한다고 볼 수도 없다.

▮유제▮ 중고 자동차 매매에 있어서 매도인의 할부금융회사 또는 보증보험에 대한 할부금채무가 매수인에게 당연히 승계되므로 그 할부금 채무의 존재를 매수인에게 고지하지 아니한 경우 부작위에 의한 기망에 해당한다. (X) [24변시]

27. 부동산 이중매매에서 매도인이 제1매수인으로부터 중도금까지 받은 상태에서 제2매수인으로부터 계약금과 중도금을 받을 때까지 제2매수인에게 이런 사정을 고지하지 않은 것만으로는 제2의 매수인의 매매목적물에 대한 권리의 실현에 장애가 된다고 볼 수 없으므로, 부작위에 의한 기망을 인정할 수 없다(대판 2011도15179). [15사시][23모사]

28. 매매계약에서 신의성실의 원칙상 매도인에게 고지의무가 인정되는 경우, 비록 매매로 인한 법률관계에 아무런 영향을 미칠 수 없어 매수인의 권리 실현에 장애가 되지 않는 사유라 하더라도 매도인은 매수인에게 고지의무를 이행하지 않으면 사기죄가 성립한다. (X) [16(2)모]

: 매수인의 권리실현에 장애가 되지 아니하는 사유까지 매도인이 매수인에게 고지할 의무가 있다고는 볼 수 없는 바, 매도인이 이러한 사정을 고지하지 아니하였다고 하여 기망한 것이라고 평가할 수는 없다(대판 2010도5124).

29. 피해자에게 자동차를 매도하겠다고 거짓말하고 매매대금을 받고 자동차를 양도하면서 자동차에 미리 부착해 놓은 지피에스(GPS)로 위치를 추적하여 자동차를 몰래 가져왔으나, 피해자에게 자동차를 인도하고 소유권이전등록에 필요한 일체의 서류를 교부함으로써 피해자가 언제든지 자동차의 소유권이전등록을 마칠 수 있게 되었다면 절도죄만 성립할 뿐 그와 별도로 사기죄가 성립하지는 않는다. (O) [25·18변시·22(2)모·18(2)모]

: 피고인이 甲에게 자동차를 인도하고 소유권이전등록에 필요한 일체의 서류를 교부함으로써 甲이 언제든지 자동차의 소유권이전등록을 마칠 수 있게 된 이상, 피고인이 자동차를 양도한 후 다시 절취할 의사를 가지고 있었더라도 자동차의 소유권을 이전하여 줄 의사가 없었다고 볼 수 없고, 피고인이 자동차를 매도할 당시 곧바로 다시 절취할 의사를 가지고 있으면서도 이를 숨긴 것을 기망이라고 할 수 없어, 결국 피고인이 자동차를 매도할 당시 기망행위가 없었으므로, 피고인에게 사기죄는 성립할 수 없다(대판 2015도17452).

30. 사기죄에서 기망행위로 인한 착오는 사실에 관한 것이거나 법률관계에 관한 것이거나 법률효과에 관한 것이거나를 묻지 않는다(대판(全) 2016도13362). [20(1)모]

★ 사례문제 기출례 사기범행의 송금계좌 양도 후 계좌에 송금된 돈 인출시 사기죄 성부 [20변시, 22모사]

31. 예금주 甲이 A에게 기망당한 송금의뢰인 B로부터 자신의 은행계좌에 송금된 돈을 어느 날 우연히 발견하고 은행을 상대로 예금반환을 청구하여 그 돈을 출금한 경우 은행을 상대로 한 사기죄가 성립한다. (X) [17(3)모·16(2)모]

: 예금주인 피고인이 제3자에게 편취당한 송금의뢰인으로부터 자신의 은행계좌에 계좌송금된 돈을 출금한 경우, 피고인은 예금주로서 은행에 대하여 예금반환을 청구할 수 있는 권한을 가진 자이므로, 위 은행을 피해자로 한 사기죄가 성립하지 않는다(대판 2010도3498).

┃유제┃ 송금의뢰인과 수취인 사이에 계좌이체 등의 원인이 되는 법률관계가 존재하지 않음에도 계좌이체에 의하여 수취인이 이체금액 상당의 예금채권을 취득한 경우, 수취인이 은행에 예금반환을 청구하는 행위는 은행에 대한 기망행위가 된다. (X) [24(2)모·23(1)모]

32. 사기죄가 성립하려면 행위자의 기망행위, 피기망자의 착오와 그에 따른 처분행위 그리고 행위자 등의 재물이나 재산상 이익의 취득이 있고, 그 사이에 순차적인 인과관계가 존재하여야 한다(대판 2017도8449). [18변시·21(3)모]

33. ① 사기죄의 피해자가 법인이나 단체인 경우, 피해자 법인이나 단체의 대표자 또는 실질적으로 의사결정을 하는 최종결재권자 등 기망의 상대방이 기망행위자와 동일하거나 기망행위자와 공모하는 등 기망행위를 알고 있었다면 기망행위로 인한 착오가 있다고 볼 수 없고, 재물 교부 등의 처분행위가 있었더라도 기망행위와 인과관계가 있다고 보기 어려우므로 사기죄는 성립하지 않는다. (O) [23변시·22변시·24(2)모·23(2)모·19(2)모]

② 사기죄의 피해자가 법인인 경우 피해자인 법인의 해당 업무를 처리하는 실무자인 일반 직원이 기망행위자와 공모함으로써 그 기망행위를 알고 있었다면 사기죄가 성립하지 아니한다. (X) [19(2)모]

: 사기죄의 피해자가 법인이나 단체인 경우에 기망행위로 인한 착오, 인과관계 등이 있었는지 여부는 법인이나 단체의 대표 등 최종 의사결정권자 또는 내부적인 권한 위임 등에 따라 실질적으로 법인의 의사를 결정하고 처분을 할 권한을 가지고 있는 사람을 기준으로 판단하여야 한다(대판 2017도8449). [23(1)모·20(3)모]

34. 자금을 대출받음에 있어 대출금이 지정된 용도에 사용되지 않을 것이라는 점을 대출담당직원이 알고 있었다면 은행장에게 대출 승인 여부를 결정할 권한이 있더라도 사기죄가 성립하지 않는다. (X) [18(1)모]

: 대출 신청액이 일정한 금액을 초과하는 경우에는 은행장이 대출 승인 여부를 결정할 권한이 있으므로, 은행장을 피기망자라고 보아야 한다(대판 2002도2620). – 은행장을 피기망자로 하는 사기죄가 성립

35. 구(舊)회사채를 지급보증한 금융기관이 회사의 요청에 따라 자신의 자금으로 구회사채를 우선 상환한 다음 그 직후 회사가 발행하는 신(新)회사채를 지급보증하는 방법으로 자금을 조달하여 위 구회사채 우선상환 자금을 변제받기로 하는 포괄적 약정을 체결한 경우, 금융기관의 신회사채에 대한 지급보증과 회사의 재무상황에 대한 기망행위 사이에 인과관계가 인정된다(대판 2006도1813). [23(1)모]

36. 甲은 A로부터 토지를 16억 원에 매수하고도 매매대금을 26억 원으로 부풀려 매매계약서를 작성한 후 이를 X은행에 제출하여 부동산담보대출을 신청하였고, X은행은 감정평가액이 22억 원으로 나오자 이를 기준으로 16억 원을 대출해 주었다. 甲에게 사기죄가 성립하고, 16억 원에서 X은행에 실제 매매계약서를 제출하였을 경우 대출받을 수 있었던 금액을 공제한 나머지 금액이 甲의 이득액에 해당한다. (X)　　　　[20(1)모]

: 그 대출이 기망행위에 의하여 이루어진 이상 그로써 사기죄는 성립하고, 이 경우 사기죄의 이득액에서 담보물의 실제 가액을 전제로 한 대출가능금액을 공제하여야 하는 것은 아니다(대판 2018도19772).

37. 전문적으로 대출을 취급하면서 차용인에 대한 체계적인 신용조사를 행하는 금융기관이 금원을 대출한 경우에는, 비록 대출 신청 당시 차용인에게 변제기 안에 대출금을 변제할 능력이 없었고, 자체 신용조사 결과에는 관계없이 '변제기 안에 대출금을 변제하겠다'는 취지의 차용인 말만을 그대로 믿고 대출하였다고 하더라도, 차용인의 이러한 기망행위와 금융기관의 대출행위 사이에 인과관계를 인정할 수는 없다(대판 2000도1155).　　　　[18변시·22(1)모]

38. 처분행위는 하자 있는 의사라 하더라도 피기망자의 의사에 의한 것이어야 하므로 의사무능력자의 행위나 무의식 상태에서 이루어진 행위는 처분행위가 될 수 없다. (O)　　　　[20(2)모]

: 사기죄의 피기망자, 즉 처분행위자는 사실상의 재산적 처분행위를 할 수 있는 의사능력이 있어야 한다.

39. 부동산 가압류 결정을 받아 부동산에 관한 가압류집행까지 마친 자가 기망을 당하여 그 압류를 해제하였는데, 그 후 가압류의 피보전채권이 존재하지 않는 것으로 밝혀진 경우 사기죄가 성립하지 않는다. (X)　　　　[14사시·11법행]

: 가압류를 해제하는 것 역시 사기죄에서 말하는 재산적 처분행위에 해당하고, 그 이후 가압류의 피보전채권이 존재하지 않는 것으로 밝혀졌다고 하더라도 가압류의 해제로 인한 재산상의 이익이 없었다고 할 수 없다(대판 2007도5507).

40. 배당이의 소송의 제1심에서 패소판결을 받고 항소한 자가 그 항소를 취하하면 그 즉시 제1심 판결이 확정되고 상대방이 배당금을 수령할 수 있는 이익을 얻게 되는 것이므로 항소취하는 사기죄에서 말하는 재산적 처분행위에 해당한다(대판 2007도9417).　　　　[20(2)모·04사시]

41. 출판사가 발행부수를 기망하여 작가에게 인세의 일부만을 지급하자 작가가 착오에 빠져 그 결과 나머지 인세에 대한 청구권의 존재를 알지 못하여 이를 행사하지 아니하였다면 그와 같은 부작위는 재산적 처분행위에 해당하지 않는다. (X)　　　　[25변시·14(3)(2)모]

: 피해자가 착오에 빠진 결과 채권의 존재를 알지 못하여 채권을 행사하지 아니하였다면 그와 같은 부작위도 재산의 처분행위에 해당한다(대판 2005도9221).

│유제│ 사기죄가 성립하기 위해서는 피기망자가 범인 또는 제3자에게 재물이나 재산상 이익을 취득하게 하는 처분행위를 하여야 하며, 채무의 면제와 같은 소극적 이익을 취하게 하는 경우도 처분행위가 될 수 있다. (O)　　　　[22(3)모·20(2)모]

★★ 사례문제 기출례 「서명사취」판례 [24·22모사]

42. 피기망자가 문서의 구체적 내용과 그 법적 효과를 미처 인식하지 못하였다고 하더라도 어떤 문서에 스스로 서명 또는 날인함으로써 서명 또는 날인하는 행위에 대한 인식이 있었다면 피기망자의 처분의사가 인정된다. (O)
[20(2)모][22(3)사]

: 피고인이 토지의 소유자이자 매도인인 피해자 甲에게 토지거래허가 등에 필요한 서류라고 속여 근저당권설정계약서 등에 서명·날인하게 하고 인감증명서를 교부받은 다음, 이를 이용하여 甲의 소유 토지에 피고인을 채무자로 한 근저당권을 乙에게 설정하여 주고 돈을 차용하는 방법으로 재산상 이익을 취득한 경우, ① 甲은 피고인의 기망행위로 착오에 빠진 결과 토지거래허가 등에 필요한 서류로 잘못 알고 처분문서인 근저당권설정계약서 등에 서명 또는 날인함으로써 재산상 손해를 초래하는 행위를 하였으므로 甲의 행위는 사기죄에서 말하는 처분행위에 해당하고, ② 甲이 비록 자신이 서명 또는 날인하는 문서의 정확한 내용과 문서의 작성행위가 어떤 결과를 초래하는지를 미처 인식하지 못하였더라도 그 문서에 서명 또는 날인하는 행위에 관한 인식이 있었던 이상 처분의사도 인정된다(대판(全) 2016도13362).
[24변시·20(1)모·18(1)모]

- ① 甲에 대한 사기죄, ② 근저당권설정계약서에 대한 사문서위조죄와 위조사문서행사죄, ③ 乙에 대한 사기죄, ④ 근저당권등기에 따른 공정증서원본불실기재죄 및 동행사죄의 실체적 경합범 성립

|유제| 사기죄에서 말하는 처분행위가 인정되기 위해서는 처분결과에 대한 피해자의 주관적 인식이 필요하므로, '서명사취' 사안의 경우 피기망자에게는 자신이 서명 또는 날인하는 처분문서의 내용과 법적 효과에 대하여 아무런 인식이 없어 처분의사와 그에 기한 처분행위는 인정되지 않는다. (X)
[24변시]

43. 피해자에게 부동산 형질변경 용도로만 사용한다고 속이고 교부받은 부동산매도용 인감증명서를 이용하여 피해자 소유의 부동산에 관한 소유권이전등기를 마친 경우 사기죄가 성립하지 않는다. (O)
[16(2)모·15(3)모]

: 사안의 경우 부동산 소유자인 피해자의 부동산에 대한 처분행위를 인정할 수 없으므로 피해자를 직접 기망하는 사기죄는 성립하지 않는다(대판 2001도1289 등).

44. 피고인이 甲에게 사업자등록 명의를 빌려주면 세금이나 채무는 모두 자신이 변제하겠다고 속여 甲으로부터 명의를 대여받아 호텔을 운영하면서 甲으로 하여금 호텔에 관한 각종 세금 및 채무 등을 부담하게 하였다면 사기죄가 성립한다. (X)
[15(3)모]

: 甲이 명의를 대여하였다는 것만으로 피고인이 채무를 면하는 재산상 이익을 취득하는 甲의 재산적 처분행위가 있었다고 보기 어려우므로 사기죄는 성립하지 않는다(대판 2012도4773).

45. 甲이 乙에게 외관상 재물의 교부에 해당하는 행위를 하였으나 그 재물이 乙의 자유로운 처분이 가능한 상태에 놓이지 않고 여전히 甲의 지배 아래에 있는 것으로 평가된다면 그 재물에 대한 처분행위가 있었다고 볼 수 없다(대판 2018도7030).
[20(2)모]

|유제| 사기죄에 있어서 재물의 교부가 있었다고 하기 위하여 반드시 재물의 현실적인 인도가 필요한 것은 아니며, 재물이 범인의 사실상의 지배 아래에 들어가 그의 자유로운 처분이 가능한 상태에 놓인 경우에도 재물의 교부가 인정된다. (O)
[04사시]

★★ 사례문제 기출례 삼각사기에서 피기망자(처분행위자)와 피해자의 관계 [24·23·18·14모사] : 지위설, 권한설

46. ① 식당 주인 B가, 식사를 마치고 귀가한 손님 C가 분실한 지갑을 습득하게 되자 옆 자리에서 식사 중이던 甲에게 "이 지갑이 선생님 지갑이 맞아요?"라고 묻자 甲이 그렇다고 대답하고 B로부터 지갑을 건네받아 귀가하였다. 이른바 '책략절도'로서 甲에게 절도죄가 성립한다. (X) [23(2)모]

② 위의 상황에서 만일 C가 분실한 지갑을 甲이 직접 주워서 가지고 갔다면 甲에게 점유이탈물횡령죄가 성립한다. (X) [23(2)모]

① [1] 사기죄가 성립되려면 피기망자와 재산상의 피해자가 같은 사람이 아닌 경우에는 피기망자가 피해자를 위하여 그 재산을 처분할 수 있는 권능을 갖거나 그 지위에 있어야 한다. [2] 피해자 甲이 특정 매장에 방문하였다가 지갑을 떨어뜨렸는데, 10분쯤 후 피고인이 같은 매장에서 우산을 구매하고 계산을 마친 뒤, 지갑을 발견하여 습득한 매장 주인 乙로부터 "이 지갑이 선생님 지갑이 맞느냐?"라는 질문을 받자 "내 것이 맞다."라고 대답한 후 이를 교부받아 가지고 간 경우, 乙은 지갑을 습득하여 진정한 소유자에게 돌려주어야 하는 지위에 있으므로 甲을 위하여 이를 처분할 수 있는 권능을 갖거나 그 지위에 있었으며, 이러한 처분 권능과 지위에 기초하여 지갑의 소유자라고 주장하는 피고인에게 지갑을 교부하였고 이를 통해 피고인이 지갑을 취득하여 자유로운 처분이 가능한 상태가 되었으므로, 乙의 행위는 사기죄에서 말하는 처분행위에 해당하고 피고인의 행위를 절취행위로 평가할 수 없다(대판 2022도12494). [24(3)모]

② 어떤 물건을 잃어버린 장소가 당구장과 같이 타인의 관리 아래 있을 때에는 그 물건은 일응 그 관리자의 점유에 속한다 할 것이고, 이를 제3자가 취거하는 것은 절도죄에 해당한다(대판 88도409). 이러한 판례의 논리에 따르면 C가 B의 식당에서 분실한 지갑은 식당 주인 B의 점유에 속한다고 할 것이어서, 甲이 직접 주워서 가지고 갔다면 甲에게 절도죄가 성립한다. 답 ×, ×

▎유제▎ 피기망자와 피해자가 일치하지 않아도 사기죄가 성립할 수 있다. (O) [12변시]

47. 금원 편취를 내용으로 하는 사기죄에서는 기망으로 인한 '재물' 또는 '금원' 교부가 있으면 그 자체로 피해자의 재산침해가 되어 바로 사기죄가 성립하고, 상당한 대가가 지급되었다거나 피해자의 전체 재산상의 손해가 없다 하여도 사기죄의 성립에는 그 영향이 없다(대판 99도1040). [20변시·22(3)모·21(3)모·20(1)모]

: 또한 그 대가가 일부 지급된 경우에도 그 편취액은 그 대가를 공제한 차액이 아니라 교부받은 재물 전부이다(대판 2017도12649).

▎유제▎ K회사 임원인 甲은 허위의 재무제표를 작성·제출하여 H은행으로부터 대출을 받으면서 대출을 받기 위해 한국수출입은행에 채권이나 선박 등에 담보권을 설정해 준 경우, 편취액은 H로부터 교부된 금원에서 그 대가 또는 담보 상당액을 공제한 차액이 된다. (X) [21(3)모]

48. 사람을 기망하여 부동산의 소유권을 이전받아 편취한 경우 그 부동산 가액을 산정함에 있어서 그 부동산에 근저당권설정 등기가 경료되어 있을 때에는 그 부동산의 시가 상당액에서 근저당의 채권최고액 범위 내에서의 피담보채권액을 뺀 실제의 교환가치를 그 부동산의 가액으로 보아야 한다(대판(숤) 2005도7288). [14(2)모]

49. 사기죄에서 행위자의 고의는 행위의 결과에 대한 인식, 즉 행위자 등의 재물이나 재산상 이익의 취득이라는 요소에 대한 인식까지 있어야 비로소 인정될 수 있다(대판 97도3054). [20(3)모]

50. ① 사기죄의 주관적 구성요건인 편취의 범의는 피고인이 자백하지 않는 이상 범행 전후의 피고인 등의 재력, 환경, 범행의 경위와 내용, 거래의 이행과정 등과 같은 객관적인 사정 등을 종합하여 판단할 수밖에 없다 (대판 2016도12460). [19(2)모]
② 피고인이 피해자에게 불행을 고지하거나 길흉화복에 관한 긍정적인 결과를 약속하고 복비 등의 명목으로 대가를 교부받은 경우에 전통적인 관습 또는 종교행위로서 허용될 수 있는 한계를 벗어났다면 사기죄에 해당한다 (대판 2016도12460). [20(3)모·19(2)모]

51. 소비대차 거래에서 차주가 돈을 빌릴 당시에는 변제할 의사와 능력을 가지고 있었다면 비록 그 후에 변제하지 않고 있더라도 이는 민사상 채무불이행에 불과하며 형사상 사기죄가 성립하지는 아니한다(대판 2012도14516). [16(3)모·20법행]

52. 사업의 수행과정에서 이루어진 거래에 있어서 설사 기업경영자가 파산에 의한 채무불이행의 가능성을 인식할 수 있었다고 하더라도, 그가 그러한 사태를 피할 수 있는 가능성이 있다고 믿었고 계약이행을 위해 노력할 의사가 있었을 때에는 사기죄의 고의가 있었다고 단정하여서는 안 된다(대판 2015도18555). [24(2)모]

53. 기망행위를 수단으로 한 권리행사의 경우 권리행사에 속하는 행위와 수단에 속하는 기망행위를 전체적으로 관찰하여 그와 같은 기망행위가 사회통념상 권리행사의 수단으로서 용인할 수 없는 정도라면 권리행사에 속하는 행위는 사기죄를 구성한다(대판 82도1679). [19(2)모]

54. 부동산 소유권이전등기절차의 이행을 구하는 소를 제기하여 동시이행의 조건 없이 이행을 명하는 승소확정판결을 받은 甲이 그 판결에 기해 이전등기를 할 수 있었음에도 그렇게 하지 않고 乙에게 위 부동산 이전등기를 경료해 주면 매매잔금을 공탁해 줄 것처럼 거짓말 하여 위 부동산 소유권을 임의로 이전받고 매매잔금을 공탁하지 않은 경우 甲에게 사기죄가 성립한다. (O) [15사시]

: 피고인의 행위는 사회통념상 권리행사의 수단으로서 용인할 수 있는 범위를 벗어난 것으로 사기죄의 기망행위에 해당한다(대판 2010도14856).

55. 사기죄는 사람을 적극적으로 기망하거나 소극적으로 고지할 의무있는 사항을 묵비하여 이에 속은 타인으로부터 재물의 교부를 받거나 재산상 이익을 취득한 경우에 성립하고, 이미 취득한 재물 또는 재산상 이익을 사후에 반환하거나 변상하였다고 하더라도 이는 범죄성립에 영향을 미치지 않는다(대판 2015도3012). [16(2)모]

56. 피고인이 보험사고에 해당할 수 있는 사고로 경미한 상해를 입었다 하더라도 이를 기회로 보험금을 편취할 의사로 상해를 과장하여 병원에 장기간 입원하고 이를 이유로 실제 피해에 비하여 과다한 보험금을 지급받는 경우 보험금 전체에 대해 사기죄가 성립한다(대판 2008도4665). [22(2)모·18(2)모·16(3)모]

57. 甲이 乙에게 전매가 1회로 제한된 거주자공급택지분양권을 이중으로 매도하고, 택지분양권을 순차 매수한 丙·丁에게 이중매도 사실을 숨긴 채 자신의 명의로 형식적인 매매계약서를 작성해 준 경우 甲이 직접 매매대금을 수령하지 않았다고 하더라도 丙·丁에 대한 사기죄가 성립한다(대판 2008도9985). [22(2)모]

: 즉 범인에게 그 제3자인 乙로 하여금 재물을 취득하게 할 의사가 있는 경우로서 제3자를 위한 사기죄가 성립한다는 취지이다.

58. [1] 보험사고의 우연성과 같은 보험의 본질을 해칠 정도라고 볼 수 있는 특별한 사정이 없는 한, 그와 같이 하자 있는 보험계약을 체결한 행위만으로는 미필적으로라도 보험금을 편취하려는 의사에 의한 기망행위의 실행에 착수한 것으로 볼 것은 아니다(대판 2013도7494).
[2] 피고인이 위와 같은 고의의 기망행위로 보험계약을 체결하고 위 보험사고가 발생하였다는 이유로 보험회사에 보험금을 청구한 때 실행의 착수가 인정되고(대판 2013도7494),
[3] 보험금을 지급받았을 때 사기죄는 기수에 이른다(대판 2014도2754).

▮유제▮ 이미 보험사고가 발생하였음에도 이를 숨기고 보험계약을 체결하였다면 보험사기죄의 실행의 착수로 인정할 수 있다(대판 2014도2754). [19(2)모]

59. 사기죄는 재물의 교부가 있는 때에 기수가 되는바, 재물의 교부가 있었다고 하기 위하여 반드시 재물의 현실의 인도가 필요한 것은 아니고 재물이 범인의 사실상의 지배 아래에 들어가 그의 자유로운 처분이 가능한 상태에 놓인 경우에도 재물의 교부가 있었다고 보아야 한다(대판 2001도1825). [24(2)(1)모]

60. 타인의 명의를 빌려 예금계좌를 개설한 후, 통장과 도장은 명의인에게 보관시키고 자신은 위 계좌의 현금인출카드를 소지한 채 명의인을 기망하여 위 예금계좌로 돈을 송금하게 하여 돈을 송금 받았으나 그 돈을 인출하지 않고 있던 중 명의인이 이를 인출해 갔다면 사기미수죄로 처벌된다. (X) [16(2)모]

: 통장으로 돈을 송금 받은 이상, 이로써 송금받은 돈을 자신의 지배하에 두게 되어 편취행위는 기수에 이르렀다(대판 2003도2252).

★ 사례문제 기출례 불법원인급여에 대한 사기죄 성부 [14변사, 23 · 20모사]

61. 수익자가 기망을 통하여 급여자로 하여금 불법원인급여에 해당하는 재물을 제공하도록 한 것이라면 「민법」제746조 규정에 의하여 급여자가 수익자에 대한 반환청구권을 행사할 수 없으므로 사기죄가 성립하지 않는다. (X) [22 · 13변시 · 24(1)모 · 13(2)모]

: 민법 제746조의 불법원인급여에 해당하여 급여자가 수익자에 대한 반환청구권을 행사할 수 없다고 하더라도, 수익자가 기망을 통하여 급여자로 하여금 불법원인급여에 해당하는 재물을 제공하도록 하였다면 사기죄가 성립한다(대판 2004도677).

▮유제▮ 변호사가 대법관에게 로비자금으로 사용한다고 기망하여 의뢰인에게서 금원을 교부받은 경우 사기죄가 성립할 수 있다(대판 95도707). [12변시 · 16(2)모]

▮유제▮ 乙이 도박자금을 갚을 생각 없이 甲을 속여서 甲으로부터 도박자금을 빌린 경우, 甲이 乙에게 자금을 빌려준 것은 불법원인급여에 해당하므로 乙에게는 상습도박죄만 성립하고 사기죄는 성립하지 않는다. (X) [23(2)모]

62. 甲이 A에 대한 사기범행을 실현하는 수단으로서 B를 기망하여 B를 A로부터 편취한 재물이나 재산상 이익을 전달하는 도구로서만 이용한 경우에는 편취의 대상인 재물 또는 재산상 이익에 관하여 A에 대한 사기죄가 성립할 뿐 도구로 이용된 B에 대한 사기죄가 별도로 성립하는 것은 아니다(대판 2017도3894).
[22 · 20 · 18변시]

★★ 사례문제 기출례 사기범행의 송금계좌를 양도한 사기방조범이 예금인출시 죄책 [20변사, 22모사 등]
– ① 사기 피해자에 대한 횡령죄 불성립, ② 사기 정범에 대한 횡령죄 불성립, ③ 장물취득죄 불성립,
④ 은행에 대한 사기죄 내지 절도죄 불성립

63. ① 전기통신금융사기(이른바 보이스피싱 범죄)의 범인이 피해자를 기망하여 피해자의 돈을 사기이용계좌로 송금·이체받아 보관하다가 나중에 범인이 사기이용계좌에서 현금을 인출하였다면, '현금을 인출한 때'에 사기죄는 기수에 이르고 그 인출행위가 사기의 피해자에 대하여 따로 횡령죄를 구성하지 아니한다. (X)
[19(1)모]

② '보이스피싱' 범죄에 사용될 것임을 알고 자기 계좌의 통장을 양도한 다음, 그 계좌에 입금된 '보이스피싱' 피해금원을 인출한 경우, 사기방조죄만 성립하고 별개로 사기 피해자에 대한 횡령죄는 성립하지 않는다. (O)
[21변시][22(2)사·20(1)사]

: [1] 전기통신금융사기(이른바 보이스피싱 범죄)의 범인이 피해자를 기망하여 피해자의 돈을 사기이용계좌로 송금이체받았다면 이로써 편취행위는 기수에 이른다. [2] 범인이 피해자와 사이에 어떠한 위탁 또는 신임관계가 존재한다고 할 수 없는 이상 피해자의 돈을 보관하는 지위에 있다고 볼 수 없으며, 나아가 그 후에 범인이 사기이용계좌에서 현금을 인출하였다고 하더라도 이는 이미 성립한 사기범행의 실행행위에 지나지 아니하여 새로운 법익을 침해한다고 보기도 어려우므로, 위와 같은 인출행위는 사기의 피해자에 대하여 따로 횡령죄를 구성하지 아니한다. [3] 그리고 이러한 법리는 사기범행에 이용되리라는 사정을 알고서도 자신 명의의 계좌의 접근매체를 양도함으로써 사기범행을 방조한 종범이 사기이용계좌로 송금된 피해자의 돈을 임의로 인출한 경우에도 마찬가지로 적용된다(대판 2017. 5. 31, 2017도3045).

┃유제┃ 甲이 사기범행에 이용되리라는 정을 알면서 '보이스피싱' 조직원인 乙에게 자기 명의의 예금통장과 체크카드 등을 양도하였고, 乙이 A에게 은행직원을 사칭하여 전화로 "당신의 은행계좌가 범죄에 이용되었다. 추가피해를 막으려면 돈을 인출하여 은행이 지정하는 계좌에 입금하여야 한다."라고 거짓말하여 이에 속은 A가 甲의 계좌로 1,500만 원을 송금하였다면 乙이 이를 인출하지 못한 상태에서 체포되었더라도 乙의 편취행위는 기수에 이르렀다. (O)
[21변시]

64. 공무원이 직무에 관하여 타인을 기망하여 재물을 교부받은 경우 사기죄와 수뢰죄가 성립하고 양 죄는 상상적 경합관계에 있다(대판 2015도12838).
[24변시·24(1)모·18(1)모]

65. 피해자 주식회사의 대표이사가 위 피해자 회사의 상가분양 사업을 수행하면서 수분양자들을 기망하여 편취한 분양대금은 회사의 소유로 귀속되는 것이므로, 대표이사가 그 분양대금을 횡령하는 것은 사기 범행이 침해한 것과는 다른 법익을 침해하는 것이어서 회사를 피해자로 하는 별도의 횡령죄가 성립된다(대판 2005도741).
[20법행·14사시]

★
66. [1] 도급계약에서 편취에 의한 사기죄의 성립 여부는 계약 당시를 기준으로 피고인에게 일을 완성할 의사나 능력이 없음에도 일을 완성할 것처럼 거짓말을 한 것인지 여부에 따라 판단한다.
[2] 도급계약 당시 관련 영업 또는 업무를 규제하는 행정법규나 입찰 참가자격, 계약절차 등에 관한 규정을 위반한 사정이 있다 하더라도 기망행위에 해당한다고 단정해서는 안 되고, 일의 완성이 불가능하였다고 평가할 수 있을 만큼 그 위법이 일의 내용에 본질적인 것인지 여부를 기준으로 판단하여야 한다(대판 2017도20911).
[예상판례]

67. 甲이 권한없이 A회사의 아이디와 패스워드를 입력하여 인터넷뱅킹에 접속한 다음에 A회사의 예금계좌로부터 자신의 예금계좌로 합계 2억 원을 이체한 후, 자신의 현금카드를 사용하여 현금자동지급기에서 6,000만 원을 인출하여 그 정을 아는 乙에게 교부하였다면 甲에게는 컴퓨터등사용사기죄, 乙에게는 장물취득죄가 성립한다. (X) [16변시 · 04법행]

: 甲이 컴퓨터등사용사기죄에 의하여 취득한 예금채권은 재물이 아니라 재산상 이익이므로, 그가 자신의 예금계좌에서 돈을 인출하였더라도 장물을 금융기관에 예치하였다가 인출한 것으로 볼 수 없으므로 乙의 장물취득죄의 성립은 부정된다(대판 2004도353).

68. 甲이 동거하는 친구 A의 책상서랍에서 은행예금통장을 훔친 후 그 통장을 은행의 현금자동지급기에 넣어 50만 원을 인출한 다음 곧바로 A의 책상서랍에 넣어두었다. 甲이 은행의 현금자동지급기에서 50만 원을 인출한 행위는 '피해자 A'에 대한 절도죄에 해당한다. (X) [13(2)모]

: 절취한 예금통장으로 현금자동지급기에서 현금을 인출한 경우에는 인출한 현금에 대해 (현금자동지급기의 관리 은행에 대한) 절도죄가 성립한다(대판 2006도3126).

69. 금융기관 직원이 전산단말기를 이용하여 다른 공범들이 지정한 특정계좌에 돈이 입금된 것처럼 허위의 정보를 입력하여 위 계좌로 입금완료 되었다고 하더라도, 그 뒤 그러한 입금이 취소되어 현실적으로 재산상의 이익을 얻지 못하게 된 경우 컴퓨터등사용사기죄의 미수범에 해당한다. (X) [12변시 · 17(3) · 15(2)]

: 이러한 입금절차를 완료함으로써 장차 그 계좌에서 이를 인출하여 갈 수 있는 재산상 이익을 취득하였으므로 형법 제347조의2에서 정하는 컴퓨터 등 사용사기죄는 기수에 이르렀고, 그 후 그러한 입금이 취소되어 현실적으로 인출되지 못하였다고 하더라도 이미 성립한 컴퓨터 등 사용사기죄에 어떤 영향이 있다고 할 수 없다(대판 2006도4127).

▎유제▎ 甲이 삼촌 A의 통장을 절취한 후 통장을 가지고 인근 현금자동지급기로 가서 우연히 알아낸 비밀번호를 이용하여 A의 계좌에서 자신의 계좌로 100만 원을 이체하였더라도 甲이 이체한 돈을 인출하지 못했다면 컴퓨터등사용사기죄의 미수에 해당한다. (X) [24변시]

70. 절취한 타인의 휴대전화기로 통화를 하고 무선인터넷을 사용함으로써 통화 · 정보이용료를 발생시켰다면 정보처리장치에 권한 없이 정보를 입력해서 정보처리를 하게 한 것으로서 컴퓨터 등 사용사기죄를 구성한다. (X) [15(2)모]

: 휴대전화기의 통화버튼이나 인터넷접속버튼을 누르는 것만으로 사용자에 의한 정보 혹은 명령의 입력이 행하여졌다고 보기 어렵고, 따라서 휴대전화 또는 이동통신회사에 의하여 그 입력된 정보 혹은 명령에 따른 정보처리가 이루어진 것으로 보기도 어려우므로 컴퓨터등사용사기죄는 성립하지 않는다(대판 2008도128).

71. 전자복권구매시스템의 프로그램 자체에서 발생하는 오류를 적극적으로 이용해서 복권 구매명령을 반복적으로 입력함으로써 자신의 가상계좌로 구매요청금 상당의 금액이 입금되게 하였다면 부정한 명령의 입력에 의한 컴퓨터등사용사기죄를 구성한다(대판 2011도4440). [16변시 · 15(2)모]

72. 컴퓨터등사용사기죄가 성립 하려면 행위자가 입력한 허위 정보 등에 의하여 정보처리가 이루어짐으로써 직접적으로 재산처분의 결과가 초래되어야 하므로 재산상 이익의 취득에 사람의 처분행위가 개재되었다면 동죄는 성립하지 않는다(대판 2013도16099). [15(2)모]

73. 甲이 피해자 A의 케이티전화카드(한국통신의 후불식 통신카드)를 절취하여 전화통화에 이용하였으나 A가 통신요금을 납부할 책임을 부담한다면 편의시설부정이용죄는 성립하지 않는다(대판 2001도3625). [17변시]

: 다만 피고인이 절취한 전화카드를 공중전화기에 넣어 사용한 것은 권리의무에 관한 타인의 사문서를 부정행사한 경우에 해당할 수 있다(대판 2002도461).

소송사기 관련

74. 소송사기가 성립하기 위하여는 제소 당시 그 주장과 같은 권리가 존재하지 않는다는 것만으로는 부족하고, 그 주장의 권리가 존재하지 않는다는 사실을 잘 알고 있으면서도 허위의 주장과 입증으로 법원을 기망한다는 인식을 요하고, 단순히 사실을 잘못 인식하였다거나 법률적 평가를 잘못하여 존재하지 않는 권리를 존재한다고 믿고 제소한 행위는 사기죄를 구성하지 아니한다(대판 94도1819). [22(3)사]

75. 방어적인 위치에 있는 피고라 하더라도 적극적인 방법으로 법원을 기망할 의사를 가지고 허위내용의 서류를 증거로 제출하거나 그에 따른 주장을 담은 답변서나 준비서면을 제출한 경우에 사기죄의 실행의 착수가 있다고 볼 것이다(대판 97도2786). [12(2)모·03·11법행]

76. 자기에게 유리한 판결을 얻기 위하여 소송상의 주장이 사실과 다름이 객관적으로 명백하거나 증거가 조작되어 있다는 정을 인식하지 못하는 제3자를 이용하여 그로 하여금 소송의 당사자가 되게 하고 법원을 기망하여 소송 상대방의 재물 또는 재산상 이익을 취득하려 하였다면 간접정범의 형태에 의한 소송사기죄가 성립하게 된다(대판 2006도3591). [23변시·23(1)모]

┃유제┃ 甲이 존재하지 않는 약정이자에 관한 내용을 부가하여 위조한 乙 명의 차용증을 바탕으로 乙에 대한 차용금채권을 丙에게 양도하고, 이러한 사정을 모르는 丙으로 하여금 乙을 상대로 양수금 청구소송을 제기하게 하여 승소확정판결을 받은 경우, 甲은 소송사기죄의 간접정범이 성립한다. (O) [21(3)모·18(2)모]

77. 가계수표 발행인인 甲이 자신이 발행한 수표를 타인이 교부받아 소지하고 있는 사실을 알고, 또한 그 수표가 적법하게 지급 제시되어 수표상의 소구의무를 부담하고 있음에도 불구하고 허위의 분실사유를 들어 공시최고 신청을 하고 이에 따라 법원으로부터 제권판결을 받음으로써 수표상의 채무를 면한 경우 사기죄의 구성요건에 해당한다(대판 99도364). [11(1)모·09사시·03법행]

78. 甲이 피담보채권인 공사대금 채권을 실제와 달리 허위로 크게 부풀려 유치권에 의한 경매를 신청한 행위는 소송사기의 실행의 착수에 해당한다(대판 2012도9603). [15변시·13법행]

[비교판례] 부동산 경매절차에서 피고인들이 허위의 공사대금채권을 근거로 유치권 신고를 한 경우, 소송사기의 실행의 착수가 있다고 볼 수 없다(대판 2009도5900).

79. 진정한 임차권자가 아니면서 허위의 임대차계약서를 법원에 제출하여 임차권등기명령을 신청하면 그로써 소송사기의 실행행위에 착수한 것으로 보아야 하고, 나아가 그 임차보증금 반환채권에 관하여 현실적으로 청구의 의사표시를 하여야만 사기죄의 실행의 착수가 있다고 볼 것은 아니다(대판 2010도12732).   [15변시·14사시]

┃유제┃ 통정허위표시로서 무효인 임대차계약에 기초하여 임차권등기명령을 받아 임차권등기를 마친 경우, 외형상 임차인으로서 취득하게 되는 권리는 재산적 가치가 있는 구체적 이익으로서 사기죄의 객체인 재산상 이익에 해당한다고 봄이 상당하다. (O)   [17변시]

80. E는 허위의 채권을 피보전권리로 삼아 가압류를 신청하여 법원에 의하여 받아들여진 경우 본안소송을 제기하지 아니하였더라도 사기죄의 미수가 성립한다. (X)   [19변시·10(1)모·12법행]

: 허위의 채권을 피보전권리로 삼아 가압류를 하였다고 하더라도 그 채권에 관하여 현실적으로 청구의 의사표시를 한 것이라고는 볼 수 없으므로, 본안소송을 제기하지 아니한 채 가압류를 한 것만으로는 사기죄의 실행에 착수하였다고 할 수 없다(대판 88도55).   [14변시]

81. A회사 운영자 甲이 'A회사의 B에 대한 채권'이 존재하지 않는다는 사실을 알면서도 그 사실을 모르는 A회사의 채권자 乙에게 'A회사의 B에 대한 채권'의 압류 및 전부명령을 신청하게 하여 그 명령을 받게 하였으나, 아직 乙이 B를 상대로 전부금 소송을 제기하지는 않은 상태인 경우 사기미수죄가 성립한다. (X)   [15·12사시]

: 이와 같은 경우 乙이 A회사에 대하여 진정한 채권을 가지고 있는 이상, 위와 같은 사정만으로는 법원을 기망하였다고 볼 수 없고, 乙이 B를 상대로 전부(추심)금 소송을 제기하지 않은 이상 소송사기의 실행에 착수하였다고 볼 수도 없다(대판 2009도9982).

82. 자기가 상대방에게 유리한 증거를 가지고 있다거나 상대방에게 유리한 사실을 알고 있다고 하더라도 상대방에게 유리한 증거를 제출하지 않거나 상대방에게 유리한 사실을 진술하지 않는 행위만으로는 소송사기에 있어 기망이 된다고 할 수 없다(대판 2001도1610).   [11·12법행]

83. 변호사를 선임한 바가 없음에도 소송비용액계산서의 비용항목에 실제 지출하지 않은 변호사비용 500만 원을 기재하여 법원에 가처분사건의 소송비용액확정결정신청을 한 행위는 이와 관련하여 소명자료 등을 조작하거나 허위의 소명자료 등을 제출하지 않았더라도 법원에 대한 기망행위에 해당한다. (X)   [25변시]

: 허위 내용으로 법원을 기망하여 자기에게 유리한 소송비용액확정결정을 받는 행위는 사기죄를 구성할 수 있다. 그러나 소명자료 등을 조작하거나 허위의 소명자료 등을 제출함이 없이 단지 실제 사실과 다른 비용액에 관한 주장만 하는 경우에는 특별한 사정이 없는 한 법원을 기망하였다고 단정하기 어렵다(대판 2021도2340).

84. 甲이 제3자 소유의 부동산에 관하여 권한 없는 乙을 상대로 소유권확인의 소를 제기하여 승소확정판결을 받고 이에 기하여 甲 명의로 소유권보존등기를 마친 경우 제3자에 대한 사기죄가 성립한다. (X)   [03사시·03법행]

: 위 판결의 효력은 소송당사자들 사이에만 미치고 제3자인 부동산소유자에게는 미치지 아니하여 위 판결로 인하여 위 부동산에 대한 제3자의 소유권이 피고인에게 이전되는 것도 아니므로 사기죄를 구성한다고 볼 수 없다(대판 83도2289).

85. A가 자기의 비용과 노력으로 건물을 신축하여 소유권을 원시취득한 미등기건물의 소유자임에도, A에 대한 채권담보 등을 위하여 건축허가명의만을 가진 甲과 甲에 대한 채권자 乙이 공모하여 乙이 甲을 상대로 위 건물에 관한 강제경매를 신청하여 법원의 경매개시결정이 내려지고, 그에 따라 甲 앞으로 촉탁에 의한 소유권보존등기가 된 경우, 甲과 乙에게는 A에 대한 관계에서 사기죄의 공동정범이 성립한다. (X) [23변시]

: 위 경매절차에서 한 법원의 재판이나 법원의 촉탁에 의한 소유권보존등기의 효력은 그 재판의 당사자도 아닌 위 진정한 소유자에게는 미치지 아니하는 것이어서, 피기망자인 법원의 재판이 피해자의 처분행위에 갈음하는 내용과 효력이 있는 것이라고 볼 수 없다(대판 2013도459).

★ 〔사례문제 기출례〕 사자상대로 한 소송사기 성부 [21·17모사]

86. 甲이 사망자 乙 명의의 문서를 위조하여 소장에 첨부한 후, 乙을 상대로 법원에 제소한 경우 사문서위조 및 위조사문서행사죄는 성립하지만 사기죄는 성립하지 않는다. (O) [15변시][21(2)사]

: 피고인의 제소가 사망한 자를 상대로 한 것이라면 이와 같은 사망한 자에 대한 판결은 그 내용에 따른 효력이 생기지 아니하여 상속인에게 그 효력이 미치지 아니하고 따라서 사기죄를 구성하지 않는다(대판 97도632).

┃유제┃ 사망한 자를 생존자로 오인하고 사망한 자를 피고로 소유권이전 등기의 소를 제기하면서 허위의 증거자료를 재판부에 제출하여 승소한 경우, 상속인에 대한 사기죄가 성립한다. (X) [00사시·12법행]

87. 시효취득을 주장하는 자가 자주점유의 추정을 받고 있는 경우에는 비록 자주점유의 권원에 관한 처분문서를 위조했다고 하더라도 이를 이용한 소송행위가 사기죄를 구성하지 아니한다. (X) [09사시·10법행]

: 비록 점유자가 자주점유로 추정받는다고 하더라도 위와 같은 기망행위에 의하여 적극적으로 법원을 기망하여 착오에 빠지게 함으로써 승소판결을 받고, 등기까지 했던 것이라면 그 행위는 정당한 권리행사라 할 수 없어 사기죄를 구성한다(대판 96도1405).

88. 소송사기에 의한 사기죄의 실행의 착수시기는 소제기시이고, 기수시기는 승소판결확정시라는 것이 판례의 태도이다(대판 93도915). [96·97사시]

┃유제┃ 소송사기의 실행의 착수는 소송에서 주장하는 권리가 존재하지 않는 사실을 알고 있으면서도 법원을 기망한다는 인식 하에 소를 제기하여 유효한 소장의 송달이 있을 때 인정된다. (X) [22(3)모]

89. 타인의 토지소유권을 편취할 목적으로 하는 사기소송의 제1심판결이 형식적으로 확정되었다면 사기죄는 이미 기수에 이르렀고, 비록 그 후에 제기된 피해자의 추완항소에 따라 위 사기소송의 항소심에서 파기되어 피고인의 청구가 기각되었다고 하더라도 이미 기수에 이른 소송사기죄의 성립에는 어떠한 영향이 없다. (O) [21법행]

: 여기서 판결이 확정된 날이라 함은 그 판결이 형식적으로 확정된 때를 의미하고 그 판결에 대하여 확정적으로 다툴 수 없게 된 때를 의미하는 것은 아니다(대판 2020도18408).

┃유제┃ 타인의 토지소유권을 편취할 목적으로 하는 사기소송은 목적 토지에 대한 소유권이전등기 절차이행에 관한 승소의 확정판결을 받으면 이때 불법한 이익을 취득한 사기죄가 성립하고, 여기서 판결이 확정된 날이라 함은 그 판결에 대하여 확정적으로 다툴 수 없게 된 때를 의미한다. (X) [22법행]

90. ① 부동산등기부상 소유자로 등기된 적이 있는 자가 자기 이후에 소유권이전등기를 경료한 등기명의인들을 상대로 허위의 사실을 주장하면서 그들 명의의 소유권이전등기의 말소를 구하는 소송을 제기한 경우에는 사기의 실행에 착수한 것이다(대판 2003도1951). [15변시·10법행]

② 그러나 부동산에 대해 등기명의를 가진 적이 없는 자가 임야에 대한 소유권이전등기를 거친 자들을 상대로 각 그 소유권이전등기말소를 구하는 소송을 제기하였다가 취하한 경우에는 사기의 실행에 착수한 것이라고 할 수 없다(대판 81도1451).

③ 등기명의를 가진 적이 없는 자가 허위주장으로 등기명의인을 상대로 소유권보존등기의 말소를 구하는 소송을 제기한 경우는 물론 등기명의인들을 상대로 그들 명의의 소유권보존등기 및 이전등기의 말소등기 소송을 제기한 경우에도 사기죄의 실행의 착수를 인정할 수 있다(대판(全) 2005도9858). 이 경우 기수시기는 위 판결이 확정된 때이다. [23변시]

91. 甲이 예고등기를 하면 경매대상 부동산의 경매가격이 하락되는 점을 이용하여 낙찰희망자로부터 재산상 이익을 얻을 의도로 허위주장으로 소유권보존등기말소청구소송을 제기한 후 법원의 촉탁으로 예고등기가 경료되자 소를 취하하여 소송이 종결되도록 한 경우 사기미수죄가 성립한다. (×) [15사시]

: 그 소송에서 원고가 승소한다고 가정하더라도 각 피고의 등기가 말소될 뿐이고 이것만으로 피고인이 위 부동산에 관한 어떠한 권리를 취득하거나 의무를 면하는 것은 아니어서 위 소제기 행위를 사기의 실행에 착수한 것이라고 할 수 없다(고의 내지 불법영득의 의사 부정)(대판 2009도128).

┃유제┃ 피고인이 경매절차가 진행 중인 부동산에 관하여 허위의 주장을 하면서 소유권보존등기말소청구 소송을 제기하였더라도 예고등기가 경료되도록 하여 경매가격하락을 의도한 것일 뿐이라면 사기죄가 성립하지 않는다. [16사시·13(1)모 유사]

92. 甲이 법원을 기망하여 제3자를 상대로 한 부동산소유권이전등기 청구소송에서 승소판결을 받고 확정되었으면 사기죄는 기수에 이르렀고 그 확정판결에 기하여 소유권이전등기를 경료하고 비치케 한 경우에는 사기죄와 별도로 공정증서원본불실기재죄 및 불실기재공정증서원본행사죄가 성립하고 각 죄는 실체적 경합관계에 있다(대판 83도188). [11(1)모·06사시]

신용카드 사용 관련 범죄

★ [사례문제 기출례] 범죄로 취득한 신용카드로 물품구입·용역수령 [12변사, 20·19모사 등]

93. ① 강취한 신용카드를 가지고 그 신용카드의 정당한 소지인인 양 점주를 속이고 가맹점에서 물품을 취득한 경우 신용카드부정사용죄와 사기죄가 성립한다(대판 96도2715). [14(1)모·12(2)모·10(1)모]

② 타인 명의의 신용카드를 자기의 것인 양 사용하여 사기죄가 성립할 때 신용카드부정사용죄와 사기죄는 보호법익이나 행위태양이 전혀 달라 실체적 경합관계에 있다(대판 96도1181). [16(3)모·14(1)모]

┃유제┃ 甲이 절취한 신용카드를 자신의 것인 양 속이고 옷가게에서 옷을 구입하고 신용카드로 결제하였다면, 사기죄와 신용카드부정사용죄가 성립하고 양 죄는 실체적 경합관계이다. [21변시·22(1)모]

★ 사례문제 기출례 범죄로 취득한 신용카드로 예금인출하거나 계좌이체한 경우의 죄책 [18·15·12변사 등]

94. 甲은 한밤 중 술에 취한 A로부터 지갑을 절취하고 그 안에 들어있던 신용카드(현금카드기능겸용)와 신분증을 이용하여, 인근 현금자동지급기에서 ㉠ A의 계좌에서 잔고가 없던 자신의 X은행계좌로 1백만 원을 이체하였다. 다음날 甲은 ㉡ 자신의 현금카드를 이용하여 X은행계좌에서 1백만 원을 전부 인출하여 ㉢ 이러한 사정을 들은 乙에게 50만 원을 건네주었다. 이후 ㉣ 甲은 인접한 각각의 구두, 시계매장에서 연달아 A의 신용카드를 제시하고 신용카드 단말기에 서명하여 구두와 시계를 각각의 가맹점주에게서 구매하였다.
[22변시·24(2)모]

① ㉠의 행위는 컴퓨터등사용사기죄와 신용카드 부정사용으로 인한 여신전문금융업법위반죄에 해당하며, 양 죄는 실체적 경합에 해당한다. (X)

: 신용카드 부정사용이라 함은 도난·분실된 신용카드 등을 본래의 용법에 따라 사용하는 경우를 말하는 것이므로, 절취한 신용카드나 직불카드를 온라인 현금자동지급기에 넣고 비밀번호 등을 입력하여 피해자의 '예금'을 인출하거나 계좌이체한 행위는 부정사용의 개념에 포함될 수 없다(대판 2003도3977).
[22(3)모][21(1)기]

▎유제 ▎현금카드 겸용 신용카드로 현금자동지급기에서 피해자의 예금계좌로부터 현금을 인출한 경우, 신용카드부정사용죄가 성립한다. (X)
[22(3)모·15(1)모]

95. ② ㉡의 甲에게는 절도죄가 성립하며, ㉢의 乙에게는 장물취득죄가 성립한다. (X)

: 컴퓨터등사용사기죄의 범행으로 예금채권을 취득한 다음 자기의 현금카드를 사용하여 현금자동지급기에서 현금을 인출한 경우, 별도로 절도죄나 사기죄의 구성요건에 해당하지 않는다 할 것이고, 그 결과 그 인출된 현금은 재산범죄에 의하여 취득한 재물이 아니므로 장물이 될 수 없다(대판 2008도2440).

96. ③ ㉣의 경우, 두 개의 사기죄는 실체적 경합관계에 있고, 신용카드부정사용죄는 포괄일죄이며, 이들 사기죄와 신용카드부정사용죄는 실체적 경합관계에 있다(대판 96도1181).
[22(1)모][20(2)사]

97. 甲은 항거불능상태에 빠져있는 A녀의 핸드백에서 A녀의 신용카드도 꺼내서 인근 현금자동지급기에 넣어 현금서비스 50만 원을 받은 후 A녀의 핸드백에 다시 돌려놓았다. 甲이 신용카드를 A녀의 핸드백에 다시 돌려놓은 이상 신용카드부정사용죄는 성립하지 않는다. (X)
[21(3)모]

: 신용카드 자체에 대한 불법영득의사가 부정되어 신용카드 자체에 대한 절도죄의 성립을 부정하더라도 이를 부정하게 사용하는 것은 신용카드부정사용죄가 성립한다. 여신전문금융업법 제70조 제1항 제3호의 분실 또는 도난된 신용카드라 함은 소유자 또는 점유자의 의사에 기하지 않고 그의 점유를 이탈하거나 그의 의사에 반하여 점유가 배제된 신용카드를 가리키는 것으로서, 소유자 또는 점유자의 점유를 이탈한 신용카드를 취득하거나 그 점유를 배제하는 행위를 한 자가 반드시 유죄의 처벌을 받을 것을 요하지 않기 때문이다(대판 99도857).
[20(3)모]

98. 유흥주점 업주가 과다한 술값 청구에 항의하는 피해자들을 폭행 또는 협박하여 피해자들로부터 일정 금액을 지급받기로 합의한 다음, 피해자들이 결제하라고 건네준 신용카드로 합의에 따라 현금서비스를 받거나 물품을 구입한 경우 공갈죄와 「여신전문금융업법」상 신용카드부정사용죄가 성립하고 양 죄는 실체적 경합관계가 된다. (X)
[21(3)모]

: 이와 같은 경우 신용카드에 대한 피해자들의 점유가 피해자들의 의사에 기하지 않고 이탈하였거나 배제되었다고 보기 어려워 여신전문금융업법상의 신용카드 부정사용에 해당하지 않는다(대판 2006도654).

99. 신용카드를 절취한 사람이 물품 대금의 결제를 위해 신용카드를 제시하고 카드회사의 승인까지 받았다고 하더라도 매출전표에 서명한 사실이 없고 도난카드임이 밝혀져 최종적으로 매출취소로 거래가 종결되었다면, 신용카드 부정사용의 미수죄로 처벌된다. (X)   [18변시·12(2)모]

: 피해자에 의해 거래가 취소되어 최종적으로 매출취소로 거래가 종결된 경우 이는 신용카드 부정사용의 미수행위에 불과하여(여신전문금융업법은 미수행위를 처벌하는 규정을 두고 있지 아니함) 피고인을 위 법률위반죄로 처벌할 수 없어 무죄가 된다(대판 2007도8767).

100. 甲은 B가 운영하는 주점에서 술을 마시고 절취한 A의 신용카드를 이용하여 술값 50만 원을 결제하였는데, 이 때 甲은 술값이 기재된 매출전표의 서명란에 A의 이름을 기재하고 그 자리에서 B에게 위 매출전표를 교부하였다. 사기죄, 여신전문금융업법위반죄, 사문서위조죄 및 위조사문서행사죄를 구성하고, 각 죄의 관계는 실체적 경합범이다. (X)   [20·15변시·16(3)모]

: 신용카드부정사용죄가 성립할 경우 매출표에 대한 사문서위조 및 동행사의 죄는 위 신용카드부정사용죄에 흡수되어 신용카드부정사용죄의 1죄만이 성립한다(대판 92도77).   [21(3)모]

★ [사례문제 기출례] 범죄로 취득한 신용카드로 현금서비스 수령 [18변사, 22모사]

101. 타인의 신용카드를 허락 없이 사용하여 현금자동지급기에서 현금서비스를 받은 경우 신용카드부정사용죄와 절도죄의 상상적 경합범이 성립한다. (X)   [20(1)모·17(3)모·17(1)모]

: 위 양 죄의 관계는 그 보호법익이나 행위태양이 전혀 달라 실체적 경합관계에 있는 것으로 보아야 한다(대판 95도997).

102. 타인이 이미 발급받은 신용카드를 부정하게 취득하여 현금서비스를 받거나 예금을 인출한 경우에는 컴퓨터등사용사기죄가 성립한다. (X)   [20(1)모·12(2)모·05법행][20(2)사]

: 절취한 타인의 신용카드로 현금자동지급기에서 현금을 인출하는 행위가 재물에 관한 범죄임이 분명한 이상 이를 위 컴퓨터등사용사기죄로 처벌할 수는 없다(대판 2003도1178). - 절도죄 성립

103. 甲이 현금지급기에서 절취한 신용카드로 현금서비스 30만 원을 출금한 행위는 절도죄를 구성하나 20만 원을 甲의 계좌로 이체시킨 행위는 절도죄에 해당하지 않는다. (O)   [10(1)모]

: 피해자 명의의 신용카드를 부정사용하여 현금자동인출기에서 현금서비스를 제공받고 그 현금을 취득까지 한 행위는 신용카드부정사용죄와 절도죄의 실체적 경합관계에 있지만(대판 95도997), 권한 없이 인터넷뱅킹으로 타인의 예금계좌에서 자신의 예금계좌로 돈을 이체하여 예금채권을 취득한 것은 컴퓨터등사용사기죄에 해당한다(대판 2004도353).   [21변시]

★ [사례문제 기출례] 컴사범행으로 예금채권 취득한 다음 이를 인출한 경우의 죄책 [18변사, 19·15모사 등]

104. 절취한 타인의 신용카드를 이용하여 현금지급기에서 자신의 예금계좌로 돈을 이체시킨 후 자신의 현금카드로 그 현금을 인출한 경우, 현금인출행위는 절도죄에 해당하지 않는다. (O)   [22(3)모·16(1)모]

: 컴퓨터등사용사기죄의 범행으로 예금채권을 취득한 다음 자기의 현금카드를 사용하여 현금자동지급기에서 현금을 인출한 경우, 별도로 절도죄나 사기죄의 구성요건에 해당하지 않는다(대판 2008도2440).

105. A가 현금카드 소유자인 B를 협박 또는 기망하여 그로부터 예금인출 승낙과 함께 현금카드를 교부받아 이를 사용하여 현금자동지급기에서 여러 번에 걸쳐서 500만 원의 예금을 인출한 경우에 판례에 의하면 공갈죄 또는 사기죄의 포괄일죄의 죄책을 지고, 인출한 예금에 대한 절도죄는 성립하지 않는다. (O)

[18·12변시·24(3)모·22(3)모]

: 예금주인 현금카드 소유자를 협박하여 그 카드를 갈취한 다음 피해자의 승낙에 의하여 현금카드를 사용할 권한을 부여받아 이를 이용하여 현금자동지급기에서 여러 번 현금을 인출한 행위는 모두 피해자의 예금을 갈취하고자 하는 피고인의 단일하고 계속된 범의 아래에서 이루어진 일련의 행위로서 포괄하여 하나의 공갈죄를 구성하므로, 현금자동지급기에서 피해자의 예금을 인출한 행위를 현금카드 갈취행위와 분리하여 따로 절도죄로 처단할 수는 없다(대판 2007도1375). - 예금을 편취하는 경우에도 동일(대판 2005도5869) [15변시·22(1)모·21(2)모]

106. 甲이 A를 협박하여 A 소유의 현금카드를 강취한 다음 이를 이용하여 현금자동지급기에서 현금을 인출한 경우, 甲의 현금인출행위는 현금카드 사용에 관한 A의 승낙에 기한 것이라고 할 수 없어 현금카드에 대한 강도죄와는 별도로 절도죄를 구성한다(대판 2007도1375). [21·19변시·20(1)모][24변사·20모사]

★★ 사례문제 기출례 위임범위를 초과하여 현금인출시 죄책 [22모사] : 컴퓨터사용사기죄 성립(判)

107. PC방 종업원 甲이 손님 A로부터 2만 원의 현금을 인출해 오라는 부탁과 함께 A의 현금카드를 건네받아 현금자동지급기에서 5만 원을 인출한 뒤 2만 원만 A에게 건네주고 나머지는 자신이 가진 경우, 甲의 행위는 현금자동지급기 관리자의 의사에 반해 현금 3만 원에 대한 점유를 침탈한 것이므로 절도죄를 구성한다. (X)

[19변시·15(2)모][22(3)사·19(3)기]

: 이 경우 그 인출한 현금 총액 중 인출을 위임받은 금액을 넘는 부분의 비율에 상당하는 재산상 이익을 취득한 것으로 볼 수 있으므로 이러한 행위는 그 차액 상당액에 관한 컴퓨터 등 사용사기죄에 해당된다(대판 2005도3516).

│유제│ 乙이 甲에게 자신의 현금카드를 주면서 400만 원을 인출해 가라고 하였는데 甲이 500만 원을 인출하여 갔다면, 위임받은 범위를 초과하여 인출한 100만 원에 대해서는 컴퓨터등사용사기의 죄책을 진다. (O) [18변시]

사례문제 기출례 타인명의 모용하여 부정발급 받은 신용카드 사용한 경우 [15모사]

108. ① 타인의 명의를 모용하여 발급받은 신용카드를 사용하여 현금자동지급기에서 현금대출을 받은 행위는 그 현금을 객체로 하는 절도죄가 성립한다(대판 2006도3126). [15·12변시·22(3)모]

② 타인의 명의를 모용하여 발급받은 신용카드의 번호와 그 비밀번호를 이용하여 ARS 전화서비스나 인터넷 등을 통하여 신용대출을 받는 방법으로 재산상 이익을 취득하는 행위는 컴퓨터등사용사기죄에 해당한다 (대판 2006도3126). [12(2)모·07법행]

사례문제 기출례 자기 신용카드를 부정발급 받아 사용한 경우 [15모사]

109. 카드사용으로 인한 대금결제의 의사나 능력 없으면서도 자기명의의 신용카드를 발급받아 이를 사용하여 현금서비스를 받거나 가맹점으로부터 물품을 구입한 경우, 사기죄의 포괄일죄이다(대판 95도2466).

[21(3)모·14(1)모]

110. 카드발급시에는 변제할 의사나 능력이 있었지만 추후에 카드대금을 결제할 능력이 없게 되었음에도, 그러한 상태에서 신용카드를 사용하였다면 사기죄에 해당한다. (O) [14(3)모]

: 카드회원이 이미 과다한 부채의 누적 등으로 신용카드사용으로 인한 대출금채무를 변제할 의사나 능력이 없는 상황에 처하였음에도 불구하고 신용카드를 사용하였다면 신용카드를 사용하여 가맹점으로부터 물품을 구입하든 현금자동지급기를 통해서 현금서비스를 받아 가든 사기죄에 있어서 기망행위 내지 편취의 범의를 인정할 수 있다(대판 2004도6859).

┃유제┃ 카드회원에게 이미 과다한 부채가 누적되어 신용카드 사용으로 인한 대출금채무를 변제할 의사나 능력이 없는 상황에서 신용카드를 사용하였더라도 사기죄에서의 기망행위를 인정할 수 없다. (X) [23(1)모]

111. 가맹점주가 용역의 제공을 가장한 허위의 매출전표임을 고지하지 아니한 채 신용카드회사에 제출하여 대금을 청구한 경우, 신용카드회사가 허위의 매출전표임을 알았더라면 그 대금을 지급하지 아니하였을 관계가 인정된다면, 비록 당시 가맹점주에게 신용카드 이용대금을 변제할 의사와 능력이 있었다고 하더라도 사기죄의 기망행위에 해당한다(대판 98도3549). [22변시]

제4절 공갈의 죄

1. 甲이 기자행세를 하면서 주점 객실에서 나체쇼를 한 주점 접대부 乙을 고발할 것처럼 데리고 나와 여관으로 유인한 다음 겁에 질려있는 乙의 상태를 이용하여 동침하면서 1회 성교한 것은 乙의 정조 대가에 상당하는 재산상 이익을 취득한 공갈죄에 해당한다. (X) [16(1)모·13(3)모]

: 부녀가 주점접대부라 할지라도 피고인과 매음을 전제로 정교를 맺은 것이 아닌 이상 피고인이 매음대가의 지급을 면하였다고 볼 여지가 없으니 공갈죄가 성립하지 아니한다(대판 82도2714).

★ **사례문제 기출례** 자기의 재물 교부받는 경우 공갈죄 성부 [20모사]

2. A가 B의 돈을 절취한 다음 다른 금전과 섞거나 교환하지 않고 쇼핑백에 넣어 자신의 집에 숨겨두었는데 甲이 B의 지시를 받아 乙과 함께 A를 위협하여 쇼핑백에 들어 있던 절취된 돈을 교부받았다면 甲은 폭처법위반(공동공갈)죄의 죄책을 진다. (X) [18변시·24(3)모·17(2)모]20(1)사]

: 공갈죄의 대상이 되는 재물은 타인의 재물을 의미하므로, 사람을 공갈하여 자기의 재물의 교부를 받는 경우에는 공갈죄가 성립하지 아니한다(대판 2012도6157). [22변시·24(2)모·17(1)모·16(3)모]

3. 지역신문의 발행인이 시정에 관한 비판기사 및 사설을 보도하고 관련 공무원에게 광고의뢰 및 직보배정을 타 신문사와 같은 수준으로 높게 해달라고 요청한 경우는 공갈죄의 수단으로서 그 상대방을 협박하였다고 볼 수 없다(대판 2001도7095). [07사시]

4. 소비자단체 대표 甲은 A회사가 특정 일간지에 광고를 편중했다는 이유로 A회사 제품에 대한 불매운동을 벌이겠다는 기자회견을 열었다. A회사 홍보부장 B가 甲에게 만나자고 요청하자, 甲은 자칫 위해를 받을지도 모른다는 불안감을 느끼고 기자회견 당시 카메라 촬영을 해줌으로써 불매운동을 정신적으로 고무시켜 주었던 乙에게 동석을 요청하였다. 乙이 동석한 자리에서 甲은 B에게 '향후 광고를 편중되게 하지 않겠다.'는 내용의 팝업창을 A회사 인터넷홈페이지에 띄울 것을 요구하였고, A회사는 불매운동으로 인한 영업 손실을 우려하여 甲이 요구한 팝업창을 회사 홈페이지에 띄웠다. 이 경우 甲에게는 공갈죄가 성립하고, 乙에게는 공갈죄의 공동정범이 성립한다. (X) [16(1)모]

: [1] 甲의 행위는 A회사의 의사결정권자로 하여금 그 요구를 수용하지 아니할 경우 불매운동이 지속되어 영업에 타격을 입게 될 것이라는 겁을 먹게 하여 의사결정 및 의사실행의 자유를 침해한 것으로 강요죄나 공갈죄의 수단으로서의 협박에 해당한다. [2] 정범이 피해자를 만나 공갈, 강요 등의 행위를 할 때에 정범과 동석한 것도 정범의 공갈, 강요 등 범행의 실행행위를 용이하게 한 것으로 '방조범'에 해당한다(대판 2010도13774).

┃유제┃ 소비자불매운동의 일환으로 이루어지는 것으로 볼 수 있는 표현이나 행동이 정치적 표현의 자유나 일반적 행동의 자유 등의 관점에서도 전체 법질서상 용인될 수 없을 정도로 사회적 상당성을 갖추지 못한 때에는 그 행위를 해악의 고지로 볼 수 있다. (O) [20(2)모]

5. 공갈죄에 있어서 공갈의 상대방은 재산상의 피해자와 동일함을 요하지는 아니하나, 공갈의 목적이 된 재물 기타 재산상의 이익을 처분할 수 있는 사실상 또는 법률상의 권한을 갖거나 그러한 지위에 있음을 요한다(대판 2005도4738). [24(1)모·15사시·12법행]

6. 공갈행위의 상대방과 재산상 피해자가 다른 경우에도 공갈죄는 성립하고, 반드시 피해자의 전체 재산이 감소될 것을 요하지 않는다(대판 2010도13774). [21(3)모·18(1)모]

7. ① 공갈죄에서 피공갈자가 수동적·소극적으로 공갈자의 재산적 이익을 용인하는 부작위행위는 재산상 이익을 공여하는 처분행위로 볼 수 없다. (X) [21(2)모]
② 택시운전자가 계속해서 택시요금의 지급을 요구하자 이를 면하고자 택시운전자를 폭행하고 달아난 경우, 공갈죄가 성립하지 않는다. (O) [16(3)모·15(2)모·13법행]

: [1] 재산상 이익의 취득으로 인한 공갈죄가 성립하려면 폭행 또는 협박과 같은 공갈행위로 인하여 피공갈자가 재산상 이익을 공여하는 처분행위가 있어야 한다. 물론 그러한 처분행위는 반드시 작위에 한하지 아니하고 부작위로도 족하여서, 피공갈자가 외포심을 일으켜 묵인하고 있는 동안에 공갈자가 직접 재산상의 이익을 탈취한 경우에도 공갈죄가 성립할 수 있다. [24(3)모·18(1)모·15(3)모] [2] 그러나 폭행의 상대방이 위와 같은 의미에서의 처분행위를 한 바 없고, 단지 행위자가 법적으로 의무 있는 재산상 이익의 공여를 면하기 위하여 상대방을 폭행하고 현장에서 도주함으로써 상대방이 행위자로부터 원래라면 얻을 수 있었던 재산상 이익의 실현에 장애가 발생한 것에 불과하다면, 그 행위자에게 공갈죄의 죄책을 물을 수 없다(대판 2011도16044).

8. 부동산에 대한 공갈죄는 그 부동산에 관하여 소유권이전등기에 필요한 서류를 교부 받은 때에 기수로 되어 그 범행이 완료된다. (X) [14(1)모·15사시]

: 부동산에 대한 공갈죄는 그 부동산에 관하여 소유권이전등기를 경료 받거나 또는 인도를 받은 때에 기수로 되는 것이고, 소유권이전등기에 필요한 서류를 교부 받은 때에 기수로 되어 그 범행이 완료되는 것은 아니다(대판 92도1506).
[21(2)모]

★★ 사례문제 기출례 채권추심의 수단으로 협박한 경우[22·18·12변사, 20모사 등]: 강요죄설, 협박죄설, 공갈죄설(判)

9. 채권자인 甲과 乙이 빚을 갚지 않는 채무자 A를 찾아가서 심한 욕설과 함께 A의 사무실 유리탁자 등 집기를 손괴하면서 당장 빚을 갚지 않으면 조직폭력배를 동원하여 A의 가족에게 해를 가하겠다고 말하였더라도 甲과 乙은 채권자로서 권리를 행사한 것이므로 공갈죄는 성립할 수 없다. (X) [17변시]

: 공갈죄의 수단으로서의 해악의 고지가 권리실현의 수단으로 사용된 경우라고 하여도 그것이 권리행사를 빙자하여 협박을 수단으로 상대방을 겁을 먹게 하였고 권리실행의 수단 방법이 사회통념상 허용되는 정도나 범위를 넘는다면 공갈죄가 성립한다(대판 2007도6406). [18(1)모·13(2)모]

★★ 사례문제 기출례 공갈죄와 수뢰죄의 관계 [16변사, 21·19모사 등]

10. 공무원이 직무집행의 의사 없이 또는 직무처리와 대가적 관계없이 타인을 공갈하여 재물을 교부하게 한 경우, 공무원에게는 뇌물수수죄와 공갈죄가 성립되고, 재물의 교부자에게는 뇌물공여죄가 성립된다. (X) [17변시·18(3)모·17(1)모]

: [1] 공무원이 직무집행의 의사로 당해 직무와 관련하여 공갈하여 재물을 교부받으면 수뢰죄와 공갈죄의 상상적 경합이 되고, 공무원이 직무집행의 의사가 없거나 직무처리와 대가적 관계없이 타인을 공갈하여 재물을 교부하게 한 경우 공갈죄만 성립한다(대판 94도2528). [21(2)모]
[2] 공무원에게 공갈죄만 성립하는 경우 재물의 교부자가 공무원의 해악의 고지로 인하여 외포의 결과 금품을 제공한 것이라면 재물의 교부자는 공갈죄의 피해자가 될 것이고 뇌물공여죄는 성립될 수 없으나, [23(1)모]
[3] 공무원에게 직무집행의 의사가 있었고 그 직무처리에 대한 대가관계로서 금품을 제공받았으며, 피고인들이 공무원의 직무행위를 매수하려는 의사에서 금품을 제공하였다면 뇌물공여죄를 구성한다(대판 94도2528).

▎유제▎ 공무원이 직무집행을 빙자하여 타인의 재물을 갈취한 경우, 공갈죄만 성립한다. (O) [17·12변시·24(1)모]

▎유제▎ 시청 건설국장인 甲이 직무집행의 의사 없이 건설업자인 乙의 건설업면허를 박탈하겠다고 공갈하여 500만 원을 교부하게 한 경우라면 공갈죄는 성립하나 뇌물수수죄는 성립하지 않는다. (O) [20변시]

제5절 횡령의 죄

1. 횡령죄에 있어서 점유는 사실상의 지배뿐만 아니라 법률적 지배까지 포함한다(대판 2000도1856). [12(2)모]

2. 소유권의 취득에 등록이 필요한 차량에 대한 횡령죄에서 타인의 재물을 보관하는 사람의 지위는 일반 동산의 경우와 달리 차량에 대한 점유 여부가 아니라 등록에 의하여 차량을 제3자에게 법률상 유효하게 처분할 수 있는 권능 유무에 따라 결정하여야 하므로, 지입회사에 소유권이 있는 차량에 대하여 지입회사에서 운행관리권을 위임받은 지입차주가 지입회사의 승낙없이 보관 중인 차량을 사실상 처분한 경우 횡령죄가 성립하지 아니한다. (X) [19변시][20(3)사·19(1)기]

: 소유권의 취득에 등록이 필요한 타인 소유의 차량을 인도받아 보관하고 있는 사람이 이를 사실상 처분하면 횡령죄가 성립하며, 보관 위임자나 보관자가 차량의 등록명의자일 필요는 없다(대판(全) 2015도1944).

▎유제▎ 지입회사에 소유권이 있는 차량에 대하여 지입회사로부터 운행관리권을 위임받은 지입차주가 지입회사의 승낙 없이 보관 중인 차량을 사실상 처분한 경우 횡령죄가 성립한다. (O) [24변시·22(3)모·18(2)모]

3. 위탁관계에 의하여 미등기건물을 현실로 관리·지배하는 자가 자기 명의로 보존등기를 경료한 경우 횡령죄가 성립한다(대판 92도2999). [18(3)모]

4. 부동산을 공동으로 상속한 자들 중 1인이 부동산을 혼자 점유하다가 다른 공동상속인의 상속지분을 임의로 처분하여도 횡령죄가 성립하지 않는다. (O) [23변시·14(3)모][20(3)사]

: 부동산의 경우 보관자의 지위는 점유를 기준으로 할 것이 아니라 그 부동산을 제3자에게 유효하게 처분할 수 있는 권능의 유무를 기준으로 결정하여야 하는바, [23(3)모]

부동산을 공동으로 상속한 자들 중 1인이 부동산을 혼자 점유하더라도 다른 공동상속인의 상속지분은 그에게는 처분권능이 없어 횡령죄가 성립하지 아니한다(대판 2000도565). [18(3)모·15(1)모]

┃유제┃ 구분소유자 전원의 공유에 속하는 공용부분인 지하주차장 일부를 타인에게 독점 임대한 구분소유자 1인이 타인으로부터 수령한 임차료를 임의로 소비한 경우 횡령죄가 성립한다. (X) [05사시·11법행]

┃유제┃ 원인무효인 소유권이전등기의 명의자는 타인의 재물을 보관하는 자에 해당한다고 할 수 없다(대판 2007도1082). [13사시·11법행]

5. 타인 소유의 토지에 관하여 허위의 보증서와 확인서를 발급받아 부동산소유권 이전등기 등에 관한 특별조치법에 따른 소유권이전등기를 임의로 마친 사람은 그 원인무효 등기에 따라 토지에 대한 처분권능이 새로이 발생하는 것이 아니므로 토지에 대한 '보관자의 지위'에 있다고 할 수 없다. (O) [22법행]

: 따라서 타인 소유의 토지에 대한 보관자의 지위에 있지 않은 사람이 그 앞으로 원인무효의 소유권이전등기가 되어 있음을 이용하여 토지소유자에게 지급될 보상금을 수령하였더라도 보상금에 대한 점유 취득은 진정한 토지소유자의 위임에 따른 것이 아니므로 보상금에 대하여 어떠한 보관관계가 성립하지 않는다(대판 2018도18010).

6. 타인의 금전을 위탁받아 보관하는 자가 보관방법으로 금융기관에 자신의 명의로 예치한 후 이를 함부로 인출하여 소비하거나 위탁자에게서 반환요구를 받았음에도 영득의 의사로 반환을 거부한 경우에는 횡령죄가 성립한다(대판 2000도1856). [18(3)모·18(2)모·17(2)모]

7. 수표발행 권한을 위임받은 자는 그 수표자금으로서 예치된 금원을 보관하는 지위에 있다. (O) [23(1)모]

: 따라서 회사로부터 수표발행 권한을 위임받은 자가 업무상의 임무에 위배하여 자기 또는 제3자의 용도에 충당하기 위하여 수표를 발행하고 그 수표를 이용하여 거래은행으로부터 회사의 예금을 인출하는 행위는 불법영득의 의사를 실현하는 행위로서 업무상횡령죄가 성립한다(대판 82도75).

8. 甲이 A로부터 1,000만 원 범위 내에서 액면을 보충·할인하여 달라는 의뢰를 받고 A가 발행한 액면 백지인 약속어음을 교부받아 보관하던 중, A와 합의한 보충권의 한도를 넘겨 액면을 2,000만 원으로 보충한 다음 甲의 채무변제조로 B에게 교부하여 임의로 사용한 경우, 甲에게 A에 대한 횡령죄가 성립한다. (X) [21변시·15(3)모]

: 이러한 보충권의 남용행위로 인하여 생겨난 새로운 약속어음에 대하여는 발행인과의 관계에서 보관자의 지위에 있다 할 수 없으므로, 설사 그 약속어음을 자신의 채무변제조로 제3자에게 교부하여 임의로 사용하였다고 하더라도(배임죄가 성립될 수 있음은 별론), 보관자의 지위에 있음을 전제로 횡령죄가 성립될 수는 없다(대판 94도2760).

9. 「형법」 제355조 제1항의 횡령죄가 성립하기 위해 요구되는 위탁관계를 계약이나 사무관리, 법률의 규정 외에 관습에 의해서도 발생하는 것으로 해석하는 것은 관습형법금지의 원칙에 반한다. (X)
[22(1)모·17(1)모]

: 그 보관이 위탁관계에 기인하여야 하는 것은 물론이나, 반드시 사용대차·임대차·위임 등의 계약에 의하여 설정될 것을 요하지 아니하고, 사무관리·관습·조리·신의칙 등에 의해서도 성립될 수 있다(대판 87도1778).

10. ① 법인이 특정 사업의 명목상의 주체로 특수목적법인을 설립하여 그 명의로 자금집행 등 사업진행을 하면서도 자금의 관리·처분에 관하여는 실질 사업주체인 법인이 의사결정권한을 행사하면서 특수목적법인 명의로 보유한 자금에 대하여 현실적 지배를 하고 있는 경우에는, 사업주체인 법인의 대표자 등이 특수목적법인의 보유 자금에 대하여 횡령죄에 있어서의 '보관자'의 지위를 갖는다(대판 2016도17465). [17법행]
② 내국 법인의 대표자인 외국인이 그 내국 법인이 외국에 설립한 특수목적법인에 위탁해 둔 자금을 정해진 목적과 용도 외에 임의로 사용한 데 따른 횡령죄의 피해자는 당해 금전을 위탁한 내국 법인이라고 보아야 한다. 따라서 그 행위가 외국에서 이루어진 경우에도 행위지의 법률에 의하여 범죄를 구성하지 아니하거나 소추 또는 형의 집행을 면제할 경우가 아니라면 그 외국인에 대해서도 우리 형법이 적용되어(형법 제6조), 우리 법원에 재판권이 있다(대판 2016도17465). [20·18법행]

11. 주주나 대표이사 또는 그에 준하여 회사 자금의 보관이나 운용에 관한 사실상의 사무를 처리하는 자가 회사 소유의 재산을 제3자의 자금 조달을 위하여 담보로 제공하는 등 사적인 용도로 임의 처분하였더라도, 그 처분에 관하여 주주총회나 이사회의 결의가 있었던 경우에는 횡령죄가 성립하지 않는다. (X) [14변시·24(3)모]

: 사적인 용도로 임의 처분하였다면 그 처분에 관하여 주주총회나 이사회의 결의가 있었는지 여부와는 관계없이 횡령죄의 죄책을 면할 수는 없다(대판 2010도17396).

12. ① 횡령죄에서 위탁관계는 사용대차·임대차·위임 등의 계약뿐만 아니라 사무관리·관습·조리·신의칙 등에 의해 성립될 수 있으면 족하고 횡령죄로 보호할 만한 가치 있는 신임에 의한 것으로 한정되지는 않는다. (X) [24(3)모]
② 재물의 위탁행위가 범죄 실현의 수단으로서 이루어진 경우, 그 행위 자체가 처벌 대상인지와 상관없이 그러한 행위를 통해 형성된 위탁관계는 횡령죄로 보호할 만한 가치 있는 신임에 의한 것이 아니다. (O) [23(2)모]

: [1] 횡령죄의 본질이 신임관계에 기초하여 위탁된 타인의 물건을 위법하게 영득하는데 있음에 비추어 볼 때 위탁관계는 횡령죄로 보호할 만한 가치 있는 신임에 의한 것으로 한정함이 타당하다.
[2] 재물의 위탁행위가 범죄의 실행행위나 준비행위 등과 같이 범죄 실현의 수단으로서 이루어진 경우 그 행위 자체가 처벌 대상인지와 상관없이 그러한 행위를 통해 형성된 위탁관계는 횡령죄로 보호할 만한 가치 있는 신임에 의한 것이 아니라고 봄이 타당하다(대판 2017도21286).　　　　　　　　　답 X, O

★ 사례문제 기출례 　착오 송금된 돈을 인출한 경우 횡령죄 성립(判) [17모사]

13. 어떤 예금계좌에 돈이 착오로 잘못 송금되어 입금된 경우에는 그 예금주와 송금인 사이에 신의칙상 보관관계가 성립한다고 할 것이므로, 피고인이 송금 절차의 착오로 인하여 피고인 명의의 은행 계좌에 입금된 돈을 임의로 인출하여 소비한 행위는 횡령죄에 해당한다(대판 2010도891). [19변시·23(1)모·16(2)모·15(1)모]

★★ 사례문제 기출례 사기방조범이 사기로 송금받은 금전을 인출한 경우 죄책 [14변사, 24·22·20모사 등]

14. 甲은 보이스피싱에 이용할 목적으로 乙에게 대가를 지불하고 X 은행에 乙 명의로 개설된 예금계좌의 예금통장과 이 계좌에 연결된 체크카드, OTP카드 등을 교부받았다. 이후 甲은 검사를 사칭하면서 A를 기망하여 A로 하여금 乙 명의 계좌로 1천만 원을 입금하도록 하였다. 乙은 접근매체 양도 당시에는 자신의 계좌가 보이스피싱에 이용될 것임을 알지 못하였으나, 이후 체크카드를 별도로 만들어서 그 체크카드로 A가 송금한 금액 중 3백만 원을 인출하였다. [22(2)사·20(1)사·20(1)기]

① 乙이 자신의 계좌에 입금된 돈을 인출하는 행위는 A에 대한 횡령죄에 해당한다. (O) [24·22변시·22(3)모]

: 피고인이 사기의 공범에 해당하지 않는 경우에는 성명불상자의 사기범행에 속은 피해자가 위 계좌로 송금하여 입금된 돈에 대하여 피고인과 위 피해자 사이에 신의칙상 보관관계가 성립한다고 할 것이므로 피고인이 이를 임의로 인출한 행위는 횡령죄를 구성한다(대판 2017도21715). [25·23변시]

15. ② 만약 乙이 사기의 방조범이라면 乙의 인출행위는 별도로 횡령죄를 구성한다. (X) [24변시·23(2)모·22(3)모]

: 계좌명의인이 사기의 공범이라면 자신이 가담한 범행의 결과 피해금을 보관하게 된 것일 뿐이어서 피해자와 사이에 위탁관계가 없고, 그가 송금이체된 돈을 인출하더라도 이는 자신이 저지른 사기범행의 실행행위에 지나지 아니하여 새로운 법익을 침해한다고 볼 수 없으므로 사기죄 외에 별도로 횡령죄를 구성하지 않는다(대판 2017도3045 등).

16. ③ 계좌송금된 현금을 乙이 甲 몰래 현금카드로 인출한 것은 전기통신금융 '사기의 범인' 甲에 대한 관계에서 횡령죄가 성립한다. (X) [24변시·22(3)모·19(1)모]

: 그 계좌에 송금·이체된 돈이 그 접근매체를 교부받은 사람(전기통신금융사기의 범인 甲)에게 귀속되었다고 볼 수는 없고, 계좌명의인과 전기통신금융사기의 범인 사이의 관계는 횡령죄로 보호할 만한 가치가 있는 위탁관계가 아니다(대판(全) 2017도17494).

17. ④ 乙이 사기의 방조범이라면 장물취득죄도 성립한다. (X) [19변시]

: 乙이 甲의 승낙없이 위 계좌에서 500만 원을 인출한 것은 예금명의자로서 은행에 예금반환을 청구한 결과일 뿐 본범으로부터 위 돈에 대한 점유를 이전받아 사실상 처분권을 획득한 것은 아니므로 인출행위를 장물취득죄로 벌할 수는 없다(대판 2010도6256).

18. ① 횡령죄의 객체가 타인의 재물에 속하는 이상 구체적으로 누구의 소유인지는 횡령죄의 성립 여부에 영향이 없다. (O) [23(3)모·21법원직]

② 주주나 대표이사 또는 그에 준하여 회사 자금의 보관이나 운용에 관한 사실상의 사무를 처리하는 자가 회사 소유의 재산을 사적인 용도로 함부로 처분하였다면 횡령죄가 성립하고, 피고인들이 피해 회사의 자회사 계좌를 이용하여 피해 회사의 납품대금을 횡령하였다면 법인격 부인 여부에 따라 횡령죄의 성립이 좌우되는 것도 아니다(대판 2019도9773). [23(2)모]

19. 동업자 사이에 손익분배의 정산이 되지 아니한 상태에서 동업자 중 한 사람이 동업재산을 보관하다가 임의로 횡령하였다면, 지분비율에 관계없이 임의로 횡령한 금액 전부에 대하여 횡령죄가 성립한다(대판 2010도17684). [23·15변시·19(1)모]

20. 甲이 乙로부터 임야를 매수하면서 계약금을 지급하는 즉시 甲 앞으로 소유권을 이전받되 위 임야를 담보로 대출을 받아 잔금을 지급하기로 약정하고, 甲이 계약금을 지급한 후 임야에 대한 소유권을 이전받고 이를 담보로 제공하여 자금을 융통하였음에도 乙에게 잔금을 지급하지 않았다고 하더라도 횡령죄 및 배임죄가 성립하지 않는다. (O) [14변시]

: 이는 단순한 민사상의 채무불이행에 지나지 아니할 뿐 횡령죄는 성립하지 아니하고(대판 2005도4809), 타인의 사무를 처리하는 자가 그 임무에 위배하는 행위를 한 것으로 볼 수 없으므로 배임죄가 성립하지 않는다(대판 2011도3247).

21. 채권자가 그 채권의 지급을 담보하기 위하여 채무자로부터 발행·교부 받은 수표를 임의로 제3자에게 빌려주면 횡령죄가 성립된다. (X) [18(3)모·18(2)모·14(2)모]

: 채권자가 그 '채권의 지급을 담보'하기 위하여 채무자로부터 수표를 발행·교부받아 이를 소지한 경우에는, 단순히 '보관의 위탁관계'에 따라 수표를 소지하고 있는 경우와는 달리 그 수표상의 권리가 채권자에게 유효하게 귀속되므로, 채권자는 횡령죄의 주체인 타인의 재물을 보관하는 자의 지위에 있다고 볼 수 없다(대판 98도4425).

22. 甲이 A회사와 "판매대금은 매일 본사에 송금하여야 하고 본사의 계좌로 입금된 매출 총이익의 30~33%는 본사에게 귀속하고, 나머지는 가맹점에 귀속한다."라는 내용의 가맹점계약을 체결하고 편의점을 운영하다가 물품판매 대금을 본사로 송금하지 아니하고 임의로 소비한 경우 횡령죄가 성립하지 않는다. (O) [16변시]

: 가맹점주인 피고인이 판매하여 보관 중인 물품판매 대금은 피고인의 소유라 할 것이어서 피고인이 이를 임의소비한 행위는 프랜차이즈 계약상의 채무불이행에 지나지 아니하므로, 결국 횡령죄는 성립하지 아니한다(대판 98도292). [14(3)모·14(1)모]

23. 조합재산은 조합원의 합유에 속하므로 익명조합의 영업자가 영업이익금을 임의로 소비한 경우는 횡령죄를 구성한다. (X) [15(1)모·02사시]

: [1] 조합재산은 조합원의 합유에 속하므로 조합원 중 한 사람이 조합재산 처분으로 얻은 대금을 임의로 소비하였다면 횡령죄의 죄책을 면할 수 없다.
[2] 다만 조합 또는 내적 조합과 달리 익명조합의 경우에는 익명조합원이 영업을 위하여 출자한 금전 기타의 재산은 상대편인 영업자의 재산이 되므로 영업자는 타인의 재물을 보관하는 자의 지위에 있지 않고, 따라서 영업자가 영업이익금 등을 임의로 소비하였더라도 횡령죄가 성립할 수는 없다(대판 2010도5014).

▮유제▮ 甲이 A와 특정 토지를 매수하여 전매한 후 전매이익금을 정산하기로 약정하여 A로부터 토지매매와 전매에 관한 사항을 전적으로 위임받아 甲이 자신과 A의 돈을 합하여 토지를 매수하고 甲의 명의로 소유권이전등기를 마친 경우, 甲과 A 사이의 위 약정이 익명조합과 유사한 무명계약에 해당된다면, 甲이 위 토지를 제3자에게 임의로 매도한 후 A에게 전매이익금 반환을 거부한 때에는 甲에게 A에 대한 횡령죄가 성립한다. (X) [21변시]

사례문제 기출례 용도를 정하여 위탁받은 금전을 용도 이외에 소비한 경우의 죄책 [20모사 등]: 횡령죄 성립(判)

24. 목적과 용도를 정하여 위탁한 금전을 수탁자가 임의로 소비하면 횡령죄를 구성할 수 있으며 피해자 등이 목적과 용도를 정하여 금전을 위탁한 사실 및 그 목적과 용도가 무엇인지는 엄격한 증명의 대상이 된다(대판 2013도8121). [23변시]

25. 용도나 목적이 특정되어 보관된 금전은 그 보관 도중에 특정의 용도나 목적이 소멸되었다고 하더라도 위탁자가 이를 반환받거나 그 임의소비를 승낙하기까지는 횡령죄의 적용에 있어서는 여전히 위탁자의 소유물이므로 이를 수탁자가 임의로 소비하였다면 횡령죄가 성립한다(대판 2002도4291). [24(3)모·23(3)모]

▎유제▎ 타인으로부터 용도가 엄격히 제한된 자금을 위탁받아 보관하는 자가 그 자금을 제한된 용도 이외의 목적으로 사용하는 것은 횡령죄가 되는 것이나, 이와 같이 용도나 목적이 특정되어 보관된 금전이라도 그 보관 도중에 특정의 용도나 목적이 소멸되었다면 이미 보관관계 자체가 소멸되었으므로 횡령죄의 적용에 있어서는 위탁자의 소유물이라고 볼 수 없다. (X) [08·11법행]

▎유제▎ 학교법인 이사장이, 학교법인이 설치·운영하는 대학 산학협력단이 용도를 특정하여 교부받은 국고보조금 중 3억 원을 대학 교비계좌로 송금하여 교직원 급여 등으로 사용하였다면 업무상횡령죄에 해당한다(대판 2009도13751). [13사시]

▎유제▎ 주상복합상가의 매수인들로부터 우수상인유치비 명목으로 금원을 납부받아 보관하던 자가 이를 일반경비로 사용하였더라도 횡령죄는 성립하지 않는다. (X) [14(3)모]

26. 목적, 용도를 정하여 위탁한 금전은 그 금전의 특정성이 요구되지 않는 경우 수탁자가 위탁의 취지에 반하지 않고 필요한 시기에 다른 금전으로 대체시킬 수 있는 상태에 있는 한 이를 일시 사용하더라도 횡령죄를 구성한다고 할 수 없다(대판 94도2076). [19(1)모·15(1)모]

★ [사례문제 기출례] 위탁매매인이 위탁판매대금을 임의로 소비한 경우 죄책: 횡령죄 성립(判)

27. 금전수수를 수반하는 사무의 처리를 위임받은 자가 위임자를 위하여 제3자로부터 수령한 금전을 임의로 소비한 경우, 특별한 사정이 없는 한 위임자에 대한 배임죄가 성립한다. (X) [13(3)모·06사시]

: 금전수수를 수반하는 사무의 처리를 위임받은 자가 그 행위에 기하여 위임자를 위하여 제3자로부터 수령한 금전은 그 목적이나 용도를 한정하여 위탁된 금전과 마찬가지로 특별한 사정이 없는 한 그 수령과 동시에 위임자의 소유에 속하는 것이고, 위임을 받은 자는 이를 위임자를 위하여 보관하는 관계에 있다고 보아야 한다(대판 95도1923). 따라서 위임받은 자가 이를 임의로 소비하면 위임자에 대한 횡령죄가 성립한다.

28. 위탁판매에서 판매대금에 대한 특약이나 특별한 사정이 없는 한 수탁자가 판매대금을 임의로 사용한 경우는 횡령죄가 성립한다. (O) [12변시·04사시]

: 위탁매매에 있어서 위탁품의 소유권은 위임자에게 있고 그 판매대금은 이를 수령함과 동시에 위탁자에게 귀속한다 할 것이므로, 특별한 사정이 없는 한 위탁매매인이 위탁품이나 그 판매대금을 임의로 사용·소비한 때에는 횡령죄가 성립한다(2012도16191). [23(1)모]

29. 「특경법」 제3조 제1항에 의하면 횡령죄로 취득한 재물의 가액, 즉 이득액이 5억 원 이상인 때에는 가중처벌되는데, 여기서 말하는 '이득액'은 단순일죄의 이득액 혹은 포괄일죄가 성립되는 경우 그 이득액의 합산액, 또는 경합범으로 처벌될 수죄에서 그 이득액을 합산한 금액을 의미한다. (X) [19변시·24(2)모]

: [1]「특경법」의 적용대상이 되는 사기 등으로 인한 '이득액'은 '단순일죄'의 이득액이나 혹은 '포괄일죄'가 성립되는 경우의 이득액의 합산액을 의미하고, 경합범으로 처벌될 수죄에 있어서 이득액을 합한 금액을 의미하는 것이 아니며, '이득액이 5억원 이상'인지를 정함에 있어서는 그 범행의 모든 공범자가 받은 이득액을 합한 금액을 기준으로 한다. [2] 그런데 수개의 업무상 '횡령' 또는 '배임' 행위라 하더라도 피해법익이 단일하고 범죄의 태양이 동일하며, 단일 범의의 발현에 기인하는 일련의 행위라고 인정될 때에는 포괄하여 1개의 범죄라고 할 것이지만, 피해자가 수인인 경우는 피해법익이 단일하다고 할 수 없으므로 포괄일죄의 성립을 인정하기 어렵다(대판 2010도13801). [16(3)모]

★★
30. 甲이 A에 대한 자신의 채권을 乙에게 양도한 후 A에게 채권양도통지를 하지 않은 상태에서 A로부터 채무를 변제받아 乙에게 주지 않고 임의 소비한 경우 횡령죄에 해당한다. (X)　　　[23(1)모·20(1)모·13(3)모][24모사]

: 채권양도인이 채무자에게 채권양도 통지를 하는 등으로 채권양도의 대항요건을 갖추어 주지 않은 채 채무자로부터 채권을 추심하여 금전을 수령한 경우, 특별한 사정이 없는 한 금전의 소유권은 채권양수인이 아니라 채권양도인에게 귀속하고 채권양도인이 채권양수인을 위하여 양도 채권의 보전에 관한 사무를 처리하는 신임관계가 존재한다고 볼 수 없다. 따라서 채권양도인이 위와 같이 양도한 채권을 추심하여 수령한 금전에 관하여 채권양수인을 위해 보관하는 자의 지위에 있다고 볼 수 없으므로, 채권양도인이 위 금전을 임의로 처분하더라도 횡령죄는 성립하지 않는다(대판(전) 2017도3829).　　　[25변시·24(3)모·23(2)모]

31. 양도담보로 제공된 동산을 채권자가 채무자와의 합의를 통해 점유보관하고 있다가 변제기가 도래하기 전에 그 목적물을 임의로 제3자에게 처분하면 횡령죄가 성립한다. (O)　　　[12변시]

: 채무자가 채무이행의 담보를 위하여 동산에 관한 양도담보계약을 체결하고 점유개정의 방법으로 여전히 그 동산을 점유하는 경우 그 동산의 소유권은 여전히 채무자에게 남아 있고, … 그 동산을 다른 사유에 의하여 보관하게 된 채권자는 타인 소유의 물건을 보관하는 자로서 횡령죄의 주체가 될 수 있다(대판 88도906).

32. 매도인이 타인에게 매도담보로 제공한 동산을 그대로 계속 하여 점유하고 있는 경우에 그 동산을 임의로 처분하였다면 횡령죄가 성립한다. (O)　　　[14(2)모]

: 매도담보물은 채권자에게 소유권이 이전된다. 그러므로 채무자(매도인)가 매도담보목적물을 점유하다 이를 처분한 때에는 횡령죄가 성립한다(대판 4294형상470).

33. 甲은 종중으로부터 명의신탁된 시가 10억 원 상당의 임야에 대하여 ㉠ 2013. 7. 3. 자신의 채무를 담보하기 위하여 A에게 채권최고액 2억 원의 근저당권을 임의로 설정하여 주었고, ㉡ 2018. 7. 4. 다시 B에게 이를 임의매도하고 대금 8억 원을 받아 소비하였다. ㉠행위는 횡령죄를 구성하고, ㉡행위는 특경법위반(횡령)죄를 구성한다. (O)　　　[19변시][21(2)사]

: [1] 종중소유의 부동산을 명의신탁 받아 소유권등기를 거친 사람이 이를 임의로 처분하면 횡령죄가 성립한다. [2] 그리고 타인의 부동산을 보관 중인 자가 불법영득의사를 가지고 그 부동산에 근저당권설정등기를 경료함으로써 일단 횡령행위가 기수에 이르렀다 하더라도 그 후 같은 부동산에 별개의 근저당권을 설정하여 새로운 법익침해의 위험을 추가함으로써 법익침해의 위험을 증가시키거나 해당 부동산을 매각함으로써 기존의 근저당권과 관계없이 법익침해의 결과를 발생시켰다면 이는 새로운 법익침해의 위험을 추가시키거나 법익침해의 결과를 발생시킨 것이므로 특별한 사정이 없는 한 불가벌적 사후행위로 볼 수 없고, 별도로 횡령죄를 구성한다 할 것이다(대판(전) 2010도10500). - 다만 횡령으로 인한 이득액이 8억원이므로 특정가법의 적용을 받는다.　　　[21(2)기·19(3)기]

34. 종중으로부터 명의신탁 받아 보관 중이던 토지를 임의로 매각하여 이를 횡령한 후 그 매각대금을 이용하여 다른 토지를 취득하였다가 이를 제3자에게 담보로 제공한 경우 실체적 경합관계가 인정된다. (X)　　　[15사시]

: 이는 횡령한 물건을 처분한 대가로 취득한 물건을 이용한 것에 불과할 뿐이어서 처음 토지에 대한 횡령죄와 별개의 횡령죄를 구성하지 않는다(대판 2006도4034).

35. 甲은 자신의 처 乙의 부동산(시가 4억)을 명의신탁받아 보관하던 중, 乙의 승낙 없이 X은행으로부터 1억 원을 대출받고 제1근저당권을 설정해준 후 다시 丙으로부터 1억 5천만 원을 대여받고 제2근저당권을 설정해 주었다. [16변시 변형]

① 만약 丙이 명의신탁약정 사실을 알고 있었다면, 그것만으로도 丙은 횡령죄의 공동정범이 된다. (X)

: 매수인이 그 정을 알고 있었다 하더라도 수탁자와 짜고 불법영득할 것을 공모한 것이 아닌 한 그 횡령죄의 공동정범이 되지 아니한다(대판 79도2410).

36. ② 이 건 범행으로 인한 甲의 이득액은 4억 원이다. (X) [15변시]

: 피고인이 근저당권설정등기를 마치는 방법으로 위 각 부동산을 횡령하여 취득한 구체적인 이득액은 위 각 부동산의 시가 상당액에서 위 범행 전에 설정된 피담보채무액을 공제한 잔액이 아니라 위 각 부동산을 담보로 제공한 피담보채무액 내지 그 채권최고액이라고 보아야 한다(대판 2013도2857).

▎유제 ▎甲이 A종중으로부터 명의신탁을 받아 보관 중인 X토지에 관하여 A종중의 승낙 없이 B로부터 금원을 차용하면서 B 앞으로 채권최고액 3억 원의 근저당권을 설정하여 주었는데, 그 당시 X토지의 시가는 8억 원이고, 위 근저당권 설정 이전에 이미 채권최고액 2억 원의 1순위 근저당권 설정등기가 마쳐져 있었다. 한편 위 각 근저당권의 실제 피담보채무액도 위 각 채권최고액과 같다. 甲이 횡령행위로 인하여 취득한 구체적인 이득액은 X토지의 시가 상당액 8억 원에서 1순위 근저당권의 피담보채무액 2억 원을 공제한 6억 원이 아니라 X토지를 담보로 제공한 피담보채무액 내지 채권최고액인 3억 원이다. (O) [21변시]

★★ 사례문제 기출례 2자간 명의신탁에서 수탁자의 부동산 처분시 횡령죄 성부 [13변사, 24·23·21모사, 21모기]

37. 「부동산 실권리자명의 등기에 관한 법률」을 위반하여 명의신탁자가 그 소유인 부동산의 등기명의를 명의수탁자에게 이전하는 이른바 양자간 명의신탁의 경우 명의수탁자가 신탁받은 부동산을 임의로 처분하더라도 횡령죄가 성립하지 않는다. (O) [22변시·23(2)모]

: 명의신탁약정은 무효이고, 나아가 명의신탁자와 명의수탁자 사이에 무효인 명의신탁약정 등에 기초하여 존재한다고 주장할 수 있는 사실상의 위탁관계라는 것은 부동산실명법에 반하여 범죄를 구성하는 불법적인 관계에 지나지 아니할 뿐 이를 형법상 보호할 만한 가치 있는 신임관계에 의한 것이라고 할 수 없다. 따라서 명의수탁자가 명의신탁자에 대한 관계에서 '타인의 재물을 보관하는 자'의 지위에 있다고 볼 수 없다(대판(전) 2016도18761). [14변시]

38. 甲은 배우자가 소유한 A토지를 강제집행 면탈 목적으로 명의신탁받아 보관하던 중 개인채무변제에 사용하기 위해서 그 토지를 친구 X에게 매도하였다. 甲이 A토지를 X에게 매도한 행위는 배우자에 대하여 횡령죄를 구성하지 않는다. (O) [23(2)모]

: 배우자 명의로 한 양자간 명의신탁이지만, 강제집행 면탈 목적의 명의신탁이므로 甲과 甲의 배우자 사이의 명의신탁약정은 무효가 된다. 따라서 부동산실명법상 유효한 명의신탁의 법리가 적용되지 않고 양자간 명의신탁의 법리에 따라 해결하여야 한다.

★ 사례문제 기출례 3자간(중간생략등기형) 명의신탁에서 수탁자의 처분시 횡령죄 성부 [15변사, 17·16모사]

39. ① 이른바 중간생략등기형 명의신탁을 한 경우, 명의수탁자가 신탁받은 부동산을 임의로 처분하여도 명의신탁자에 대한 관계에서 횡령죄가 성립하지 아니한다. (O) [19변시·21(2)모][21(2)기]

② 소유자로부터 부동산을 매수한 자가 본인 명의로 소유권이전등기를 하지 않고 제3자와 맺은 명의신탁약정에 따라 매도인으로부터 바로 그 제3자에게 중간생략의 소유권이전등기를 경료한 경우 그 제3자가 자신의 명의로 신탁된 부동산을 임의로 처분하였다면 신탁자에 대한 횡령죄가 성립한다. (X) [18·15변시·17(2)모]

: 명의신탁자는 신탁부동산의 소유권을 가지지 아니하고, 명의신탁자와 명의수탁자 사이에 위탁신임관계를 인정할 수도 없어 명의수탁자를 명의신탁자의 재물을 보관하는 자라고 할 수 없으므로, 명의수탁자가 신탁받은 부동산을 임의로 처분하여도 명의신탁자에 대한 관계에서 횡령죄가 성립하지 아니한다(대판 2014도6992). 답 O, X [17변시]

사례문제 기출례 매도인 선의의 계약명의신탁에서 수탁자의 처분시 죄책

40. 신탁자가 수탁자에게 부동산의 매수위임과 함께 명의신탁약정을 맺고 수탁자가 당사자가 되어 그 정을 알지 못하는 매도인과 부동산 매매계약을 체결하고 등기이전을 받은 뒤 수탁자가 이를 임의로 처분한 경우 신탁자에 대한 횡령죄가 성립하지 않으나, 배임죄는 성립한다. (X) [15변시·18(2)모·15(1)모]

: 매도인 선의의 계약명의신탁에서 그 소유권이전등기에 의한 당해 부동산에 관한 물권변동은 유효하고, 한편 신탁자와 수탁자 사이의 명의신탁 약정은 무효이므로, 결국 수탁자는 전소유자인 매도인뿐만 아니라 신탁자에 대한 관계에서도 유효하게 당해 부동산의 소유권을 취득한 것인바, 그 수탁자는 타인의 재물을 보관하는 자라고 볼 수 없으므로, 수탁자가 이를 임의로 처분하였다 하여 횡령죄로 처벌할 수 없고(대판 98도4347), 처분대금을 반환하지 않고 소비하였다 하여 이를 배임죄로 처벌할 수 없다(대판 2003도6994). [14(2)모·12변시]

사례문제 기출례 매도인 악의의 계약명의신탁에서 수탁자 처분시 죄책 [14모사]

41. 이른바 계약명의신탁 방식으로 명의수탁자가 당사자가 되어 명의신탁약정이 있다는 사실을 알고 있는 소유자로부터 부동산을 매수하는 계약을 체결한 후 명의수탁자 앞으로 소유권이전등기가 행하여진 상황에서 명의수탁자가 해당 부동산을 매도한 경우 횡령죄가 성립한다. (X) [17(2)모·14(3)모·15사시]

: 명의수탁자는 부동산 취득을 위한 계약의 당사자도 아닌 명의신탁자에 대한 관계에서 횡령죄에서의 '타인의 재물을 보관하는 자'의 지위에 있다고 볼 수 없고, 또한 명의수탁자가 명의신탁자에 대하여 매매대금 등을 부당이득으로서 반환할 의무를 부담한다고 하더라도 이를 두고 배임죄에서의 '타인의 사무를 처리하는 자'의 지위에 있다고 보기도 어렵다(대판 2011도7361).

42. 부동산 입찰절차에서 수인이 대금을 분담하되 그중 1인인 甲 명의로 낙찰받기로 약정하여 그에 따라 낙찰이 이루어진 경우, 甲이 낙찰받은 부동산을 임의로 처분하더라도 횡령죄를 구성하지 않는다.(O) [23변시·15(1)모·14사시]

: 입찰목적부동산의 소유권은 경락대금을 실질적으로 부담한 자가 누구인가와 상관없이 그 명의인이 취득한다 할 것이므로 그 부동산은 횡령죄의 객체인 타인의 재물이라고 볼 수 없어 명의인이 이를 임의로 처분하더라도 횡령죄를 구성하지 않는다(대판 2000도258).

★★ 사례문제 기출례 불법원인급여에 대한 횡령죄 성부 [25·21변사, 22·17모사 등]

43. 甲이 A로부터 "수표를 현금으로 교환해주면 대가를 주겠다."라는 제안을 받아, 그 수표가 B의 사기범행을 통해 취득한 범죄수익이라는 사실을 잘 알면서도 교부받아 그 일부를 현금으로 교환하여 주고, 아직 교환되지 못한 일부 수표와 교환된 현금을 임의로 사용하였다면, 甲에게는 횡령죄가 성립하지 않는다. (O) [23(3)모]

: 피고인 甲이 A로부터 범죄수익 등의 은닉범행 등을 위해 교부받은 수표는 불법의 원인으로 급여한 물건에 해당하여 소유권이 피고인 甲에게 귀속되고, 따라서 피고인 甲이 그 중 교환하지 못한 수표와 이미 교환한 현금을 임의로 소비하였더라도 횡령죄가 성립하지 않는다(대판 2016도18035).

44. 조합장이 조합으로부터 공무원에게 뇌물로 전달하여 달라고 금원을 교부받고도, 이를 뇌물로 전달하지 않고 개인적으로 소비한 경우에 횡령죄가 성립한다. (X) [14·12변시·18(3)(2)모]

: 甲이 乙로부터 제3자에 대한 뇌물공여 또는 배임증재의 목적으로 전달하여 달라고 교부받은 금전은 불법원인급여물에 해당하여 그 소유권은 甲에게 귀속되는 것으로서 甲이 위 금전을 제3자에게 전달하지 않고 임의로 소비하였다고 하더라도 횡령죄가 성립하지 않는다(대판 99도275). [22(3)사]

┃유제┃ 공무원인 乙이 甲으로부터 받은 뇌물을 수수한 후, 甲의 반환요청이 있었음에도 乙은 甲으로부터 받은 1천만 원을 돌려주지 아니하고 주식투자로 임의 소비하였다면, 뇌물수수죄와 별도로 횡령죄가 성립한다. (X) [23변시]

45. 甲이 경영하는 윤락업소에서 종업원 乙이 손님을 상대로 윤락행위를 하고 그 대가로 받은 화대를 甲과 乙이 절반씩 분배하기로 약정한 다음, 그 때부터 乙이 甲의 업소에 찾아온 손님들을 상대로 윤락행위를 하고서 받은 화대를 甲이 보관하던 중 그 절반을 乙에게 반환하지 아니하고 화대 전부를 임의로 소비하였고 甲의 불법성이 乙의 그것보다 현저하게 큰 경우 甲의 행위는 횡령죄를 구성한다(대판 98도2036). [19변시]

46. 병원에서 의약품 선정·구매 업무를 담당하는 약국장이 병원을 대신하여 제약회사로부터 의약품 제공의 대가로 기부금 명목의 돈을 받아 보관하던 중 임의로 소비한 경우 위 돈은 불법원인급여에 해당하므로 업무상 횡령죄가 성립하지 아니한다. (X) [19(1)모]

: 불법원인이라 함은 그 원인되는 행위가 선량한 풍속 기타 사회질서에 위반하는 경우를 말하는 것으로 피고인이 병원을 대신하여 제약회사들로부터 의약품을 공급받는 대가로 그 의약품 매출액에 비례하여 기부금 명목의 금원을 제공받은 다음 병원을 위하여 보관하여 왔던 것뿐이라면, 이를 두고 선량한 풍속 기타 사회질서에 반하는 행위로서 불법원인급여에 해당한다고 볼 수는 없다(대판 2007도2511).

47. 타인의 재물을 보관하는 甲이 보관하고 있는 재물을 영득할 의사로 은닉하여 채권자들의 강제집행을 면탈하는 결과를 가져올 경우 횡령죄와 별도로 강제집행면탈죄가 성립한다. (X) [11(1)모·12(2)모]

: 타인의 재물을 보관하는 자가 보관하고 있는 재물을 영득할 의사로 은닉하였다면 이는 횡령죄를 구성하는 것이고 채권자들의 강제집행을 면탈하는 결과를 가져온다 하여 이와 별도로 강제집행면탈죄를 구성하는 것은 아니다(대판 2000도1447).

48. 회사의 대표이사가 자신이 당사자이고 회사로서는 그 소송의 결과에 별다른 이해관계가 없는 소송을 수행하면서 그 변호사 비용을 회사의 자금으로 지급한 경우 업무상횡령죄가 성립한다. (O) [15(3)모]

: 원칙적으로 단체의 비용으로 지출할 수 있는 변호사 선임료는 단체 자체가 소송당사자가 된 경우에 한하므로 단체의 대표자 개인이 당사자가 된 민·형사사건의 변호사 비용은 단체의 비용으로 지출할 수 없고, 예외적으로 당해 법적 분쟁이 단체와 업무적인 관련이 깊고 당시의 제반 사정에 비추어 단체의 이익을 위하여 소송을 수행하거나 고소에 대응하여야 할 특별한 필요성이 있는 경우에 한하여 단체의 비용으로 변호사 선임료를 지출할 수 있다(대판 2004도6280).

49. 법인의 구성원이 업무수행에 있어 관계 법령을 위반함으로써 형사재판을 받게 되어 그의 개인적인 변호사 비용을 법인자금으로 지급하였더라도 결과적으로 자금을 위탁한 법인을 위하는 측면이 있다면 횡령죄가 성립하지 않는다. (X) [18(2)모]

: 법인의 구성원이 업무수행에 있어 관계 법령을 위반함으로써 형사재판을 받게 되자 그의 개인적인 변호사비용을 법인자금으로 지급하는 것은 (업무상)횡령에 해당하며(대판 2002도235), 제한된 용도 이외의 목적으로 자금을 사용하는 것은 그 사용이 개인적인 목적에서 비롯된 경우는 물론 결과적으로 자금을 위탁한 본인을 위하는 면이 있더라도 횡령죄가 성립한다(대판 2011도1904).

50. 법인의 이사를 상대로 한 이사직무집행정지 가처분결정이 된 경우 그 법인의 대표자가 법인의 업무수행에 지장을 받게 될 것으로 우려하여 법인의 자금으로 당해 이사의 소송비용을 지급한 경우라면 비록 이사 자격의 부존재가 객관적으로 명백하더라도 법인의 경비를 횡령한 것이라고 할 수 없다. (X) [16사시]

: 법인의 이사를 상대로 한 이사직무집행정지가처분결정이 된 경우, 법인으로서는 그 이사 자격의 부존재가 객관적으로 명백하여 항쟁의 여지가 없는 경우가 아닌 한 위 가처분에 대항하여 항쟁할 필요가 있다고 할 것이고, 이와 같이 항쟁을 위해 필요한 한도 내에서 법인의 대표자가 법인 경비에서 당해 가처분 사건의 피신청인인 이사의 소송비용을 지급하더라도 이는 법인의 업무수행을 위하여 필요한 비용을 지급한 것에 해당하고, 법인의 경비를 횡령한 것이라고는 볼 수 없다(대판 2003도1174).

51. 횡령죄에서 '반환의 거부'라고 함은 보관물에 대하여 소유자의 권리를 배제하는 의사표시를 하는 행위를 뜻하므로 단순히 반환을 거부한 사실만으로 부족하고 반환거부행위가 횡령행위와 같다고 볼 수 있을 정도이어야 한다(대판 93도874). [24(3)모·17(1)모]

52. 물품대금 청구소송 중인 거래회사로부터 우연히 착오송금을 받은 행위자가 물품대금에 대한 적법한 상계권을 행사한다는 의사로 착오송금된 금원의 반환을 거부한 경우, 횡령죄 요건인 불법영득의사의 성립을 부정할 수 있다(대판 2008도8279). [24변시]

53. 부동산의 소유자에 관한 다툼이 있는 사안에서 부동산 보관자의 지위에 있는 등기명의자가 명의이전을 거부하면서 부동산의 진정한 소유자가 밝혀진 후에 명의이전을 하겠다는 의사를 표시하였다면 불법영득의 의사를 가지고 그 반환을 거부한 것이라고 단정할 수 없다(대판 2000도637). [16사시]

54. 甲이 A로부터 위탁받아 식재·관리하여 오던 나무들을 A 모르게 제3자에게 매도하는 계약을 체결하고 그 제3자로부터 계약금을 수령한 상태에서 A에게 적발되어 위 계약이 더 이행되지 아니하고 무위로 그쳤다면, 甲에게는 횡령미수죄가 성립한다(대판 2011도9113). [23·14변시·21(3)모]

55. 판례에 따르면 횡령죄가 성립하기 위해서는 행위자가 객체가 된 재물이 타인의 소유임을 인식하는 것으로 충분하므로, 진정한 소유자가 누구인지 인식했느냐는 행위불법과 결과불법에 영향을 미치지 않는다(대판(全) 2017도17494). [21(3)모]

56. 횡령한 재물을 사후에 반환하거나 변상·보전하려는 의사가 있는 경우일지라도 불법영득의사가 인정되나, 사후에 변상·보상한 금액을 횡령금액에서 공제하여야 한다. (X) [12(2)모]

: 사후에 변상하거나 보전한 금액을 횡령금액에서 공제해야 하는 것은 아니다(대판 2010도8614).

57. 타인의 재물을 보관하는 자가 소유자의 이익을 위하여 재물을 처분한 경우에는 특별한 사정이 없는 한 그 재물에 대하여는 불법영득의사를 인정할 수 없다(대판 2013도658). [25변시·17(1)모]

58. 甲이 친구 A와 함께 술집에서 술을 마시다가 서로 몸싸움을 하는 과정에서 A가 떨어뜨리고 간 휴대전화를 술집 주인으로부터 일행 A에게 전해달라는 의사로 건네받아 보관하던 중 A의 휴대전화를 임의로 사용한 경우, 甲은 A로부터 직접 위탁받은 것이 아니고 조리상 휴대전화를 보관하는 지위에 있다고도 볼 수 없으므로 횡령죄가 성립하지 않는다. (X) [25변시]

: 피고인이 A와 함께 소주방에서 술을 마시다가 서로 몸싸움을 하는 과정에서 A가 떨어뜨리고 간 휴대전화를 소주방 업주로부터 건네받아 보관하던 중 A의 휴대전화를 임의로 사용한 경우, 피고인은 조리상 A를 위하여 휴대전화를 보관하는 지위에 있으나, A의 휴대전화를 임의로 사용한 것만으로는 타인의 재물을 자기의 소유인 경우와 같이 사실상 또는 법률상 처분하는 의사를 인정하기 어려워 불법영득의사가 있었다고 단정하기 어렵다(대판 2012도5346).

59. 타인으로부터 용도가 엄격히 제한된 자금을 위탁받아 집행하면서 그 제한된 용도 이외의 목적으로 자금을 사용한 행위가 개인적인 목적에서 비롯된 것이 아니라 결과적으로 자금을 위탁한 본인을 위하는 면이 있는 경우에는 횡령죄가 성립하지 않는다. (X) [22·12변시·05사시]

: 그러한 항목유용 자체가 위법한 목적을 가지고 있다거나, 그 용도가 엄격하게 제한되어 있는 경우에는 그 제한된 용도 이외의 목적으로 자금을 사용하는 것은 그 사용이 개인적인 목적에서 비롯된 경우는 물론 결과적으로 자금을 위탁한 본인을 위하는 면이 있더라도 그 사용행위 자체로서 불법영득의 의사를 실현한 것이 되어 횡령죄가 성립한다(대판 2011도1904).

┃유제┃ 사회단체보조금 지원에 관한 조례상의 보조금을 집행할 직책에 있는 자가 자기 자신의 이익을 위한 것이 아니고 경비부족을 메우기 위하여 보조금을 전용한 것이라 하더라도, 그 보조금의 용도가 엄격하게 제한되어 있는 이상 불법영득의 의사를 부인할 수는 없다(대판 2016도16388). [22(2)모]

60. X회사의 대표이사 甲은 신축 중인 건물공사의 하도급과 관련하여 발주업체의 이사 乙에게 "개인채무변제에 필요하니 하도급 공사대금 20억 원을 23억 원으로 부풀리는데 눈감아 달라. 그리고 3억 원은 급하니 공사 완료 전에 미리 개인적으로 지급해주면 2,000만 원을 주겠다."라고 부탁하였고, 며칠 후 약속한 대로 업무상 보관 중이던 X회사의 비자금 2,000만 원을 그 정을 알고 있는 운전기사 丙에게 주면서 乙에게 그 돈을 전달하게 하였다. 丙은 甲에게서 받은 2,000만 원 중 1,000만 원은 자신의 유흥비로 소비하고 나머지 1,000만 원만 乙에게 교부하였다. [19변시]

① 甲이 업무상 보관중이던 X회사의 비자금을 丙을 통하여 乙에게 전달한 행위는 배임증재죄와 업무상횡령죄를 구성한다(대판 2009도13463).

② 丙이 甲으로부터 받은 2,000만 원 중 1,000만 원을 개인적으로 사용한 행위에 대해서는 횡령죄가 성립하지 않는다(대판 99도275).
- 배임증재의 목적으로 전달하여 달라고 교부받은 금전은 불법원인급여물에 해당

③ 만약 甲이 X회사의 자금을 이용하여 비자금을 조성하였다 하더라도 그것이 비자금 소유자인 X회사 이외의 제3자가 이를 발견하기 곤란하게 하기 위한 장부상 분식에 불과하거나 X회사의 운영에 필요한 자금을 조달하는 수단으로 인정되는 경우에는 업무상횡령죄의 불법영득의사를 인정할 수 없다(대판 2014도15182).

61. 회사에 대하여 개인적인 채권을 가지고 있는 대표이사 甲이 회사를 위하여 보관하고 있는 회사 소유의 금전을 자신의 채권의 변제에 충당하는 행위는 회사와 이사의 이해가 충돌하는 자기거래에 해당하므로, 이사회의 승인 등의 절차 없이 그와 같이 자신의 회사에 대한 채권을 변제하였다면 업무상횡령죄가 성립한다. (X) [14(1)모·15사시]

: 회사에 대하여 개인적인 채권을 가지고 있는 대표이사가 회사를 위하여 보관하고 있는 회사 소유의 금전으로 자신의 채권의 변제에 충당하는 행위는 대표이사가 이사회의 승인 등의 절차 없이 그와 같이 자신의 회사에 대한 채권을 변제하였더라도 이는 대표이사의 권한 내에서 한 회사채무의 이행행위로서 유효하며, 따라서 그에게는 횡령죄의 죄책을 물을 수 없다(대판 98도2296).

62. A학교 법인과 B학교 법인을 함께 운영하는 자가 A학교 법인의 금원을 B학교 법인을 위하여 사용한 경우에는 횡령죄가 성립하지 않는다. (X) [14(1)모·07사시]

: 각 학교법인은 별개의 법인격을 가진 소유의 주체로서 이를 실질적으로 1개의 학교법인이라고 볼 수 없으므로 각 학교법인의 금원을 다른 학교법인을 위하여 사용한 경우 횡령죄가 성립한다(대판 99도214).

63. 사립학교법인의 이사장이 사립학교법상 교비회계에 속하는 금원을 같은 학교법인에 속하는 다른 학교의 교비회계에 사용한 경우 업무상 횡령죄가 성립한다. (O) [05사시]

: 학교법인의 회계는 학교회계, 법인회계로 구분되고, 학교회계 중 특히 교비회계에 속하는 수입은 다른 회계에 전출하거나 대여할 수 없는 용도가 엄격히 제한된 것이기 때문이다(대판 2001도1779).

64. 회사의 이사 등이 보관 중인 회사 자금으로 뇌물을 공여한 경우, 뇌물공여죄와는 별도로 회사에 대하여 업무상횡령죄가 성립한다(대판 2011도9238). [24(1)모·13행시]

65. 회사의 대표이사가 회사를 위한 지출 이외의 용도로 거액의 회사 자금을 가지급금 등의 명목으로 인출·사용하면서 이자나 변제기의 약정을 하지 않았음은 물론 이사회 결의 등 적법한 절차도 거치지 아니한 경우 횡령죄가 성립한다(대판 2003도135). [17(2)모]

66. ① 법인의 운영자가 법인과 아무런 관계없이 개인적인 용도로 착복할 목적으로 법인의 자금을 빼내어 별도로 비자금을 조성하였다면 그 조성행위 자체로써 불법영득의사가 실현된 것으로 볼 수 있다(대판 2010도11015). [22(2)모·16사시]
② 비자금 조성행위 자체로써 불법영득의사가 실현된 것이라고 인정할 수 있을 만큼 합리적인 의심을 할 여지가 없을 정도로 입증되었다고 보기에 부족한 경우에는 불법영득의사가 명백히 표현되었다고 볼 수 있을 정도의 구체적인 사용시에 비로소 횡령행위가 기수에 이른다(대판 2006도3039). [16변시]

67. 甲이 보관·관리하고 있던 회사의 비자금이 인출·사용되었음에도 甲이 주장하는 사용처에 비자금이 사용되었다는 점을 인정할 수 있는 자료가 부족하고 오히려 甲이 비자금을 개인적인 용도에 사용하였다는 점에 대한 신빙성 있는 자료가 많은 경우에는 甲이 비자금을 불법영득의 의사로써 횡령한 것이라고 추단할 수 있다(대판 2007도5899). [16변시]

68. 회사의 비자금을 보관관리하고 있다가 이를 일단 다른 용도로 소비한 다음 그만한 돈을 별도로 입금 또는 반환하면서 그 비자금의 행방이나 사용처에 대한 설명에 부합하는 자료를 제시하는 경우에는 함부로 그 비자금을 불법영득의사로 인출·사용함으로써 횡령하였다고 단정할 것은 아니다(대판 2016도9027). [22(2)모]

69. 보관·관리하던 회사의 비자금을 임의로 인출·사용한 행위가 불법영득의사를 실현하는 횡령에 해당하는지 여부는, 합리적인 의심의 여지가 없을 정도로 확신을 가지게 하는 증명력이 있는 엄격한 증거에 의하여 증명하여야 하고, 그만한 증거가 없다면 설령 유죄의 의심이 간다고 하더라도 피고인의 이익으로 판단하여야 한다 (대판 2007도478). [21(3)모]

70. 주식회사의 설립업무 또는 증자업무를 담당한 자와 주식인수인이 사전 공모하여 제3자로부터 납입금에 해당하는 금액을 차입하여 주금을 납입하고 납입취급은행으로부터 납입금보관증명서를 교부받아 회사의 설립등기절차 또는 증자등기절차를 마친 직후 이를 인출하여 회사를 위하여 위 차용금채무의 변제에 사용하는 경우, 상법상 납입가장죄, 형법상 공정증서원본불실기재죄, 불실기재공정증서원본행사죄, 업무상횡령죄가 성립한다. (X) [13사시·10법행]

: 주금의 납입 및 인출의 전과정에서 회사의 자본금에는 실제 아무런 변동이 없다고 보아야 할 것이므로, 상법상 납입가장죄의 성립을 인정하는 이상 회사 자본이 실질적으로 증가됨을 전제로 한 업무상횡령죄가 성립한다고 할 수는 없다(대판(全) 2003도7645).

71. 회사 자금을 주식을 매수하는 자금으로 사용하는 자로부터 그러한 사실을 알면서도 주식매각 대금조로 받은 경우 그 금원은 단순히 횡령행위에 제공된 물건이기 때문에 장물취득죄가 성립될 수 없다. (X) [14(1)모]

: 그 금원은 단순히 횡령행위에 제공된 물건이 아니라 횡령행위에 의하여 영득된 장물에 해당한다고 할 것이고, 나아가 설령 甲이 乙에게 금원을 교부한 행위 자체가 횡령행위라고 하더라도 이러한 경우 甲의 업무상횡령죄가 기수에 달하는 것과 동시에 그 금원은 장물이 된다고 한다(대판 2004도5904).

▎유제▎ 甲은 A로부터 그 소유의 노트북컴퓨터를 위탁받아 보관하였는데, 이러한 위탁 사실을 알고 있는 乙이 甲에게 매각행위를 교사하여 그 노트북 컴퓨터를 취득하였다면, 乙에게는 횡령교사죄와 장물취득죄의 경합범이 성립한다. (O) [25변시]

72. K의 위탁을 받아 대금수금업무를 담당하던 甲은 생활고를 해결하기 위해 20일간에 걸쳐서 거래처 A, B, C, D, E로부터 대금을 순차로 수령하였으나 이를 K에게 주지 않고 생활비로 사용하였다(이를 각각 'a, b, c, d, e 범죄'라 한다). a, b, c, d, e 범죄는 포괄일죄의 관계에 있다. (O) [16(1)모]

: 횡령죄의 죄수는 위탁관계의 수를 기준으로 판단한다. 수개의 업무상횡령 행위라 하더라도 피해법익이 단일하고, 범죄의 태양이 동일하며, 단일 범의의 발현에 기인하는 일련의 행위로 인정되는 경우는 포괄하여 1개의 범죄라고 할 것이다(대판 2010도13801).

73. 자기가 점유하는 타인의 재물을 기망행위에 의하여 영득한 경우 사기죄와 횡령죄의 상상적 경합이 성립한다. (X) [17변시·22(3)모·16(1)모]

: 사기죄는 타인이 점유하는 재물을 그의 처분행위에 의하여 취득함으로써 성립하는 죄이므로 자기가 점유하는 타인의 재물에 대하여는 이것을 영득함에 기망행위를 사용한다 하여도 사기죄는 성립하지 아니하고 횡령죄만을 구성한다(대판 87도2168).

▎유제▎ 횡령죄의 객체는 자기가 보관하는 타인의 재물이고 재물편취에 의한 사기죄의 객체는 타인이 점유하는 타인의 재물이므로 사람을 기망하여 자기가 점유하는 타인의 재물을 영득한 경우, 사기죄가 아닌 횡령죄가 성립한다. (O) [19(3)모]

74. X은행 직원 甲과 乙이 예금주가 예금하는 돈을 은행에 입금하지 아니하고 유용하기로 공모한 후 乙의 유인으로 A가 X은행에 와서 甲에게 예금의 의사를 표시하면서 돈을 제공하였고 甲이 돈을 받아 이를 확인한 다음 받은 돈을 입금처리하지 아니하고 乙과 함께 임의로 유용한 경우 사기죄가 성립한다. (X) [20(3)모]

: A가 X은행에 甲에게 예금의 의사를 표시하면서 돈을 제공하고 甲이 그 돈을 받아 이를 확인한 이상 그로써 A와 X은행 사이에 예금계약은 유효하게 성립되었다 할 것이므로 A에 대하여는 아무런 피해가 없어 그에 대한 사기죄는 성립할 여지가 없고, 乙의 행위는 甲의 업무상 횡령행위를 용이하게 할 수 있도록 가공한 것으로 볼 수 밖에 없다 (대판 87도2168).

75. 주식회사의 대표이사가 타인을 기망하여 회사가 발행하는 신주를 인수하게 한 다음 그로부터 납입받은 신주인수대금을 보관하던 중 횡령한 행위는 사기죄와는 전혀 다른 새로운 보호법익을 침해하는 행위로서 별죄를 구성한다(대판 2004도6503). [17(1)모·16사시]

제6절 배임의 죄

1. 1인의 주주로 이루어진 1인 회사에 있어서 그 1인의 주주 겸 대표이사가 업무상의 임무에 위배하여 회사에 재산상의 손해를 가한 경우 업무상배임죄가 성립한다(대판(全) 83도2330). [02사시·04법행]

2. 회사가 타인의 사무를 처리하는 일을 영업으로 영위하는 경우, 회사의 대표이사는 내부기관으로서 당해 회사가 그 타인에 대하여 부담하고 있는 의무내용대로 사무를 처리할 임무가 있더라도 그 임무는 회사에 대하여 부담하는 임무이지 직접 타인에 대하여 지고 있는 임무는 아니므로, 대표이사가 그 임무에 위배하였다고 하더라도 그 타인에 대한 배임죄가 성립한다고 할 수 없다. (X) [16변시]

: [1] 회사가 타인의 사무를 처리하는 일을 영업으로 영위하고 있는 경우, 회사의 대표이사가 그 타인의 사무를 처리하면서 업무상 임무에 위배되는 행위를 함으로써 재산상 이익을 취득하거나 제3자로 하여금 이를 취득하게 하고 그로 인하여 회사로 하여금 그 타인에 대한 손해배상책임 등 채무를 부담하게 한 때에는 회사에 손해를 가하거나 재산상 실해 발생의 위험을 초래한 것으로 볼 수 있으므로, 회사에 대한 관계에서 업무상배임죄를 구성한다(대판 2011도8870). [2] 한편 이러한 회사의 대표이사가 그 회사가 그 타인에 대하여 부담하고 있는 의무내용대로 사무를 처리할 임무에 위배하였다면 그 타인에 대한 배임죄가 성립할 수 있다. 법인이 처리할 의무를 지는 타인의 사무에 관하여는 법인이 배임죄의 주체가 될 수 없고 그 법인을 대표하여 사무를 처리하는 자연인인 대표기관이 바로 타인의 사무를 처리하는 자 즉 배임죄의 주체가 되기 때문이다(대판(全) 82도2595).

3. 신주발행에 있어서 대표이사가 납입의 이행을 가장한 경우, 상법상 납입가장죄가 성립하는 이외에 따로 기존 주주에 대한 업무상배임죄가 성립한다. (X) [09법행]

: 신주발행에 있어서 대표이사가 납입된 주금을 회사를 위하여 사용하도록 관리·보관하는 업무 역시 회사에 대한 선관주의의무 내지 충실의무에 기한 것으로서 회사의 사무에 속하는 것이고, 신주발행에 있어서 대표이사가 일반 주주들에 대하여 그들의 신주인수권과 기존 주식의 가치를 보존하는 임무를 대행한다거나 주주의 재산보전 행위에 협력하는 자로서 타인의 사무를 처리하는 자의 지위에 있다고는 볼 수 없다(대판 2002도7340).

4. 타인으로부터 돈을 차용하면서 이른바 예탁금 회원제로 운영되는 자기 소유의 골프장 회원권을 담보로 제공한 후 이를 제3자에게 임의로 매도한 경우 (업무상)배임죄가 성립한다. (O) [17(1)모·13법행]

: 이른바 예탁금 회원제로 운영되는 골프장의 회원권을 다른 채무에 대한 담보 목적으로 양도한 경우, 회원권 양도의 당사자 사이에서는 양도인은 양수인을 위하여 회원권 보전에 관한 사무를 처리하는 자라고 할 것이다(대판 2011도16385).

★
5. X회사의 대표이사 甲은 乙에게 X회사가 출고받을 예정인 4.5톤 화물차 1대를 매도하되 乙은 이를 X회사에 지입하여 화물차 운송영업에 사용하기로 약정하였다. 이후 乙은 화물차의 신차대금, 보험료, 취·등록세 등 일체의 비용을 모두 지급하였고 甲은 위 화물차의 소유권을 X회사 명의로 신규 등록하였다. 甲이 乙에게 신차를 인도하기 이전에 위 화물차에 대해 A를 저당권자로 하는 채권가액 7천만 원의 저당권을 설정하고 A로부터 7천만 원을 대출받았다면, 甲이 乙의 재산관리에 관한 사무를 대행한다고 볼 수 없으므로 甲은 배임죄의 죄책을 지지 않는다. (X) [22(3)모][22(2)기]

: 지입차주가 자신이 실질적으로 소유하거나 처분권한을 가지는 자동차에 관하여 지입회사와 지입계약을 체결함으로써 지입회사에 그 자동차의 소유권등록 명의를 신탁하고 운송사업용 자동차로서 등록 및 그 유지 관련 사무의 대행을 위임한 경우에는, 특별한 사정이 없는 한 당사자 관계의 전형적·본질적 내용이 통상의 계약에서의 이익대립 관계를 넘어서 그들 사이의 신임관계에 기초하여 타인의 재산을 보호 또는 관리하는 데에 있으므로, 지입회사 운영자는 지입차주와의 관계에서 '타인의 사무를 처리하는 자'의 지위에 있다(대판 2018도14365). [23(3)모·21법행]

6. 甲은 A와 도급계약을 체결한 후 B가 공사비를 대고 자신은 작업을 맡아 공사를 완공한 다음 이익금을 반분하기로 하는 동업계약을 B와 체결하고 공사를 진행하다가 자금부족으로 공사를 포기하게 되어 동업계약이 종료되었고 그 후 정산과정에서 甲이 A로부터 받을 정산금의 일부를 A로 하여금 자신의 채권자 C에게 지급하게 한 경우, 甲에게는 배임죄가 성립한다. (X) [23(3)모]

: 위 공사 시공 등 일체의 행위를 담당하였던 甲이 자금만을 투자한 B에게 투자금원을 반환하고 또 이익 또는 손해를 부담시키는 내용의 정산의무나 그 정산과정에서 행하는 채권의 추심과 채무의 변제 등의 행위는 모두 甲 자신의 사무이지 B를 위한 타인의 사무로 볼 수 없다(대판 91도2390).

7. 금융기관의 임직원은 예금주로부터 보통예금계좌를 통한 적법한 예금반환 청구가 있으면 이에 응할 의무가 있으므로 임의로 예금주의 예금계좌에서 금원을 인출하는 경우 업무상배임죄가 성립한다. (X) [22(2)모·13·08법행]

: 금융기관의 임직원은 예금주로부터 예금계좌를 통한 적법한 예금반환 청구가 있으면 이에 응할 의무가 있을 뿐 예금주의 재산관리에 관한 사무를 처리하는 자의 지위에 있다고 할 수 없다. 따라서 임의로 예금주의 예금계좌에서 5,000만 원을 인출한 금융기관의 임직원에게 업무상배임죄가 성립하지 않는다(대판 2008도1408).

8. 채무자가 투자금반환채무의 변제를 위해 담보로 제공한 임차권 등의 권리를 그대로 유지할 계약상 의무를 이행하지 않고 제3자에게 양도한 경우, 배임죄가 성립한다. (X) [19(3)모]

: 채무자가 투자금반환채무의 변제를 위하여 담보로 제공한 임차권 등의 권리를 그대로 유지할 계약상 의무가 있다고 하더라도, 이를 가지고 통상의 계약에서의 이익대립관계를 넘어서 배임죄에서 말하는 신임관계에 기초하여 채권자의 재산을 보호 또는 관리하여야 하는 '타인의 사무'에 해당한다고 볼 수 없다(대판 2015도1301). [20법행]

9. 甲이 A은행으로부터 특정 토지 위에 건물을 신축하는 데 필요한 공사자금을 대출받으면서 이를 담보하기 위하여 B신탁회사를 수탁자, A은행을 우선수익자, 甲을 위탁자 겸 수익자로 하여 '신탁목적이 달성될 때까지 甲이 위 토지 및 건물을 임의로 처분할 수 없고, 준공 후 건물에 대하여 B신탁회사 앞으로 신탁등기를 경료하고 건물 분양수익금을 B신탁회사가 관리하면서 A은행에 대한 甲의 대출금을 변제한다'는 내용의 담보신탁계약 및 자금관리대리사무계약을 체결한 경우, 甲이 위 계약에 따른 A은행의 우선수익권 보장 임무에 위배하여 C 앞으로 위 건물의 소유권보존등기를 마쳐 주었다면 甲에게 A은행에 대한 배임죄가 성립한다. (X) [21변시·20법행]

: [1] 배임죄의 주체인 '타인의 사무를 처리하는 자'라고 하려면, 당사자 관계의 전형적·본질적 내용이 통상의 계약에서의 이익대립관계를 넘어서 그들 사이의 신임관계에 기초하여 타인의 재산을 보호 또는 관리하는 데에 있어야 한다. 이익대립관계에 있는 통상의 계약관계에서 채무자의 성실한 급부이행에 의해 상대방이 계약상 권리의 만족 내지 채권의 실현이라는 이익을 얻게 되는 관계에 있다거나, 계약을 이행함에 있어 상대방을 보호하거나 배려할 부수적인 의무가 있다는 것만으로는 채무자를 타인의 사무를 처리하는 자라고 할 수 없다.
[2] 신탁등기절차를 이행하여 甲 금고에 우선수익권을 보장할 민사상 의무를 부담함에 불과하고, 피고인이 통상의 계약에서의 이익대립관계를 넘어서 甲 금고와의 신임관계에 기초하여 甲 금고의 우선수익권을 보호 또는 관리하는 등 그의 사무를 처리하는 자의 지위에 있다고 보기 어려우므로 배임죄에서의 '타인의 사무를 처리하는 자'에 해당하지 않는다(대판 2014도9907). [20법행]

10. ① 법률상 원인관계 없이 다른 사람의 가상자산 전자지갑에 가상자산이 이체된 경우, 가상자산을 이체 받은 사람이 가상자산의 권리자 등에 대한 부당이득반환의무를 부담한다고 하더라도, 가상자산을 이체받은 사람이 신임관계에 기초하여 가상자산을 보존하거나 관리하는 지위에 있다고 볼 수 없으므로 가상자산을 이체받은 사람을 피해자에 대한 관계에서 배임죄의 주체인 '타인의 사무를 처리하는 자'에 해당한다고 단정할 수는 없다(대판 2020도9789). [23(1)모 · 22(2)모]

② 비트코인은 경제적인 가치를 디지털로 표상하여 전자적으로 이전, 저장과 거래가 가능하도록 한 가상자산의 일종으로 사기죄의 객체인 재산상 이익에 해당한다. (O) [25변선 · 24(3)모 · 22법행]
 - 다만 가상자산은 법정화폐와 동일하게 취급되고 있지 않고 그 거래에 위험이 수반되므로, 형법을 적용하면서 법정화폐와 동일하게 보호해야 하는 것은 아니다(대판 2020도9789).

③ 원인불명으로 재산상 이익인 가상자산을 이체받은 자가 가상자산을 사용 · 처분한 경우 이를 형사처벌하는 명문의 규정이 없는 현재의 상황에서 착오송금 시 횡령죄 성립을 긍정한 판례를 유추하여 신의칙을 근거로 피고인을 배임죄로 처벌하는 것은 죄형법정주의에 반한다(대판 2020도9789). [24(1)모 · 22(2)모]

답 O, O, O

┃유제┃ 甲이 권리자의 착오나 가상자산 운영 시스템의 오류 등으로 법률상 원인관계 없이 자신의 전자지갑에 이체된 가상자산을 반환하지 않고 자신의 또 다른 전자지갑에 이체하였다면 착오송금의 법리가 적용되어 배임죄가 성립한다. (X) [25 · 24변시 · 24(3)모]

┃유제┃ 丙은 알 수 없는 경위로 C의 가상지갑에 들어 있던 2비트코인을 자신의 X계정으로 이체받았다. 丙이 착오로 이체된 이 비트코인을 그대로 보관하지 않고 그 중 1비트코인을 자신의 Y계정으로 이체한 경우 丙의 행위는 횡령죄에 해당한다. (X) - 비트코인은 재물이 아닌 재산상 이익에 해당하므로 횡령죄의 객체가 될 수 없다. [25변선 · 24(1)모]

11. 계주가 계원들로부터 월불입금을 징수하고도 지정된 곗날에 계원에게 정당한 사유 없이 계금을 지급하지 않고 소비한 경우 배임죄가 성립한다(대판 93도2221). [01 · 02사시]

: 다만 계주가 계원들로부터 계불입금을 징수하지 아니하였다면 그러한 상태에서 부담하는 계금지급의무는 신임관계에 이르지 아니한 단순한 채권관계상의 의무에 불과하여 타인의 사무에 속하지 아니한다(대판 2009도3143).

12. 甲이 내연의 관계에 있는 A에게 불륜관계를 지속하는 대가로서 부동산에 관한 소유권이전등기를 경료해 주기로 약정한 후 그 등기의무를 이행하지 않은 경우, 甲에게 배임죄가 성립한다. (X) [05 · 11사시]

: 불륜관계를 지속하는 대가로서 부동산에 관한 소유권이전등기를 경료해 주기로 약정한 경우의 부동산 증여계약은 선량한 풍속과 사회질서에 반하는 것으로 무효이어서 위 증여로 인한 소유권이전등기의무가 인정되지 아니하는 이상 동인이 타인의 사무를 처리하는 자에 해당한다고 볼 수 없다(대판 86도1382).

13. 사무처리자가 그 직에서 해임된 후 그 사무인계 전에 사무를 처리한 것도 배임죄에 있어서의 사무를 처리하는 경우에 해당한다. (O) [20(1)모]

: [1] 배임죄의 주체로서 타인의 사무를 처리하는 자라 함은 반드시 제3자에 대한 대외관계에서 그 사무에 관한 권한이 존재할 것을 요하지 않으며, 또 그 사무가 포괄적 위탁사무일 것을 요하는 것도 아니고, 사무처리의 근거, 즉 신임관계의 발생근거는 법령의 규정, 법률행위, 관습 또는 사무관리에 의하여도 발생할 수 있으므로, [2] 법적인 권한이 소멸된 후에 사무를 처리하거나 그 사무처리자가 그 직에서 해임된 후 사무인계 전에 사무를 처리한 경우도 배임죄에 있어서의 사무를 처리하는 경우에 해당한다(대판 99도1095).

14. 업무상배임죄에 있어서 타인의 사무를 처리하는 자란 고유의 권한으로서 그 처리를 하는 자에 한하지 않고 그 자의 보조기관으로서 직접 또는 간접으로 그 처리에 관한 사무를 담당하는 자도 포함한다(대판 99도334).
[22(2)모]

15. 배임행위는 법률행위뿐만 아니라 사실행위로도 가능하고 법률상 유효 여부를 묻지 않으며 부작위로도 가능하다. (O)
[16(1)모]

16. 임무위배행위로 인하여 여러 재산상 이익과 손해가 발생하더라도 재산상 이익과 손해 사이에 서로 대응하는 관계에 있는 등 일정한 관련성이 인정되어야 업무상배임죄가 성립한다(대판 2016도3452).

17. 회사의 대표이사가 타인에게 회사자금을 대여할 때 충분한 담보를 제공받는 등 상당하고도 합리적인 채권회수조치를 취하지 아니한 경우 (업무상) 배임죄가 성립한다(대판 2013도10516).
[17(1)모]

★ 사례문제 기출례 영업비밀 유출시 업무상배임죄 성부 [23변사·12모사]

18. 회사 직원이 영업비밀을 적법하게 반출하여 그 반출행위가 업무상배임죄에 해당하지 않는 경우라도, 퇴사 시에 회사에 반환해야 할 의무가 있는 영업비밀을 회사에 반환하지 아니하였다면 퇴사시에 업무상배임죄가 성립한다. (O)
[18변시·22(2)모·17(1)모]

: [1] 회사직원이 '영업비밀'을 경쟁업체에 유출하거나 스스로의 이익을 위하여 이용할 목적으로 무단으로 반출하였다면 그 반출시에 업무상배임죄의 기수가 되고, 영업비밀이 아니더라도 '영업상 주요한 자산'인 경우에도 그 자료의 반출행위는 업무상배임죄를 구성하며, [2] 회사직원이 영업비밀이나 영업상 주요한 자산인 자료를 적법하게 반출하여 그 반출행위가 업무상배임죄에 해당하지 않는 경우라도 퇴사시에 그 영업비밀 등을 회사에 반환하거나 폐기할 의무가 있음에도 경쟁업체에 유출하거나 스스로의 이익을 위하여 이용할 목적으로 이를 반환하거나 폐기하지 아니하였다면 업무상배임죄에 해당한다(대판 2006도9089).
[11(1)모·09사시]

19. 회사직원이 영업비밀 등을 적법하게 반출하였다가 퇴사 시에 경쟁업체에 유출하거나 스스로의 이익을 위하여 이용할 목적으로 이를 반환하거나 폐기하지 아니하여 업무상배임죄가 성립한 후, 퇴사한 직원이 위와 같이 반환·폐기하지 아니한 영업비밀 등을 경쟁업체에 유출한 경우 이는 이미 성립한 업무상배임 행위의 실행행위에 지나지 않아 별도의 업무상배임죄를 구성하지 않는다(대판 2017도3808).
[20법행]

20. 회사원 甲이 경쟁업체의 이익을 위하여 이용할 의사로 무단으로 회사가 판매하기로 공지된 제품과 관련한 자료를 반출하였는데, 그 자료가 상당한 시간과 노력 및 비용을 들이지 않고도 통상적인 역설계 등의 방법으로 쉽게 입수 가능한 상태에 있는 정보인 경우, 甲에게는 업무상배임죄가 성립하지 않는다. (O) [23(3)모]

: [1] 회사 직원이 경쟁업체 또는 스스로의 이익을 위하여 이용할 의사로 무단으로 '자료'를 반출한 행위가 업무상배임죄에 해당하기 위하여는, 그 자료가 영업비밀에 해당하거나 적어도 그 자료가 불특정 다수인에게 공개되어 있지 않아 보유자를 통하지 아니하고는 이를 통상 입수할 수 없고 그 보유자가 자료의 취득이나 개발을 위해 상당한 시간, 노력 및 비용을 들인 것으로서, 그 자료의 사용을 통해 경쟁상의 이익을 얻을 수 있는 정도의 영업상 주요한 자산에는 해당하여야 한다.
[2] 상당한 시간과 노력 및 비용을 들이지 않고도 통상적인 역설계 등의 방법으로 쉽게 입수 가능한 상태에 있는 정보라면 보유자를 통하지 아니하고서는 통상 입수할 수 없는 정보에 해당한다고 보기 어려우므로 영업상 주요한 자산에 해당하지 않는다(대판 2018도4794).

21. 주식회사의 임원 甲은 애인 乙과 공모하여 업무수행용 법인카드를 이용해 3개월간 3,000만 원에 해당하는 금액을 개인용도로 사용하였다. 甲의 행위는 업무상배임죄에 해당하고, 乙의 행위는 업무상배임죄에 정한 형으로 처단된다. (X)   [19변시]

: 주식회사의 임원이 공적 업무수행을 위하여서만 사용이 가능한 법인카드를 개인 용도로 계속적, 반복적으로 사용한 경우 특별한 사정이 없는 한 업무상배임죄를 구성한다(대판 2011도8870). 신분관계가 없는 자가 그러한 신분관계가 있는 자와 공모하여 업무상배임죄를 저질렀다면 신분관계 없는 자에게도 일단 업무상배임죄가 성립한 다음 형법 제33조 단서에 의하여 중한 형이 아닌 형법 제355조 제2항(단순배임)에 정한 형으로 처벌된다(대판 97도2609).
[15(2)모]

22. 대통령의 퇴임 후 사용할 사저부지와 그 경호부지를 일괄 매수하는 사무를 처리하는 자가 그 임무에 위배되는 행위로써 제3자로 하여금 재산상의 이익을 취득하게 하여 국가에 손해를 가한 경우에는 업무상배임죄가 성립한다. (O)   [21(3)모]

: 공무원이 그 임무에 위배되는 행위로써 제3자로 하여금 재산상 이익을 취득하게 하여 국가에 손해를 가한 경우에는 업무상배임죄가 성립한다(대판 2013도6835).   [21(1)모 · 20(1)모 · 16(3)모]

23. 주식회사의 대표이사 또는 회사의 임원이 그 임무에 위배되는 행위로 재산상 이익을 취득하거나 제3자로 하여금 이를 취득하게 하여 회사에 손해를 가한 때에는 이로써 업무상 배임죄가 성립하고, 그 임무위배행위에 대하여 사실상 대주주의 양해를 얻었다거나 이사회 또는 주주총회의 결의가 있었다고 하여 업무상 배임죄의 성립에 어떠한 영향이 있는 것은 아니다(대판 2005도4915).   [16(1)모 · 05사시]

24. ① 업무상 배임죄가 성립하기 위해서는 반드시 재산상의 현실적 손해발생을 요하는 것은 아니다. (O)
[21(1)모]

② 배임죄가 성립하려면, 경제적 관점에서 파악하여 배임행위로 인하여 본인에게 현실적인 손해를 가하였거나 적어도 재산상 실해 발생의 위험을 초래하였다고 인정되어야 한다. (O)   [10법행]

: [1] '재산상의 손해를 가한 때'라 함은 현실적인 손해를 가한 경우뿐만 아니라 재산상 실해 발생의 위험을 초래한 경우도 포함되고 일단 손해의 위험성을 발생시킨 이상 사후에 담보를 취득하였거나 피해가 회복되었다 하여도 배임죄의 성립에 영향을 주는 것은 아니다(대판 2002도5679).   [16(3)모]

[2] 배임죄에 있어서 재산상 손해의 유무에 대한 판단은 본인의 전 재산 상태와의 관계에서 경제적 관점에 따라 판단되어야 하므로 법률적 판단에 의하여 당해 배임행위가 무효라 하더라도 경제적 관점에서 파악하여 본인에게 현실적인 손해를 가하였거나 재산상 실해 발생의 위험을 초래한 경우에는 재산상의 손해를 가한 때에 해당하여 배임죄를 구성한다(대판 99도822).   [19변시 · 16사시]

│유제│ 재단법인의 이사장 직무대리인이 후원회 기부금을 정상 회계처리하지 아니하고 자신과 친분관계에 있는 사람에게 확실한 담보를 제공받지 아니한 채 대여한 경우 그 사람이 이자금을 제때에 불입하고 나중에 원금을 변제하였다면 업무상 배임죄가 성립하지 아니한다. (X)   [16(1)모 · 11사시]

25. 업무상 배임죄에서 재산상 손해가 발생하였다고 평가될 수 있는 재산상 실해 발생의 위험은 본인에게 손해가 발생할 막연한 위험이 있는 것만으로는 부족하고 경제적인 관점에서 보아 본인에게 손해가 발생한 것과 같은 정도로 구체적인 위험이 있는 경우를 말한다(대판 2015도6745).   [22(2)모]

26. A 주식회사의 실질적 경영자가 자신이 경영하는 개인 사업체 소유의 수목(樹木)을 B 회사에 매도한다는 내용의 허위의 매매계약을 체결하고 그 매매대금 채권과 자신에 대한 A 회사의 채권을 상계처리하였으나, 수목의 매매대금 채권이 존재하지 아니하여 상계가 법률상 무효인 경우 (업무상) 배임죄가 성립한다. (O) [17(1)모]

: 상계가 법률상 무효라고 하더라도 甲 회사에 재산상 실해 발생의 위험이 초래되었다고 보아야 하므로 업무상배임죄가 성립한다(대판 2011도15857).

27. 타인의 사무를 처리하는 자의 임무위배행위가 민사재판에서 법질서에 위배되는 법률행위로서 무효로 판단되어 본인에게 아무런 손해가 발생하지 않는 경우 배임죄의 기수를 인정할 수 없다. (O) [23(2)모·20(3)모]

: 그러나 의무부담행위로 인하여 실제로 채무의 이행이 이루어지거나 본인이 민법상 불법행위책임을 부담하게 되는 등 본인에게 현실적인 손해가 발생하거나 실해 발생의 위험이 생겼다고 볼 수 있는 사정이 있는 때에는 배임죄의 기수를 인정하여야 한다(대판 2014도9960).

★★ [사례문제 기출례] 대표권 남용한 의무부담행위 또는 어음발행행위의 죄책 [18변사 등]

28. [1] 주식회사의 대표이사가 대표권을 남용하는 등 그 임무에 위배하여 회사 명의로 '의무를 부담하는 행위'를 하더라도 일단 회사의 행위로서 유효하고, 다만 그 상대방이 대표이사의 진의를 알았거나 알 수 있었을 때에는 원칙적으로 회사에 대하여 효력이 없고, 달리 그 의무부담행위로 인하여 실제로 채무의 이행이 이루어졌다거나 회사가 민법상 불법행위책임을 부담하게 되었다는 등의 사정이 없는 이상 배임죄의 기수에 이른 것은 아니다. 그러나 이 경우에도 대표이사로서는 배임의 범의로 임무위배행위를 함으로써 실행에 착수한 것이므로 배임죄의 미수범이 된다. [21·17·14변시·24(1)모·23(2)모·20(3)모]

[2] 그리고 상대방이 대표권남용 사실을 알지 못하였다는 등의 사정이 있어 그 의무부담행위가 회사에 대하여 유효한 경우에는 회사의 채무가 발생하고, 채무의 발생은 그 자체로 현실적인 손해 또는 재산상 실해 발생의 위험이라고 할 것이어서 그 채무가 현실적으로 이행되기 전이라도 배임죄의 기수에 이르렀다고 보아야 한다.

[3] 주식회사의 대표이사가 대표권을 남용하는 등 그 임무에 위배하여 '약속어음 발행'을 한 행위를 하더라도 일단 회사의 행위로서 유효하고, 다만 그 상대방이 대표이사의 진의를 알았거나 알 수 있었을 때에는 회사에 대하여 무효가 된다. 다만 약속어음 발행의 경우 어음법상 발행인은 종전의 소지인에 대한 인적관계로 인한 항변으로써 소지인에게 대항하지 못하므로(어음법 제17조, 제77조), 어음발행이 무효라 하더라도 그 어음이 실제로 제3자에게 유통되었다면 회사로서는 어음채무를 부담할 위험이 구체적·현실적으로 발생하였다고 보아야 하고, 따라서 그 어음채무가 실제로 이행되기 전이라도 배임죄의 기수범이 된다. [25·22변시][21(3)기]

[4] 그러나 약속어음 발행이 무효일 뿐만 아니라 그 어음이 유통되지도 않았다면 회사는 어음발행의 상대방에게 어음채무를 부담하지 않기 때문에 특별한 사정이 없는 한 회사에 현실적으로 손해가 발생하였다거나 실해 발생의 위험이 발생하였다고도 볼 수 없으므로, 이때에는 배임죄의 기수범이 아니라 배임미수죄로 처벌하여야 한다(대판(全) 2014도1104). [19·17변시·21(3)모·20(1)모]

29. 재산상의 손실을 야기한 임무위배행위가 동시에 그 손실을 보상할 만한 재산상의 이익을 준 경우 예컨대 그 배임행위로 인한 급부와 반대급부가 상응하고 다른 재산상 손해도 없는 때에는 전체적 재산가치의 감소, 즉 재산상 손해가 있다고 할 수 없다(대판 2004도7053). [20(3)모]

30. 금융기관의 직원 甲이 A거래처의 기존대출금에 대한 원리금 및 연체이자에 충당하기 위하여 A거래처가 신규대출을 받은 것처럼 서류상 정리하고 금융기관이 실제로 A거래처에 대출금을 새로 교부하지는 않은 경우 그것만으로도 금융기관에 손해발생의 위험을 발생시켰으므로 업무상배임죄가 성립한다. (X)　　　　　　　　　　　　　　　　　　　　　　　　　　　　　　　　[15·11사시·10법행]

: 형식상 신규대출을 하는 것처럼 서류상 정리를 하였을 뿐 실제로 거래처에게 대출금을 새로 교부한 것이 아니라면 그로 인하여 금융기관에게 어떤 새로운 손해가 발생하는 것은 아니라고 할 것이므로 따로 업무상배임죄가 성립된다고 볼 수 없다(대판 97도1469).

31. A 주식회사를 인수하는 甲이 일단 금융기관으로부터 인수자금을 대출받아 회사를 인수한 다음, A 주식회사에 아무런 반대급부를 제공하지 않고 그 회사의 자산을 위 인수자금 대출금의 담보로 제공하도록 하였다면, 甲에게는 배임죄가 성립한다. (O)　　[14변시]

: 인수자가 피인수회사에 아무런 반대급부를 제공하지 않고 임의로 피인수회사의 재산을 담보로 제공하게 하였다면, 인수자 또는 제3자에게 담보 가치에 상응한 재산상 이익을 취득하게 하고 피인수회사에 그 재산상 손해를 가하였으므로 업무상배임죄에 해당한다(이른바 LBO 방식 인수사건, 대판 2012도1283).

32. A조합의 대출업무 담당자 甲이 A조합에 처(妻) 소유의 토지를 담보로 제공하여 처 명의로 대출을 받은 다음 위임장 등을 위조하여 위 토지에 설정된 A조합의 근저당권설정등기를 말소한 경우, 위 등기는 원인없이 부적법하게 말소된 것으로서 물권의 효력에는 아무런 영향이 없으므로 업무상배임죄가 성립하지 않는다. (X)　　[15사시]

: 그 등기 말소로 피해자 조합은 당장 위 근저당권을 피담보채권과 함께 처분한다거나 피담보채권 회수를 위한 경매 신청을 할 수 없는 등 자산으로서의 근저당권을 운용·처분하지 못해 사실상 담보를 상실한 것과 다를 바 없는 손해가 발생하였다고 할 것이고, 피해자 조합이 위 말소된 근저당권설정등기의 회복등기를 구할 수 있다고 하여 달리 볼 것은 아니다(대판 2014도2578).

33. 새마을금고 임·직원이 동일인 대출한도 제한규정을 위반하여 초과대출행위를 하였더라도 대출채권 회수에 문제가 없는 것으로 판단되는 경우라면 업무상배임죄가 성립하지 않는다(대판(全) 2006도4876).　　[13사시]

★★ 사례문제 기출례 채무자의 담보물 처분시 배임죄 성립을 부정한 판례법리

34. 채무자가 채권을 담보하기 위하여 점유개정 방식으로 채권자에게 동산을 양도담보로 제공하고 이를 보관함으로써 양도담보권자인 채권자에 대해 담보물의 담보가치를 유지·보전할 의무를 부담하게 되므로 그가 담보물을 제3자에게 처분하는 경우에는 배임죄가 성립한다. (X) [22(2)모·15사시]

: [1] 채무자가 금전채무를 담보하기 위하여 그 소유의 동산을 채권자에게 양도담보로 제공함으로써 채권자인 양도담보권자에 대하여 담보물의 담보가치를 유지·보전할 의무 내지 담보권 실행에 지장을 초래하는 행위를 하지 않을 의무를 부담하게 되었더라도, 이를 들어 채무자가 통상의 계약에서의 이익대립관계를 넘어서 채권자와의 신임관계에 기초하여 채권자의 사무를 맡아 처리하는 것으로 볼 수 없다.
[2] 따라서 채무자를 배임죄의 주체인 '타인의 사무를 처리하는 자'에 해당한다고 할 수 없고, 그가 담보물을 제3자에게 처분하는 등으로 담보가치를 감소 또는 상실시켜 채권자의 담보권 실행이나 이를 통한 채권실현에 위험을 초래하더라도 배임죄가 성립한다고 할 수 없고,
[3] 위와 같은 법리는, 채무자가 동산에 관하여 양도담보설정계약을 체결하여 이를 채권자에게 양도할 의무가 있음에도 제3자에게 처분한 경우에도 적용되고, 주식에 관하여 양도담보설정계약을 체결한 채무자가 제3자에게 해당 주식을 처분한 사안에도 마찬가지로 적용된다(대판(전) 2019도9756). [21(3)(1)모·20법행]

▎유제 ▎ 채무자가 채권자에게 동산인 한우 100마리를 양도담보로 제공하고 점유개정의 방법으로 점유하고 있는 상태에서 다시 이를 제3자에게 점유개정의 방법으로 양도하는 경우 배임죄가 성립하지 않는다. (O) [15변시]

▎유제 ▎ 자기소유의 동산을 제1채권자에게 양도담보하고 점유개정의 방법으로 점유하고 있다가 제2채권자에게 양도담보하여 점유개정에 의하여 점유하던 중 임의처분한 경우, 제2의 채권자는 물론 제1채권자에 대한 관계에서도 배임죄가 성립하지 않는다. (O) [19(3)모]

35. 甲이 A에게 자신의 자동차를 양도담보로 제공하기로 약정한 후 B에게 임의로 매도하고 B 명의로 이전등록을 해 준 경우, 등록을 요하는 재산인 자동차 등에 관하여 양도담보설정계약을 체결한 채무자는 채권자에 대하여 그의 사무를 처리하는 지위가 인정되어 그 임무에 위배하여 이를 타에 처분하였다면 배임죄가 성립한다. (X) [24변시]

: 자동차 등에 관하여 양도담보설정계약을 체결한 채무자는 채권자에 대하여 그의 사무를 처리하는 지위에 있지 아니하므로, 채무자가 채권자에게 양도담보설정계약에 따른 의무를 다하지 아니하고 이를 타에 처분하였다고 하더라도 배임죄가 성립하지 아니한다(대판(전) 2020도8682).

▎유제 ▎ 甲이 자신 소유의 자동차를 X회사에 양도담보로 제공하기로 약정하여 소유권이전등록의무를 부담한 경우, 甲은 X회사에 대한 관계에서 '타인의 사무를 처리하는 자'에 해당한다. (X) [23(2)모]

36. 채무자가 금전채무에 대한 담보로 부동산에 관하여 양도담보설정계약을 체결하고 이에 따라 채권자에게 소유권이전등기를 해 줄 의무가 있음에도 제3자에게 그 부동산을 처분한 경우 배임죄가 성립하지 않는다. (O) [21(2)모]

: 채무자가 금전채무를 담보하기 위한 양도담보설정계약에 따라 채권자에게 그 소유의 부동산에 관하여 소유권이전등기를 해 줄 의무를 부담하게 되었다고 하더라도, 이를 들어 채무자가 통상의 계약에서 이루어지는 이익대립관계를 넘어서 채권자와의 신임관계에 기초하여 채권자의 사무를 맡아 처리하는 것으로 볼 수 없다(대판(전) 2019도14340).

37. 채무자가 금전채무를 담보하기 위하여 그 소유의 동산을 채권자에게 「동산·채권 등의 담보에 관한 법률」에 따른 동산담보로 제공함으로써 채권자인 동산담보권자에 대하여 담보물의 담보가치를 유지·보전할 의무 또는 담보권 실행에 지장을 초래하는 행위를 하지 않을 의무를 부담하게 되었더라도, 이를 들어 채무자가 통상의 계약에서의 이익대립관계를 넘어서 채권자와의 신임관계에 기초하여 채권자의 사무를 맡아 처리하는 것으로 볼 수 없다(대판(全) 2019도14770). [23(2)모·21(3)모]

★★ 사례문제 기출례 근저당권설정이 약정된 부동산을 처분시 배임죄 성부 [23·22·21모사]

38. 피고인이 자신 소유의 부동산에 A 명의의 근저당권을 설정하여 줄 의사가 없음에도 A를 속이고 근저당권 설정을 약정하여 금원을 편취하고, 그 후 근저당권 설정약정이 유효함에도 그 부동산에 관하여 B 명의로 근저당설정등기를 하여 준 경우 사기죄 외에 배임죄도 성립한다. (X) [20·19변시·17(1)모]

: 채무자가 저당권설정계약에 따라 채권자에 대하여 부담하는 저당권을 설정할 의무는 계약에 따라 부담하게 된 채무자 자신의 의무이다. 채무자가 위와 같은 의무를 이행하는 것은 채무자 자신의 사무에 해당할 뿐이므로, 채무자를 채권자에 대한 관계에서 '타인의 사무를 처리하는 자'라고 할 수 없다. 따라서 채무자가 제3자에게 먼저 담보물에 관한 저당권을 설정하거나 담보물을 양도하는 등으로 담보가치를 감소 또는 상실시켜 채권자의 채권실현에 위험을 초래하더라도 배임죄가 성립한다고 할 수 없다(대판(全) 2019도14340). [21(2)모·11법행]

▮유제▮ 甲이 乙로부터 18억 원을 차용하면서 담보로 甲 소유의 아파트에 乙 명의의 4순위 근저당권을 설정해 주기로 약정하였음에도 제3자에게 채권최고액을 12억 원으로 하는 4순위 근저당권을 설정하여 준 경우 특경법위반(배임)죄가 성립한다. (X) [22변시]

★ **39.** 채무자 甲이 금전채무를 담보하기 위하여 「자동차 등 특정동산 저당법」 등에 따라 그 소유의 동산에 관하여 채권자에게 저당권을 설정하였음에도 불구하고 담보물을 제3자에게 처분하는 등으로 담보가치를 상실시켜 채권자의 담보권 실행이나 이를 통한 채권실현에 위험을 초래하였다면 배임죄가 성립한다. (X) [25변시]

: 채무자가 금전채무를 담보하기 위하여 『자동차 등 특정동산 저당법』 등에 따라 그 소유의 동산에 관하여 채권자에게 저당권을 설정해 주기로 약정하거나 저당권을 설정한 경우, 채무자가 저당권설정계약에 따라 부담하는 의무(즉 동산을 담보로 제공할 의무, 담보물의 담보가치를 유지·보전하거나 담보물을 손상·감소 또는 멸실시키지 않을 소극적 의무, 채권자의 담보권 실행에 협조할 의무 등)은 모두 저당권설정계약에 따라 부담하게 된 채무자 자신의 급부의무이고, 채무자가 통상의 계약에서의 이익대립관계를 넘어서 채권자와의 신임관계에 기초하여 채권자의 사무를 맡아 처리한다고 볼 수 없으므로 채무자를 채권자에 대한 관계에서 배임죄의 주체인 '타인의 사무를 처리하는 자'에 해당한다고 할 수 없다(대판 2020도6258).

▮유제▮ 甲이 금전채무를 담보하기 위하여 「공장 및 광업재단 저당법」에 따라 저당권이 설정된 위 기계 17대를 제3자에게 임의로 처분한 경우에는 甲은 배임죄의 죄책을 진다. (X) [21(3)모]

▮유제▮ 저당권이 설정된 자동차를 저당권자의 동의 없이 매도한 경우(또는 대포차로 유통시킨 경우) 배임죄가 성립한다. (X) [21변시·21(2)모][21(1)사·20(2)기]

– 배임죄는 불성립, 권리행사방해죄는 성립 가능

40. 채권자가 양도담보로 제공된 부동산을 변제기 후에 담보권의 실행차원에서 처분한 경우, 그 목적물을 부당하게 염가로 처분하거나 청산금의 잔액을 채무자에게 지급해주지 않으면 배임죄가 성립한다. (X) [12변시]

: 변제기 경과 후에 양도담보권자가 담보권을 실행하기 위하여 담보목적물을 처분함에 있어 시가에 따른 적절한 처분을 하여야 할 의무는 담보계약상의 민사책임의무이고 그와 같은 형법상의 의무가 있는 것이 아니므로 그에 위반한 경우 배임죄가 성립된다고 볼 수 없다(대판 87도126).

41. 금융기관이 금원을 대출함에 있어 대출금 중 선이자를 공제한 나머지만 교부하거나 약속어음을 할인함에 있어 만기까지의 선이자를 공제한 경우, 배임행위로 인하여 금융기관이 입는 손해는 선이자를 공제한 금액이 아니라 선이자로 공제한 금원을 포함한 대출금 전액이거나 약속어음 액면금 상당액으로 보아야 한다(대판 2004도810). [19변시]

42. 배임죄에 있어서 손해액이 구체적으로 명백하게 산정되지 않았더라도 배임죄의 성립에는 영향이 없다(대판 2015도12692). [20(3)모]

43. 업무상배임죄는 본인에게 재산상 손해를 가하는 외에 임무위배행위로 인하여 행위자 스스로 재산상 이익을 취득하거나 제3자로 하여금 재산상 이익을 취득하게 할 것을 요건으로 하므로, 본인에게 손해를 가하였더라도 행위자 또는 제3자가 재산상 이익을 취득한 사실이 없다면 배임죄가 성립하지 않는다(대판 2022도3717). [23(3)모]

┃유제┃ 회사의 승낙 없이 임의로 지정 할인율보다 더 높은 할인율을 적용하여 회사가 지정한 가격보다 낮은 가격으로 제품을 판매하는 이른바 '덤핑판매'에서, 제3자인 거래처에 시장 거래 가격에 따라 제품을 판매한 경우라도 행위자 또는 제3자가 재산상 이익을 취득한 사실이 없다면 업무상배임죄가 성립하지 않는다(대판 2007도2484). (O) [13·10사시]

44. 아파트 입주자대표회의 회장인 甲이 공공요금의 납부를 위한 지출결의서에 날인을 거부하여 아파트 입주자들에게 그에 대한 통상의 연체료를 부담시켰다면, 위 행위로 인하여 아파트 입주민에게 연체료 금액만큼 손해를 가하고 연체료를 받은 공공기관은 그 금액만큼 이익을 취득한 것이므로 배임죄가 성립한다. (X) [14변시]

: 본인에게 손해를 가하였다고 하더라도 행위자 또는 제3자가 재산상 이익을 취득한 사실이 없다면 배임죄가 성립할 수 없다. 연체료는 금전채무 불이행으로 인한 손해배상에 해당하므로, 공급업체가 연체료를 지급받았다는 사실만으로 공급업체가 그에 해당하는 재산상의 이익을 취득하게 된 것으로 단정하기 어렵다(대판 2008도3792).

45. 업무상배임죄의 고의는 업무상 타인의 사무를 처리하는 자가 본인에게 재산상의 손해를 가한다는 의사와 자기 또는 제3자의 재산상의 이득의 의사가 임무에 위배된다는 인식과 결합하여 성립되는 것이다(대판 2014도9960). [20(1)모]

┃유제┃ 배임죄의 고의는 임무위배행위로 인하여 자기 또는 제3자가 이익을 취득한다는 인식을 말하며, 본인에게 손해를 가한다는 인식이나 의사를 필요로 하는 것은 아니다. (X) [20(3)모]

★★ 사례문제 기출례 부동산 이중매매시 배임죄 성립에 관한 판례의 태도 [15변사, 24·23모사 등]

46. [1] 부동산 매매계약에서 중도금이 지급되는 등 계약이 본격적으로 이행되는 단계에 이른 때에는 계약이 취소되거나 해제되지 않는 한 매도인은 매수인에게 부동산의 소유권을 이전해 줄 의무에서 벗어날 수 없으므로 매도인은 매수인에 대하여 매수인의 재산보전에 협력하여 재산적 이익을 보호·관리할 신임관계에 있게 되어 배임죄에서 말하는 '타인의 사무를 처리하는 자'에 해당한다고 보아야 한다.

[2] 부동산의 매도인이 제1매수인으로부터 중도금 명목의 금원을 교부받은 후 제2매수인에게 부동산을 매도하기로 하고 중도금을 지급받은 경우에는 제1매수인에 대하여 배임죄의 실행의 착수가 인정된다(대판 2002도7134). [12변시·11법행]

[3] 그러한 지위에 있는 매도인이 매수인에게 계약 내용에 따라 부동산의 소유권을 이전해 주기 전에 그 부동산을 제3자에게 처분하고 제3자 앞으로 그 처분에 따른 등기를 마쳐 준 행위는 매수인과의 신임관계를 저버리는 행위로서 배임죄가 성립한다(대판(全) 2017도4027). [21(2)모·20(1)모·20법행][20(2)기]

답 ○,○,○

▮유제▮ 부동산의 이중양도에 있어서 매도인이 제2차 매수인으로부터 계약금만을 지급받고 중도금을 수령하는 등 더 이상의 계약이행으로 나아가지 않았다면 배임죄의 실행의 착수가 있었다고 볼 수 없다. (O)   [20변시]

▮유제▮ 부동산의 소유권이전등기를 해 줄 의무를 지는 매도인이 다른 사람에게 이전등기를 마쳐 준 경우 매도인이 그 부동산의 소유권에 관한 등기를 회복하여 매수인에게 이전등기해 줄 수 있는 특별한 사정이 없어야 비로소 매수인에 대한 소유권이전등기의무가 이행불능의 상태에 있게 되므로, 그러한 사정이 없는 한 매도인이 제2매수인에게 이전등기를 마쳐 준 것만으로 배임죄의 기수에 이르지는 아니한다. (X)   [25변시]

47. 부동산 이중매매의 경우에는 부동산소유자가 배임행위로 인하여 영득한 것은 재산상의 이익이고 위 배임범죄에 제공된 대지는 범죄로 인하여 영득한 것 자체는 아니므로 그 부동산의 취득자 또는 전득자에 대하여 배임죄의 가공 여부를 논함은 별문제로 하고 장물취득죄로 처단할 수 없다(대판 74도2804). [23(2)모·21(1)모·17모]

▮유제▮ 부동산 소유자인 甲이 乙과 부동산 매매계약을 체결하고 계약금과 중도금을 모두 수령하였는데, 이러한 사실을 모두 알고 있는 丙이 甲에게 부동산의 가격을 더 높게 지불할 테니 자신에게 위 부동산을 매각해 달라는 요청을 하자 위 부동산을 丙에게 이중으로 매도하고 소유권이전등기를 경료해 준 경우, 甲에게는 배임죄가 성립하고, 丙에게는 장물취득죄가 성립한다. (X)   [14변시·22(3)모]

48. 매도인이 부동산의 매수인에게 계약금을 수령하고 순위보전의 효력이 있는 가등기를 마쳐주었다고 하더라도, 중도금을 수령한 이후 그 부동산을 다시 제3자에게 처분하고 부동산 등기를 제3자에게 이전하는 행위는 배임죄에 해당한다. (O)   [22(2)(3)모·20법행]

∵ 매도인이 매수인에게 순위보전의 효력이 있는 가등기를 마쳐 주었더라도 그 자체로 물권변동의 효력이 있는 것은 아니어서 그와 같은 가등기로 인하여 매수인의 재산적 이익을 보호·관리할 신임관계의 전형적·본질적 내용이 변경된다고 할 수 없다(대판 2019도16228).

49. [1] 부동산 이중매매의 법리는 서면에 의한 부동산 증여계약에도 마찬가지로 적용된다. [22(2)모]

[2] 서면으로 부동산 증여의 의사를 표시한 증여자는 계약이 취소되거나 해제되지 않는 한 수증자에게 목적 부동산의 소유권을 이전할 의무에서 벗어날 수 없으므로 그러한 증여자는 '타인의 사무를 처리하는 자'에 해당하고, 그가 수증자에게 증여계약에 따라 부동산의 소유권을 이전하지 않고 부동산을 제3자에게 처분하여 등기를 하는 행위는 수증자와의 신임관계를 저버리는 행위로서 배임죄가 성립한다(대판 2016도19308). [20(1)(2)모][22(3)기]

50. 부동산의 이중매매에 있어서 매도인이 제2의 매수인에게 그와 같은 이중매매라는 사정을 고지하지 아니하였다고 하여(제2의 매수인의 권리의 실현으로 인하여 제1의 매수인에 대한 관계에서 배임죄가 성립할 것인지의 여부는 별문제로 하고) 제2의 매수인을 기망한 것이라고 평가할 수는 없어 사기죄가 성립하지는 않는다(대판 91도2698). [17(3)모]

51. 매도인 甲이 매수인 乙에게 임야를 매도하고 일부 잔금까지 지급받았음에도 다시 위 임야를 제3자에게 매도한 후 계약금을 지급받고는 그 앞으로 소유권이전청구권 보전을 위한 가등기를 마쳐준 경우 판례에 의할 때 甲에게 배임죄가 성립하지 않는다. (X) [10 · 01사시]

: 그 임무에 위배하여 같은 부동산을 매수인 이외의 제3자에게 이중으로 매도하고 제3자 앞으로 소유권이전청구권 보전을 위한 가등기를 마쳐 주었다면, 이는 매수인에게 손해발생의 위험을 초래하는 행위로서 배임죄를 구성한다(대판 81도3146).

52. 부동산 매매에서 매도인이 매수인에게 소유권이전등기를 마쳐 주기 전에 제3자로부터 금원을 차용하고 그 담보로 근저당권을 설정해 준 경우 매수인이 입은 손해는 그 근저당권이 설정될 당시의 부동산 교환가치 중 근저당권에 이용되어 상실된 담보가치 상당이다(대판 2015도12692). [20(3)모]

53. 부동산을 이중으로 매도한 경우에 매도인이 선매수인에게 소유권이전의무를 이행하였다면 후매수인에 대한 배임죄는 성립하지 않는다(대판 77도1116). [15(1)모]

54. 채권담보의 목적으로 부동산에 관한 대물변제예약을 체결한 채무자가 대물로 변제하기로 한 부동산을 제3자에게 임의로 처분한 경우 배임죄가 성립하지 않는다. (O) [15변시 · 20(1)모 · 15(1)모]

: 대물변제예약에서, 그 약정의 내용에 좇은 이행을 하여야 할 채무는 특별한 사정이 없는 한 '자기의 사무'에 해당하는 것이 원칙이고, 채무자가 대물변제예약에 따라 부동산에 관한 소유권이전등기절차를 이행할 의무는 배임죄에서 말하는 신임관계에 기초하여 채권자의 재산을 보호 또는 관리하여야 하는 '타인의 사무'에 해당한다고 볼 수는 없다(대판(전) 2014도3363). [20변시]

|유제| 차용금을 변제하지 못할 경우 자신의 어머니 소유 부동산에 대한 유증상속분을 대물변제하기로 약정한 채무자가 유증에 의해 그 부동산에 관한 소유권이전등기를 마쳤음에도 이를 대물변제하지 않고 제3자에게 매도한 경우, 부동산 가액 상당의 재산상 이익을 취득하고 피해자에게 동액 상당의 손해를 입혔으므로 배임죄가 성립한다. (X) [18(3) · (2)모 · 17(1)모]

★ 사례문제 기출례 동산의 이중매매시 죄책 [21변사, 21 · 12모사] : 배임죄 긍정설, 부정설(判)

55. 동산매매계약에서 매도인은 매수인에 대하여 그의 사무를 처리하는 지위에 있지 아니하므로, 매도인이 목적물을 매수인에게 인도하지 아니하고 이를 타에 처분하였다 하더라도 배임죄가 성립하지 않는다. (O) [18 · 15변시 · 20(1)모]

: 매매의 목적물이 동산일 경우, 매도인에게 자기의 사무인 동산인도채무 외에 별도로 매수인의 재산의 보호 내지 관리 행위에 협력할 의무가 있다고 할 수 없다(대판(전) 2008도10479).

56. 점포의 임차권 양도계약을 체결한 경우 양수인에게 그 점포를 명도하여 줄 양도인의 의무는 배임죄의 '타인의 사무'에 해당한다. (X)   [21(2)모]

: 이러한 임무는 임차권 양도인으로서 부담하는 채무로서 양도인 자신의 의무일 뿐이지 자기의 사무임과 동시에 양수인의 권리취득을 위한 사무의 일부를 이룬다고 볼 수 없으므로 양도인을 배임죄의 주체인 타인의 사무를 처리하는 자로 볼 수 없다(대판 91도2184).

57. 수분양권 매도인이 수분양권 매매계약에 따라 매수인에게 수분양권을 이전할 의무를 이행하지 아니하고 수분양권 또는 이에 근거하여 향후 소유권을 취득하게 될 목적물을 미리 제3자에게 처분하더라도 형법상 배임죄가 성립하지 않는다. (O)   [23(3)모 · 21법행]

: 수분양권 매도인이 수분양권 매매계약에 따라 매수인에게 수분양권을 이전할 의무(수분양권 매매계약의 매도인은 수분양자에게 명의변경절차를 이행할 계약상 의무를 부담할 뿐 그 수분양권에 근거하여 목적물에 관한 소유권을 취득한 다음 매수인 앞으로 소유권이전등기를 마쳐 줄 의무까지는 없음)는 자신의 사무에 해당할 뿐이므로, 매수인에 대한 관계에서 '타인의 사무를 처리하는 자'라고 할 수 없다(대판 2014도12104).

58. 주권발행 전 주식을 양도한 후, 확정일자 있는 증서에 의한 양도통지 또는 승낙을 갖추어 주어야 할 채무를 이행하지 아니한 채 제3자에게 위 주식을 양도한 경우 배임죄가 성립하지 않는다. (O)   [21(1)모 · 21 · 20법행]

: 양도인이 양수인으로 하여금 회사 이외의 제3자에게 대항할 수 있도록 확정일자 있는 증서에 의한 양도통지 또는 승낙을 갖추어 주어야 할 채무를 부담한다 하더라도 이는 자기의 사무라고 보아야 하고, 이를 양수인과의 신임관계에 기초하여 양수인의 사무를 맡아 처리하는 것으로 볼 수 없다(대판 2015도6057).

★ 사례문제 기출례 배임행위에 대한 악의의 가담자의 죄책 [13모사]

59. 업무상배임죄로 이익을 얻는 수익자를 배임의 실행행위자와 공동정범으로 인정하기 위해서는 실행행위자의 행위가 피해자 본인에 대한 배임행위에 해당한다는 것을 알면서도 소극적으로 배임행위에 편승하여 이익을 취득한 것으로 족하다. (X)   [19변시 · 13(1)모 · 10법행]

: [1] 거래상대방의 대향적 행위의 존재를 필요로 하는 유형의 배임죄에서 배임죄의 실행으로 이익을 얻게 되는 수익자는 배임죄의 공범이 되지 않는 것이 원칙이다.   [18변시]
[2] 업무상배임죄의 실행으로 인하여 이익을 얻게 되는 수익자 또는 그와 밀접한 관련이 있는 제3자를 배임의 실행행위자와 공동정범으로 인정하기 위해서는 실행행위자의 행위가 피해자인 본인에 대한 배임행위에 해당한다는 것을 알면서도 소극적으로 그 배임행위에 편승하여 이익을 취득한 것만으로는 부족하고, 실행행위자의 배임행위를 '교사'하거나 또는 배임행위의 전 과정에 관여하는 등으로 배임행위에 적극 가담할 것을 필요로 하고,
    [25변시 · 23(2)모 · 22(3)모 · 14(2)모]
[3] 관여의 정도가 거기에까지 이르지 아니하면 정범의 행위가 배임행위에 해당한다는 점을 알고 거래에 임하였다는 사정이 있어 외견상 방조행위로 평가될 수 있는 행위가 있었다 할지라도 범죄를 구성할 정도의 위법성은 없다(대판 2005도4915).   [20법행]

60. 배임수재죄가 성립하기 위해서는 타인의 사무를 처리하는 지위를 가진 자가 부정한 청탁을 받아야 하므로, 타인의 사무처리자의 지위를 취득하기 전에 부정한 청탁을 받은 경우에는 배임수재죄로 처벌할 수 없다(대판 2009도12878).   [20변시]

61. 회원제 골프장의 예약업무 담당자가 부킹대행업자의 청탁에 따라 회원에게 제공해야 하는 주말부킹권을 부킹대행업자에게 판매하고 그 대금 명목의 금품을 받은 경우, 배임수재죄가 성립한다(대판 2008도6987).
[19(1)모]

62. 배임수재죄에서 부정한 청탁은 반드시 업무상 배임의 내용이 되는 정도에 이를 필요는 없고, 사회상규 또는 신의성실의 원칙에 반하는 것을 내용으로 하면 충분하나, 그 청탁은 반드시 명시적으로 이루어져야 한다. (X)
[22(2)모 · 18(1)모]

: 그 청탁이 반드시 명시적임을 요하는 것은 아니고 묵시적으로 이루어지더라도 무방하며, 또한 청탁에 따른 일정한 행위가 현실적으로 행해질 것을 요하지 않는다(대판 2008도6987).

63. 청탁 내용이 단순히 규정이 허용하는 범위 내에서 최대한 선처를 바란다는 내용에 불과하거나 위탁받은 사무의 적법하고 정상적인 처리범위에 속하는 것이라면 그 청탁의 사례로 금품을 수수하는 것은 배임수재에 해당하지 않는다(대판 82도1656).
[20변시]

64. 보도의 대상이 되는 자가 언론사 소속 기자에게 사실상 광고를 언론 보도인 것처럼 가장하여 달라는 취지로 이른바 유료 기사 게재를 청탁하는 행위는, 그 기사의 내용이 객관적 사실에 부합하는 한 언론 보도의 공정성 및 객관성에 대한 공공의 신뢰를 저버리는 것이 아니므로 부정한 청탁에 해당하지 않는다. (X) [22(2)(3)모]

: 보도의 대상이 되는 자가 언론사 소속 기자에게 소위 '유료 기사' 게재를 청탁하는 행위는 사실상 '광고'를 '언론 보도'인 것처럼 가장하여 달라는 것으로서 배임수재죄의 부정한 청탁에 해당한다. 설령 '유료 기사'의 내용이 객관적 사실과 부합하더라도, 언론 보도를 금전적 거래의 대상으로 삼은 이상 그 자체로 부정한 청탁에 해당한다(대판 2019도17102).
[22(2)모]

65. A 언론사 논설주간으로서 사설 작성 방향에 관여하거나 경제분야에 관한 칼럼을 작성하는 등 언론계에서 상당한 영향력이 있다고 평가받는 甲이 B 기업의 대표이사인 乙로부터 우호적인 여론형성에 도움을 달라는 취지의 청탁과 함께 자신의 유럽여행 비용 약 4,000만 원을 지불받았다면 甲에게는 배임수재죄가 성립한다. (O)
[25변시]

: 언론인이 평론의 대상이 되는 특정인 내지 특정 기업으로부터 경제적 이익을 제공받으면서 우호적 여론 형성 등에 관한 청탁을 받는 것은 언론의 공정성, 객관성, 언론인의 청렴성, 불가매수성에 대한 공공의 신뢰를 저버리는 것이라는 점에서 사회상규 또는 신의성실의 원칙에 반하는 배임수재죄의 부정한 청탁에 해당한다(대판 2020도1263).

66. 사회복지법인의 설립자 내지 운영자가 사회복지법인 운영권을 양도하고 양수인으로부터 양수인측을 사회복지법인의 임원으로 선임해 주는 대가로 양도대금을 받기로 하는 내용의 '청탁'을 받았다 하더라도, 특별한 사정이 없는 한 사회상규 또는 신의성실의 원칙에 반하는 것을 내용으로 하는 청탁이라고 할 수 없으므로 이를 배임수재죄의 성립 요건인 '부정한 청탁'에 해당한다고 할 수 없다(대판 2010도16681).
[19(1)모]

67. 배임수재죄 및 배임증재죄에서 공여 또는 취득하는 재물 또는 재산상 이익은 반드시 부정한 청탁에 대한 대가 또는 사례일 필요가 없다. (X)
[20변시]

: 배임수재죄 및 배임증재죄에서 공여 또는 취득하는 재물 또는 재산상 이익은 부정한 청탁에 대한 대가 또는 사례여야 한다(대판 2014도17211).

68. ① 타인 소유의 특허권을 명의신탁받아 관리하는 업무를 수행해 오다가 제3자로부터 특허권을 이전해 달라는 제의를 받고 대금을 지급받고는 그 타인의 승낙도 받지 않은 채 제3자 앞으로 특허권을 이전등록한 경우에는 업무상배임죄가 성립한다(대판 2014도17211 참조). [18변시]
② 甲이 특허권에 대하여 A로부터 명의신탁을 받아 관리하는 업무를 맡아오던 乙과 양수대금을 1,000만 원으로 정하여 그 특허권에 관한 양도양수계약을 체결하고 특허권의 전부 이전등록을 받음과 동시에 乙에게 그 양수대금 1,000만 원을 지급한 경우, 乙에게 배임수재죄가 성립한다. (X) [19(1)모]

: 거래상대방의 대향적 행위의 존재를 필요로 하는 유형의 배임죄에서 거래상대방이 양수대금 등 거래에 따른 계약상 의무를 이행하고 배임행위의 실행행위자가 이를 이행받은 것을 두고 부정한 청탁에 대한 대가로 수수하였다고 쉽게 단정하여서는 아니 된다(대판 2014도17211).

★
69. 공사 발주처의 입찰 업무를 처리하는 자가 공사업자와 공모하여 부정한 방법으로 낙찰하한가를 알아낸 다음 공사업자에게 알려주어 발주처가 공사업자를 낙찰자로 선정하도록 하여 공사계약의 체결에 이르게 하고 공사업자에게서 돈을 수수한 경우 배임수재죄가 성립하지 아니한다. (O) [19(1)모]

: 공동의 사기 범행으로 인하여 얻은 돈을 공범자끼리 수수한 행위가 공동정범들 사이의 범행에 의하여 취득한 돈이나 재산상 이익의 내부적인 분배행위에 지나지 않는다면 돈의 수수행위가 따로 배임수증재죄를 구성한다고 볼 수는 없다(대판 2015도18795). [23변시]

70. 금융기관 임직원이 대출상대방과 공모하여 임무에 위배하여 담보가치를 초과하는 금원을 대출하여 주고 대출금 중 일부를 되돌려 받기로 한 다음 그에 따라 약정된 금품을 수수하는 경우, 부실대출로 인한 업무상배임죄 외에 별도로 특정법위반(수재등)죄가 성립한다. (X) [16사시]

: 이 경우 약정된 금품을 수수하는 것은 부실대출로 인한 업무상배임죄의 공동정범들 사이의 내부적인 이익분배에 불과한 것이고, 별도로 그러한 금품 수수행위에 관하여 특정법위반(수재등)죄가 성립하는 것은 아니라고 할 것이다(대판 2013도7201).

71. 부정한 청탁을 받고 나서 사후에 재물 또는 재산상 이익을 취득하였다면 재물 또는 재산상 이익이 청탁의 대가이더라도 배임수재죄가 성립하지 아니한다. (X) [20변시・18(1)모・09사시]

: 타인의 사무를 처리하는 자가 그 임무에 관하여 부정한 청탁을 받은 이상 그 후 사직으로 인하여 그 직무를 담당하지 아니하게 된 상태에서 재물을 수수하게 되었다 하더라도, 그 재물 등의 수수가 부정한 청탁과 관련하여 이루어진 것이라면 배임수재죄가 성립한다(대판 97도2042).

72. ★★
① 배임수재죄는 타인의 사무를 처리하는 자가 그 임무에 관하여 부정한 청탁을 받고 재물 또는 재산상의 이익을 취득한 경우는 물론, 제3자로 하여금 이를 취득하게 한 때에도 성립한다(개정 형법 제357조 제1항).   [23변시]

② 배임수증재죄의 제3자에는 다른 특별한 사정이 없는 한 사무처리를 위임한 타인은 포함되지 않는다(대판 2019도17102).   [22법행]

③ 부정한 청탁에 따른 재물이나 재산상 이익이 외형상 사무처리를 위임한 타인에게 지급된 것으로 보이더라도 사회통념상 그 타인이 재물 또는 재산상 이익을 받은 것을 부정한 청탁을 받은 사람이 직접 받은 것과 동일하게 평가할 수 있는 경우에는 배임수재죄가 성립될 수 있다(대판 2019도17102).   [22(2)모][23모1]

답 ○, ○, ○

▌유제▌ 타인의 사무를 처리하는 자가 제3자로 하여금 재물 또는 재산상의 이익을 취득하게 한 경우에는 부정한 청탁을 받은 사무처리자가 직접 받은 것과 동일하게 평가할 수 있는 관계가 있는 경우가 아닌 한 배임수재죄가 성립되지 않는다. (X)   [22(3)모]

73. 甲은 A조합 이사장으로서 A조합이 주관하는 지역축제의 대행기획사를 선정하는 과정에서 최종 기획사로 선정될 경우 조합운영비를 지원하겠다는 B회사의 약속에 따라 위 축제가 끝난 후 B회사로부터 A조합운영비 명목으로 5,000만 원을 교부받아 A조합운영비로 사용하였다면 배임수재죄가 성립하지 않는다. (O)   [17변시]

: 이 경우 이사장이 개인적인 이익을 위해서가 아니라 위 금원을 받아 조합의 운영경비로 사용한 것이므로 배임수재죄는 성립하지 않는다(대판 2006도1202).

74. 배임수재죄에서 말하는 재산상 이익의 취득이라 함은 현실적인 취득만을 의미하는 것이 아니라 단순한 요구 또는 약속을 한 경우도 포함한다. (X)   [20변시 · 16사시]

: 배임수재죄에서 말하는 '재산상의 이익의 취득'이라 함은 현실적인 취득만을 의미하므로 단순한 요구 또는 약속만을 한 경우에는 이에 포함되지 아니한다(대판 98도4182).   [22(3)모]

75. 타인의 사무를 처리하는 자가 증재자로부터 돈이 입금된 계좌의 예금을 인출할 수 있는 현금카드를 교부받아 이를 소지하면서 언제든지 위 현금카드를 이용하여 예금된 돈을 인출할 수 있다면, 예금된 돈을 재물로 취득한 것으로 보아야 한다(대판 2017도11564).   [23변시 · 22(3)모 · 19(1)모]

76. 배임수증재죄는 재물 또는 이익의 취득 또는 공여만으로 기수에 이르며, 그 청탁에 상응하여 부정행위 내지 배임행위에 나아갈 것이 요구되지 아니한다(대판 2009도10681).   [18(1)모]

77. [1] 타인의 사무를 처리하는 자가 동일인으로부터 그 직무에 관하여 부정한 청탁을 받고 여러 차례에 걸쳐 금품을 수수한 경우, 그것이 단일하고도 계속된 범의 아래 일정기간 반복하여 이루어진 것이고 그 피해법익도 동일한 때에는 이를 포괄일죄로 보아야 한다.

[2] 다만, 여러 사람으로부터 각각 부정한 청탁을 받고 그들로부터 각각 금품을 수수한 경우에는 비록 그 청탁이 동종의 것이라고 하더라도 단일하고 계속된 범의 아래 이루어진 범행으로 보기 어려워 그 전체를 포괄일죄로 볼 수 없다(대판 2008도6987).   [22변시 · 11(1)모 · 15사시]

78. 배임수·증재죄에서 수재자가 증재자로부터 받은 재물을 그대로 가지고 있다가 증재자에게 반환하였다면 증재자로부터 이를 몰수하거나 그 가액을 추징하여야 한다(대판 2016도18104). [23·19변시]

79. 배임수재죄에서 타인의 업무를 처리하는 자에게 공여한 금품에 부정한 청탁의 대가로서의 성질과 그 외의 행위에 대한 사례로서의 성질이 불가분적으로 결합되어 있는 경우에는 그 전부가 불가분적으로 부정한 청탁의 대가로서의 성질을 갖는 것으로 보아야 한다(대판 2019도17102). [23변시]

80. 배임수재죄와 배임증재죄가 필요적 공범관계에 있다 하더라도 반드시 수재자와 증재자가 모두 처벌되어야 하는 것은 아니고, 증재자에게는 정당한 업무에 속하는 청탁이라도 수재자에게는 부정한 청탁이 될 수도 있다(대판 2010도7624). [18(1)모·13법행]

제7절 장물에 관한 죄

1. 장물죄의 본질에 관한 추구권설에 의하면 불법원인급여물은 장물성이 인정되지 않는다. (O) [23(2)모·13(2)모]

   : 추구권설에 의하면 피해자가 반환청구권을 가질 수 없는 불법원인급여물이나 시효가 완성된 물건은 장물성을 상실한다.

2. 제365조(친족간의 범행) ① 전3조의 죄를 범한 자와 피해자간에 제328조 제1항, 제2항의 신분관계가 있는 때에는 동조의 규정을 준용한다.
   ② 전3조의 죄를 범한 자와 본범간에 제328조 제1항의 신분관계가 있는 때에는 그 형을 감경 또는 면제한다. 단, 신분관계가 없는 공범에 대하여는 예외로 한다. [23변선·24·19모사]

   ┃조문1┃ 장물범인 甲이 본범의 피해자인 乙과 동거하지 않는 친족인 경우에는 乙의 고소가 있어야 공소를 제기할 수 있다. (O) [11(1)모·07사시]

   ┃조문2┃ 장물죄의 범인과 본범간에 직계혈족, 배우자, 동거친족, 동거가족 또는 그 배우자의 관계가 있을 때에는 형의 필요적 감면사유가 된다. (O) [14사시·03법행] [19(2)사]

   ★ 사례문제 기출례 장물죄의 행위주체 [22·20·19변사 등]

3. ① 합동절도죄의 공동정범이 합동절도범이 훔친 현금을 분배받은 행위는 장물취득죄에 해당한다.(X) [12(2)모·05법행]
   ② 본범에 대한 협의의 공범이 본범이 취득한 장물을 건네받아 보관하였다면 본범의 공범과 장물보관죄의 실체적 경합범이 성립한다. (O) [15(2)모·10(1)모]

   : 장물죄는 타인이 불법하게 영득한 재물의 처분에 관여하는 범죄이므로 본범의 정범(합동범, 공동정범, 간접정범 포함)은 장물죄의 주체가 될 수 없다. 그러나 본범의 교사범·방조범은 장물죄의 주체가 될 수 있고, 절도나 횡령을 교사한 자가 장물을 취득한 때에는 절도 또는 횡령교사죄와 장물죄의 경합범이 된다(대판 86도1273).

4. 평소 본범과 공동하여 수차 상습으로 절도 등 범행을 함으로써 실질적인 범죄집단을 이루고 있었던 甲이 본범으로부터 장물을 취득하였다면, 본범이 범한 당해 절도범행에 있어서 정범자(공동정범이나 합동범)가 되지 아니하더라도 甲의 장물취득행위는 불가벌적 사후행위에 해당한다. (X) [20변시]

: 당해 범죄행위의 정범자(공동정범이나 합동범)로 되지 아니한 이상 이를 자기의 범죄라고 할 수 없고 따라서 그 장물의 취득을 불가벌적 사후행위라고 할 수 없다(대판 86도1273).

5. 동력규정을 장물의 죄에 준용하는 명문의 규정이 없더라도 관리할 수 있는 동력은 장물이 된다(대판 72도971). [24(2)모·14(1)모]

★ 사례문제 기출례 대체장물, 환전통화의 장물성 [19·17변사, 24·22모사 등]

6. 장물을 매각한 대금으로 받은 돈이나 장물과 교환한 재물은 물론, 장물인 돈으로 매입한 재물은 모두 장물이 될 수 없다. (O) [10(1)모·02사시]

: 장물은 재산범죄에 의하여 영득한 재물 그 자체이거나 재물의 물질적 동일성을 잃지 않아야 한다(대판 72도971).

7. 甲은 본인 명의의 계좌를 새로 개설하여 특수강도로 취득한 자기앞수표 총 5매를 모두 입금하였다가, 며칠 뒤 다시 5억 원 전액을 현금으로 인출한 후, 甲과 따로 살고 있는 사촌 형 丙에게 위 사실관계를 모두 말해주면서 위 현금 5억 원을 당분간 보관해 달라고 부탁하였다. 이에 동의한 丙은 그 돈을 건네받아 보관하던 중, A의 신고로 수사가 개시되었다. [23변시]
① 丙에게 장물보관죄가 성립하지 않는다. (X) [22(1)기·20(1)사]

: 장물인 현금을 금융기관에 예금의 형태로 보관하였다가 이를 반환받기 위하여 동일한 액수의 현금을 인출한 경우에 예금계약의 성질상 인출된 현금은 당초의 현금과 물리적인 동일성은 상실되었지만 액수에 의하여 표시되는 금전적 가치에는 아무런 변동이 없으므로 장물로서의 성질은 그대로 유지된다(대판 98도2579).
[23(2)모·22(2)모·19(1)모]

8. ② 만약 丙에게 장물보관죄가 성립한다면, 丙에 대한 장물보관죄에 대하여는 甲과 丙 사이의 친족관계를 이유로 그 형을 감경 또는 면제하여야 한다. (X)

: 장물의 죄를 범한 자와 본범간에 제328조 제1항의 신분관계가 있는 때에는 그 형을 감경 또는 면제한다(제365조 제2항). 사안에서 丙은 본범 甲과 별거하는 사촌 형이므로 형을 감면할 수 없다.

★ 사례문제 기출례 장물보관 중 임의처분시 횡령죄 성부 [19·16·12모사]

9. 절도범인으로부터 장물보관의뢰를 받은 자가 그 정을 알면서 이를 인도받아 보관하고 있거나 업무상 과실로 장물을 보관하고 있다가 임의처분하였다 하여도 장물보관죄·업무상과실장물보관죄가 성립되는 때에는 이미 그 소유자의 소유물추구권을 침해하였으므로 그 후의 횡령행위는 불가벌적 사후행위에 불과하여 별도로 횡령죄가 성립하지 않는다(대판 76도3067). [13(1)(2)모][19(2)사]

10. 양도담보로 제공한 물건을 다시 다른 사람에게 양도한 경우, 그 물건은 장물에 해당하지 않는다. (O) [19(1)모]

: 채무자가 양도담보된 동산을 처분하는 행위는 배임죄에도 해당하지 않는 민사문제일 뿐이다(대판 2019도9756).

11. 형사미성년자가 절취한 재물임을 알고 이를 취득한 자는 장물취득죄에 해당한다. (O) [15(2)모]

: 장물죄의 본범이 구성요건에 해당하고 위법하면 충분하고 본범의 행위가 유책할 것은 요하지 않으며 또한 소추되거나 확정판결에 의해 처벌받을 것은 요하지 않는다.

▎유제▎ 장물이란 재산죄인 범죄행위에 의하여 영득된 물건을 말하는 것으로서, 여기에서의 범죄행위는 본범의 구성요건에 해당하는 위법한 행위일 것을 요한다(2010도15350). (O) [22(1)모]

▎유제▎ 본범이 범한 죄가 친고죄인 경우에 고소가 없거나 공소시효가 완성되어 소추할 수 없는 경우에도 장물죄는 성립한다. (O) [10(1)모]

12. 미국 캘리포니아주에 거주하는 한국인 甲은 현지 리스회사로부터 차량을 리스하여 사용하다가 그 정을 알고 있는 국내에 거주하는 한국인 乙에게 임의로 처분하였다. 乙은 위 사실을 숨기고 丙에게 위 자동차를 매도하였다. 乙이 甲으로부터 자동차를 매수한 행위는 장물취득죄를 구성하고, 乙이 丙에게 자동차를 매도한 행위는 사기죄를 구성한다. (O) [14(3)모]

: 위 차량들의 소유권은 리스회사에 속하고, 리스이용자들은 리스회사에 대한 관계에서 위 차량들에 관한 보관자로서의 지위에 있으므로, 위 차량들을 임의로 처분한 행위는 형법상 횡령죄의 구성요건에 해당하는 위법한 행위로 평가되고 이에 의하여 영득된 위 차량들은 장물에 해당한다(대판 2010도15350. 장물취득죄 성립). 부동산이나 등록으로 공시하는 동산인 자동차 등은 선의취득의 대상이 되지 아니하므로 편취 또는 횡령한 자동차를 자기 물건인 것처럼 속이고 타인에게 판매하는 것은 사기죄를 구성할 수 있다.

▎유제▎ 본범이 형법이 적용되지 않는 외국인의 국외범이라도 장물죄는 성립한다. (O) [15(2)모]

★
13. 재산범죄를 저지른 이후에 별도의 재산범죄의 구성요건에 해당하는 사후행위가 있었다면 비록 그 행위가 불가벌적 사후행위로서 처벌의 대상이 되지 않는다 할지라도 그 사후행위로 인하여 취득한 물건은 재산범죄로 인하여 취득한 물건으로서 장물이 될 수 있다(대판 2004도353). [20변시·24(1)모·23(2)모·22(1)(2)모]

14. 권한 없이 인터넷뱅킹으로 타인의 예금계좌에서 자신의 예금계좌로 돈을 이체하는 방법으로 예금채권을 취득한 다음 자기의 현금카드를 사용하여 현금자동지급기에서 현금을 인출하는 경우 그 인출된 현금은 장물이 될 수 없다. (O) [20변시·24(1)모·22(2)모·21(1)모·19(1)모]

: 甲이 컴퓨터등사용사기죄에 의하여 취득한 예금채권은 재물이 아니라 재산상 이익이므로, 그가 자신의 예금계좌에서 돈을 인출하였더라도 장물을 금융기관에 예치하였다가 인출한 것으로 볼 수 없으므로 乙의 장물취득죄의 성립은 부정된다(대판 2008도2440). [19·14변시·14(3)모·13(1)모]

▎유제▎ 甲이 권한 없이 인터넷뱅킹을 이용하여 타인의 예금계좌에서 자신의 예금계좌로 돈을 이체한 후 그 중 일부를 인출하여 그 정을 아는 乙에게 교부한 경우 乙에게는 장물취득죄가 성립한다. (X) [24·19·14변시·14(3)모·13(1)모]

★ 사례문제 기출례 자신의 계좌를 양도한 사기방조자가 인출시 장물죄 성부 [14변사, 22모사]

15. 甲이 자기명의의 예금통장과 비밀번호, 도장 등을 양도하는 방법으로 본범 乙의 사기 범행을 방조한 다음, 乙의 범행 결과 자기의 예금계좌에 입금된 돈을 乙이 미처 인출하기에 앞서 인출한 경우 사기죄의 방조범 이외에 장물취득죄가 성립한다. (X)   [21·19·15변시·23(2)모·14(3)모]

: [1] 피해자가 본범의 기망행위에 속아 '현금'을 피고인 명의의 은행 예금계좌로 송금하였다면, 이는 '재물'에 해당하는 현금을 교부하는 방법이 예금계좌로 송금하는 형식으로 이루어진 것에 불과하여, 피해자의 은행에 대한 예금채권은 당초 발생하지 않는다.   [12변시·17(1)모]
[2] 피고인이 자신의 예금계좌에서 위 돈을 인출하였다 하더라도 이는 예금명의자로서 은행에 예금반환을 청구한 결과일 뿐 본범으로부터 위 돈에 대한 점유를 이전받아 사실상 처분권을 획득한 것은 아니므로, 피고인의 위와 같은 인출행위를 장물취득죄로 벌할 수는 없다(대판 2010도6256).   [21(1)모]
- 장물성은 인정되나 장물취득은 부정

┃유제┃ 사기 범행의 피해자로부터 현금을 예금계좌로 송금받은 경우 사기죄의 객체는 재산상 이익이 아니라 재물이다. (O)   [12변시·17(1)모]

16. 甲이 단순히 보수를 받고 본범인 乙을 위하여 장물을 일시 사용하거나 사용할 목적으로 장물을 건네받은 것만으로는 장물을 취득한 것으로 볼 수 없다. (O)   [12변시·23(2)모·22(2)모·14(3)모]

: 장물취득죄에서 '취득'이라고 함은 점유를 이전받음으로써 그 장물에 대하여 사실상의 처분권을 획득하는 것을 의미하는 것이므로(대판 2003도1366 등), 사안은 장물보관죄에 해당한다.

17. 본범이 절취한 차량이라는 정을 알면서 본범으로부터 그 차량을 이용하여 강도를 하기 위하여 차량을 운전해 달라는 부탁을 받고 그 차량을 운전해 준 경우 장물운반죄가 성립한다. (O)   [22(1)모·16(1)모·15(2)모]

: 강도예비와 아울러 장물운반의 고의를 가지고 위와 같은 행위를 하였다고 보아야 한다(대판 98도3030).

18. 채권의 담보로 교부받은 수표가 장물이라는 사실을 알게 되었으면서도 이를 계속 보관한 경우 장물보관죄가 성립한다. (X)   [10(1)모·11사시·08법행]

: 장물인 정을 모르고 장물을 보관하였다가 그 후에 장물인 정을 알게 된 경우에도 점유할 권한이 있는 때에는 이를 계속하여 보관하더라도 장물보관죄가 성립하지 않는다(대판 2004도6084).   [22(1)모·17(1)모·15(2)모]

19. A로부터 장물인 귀금속의 매도를 부탁받은 甲이 그 귀금속이 장물임을 알면서도 매매를 중개한 후, 매수인 B에게 이를 전달하려다가 B를 만나기 전에 체포되었다면 甲에게는 장물알선죄가 성립한다. (O)   [17변시·17(1)모·13(2)모]

: 장물인 정을 알면서, 장물을 취득·양도·운반·보관하려는 당사자 사이에 서서 서로를 연결하여 장물의 취득·양도·운반·보관행위를 중개하거나 편의를 도모하였다면, 그 알선에 의하여 당사자 사이에 실제로 장물의 취득·양도·운반·보관에 관한 계약이 성립하지 아니하였거나 장물의 점유가 현실적으로 이전되지 아니한 경우라도 장물알선죄가 성립한다(대판 2009도1203).   [13변시][24모사]

20. ① 장물에 대한 인식은 확정적 인식임을 요하지 않으며 장물일지도 모른다는 의심을 가지는 정도의 미필적 인식으로도 충분하다(대판 94도1968).   [17(1)모]
② 장물죄의 고의는 범인이 장물이라는 정을 알면 족하고 그 본범의 범행을 구체적으로 알아야 하는 것은 아니다(대판 68도1474).   [22(1)모·19(1)모]

21. ① 장물죄는 업무상과실 또는 중과실의 경우만을 처벌하고 보통과실의 경우는 처벌하지 않는다. (O)
[18(1)모]

② 업무상과실장물취득죄는 업무상 과실에 의하여 단순과실장물취득죄보다 형이 가중되는 가중적 구성요건이다. (X)
[04·08사시]

: 업무상과실장물취득죄의 '업무자'라는 신분은 구성적 신분으로 본 죄는 진정신분범이다.

❘유제❘ 업무상과실장물죄에서 업무자의 신분은 부진정신분범 요소이다. (X)
[19변시·12(2)모]

22. 시계점을 경영하면서 중고시계의 매매도 하고 있는 피고인이 장물로 판정된 시계를 매입함에 있어 매도인에게 그 시계의 구입장소, 구입시기, 구입가격, 매각이유 등을 묻고 비치된 장부에 매입가격 및 주민등록증에 의해 확인된 위 매도인의 인적사항 일체를 사실대로 기재하였다면, 위 매도인의 신분이나 시계출처 및 소지 경위에 대한 위 매도인의 설명의 진부에 대하여서까지 확인하여야 할 주의의무가 있다고는 보기 어렵다(대판 83도2982).
[19(2)모]

23. 금은방을 운영하는 자는 전당물을 취득함에 있어 좀 더 세심한 주의를 기울였다면 그 물건이 장물임을 알 수 있는 특별한 사정이 있다면, 신원확인절차를 거치는 이외에 매수물품의 성질과 종류 및 매도자의 신원 등에 더 세심한 주의를 기울여 전당물인 귀금속이 장물인지의 여부를 확인할 주의의무를 부담한다(대판 2003도348).
[18변시]

제8절 손괴의 죄

1. 재물손괴죄는 소유의 타인성을 요건으로 하므로 자기가 점유하는 타인 소유의 문서를 손괴한 경우에는 이에 해당한다(대판 184도2290).
[16사시]

❘유제❘ 임대인 甲은 피해자 임차인으로부터 전세보증금을 받고 甲명의로 영수증을 작성교부한 뒤, 위 전세보증금을 반환하겠다고 말하여 피해자로부터 위 영수증을 교부받고 나서 전세금을 반환하기도 전에 이를 찢어버렸다. 甲의 행위는 문서손괴죄에 해당한다. (O)
[14사시]

2. 甲은 A가 B로부터 매수한 토지의 경계 부분에 A의 토지 매수 전 甲이 식재하였던 수목 5그루를 전기톱을 이용하여 절단하였는데 위 토지에 수목을 식재할 당시 토지 소유권자인 B로부터 그에 관한 명시적 또는 묵시적 승낙·동의 등을 받았더라도 위 수목은 토지에 부합하고 있는 것이므로 甲에게 특수재물손괴죄가 성립한다. (X)
[24(3)모]

: 피고인이 피해자 甲이 乙로부터 매수한 토지의 경계 부분에 매수 전 자신이 식재하였던 수목을 전기톱을 이용하여 절단한 경우, 제반 사정에 비추어 피고인이 수목을 식재할 당시 토지의 전 소유자 乙로부터 명시적 또는 묵시적으로 승낙·동의를 받았거나 적어도 토지 중 수목이 식재된 부분에 관하여는 무상으로 사용할 것을 허락받았다면 그 수목은 토지에 부합하는 것이 아니라 이를 식재한 피고인에게 소유권이 귀속되므로 피고인에게 특수재물손괴죄는 성립할 수 없다(대판 2023도11885).

3. 약속어음의 수취인이 차용금의 지급담보를 위하여 은행에 보관시킨 약속어음을 은행지점장이 발행인의 부탁을 받고 그 지급기일란의 일자를 지움으로써 그 효용을 해한 경우에는 문서손괴죄가 성립한다(대판 82도223).
[13(3)모·13·10법행]

4. 다른 사람의 소유물을 본래의 용법에 따라 무단으로 사용·수익하는 행위는 소유자가 물건의 효용을 누리지 못하게 하는 것이므로 재물손괴죄를 구성한다. (X) [23(2)모]

[1] 다른 사람의 소유물을 본래의 용법에 따라 무단으로 사용·수익하는 행위는 소유자를 배제한 채 물건의 이용가치를 영득하는 것이고, 그 때문에 소유자가 물건의 효용을 누리지 못하게 되었더라도 효용 자체가 침해된 것이 아니므로 재물손괴죄에 해당하지 않는다.
[2] 부지의 점유 권원 없는 건물 소유자였던 피고인이 토지 소유자와의 철거 등 청구소송에서 패소하고 강제집행을 당했는데도 타인 소유 토지에 무단으로 건물을 신축한 행위는 토지를 본래의 용법에 따라 사용·수익함으로써 그 소유자로 하여금 효용을 누리지 못하게 한 것일 뿐 효용을 침해한 것이 아니므로 손괴죄는 성립하지 않는다(대판 2022도1410).

┃유제┃ 甲은 乙 소유 토지 위에 있는 X건물을 소유하고 있었는데 乙이 제기한 건물철거소송에서 패소하여 X건물이 철거되자 위 토지 위에 Y건물을 신축하였다. 甲이 Y건물을 무단으로 신축한 행위는 乙 소유 토지의 효용 자체를 침해한 것으로 재물손괴죄에 해당한다. (X) [24변시]

5. 물건을 본래의 사용목적에 공할 수 없게 하는 상태로 만드는 것이 아니라 일시 이용할 수 없는 상태로 만드는 것도 손괴죄에 해당한다(대판 92도1345). [03·10법행]

6. 타인 건물의 자동문을 자동으로 작동하지 않고 수동으로만 개폐가 가능하게 하여 자동잠금장치로서의 기능을 할 수 없도록 한 경우 재물손괴죄가 성립한다(대판 2016도9219). [23(2)모·18(2)모·17(2)모]

7. [1] 해고노동자 등이 복직을 요구하는 집회를 개최하던 중 래커 스프레이를 이용하여 회사 건물 외벽과 1층 벽면 등에 낙서한 행위는 건물의 효용을 해한 것으로 볼 수 있으므로 손괴죄가 성립하나, (O)
[2] 이와 별도로 계란 30여 개를 건물에 투척한 행위는 건물의 효용을 해하는 정도의 것에 해당하지 않는다(대판 2007도2590). [24변시·12(3)모·13법행] [24모사]

답 O, O

8. 소유자의 의사에 따라 특정한 장소에 게시 중인 문서를 소유자의 의사에 반하여 떼어내는 행위는 소유자의 의사에 따라 형성된 종래의 이용상태를 변경시켜 종래의 상태에 따른 이용을 일시적으로 불가능하게 하는 것이므로 문서손괴죄를 구성한다(대판 2014도13083). [23(2)모]

9. ① 재물의 효용을 해한다고 함은 사실상으로나 감정상으로 그 재물을 본래의 사용목적에 제공할 수 없게 하는 상태로 만드는 것을 말하며, 일시적으로 그 재물을 이용할 수 없거나 구체적 역할을 할 수 없는 상태로 만드는 것도 포함한다. (O) [23(2)모]
② 甲은 주차된 乙의 차량 앞에 철근콘크리트 구조물을, 뒤에 굴삭기 크러셔를 바짝 붙여 놓아 乙이 약 17시간 동안 위 차량을 운행할 수 없게 하였다. 甲이 乙의 차량을 운행할 수 없게 한 행위는 차량 본래의 효용을 해한 것으로 재물손괴죄에 해당한다. (O) [24변시·23(2)모]

: 차량 자체에 물리적 훼손이나 기능적 효용의 멸실 내지 감소가 발생하지 않았더라도 乙이 위 구조물로 인해 차량을 운행할 수 없게 됨으로써 일시적으로 본래의 사용목적에 이용할 수 없게 된 이상 차량 본래의 효용을 해한 경우라고 보아야 한다(대판 2019도13764).

10. 甲 소유의 토지를 임차하여 쪽파를 재배한 乙이 명인방법을 갖추지 않고 쪽파를 제3자에게 매도하였으나, 일정 기간 내에 수확하지 않은 쪽파는 임의처분할 수 있다는 甲과 乙 사이의 약정에 따라 甲이 위 기간 경과 후 수확되지 아니한 쪽파를 갈아 엎은 경우 손괴죄가 성립한다. (X) [05사시·13법행]

: 쪽파의 매수인이 명인방법을 갖추지 않은 경우, 쪽파에 대한 소유권을 취득하였다고 볼 수 없어 그 소유권은 여전히 매도인에게 있고 매도인과 제3자 사이에 일정 기간 후 임의처분의 약정이 있었다면 그 기간 후에 제3자가 쪽파를 손괴하였더라도 재물손괴죄가 성립하지 않는다(대판 95도2754).

제9절 권리행사를 방해하는 죄

권리행사방해죄

★★ 사례문제 기출례 소유자가 비소유자에게 권리행사방해를 교사한 사례 [25변사, 20모기]

1. ① 물건의 소유자가 아닌 사람은 형법 제33조 본문에 따라 소유자의 권리행사방해 범행에 가담한 경우에 한하여 그의 공범이 될 수 있을 뿐이다. 그러나 권리행사방해죄의 공범으로 기소된 물건의 소유자에게 고의가 없는 등으로 범죄가 성립하지 않는다면 공동정범이 성립할 여지가 없다(대판 2017도4578). (O) [21·20변시·21(2)모]

② 甲은 자기소유 건물 5층에서 A가 2개월 동안 임시로 거주하는 것을 동의하였는데 甲은 2개월 후 A가 퇴거하지 않자 A에게 퇴거를 요구하였으나 받아들여지지 않아 A를 내쫓을 목적으로 아들 乙에게 위 건물 5층 현관문에 설치된 甲 소유의 디지털 도어락의 비밀번호를 변경할 것을 지시하였고 乙이 그 지시에 따라 위 도어락의 비밀번호를 변경한 경우, 甲에게 권리행사방해교사죄가 성립한다. (X) [24(3)모]

: 甲이, 자신이 관리하는 건물 5층에 거주하는 피해자를 내쫓을 목적으로 자신의 아들인 乙을 교사하여 그곳 현관문에 설치된 甲 소유 디지털 도어락의 비밀번호를 변경하게 한 경우, 乙이 자기의 물건이 아닌 위 도어락의 비밀번호를 변경하였다고 하더라도 권리행사방해죄가 성립할 수 없고, 정범인 乙의 권리행사방해죄가 인정되지 않는 이상 교사자인 甲에 대하여 권리행사방해교사죄도 성립할 수 없다(대판 2022도5827). - 간접정범은 가능 [25변사]

★
2. 주식회사의 대표이사 甲이 대표이사의 지위에 기하여 그 직무집행행위로서 타인이 적법하게 점유하는 위 회사의 물건을 취거하였다 하더라도, 그 물건은 甲의 소유가 아니므로 甲에게 권리행사방해죄가 성립하지 않는다. (X) [23변시·06사시·10법행] [23모사]

: 위 행위는 위 회사의 대표기관으로서의 행위라고 평가되므로, 위 회사의 물건도 권리행사방해죄에 있어서의 '자기의 물건'이라고 보아야 할 것이다(대판 91도1170). [24모사]

3. A주식회사의 실질적인 대표이사인 甲이 지입차주인 B, C가 지입료 납부를 거부하거나 지체하였다는 이유로 그들이 점유하는 A주식회사 명의의 트럭을 무단으로 가져온 경우 권리행사방해죄가 성립한다(대판 2002도6088). [13사시·10법행]

4. A가 처음부터 자동차대여사업자등록만 하고 실제로 영업할 의사가 없이 렌트카 회사인 B 주식회사를 설립한 다음 C 주식회사 등의 명의로 저당권등록이 되어 있는 다수의 차량들을 사들여 B 회사 소유의 영업용 차량으로 등록하였다. 이후 A는 지입차주들로 하여금 차량을 관리·처분하도록 하여 C 회사 등의 임의경매가 차량 소재파악 불가 등의 사유로 취소되도록 하고, 결국 자동차대여사업자등록 취소처분을 받아 차량등록을 직권말소시켜 저당권 등도 소멸되게 하였다. A에게는 C 회사 등에 대한 권리행사방해죄가 성립한다(대판 2017도2230). [20법행]

5. 피고인이 택시를 회사에 지입하여 운행하다가 회사의 요구로 위 택시를 회사 차고지에 입고하였다가 회사의 승낙을 받지 않고 가져간 행위는 권리행사방해죄에 해당하지 않는다. (O) [19(2)모·10사시]

: 위 택시는 그 등록명의자인 회사의 소유이고 피고인의 소유는 아니므로 권리행사방해죄의 객체가 되지 아니한다(대판 2000도5767).

▌유제▐ 차량의 실소유자인 甲은 자동차등록원부에 제3자인 B의 명의로 등록되어 있는 그 차량을 A에게 자신의 채무에 대한 담보로 제공하였는데, 甲이 A와 사이가 나빠지자 A의 승낙을 받지 않고 미리 소지하고 있던 위 차량의 보조키를 이용하여 위 차량을 운전하여 가져가 버린 경우, 권리행사방해죄는 성립하지 않는다(대판 2005도6604).
— A에 대하여 소유자는 B이므로 甲의 소유가 인정되지 않는다. [17변시·19(2)모]

★ 사례문제 기출례 명의신탁 등에서 권리행사방해죄의 객체 [22모사]

6. 甲이 이른바 중간생략등기형 명의신탁 또는 계약명의신탁의 방식으로 자신의 처에게 등기명의를 신탁하여 놓은 점포에 자물쇠를 채워 점포의 임차인을 출입하지 못하게 한 경우 권리행사방해죄가 성립한다. (X) [13사시·09법행][22(1)사]

: 계약명의신탁관계 내지 중간생략등기형 명의신탁관계가 인정될 경우, 제3자인 저당권자와의 관계에서 신탁 부동산이나 승용차의 소유권은 명의수탁자나 매도인에게 귀속되므로 명의신탁자 甲의 물건에 해당하지 않는다(대판 2005도626).

7. A는 강제경매를 통하여 아들인 B 명의로 오피스텔 건물 501호를 매수하였는데, 위 501호에 대해서는 C가 유치권을 행사하고 있었다. A는 열쇠수리공을 불러 501호의 잠금장치를 변경하여 C가 더 이상 유치권 행사를 할 수 없도록 점유를 침탈하였다. A에게는 C에 대한 권리행사방해죄가 성립한다. (X) [20법행]

: 부동산경매절차에서 부동산을 매수하려는 사람이 다른 사람과의 명의신탁약정 아래 그 사람의 명의로 매각허가결정을 받아 자신의 부담으로 매수대금을 완납한 때에는 경매목적 부동산의 소유권은 매수대금의 부담 여부와는 관계없이 그 명의인이 취득하게 되는 것이므로, 타인의 명의로 강제경매를 통해 부동산을 매수한 피고인이 당해 부동산에 대한 피해자(유치권자)의 점유를 침탈하였다고 하더라도 피고인의 물건에 대한 타인의 권리행사를 방해한 것으로 볼 수는 없다(대판 2019도14623).

8. 권리행사방해죄에 있어서의 타인의 점유라 함은 정당한 권원에 기하여 그 물건을 점유하는 것을 의미하는 것이므로, 무효인 경매절차에서 경매목적물을 경락받아 이를 점유하고 있는 낙찰자의 경우 권리행사방해죄에 있어서의 타인의 물건을 점유하고 있는 자라고 할 수 없다. (X) [22·13변시·13사시]

: [1] 권리행사방해죄에서의 보호대상인 타인의 점유는 ① 반드시 점유할 권원에 기한 점유만을 의미하는 것은 아니고, ② 일단 적법한 권원에 기하여 점유를 개시하였으나 사후에 점유 권원을 상실한 경우의 점유, ③ 점유 권원의 존부가 외관상 명백하지 아니하여 법정절차를 통하여 권원의 존부가 밝혀질 때까지의 점유, ④ 권원에 기하여 점유를 개시한 것은 아니나 동시이행항변권 등으로 대항할 수 있는 점유 등과 같이 법정절차를 통한 분쟁 해결시까지 잠정적으로 보호할 가치 있는 점유는 모두 포함된다고 볼 것이다. [13(3)모·12(3)모]

[2] 다만 절도범인의 점유와 같이 점유할 권리 없는 자의 점유임이 외관상 명백한 경우는 권리행사방해죄에 있어서의 '타인의 점유'에 포함되지 아니한다(대판 2005도4455). [24(3)모·10법행]

9. 렌터카회사의 공동대표이사 중 1인인 A가 회사 보유 차량을 자신의 개인적인 채무담보 명목으로 B에게 넘겨준 후, 렌터카회사와 B 사이에 법적 분쟁이 진행 중에 다른 공동대표이사인 甲이 위 차량을 몰래 회수하도록 한 경우 위 B의 점유는 권리행사방해죄의 보호대상인 점유에 해당하지 않는다. (X) [13변시·10사시]

: 렌트카 회사의 공동대표이사 중 1인이 회사 보유 차량을 자신의 개인적인 채무담보 명목으로 피해자에게 넘겨준 경우 위 피해자의 점유는 권리행사방해죄의 보호대상인 점유에 해당한다. 다만, 이 사건 승용차는 렌트카㈜가 구입하여 보유 중이나 이 사건 공소사실 기재 일시까지도 아직 위 회사나 피고인 명의로 신규등록 절차를 마치지 않은 미등록 상태였던 사실을 알 수 있다. 따라서 이 사건 승용차는 이 사건 공소사실 기재 범행 당시 렌트카㈜ 혹은 피고인의 소유물이라고 할 수 없어 이를 전제로 하는 권리행사방해죄는 성립되지 아니한다(대판 2005도4455). [19(2)모·20법행]

10. 권리행사방해죄에서의 은닉이란 타인의 점유 또는 권리의 목적이 된 자기 물건 등의 소재를 발견하기 불가능하게 하거나 또는 현저히 곤란한 상태에 두는 것을 말하고, 그로 인하여 권리행사가 방해될 우려가 있는 상태에 이르면 권리행사방해죄가 성립하고 현실로 권리행사가 방해되었을 것까지 필요로 하는 것은 아니다(대판 2017도2230). [19(2)모·20법행]

★
11. 피고인이 차량을 구입하면서 피해자로부터 차량 매수대금을 차용하고 담보로 차량에 피해자 명의의 저당권을 설정해 주었는데, 그 후 대부업자로부터 돈을 차용하면서 차량을 대부업자에게 담보로 제공하여 이른바 '대포차'로 유통하게 한 경우 권리행사방해죄가 성립한다(대판 2016도13734). [19(2)모]

12. 여러 사람의 권리의 목적이 된 자기의 물건을 취거, 은닉 또는 손괴함으로써 그 여러 사람의 권리행사를 방해한 경우, 권리자별로 각각 권리행사방해죄가 성립하고 각 죄는 상상적 경합관계에 있다(대판 2021도16876). [25변시·23(2)모]

강제집행면탈죄

13. ① 강제집행면탈죄의 객체는 채무자의 재산 중에서 채권자가 민사집행법상 강제집행 또는 보전처분의 대상으로 삼을 수 있는 것이어야 한다. (O) [09법행]

② 민사집행법상 보전처분 단계에서 가압류 채권자의 지위는 원칙적으로 강제집행면탈죄의 객체가 될 수 없다(대판 2006도8721). (O) [20변시]

③ 가압류채권자의 지위에 있는 채무자가 가압류집행해제를 신청함으로써 그 지위를 상실하였다면 강제집행면탈죄가 성립한다. (X) [15사시 · 09 · 11법행]

: 채무자가 가압류채권자의 지위에 있으면서 가압류집행해제를 신청함으로써 그 지위를 상실하는 행위는 형법 제327조에서 정한 '은닉, 손괴, 허위양도 또는 허위채무부담' 등 강제집행면탈행위의 어느 유형에도 포함되지 않는 것이므로, 이러한 행위를 처벌대상으로 삼을 수도 없다(대판 2006도8721). 답 O, O, X

14. ① 채무자와 제3채무자 사이에 채무자의 장래청구권이 충분하게 표시되었거나 결정된 법률관계가 존재한다면 동산 · 부동산뿐만 아니라 장래의 권리도 강제집행면탈죄의 객체에 해당한다(대판 2011도6115). [17 · 13변시 · 24(3)모]

② 명의신탁자와 명의수탁자가 이른바 계약명의신탁 약정을 맺고 명의수탁자가 당사자가 되어 소유자와 부동산에 관한 매매계약을 체결하고 그 명의로 소유권이전등기를 마친 경우, 그 부동산은 명의신탁자에 대한 강제집행면탈죄의 객체가 될 수 없다. (O) [16변시 · 12(3)모 · 12 · 11사시]

: 매도인이 선의인 계약명의신탁의 경우에는 명의수탁자는 당해 부동산의 완전한 소유권을 취득하고, 매도인이 악의인 계약명의신탁의 경우에는 당해 부동산의 소유권은 매도인이 그대로 보유하게 된다. 어느 경우든지 명의신탁자는 그 매매계약에 의해서는 당해 부동산의 소유권을 취득하지 못하게 되어, 결국 그 부동산은 명의신탁자에 대한 강제집행이나 보전처분의 대상이 될 수 없다(대판 2010도4129).

15. 압류금지채권의 목적물이 채무자의 예금계좌에 입금되기 전까지는 여전히 강제집행 또는 보전처분의 대상이 될 수 없으므로, 압류금지채권의 목적물을 수령하는 데 사용하던 기존 예금계좌가 채권자에 의해 압류된 채무자가 압류되지 않은 다른 예금계좌를 통하여 그 목적물을 수령하더라도 강제집행이 임박한 채권자의 권리를 침해할 위험이 있는 행위라고 볼 수 없어 강제집행면탈죄가 성립하지 않는다(대판 2017도6229). [22변시 · 20법행]

16. 강제집행면탈죄의 객체는 채무자의 재산 중에서 채권자가 민사집행법상 강제집행 또는 보전처분의 대상으로 삼을 수 있는 것이어야 하는바, 의료법에 의하여 적법하게 개설되지 아니한 의료기관에서 요양급여가 행하여진 경우 해당 의료기관의 요양급여비용 채권은 강제집행면탈죄의 객체가 되지 아니한다(대판 2016도19982). [20법행]

17. 강제집행면탈죄는 채권자의 권리보호를 주된 보호법익으로 하는 위험범이므로 채권자의 채권이 존재하지 않더라도 강제집행면탈죄가 성립할 수 있다. (X) [13변시 · 11법행]

: 채권의 존재는 강제집행면탈죄의 성립요건이라 할 것이고, 따라서 그 채권의 존재가 인정되지 않을 때에는 강제집행면탈죄가 성립하지 아니한다(대판 2011도2252).

18. 집행할 채권이 조건부 채권이라 하여도 보전처분을 면할 목적으로 면탈 행위를 한 이상 강제집행면탈죄는 성립되며 그 후 그 조건의 불성취로 채권이 소멸되었다 하여도 일단 성립한 범죄에는 영향을 미칠 수 없다 (대판 99도5562). [03법행]

19. 채권자 A가 甲에 대한 연체차임채권을 확보하기 위하여 甲이 임차하여 운영하는 주유소의 신용카드 매출채권을 가압류하자, 甲이 강제집행을 면탈할 목적으로 그 즉시 타인 명의의 신용카드 결제 단말기를 빌려와 수개월 동안 주유대금 결제에 사용하는 수법으로 주유소의 신용카드 매출채권을 은닉한 경우, 비록 甲이 위 가압류 이전부터 A에 대하여 연체차임을 상회하는 보증금반환채권을 보유하고 있음을 근거로 은닉행위 이후 상계의 의사표시를 함으로써 A의 연체차임채권이 모두 소멸되었다고 하더라도 강제집행면탈죄가 성립한다. (X) [16변시]

: 상계의 의사표시가 있는 경우에는 각 채무는 상계할 수 있는 때에 소급하여 대등액에 관하여 소멸한 것으로 보게 되므로 상계로 인하여 소멸한 것으로 보게 되는 채권에 관하여는 상계의 효력이 발생하는 시점 이후에는 채권의 존재가 인정되지 않으므로 강제집행면탈죄가 성립하지 않는다(대판 2011도2252). [13법행]

20. 채권자 A가 가압류신청을 한 상태가 아니라 채무자 甲을 상대로 가압류신청을 할 태세를 보이고 있는 상황에서 甲이 乙에 대한 자신의 채권 허위로 양도하였다면 甲에게 강제집행면탈죄가 성립할 수 있다. (O) [17변시][20(2)사]

: 강제집행면탈죄는 채무자가 현실적으로 민사소송법에 의한 강제집행 또는 가압류, 가처분의 집행을 받을 우려가 있는 객관적인 상태, 즉 적어도 채권자가 민사소송을 제기하거나 가압류, 가처분의 신청을 할 기세를 보이고 있는 상태에서, 재산을 은닉, 손괴, 허위양도하거나 허위의 채무를 부담하여 채권자를 해할 위험이 있는 경우에 성립한다(대판 98도1949). [13변시]

21. ① 강제집행면탈죄는 국가의 강제집행권이 발동될 단계에 있는 채권자의 권리를 보호하기 위한 범죄로서, 여기서의 강제집행에는 광의의 강제집행인 의사의 진술에 갈음하는 판결의 강제집행도 포함되고, 강제집행면탈죄의 성립요건으로서의 채권자의 권리와 행위의 객체인 재산은 국가의 강제집행권이 발동될 수 있으면 충분하다(대판 2015도9883). (O) [20법행]

② 甲이 장기간 세금 납부를 하지 않고 도망 다니던 중 처로부터 체납처분 관련 서류가 집으로 배달되었다는 연락을 받자 이를 면탈할 목적으로 자신의 소유 아파트를 친구에게 허위양도한 경우, 강제집행면탈죄가 성립한다. (X) [17변시]

③ 강제집행면탈죄가 성립하려면 강제집행을 받을 위험이 있는 객관적 상태가 존재해야 하는데, 여기서 강제집행에는 금전채권에 관한 강제집행뿐만 아니라 존재하지 않는 채권에 기초한 강제집행과 벌금의 집행을 위한 강제집행도 포함된다. (X) [12사시]

: [1] 강제집행면탈죄가 적용되는 강제집행은 민사집행법의 적용대상인 강제집행 또는 가압류·가처분 등의 집행을 가리키는 것이므로, 국세징수법에 의한 체납처분을 면탈할 목적으로 재산을 은닉하는 등의 행위는 위 죄의 규율대상에 포함되지 않으며, [2] 벌금·과료·몰수 등의 재판의 집행절차 등은 본죄의 강제집행에 포함되지 않는다(대판 2010도5693). [3] 또한 민사집행법 제3편의 적용 대상인 '담보권 실행 등을 위한 경매'를 면탈할 목적으로 재산을 은닉하는 등의 행위는 위 죄의 규율 대상에 포함되지 않는다(대판 2014도14909). [17변시·20법행]

22. 채무자인 甲이 채권자 A의 가압류집행을 면탈할 목적으로 제3채무자 B에 대한 채권을 C에게 허위양도한 경우, 가압류결정정본이 B에게 송달된 날짜와 甲이 C에게 채권을 양도한 날짜가 동일하다면 시간상 채권양도가 가압류결정정본 송달보다 먼저 이루어졌더라도 강제집행면탈죄가 성립하지 않는다. (X) [21·16변시]

: 가압류 결정 정본이 송달된 날짜와 피고인이 이 사건 채권을 양도한 날짜가 동일한 경우라도 가압류 결정 정본이 제3채무자에게 송달되기 전에 피고인이 이 사건 채권을 허위로 양도하였다면 피고인의 이러한 행위는 강제집행면탈죄에 해당한다(대판 2012도3999).

23. 사업장의 유체동산에 대한 강제집행을 면탈할 목적으로 사업자등록의 사업자명의를 변경함이 없이 사업장에서 사용하는 금전등록기의 사업자 이름만을 변경한 경우, 강제집행면탈죄가 성립한다(대판 2003도3387). [15사시]

★
24. 채무자가 제3자 명의로 되어 있던 사업자등록을 또 다른 제3자 명의로 변경하였다는 사정만으로는 그 변경이 채권자의 입장에서 볼 때 사업장 내 유체동산에 관한 소유관계를 종전보다 더 불명하게 하여 채권자에게 손해를 입게 할 위험성을 야기한다고 단정할 수 없다(대판 2012도2732). [20법행][22(1)기]

25. 진의에 의하여 재산을 양도하였다면 설령 그것이 강제집행을 면탈할 목적으로 이루어진 것으로서 채권자의 불이익을 초래하는 결과가 되었다고 하더라도 강제집행면탈죄의 허위양도 또는 은닉에는 해당하지 않는다(대판 98도1949). [12사시·11법행]

26. 甲은 乙에게 3억 원의 금전채무를 지고 있다. 변제기가 지났는데도 甲이 위 채무를 변제하지 못하자 乙은 甲에게 2주 내로 돈을 갚지 않으면 민사소송을 제기하겠다는 취지의 내용증명우편을 발송하였고, 이를 받은 甲은 유일한 재산인 자기 명의의 아파트를 丙에게 매도하였다. 丙이 위와 같은 사정을 전혀 모르는 상태에서 甲에게 정당한 매매대금을 지급하고 아파트를 매수한 경우라면 甲에게 강제집행을 면탈할 의도가 있었다고 하더라도 강제집행면탈죄가 성립하지 아니한다. (O) [20변시]

: 그것이 진의에 의한 양도인 이상 그 양도가 강제집행면탈의 목적으로 이루어지고 채권자의 불이익을 초래하는 결과가 되었다고 하더라도 강제집행면탈죄에 해당된다고 볼 수 없다(대판 86도1191). 사안에서 甲이 비록 허위로 양도하려는 의사를 가지고 있었더라도 丙의 양해 아래 매매합의를 한 것이 아니며 또한 丙은 정당한 매매대금을 지급하였으므로 甲과 丙의 매매를 허위양도라고 볼 수 없다.

27. ① 강제집행면탈죄는 강제집행을 당할 구체적인 위험이 있는 상태에서 재산을 은닉, 손괴, 허위양도 또는 허위의 채무를 부담하면 바로 성립하는 것이고, 반드시 채권자를 해하는 결과가 야기되거나 이로 인하여 행위자가 어떤 이득을 취하여야 범죄가 성립하는 것은 아니다(대판 98도2474). [24(3)모]
② 甲이 허위양도한 부동산의 시가액보다 그 부동산에 의하여 담보된 채무액이 더 많은 경우, 허위양도로 인하여 채권자를 해할 위험이 없으므로 강제집행면탈죄가 성립하지 않는다. (X) [12변시·06사시]

: 허위양도한 부동산의 시가액보다 그 부동산에 의하여 담보된 채무액이 더 많다고 하여 그 허위양도로 인하여 채권자를 해할 위험이 없다고 할 수 없다(대판 98도2474).

28. 甲과 乙이 공모하여 甲의 채권자를 해하기 위하여 허위의 채무를 부담하는 내용의 공정증서를 작성하고 그 공정증서에 기하여 법원으로부터 채권압류 및 추심명령을 받은 뒤 배당을 받았다면, 적어도 채권자를 해하는 결과가 야기된 시점은 배당일이므로 그때부터 강제집행면탈죄의 공소시효가 진행한다. (X) [16변시]

: 허위의 채무를 부담하는 내용의 채무변제계약 공정증서를 작성한 후 이에 기하여 채권압류 및 추심명령을 받은 때에 강제집행면탈죄가 성립함과 동시에 그 범죄행위가 종료되어 공소시효가 진행한다(대판 2009도875).

29. 가압류 후에 목적물의 소유권을 취득한 제3취득자가 다른 사람에 대한 허위의 채무에 기하여 근저당권을 설정해 준 행위는 가압류채권자에 대한 관계에서 강제집행면탈죄가 성립하지 않는다. (O) [15사시]

: 가압류에는 처분금지적 효력이 있으므로 가압류 후에 목적물의 소유권을 취득한 제3취득자 또는 그 제3취득자에 대한 채권자는 그 소유권 또는 채권으로 가압류권자에게 대항할 수 없다. 따라서 가압류 후에 목적물의 소유권을 취득한 제3취득자가 다른 사람에 대한 허위의 채무에 기하여 근저당권설정등기 등을 경료하더라도 이로써 가압류채권자의 법률상 지위에 어떤 영향을 미치지 않으므로, 강제집행면탈죄에 해당하지 아니한다(대판 2008도2476).

30. 채무자에게 채권자의 집행을 확보하기에 충분한 다른 재산이 있다고 하더라도 채무자가 재산은닉 등의 행위를 하면 강제집행면탈죄는 성립한다. (X) [13법행]

: 채무자에게 채권자의 집행을 확보하기에 충분한 다른 재산이 있었다면 채권자를 해하였거나 해할 우려가 있다고 쉽사리 단정할 것이 아니다(대판 2011도5165).

┃유제┃ 甲이 자신을 상대로 사실혼관계 부당파기로 인한 손해배상 청구소송을 제기한 A에 대한 채무를 면탈하기 위하여 A와 함께 거주하던 甲 명의 아파트를 담보로 10억 원을 대출받아 그 중 8억 원을 타인 명의 계좌로 입금하였다면, 비록 甲이 A의 甲에 대한 위자료 등 채권액을 훨씬 상회하는 다른 재산이 있다고 하더라도 강제집행면탈죄가 성립한다. (X) [16변시]

제2편 사회적 법익에 대한 죄

PART 02. 형법 각론

제1장 공공의 안전과 평온에 대한 죄

제1절 공안을 해하는 죄

1. [1] '범죄단체'에 해당하기 위해서는 일정한 범죄를 수행한다는 공동목적을 가진 특정 다수인의 계속적인 결합체로서 단체를 주도하는 최소한의 통솔체제를 갖추고 있을 것을 요한다.
   [2] '범죄집단'이란 특정 다수인이 일정한 범죄를 수행한다는 공동목적 아래 조직체계를 갖춘 계속적인 결합체로서, '범죄단체'에서 요구되는 '최소한의 통솔체계'를 갖출 필요는 없지만, 범죄의 계획과 실행을 용이하게 할 정도의 조직적 구조를 갖추어야 한다(대판 2019도16263 등). [24(1)모·21(1)모·22법행]

   답 O, O

   ┃유제┃ 甲은 乙, 丙과 함께 보이스피싱을 범하기로 공모하고 역할을 분담하였다. 甲, 乙, 丙의 조직이 보이스피싱이라는 사기범죄를 목적으로 구성된 다수인의 계속적인 결합체로서 총책을 중심으로 간부급 조직원들과 상담원들, 현금인출책 등으로 구성되어 내부의 위계질서가 유지되고 조직원의 역할 분담이 이루어지는 최소한의 통솔체계를 갖추었다면 형법상의 범죄단체로 볼 수 있다. (O) [23(1)모]

   ┃유제┃ 특정 다수인이 어음사기를 범하기 위하여 전자제품 도매상을 경영하는 것으로 가장하고 업무를 분담한 것만으로는 범죄단체조직죄가 성립하지 않는다. (O) [20(1)모]

2. 甲이 사기죄를 목적으로 하는 단체를 조직하였다면 甲에게 범죄단체조직죄를 적용할 수 있고, 그 후 사기죄의 실행행위를 하였는지 여부는 범죄단체조직죄의 성립에 영향이 없다. (O) [24(1)모]

   : 본죄는 조직, 가입 또는 활동으로 기수가 되고 목적한 범죄의 실행 여부는 본죄의 성립과는 무관하다(대판 75도2321).

3. 피고인이 무등록 중고차 매매상사를 운영하면서 피해자들을 기망하여 중고차량을 불법으로 판매해 금원을 편취할 목적으로 다수인을 모집하여 대표, 팀장, 팀원으로 직책이나 역할을 분담하여 사기범행을 반복적으로 실행한 경우 이는 형법 제114조의 '범죄를 목적으로 하는 집단'에 해당한다(대판 2019도16263). [22법행]

4. 甲은 2018. 5.경 저금리 대출을 해주겠다고 전화로 거짓말을 하여 금원을 편취하는 소위 보이스피싱 범죄단체에 가입한 후 실제로 보이스피싱 사기범행을 하였다. 甲에게 형법상 범죄단체활동죄와 별개로 사기죄도 성립한다. (O) [23변시]

: 피고인이 보이스피싱 사기 범죄단체에 가입한 후 사기범죄의 피해자들로부터 돈을 편취하는 등 그 구성원으로서 활동한 경우, 범죄단체 가입행위 또는 범죄단체 구성원으로서 활동하는 행위와 사기행위는 각각 별개의 범죄구성요건을 충족하는 독립된 행위이고 서로 보호법익도 달라 법조경합 관계로 목적된 범죄인 사기죄만 성립하는 것은 아니다. 다만 양죄의 관계에 대해 상상적 경합범이라는 취지의 판례도 있고(대판 2017도8600), 실체적 경합범이라는 판례도 있다(대판 2020도10814). [21(1)모·22법행]

5. 범죄를 범할 목적으로 구성된 ○○단체의 우두머리 甲은 자기 휘하에 들어올 것을 거부한 폭력배 A를 제거하기 위하여 ○○단체의 구성원인 乙, 丙과 공모하여 칼로 A의 한쪽 다리 아킬레스건을 절단하게 하였다. 甲과 乙, 丙에게는 범죄단체구성·활동죄와 특수상해죄가 각 성립하고, 양자는 실체적 경합범의 관계에 있다(대판 2002도6134). [22(2)모]

6. 범죄단체 조직원 甲이 다른 조직원들과 공동으로 저지른 폭처법위반(단체등의공동강요)죄의 개별적 범행과 폭처법위반(단체등의활동)죄는 범행의 목적이나 행위 등 측면에서 일부 중첩되는 부분이 있더라도 상상적 경합이 아닌 실체적 경합관계에 있다(대판 2022도6993). [23(2)모]

제2절 폭발물에 관한 죄

제3절 방화와 실화의 죄

1. 현주건조물방화죄는 공중의 생명, 신체, 재산 등에 대한 위험을 예방하기 위하여 공공의 안전을 제1차적인 보호법익으로 하고 제2차적으로는 개인의 재산권을 보호하는데, 공공에 대한 위험은 구체적으로 그 결과가 발생함을 요하지 않는다(대판 82도2341). [23(3)모·22(1)모·21(1)모]

2. 甲은 전봇대 주변에 놓여 있는 타인이 버린 재활용품과 쓰레기 등에 불을 붙이고 가연물을 집어넣어 전선 등 주변의 가연물이 손상되고 바람에 의하여 다른 곳으로 불이 옮아붙을 수 있을 정도로 화염을 키웠다. 甲의 행위는 구체적 위험범에 해당한다. (O) [19(2)(1)모]

: 그 재활용품과 쓰레기 등은 '무주물'로서 형법 제167조 제2항에 정한 '자기 소유의 물건'에 준하는 것으로 보아야 하므로, 여기에 불을 붙인 후 공공의 위험을 발생하게 하였다면, 일반물건방화죄가 성립한다(대판 2009도7421).

▮유제▮ 甲이 전봇대 주변에 놓인 재활용품과 쓰레기 등에 불을 붙이고 가연물을 집어넣어 그 화염을 키웠고 이로 인하여 전선 등 주변의 가연물이 손상되고 바람에 의하여 다른 곳으로 불이 옮아붙을 수 있는 위험이 발생한 경우, 형법 제167조 제2항의 자기소유일반물건방화죄로 처벌된다. (O)
[24(1)모·23(3)모·19(1)모·18(2)모·17(3)모]

3. 사람이 거주하는 가옥의 일부로 되어 있는 외양간에 방화한 경우에도 현주건조물방화죄가 성립한다(대판 67도925). [21(3)모·12(2)모]

★
4. 모텔 방에 투숙 중 담배를 피운 후 담뱃불을 제대로 끄지 않은 중대한 과실로 화재를 일으킨 투숙객이 화재를 소화할 의무가 있음에도 모텔 주인이나 다른 투숙객에게 아무 말 없이 도망쳐 나와 다른 투숙객이 사망했다면, 비록 소화하기가 쉽지 않았더라도 부작위에 의한 현주건조물방화치사죄가 성립한다. (X)
[13변시 · 21(3)모 · 13법행]

: 이 사건 화재가 피고인의 중대한 과실 있는 선행행위로 발생한 이상 피고인에게 이 사건 화재를 소화할 법률상 의무는 있다 할 것이나, 피고인이 이 사건 화재 발생 사실을 안 상태에서 모텔을 빠져나오면서도 모텔 주인이나 다른 투숙객들에게 이를 알리지 아니하였다는 사정만으로는 피고인이 이 사건 화재를 용이하게 소화할 수 있었다고 보기 어려우므로 부작위에 의한 방화죄가 성립하지 않는다(대판 2009도12109).
[17변시 · 23(3)모 · 22(1)모 · 20(1)모 · 15(2)(1)모]

5. 방화죄는 화력이 매개물을 떠나 스스로 연소할 수 있는 상태에 이르렀을 때 기수가 되고, 반드시 목적물의 중요부분이 소실하여 그 본래의 효용을 상실될 것은 요하지 않는다(대판 82도2341). [22(1)모]

6. 피해자의 사체 위에 옷가지 등을 올려놓고 불을 붙인 천조각을 던져서 그 불길이 방안을 태우면서 천정에까지 옮겨 붙었다면 도중에 진화되었다고 하더라도 현주건조물방화죄의 기수에 이른 것이다(대판 2006도9164).
[23(1)모 · 21(3)모 · 18(2)모 · 17(3)모]

7. 절취한 물건에 점화한 목적이 절도의 증거인멸에 있다 할지라도 인화력이 강한 석유를 사용하여 건물에 연소되기 용이한 방법으로 점화한 결과 건물을 연소케 한 경우에는 건조물 방화의 고의를 인정할 수 있다(대판 4287형상47). [24(1)모 · 23(1)모]

8. 독신인 甲은 보험금을 지급받을 목적으로, 2014. 10. 1. 23:30 화재보험에 가입된 혼자 사는 자신의 단독주택에 휘발유를 뿌린 뒤 라이터로 불을 붙였다. [15변시]
① 甲의 방화 당시 위 주택에 甲 이외의 사람이 없었다면 현주건조물방화죄는 성립하지 않는다. (O)

: 현주건조물방화죄의 '사람이 현존하는'의 '사람'은 범인 이외의 타인을 말하므로(대판 4281형상5) 범인이 독거하는 주거에 방화한 경우에는 일반건조물방화죄가 성립한다.

9. ② 甲의 주택이 甲의 단독소유이고, 전세권이나 저당권 등 제한물권이 설정되어 있지 않았다면, 甲의 행위는 자기소유건조물방화죄에 해당한다. (X)

: 자기의 소유에 속하는 물건이라도 압류 기타 강제처분을 받거나 타인의 권리 또는 보험의 목적물이 된 때에는 제13장(방화와 실화의 죄)의 규정의 적용에 있어서 타인의 물건으로 간주한다(형법 제176조). [17(1)모]

사안의 甲의 단독주택이 화재보험에 가입되어 있었으므로 甲의 행위는 타인소유건조물방화죄(형법 제166조 제1항)에 해당한다. [21(3)모 · 15(2)모]

▎유제▎ 甲은 자신의 창고가 「국세징수법」에 의한 체납처분에 의해 압류되자 홧김에 불을 놓아 소훼하였지만 공공의 위험을 발생케 하지 못한 경우 자기소유 일반건조물방화죄가 성립한다. (X) [23(3)모]

10. ① 「형법」상 현주건조물방화죄의 객체인 건조물은 반드시 사람의 주거용이어야 하는 것은 아니라도 사람이 사실상 기거·취침에 사용할 수 있는 정도는 되어야 한다(대판 2013도3950).
[24(1)모 · 23(1)모 · 22(1)모 · 21(2)모]

② 지붕과 문짝이 없고 담장과 일부 벽체가 붕괴된 철거 대상인 폐가의 내부와 외부에 쓰레기를 모아놓고 태워 불길이 주변 수목을 태우고 폐가의 벽을 그을리게 한 경우, 일반물건방화미수죄가 성립한다. (X)
[21(2)모 · 19(1)모 · 18(2)모]

: 일반물건방화죄에 관하여는 미수범의 처벌 규정이 없으므로 결국 무죄가 된다(대판 2013도3950). 답 ○,×

11. 타인 소유의 일반물건에 방화하여 소훼하였으나 공공의 위험이 발생하지 않은 경우에는 재물손괴죄만 성립한다. (O)
[12(2)모 · 00사시]

: 일반물건방화죄는 자기소유·타인소유를 불문하고 구체적 위험범이며(제167조 참조), 미수는 처벌되지 않는다. 따라서 불을 놓아 이들 목적물에 소훼했지만 공공의 위험발생이 없는 경우 본죄는 성립하지 않고, 타인의 물건일 경우에 한해 손괴죄가 성립할 수 있을 뿐이다.

★
12. ① 실화죄에 있어서 공동의 과실이 경합되어 화재가 발생한 경우 적어도 각 과실이 화재의 발생에 대하여 하나의 조건이 된 이상은 그 공동적 원인을 제공한 사람들은 각자 실화죄의 책임을 면할 수 없다(대판 2022도16120).
[23(3)모]

② 각자 담배를 피우던 피고인들이 분리수거장 방향으로 담배꽁초를 던져 버리고 현장을 떠난 후 화재가 발생하여 각각 실화죄로 기소된 경우에, 피고인들 각자 본인 및 상대방이 버린 담배꽁초 불씨가 살아 있는지를 확인하고 이를 완전히 제거하는 등 화재를 미리 방지할 주의의무가 있음에도 이를 게을리 한 채 만연히 현장을 떠났고 각자의 과실이 경합하여 위 화재가 발생했더라도, 그 화재가 피고인들 중 누구의 담배꽁초로 인하여 발생하였는지 인정할 증거가 부족하다면, 화재의 원인행위가 불명이어서 피고인들은 실화죄의 미수로 불가벌에 해당하거나 적어도 피고인들 중 일방은 실화죄가 인정될 수 없다. (X)
[24(2)모]

: 각자 담배를 피우던 피고인들이 분리수거장 방향으로 담배꽁초를 던져 버리고 현장을 떠난 후 화재가 발생하여 각각 실화죄로 기소된 경우, 피고인들 각자 본인 및 상대방이 버린 담배꽁초 불씨가 살아 있는지를 확인하고 이를 완전히 제거하는 등 화재를 미리 방지할 주의의무가 있음에도 이를 게을리 한 채 만연히 현장을 떠난 과실이 인정되고 이러한 피고인들 각자의 과실이 경합하여 위 화재를 일으켰다고 보아, 피고인들 각자의 실화죄 책임을 인정한 사례(대판 2022도16120) [23모사] 답 ○,×

13. 甲은 바람이 세게 불어 담뱃불을 붙이기가 어렵자 A 소유의 사과나무 밭에서 마른 풀을 모아 놓고 성냥불을 켜 담뱃불을 붙였다. 甲은 그 불이 완전히 소화되었는지를 확인하지 아니한 채 자리를 떠났고, 남은 불씨가 A 소유의 사과나무에 옮겨 붙어 사과나무 217주 등을 불태웠다. 甲의 행위는 형법은 제170조 제2항의 실화죄에 해당한다. (O)
[21(1)모 · 19(2)모]

: 과실로 자기 소유인 제166조의 물건 또는 제167조에 기재한 물건을 불태워 공공의 위험을 발생하게 한 자도 제1항의 형에 처한다(제170조).

제4절 일수와 수리에 관한 죄

제5절 교통방해의 죄

1. 일반교통방해죄는 추상적 위험범으로서 교통이 불가능하거나 또는 현저히 곤란한 상태가 발생하면 바로 기수가 되고 교통방해의 결과가 현실적으로 발생하여야 하는 것은 아니다(대판 2006도4662). [21(2)모·20(1)모]

2. 육로라 함은 일반공중의 왕래에 공용된 장소로서 특정인에 한하지 않고 불특정 다수인 또는 차마가 자유롭게 통행할 수 있는 공공성을 지닌 장소를 말하고, 그 부지의 소유관계나 통행권리관계 등은 가리지 않는다(대판 2005도7573). [16사시]

3. 토지의 소유자가 자신의 토지 한쪽 부분을 일시 공터로 두었을 때 인근 주민들이 위 토지의 동서쪽에 있는 도로에 이르는 지름길로 일시 이용한 경우 이는 육로에 해당하지 않는다(대판 84도2192). [16사시]
   ▎유제▎ 목장 소유자가 목장 운영을 위해 자신의 비용으로 목장용지 내에 임도를 개설하고, 차량 출입을 통제하면서 인근 주민들의 일부 통행을 부수적으로 묵인하였다면 위 임도는 육로에 해당한다. (X) [16사시]

4. 甲은 야간에 왕복 4차로 도로의 편도 3개 차로 중 길가쪽 2개 차로에 포장마차를 설치하고 영업을 하였는데, 그 옆 왕복 2개 차로를 이용하여 차량들이 충분히 통행할 수 있었다. 甲의 행위는 일반교통방해죄에 해당한다(대판 2006도4662). [19(2)모·14(1)모]

5. 「도로교통법」은 교통에 방해가 될 만한 물건을 함부로 도로에 방치한 사람을 처벌하도록 규정하고 있는데, 교통에 방해가 될 만한 물건을 도로에 방치한 행위와 그로 인하여 성립하는 일반교통방해죄는 상상적 경합의 관계이다(대판 2006도4662). [21(2)모]

6. 일반교통방해죄에서 교통방해 행위는 계속범의 성질을 가지는 것이어서 교통방해의 상태가 계속되는 한 위법상태는 계속 존재하므로, 교통방해를 유발한 집회에 피고인이 참가한 경우 참가 당시 이미 다른 참가자들에 의해 교통의 흐름이 차단된 상태였다고 하더라도 교통방해를 유발한 다른 참가자들과 암묵적·순차적으로 공모하여 교통방해의 위법상태를 지속시켰다고 평가할 수 있다면 피고인에게 일반교통방해죄가 성립한다(대판 2017도11408). [19변시·21(2)모]

7. 법률에 따라 적법한 신고를 마친 집회·시위 과정에서 당초 신고된 범위를 현저히 일탈하거나 법률에 따른 조건을 중대하게 위반하여 도로 교통을 방해함으로써 통행이 불가능하게 하거나 현저하게 곤란하게 된 경우, 참가자 모두가 아니라 참가 경위나 관여 정도 등에 비추어 공모공동정범의 죄책을 물을 수 있는 자에 대하여서만 일반교통방해죄의 공모공동정범의 죄책을 부담시킬 수 있다(대판 2018도11349). [21(2)모·20·19법행]

8. 선박파괴죄에서 파괴란 다른 구성요건 행위인 전복, 매몰, 추락 등과 같은 수준으로 인정할 수 있을 만큼 교통기관으로서의 기능·용법의 전부나 일부를 불가능하게 할 정도의 파손을 의미하고, 그 정도에 이르지 아니하는 단순한 손괴는 포함되지 않는다(대판 2008도11921). [21(2)모]

9. 선박충돌사고에 있어서 충돌사고선박 운행자 중 어느 한쪽에 과실이 인정된다고 해서 다른 쪽에 과실이 당연히 부정되는 것은 아니다(대판 71도2386). [18(3)모]

제2장 공공의 신용에 대한 죄

제1절 문서에 대한 죄

사문서위조·변조죄

★ [사례문제 기출례] 이미지 및 이미지파일의 문서성 [18모사, 16모기 등]

1. 자신의 이름과 나이를 속이는 용도로 사용할 목적으로 주민등록증의 이름·주민등록번호란에 글자를 오려 붙인 후 이를 컴퓨터 스캔 장치를 이용하여 이미지 파일로 만들어 컴퓨터 모니터로 출력하는 한편 타인에게 이메일로 전송한 경우에는 공문서위조 및 위조공문서행사죄가 성립한다. (X) [20변시·16(1)모]

: [1] 컴퓨터 모니터 화면에 나타나는 이미지는 이미지 파일을 보기 위한 프로그램을 실행할 경우에 그때마다 전자적 반응을 일으켜 화면에 나타나는 것에 지나지 않아서 계속적으로 화면에 고정된 것으로는 볼 수 없으므로, 형법상 문서에 관한 죄에 있어서의 '문서'에는 해당되지 않고, [21·14변시]
[2] 피고인이 컴퓨터 스캔 작업을 통하여 만들어낸 공인중개사 자격증의 이미지 파일은 전자기록으로서 전자기록장치에 전자적 형태로서 고정되어 계속성이 있다고 볼 수는 있으나, 그러한 형태는 그 자체로서 시각적 방법에 의해 이해할 수 있는 것이 아니어서 이를 형법상 문서에 관한 죄에 있어서의 '문서'로 보기 어렵다(대판 2008도1013).
[21·18·14변시·17(3)모·15(2)모]
[3] 위조, 변조, 허위작성 된 문서의 행사죄는 이와 같은 문서를 진정한 것 또는 그 내용이 진실한 것으로 각 사용하는 것을 말하는 것이므로, 그 문서가 위조, 변조, 허위작성 되었다는 정을 아는 공범자 등에게 제시, 교부하는 경우 등에 있어서는 행사죄가 성립할 여지가 없다(대판 85도2798). [14변시]

2. 권한 없이 행사할 목적으로 전세계약서 원본을 스캐너로 복사하여 컴퓨터 화면에 띄운 후 그 보증금액란을 포토숍 프로그램을 이용하여 공란으로 만든 다음 이를 프린터로 출력하여 그 공란에 볼펜으로 보증금액을 사실과 달리 기재하여 그 정을 모르는 자에게 교부하였다면, 사문서변조죄 및 변조사문서행사죄가 성립한다. (O) [23변시]

: 이는 '컴퓨터 모니터 화면상의 이미지'를 변경하여 행사한 것이 아니라 변경된 이미지를 '프린터로 출력한 문서'인 '사무실전세계약서'를 변경하여 교부한 것이므로 사문서변조죄 및 변조사문서행사죄가 성립한다(대판 2011도10468).

3. 직접적인 법률관계에 단지 간접적으로 연관된 의사표시 내지 권리·의무의 변동에 사실상으로 영향을 줄 수 있는 의사표시를 내용으로 하는 문서는 사문서위조죄의 객체가 되지 않는다. (X) [17변시]

: 직접적인 법률관계에 단지 간접적으로만 연관된 의사표시 내지 권리·의무의 변동에 사실상으로만 영향을 줄 수 있는 의사표시를 내용으로 하는 문서도 문서죄의 객체인 '사실증명에 관한 문서'에 해당한다(대판 2010도2690).

4. ○○작가협회 회원이 협회 회원들에게 우편으로 송달할 목적으로 타인의 명의를 도용하여 협회 교육원장을 비방하는 내용의 호소문을 작성한 경우 사문서위조죄가 성립한다. [20(3)모·15(3)모]

: 사문서위조죄와 명예훼손죄의 실체적 경합범(대판 2008도8527)

★★ 사례문제 기출례 문서죄에서 명의인의 실재 요부 [23·15변사, 21모사 등]

5. 사문서의 경우에는 그 명의인이 실재하지 않는 허무인이거나 문서의 작성일자 전에 이미 사망하였다 하더라도 문서위조죄가 성립하나, 공문서의 경우에는 문서위조죄가 성립하기 위하여 명의인이 실재함을 필요로 한다. (X) [18·12변시][21(1)·(2)사]

: [1] 행사할 목적으로 작성된 문서가 일반인으로 하여금 당해 명의인의 권한 내에서 작성된 문서라고 믿게 할 수 있는 정도의 형식과 외관을 갖추고 있으면 문서위조죄가 성립하는 것이고, 위와 같은 요건을 구비한 이상 그 명의인이 실재하지 않는 허무인이거나 또는 문서의 작성일자 전에 이미 사망하였다고 하더라도 그러한 문서 역시 공공의 신용을 해할 위험성이 있으므로 문서위조죄가 성립한다고 봄이 상당하며, [2] 이는 공문서뿐만 아니라 사문서의 경우에도 마찬가지라고 보아야 한다(대판(全) 2002도18). [3] 이러한 법리는 법률적·사회적으로 자연인과 같이 활동하는 법인 또는 단체에도 그대로 적용된다고 할 것이다(대판 2003도4943).

▮유제▮ 문서의 명의인이 문서의 작성일자 전에 이미 사망하였다고 하더라도 공문서와 사문서를 가리지 아니하고 문서위조죄가 성립한다. (O) [21변시·24(1)모·12(2)모]

▮유제▮ 일반인으로 하여금 그 명의인인 주식회사의 권한 내에서 작성된 문서라고 믿게 할 수 있는 정도의 형식과 외관을 갖춘 문서를 작성·제시하였으나, 문서의 작성·제시가 이미 해산 등기를 마쳐 그 주식회사의 법인격이 소멸한 이후에 이루어진 경우라면 사문서위조 및 동행사죄가 성립하지 않는다. (X) [19(3)모]

6. 담뱃갑의 표면에 담배 제조회사와 담배의 종류를 구별·확인할 수 있는 특유의 도안이 표시되어 있는 경우, 담뱃갑은 문서위조의 대상인 사도화에 해당한다(대판 2010도2705). [12변시·17(2)모·13(2)모]

7. 수사기관이 피의자의 신원을 특정하고 지문대조조회를 하기 위하여 직무상 작성하는 십지지문 지문대조표는, 자서란에 피의자로 하여금 직접 성명 등의 인적사항을 기재하도록 하고 있으므로 사문서에 해당한다. (X) [12법행]

: 비록 자서란에 피의자로 하여금 스스로 성명 등의 인적사항을 기재하도록 하고 있다 하더라도 이를 사문서로 볼 수는 없다(대판 2000도2393. 공문서라는 취지임).

8. 금융위원회의 설치 등에 관한 법률 제29조, 제69조 제1항에서 정한 금융감독원 집행간부인 금융감독원장 명의의 문서를 위조, 행사한 행위는 공문서위조죄, 위조공문서행사죄에 해당한다(대판 2020도14666). [23(1)모·22·21법행]

9. 인감증명서의 사용용도란의 기재는 증명청인 동장이 작성한 증명문구에 의하여 증명되는 부분과는 아무런 관계가 없다고 할 것이므로, 권한 없는 자가 임의로 인감증명서의 사용용도란의 기재를 고쳐 썼다고 하더라도 공무원 또는 공무소의 문서 내용에 대하여 변경을 가하여 새로운 증명력을 작출한 경우라고 볼 수 없으므로 공문서변조죄나 이를 전제로 하는 변조공문서행사죄가 성립되지 않는다(대판 2004도2767). [21(2)모·17(2)모]

10. 甲이 자신의 父 乙에게서 乙소유의 부동산 매매에 관한 권한 일체를 위임받아 이를 매도하였는데, 그 후 乙이 갑자기 사망하자 소유권 이전에 사용할 목적으로 乙이 甲에게 인감증명서 발급을 위임한다는 취지의 인감증명 위임장을 작성한 경우 乙의 추정적 승낙이 인정되므로 사문서위조죄가 성립하지 않는다. (X)
[17·14변시·15사시]

: [1] 문서명의인이 이미 사망하였는데도 문서명의인이 생존하고 있다는 점이 문서의 중요한 내용을 이루거나 그 점을 전제로 문서가 작성되었다면 이미 문서에 관한 공공의 신용을 해할 위험이 발생하였다 할 것이므로, 그러한 내용의 문서에 관하여 사망한 명의자의 승낙이 추정된다는 이유로 사문서위조죄의 성립을 부정할 수는 없다. [2] 乙의 사망으로 포괄적인 명의사용의 근거가 되는 위임관계 내지 포괄적인 대리관계는 종료된 것으로 보아야 하고, 인감증명 위임장은 본래 생존한 사람이 타인에게 인감증명서 발급을 위임한다는 취지의 문서라는 점을 고려하면, 피고인이 명의자 甲이 승낙하였을 것이라고 기대하거나 예측한 것만으로는 사망한 甲의 승낙이 추정된다고 단정할 수 없다(대판 2011도6223).

11. 주식회사의 대표이사가 대표권을 남용하여 자기 또는 제3자의 이익을 도모할 목적으로 직접 주식회사 명의의 유가증권을 작성하는 행위는 자격모용유가증권작성죄를 구성한다. (X) [17(1)모·18(3)모]

: 주식회사의 대표이사가 대표 자격을 표시하는 방식으로 약속어음 등 유가증권을 작성하는 경우에 그 내용이 진실에 반하는 허위이거나 대표권을 남용하여 자기 또는 제3자의 이익을 도모할 목적으로 작성된 경우에도 자격모용유가증권작성 또는 위조에 해당하지 않는 것이 원칙이다(대판 2014도17894).

12. 주식회사의 지배인이 권한을 남용하여 자기 또는 제3자의 이익을 도모할 목적으로 회사의 영업에 관한 허위의 문서를 작성한 경우에도 사문서위조죄는 성립하지 않는다. (O) [17변시·13(2)모·13사시]

: 원래 주식회사의 지배인은 회사의 영업에 관하여 재판상 또는 재판 외의 모든 행위를 할 권한이 있으므로, 지배인이 직접 주식회사 명의 문서를 작성하는 행위는 위조나 자격모용사문서작성에 해당하지 않는 것이 원칙이다(대판 2010도1040).

13. 이사회의 참석 및 의결에 관한 권한을 위임받은 자가, 이사회에 불참한 이사들이 마치 참석하여 의결권을 행사한 것처럼 이사회 회의록에 기재한 경우 문서위조죄가 성립한다. (X) [17(1)모·15(1)모]

: 사문서의 무형위조에 해당할 뿐이어서 처벌대상이 되지 아니한다(대판 85도1732).

14. 일정 한도액에 관하여 연대보증인이 될 것을 허락한 甲으로부터 그에 필요한 문서를 작성하는 데 쓰일 인감도장과 인감증명서를 교부받아 甲을 직접 차주로 하는 동액 상당의 차용금 증서를 작성한 경우에는 본래의 정당한 권한 범위 안에서 적법하게 작성된 것이므로 사문서위조죄가 성립하지 않는다(대판 84도1566).
[18변시]

★
15. 문서 작성권한의 위임이 있는 경우라고 하더라도 그 위임을 받은 자가 위임받은 권한을 초월하여 문서를 작성한 경우 사문서위조죄가 성립하지만, 위임받은 권한의 범위 내에서 이를 남용하여 문서를 작성한 경우에는 사문서위조죄가 성립하지 않는다(대판 2010도690). [16변시·23(1)모·21(3)모·15(2)모]

┃유제┃ 타인의 대리인이 그 대리 명의로 문서를 작성할 권한이 있더라도 그 지위를 남용하여 자기 또는 제3자의 이익을 도모할 목적으로 사문서를 작성하였다면 자격모용사문서작성죄가 성립한다. (X) [17(1)모]

16. 매수인으로부터 토지매매계약체결에 관하여 포괄적 권한을 위임받은 자가 실제 매수가격보다 높은 가격을 매매대금으로 기재하여 매수인 명의의 매매계약서를 작성한 경우 문서위조죄가 성립한다. (X) [18변시·15(1)모]

: 그것은 작성권한 있는 자가 허위내용의 문서를 작성한 것일 뿐 사문서위조죄가 성립될 수는 없다(대판 84도1146).

17. 사립학교 성적증명서의 작성권자인 교장으로부터 대결권한을 위임받은 교감이 성적증명서의 내용이 허위임을 알면서도 성적증명서 발급을 대결하였다면 그 권한 행사는 위임의 본지에 반하므로 권한 없는 자의 결재에 의한 사문서위조이다. (O) [20(2)모]

: 대결할 수 있는 위임이 있었다 하더라도 부정한 행사는 그 위임의 본지에 반하는 것이라 할 것이므로 이는 결국 권한없는 자의 결재에 의한 성적증명서의 작성이 되므로 사문서위조죄에 해당된다고 할 것이다(대판 83도154).

18. 사문서의 경우 문서를 작성할 권한을 위임받지 아니한 문서기안자가 문서 작성권한을 가진 사람의 결재를 받은 바 없이 권한을 초과하여 문서를 작성하였다면 이는 사문서위조죄가 된다(대판 96도2234). [17(3)모]

19. ① 실제의 본명 대신 가명이나 위명을 사용하여 사문서를 작성한 경우에 그 문서의 작성명의인과 실제 작성자 사이에 인격의 동일성이 그대로 유지되는 때에는 위조가 되지 않으나, 명의인과 작성자의 인격이 상이할 때에는 위조죄가 성립할 수 있다(대판 2010도1835). [23(1)모]
② 甲은 다방 업주로부터 선불금을 받고 그 반환을 약속하는 내용의 현금보관증을 작성하면서 가명과 4살 어린 허위의 출생연도를 기재한 후, 이를 그 사실을 모르는 다방 업주에게 교부하였다(그 가명을 그 다방에서 근무하는 동안 계속 사용함). 甲에게 사문서위조죄 및 위조사문서행사죄가 성립한다. (O) [12사시]

20. 음주운전으로 단속된 甲은 주취운전자 적발보고서의 운전자란에 타인의 성명 및 서명을 한 후, 이를 그 사실을 모르는 경찰관에게 제출하였다. 甲에게 사문서위조죄 및 위조사문서행사죄가 성립한다. (O) [12사시]

: 주취운전자 적발보고서 및 주취운전자 정황진술보고서의 각 운전자란에 타인의 서명을 한 다음 이를 경찰관에게 제출한 것은 사문서위조 및 동행사죄에 해당한다(대판 2004도6483).

21. 문서의 작성 권한이 없는 甲이 문서에 타인의 서명을 기재한 경우, 일단 서명 등이 완성되었더라도 문서가 완성되지 않았다면 甲에게 서명 등의 위조죄는 성립하지 않는다. (X) [16변시]

: 어떤 문서에 권한 없는 자가 타인의 서명을 기재하는 경우에는 그 문서가 완성되기 전이라도 일반인으로서는 그 문서에 기재된 타인의 서명을 그 명의인의 진정한 서명으로 오신할 수도 있으므로, 일단 서명이 완성된 이상 문서가 완성되지 아니한 경우에도 서명의 위조죄는 성립할 수 있는 것이다(대판 2005도4478). [23모사]

▮유제▮ 甲은 「도로교통법」 위반(음주운전)죄로 경찰관 P2로부터 조사를 받을 때 자신의 조카 B인양 행세하면서 피의자신문조서에 B의 서명을 하였으나 P2가 서명날인하기 전에 B가 아니라는 사실이 발각되었다. 사서명위조죄는 성립하지만 위조사서명행사죄는 성립하지 아니한다. (X) - 행사죄도 성립 [17(2)모·16(3)모]

22. 진정한 문서의 사본을 전자복사기를 이용하여 복사하면서 일부 조작을 가하여 그 사본 내용과 전혀 다르게 만드는 행위는 공공의 신용을 해할 우려가 있는 별개의 문서사본을 창출하는 행위로서 문서위조죄에 해당한다(대판(全) 87도506). [12변시·14(1)모]

23. 문서가 원본인지 여부가 중요한 거래에서 문서의 사본을 진정한 원본인 것처럼 행사할 목적으로 다른 조작을 가함이 없이 문서의 원본을 그대로 컬러복사기로 복사한 후 복사한 문서의 사본을 원본인 것처럼 행사한 행위는 사문서위조죄 및 동행사죄에 해당한다(대판 2016도2081). [21(3)모·20법행]

▮유제▮ 복사한 문서의 사본도 문서원본과 동일한 의미를 가지는 문서로서 이를 다시 복사한 문서의 재사본도 문서위조죄의 객체인 문서에 해당한다. (O) [16변시]

▮유제▮ 전자복사기로 복사한 문서의 사본도 문서위조죄 및 동행사죄의 객체인 문서에 해당하지만, 위조된 문서원본을 단순히 전자복사기로 복사하여 그 사본을 만드는 행위는 문서위조죄에 해당하지 않는다. (X) [19(3)모]

24. 문서 위·변조의 객체가 되는 문서는 원본에 한하지 않으므로 문서의 사본을 변조하고 이를 다시 사진복사하여 그 복사본을 행사한 경우, 문서변조 및 동행사죄가 성립한다(대판 93도1435). [18(2)모]

25. 甲이 다른 서류에 찍혀 있던 乙의 직인을 칼로 오려내어 풀로 붙인 후 이를 복사하여 수상후보자추천서와 경력증명서 각 1통을 만들고 이를 수상자를 선정하는 협회에 발송한 경우, 동 서류 2통을 주의 깊게 관찰하지 아니하면 그 외관에 비정상적인 부분이 있음을 알아차리기가 어렵다면, 甲에게 사문서위조죄 및 위조사문서행사죄가 성립한다(대판 2010도8361). [16변시]

26. 행사할 목적으로 타인의 주민등록증에 붙어 있는 사진을 자신의 것으로 바꿔 붙이면 공문서변조에 해당한다. (X) [12(2)모·99사시·05법행]

: 이는 기존 공문서의 본질적 또는 중요 부분에 변경을 가하여 새로운 증명력을 가지는 별개의 공문서를 작성한 경우에 해당하므로 공문서위조죄를 구성한다(대판 91도1610). - 과거 주민등록증에는 실제 사진이 부착

▮유제▮ 진정문서를 이용하여 문서를 변개하는 경우에도 문서의 중요 부분에 변경을 가하여 새로운 증명력을 가지는 별개의 문서를 작성하였다면 문서의 변조가 아닌 위조에 해당한다(대판 2003도3729). [17(3)모]

27. 사진을 바꾸어 붙이는 방법으로 위조한, 외국 공무원이 발행한 국제운전면허증이 유효기간을 경과하여 본래의 용법에 따라 사용할 수 없더라도, 면허증 행사시 상대방이 유효기간을 쉽게 알 수 없는 등의 사정으로 발급 권한 있는 자로부터 국제운전면허를 받은 것으로 오신하기에 충분한 정도의 형식과 외관을 갖추고 있다면, 문서위조죄의 위조문서에 해당한다(대판 98도164). [23변시·13(2)모·04법행]

28. 명의인을 기망하여 그의 의사에 반하는 사문서를 작성케 한 경우는 서명, 날인이 정당한 경우에도 사문서위조죄가 성립한다. (O) [15(2)모]

: 기망자는 명의인을 이용하여 서명 날인자의 의사에 반하는 문서를 작성케 하는 것이라면 위조죄의 간접정범이 된다(대판 70도1759).

▮유제▮ 작성명의자의 날인이 정당하게 성립된 사문서라고 하더라도 그 내용을 기재할 정당한 권한이 없는 자가 내용을 기재함으로써 날인자의 의사에 반하는 사문서를 작성한 경우 문서위조죄가 성립한다. (O) [15(1)모]

★ 29. 공무원이 아닌 甲이 관공서에 허위 내용의 증명원을 제출하여 그 내용이 허위인 정을 모르는 담당 공무원 乙로부터 그 증명원 내용과 같은 증명서를 발급받은 경우, 공문서위조죄의 간접정범이 성립하지 않는다. (O) [21·17변시·14(1)모]

: 그 문서의 성립은 진정하며 여기에 하등 작성명의를 모용한 사실이 있다고 할 수는 없으므로, 공무원 아닌 자가 관공서에 허위 내용의 증명원을 제출하여 그 내용이 허위인 정을 모르는 담당공무원으로부터 그 증명원 내용과 같은 증명서를 발급받은 경우 공문서위조죄의 간접정범으로 의율할 수는 없다(대판 2000도938).

30. 甲은 X아파트 입주민 모임인 Y위원회 대표로 선출되었다. 甲은 자신의 인감증명서를 발급받은 후 인감증명서의 용도란에 X아파트가 위치한 동(洞)의 동장 명의가 기재된 행정봉투를 오려붙이고, 그 옆에 미리 제작해 둔 Y위원회 한자 직인과 한글 직인을 날인하였다. 그리고 자신이 가공한 인감증명서(이하 '위 인감증명서')를 휴대전화로 촬영한 사진 파일을 Y위원회 소속 입주민들이 참여하는 메신저 단체대화방에 게재하였다. 위 인감증명서는 용도란에 다른 부분과 전혀 다른 재질과 색깔의 종이가 붙어 있는 등 그 외관이 조악하였으나, 甲이 촬영·전송한 이미지는 화질이 현저히 떨어져 입주민들이 인감증명서의 하자를 알아채기 쉽지 않았다.
① 甲이 공문서를 위조한 것인지 여부를 판단함에 있어서는 단체대화방에 게재된 사진 파일이 아니라 위 인감증명서 자체가 기준이 되어야 한다. (O)
② 위 인감증명서를 사진촬영하여 단체대화방에 게시한 결과물이 일반인으로 하여금 공무원 또는 공무소의 권한 내에서 작성된 문서라고 믿을 수 있는 형식과 외관을 구비하고 있었다면 甲의 행위는 위조공문서행사죄에 해당한다. (X) [23(2)모]

: [1] 일반인으로 하여금 공무원 또는 공무소의 권한 내에서 작성된 문서라고 믿을 수 있는 형식과 외관을 구비한 (종이)문서를 작성하면 공문서위조죄가 성립하지만, 평균수준의 사리분별력을 갖는 사람이 조금만 주의를 기울여 살펴보면 공무원 또는 공무소의 권한 내에서 작성된 것이 아님을 쉽게 알아볼 수 있을 정도로 공문서로서의 형식과 외관을 갖추지 못한 경우에는 공문서위조죄가 성립하지 않는다.
[2] 위조문서행사죄에 있어서 위조된 문서를 진정한 문서인 것처럼 사용하는 한 그 행사의 방법에 제한이 없으나, 이는 문서의 형태로 위조가 완성된 것을 전제로 하는 것이므로, 공문서로서의 형식과 외관을 갖춘 (종이)문서에 해당하지 않아 공문서위조죄가 성립하지 않는 경우에는 위조공문서행사죄도 성립할 수 없다(대판 2019도8443). 답 O, X

▎유제▎ 인감증명서를 위조한 경우에 평균 수준의 사리분별력을 갖는 사람이 주의를 기울여 살펴보면 공무원 또는 공무소가 작성하지 않았음을 쉽게 알아볼 수 있더라도 공문서위조죄가 성립하나, 이를 휴대전화로 사진촬영하여 그 이미지파일을 메신저 단체대화방에 게재한 행위는 위조공문서행사죄에 해당하지 않는다. (X) [22(3)모·21법행]

31. 사문서의 작성명의자의 인장이 찍히지 아니하였다면 그 사람의 상호와 성명이 기재되어 그 명의자의 문서로 믿을 만한 형식과 외관을 갖추었더라도 사문서위조라고 볼 수 없다. (X) [20(2)모]

: 사문서의 작성명의자의 인장이 찍히지 아니하였더라도 그 사람의 상호와 성명이 기재되어 그 명의자의 문서로 믿을 만한 형식과 외관을 갖춘 경우에는 사문서위조죄에 있어서의 사문서에 해당한다(대판 99도4819).

▎유제▎ 사문서의 작성명의자의 인장이 압날되지 않고 주민등록번호가 기재되지 않았다면 일반인이 그 작성명의자에 의해 작성된 사문서라고 믿을만한 정도의 형식과 외관을 갖추었더라도 사문서위조죄의 객체가 되지 않는다. (X) [17변시]

32. 공문서변조라 함은 권한 없이 이미 진정하게 성립된 공무원 또는 공무소명의의 문서내용에 대하여 그 동일성을 해하지 아니할 정도로 변경을 가하는 것을 말하므로 이미 허위로 작성된 공문서는 공문서변조죄의 객체가 되지 아니한다(대판 86도1984). [22(3)모·14(1)모·10법행]

33. 사문서변조죄는 권한 없는 자가 이미 진정하게 성립된 타인 명의의 문서 내용에 대하여 동일성을 해하지 않을 정도로 변경을 가하여 새로운 증명력을 작출케 함으로써 공적 신용을 해할 위험성이 있을 때 성립하므로, 이미 진정하게 성립된 타인 명의의 문서가 존재하지 않는 경우에는 사문서변조죄가 성립하지 않는다(대판 2014도14924). [19(3)모]

┃유제┃ 문서의 내용 중 권한 없는 자에 의하여 이미 변조된 부분을 다시 권한 없이 변경하였다고 하더라도 사문서변조죄는 성립하지 않는다. (O) [20법행]

34. 최종 결재권자 A를 보조하여 문서의 기안업무를 담당하는 공무원 甲이 이미 A의 결재를 받아 완성된 공문서에 대하여 적법한 절차를 밟지 않고 그 내용을 변경한 경우, 공문서변조죄가 성립한다(대판 2016도5218). [21변시·19(1)모]

35. 문서의 변조는 이미 진정하게 성립한 타인 명의의 문서에 그 동일성을 해하지 않을 정도로 변경을 가하는 것으로 그 변경 내용이 비록 객관적인 진실에 합치하는 것이라 하더라도 사문서변조죄의 구성요건을 충족한다(대판 94도2092). [09사시]

36. 사문서를 변조할 당시 그 명의인의 명시적·묵시적 승낙이 없었더라도 변조된 문서가 그 명의인에게 유리하여 결과적으로 그 의사에 합치되는 때에는 사문서변조죄를 구성하지 않는다. (X) [23·17변시·22(3)모]

: 변조 당시 명의인의 명시적, 묵시적 승낙없이 한 것이면 변조된 문서가 명의인에게 유리하여 결과적으로 그 의사에 합치한다 하더라도 사문서변조죄의 구성요건을 충족한다(대판 84도2422).

★
37. ① 피고인이 인터넷을 통하여 열람·출력한 등기사항전부증명서 하단의 열람 일시 부분을 수정 테이프로 지우고 복사한 행위는 등기사항전부증명서가 나타내는 권리·사실관계와 다른 새로운 증명력을 가진 문서를 만든 것에 해당하고 그로 인하여 공공적 신용을 해할 위험성도 발생한 경우에 해당하므로 공문서변조죄가 성립하고, 이를 피해자에게 보여주면서 사업자금을 빌렸다면 변조공문서행사죄에도 해당한다(대판 2018도19043). [23변시·23(3)모·21법행][22(2)기]

② 위 ①에서 피해자에게 제시한 등기사항전부증명서는 복사한 문서로서 열람 일시가 지워져 있다는 점을 확인하지 못한 책임이 피해자에게 있으므로 甲에게 사기죄는 성립하지 않는다. (X) [23변시]

: 기망행위가 착오에 대한 유일한 원인이 될 필요는 없으므로, 피해자의 과실로 착오에 빠진 경우에도 기망과 착오 사이에 인과관계가 부정되지 않으므로 사기죄가 성립한다(대판 2008도1697).

┃유제┃ 인터넷을 통해 열람·출력한 등기사항전부증명서 하단 부분의 열람 일시 부분을 수정 테이프로 지우고 복사해 두었다가 타인에게 교부한 경우 공문서위조 및 위조공문서행사죄가 성립한다. (X) [22(3)모]
- 공문서변조죄 및 변조공문서행사죄 성립

38. 문서변조죄에 있어서 행사할 목적이란 변조된 문서를 진정한 문서인 것처럼 사용할 목적을 말하는 것으로 적극적 의욕이나 확정적 인식을 요하지 아니하고 미필적 인식이 있으면 족하다(대판 2004도788). [17(2)모]

39. 甲은 현재 소송중인 사건과 관련하여 법원에 제출할 생각으로 자신에게 지급된 급여의 입금내용의 일부를 숨기기 위하여 A은행장 발행 甲명의 통장에서 특정 일자에 B주식회사로부터 입금된 내용을 화이트테이프로 지우고 통장을 복사한 후, 법원에 통장사본을 증거로 제출하였다. 甲이 입금된 내용의 일부를 지운 것은 사문서변조행위에 해당하고, 통장사본을 법원에 증거로 제출한 행위는 문서의 행사에 해당한다(대판 2010도14587). [12(3)모]

40. 이사가 이사회 회의록에 서명 대신 서명거부사유를 기재하고 그에 대한 서명을 하면, 특별한 사정이 없는 한 그 내용은 이사회 회의록의 일부가 되고, 이사회 회의록의 작성권한자인 이사장이라 하더라도 임의로 이를 삭제한 경우에는 이사회 회의록 내용에 변경을 가하여 새로운 증명력을 가져오게 되므로 사문서변조에 해당한다(대판 2016도20954). [23(3)모·20법행]

41. 사문서에 2인 이상의 작성명의인이 있는 때에는 그 명의자 가운데 1인이 나머지 명의자와 합의 없이 행사할 목적으로 그 문서의 내용을 변경하더라도 사문서변조죄를 구성하지 않는다. (X) [17변시]

: 문서에 2인 이상의 작성명의인이 있는 때에는 각 명의자마다 1개의 문서가 성립되는 것으로 볼 것이고 피고인이 그 명의자의 한사람이라 하더라도 타 명의자와 합의없이 행사할 목적으로 그 문서의 내용을 변경하였을 때에는 사문서변조죄가 성립된다(대판 77도1736).

자격모용에 의한 사문서작성죄

42. 부동산중개사무소를 대표하거나 대리할 권한이 없는 甲이 부동산 매매계약서의 공인중개사란에 '○○부동산 대표 甲'이라고 기재한 경우 '○○부동산'이라는 표기는 단순히 상호를 가리키는 것이므로 자격모용사문서작성죄의 '명의인'에 해당하지 않는다. (X) [14(2)모·12사시·10법행]

: [1] 자격모용에 의한 사문서작성죄에서의 '타인'에는 자연인뿐만 아니라 법인, 법인격 없는 단체를 비롯하여 거래관계에서 독립한 사회적 지위를 갖고 활동하고 있는 존재로 취급될 수 있으면 여기에 해당된다. [17(3)모]
[2] '○○부동산'이라는 표기는 단순히 상호를 가리키는 것이 아니라 독립한 사회적 지위를 가지고 활동하는 존재로 취급될 수 있으므로 자격모용사문서작성죄의 '명의인'에 해당한다(대판 2007도9606).

43. 사문서의 작성자가 '행사할 목적'으로 자격을 모용하여 문서를 작성한 이상, 문서행사의 상대방이 자격모용 사실을 알았다거나 작성자가 그 문서에 모용한 자격과 무관한 직인을 날인하였더라도 자격모용에 의한 사문서작성죄의 행사할 목적은 인정된다(대판 2021도17712). [23(3)모]

44. X주식회사 소유의 Y오피스텔에 대한 분양대행 권한이 있는 甲은 당해 오피스텔을 임대할 권한이 없는데도 Y오피스텔 2층에 있는 분양사무실에서 A에게 자신이 Y오피스텔 분양 책임자라고 소개하고 임대차계약을 체결하면서 컴퓨터를 이용하여 X주식회사 명의로 임대차 계약서 파일을 작성하여 이러한 정을 모르는 A에게 이메일로 전송하였는데, 이 계약서 파일의 임대인 성명란에는 'X주식회사 (甲의 이름)'으로 기재되어 있고 甲의 개인 도장이 찍혀있었다. A는 이메일로 송부 받은 계약서 파일을 프린터로 출력하여 임차인 란에 서명하였다. 甲이 작성한 위 계약서 파일을 A가 이를 출력함으로써 甲에게 자격모용사문서작성죄 및 자격모용작성사문서행사죄가 성립한다. (O) [19(1)모]

: 일반인으로서는 임대차계약서가 X 회사의 대표자 또는 대리인의 자격을 가진 피고인에 의해 X 회사 명의로 작성된 문서라고 믿게 할 수 있는 정도의 형식과 외관을 갖추고 있어 피고인의 행위는 자격모용사문서작성에 해당하고, 이 임대차계약서를 마치 진정하게 성립된 것처럼 그 정을 모르는 임차인 A에게 건네준 것은 자격모용작성사문서행사에 해당한다(대판 2017도14560).

공문서위조 · 변조죄

★ 45. 공무원 甲이 작성권자 A로부터 일정한 요건이 구비되었는지 여부를 심사하여 그 요건이 구비된 경우 A의 직인을 사용하여 A 명의의 공문서를 작성하라는 포괄적인 권한을 수여받았는데 공문서 용지에 허위내용을 기재하고 A의 직인을 날인한 경우, 공문서위조죄가 성립한다. (O)　　　　　　　　　　[19(1)모] [19(2)사]

: 그 위임의 취지에 반하여 공문서 용지에 허위내용을 기재하고 그 위에 보관하고 있던 작성권자의 직인을 날인하였다면, 그 업무보조자인 공무원에게 공문서위조죄가 성립할 것이고, 그에게 위와 같은 행위를 하도록 지시한 중간결재자인 공무원도 공문서위조죄의 공범으로서의 책임을 면할 수 없다(대판 96도424).

46. 작성권한 없는 자가 공문서의 작성권한자의 지시에 따라 그의 서명을 흉내 내어 기안문서의 결재란에 대신 서명하였다면 공문서위조죄가 성립한다. (X)　　　　　　　　　　　　　　　　　[18(1)모]

: 피고인의 기안문서 작성행위는 작성권자의 지시 또는 승낙에 의한 것으로서 공문서위조죄의 구성요건해당성이 조각된다(대판 82도1426).

47. A구 구청장이 B구청으로 전보된 후 A구 구청장의 권한에 속하는 건축허가에 관한 기안용지의 결재란에 서명을 하였다면 자격모용에 의한 공문서작성죄가 성립한다(대판 92도2688).　　　　　[18(1)모 · 14사시]

허위문서작성죄

48. 형법에는 공문서의 무형위조만 처벌할 뿐 사문서의 무형위조를 처벌하는 규정은 없다. (X)　　[21(2)모]

: 형법은 사문서의 허위작성(무형위조)을 처벌하는 유일한 예외규정으로 허위진단서작성죄를 두고 있다(제233조).

49. 환자의 인적사항, 병명, 입원기간 및 그러한 입원사실을 확인하는 내용이 기재된 '입퇴원 확인서'는 환자의 건강상태를 증명하기 위한 서류라고 볼 수 없어 진단서에 해당하지 않는다(대판 2012도3173).　　[19(3)모]

50. 형법 제233조의 허위진단서작성죄에서 허위진단서 작성에 해당하는 허위의 기재는 사실에 관한 것이건 판단에 관한 것이건 불문하므로, 현재의 진단명과 증상에 관한 기재뿐만 아니라 현재까지의 진찰 결과로서 발생 가능한 합병증과 향후 치료에 대한 소견을 기재한 경우에도 그로써 환자의 건강상태를 나타내고 있는 이상 허위진단서 작성의 대상이 될 수 있다(대판 2014도15129).　　　　　　　　　　　　　　　　　[20법행]

51. 허위공문서작성죄의 객체가 되는 문서는 작성명의인이 명시되어 있지 않더라도 문서의 형식, 내용 등 문서 자체에 의하여 누가 작성하였는지를 추지할 수 있을 정도의 것이면 된다(대판 2018도18646).　　[21변시 · 20(3)모]

52. ① 공문서를 작성하는 과정에서 법령 등을 잘못 적용하거나 적용하여야 할 법령 등을 적용하지 아니한 잘못이 있더라도 그 적용의 전제가 된 사실관계에 관하여 거짓된 기재가 없다면 허위공문서작성죄가 성립할 수 없고, 이는 그와 같은 잘못이 공무원의 고의에 기한 것이라도 달리 볼 수 없다(대판 2019도18394). [25변시·24(2)모·23(3)모]

② 군수가 건축허가통보서에 결재하여 건축허가신청을 허가하였다면 위 건축허가서에 표현된 허가의 의사표시 내용 자체에 어떠한 허위가 있다고 볼 수는 없다 할 것이어서, 이러한 건축허가에 그 요건을 구비하지 못한 잘못이 있고 이에 담당 공무원의 위법행위가 개입되었다 하더라도 그 위법행위에 대한 책임을 추궁하는 것은 별론으로 하고 위 건축허가서를 작성한 행위를 허위공문서작성죄로 처벌할 수는 없다(대판 2000도1858). [09법행·15사시]

∥유제∥ 출원에 대한 심사업무를 담당하는 공무원이 출원인의 출원사유가 허위라는 사실을 알면서도 결재권자로 하여금 오인, 착각, 부지를 일으키게 하고 그 오인, 착각, 부지를 이용하여 인·허가처분에 대한 결재를 받아낸 경우에는 허위공문서작성죄의 간접정범이 성립한다. (X) [09사시]

∥유제∥ 당사자로부터 뇌물을 받고 고의로 적용하여서는 안 될 조항을 적용하여 과세표준을 결정하고 그 과세표준에 기하여 세액을 산출하였다고 하더라도, 그 세금계산서에 허위내용의 기재가 없다면 허위공문서작성죄에는 해당하지 않는다. (O) [02·09사시]

53. 공무원인 甲이 그 직무에 관하여 사문서의 사본에 "원본대조필 토목기사 甲"이라 기재하고 도장을 날인하였다면 그 기재 자체가 공문서이며, 甲이 실제로 원본과 대조함이 없이 "원본대조필"이라고 기재한 이상 그것만으로 곧 허위공문서작성죄가 성립한다(대판 80도3180). [20(3)모]

54. 공무원 甲은 자신의 처 乙의 건축법위반 사실을 은폐할 목적으로 정산설계서를 확인하지 않았음에도 불구하고 "정산설계서에 의하여 준공검사를 하였다."라는 내용을 공문서인 준공검사조서에 기재하였다. [24변시]

① 甲에게는 허위공문서작성죄 외에 직무유기죄도 성립하고, 양자는 상상적 경합관계에 해당한다. (X)

② 甲이 작성한 준공검사조서의 내용이 객관적으로 공사 현장의 준공 상태와 부합하는 경우, 甲에게 허위공문서작성죄는 성립하지 않는다. (X)

: [1] 공무원이 허위내용의 공문서를 작성한 경우 타인의 위법상태를 발견하고도 직무상 의무에 따른 적절한 조치를 취하지 아니하고 '타인의 위법사실을 적극적으로 은폐할 목적'으로 허위공문서를 작성·행사한 경우에는 직무위배의 위법상태는 허위공문서작성 속에 포함되는 것으로 작위범인 허위공문서작성죄(동행사죄)만 성립하고 부작위범인 직무유기죄는 따로 성립하지 아니한다(대판 92도333).

[2] 준공검사조서를 작성함에 있어서 정산설계서를 확인하고 준공검사를 한 것이 아님에도 마치 한 것처럼 내용을 기입하였다면 그것만으로 곧 허위공문서작성죄가 성립하고 위 준공검사조서의 내용이 객관적으로 공사현장의 준공상태에 부합한다 하더라도 그 성립에 아무런 영향을 미치지 못한다(대판 82도3063). 답 X, X

55. ① 사법경찰관이 검사로부터 '피해자들로부터 교통사고경위에 대해 구체적인 진술을 청취하여 운전자 도주 여부에 대해 재수사할 것'을 요청받음에도 재수사 결과서의 재수사 결과란에 피해자들로부터 진술을 청취하지 않고도 진술을 듣고 그 진술내용을 적은 것처럼 기재하고 자신의 독자적인 의견이나 추측에 불과한 것을 마치 피해자들로부터 직접 들은 진술인 것처럼 기재했다면, 허위공문서 작성 및 고의가 인정되어 허위공문서작성죄가 성립한다(대판 2022도6886). [24(3)모]

② ①의 경우 피해자들 진술로 기재된 내용 중 일부가 결과적으로 사실과 부합하고 재수사 요청을 받은 사법경찰관이 검사에 의하여 지목된 참고인이나 피의자 등에 대한 재조사 여부와 재조사 방식 등에 대해 재량을 가지고 있다면 甲에게 허위공문서작성죄가 성립하지 않는다. (X) [25변시]

답 O, X

56. 인감증명서 발급 신청자 본인이 직접 출두한 바가 없음에도 불구하고 발급업무를 담당하는 공무원이 본인이 직접 신청하여 발급받은 것처럼 인감증명서에 기재하였다면 공문서위조죄가 성립한다. (X) [18(1)모]

: 대리인에 의한 것을 본인의 신청에 의한 것으로 기재하였다면 허위공문서작성죄를 구성한다(대판 85도758).

57. 허위공문서작성죄에서 허위란 표시된 내용과 진실이 부합하지 아니하여 그 문서에 대한 공공의 신용을 위태롭게 하는 경우를 말하며, 허위공문서를 작성하면서 그 내용이 허위라는 사실의 인식이 있어야 허위공문서작성죄가 성립한다(대판 2015도9010). [23(3)모]

★ [사례문제 기출례] 일반사인이 공문서작성권자를 이용한 간접정범 성부 [22·18변시, 14모사]

58. [1] 공무원이 아닌 자는 공정증서원본불실기재죄의 경우를 제외하고는 허위공문서작성죄의 간접정범으로 처벌할 수 없으나, [22(3)모]
[2] 공무원이 아닌 자가 공무원과 공동하여 허위공문서작성죄를 범한 때에는 공무원이 아닌 자도 허위공문서작성죄의 공동정범이 성립한다(대판 71도795). [13(1)모]

답 O, O

★★ [사례문제 기출례] 공문서작성보조자의 작성권자를 이용한 허위공문서작성죄 간접정범 성부 [22변사, 21·14모사]

59. 甲은 행사할 목적으로 예비군 중대장을 보좌하는 공무원인 乙을 교사하여 乙로 하여금 허위로 甲이 예비군 훈련을 받았다는 사실확인서의 초안을 작성하게 하고, 乙은 이러한 사실을 모르는 문서의 작성권자인 예비군중대장으로부터 결재를 받았다. 乙은 공문서위조죄의 간접정범, 甲은 공문서위조죄의 간접정범의 교사범이 성립한다. (X) [16(3)모·13(2)모]

: [1] 공문서의 작성권한이 있는 공무원의 직무를 보좌하는 자가 행사할 목적으로 허위의 내용이 기재된 문서 초안을 그 정을 모르는 상사에게 제출하여 결재하도록 하는 등의 방법으로 작성권한이 있는 공무원으로 하여금 허위의 공문서를 작성하게 한 경우에는 허위공문서작성죄의 간접정범이 성립되고, [23변시·12(2)모]
[2] 이와 공모한 자 역시 그 간접정범의 공범으로서의 죄책을 면할 수 없는 것이고, 여기서 말하는 공범은 반드시 공무원의 신분이 있는 자로 한정되는 것은 아니다(대판 91도2837). 보좌공무원 乙은 허위공문서작성죄의 간접정범, 이를 교사한 甲은 허위공문서작성죄의 간접정범의 교사범이 성립한다. [14(1)(2)모 · 21(1)사]

┃유제┃ 기안을 담당하는 보조 직무에 종사하는 공무원이 허위공문서를 기안하여 허위임을 모르는 작성권자의 결재를 받아 공문서를 완성한 경우, 허위공문서작성죄의 간접정범이 성립한다. (O) [22(2)모·21(2)모·18(2)모]

60. 공무원인 甲은 화물자동차운송회사의 대표인 乙의 교사를 받고 허위의 사실을 기재한 화물자동차운송사업변경(증차)허가신청 검토보고서를 작성하여 그 사정을 모르는 최종 결재자인 담당과장의 결재를 받았다. 甲에게는 허위공문서작성죄의 간접정범이 성립하지만, 乙에게는 허위공문서작성죄의 간접정범의 교사범이 성립하지 않는다. (X) [15변시·19(1)모·20법행]

: 사안에서 甲에게는 허위공문서작성죄의 간접정범이 성립하고, 이를 교사한 乙은 허위공문서작성죄의 간접정범의 교사범이 성립한다(대판 91도2837의 취지). - 허가서가 아닌 허가신청 검토보고서임에 주의

★
61. ① 공무원의 문서작성을 보조하는 직무에 종사하는 공무원이 허위공문서를 기안하여 결재를 거치지 않고 임의로 작성권자의 직인 등을 부정사용하여 공문서를 완성한 경우, 공문서위조죄가 성립한다(대판 2016도13912).   [20(3)모·19(1)모·18(2)모]

② 공문서의 작성권한 없는 공무원이 작성권자의 결재를 받지 않고 직인 등을 보관하는 담당자를 기망하여 작성권자의 직인을 날인하도록 하여 공문서를 완성한 경우, 공문서위조죄가 성립한다(대판 2016도13912).   [23(1)모·22(2)모·19(1)모·18(2)모]

62. 경찰서 보안과장인 甲이 乙의 음주운전을 눈감아주기 위하여 그에 대한 음주운전자 적발보고서를 찢어버리고, 부하인 丙으로 하여금 일련번호가 동일한 가짜 음주운전자 적발보고서에 丁에 대한 음주운전 사실을 기재케 하여 그 정을 모르는 담당 경찰관으로 하여금 주취운전자 음주측정처리부에 丁에 대한 음주운전 사실을 기재하도록 하였다. 허위공문서작성죄 및 허위작성공문서행사죄의 간접정범이 성립한다(대판 95도1706).   [14(3)모·10사시]

63. 사법경찰관이 피의자신문조서를 작성하면서 피의자의 자백사실을 고의로 누락한 경우에는 부작위에 의한 허위공문서작성죄가 성립한다. (O)   [20(3)모]

: 허위공문서의 작성 방법에는 제한이 없으므로 작위·부작위를 불문한다.

★
64. 공무원인 의사가 공무소의 명의로 허위진단서를 작성한 경우 허위공문서작성죄와 허위진단서작성죄의 상상적 경합범이 성립한다. (X)   [18변시·24(1)모·15(3)모]

: 공무원인 의사(국립병원 의사)가 공무소(그 병원)의 명의로 허위진단서를 작성한 경우에는 허위공문서작성죄만이 성립하고 허위진단서작성죄는 별도로 성립하지 않는다(대판 2003도7762).   [16(3)모·13사시·11법행]

공정증서원본등불실기재죄

65. 공무원에 대하여 허위의 신고를 하여 공정증서원본 면허증, 허가증, 등록증 또는 여권에 사실 아닌 기재를 하게 한 때에는 「형법」제228조(공정증서 원본 등의 불실기재)에 의하여 「형법」제227조(허위공문서작성등)보다 가볍게 처벌된다. (O)   [21(2)모]

: 허위공문서작성죄의 법정형은 7년 이하의 징역 또는 2천만원 이하의 벌금이지만(제227조), 공정증서 원본 등의 불실기재의 법정형은 5년 이하의 징역 또는 1천만원 이하의 벌금이다.

66. 불실의 사실이 기재된 공정증서의 정본을 그 정을 모르는 법원 직원에게 교부한 경우에는 불실기재공정증서원본행사죄가 성립한다. (X)   [20변시]

: 형법 제229조, 제228조 제1항에서 규정한 '공정증서원본'에는 공정증서의 정본이 포함된다고 볼 수 없다(대판 2001도6503).

67. 자동차운전면허증 재교부신청서의 사진란에 다른 사람의 사진을 붙여 제출하여 담당 공무원으로 하여금 자동차운전면허대장에 불실의 사실을 기재하게 한 경우 공정증서원본불실기재죄는 성립하지 않는다. (O)
[21변시 · 21(3)모 · 15(2)모]

: 자동차운전면허대장은 사실증명에 관한 것에 불과하므로 형법 제228조 제1항에서 말하는 공정증서원본이라고 볼 수 없고(대판 2010도1125), 같은 이유로 권리의무에 변동을 주는 효력이 없는 토지대장은 위에서 말하는 공정증서에 해당하지 아니한다(대판 87도2696).
※ **공정증서원본에 해당하지 않는 경우** : 토지대장, 자동차운전면허대장, 민사조정법에 의한 조정조서, 주민등록증, 주민등록부, 사업자등록증, 공증인이 인증한 사서증서 등

68. 민사조정법에 의한 조정절차에서 작성되는 조정조서는 그 성질상 허위신고에 의해 불실한 사실이 그대로 기재될 수 있는 공문서로 볼 수 없어 공정증서원본으로 볼 수 없다(대판 2010도3232). [24(3)모 · 21(2)모]

69. 사업자등록증은 단순한 사업사실의 등록을 증명하는 증서에 불과하고 그에 의하여 사업을 할 수 있는 자격이나 요건을 갖추었음을 인정하는 것은 아니므로 공정증서원본불실기재죄 등의 객체 중 하나인 형법 제228조 제2항에서 정한 '등록증'에 해당하지 아니한다(대판 2003도6934). [14사시]

★
70. 공전자기록등부실기재죄에서 '부실의 사실기재'는 당사자의 허위신고에 의하여 이루어져야 하므로 법원의 촉탁에 의하여 등기를 마친 경우에는 그 전제절차에 허위적 요소가 있더라도 공전자기록등부실기재 및 동행사죄가 성립하지 않는다(대판 2021도11257). [24(3)모]

71. 채권양도인이 허위의 채권에 관하여 그 정을 모르는 양수인과 실제로 채권양도의 법률행위를 한 후 공증인에게 그 채권양도의 법률행위에 관한 공정증서를 작성하게 한 경우 공정증서원본등불실기재죄가 성립하지 않는다. (O)
[11사시 · 04법행]

: 그 공정증서가 증명하는 사항은 채권양도의 법률행위가 진정으로 이루어졌다는 것일 뿐 그 공정증서가 양도되는 채권이 진정하게 존재한다는 사실까지 증명하는 것으로 볼 수는 없으므로, 양도인이 허위채권에 관하여 그 정을 모르는 양수인과 실제로 채권양도의 법률행위를 한 이상 공정증서원본불실기재죄가 성립하지 않는다(대판 2001도5414).

72. 실제로는 채권 · 채무관계가 존재하지 아니함에도 공증인에게 허위신고를 하여 가장된 금전채권에 대하여 집행력이 있는 공정증서원본을 작성하도록 하고 이를 비치하게 하였다면 공정증서원본불실기재죄 및 불실기재공정증서원본행사죄가 성립한다(대판 2002도638). [18(1)모 · 15사시]

73. ① 공정증서원본등불실기재죄에서 '불실의 기재'라고 함은 권리의무관계에서 중요한 의미를 갖는 사항이 객관적인 진실에 반하는 것을 말한다. (O) [23(3)모]
② 부동산의 거래당사자가 거래가액을 관청에 거짓으로 신고하여 신고필증을 받은 뒤 이를 기초로 사실과 다른 내용의 거래가액이 부동산등기부에 등재되도록 한 경우 형법상의 공전자기록등불실기재죄 및 불실기재공전자기록등행사죄가 성립한다. (X) [22(2)모 · 15(3)모 · 14(2)모]

: 공정증서원본불실기재죄나 공전자기록등불실기재죄에서 '부실의 사실'이란 권리의무관계에 중요한 의미를 갖는 사항이 객관적인 진실에 반하는 것을 말하는데, 부동산등기부에 기재되는 거래가액은 당해 부동산의 권리의무관계에 중요한 의미를 갖는 사항에 해당한다고 볼 수 없다(대판 2012도12363). 답 O, X

74. 어떤 부동산에 관하여 피상속인에게 실체상의 권리가 없었음에도 불구하고 재산상속인이 상속을 원인으로 한 소유권이전등기를 경료한 경우, 공정증서원본불실기재 및 동행사죄가 성립한다. (X) [24(3)모]

: 어떤 부동산에 관하여 피상속인에게 실체상의 권리가 없었다 하더라도 재산상속인이 상속을 원인으로 한 소유권이전등기를 경료한 경우에는 그 등기는 당시의 등기부상의 권리관계를 나타내는 것에 불과하므로 그와 같은 등기절차를 밟았다 하여 공정증서원본불실기재나 동행사죄가 성립할 수 없다(대판 85도2661).

★
75. 주식회사를 설립한 후 회사 명의로 통장을 개설하여 이른바 대포통장을 유통시킬 목적이었을 뿐 자본금을 납입하거나 회사를 설립한 사실이 없는데도 주식회사의 발기인 등이 상법 등 법령에 정한 회사설립의 요건과 절차에 따라 회사설립등기를 함으로써 회사가 성립한 경우,
회사는 상법상 주식회사로 성립하였고, 회사의 설립행위에 일부 하자가 있었다거나 회사 설립 당시 정관에 기재된 목적 수행에 필요한 영업의 실질을 갖추거나 영업에 필요한 인적·물적 조직을 갖추지 않았다는 등의 사정만으로는 회사가 부존재한다고 인정할 수 없으므로, 회사설립등기는 공전자기록 등 불실기재죄에서 말하는 불실의 사실에 해당하지 않는다(대판 2019도9293). [23(1)모·22(2)모·20법행][22(2)사]

76. 실질적으로는 주식인수인에 의한 주금의 납입이 없는 주금가장납입을 위하여 甲은 주식인수인에 의한 납입이 완료된 것처럼 등기공무원에 대하여 허위신고를 하여 증자를 한 취지의 등기신청을 함으로써 상업등기부원본에 그 기재를 하게 하였다면 공정증서원본불실기재죄가 성립한다. (O) [12(2)모·11사시]

: 실질적으로 회사의 자본이 늘어난 것이 아니어서 납입가장죄 및 공정증서원본불실기재죄와 불실기재공정증서원본행사죄가 성립한다(대판(全) 2003도7645). - 주식회사 설립을 가장한 것이 아니라 주금 납입을 가장하여 증자등기 한 경우
[22(3)기]

77. 소유권보존등기가 되어 있지 않은 종중 소유의 부동산을 종중 명의로 소유권보존등기를 함에 있어서, 종중 대표자를 허위로 등재한 경우, 종중 대표자의 기재는 중요한 부분의 기재가 아니므로 공정증서원본불실기재죄가 성립하지 않는다. (X) [15사시]

: 거래 상대방으로서는 부동산등기부상에 표시된 종중 대표자를 신뢰하고 거래하는 것이 일반적이라는 점 등에 비추어 보면, 종중 대표자의 기재는 당해 부동산의 처분권한과 관련된 중요한 부분의 기재로서 이에 대한 공공의 신용을 보호할 필요가 있으므로 이를 허위로 등재한 경우에는 공정증서원본불실기재죄의 대상이 되는 불실의 기재에 해당한다(대판 2005도4790).

78. 근저당권은 근저당물의 소유자가 아니면 설정할 수 없으므로 타인의 부동산을 자기 또는 제3자의 소유라고 허위의 사실을 신고하여 소유권이전등기를 경료한 후 나아가 그 부동산이 자기 또는 당해 제3자의 소유인 것처럼 가장하여 그 부동산에 관하여 자기 또는 당해 제3자 명의로 채권자와의 사이에 근저당권설정등기를 경료한 경우에는 공정증서원본불실기재 및 동행사죄가 성립한다(대판 97도605). [24(3)모]

79. 외국에 거주하는 위장결혼 알선 브로커인 한국인 甲은, 국내에 거주하는 노숙자 乙에게 100만 원을 송금해 주기로 하고 진정한 혼인의사가 없는 乙로 하여금 외국인 여성 A와의 혼인 신고서를 작성하여 ○○구청 공무원 B에게 제출하도록 하였다. B는 가족관계등록부와 동일한 공전자기록에 乙과 A가 혼인한 것으로 입력하여 등록하였다. 乙에게는 공전자기록등불실기재죄 및 동행사죄가 성립한다. (O) [19변시]

: 진정한 혼인의사 없이 외국인 여성 A와의 혼인 신고서를 작성하여 ○○구청 공무원에게 제출하여 가족관계등록부와 동일한 공전자기록에 혼인한 것으로 입력하여 등록한 경우 공전자기록등불실기재죄 및 불실기재공전자기록등행사죄의 실체적 경합범이 성립한다(대판 2009도11349).

80. 甲이 乙과 참다운 부부관계의 설정을 바라는 효과의사는 없었으나 법률상의 부부라는 신분관계를 설정할 의사를 가지고 혼인신고서를 작성하여 담당 공무원에게 제출한 경우, 공정증서원본불실기재 및 동행사죄가 성립하지 않는다. (X) [19(2)모]

: 피고인들과 조선족 여자들 사이에는 혼인의 계출에 관하여는 의사의 합치가 있었으나 참다운 부부관계의 설정을 바라는 효과의사는 없었다고 인정되므로 효력이 없고, 따라서 피고인들이 중국에서 중국의 방식에 따라 혼인식을 거행하였다고 하더라도 그 효력이 없는 혼인의 신고를 한 이상 피고인들의 행위는 공정증서원본불실기재 및 동행사죄의 죄책을 면할 수 없다(대판 96도2049). [14(3)모·12(3)모·10법행]

▌유제▌ 甲은 위장결혼 알선브로커 乙 및 중국 국적의 丙과 공모하여 丙과 혼인할 의사 없이 허위의 혼인신고서를 공무원 丁에게 제출하여 혼인사실이 가족관계등록부에 기재되었다. 甲과 丙 사이에는 혼인신고에 관하여 의사의 합치가 있었으므로 허위신고에 해당하지 않아 공정증서원본불실기재죄가 성립하지 않는다. (X) [15(1)모]

81. 위장결혼의 당사자 및 브로커와 공모한 甲이 허위로 결혼사진을 찍고 혼인신고에 필요한 서류를 준비하여 위장결혼의 당사자에게 건네주었다면 이는 공전자기록등불실기재죄의 실행에 착수한 것으로 볼 수 있다. (X) [12변시·16사시]

: 공전자기록등불실기재죄에 있어서의 실행의 착수 시기는 공무원에 대하여 허위의 신고를 하는 때라고 보아야 할 것인바, 사안과 같은 행위만으로는 아직 공전자기록등불실기재죄에 있어서 실행에 착수한 것으로 보기 어렵다(대판 2009도4998).

82. 공정증서원본에 기재된 사항이나 그 원인된 법률행위가 객관적으로 존재하고 다만 거기에 취소사유인 하자가 있을 뿐인 경우 취소되기 전에 공정증서원본에 기재된 이상 그 기재는 공정증서원본불실기재죄의 불실기재에 해당하지 않는다. (O) [22(2)모·17(2)모]

: 공정증서원본에 기재된 사항이 '부존재'하거나 외관상 존재한다고 하더라도 '무효'에 해당되는 하자가 있다면 그 기재는 불실기재에 해당하지만, '취소사유'인 하자가 있을 뿐인 경우라면 하자를 이유로 취소되기 전에 공정증서원본에 기재된 이상 그 기재는 불실기재에 해당하지는 않는다(대판 93도698).

▌유제▌ 협의상 이혼의 의사표시가 기망에 의하여 이루어진 경우 형식적으로는 협의상 이혼의사의 합치에 따라 이혼신고를 하여 호적에 그 협의상 이혼사실이 기재된 것처럼 보인다고 하더라도, 이는 공정증서원본불실기재죄에 정한 불실의 사실에 해당한다. (X) [04·07·10법행]

83. 공정증서원본불실기재죄가 성립한 후 사후에 피해자의 동의 또는 추인 등의 사정으로 문서에 기재된 대로 효과의 승인을 받거나, 등기가 사후에 실체적 권리관계에 부합하게 되었다 하더라도 이미 성립한 범죄에는 아무런 영향이 없다(대판 99도202). [23·13변시·24(1)모]

▌유제▌ 타인명의의 문서를 위조한 뒤 사후승낙을 받았다고 하더라도 위조에 해당한다. (O) [12변시]

전자기록위작·변작죄

84. 법인이 설치·운영하는 전산망 시스템에 제공되어 정보의 생성·처리·저장·출력이 이루어지는 전자기록 등 특수매체기록은 그 법인의 임직원과의 관계에서 '타인'의 전자기록 등 특수매체기록에 해당한다(대판(全) 2019도11294). [21(3)모]

85. 사전자기록위작·변작죄에서 사무처리를 그르치게 할 목적이란 위작 또는 변작된 전자기록이 사용됨으로써 전자적 방식에 의한 정보의 생성·처리·저장·출력을 목적으로 구축한 시스템을 설치·운영하는 주체의 사무처리를 잘못되게 하는 것을 말한다(대판(全) 2019도11294). [22법행]

★
86. [1] 전자기록의 생성에 관여할 권한이 없는 사람이 전자기록의 생성에 필요한 단위정보를 입력을 하는 경우는 물론 시스템의 설치·운영 주체로부터 각자의 직무 범위에서 개개의 단위정보의 입력 권한을 부여받은 사람이 그 권한을 남용하여 허위의 정보를 입력함으로써 시스템 설치·운영 주체의 의사에 반하는 전자기록을 생성하는 경우도 공전자기록등위작죄에서 말하는 전자기록의 '위작'에 포함되고, 위 법리는 사전자기록등위작죄에서 행위의 태양으로 규정한 '위작'에 대해서도 마찬가지로 적용된다. (O)
[23변시·22(2)모·21(3)모·22법행][23모사]

[2] 형법 제232조의2가 정한 사전자기록등위작죄에서 '위작'의 의미를 작성권한 없는 사람이 행사할 목적으로 타인의 명의를 모용하여 문서를 작성한 경우에 성립하는 사문서위조죄의 '위조'와 반드시 동일하게 해석하여 그 의미를 일치시킬 필요는 없다(대판 2019도11294). [21(3)모]

┃유제┃ 경찰관이 고소사건을 처리하지 아니하였음에도 경찰범죄정보시스템에 그 사건을 검찰에 송치한 것으로 허위사실을 입력한 행위가 공전자기록위작죄에서 말하는 위작에 해당한다(대판 2004도6132).
[14(1)모·13(3)모·08법행]

87. 시청 공무원이, 시청 청사신축공사 현장에 출장을 나간 적이 없는 동료 공무원이 마치 현장출장을 간 것처럼 시청 행정지식관리시스템에 허위의 정보를 입력하여 출장복명서를 생성한 후 그 사실을 모르는 결재권자에게 이를 전송한 경우 공전자기록등위작 및 위작공전자기록등행사죄에 해당한다(대판 2007도3798).
[10사시]

위조 등 문서행사죄

★ 사례문제 기출례 위조 등 문서행사죄에서 행사의 방법 [19·18모사]

88. 타인 명의의 휴대전화 신규 가입신청서를 위조한 甲이 이를 스캔한 이미지 파일을 제3자에게 이메일로 전송하여 컴퓨터 화면상으로 보게 한 경우에는 사문서위조죄와 위조사문서행사죄가 성립하고 양 죄는 실체적 경합범 관계에 있다. (O) [19변시]

: 위조문서행사죄에 있어서 행사라 함은 위조된 문서를 진정한 문서인 것처럼 그 문서의 효용방법에 따라 이를 사용하는 것을 말하고, 그 행사의 방법에 제한이 없다. 따라서 위조된 문서 그 자체를 직접 상대방에게 제시하거나 이를 기계적인 방법으로 복사하여 그 복사본을 제시하는 경우는 물론, 이를 모사전송의 방법으로 제시하거나 컴퓨터에 연결된 스캐너로 읽어 들여 이미지화한 다음 이를 전송하여 컴퓨터 화면상에서 보게 하는 경우도 행사에 해당하여 위조문서행사죄가 성립한다(대판 2008도5200). [12변시·19(3)모·17(3)모]

89. 위조사문서행사죄는 상대방이 위조된 문서의 내용을 실제로 인식할 필요 없이 상대방으로 하여금 위조된 문서를 인식할 수 있는 상태에 둠으로써 기수가 된다(대판 2004도4663). [12변시]

┃유제┃ 위조문서행사죄에 있어서의 '행사'는 위조된 문서를 진정한 것으로 사용함으로써 문서에 대한 공공의 신용을 해칠 우려가 있는 행위를 말하므로, 위조된 문서를 우편으로 보낸 경우에는 그 문서가 상대방에게 도달한 때에 기수가 되고 상대방이 실제로 그 문서를 보아야 하는 것은 아니다. (O) [23(3)모]

90. 위조문서행사죄에서 행사의 상대방에는 아무런 제한이 없으므로 행사의 상대방이 문서가 위조된 것임을 이미 알고 있는 공범자라 하더라도 위조문서행사죄가 성립한다. (X) [24(1)모]

: 위조, 변조, 허위작성된 문서의 행사죄는 이와 같은 문서를 진정한 것 또는 그 내용이 진실한 것으로 각 사용하는 것을 말하는 것이므로, 그 문서가 위조, 변조, 허위작성되었다는 정을 아는 공범자등에게 제시, 교부하는 경우 등에 있어서는 행사죄가 성립할 여지가 없다(대판 85도2798).

★ 91. 甲이 위조한 전문건설업등록증의 컴퓨터 이미지 파일을 공사 수주에 사용하기 위하여 그 이미지 파일이 위조된 것임을 알지 못하는 A에게 이메일로 송부하였다면 A가 간접정범을 통한 위조문서행사범행에 있어 도구로 이용된 자라고 하더라도 甲에게는 위조공문서행사죄가 성립한다. (O) [22변시 · 21(3)모]

: 문서가 위조된 것임을 이미 알고 있는 공범자 등에게 행사하는 경우에는 위조문서행사죄가 성립할 수 없으나, 간접정범을 통한 위조문서행사범행에 있어 도구로 이용된 자라고 하더라도 문서가 위조된 것임을 알지 못하는 자에게 행사한 경우에는 위조문서행사죄가 성립한다(대판 2011도14441). [20변시]

┃유제┃ 甲이 위조한 공문서의 이미지 파일을 만들어 이를 이메일로 A에게 송부하여 프린터로 출력하게 하였는데, A가 출력 당시 위 파일이 위조된 것임을 알지 못했다면 위조공문서행사죄가 성립한다. (O) [16변시 · 18(2)모]

문서부정행사죄

92. 공문서부정행사죄는 구체적 위험범이므로, 본죄에 관한 범행의 주체, 객체 및 태양은 되도록 엄격하게 해석하여 처벌범위를 합리적인 범위 내로 제한하여야 한다. (X) [24변시]

: 공문서부정행사죄는 공문서의 사용에 대한 공공의 신용을 보호법익으로 하는 범죄로서 '추상적' 위험범이다(대판 2021도14514).

93. 공문서부정행사죄는 공문서에 대한 공공의 신용 등을 보호하기 위한 데 입법 취지가 있는 것이므로 공문서에 대한 공공의 신용 등을 해할 위험이 있으면 공문서부정행사죄가 성립하지만 그러한 위험조차 없는 경우에는 범죄가 성립하지 아니한다(대판 2018도2560). [21(1)모]

94. 실질적인 채권 · 채무관계 없이 작성명의인과의 합의로 작성한 차용증을 그 작성명의인의 의사에 의하지 아니하고 차용증상의 채권이 실제로 존재하는 것처럼 그 지급을 구하는 민사소송을 제기하면서 법원에 제출한 경우에는 사문서부정행사죄가 성립한다. (X) [20변시 · 19(2)모]

: [1] 사문서부정행사죄는 사용권한자와 용도가 특정되어 작성된 권리의무 또는 사실증명에 관한 타인의 사문서 또는 사도화를 사용권한 없는 자가 사용권한이 있는 것처럼 가장하여 부정한 목적으로 행사하거나 또는 권한 있는 자라도 정당한 용법에 반하여 부정하게 행사하는 경우에 성립한다. [2] '차용증 및 이행각서'는 그 사용권한자가 특정되어 있다고 할 수 없고 또 그 용도도 다양하므로, 위 '차용증 및 이행각서'를 법원에 제출하였다고 하더라도 사문서부정행사죄에 해당하지 않는다(대판 2007도629). [21(1)모]

95. 사용권자가 특정되어 있지 아니하고 용도도 다양한 차용증을 작성명의자의 의사에 의하지 아니하고 민사소송에서 법원에 제출하더라도 사문서부정행사죄는 성립하지 아니하고, 다만 일반인이 객관적으로 판단하여 보았을 때 결과가 발생할 위험성이 있었다면 사문서부정행사죄의 불능미수로 처벌된다. (X) [21(1)모]

: 사문서부정행사죄는 문서에 관한 죄 중 유일하게 미수를 처벌하지 않는 범죄이다. 따라서 위험성이 있더라도 사문서부정행사죄의 불능미수로 처벌할 수도 없다.

96. 타인의 주민등록등본을 자기의 것처럼 행사한 경우에는 공문서부정행사죄가 성립한다. (X)
[14변시 · 21(1)모 · 19(2)모]

: [1] 공문서부정행사죄는 그 사용권한자와 용도가 특정되어 작성된 공문서 또는 공도화를 사용권한 없는 자가 그 사용권한 있는 것처럼 가장하여 부정한 목적으로 행사하거나, 또는 그 권한 있는 자라도 그 정당한 용법에 반하여 부정하게 행사하는 경우에만 성립된다. [21(1)모 · 20(2)모]
[2] 주민등록표등본은 그 사용권한자가 특정되어 있다고 할 수 없고, 또 용도도 다양하며, 반드시 본인이나 세대원만이 사용할 수 있는 것이 아니므로 공문서부정행사죄가 성립되지 아니한다(대판 99도206).

97. 명의자의 의사에 반하여 인감증명서를 행사한 경우 공문서부정행사죄가 성립한다. (X) [12(2)모]

: 인감증명서나 등기필증과 같이 사용권한자가 특정되어 있는 것도 아니고 그 용도도 다양한 공문서는 설사 그 문서와 아무 관련 없는 사람이 문서상의 명의인인 양 가장하여 이를 행사하였다 하더라도 공문서부정행사죄가 성립되지 아니한다(대판 81도1130).

98. 화해조서 경정결정신청에 대한 기각결정문을 화해조서 정본인 것처럼 등기서류로 제출한 경우 공문서부정행사죄는 성립하지 아니한다(대판 82도2851). [12(2)모]

99. 허위로 선박 사고신고를 하면서 그 선박의 국적증명서와 선박검사증서를 함께 제출한 경우 공문서부정행사죄가 성립한다. (X) [20 · 14변시]

: 선박국적증서와 선박검사증서가 위 선박의 국적과 항행할 수 있는 자격을 증명하기 위한 용도로 사용된 것일 뿐 그 본래의 용도를 벗어나 행사된 것으로 보기는 어려우므로, 이와 같은 행위는 공문서부정행사죄에 해당하지 않는다(대판 2008도10851).

[사례문제 기출례] 타인의 운전면허증을 동일인증명에 사용 [19변사, 19모사]

100. 신분을 확인하려는 경찰관에게 자신의 인적 사항을 속이기 위하여 미리 소지하고 있던 타인의 운전면허증을 제시하는 경우 공문서부정행사죄가 성립한다. (O) [24 · 14변시 · 17(1)모][19(1)사]

: 운전면허증은 운전면허증에 표시된 사람이 운전면허시험에 합격한 사람이라는 '자격증명'의 기능과 이를 지니고 있으면서 내보이는 사람이 바로 그 사람이라는 '동일인증명'의 기능을 동시에 가지고 있으므로, 제3자로부터 신분확인을 위하여 신분증명서의 제시를 요구받고 다른 사람의 운전면허증을 제시한 행위는 그 사용목적에 따른 행사로서 공문서부정행사죄에 해당한다(대판(全) 2000도1985). [16변시]

★ [사례문제 기출례] 운전면허증 이미지 파일 제시 사건 – 사용권한 없는 자의 용도외 사용 [20모사]

101. 경찰관 P가 운전자 甲에게 운전면허증 제시를 요구하였으나 甲이 핸드폰에 저장해 둔 타인의 운전면허증 이미지파일을 제시한 경우 공문서부정행사죄에 해당하지 않는다. (O) [22변시 · 2(1)(2)모]

: [1] 도로교통법 제92조 제2항에서 제시의 객체로 규정한 운전면허증은 운전면허증 그 자체를 가리키는 것이지, 그 이미지파일 형태는 여기에 해당하지 않는다. [2] 자동차 등의 운전자가 경찰공무원에게 다른 사람의 운전면허증 자체가 아니라 이를 촬영한 이미지파일을 휴대전화 화면 등을 통하여 보여주는 행위는 운전면허증의 특정된 용법에 따른 행사라고 볼 수 없는 것이어서 공문서부정행사죄를 구성하지 아니한다(대판 2018도2560).
[20법행][22(2)기]

102. 甲이 장애인전용주차구역에 승용차를 주차하지 않았다고 하더라도 사용권한이 없는 장애인사용자동차표지를 승용차에 비치하여 마치 장애인이 사용하는 자동차인 것처럼 외부적으로 표시하였다면 장애인사용자동차표지를 부정행사한 경우에 해당한다. (X) [24변시·24(3)모]

: 장애인사용자동차표지를 사용할 권한이 없는 사람이 장애인전용주차구역에 주차하는 등 장애인 사용 자동차에 대한 지원을 받을 것으로 합리적으로 기대되는 상황이 아니라면 단순히 이를 자동차에 비치하였더라도 장애인사용자동차표지를 본래의 용도에 따라 사용했다고 볼 수 없어 공문서부정행사죄가 성립하지 않는다(대판 2021도14514).

유제 방송사 PD 甲이 X교도소 주차장의 장애인전용주차구역이 아닌 곳에 승용차를 주차하면서 '장애인사용자동차표지(보호자용)'를 위 승용차의 전면에 놓아두었다. 甲이 사용권한이 없는 장애인사용자동차표지를 승용차에 비치하여 마치 장애인이 사용하는 자동차인 것처럼 외부적으로 표시한 행위는 공문서부정행사죄를 구성하지 않는다. (O) [23(2)(3)모]

103. 기왕에 습득한 A의 주민등록증을 피고인 가족의 것이라고 제시하면서 A 명의로 이동전화 가입신청을 한 경우 공문서부정행사죄가 성립한다. (X) [14변시·24(1)모·23(3)모·16(1)모]

: 타인의 주민등록증을 본래의 사용용도인 신분확인용으로 사용한 것이라고 볼 수 없으므로 공문서부정행사죄가 성립하지 않는다(대판 2002도4935).

104. 甲은 주민등록증이 말소된 채 살아가다가 주민등록증 일제 갱신기간에 자기 사진 및 지문이 찍힌 A의 주민등록증을 발급받아 소지하고 있었는데, 지하철역에서 경찰관이 불심검문을 하자 그 주민등록증을 제시하였다. [16(1)모]

① 공무원 아닌 甲이 공무원을 기망하여 허위 내용의 주민등록증을 작성케 한 후 행사하였다고 하더라도 허위공문서작성죄 및 동행사죄는 성립하지 않는다. (O)

: 비공무원은 제228조의 공정증서원본등불실기재죄에 해당하는 경우 이외에는 허위공문서작성죄의 간접정범으로 처벌되지 아니한다(대판 70도2598).

105. ② 공무원 아닌 甲이 관공서에 허위 내용을 제출하여 그 내용이 허위인 정을 모르는 담당공무원으로부터 그 내용과 같은 주민등록증을 발급받은 경우 공문서위조죄의 간접정범은 성립하지 않는다. (O) [21변시]

: 어느 문서의 작성권한을 갖는 공무원이 그 문서의 기재 사항을 인식하고 그 문서를 작성할 의사로써 이에 서명날인 하였다면, 설령 그 서명날인이 타인의 기망으로 착오에 빠진 결과 그 문서의 기재사항이 진실에 반함을 알지 못한 데 기인한다고 하여도, 그 문서의 성립은 진정하며 여기에 하등 작성명의를 모용한 사실이 있다고 할 수는 없으므로, 공무원 아닌 자가 관공서에 허위 내용의 증명원을 제출하여 그 내용이 허위인 정을 모르는 담당공무원으로부터 그 증명원 내용과 같은 증명서를 발급받은 경우 공문서위조죄의 간접정범으로 의율할 수는 없다(대판 2000도938).

106. ③ 주민등록증은 공정증서원본에 해당하지 않으므로 공정증서원본불실기재죄는 성립하지 않는다(대판 4294형상193). (O)

④ 공문서부정행사죄에 있어서 문서는 진정하게 성립된 타인의 문서를 전제로 하기 때문에 위 사안의 주민등록증은 처음부터 허위로 기재되어 있어 공문서부정행사죄가 성립하지 않는다. (X) [21변시]

: 甲에게 위 주민등록증에 부착된 사진의 인물이 공소외 A의 신원 상황을 가진 사람이라는 허위사실을 증명하는 용도로 이를 사용할 수 있는 권한이 없다는 사실을 인식하고 있었다고도 할 것이므로 이를 검문경찰관에게 제시하여 이러한 허위사실을 증명하는 용도로 사용한 것은 공문서부정행사죄를 구성한다(대판 82도1297).

제2절 통화에 관한 죄

1. 위조통화행사죄의 객체인 위조통화는 유통과정에서 일반인이 진정한 통화로 오인할 정도의 외관을 갖추어야 한다(대판 86도255). [22(1)모·17(3)모]

   ▮유제▮ 진정한 통화에 대한 가공행위로 인하여 기존 통화의 명목가치나 실질가치가 변경되었다거나 객관적으로 보아 일반인으로 하여금 기존 통화와 다른 진정한 화폐로 오신하게 할 정도의 새로운 물건을 만들어 낸 것으로 볼 수 없다면 통화가 변조되었다고 볼 수 없다. (O) [23(1)모]

   ▮유제▮ 한국은행발행 500원 주화의 표면 일부를 깎아내어 손상을 가하였지만 그 크기와 모양 및 대부분의 문양이 그대로 남아 있어서 일본의 자동판매기로 하여금 500엔 주화로 오인하게 한 경우, 통화변조죄가 성립한다. (X) [19(3)모·13사시]

2. 오로지 자신의 신용력을 증명하기 위하여 타인에게 보일 목적으로만 통화를 위조한 경우는 통화위조죄를 구성하지 않는다. (O) [22(1)모·19(3)모·17(3)모]

   : 통화위조죄에서 정한 '행사할 목적'이란 유가증권위조의 경우와 달리 위조·변조한 통화를 진정한 통화로서 유통에 놓겠다는 목적을 말하므로, 자신의 신용력을 증명하기 위하여 타인에게 보일 목적으로 통화를 위조한 경우에는 행사할 목적이 있다고 할 수 없다(대판 2011도7704).

3. 행사할 목적으로 내국에서 유통하는 외국의 통화를 위조한 자를 처벌하는 「형법」 제207조 제2항에서 말하는 '유통하는'이란 강제통용력이 없이 사실상 거래 대가의 지급수단이 되고 있는 상태를 말한다(대판 2002도3340). [22(1)모]

   ▮유제▮ 스위스 화폐로서 1998년까지 통용되었으나 현재는 통용되지 않고 다만 스위스 은행에서 신권과의 교환이 가능한 진폐(眞幣)는 형법 제207조 제2항 소정의 내국에서 '유통하는' 외국의 화폐에 해당하지 아니한다. (O) [17(3)모·13(2)모]

4. 위조된 외국의 화폐, 지폐 또는 은행권이 외국에서 강제통용력이 없고 국내에서 사실상 거래 대가의 지급수단이 되지 않는 경우, 그 화폐 등을 행사한 행위는 위조통화행사죄가 성립하지 않는다(대판 2012도2249). [19(3)모·17(2)모]

5. 위조통화임을 알고 있는 자에게 그 위조통화를 교부한 경우에도 피교부자가 이를 유통시키리라는 것을 예상 내지 인식하면서 교부하였다면 위조통화행사죄가 성립한다(대판 2002도3340). [22(1)모·19(3)모]

제3절 유가증권 등에 관한 죄

1. 유가증권은 재산권이 증권에 화체된다는 것과 그 권리의 행사와 처분에 증권의 점유가 필요하다는 것 및 유통성을 가질 것을 필요로 한다. (X) [24(2)모·20(1)모·18(3)모]

   : 유가증권은 증권에 재산권이 화체되어 있어야 하고 권리의 행사와 처분에 증권의 점유를 필요로 한다는 두 가지 요건을 구비하면 족하고 유통성을 가질 필요는 없다(대판 2001도2832).

2. 신용카드업자가 발행한 신용카드는 유가증권이라 볼 수 없으나(대판 99도857), 선불식 공중전화카드는 유가증권에 해당한다(대판 97도2483). [24(2)모·13(1)(3)모]

  ▮유제▮ 신용카드업자가 발행한 신용카드는 그 자체에 경제적 가치가 화체되어 있기 때문에 특정의 재산권을 표창하는 유가증권이라고 볼 수 있다. (X) [20(3)모·18(1)모]

3. 공중전화카드와 카드일련번호식 국제전화카드는 유가증권에 해당한다. (X) [16(1)모]

  : (선불식)공중전화카드는 유가증권에 해당하지만(대판 97도2483), 카드일련번호식 국제전화카드는 재산권이 증권에 화체되어 있다고 할 수 없고 그 권리의 행사와 처분에 증권의 점유를 필요로 한다고 할 수도 없으므로 유가증권에 해당한다고 보기 어렵다(대판 2011도9620).

4. 甲은 발행일이 백지인 수표 1장을 위조하여 乙에게 교부하였다. 그런데 이 수표가 위조된 사실을 알고 있는 乙은 이를 자신의 채무를 변제하기 위하여 사용하였다. 발행일이 기재되지 않은 수표는 적법하게 지급받을 수 없으므로 甲은 수표위조로 인한 부정수표단속법위반의 죄책을 지지 않는다. (X) [14변시]

  : 수표의 외관이 일반인으로 하여금 진정한 수표라고 신용하게 할 정도의 것이라면 동 수표가 수표요건을 결하여(발행일자가 기재되지 않아) 실체법상 무효의 것이라 해도 위조죄는 성립한다(대판 72도1796).
  - '부정수표(부도수표) 발행'의 경우 발행일 미기재의 수표는 객체가 되지 않는다는 점과 구별요

5. ① 허무인 또는 사자명의의 유가증권이라 할지라도 적어도 그것이 행사할 목적으로 작성되었고 외형상 일반인으로 하여금 진정하게 작성된 유가증권이라고 오신케 할 수 있을 정도라면 그 위조죄가 성립한다(대판 2010도1025). [24(2)모·23(1)모·20(1)모·13(3)모·13법행]
  ② 사자(死者) 명의로 된 약속어음을 작성함에 있어 사자의 처로부터 사자의 인장을 교부받아 생존 당시 작성한 것처럼 약속어음의 발행일자를 그 명의자의 생존 중의 일자로 소급하여 작성한 경우에는 유가증권위조죄가 성립하지 않는다. (X) [18(3)모·13사시]

  : 약속어음의 작성명의인이 위 망인이고 그 작성일자가 위 망인의 사망일자 이전인 이상, 위 망인의 상속인에 불과한 망인의 처가 승낙 내지 동의하였다고 하여 위 망인의 승낙 내지 동의가 있었던 것으로 볼 수는 없다(대판 2010도1025). [20(1)모·18(1)모·14(2)모] 답 O, X

6. 위조된 백지어음임을 알면서 행사할 목적으로 백지인 액면란에 금액을 기입해 그 위조어음을 완성하는 행위는 유가증권위조죄를 구성하지 않는다. (X) [13(1)모·02사시]

  : 타인이 위조한 액면과 지급기일이 백지로 된 약속어음을 구입하여 행사의 목적으로 백지인 액면란에 금액을 기입하여 그 위조어음을 완성하는 행위는 백지어음 형태의 위조행위와는 별개의 유가증권위조죄를 구성한다(대판 82도677). [18(1)모]

7. 찢어서 폐지로 된 타인발행 명의의 약속어음 파지면을 이용 조합하여 어음의 외형을 갖춘 경우에는 새로운 약속어음을 작성한 것으로서 유가증권 위조죄가 성립한다(대판 74도3442). [23(1)모]

8. 약속어음의 기재사항을 권한 없이 변경하였다면, 그 약속어음이 이미 타인에 의하여 위조된 경우라도 유가증권변조죄가 성립한다. (X) [21(2)모 · 17(1)모 · 16(1)모]

: 유가증권변조죄에 있어서 변조라 함은 진정으로 성립된 유가증권의 내용에 권한 없는 자가 그 유가증권의 동일성을 해하지 않는 한도에서 변경을 가하는 것을 말하므로, 유가증권의 내용 중 권한 없는 자에 의하여 이미 변조된 부분을 다시 권한 없이 변경하였다고 하더라도 유가증권변조죄는 성립하지 않는다(대판 2010도15206).

▮유제▮ 이미 타인에 의하여 위조된 약속어음의 기재사항을 권한 없이 변경하였다면 유가증권변조죄가 성립하지 아니한다. (O) [24(2)모 · 20(1)모 · 18(3)모 · 18(1)모]

9. 회사의 대표이사로서 주권 작성에 대한 일반적인 권한을 가지고 있다고 하더라도 대표권을 남용하여 자기 또는 제3자의 이익을 도모할 목적으로 그들 명의의 주권의 기재사항을 변경하였다면 유가증권변조죄가 성립한다. (X) [20(3)모]

: 이는 동 회사의 대표자의 자격에서 그 대표권에 기하여 작성한 것이므로 문서손괴죄 등에 해당됨은 별론으로 하고 유가증권변조죄 및 그 행사죄를 구성한다고 할 수 없다(대판 79도3034).

▮유제▮ 타인이 소유하는 자기명의 유가증권의 내용을 무단으로 변경하는 것은 문서손괴죄에 해당하는 것은 별론으로 하고 유가증권변조죄를 구성하지는 않는다(대판 78도1904). [20(3)모]

10. 유가증권위조죄의 죄수는 원칙적으로 위조된 유가증권의 매수를 기준으로 정할 것이므로 약속어음 2매의 위조행위는 포괄일죄가 아니라 경합범이다(대판 82도2938.). [24(2)모 · 13(3)모 · 15(3)모]

11. 어음발행인이라 하더라도 어음상에 권리의무를 가진 자가 있는 경우에는 이러한 자의 동의를 받지 아니하고 어음의 기재내용에 변경을 가하였다면 이는 유가증권의 권리 · 의무에 관한 기재를 변조한 것에 해당한다(대판 2001도6553). [13(1)모]

12. 주식회사 대표이사로 재직하던 피고인이 대표이사가 타인으로 변경되었음에도 이전부터 사용하여 오던 피고인 명의로 된 위 회사 대표이사의 명판을 이용하여 피고인을 위 회사의 대표이사로 표시하여 약속어음을 발행한 경우 후임 대표이사의 승낙을 얻었다고 하더라도 자격모용유가증권작성죄가 성립한다. (O) [04사시 · 11법행]

: 이 경우 설사 약속어음을 작성, 행사함에 있어 후임 대표이사의 승낙을 얻었다 하더라도 합법적인 대표이사로서의 권한행사라 할 수 없어 자격모용 유가증권 작성 및 동행사죄에 해당한다(대판 90도577).

13. 자기앞수표의 발행인이 수표의뢰인으로부터 수표자금을 입금 받지 아니한 채 자기앞수표를 발행한 경우에도 그 수표의 효력에는 아무런 영향이 없으므로 허위유가증권작성죄가 성립하지 아니한다(대판 2005도4528). [21(2)모 · 14(2)모]

▮유제▮ 은행을 통하여 지급이 이루어지는 약속어음의 발행인이 그 발행을 위하여 은행에 신고된 것이 아닌 발행인의 다른 인장을 날인한 경우, 허위유가증권작성죄가 성립한다. (X) [21(2)모 · 20(1)모 · 16사시]

▮유제▮ 약속어음 배서인의 주소를 허위로 기재하더라도 허위유가증권작성죄가 성립하지 않는다. (O) [16(1)모]

14. 甲이 乙로부터 그 전에 미리 서명날인만을 받아 놓은 백지 약속어음에 발행일, 금액, 수취인을 함부로 기재한 후, 乙을 상대로 제기한 약속어음금 청구사건에서 그 청구를 대여금 청구로 변경하면서 그 소 변경신청서에 위 약속어음을 복사한 사본을 첨부하여 제출하였다면 위조유가증권행사죄는 성립하지 않는다. (O) [13변시·14(1)모]

: 위조유가증권행사죄에 있어서의 유가증권이라 함은 위조된 유가증권의 원본을 말하고 전자복사기 등을 사용하여 기계적으로 복사한 사본은 이에 해당하지 않는다(대판 97도2922). [17(1)모·13(3)모]

▮유제▮ 위조한 선하증권의 사본을 은행에 증빙자료로 제출하여 수입대금이 지급되도록 한 경우, 위조유가증권행사죄가 성립하지 않는다. (O) [19(2)모·18(1)모·13(1)모]

15. 유가증권을 위조한 甲이 그 위조유가증권을 다른 사람에게 행사하여 그 이익을 나누어 가질 것을 乙과 공모한 후 그에게 위 위조유가증권을 교부함에 그친 경우라도, 甲에게는 유가증권위조죄와 위조유가증권행사죄가 성립하고 양 죄는 실체적 경합범 관계에 있다. (X) [19변시]

: 위조유가증권의 교부자와 피교부자가 서로 공범의 관계에 있다면, 그들 사이의 위조유가증권 교부행위는 그들 이외의 자에게 행사함으로써 범죄를 실현하기 위한 전 단계의 행위에 불과한 것으로서 아직 행사되었다고 볼 수는 없다(대판 2010도12553). [20(1)모·17(1)모·16(1)모]

★
16. 수표행사의 목적이 없더라도 수표를 위조한 경우 부정수표단속법위반죄로 처벌된다. (O) [21(2)모]

: 부정수표단속법 제5조의 문언상 본조는 수표의 강한 유통성과 거래수단으로서의 중요성을 감안하여 유가증권 중 수표의 위·변조행위에 관하여는 범죄성립요건을 완화하여 초과주관적 구성요건인 '행사할 목적'을 요구하지 아니하는 한편, 형법 제214조 제1항 위반에 해당하는 다른 유가증권위조·변조행위보다 그 형을 가중하여 처벌하려는 취지의 규정이라고 해석하여야 한다(대판 2019도12022). [19(3)기]

제3절 인장 등에 관한 죄

1. 수사기관이 수사대상자의 진술을 기재한 후 진술자로 하여금 그의 면전에서 조서의 말미에 서명 등을 하도록 한 후 그 자리에서 바로 회수하는 수사서류의 경우에는, 그 진술자가 마치 타인인 양 행세하며 타인의 서명을 기재한 경우, 그 서명을 수사기관이 열람하기 전에 즉시 파기하였다는 등의 특별한 사정이 없는 이상 사서명위조죄와 위조사서명행사죄가 성립한다(대판 2005도3357). [16(2)모]

2. 피고인이 음주운전으로 단속되자 동생 甲의 이름을 대며 조사를 받다가 휴대용정보단말기(PDA)에 표시된 음주운전단속결과통보 중 운전자 甲의 서명란에 甲의 이름 대신 의미를 알 수 없는 부호를 기재한 행위는 甲의 서명을 위조한 것에 해당한다(대판 2020도14045). [21법행]

3. 절취한 자동차번호판을 다른 차량에 부착하고 운행한 것은 공기호부정사용죄와 부정사용공기호행사죄의 실체적 경합범에 해당한다(대판 2007도4739). [19(2)모·16(2)모]

제4장 사회도덕에 대한 죄

제1절 성풍속에 관한 죄

1. 음란한 물건이라 함은 성욕을 자극하거나 흥분 또는 만족하게 하는 물건들로서 일반인의 정상적인 성적 수치심을 해치고 선량한 성적 도의관념에 반하는 것을 의미하며, 어떤 물건이 음란한 물건에 해당하는지 여부는 행위자의 주관적 의도와 반포, 전시 등이 행하여진 상황, 그리고 해당 물건 자체의 객관적 측면을 종합적으로 고려하여 판단하여야 한다. (X)   [05·02사시]

   : 어떤 물건이 음란한 물건에 해당하는지 여부는 행위자의 주관적인 의도나 반포, 전시 등이 행하여진 상황에 관계 '없이' 그 물건 자체에 관하여 객관적으로 판단하여야 한다(대판 2003도988).

2. 어떤 행위가 '음란한 행위'에 해당하는지는 행위자의 주관적 의도가 아니라 사회 평균인의 입장에서 그 전체적인 내용을 관찰하여 건전한 사회통념에 따라 객관적이고 규범적으로 평가하여야 한다(대판 2019도14056).   [21(2)모]

3. 음화반포 등 죄에 있어 음란성에 대한 최종적인 판단주체는 당해 사건을 담당하는 법관이기 때문에 음란성을 판단함에 있어서는 법관이 자신의 정서를 규준으로 하여 이를 판단하면 족하다. (X)   [18(1)모]

   : 그 최종적인 판단의 주체는 어디까지나 당해 사건을 담당하는 법관이라 할 것이니, 음란성을 판단함에 있어 '법관'이 자신의 정서가 아닌 '일반 보통인'의 정서를 규준으로 하여 이를 판단하면 족한 것이다(대판 94도2266).

4. ① 특정 표현물을 형사처벌의 대상이 될 음란 표현물이라고 하기 위하여는 표현물이 단순히 성적인 흥미에 관련되어 저속하다거나 문란한 느낌을 준다는 정도만으로는 부족하고, 과도하고도 노골적인 방법에 의하여 성적 부위나 행위를 적나라하게 표현·묘사함으로써 존중·보호되어야 할 인격체로서의 인간의 존엄과 가치를 훼손·왜곡한다고 볼 정도로 평가될 수 있어야 한다(대판 2012도13352).   [19(3)모]
   ② 음란물이 그에 관한 논의의 형성·발전을 위해 문학적·예술적·사상적·과학적·의학적·교육적 표현 등과 결합되는 경우가 있고, 이 경우 음란 표현의 해악이 그와 결합된 위와 같은 표현 등을 통해 상당한 방법으로 해소되거나 다양한 의견과 사상의 경쟁메커니즘에 의해 해소될 수 있는 정도라는 등의 특별한 사정이 있다면, 법질서 전체의 정신이나 그 배후에 놓여 있는 사회윤리 내지 사회통념에 비추어 용인될 수 있는 행위로서 정당행위에 해당한다(대판 2012도13352).   [19(3)모]

   ▎유제▎ 음란물이 그에 관한 논의의 형성·발전을 위해 문학적·예술적·사상적·과학적·의학적·교육적 표현 등과 결합되는 경우가 있고, 이 경우 음란 표현의 해악이 그와 결합된 위와 같은 표현 등을 통해 상당한 방법으로 해소되거나 다양한 의견과 사상의 경쟁메커니즘에 의해 해소될 수 있는 정도라는 등의 특별한 사정이 있다면, 더 이상 음란물에 해당한다고 볼 수 없다. (X)   [19법행]
   – 음란물에 해당하나 사회상규에 위배되지 아니하는 행위에 해당될 수 있을 뿐이다.

5. 음란한 영상화면을 수록한 컴퓨터 프로그램파일을 컴퓨터 통신망을 통하여 전송하는 방법으로 판매한 행위는 「형법」상 음화반포 등 죄로 처벌할 수 있다. (X) [20(1)모 · 18(1)모]

: 형법 제243조는 음란한 문서, 도화, 필름 기타 물건을 반포, 판매 또는 임대하거나 공연히 전시 또는 상영한 자에 대한 처벌 규정으로서 컴퓨터 프로그램파일은 위 규정에서 말하는 문서, 도화, 필름 기타 물건에 해당한다고 할 수 없다(대판 98도3140).

6. 공연음란죄가 성립하기 위해서는 주관적으로 성욕의 흥분, 만족 등의 성적인 목적과 함께 그 행위의 음란성에 대한 의미의 인식이 있어야 한다. (X) [22(1)모 · 18(1)모]

: 공연음란죄는 주관적으로 성욕의 흥분, 만족 등의 성적인 '목적'이 있어야 성립하는 것은 아니고 그 행위의 음란성에 대한 의미의 인식이 있으면 족하다(대판 2003도6514).

7. 고속도로에서 승용차를 손괴하거나 타인에게 상해를 가하는 등의 행패를 부리던 자가 이를 제지하려는 경찰관에 대항하여 공중 앞에서 알몸이 되어 성기를 노출한 행위는 다른 사람에게 불쾌감을 주는 정도에 불과하므로 공연음란죄가 성립하지 아니한다. (X) [17(2)모 · 11사시]

: '음란한 행위'라 함은 일반 보통인의 성욕을 자극하여 성적 흥분을 유발하고 정상적인 성적 수치심을 해하여 성적 도의관념에 반하는 행위를 가리키는 것이고, 그 행위가 반드시 성행위를 묘사하거나 성적인 의도를 표출할 것을 요하는 것은 아니다(대판 2000도4372). [21(2)모]

제2절 도박과 복표에 관한 죄

1. 내기 골프를 한 경우, 다소 우연성의 사정에 의하여 영향을 받게 되더라도 당사자의 능력이 승패의 결과에 영향을 미치는 이상 도박죄가 성립하지 않는다. (X) [20(1)모]

: 당사자의 능력이 승패의 결과에 영향을 미친다고 하더라도 다소라도 우연성의 사정에 의하여 영향을 받게 되는 때에는 도박죄가 성립할 수 있다(대판 2006도736). [18(1)모 · 16(3)모]

2. 甲, 乙이 사기도박에 필요한 준비를 갖추고 그러한 의도로 피해자들에게 도박에 참가하도록 권유한 때 또는 늦어도 그 정을 알지 못하는 피해자들이 도박에 참가한 때 이미 사기죄의 실행의 착수가 인정된다(대판 2010도9330). [20(1)모 · 17(1)모]

┃유제┃ 사기도박으로 금전을 편취하려고 하는 자가 상대방에게 도박에 참가할 것을 권유하는 것만으로는 사기죄의 실행의 착수가 인정되지 않는다. (X) [20변시 · 23(1)모]

3. 甲, 乙이 사기도박을 숨기기 위하여 얼마간 정상적인 도박을 한 부분은 피해자들에 대한 사기죄 외에 도박죄가 따로 성립한다. (X) [22변시][20(3)사]

: 사기도박을 숨기기 위하여 얼마간 정상적인 도박을 하였다고 하더라도 이는 사기죄의 실행행위에 포함되는 것이라고 할 것이어서 피고인에 대하여는 피해자들에 대한 사기죄만이 성립하고 도박죄는 따로 성립하지 아니한다(대판 2010도9330). [25변시 · 19(2)모 · 17(2)모]

4. 사기도박과 같이 도박당사자의 일방이 사기의 수단으로써 승패를 지배하는 경우에는 도박에서의 우연성이 결여되어 사기죄만 성립하고 도박죄는 성립하지 아니한다(대판 85도583). [17(1)모]

5. 사기도박을 통하여 수인으로부터 도금을 편취한 경우 1개의 기망행위가 있었으므로 포괄하여 수인에 대한 하나의 사기죄가 성립한다. (X) [25변시]

: 1개의 기망행위에 의하여 여러 피해자로부터 각각 재물을 편취한 경우에는 피해자별로 수개의 사기죄가 성립하고, 그 사이에는 상상적 경합의 관계에 있다(대판 2010도9330).

6. 도박의 습벽이 있는 丁이 甲과 乙의 사기도박 범행을 방조한 때에는 상습도박방조의 죄에 해당한다. (X) [25변시]

: 사기도박은 사기죄만 성립하고 도박죄는 따로 성립하지 않는다. 따라서 도박의 습벽이 있는 丁이 甲과 乙의 사기도박 범행을 방조한 경우, 공범종속성설의 법리상 丁에게 (상습)도박방조죄는 성립할 여지가 없고 사기방조죄만 성립할 수 있다.

7. ① 도박장소·공간개설죄의 성립에 필요한 '영리의 목적'은 도박장소나 공간 개설의 직접적 대가가 아니라 도박장소나 공간 개설을 통하여 간접적으로 얻게 될 이익을 위한 경우에도 인정된다(대판 2008도3970). [16(3)모·05사시]

② 도박장소·공간개설죄는 영리의 목적으로 스스로 주재자가 되어 그 지배하에 도박장소나 공간을 개설함으로써 성립하는 것으로서 현실적으로 그 이익을 얻은 때에 기수가 된다. (X) [17(1)모·16(3)모]

: 현실적으로 그 이익을 얻었을 것을 요하지는 않는다(대판 2008도3970).

8. 인터넷도박게임 사이트 개설자가 영리를 목적으로 인터넷도박게임 사이트를 개설한 후, 사이트에 접속하여 도박게임을 하고 게임머니를 획득한 게임이용자들에게 환전을 해 줄 수 있는 상태에 있으면, 게임이용자들이 위 사이트에 접속하여 실제로 게임을 하였는지 여부와 관계없이 도박장소개설죄의 기수에 해당된다(대판 2008도5282). [13변시·19(2)모]

▎유제▎ 甲이 영리의 목적으로 속칭 포커나 고스톱 등의 인터넷 도박 게임사이트를 개설하였으나 게임이용자가 위 도박게임 사이트에 접속하여 실제 게임을 하기 전에 위 사이트를 폐쇄했더라도 甲에게는 도박개장죄가 성립한다. (O) [14(1)모]

9. 컴퓨터로 음란 동영상을 제공한 제1범죄행위로 서버컴퓨터가 압수된 이후 다시 장비를 갖추어 동종의 제2범죄행위를 한 경우, 피고인에게 범의의 갱신이 있어 제1범죄행위는 제2범죄행위와 실체적 경합관계에 있다고 보아야 한다(대판 2005도4051). [19(2)모]

제3절 신앙에 관한 죄

1. 시체의 발견이 불가능하도록 피해자를 인적이 드문 장소로 유인하여 살해하였다면, 살인죄 외에 시체은닉죄가 성립한다. (X) [12변시·16(2)모·15(2)모]

: 살해의 목적을 수행함에 있어 사후 시체의 발견이 불가능 또는 심히 곤란하게 하려는 의사로 인적이 드문 장소로 피해자를 유인하거나 실신한 피해자를 끌고 가서 그곳에서 살해하고 시체를 그대로 둔 채 도주한 경우에는 비록 결과적으로 시체의 발견이 현저하게 곤란을 받게 되는 사정이 있다 하더라도 사체은닉죄가 성립되지 아니한다(대판 86도891). [19변시·18(1)모]

제3편 국가적 법익에 대한 죄

형법 핵심 지문 총정리

PART 02. 형법 각론

제1장 국가의 존립과 권위에 대한 죄

제1절 내란의 죄

1. 형법상 내란죄의 구성요건인 폭동의 내용으로서의 폭행 또는 협박은 일체의 유형력의 행사나 외포심을 생기게 하는 해악의 고지를 의미하는 최광의의 폭행·협박을 말하는 것으로서, 그 정도가 한 지방의 평온을 해할 정도의 위력이 있음을 요한다(대판(全) 2014도10978). [23(1)모·20법행]

2. 내란죄의 구성요건으로서의 폭동이란 다수인이 결합하여 폭행, 협박하는 것을 말하는 것으로서, 다수인의 결합은 그 수효를 특정할 수 없는 것인 점에서 반드시 조직화되어야 하는 것은 아니다. (X) [23(1)모]

   : 내란죄의 주체는 국토를 참절하거나 국헌을 문란할 목적을 이룰 수 있을 정도로 조직화된 집단으로서 다수의 자이어야 하고, 그 역할도 수괴, 중요한 임무에 종사한 자, 부화수행한 자 등으로 나뉜다(형법 제87조 각 호 참조).

3. 내란죄는 대한민국 영토의 전부 또는 일부에서 국가권력을 배제하거나 국헌을 문란할 목적으로 한 지방의 평온을 해할 정도의 폭행·협박행위를 하면 기수가 되고, 그 목적의 달성 여부는 이와 무관한 것으로 해석되므로, 다수인이 한 지방의 평온을 해할 정도의 폭동을 하였을 때 이미 내란의 구성요건은 완전히 충족된다고 할 것이어서 상태범으로 봄이 상당하다(대판(全) 96도3376). [19변시·23(1)모]

4. 내란죄를 구성하는 주관적 요소로서의 '국헌을 문란하게 할 목적'의 하나인 '헌법에 의하여 설치된 국가기관을 강압에 의하여 전복 또는 그 권능행사를 불가능하게 하는 것'에서 '권능행사를 불가능하게 한다'라는 것은 그 기관을 제도적으로 영구히 폐지하는 경우뿐만 아니라 사실상 상당기간 기능을 제대로 할 수 없게 만드는 것도 포함한다(대판 96도3376). [23(1)모]

5. 내란선동죄는 내란이 실행되는 것을 목표로 선동함으로써 성립하는 독립한 범죄이고, 선동으로 말미암아 피선동자들에게 반드시 범죄의 결의가 발생할 것을 요건으로 하지 않는다(대판(全) 2014도10978). [20·16법행]

6. 내란을 실행시킬 목표가 있더라도 특정한 정치적 사상을 옹호·교시하는 것만으로는 내란선동이 될 수 없고 피선동자에게 내란 결의를 유발하거나 증대시킬 위험성이 인정되어야만 내란선동으로 볼 수 있다(대판(全) 2014도10978). [17법원직]

7. 내란선동에 있어 시기와 장소, 대상과 방식 등 내란 실행행위의 주요 내용이 선동 단계에서 구체적으로 제시되어야 하는 것은 아니고, 또 선동에 따라 피선동자가 내란의 실행행위로 나아갈 개연성이 있다고 인정되어야만 내란선동의 위험성이 있는 것으로 볼 수도 없다(대판(全) 2014도10978). [20법행]

8. 내란음모가 성립하였다고 하기 위해서, 공격의 대상과 목표가 설정되어 있고, 그 밖의 실행계획에 있어서 주요 사항의 윤곽을 공통적으로 인식할 정도의 합의가 있을 것까지 요하는 것은 아니다. (X) [20법행]

: 내란음모가 성립하였다고 하기 위해서는 개별 범죄행위에 관한 세부적인 합의가 있을 필요는 없으나, 공격의 대상과 목표가 설정되어 있고, 그 밖의 실행계획에 있어서 주요 사항의 윤곽을 공통적으로 인식할 정도의 합의가 있어야 한다(대판(全) 2014도10978).

제2절 외환의 죄

1. 국가기밀을 탐지·수집하였으나 수집한 국가기밀을 북한에 전달하지 못하고 체포된 경우 간첩죄의 미수가 된다. (X) [11사시]

: 형법 제98조 제1항에 규정된 간첩행위는 기밀에 속한 사항 또는 도서, 물건을 탐지 수집한 때에 기수가 되는 것이고, 수집한 국가기밀을 지령자에게 전달해야 기수가 되는 것은 아니다(대판 63도312).

2. 간첩의 목적으로 외국 또는 북한에서 국내에 침투 또는 월남하는 경우에는 기밀탐지가 가능한 국내에 침투 상륙함으로써 간첩죄의 실행의 착수가 있다고 할 것이다(대판 84도1381). [24(1)모]

3. 간첩이라는 정을 알면서 숙식을 제공하거나 심부름으로 안부편지를 전달하는 행위는 간첩방조죄에 해당하지 않는다. (O) [16사시]

: 간첩방조죄가 성립하기 위하여는 행위자는 그 방조의 상대방이 반국가단체의 간첩임을 인식하면서 간첩행위를 원조하여 용이하게 하는 행위가 요구된다(대판 93도3145).

제3절 국교에 관한 죄

1. 외국사절의 숙소 앞에서 시위를 벌이다가 숙소에서 나오던 외국사절을 태운 승용차를 발견하고 5m도 되지 않는 거리에서 위 승용차를 향하여 연이어 계란 4개를 던져 그 중 2개를 위 승용차 운전석 유리창 및 본넷트에 맞힌 행위는 외국사절폭행죄에서의 폭행에 해당한다. (O) [12법행]

: 외국사절에 대한 폭행죄에 있어서의 폭행이라 함은 외국사절의 신체에 대한 위법한 일체의 유형력의 행사를 의미하고, 여기서의 유형력의 행사는 외국사절의 신체에 대하여 가해지면 충분하며 반드시 신체에 직접적으로 접촉할 필요는 없다(대판 2003도1800).

제2장 국가의 기능에 대한 죄

제1절 공무원의 직무에 관한 죄

직무유기죄

1. 형법은 공무원이 직권을 이용하여 제7장 공무원의 직무에 관한 죄 이외의 죄를 범한 때에는 그 죄에 정한 형의 2분의 1까지 가중하도록 하는 규정을 두고 있다. (O) [20법행]

: 형법 제135조(공무원의 직무상 범죄에 대한 형의 가중)

2. ① 직무유기란 공무원의 추상적인 성실의무를 태만하는 일체의 경우를 말하는 것이 아니고, 직무의 의식적인 포기 등과 같이 국가기능을 저해하며 국민에게 피해를 야기할 가능성이 있는 경우를 말한다(대판 2010도13694). [22(1)모·20(3)모·15(1)모]

② 공무원이 직무집행의 의사로 직무를 수행하였으나 직무집행의 내용이 위법한 경우 직무유기죄가 성립한다. (X) [20(3)모·18(3)모·20법행]

: 어떠한 형태로든 직무집행의 의사로 자신의 직무를 수행한 경우에는 그 직무집행의 내용이 위법한 것으로 평가된다는 점만으로 직무유기죄의 성립을 인정할 것은 아니다(대판 2010도13694).

3. 직무유기죄는 작위의무를 수행하지 아니함으로써 구성요건에 해당하는 사실이 있고 그 후에도 계속하여 그 작위의무를 수행하지 아니하는 위법한 부작위상태가 계속되는 한 가벌적 위법상태는 계속 존재한다고 할 것이므로 즉시범이라고 할 수 없다(대판 97도675). [22·20변시·15(1)모]

┃유제┃ 직무유기죄는 부진정부작위범으로서 구체적으로 그 직무를 수행하여야 할 작위의무가 있는데도 불구하고 이러한 직무를 버린다는 인식하에 그 작위의무를 수행하지 아니함으로써 성립한다. (O) [21(2)모·17(3)모]

4. 직무의 내용은 성문으로 된 법령에 근거가 있거나 적어도 특별한 지시 또는 명령이 있어야 한다(대판 75도1895). [20(3)모]

5. 직무집행의사로 직무를 수행한 이상 태만, 분망, 착각 등 일신상 또는 객관적 사유로 직무수행을 소홀히 하여 부실한 결과가 초래되었다고 하여도 직무유기죄는 성립되지 않는다. (O) [22(1)·17(3)·15(1)모]

: 직무유기가 되기 위해서는 직무를 의식적으로 방임·포기할 것이 요구된다(대판 2001도6170). [04행시]

6. 교육기관의 장이 징계의결을 집행하지 못할 법률상·사실상의 장애가 없는데도 징계의결서를 통보받은 날로부터 법정 시한이 지나도록 집행을 의식적으로 방임한 경우 직무유기죄가 성립한다(대판 2013도229). [20(3)모·18(3)모]

7. 경찰관이 방치된 오토바이가 있다는 신고를 받거나 순찰 중 이를 발견하고 오토바이 상점 운영자에게 연락하여 오토바이를 수거해 가도록 하고 그 대가를 받은 경우 직무유기죄에 해당하지 않는다. (X) [12(2)모·07법행]

: 습득물 처리 지침에 따른 직무를 의식적으로 방임 내지 포기하고 정당한 사유 없이 직무를 수행하지 아니한 경우에 해당한다(대판 2001도6170). 수뢰죄와 직무유기죄의 경합범이다. [15(1)모]

8. 경찰관이 불법체류자의 신병을 출입국관리사무소에 인계하지 않고 훈방하면서 이들의 인적사항조차 기재해 두지 않은 경우에는 직무유기에 해당한다(대판 2005도4202). [17(3)모·13(1)모]

9. 당직사관이 술을 마시고 내무반에서 화투놀이를 한 후 애인과 함께 자고나서 당직근무의 인수·인계 없이 퇴근한 경우 직무유기죄가 성립한다(대판 90도2425). [18(3)모]

10. 지방자치단체장이 전국공무원노동조합이 주도한 파업에 참가한 소속 공무원들에 대하여 관할 인사위원회에 징계의결요구를 하지 아니하고 가담 정도의 경중을 가려 자체 인사위원회에 징계의결요구를 하거나 훈계처분을 하도록 지시한 행위는 직무유기죄를 구성하지 않는다(대판 2006도1390). [22·14변시]

★ 사례문제 기출례 직무유기죄와 타죄의 관계 [16·14·11모사]

11. 공무원이 위법사실을 발견하고도 직무상의 의무에 따른 적절한 조치를 취하지 아니하고 허위공문서를 작성·행사하여 위법사실을 적극적으로 은폐한 경우에는 작위범인 허위공문서작성 및 허위작성공문서행사죄와 함께 부작위범인 직무유기죄도 성립한다. (X) [21(2)모·13(1)(3)모·12(2)모]

: ① 공무원이 타인의 위법상태를 발견하고도 직무상 의무에 따른 적절한 조치를 취하지 아니하고 타인의 '위법사실을 적극적으로 은폐할 목적으로' 허위공문서를 작성·행사한 경우에는 작위범인 허위공문서작성죄(동행사죄)만 성립하고 부작위범인 직무유기죄는 따로 성립하지 아니하나(대판 92도3334),

② 허위공문서의 작성·행사가 위법사실을 은폐하기 위한 것이 아니라 새로운 위법상태를 창출하기 위한 것인 경우(즉 '농지불법전용을 허가하여 주기 위한' 경우) 또는 자신의 직무유기사실을 은폐하기 위한 경우에는 직무유기죄도 성립하여 실체적 경합관계에 있다(대판 92도3334). [14(1)모]

12. 공무원이 신축건물에 대한 착공 및 준공검사를 마치고 관계서류를 작성함에 있어 그 허가조건의 위배사실을 숨기기 위하여 허위의 문서를 작성·행사한 경우에는 작위범인 허위공문서작성 및 동행사죄와 부작위범인 직무유기죄의 실체적 경합범이 성립한다. (X) [22(1)모·14(3)모]

: 작위범인 허위공문서작성 동행사죄만이 성립하고 부작위범인 직무유기죄는 성립하지 아니한다(대판 72도722).

13. 하나의 행위가 부작위범인 직무유기죄와 작위범인 허위공문서작성·동행사죄의 구성요건을 동시에 충족하는 경우, 공소제기권자는 재량에 의하여 부작위범인 직무유기죄로만 공소를 제기할 수 있다(대판 2005도4202). [22·12변시·18(1)모]

| 유제 | 하나의 행위가 작위범과 부작위범을 동시에 충족할 수는 없다. (X) [13변시·22(3)모·18(1)모]

14. 경찰서 방범과장 甲이 부하직원 乙로부터 게임산업진흥법위반 혐의로 오락실을 단속하여 증거물로 오락기의 변조 기판을 압수하여 사무실에 보관 중임을 보고받아 알고 있었음에도, 증거를 인멸할 의도로 乙에게 압수한 변조 기판을 돌려주라고 지시하여 乙이 오락실 업주에게 이를 돌려준 경우, 甲에게 증거인멸죄만 성립하고 직무유기죄는 따로 성립하지 아니한다(대판(全) 2005도3909). [22·18·15변시]

[사례문제 기출례] 범인도피죄와 직무유기죄의 관계 [21변시, 22·17모사 등]

15. 검사로부터 범인 검거지시를 받은 경찰관이 범인에게 전화로 도피하라고 권유하여 범인을 도피하게 한 경우 직무유기죄는 따로 성립하지 아니한다(대판 2015도1456). [22·19·변시·20모선]

16. ① 공무상비밀누설죄에서 직무상 비밀은 반드시 법령에 의해 비밀로 규정될 필요는 없으나 실질적으로 비밀로서 보호할 가치가 있다고 인정되어야 한다(대판 2004도5561). [23변시·22(3)모·20(1)모]
② 공무상비밀누설죄는 기밀 그 자체를 보호하는 것이 아니라 공무원의 비밀엄수의무의 침해에 의하여 위험하게 되는 이익, 즉 비밀의 누설에 의하여 위협받는 국가의 기능을 보호하기 위한 것이다(대판 2004도5561). [20(1)모]

17. 구청에서 체납차량 영치 및 공매 등의 업무를 담당하던 공무원이 지인의 부탁을 받고 차적 조회 시스템을 이용하여 범죄 현장 부근에서 경찰의 잠복근무에 이용되고 있던 경찰청 소속 차량의 소유관계에 관한 정보를 알아내 지인에게 알려주는 것은 공무상비밀누설죄에 해당한다. (X) [20(1)모]

: 자동차 소유자에 관한 정보는 형법 제127조에서 정한 '법령에 의한 직무상 비밀'에 해당한다고 볼 수 없다(대판 2010도14734).

18. 수사기관이 특정 사건에 대하여 수사를 진행하고 있는 상태에서, 수사기관이 확보한 자료 목록, 해당 사안에 대한 피의자의 죄책이나 신병처리에 관한 수사책임자의 견해 등에 관한 정보를 수사 대상자 측에 전달한 경우, 공무상비밀누설죄에 해당한다(대판 2004도5561 등). [20(1)모·11법행]

19. 사법경찰관리에 대한 검사의 수사지휘서의 기재 내용과 이에 관계된 수사상황은 해당 사건에 대한 종국적인 결정이 있기 전까지는 외부에 누설되어서는 안 될 수사기관 내부의 비밀에 해당한다(대판 2014도11441). [20(1)모·20법행]

20. 대통령 당선인을 위하여 특정 국가에 파견할 특사단 추천 의원을 정리한 문건은 그것이 사전에 외부로 누설될 경우 대통령 당선인의 인사 기능에 장애를 초래할 위험이 있으므로 공무상비밀누설죄의 객체인 직무상 비밀에 해당한다(대판 2018도2624). [21(3)모]

직권남용죄

21. 직권남용죄는 공무원이 그 일반적 직무권한에 속하는 사항에 관한 직권의 행사를 빙자하여 실질적, 구체적으로 위법·부당한 행위를 한 경우에 성립하는 것이므로, 그 일반적 직무권한은 법률상의 강제력을 수반하는 것임을 요한다. (X) [25변시·23(2)모·22(3)모·14(1)모]

: 직권남용죄의 일반적 직무권한은 반드시 법률상의 강제력을 수반하는 것임을 요하지 아니하며, 그것이 남용될 경우 직권행사의 상대방으로 하여금 법률상 의무 없는 일을 하게 하거나 정당한 권리행사를 방해하기에 충분한 것이면 된다(대판 2002도6251).

22. 직권남용죄는 공무원이 그의 일반적 권한에 속하는 사항에 관하여 실질적으로 정당한 권한 이외의 행위를 하는 것으로, 지위를 이용하여 그의 일반적 권한에 속하지 않는 행위를 하는 불법행위와는 구별된다. (O) [22(3)모·20(2)모·19(3)모]

: 직권남용권리행사방해죄의 '직권남용'이란 공무원이 그 '일반적 직무권한'에 속하는 사항에 관하여 직권의 행사에 가탁하여 실질적, 구체적으로 위법·부당한 행위를 하는 경우 또는 공무원이 일반적 직무권한에 속하는 사항에 관하여 그 권한을 위법·부당하게 행사하는 것을 의미한다(대판 2008도6950).

23. 직권남용권리행사방해죄에서 공무원이 직무와는 상관없이 단순히 개인적인 친분에 근거하여 문화예술 활동에 대한 지원을 권유하거나 협조를 의뢰한 것에 불과한 경우에는 직권남용에 해당하지 않는다(대판 2008도6950). [24(3)모]

24. 어떠한 직무가 공무원의 일반적 권한에 속하는 사항이라고 하기 위해서는 그에 관한 법령상의 근거가 필요하고, 명문의 규정 없이 법령과 제도를 종합적, 실질적으로 살펴보아 그것이 해당 공무원의 직무권한에 속한다고 해석된다는 이유만으로 직권남용죄의 일반적 권한에 속한다고 보아서는 아니된다. (X) [20변시·22(3)모·20법행]

: 어떠한 직무가 공무원의 '일반적 권한'에 속하는 사항이라고 하기 위해서는 그에 관한 법령상의 근거가 필요하지만, 법령상의 명문이 없는 경우라도 법·제도를 종합적·실질적으로 관찰해서 그것이 해당 공무원의 직무권한에 속한다고 해석되는 경우에는 직권남용죄에서 말하는 '일반적 권한'에 포함된다고 보아야 한다(대판 2011도1739).

┃유제┃ 직권남용죄의 구성요건으로서 어떠한 직무가 공무원의 일반적 직무권한에 속하는 사항이라고 하기 위해서는 그에 관한 법령상 근거가 필요하지만 법령상 근거는 반드시 명문의 규정을 요구하는 것은 아니다. (O) [21(3)모]

25. 공무원이 직권남용권리행사방해 범행을 공모·실행하고 퇴임한 경우, 퇴임 후에도 실질적 영향력을 행사하는 등 퇴임 전 공모한 범행에 관한 기능적 행위지배가 계속되었다고 인정할 만한 특별한 사정이 있으면 퇴임 후의 범행에 관하여 공동정범의 책임을 진다. (O) [21(2)모]

: 공무원인 피고인이 퇴임한 이후에는 위와 같은 직권이 존재하지 않으므로, 퇴임 후에도 실질적 영향력을 행사하는 등으로 퇴임 전 공모한 범행에 관한 기능적 행위지배가 계속되었다고 인정할 만한 특별한 사정이 없는 한, 퇴임 후의 범행에 관하여는 공범으로서 책임을 지지 않는다고 보아야 한다(대판 2019도5186). [20법행]

26. 친분관계에 있는 자의 부탁을 받고 검찰 수뇌부가 특정 사건에 대해 내사중단을 지시하여 내사종결처리하도록 한 것은 담당 검사에게 의무 없는 일을 하게 한 경우에 해당한다(대판 2004도5561). [19(3)모]

27. 직권남용권리행사방해죄는 단순히 공무원이 직권을 남용하는 행위를 하였다는 것만으로 곧바로 성립하는 것이 아니다. 직권을 남용하여 현실적으로 다른 사람이 법령상 의무 없는 일을 하게 하였거나 다른 사람의 구체적인 권리행사를 방해하는 결과가 발생하여야 하고, 그 결과의 발생은 직권남용 행위로 인한 것이어야 한다(대판(全) 2018도2236). [20법행]

28. 직권남용죄에서 '사람으로 하여금 의무 없는 일을 하게 한 것'과 '사람의 권리행사를 방해한 것'은 형법 제123조가 규정하고 있는 객관적 구성요건요소인 '결과'로서 둘 중 어느 하나가 충족되면 직권남용권리행사방해죄가 성립하고, 이는 '공무원이 직권을 남용하여'와 구별되는 별개의 범죄성립요건이다(대판(全) 2018도2236). [21(3)모]

29. 직권남용권리행사방해죄에서 '권리'는 법률에 명기된 권리에 한하지 않고 법령상 보호되어야 할 이익이면 족하고 공법상 권리인지 사법상 권리인지를 묻지 않으며, '의무'는 법률상 의무를 가리키고 단순한 심리적 의무감 또는 도덕적 의무는 이에 해당하지 아니한다(대판 90도2800). [20변시·24(3)모·19(3)모]

30. ① 공무원이 자신의 직무권한에 속하는 사항에 관하여 실무 담당자로 하여금 그 직무집행을 보조하는 사실행위를 하도록 하더라도 이는 공무원 자신의 직무집행으로 귀결될 뿐이므로 원칙적으로 직권남용권리행사방해죄에서 말하는 의무 없는 일을 하게 한 때에 해당한다고 할 수 없다(대판 2010도11884). [20변시·24(3)모·23(2)모]

② 직무집행의 기준과 절차가 법령에 구체적으로 명시되어 있고 실무 담당자에게도 직무집행의 기준을 적용하고 절차에 관여할 고유한 권한과 역할이 부여되어 있는 경우, 공무원이 자신의 직무 권한에 속하는 사항에 관하여 실무 담당자로 하여금 그러한 기준과 절차를 위반하여 직무집행을 보조하게 하는 것은 직권남용죄에서의 '의무 없는 일을 하게 한 때'에 해당한다(대판 2010도11884). [22(3)모]

31. [1] 공무원이 한 행위가 직권남용에 해당한다고 하여 그러한 이유만으로 상대방이 한 일이 '의무 없는 일'에 해당한다고 인정할 수는 없다. '의무 없는 일'에 해당하는지는 직권을 남용하였는지와 별도로 상대방이 그러한 일을 할 법령상 의무가 있는지를 살펴 개별적으로 판단하여야 한다(대판 2019도5186). [23(2)모·20법행]

[2] 직권남용 행위의 상대방이 일반 사인인 경우 특별한 사정이 없는 한 직권에 대응하여 따라야 할 의무가 없으므로 그에게 어떠한 행위를 하게 하였다면 '의무 없는 일을 하게 한 때'에 해당할 수 있다(대판 2020도18296).

[3] 그러나 상대방이 공무원이거나 법령에 따라 일정한 공적 임무를 부여받고 있는 공공기관 등의 임직원인 경우에는 법령에 따라 임무를 수행하는 지위에 있으므로 그가 직권에 대응하여 어떠한 일을 한 것이 의무 없는 일인지는 관계 법령 등의 내용에 따라 개별적으로 판단해야 한다(대판 2020도18296). [25변시·20법행]

32. 검사가 고발사건을 불기소결정하여 피고발인으로 하여금 처벌받게 하려는 고발인의 의도가 이루어질 수 없게 되었다 하여 고발인의 권리행사를 방해하였다고 할 수 없다(대결 86모12). [20(2)모]

33. 공무원의 행위가 권리행사를 방해함으로 인한 직권남용권리행사방해죄와 의무 없는 일을 하게 함으로 인한 직권남용권리행사방해죄 두 가지 행위태양에 모두 해당하는 것으로 기소된 경우, 권리행사를 방해함으로 인한 직권남용권리행사방해죄만 성립하고 의무 없는 일을 하게 함으로 인한 직권남용권리행사방해죄는 따로 성립하지 아니한다(대판 2008도7312). [20변시·24(3)모·20(2)모]

┃유제┃ 상급 경찰관이 직권을 남용하여 부하 경찰관의 수사를 중단시키거나 사건을 다른 경찰관서로 이첩하게 한 경우, 부하 경찰관의 수사권 행사를 방해한 것에 해당함과 아울러 부하 경찰관으로 하여금 수사를 중단하거나 사건을 이첩할 의무가 없음에도 불구하고 이를 하게 한 것에도 해당하므로, '권리행사를 방해함으로 인한 직권남용권리행사방해죄'와 '의무 없는 일을 하게 함으로 인한 직권남용권리행사방해죄'가 별개로 성립한다. (X) [25변시]

34. 직권남용죄의 보호법익은 국권의 공정에 있고 이 법익침해는 침해결과의 발생의 위험이 있으면 족하다고 보아야 하므로 위태범이다(대판 75도2665). [20(2)모]

35. ① '권리행사를 방해'하는 것에 해당하려면 구체화된 권리의 현실적인 행사가 방해된 경우라야 할 것이므로, 공무원의 직권남용행위가 있었다 할지라도 현실적인 권리행사의 방해라는 결과가 발생하지 아니한 경우에는 본죄의 미수범으로 처벌한다. (X) [25변시]
② 직권남용죄는 피해자가 의무 없는 일을 현실적으로 행하거나 권리행사가 현실적으로 방해되어야 기수가 된다. (O) [14(1)모·12사시·04행시·02·03법무사]

: 직권남용죄는 구체화된 권리의 현실적인 행사가 방해된 때에 본죄는 기수가 되고, 공무원의 직권남용행위가 있었다 할지라도 현실적으로 권리행사의 방해라는 결과가 발생하지 아니하였다면 본죄를 인정할 수 없다(대판 2003도4599). [20·12변시·20(2)모]
현실적인 권리행사의 방해라는 결과가 발생하지 아니한 경우에는 본죄의 미수범이 문제되지만, 본죄는 미수범을 처벌하지 않으므로 결국 불가벌이 된다. 답 ×, ○

┃유제┃ 직권남용권리행사방해죄는 위태범으로 공무원이 직권을 남용하는 행위를 하면 곧바로 성립하고 직권을 남용하여 현실적으로 다른 사람이 법령상 의무 없는 일을 하게 하였거나 다른 사람의 구체적인 권리행사를 방해하는 결과가 발생하여야 하는 것은 아니다. (X) [24(3)모·23(2)모]

36. 공무원 甲은 자신의 직무와 관련 있는 기업인 乙에게, 甲의 지인 丙에게 3,000만 원을 제공하고 丙의 자녀에게는 등교편의를 제공할 것을 요구하였다. 乙은 자신이 경영하는 회사의 직원 A를 통해 甲의 요구사항을 모두 이행하였다. 이 경우 乙이 甲의 지위에 따른 직무에 관하여 어떠한 이익을 기대하며 그에 대한 대가로서 丙의 자녀에게 등교편의를 제공하였다면, 甲에게는 강요죄가 성립하지 않는다. (O) [22(1)모]

: 공무원인 행위자가 상대방에게 어떠한 이익 등의 제공을 요구하고 상대방은 공무원의 지위에 따른 직무에 관하여 어떠한 이익을 기대하며 그에 대한 대가로서 요구에 응하였다면 해악의 고지로 인정될 수 없으므로 직권남용이나 뇌물 요구 등이 될 수는 있어도 협박을 요건으로 하는 강요죄가 성립하기는 어렵다(대판 2018도13792). [20법행]

37. 형법상 직권남용권리행사방해죄는 국가기능의 공정한 행사라는 국가적 법익을 보호하는 데 주된 목적이 있고, 직권남용으로 인한 국가정보원법 위반죄도 마찬가지이다. 따라서 국가정보원 직원이 동일한 사안에 관한 일련의 직무집행 과정에서 단일하고 계속된 범의로 일정 기간 계속하여 저지른 직권남용행위에 대하여는 설령 그 상대방이 수인이라고 하더라도 포괄일죄가 성립할 수 있다(대판 2020도12583). [22법행]

┃유제┃ 공무원이 동일한 사안에 관한 일련의 직무집행 과정에서 단일하고 계속된 범의로 일정 기간 계속하여 직권남용행위를 저질렀으나 그 상대방이 여러 명인 경우, 각 직권남용행위는 실체적 경합관계에 있다. (X) [23(2)모]

38. 인신구속에 관한 직무를 집행하는 사법경찰관이 체포 당시 상황을 고려하여 경험칙에 비추어 현저하게 합리성을 잃지 않은 채 판단하면 체포 요건이 충족되지 아니함을 충분히 알 수 있었는데도, 자신의 재량 범위를 벗어난다는 사실을 인식하고 그 결과를 용인한 채 사람을 체포하여 권리행사를 방해하였다면, 직권남용체포죄와 직권남용권리행사방해죄가 성립한다(대판 2013도16162). [25변시]

39. 변호사 K는 A가 소속된 노동조합으로부터 시위 중 체포되는 조합원에 대한 신속한 접견을 의뢰받고 자신이 A의 변호인이 되겠다고 외치며 A와의 접견교통권을 행사하려고 하였으나 이를 경찰이 제지하는 과정에서 몸싸움이 발생하였다. 현장을 지휘하던 경찰간부 甲은 K를 공무집행방해죄의 현행범으로 체포하면서 체포이유 등을 고지하지 아니하였다. 甲의 K에 대한 현행범인 체포행위는 외형상으로는 경찰의 직무집행 범위에 속한다고 하더라도 실질은 직무집행의 법령상 요건과 필요성 및 상당성을 결여한 것으로서 형법상 직권남용체포죄에 해당한다(대판 2013도16162). [22(2)·21(2)모]

뇌물죄

40. 뇌물죄에 관한 규정은 공무원의 직무집행의 공정과 그에 대한 사회의 신뢰 및 직무행위의 불가매수성을 보호하기 위한 것이다(대판 2005도4204). [16(2)모·11법행]

41. 뇌물공여죄가 성립하기 위하여는 뇌물을 공여하는 행위와 상대방측에서 금전적으로 가치가 있는 그 물품 등을 받아들이는 행위가 필요하며, 상대방측에 뇌물수수죄가 성립하여야 한다. (X) [21·18변시·22(2)모]

: 뇌물공여죄가 성립되기 위하여서는 뇌물을 공여하는 행위와 상대방측에서 금전적으로 가치가 있는 그 물품 등을 받아들이는 행위가 필요할 뿐이지 반드시 상대방측에서 뇌물수수죄가 성립되어야만 한다는 것을 뜻하는 것은 아니다(대판 87도1699). [12변시·21(1)(3)모]

42. 뇌물죄의 직무에는 결정권자를 보좌하거나 영향을 줄 수 있는 직무행위도 포함된다. (O) [19(3)모]

: 뇌물죄에서 말하는 '직무'에는 법령에 정하여진 직무뿐만 아니라 그와 관련 있는 직무, 관례상이나 사실상 소관하는 직무행위, 결정권자를 보좌하거나 영향을 줄 수 있는 직무행위, 과거에 담당하였거나 장래에 담당할 직무 외에 현실적으로 담당하고 있지 않아도 법령상 일반적인 직무권한에 속하는 직무 등 공무원이 그 직위에 따라 담당할 일체의 직무를 포함한다(대판 2017도12346). [19(3)모·08사시]

┃유제┃ 뇌물죄의 직무는 공무원이 법령상 관장하는 직무 그 자체뿐만 아니라 관례상 또는 사실상 관여하는 직무행위도 포함한다. (O) [17(2)모·12사시·13법행]

43. 도시계획시설 결정승인이 K시 시장의 소관사항이 아니고 그 상급승인기관인 L도지사의 소관사항임에도 불구하고 K시 도시계획 계장으로서 도시계획시설 승인신청서를 수리하여 결재를 거쳐 상급승인기관에 전달하는 직무에 종사하는 甲이 그 직무에 관하여 금품을 받은 경우, 甲에게 뇌물수수죄가 성립한다(대판 82도2350). [19(3)모]

44. 공무원이 금원을 수수하는 것으로 인하여 사회 일반으로부터 직무집행의 공정성을 의심받게 되는지도 뇌물인지를 판단하는 기준이 된다(대판 2005도4204). [24(2)모]

45. 수수된 금품의 뇌물성을 인정하기 위하여는 그 금품이 개개의 직무행위와 대가적 관계에 있음이 증명되어야 한다. (X) [18변시·19(3)모]

: 뇌물은 직무에 대한 대가관계, 즉 뇌물과 직무행위가 급부와 반대급부의 관계에 있어야 한다. 다만 이러한 대가관계는 개개 직무행위에 대해 구체적·개별적이 아닌 일반적·포괄적이더라도 관계없다(대판(全) 96도3377).

46. ① 공무원이 그 직무의 대상이 되는 사람으로부터 금품 기타 이익을 받은 때에는 특별한 사정이 없는 한 직무와의 관련성이 없다고 할 수 없고, 비록 사교적 의례의 형식을 빌어 금품을 주고받았다고 하더라도 그것이 그 공무원의 직무와 관련된 이상 그 수수한 금품은 뇌물이 된다(대판 2001도3579). [18변시·24(2)모·23(1)모·15(1)모]

② 그러나 직무와 관련이 없이 단순한 사교적인 예의로서 하는 선물은 뇌물이라고 할 수 없다(대판 2001도3579). [16(2)모·13(2)모]

47. 뇌물의 내용인 이익이라 함은 금전, 물품 기타의 재산적 이익뿐만 아니라 사람의 수요·욕망을 충족시키기에 족한 일체의 유형·무형의 이익을 포함하는데, 이는 개인적 법익에 관한 죄인 배임수재죄의 재산상 이익과 내용이 같다. (X) [16(2)모·08법행]

: 재산범죄의 객체인 재산상의 이익은 모든 경제적 가치가 있는 재화의 총체로 파악되지만, 뇌물죄에서 뇌물의 내용인 이익이란 금전, 물품 기타의 재산적 이익뿐만 아니라 사람의 수요 욕망을 충족시키기에 족한 일체의 유형, 무형의 이익을 포함되고, 투기적 사업에 참여할 기회를 얻는 것도 이에 해당한다(대판 92도1762). 따라서 뇌물의 내용인 이익의 개념은 배임수재죄에서의 '재산상' 이익의 개념보다 넓은 개념이다.

┃유제┃ 뇌물죄에서 뇌물의 내용인 이익이라 함은 금전, 물품 기타의 재산적 이익뿐만 아니라 사람의 수요·욕망을 충족시키기에 족한 일체의 유형·무형의 이익을 포함하므로, 제공된 것이 성적 욕구의 충족이라고 하여 달리 볼 것이 아니다(대판 2013도13937). [24변시·15(1)모]

┃유제┃ 투기적 사업에 참여할 기회를 얻는 것도 뇌물에 해당한다. (O) [24(2)모]

48. 甲이 공무원 乙에게 뇌물 4,000만 원을 제공하고 乙이 이를 받은 경우 甲, 乙은 「특정범죄 가중처벌 등에 관한 법률」에 따라 가중처벌된다. (X) [18변시]

: 「특가법」은 수뢰죄를 죄를 범하여 수수·요구 또는 약속한 뇌물의 가액이 3,000만원 이상일 경우 가중처벌할 뿐(법 제2조 제1항) 뇌물로 공여한 액수가 3,000만원 이상일 경우에도 뇌물공여자는 가중처벌하지 않는다.

49. 유흥주점 단속업무를 담당하고 있는 공무원 甲과 乙은 뇌물을 수수하기로 공모하여 유흥주점을 운영하는 丙을 찾아가 단속을 무마해 달라는 취지의 뇌물 4,000만 원을 수수하여 甲, 乙은 각자 2,000만 원씩 나누어 가졌다. 乙은 그 돈을 바로 자신의 예금계좌에 입금하였다가 일주일 뒤 양심의 가책을 받아 丙에게 전액 반환하였다. 甲, 乙, 丙은 위와 같은 범죄사실로 공동피고인으로 재판중이다. [20변시]

① 甲과 乙은 뇌물로 받은 4,000만 원을 각자 2,000만 원씩 나누어 가졌으므로 특정범죄 가중처벌 등에 관한 법률의 적용대상 뇌물가액인 3,000만 원 이상에 해당하지 않아 각자 형법상의 뇌물죄 적용을 받는다. (X)

: 수인이 공동하여 뇌물수수죄를 범한 경우, 특가법 제2조 제1항의 적용 여부를 가리는 수뢰액을 정함에 있어서는 그 공범자 전원의 수뢰액을 합한 금액을 기준으로 하여야 할 것이고, 각 공범자들이 실제로 취득한 금액이나 분배 받기로 한 금액을 기준으로 할 것이 아니다(대판 99도1557). 사안에서 甲과 乙이 각 2,000만 원씩 나누어 가졌지만 공동정범인 甲과 乙의 수뢰액을 합한 금액이 4,000만 원이므로 특가법의 적용을 받는다.

50. ② 뇌물수수죄의 추징은 공무원의 직무 범죄에 대한 일종의 징벌적 성질의 처분이라 할 것이므로 甲과 乙에게는 각자 4,000만 원씩을 추징해야 한다. (X)

: 형법상의 몰수·추징은 실질상 보안처분이고, 수인이 공동하여 죄를 범하고 교부받은 금품을 분배하는 경우에는 각자가 실제로 분배받은 금품만을 개별적으로 몰수하거나 평등하게 그 가액을 추징하여야 한다(대판 98도4374).

51. ③ 乙은 丙에게 2,000만 원을 반환하였기 때문에 이를 반환받은 丙으로부터 2,000만 원을 추징하여야 한다. (X)

④ 만약 乙이 丙으로부터 1,000만 원권 자기앞수표 두 장을 뇌물로 받아 이를 생활비로 소비한 후 현금 2,000만 원을 丙에게 반환하였다면 丙으로부터 2,000만 원을 추징하여야 한다. (X)

: 수뢰자가 자기앞수표를 뇌물로 받아 이를 '소비' 또는 '예치'한 후 자기앞수표 상당액을 증뢰자에게 반환하였다 하더라도 뇌물 그 자체를 반환한 것은 아니므로 이를 몰수할 수 없고 수뢰자로부터 그 가액을 추징하여야 할 것이다(대판 98도3584).

52. 형법 제129조에서의 공무원이라 함은 법령의 근거에 기하여 국가 또는 지방자치단체 및 이에 준하는 공법인의 사무에 종사하는 자로서 그 노무의 내용이 단순한 기계적·육체적인 것에 한정되어 있지 않은 자를 말한다(대판 2000도4593). [23(1)모]

53. 공무원이 재직 중에 청탁을 받고 직무상 부정한 행위를 한 후 공무원의 지위를 떠난 다음 뇌물을 수수한 경우는 사후수뢰죄를 구성할 수는 있어도 단순수뢰죄를 구성할 수는 없다. (O) [22(1)모]

: 형법은 공무원이었던 자가 재직 중에 청탁을 받고 직무상 부정한 행위를 한 후 뇌물을 수수, 요구 또는 약속을 한 때에는 제131조 제3항에서 사후수뢰죄로 처벌하도록 규정하고 있으므로, 뇌물의 수수 등을 할 당시 이미 공무원의 지위를 떠난 경우에는 제129조 제1항의 단순수뢰죄로는 처벌할 수 없고 사후수뢰죄의 요건에 해당할 경우에 한하여 그 죄로 처벌할 수 있을 뿐이다(대판 2013도10011).

▮유제▮ 공무원이 고유직무와 관련이 없는 일에 관하여 별도의 위촉절차를 거쳐 다른 직무를 수행하고 위촉 종료 이후에 종전에 위촉받아 수행한 직무에 관하여 금품을 수수한 경우 단순수뢰죄가 성립한다. (X) [15(3)모]

54. 법령에 기한 임명권자에 의하여 임용되어 공무에 종사하여 온 사람이 나중에 그가 임용결격자이었음이 밝혀져 당초의 임용행위가 무효가 된 경우, 그가 임용 이후 그 직무에 관하여 뇌물을 수수한 때에는 수뢰죄로 처벌할 수 있다(대판 2013도11357). [18·17변시·19(2)모]

55. 공무원이 먼저 뇌물을 요구하여 증뢰자가 제공하는 돈을 받았으나 그 액수가 공무원이 예상한 것보다 너무 많은 액수여서 후에 이를 반환하였다면 영득의사가 인정되지 않으므로 뇌물수수죄가 성립하지 않는다. (X) [18(2)(3)모·16(2)모]

: 영득의 의사로 뇌물을 수령한 이상 그 액수가 피고인이 예상한 것보다 너무 많은 액수여서 후에 이를 반환하였다고 하더라도 뇌물죄의 성립에는 영향이 없다(대판 83도2050).

▮유제▮ 뇌물수수죄가 인정되기 위해서는 영득의사가 있어야 한다. (O) [13(2)모]

56. 뇌물수수자가 뇌물공여자에 대한 내부관계에서 물건에 대한 실질적인 사용·처분권한을 취득하였으나 뇌물수수 사실을 은닉하거나 또는 뇌물공여자가 계속 그 물건에 대한 비용 등을 부담하도록 소유권이전의 형식적 요건을 유보하는 경우에도 뇌물수수자는 그 물건을 뇌물로 받은 것이다. (O) [22(2)모·20법행]

∴ 취득이란 뇌물에 대한 사실상의 처분권을 획득하는 것을 의미하고, 뇌물인 물건의 법률상 소유권까지 취득하여야 하는 것은 아니다(대판(全) 2018도2738). [22(2)모·20법행]

57. 자동차를 뇌물로 제공한 경우 자동차등록원부에 뇌물수수자가 그 소유자로 등록되지 않았다고 하더라도 자동차의 사실상 소유자로서 자동차에 대한 실질적인 사용 및 처분권한이 있다면 자동차 자체를 뇌물로 취득한 것으로 보아야 한다(대판 2006도735). [21변시·24(2)모·23(1)모·20(1)모]

58. [1] 금품이나 이익 전부에 관하여 뇌물수수죄의 공동정범이 성립한 이후에 뇌물이 실제로 공동정범인 공무원 또는 비공무원 중 누구에게 귀속되었는지는 이미 성립한 뇌물수수죄에 영향을 미치지 않는다.
[2] 공무원과 비공무원이 사전에 뇌물을 비공무원에게 귀속시키기로 모의하였거나 뇌물의 성질상 비공무원이 사용하거나 소비할 것이라고 하더라도 이러한 사정은 뇌물수수죄의 공동정범이 성립한 이후 뇌물의 처리에 관한 것에 불과하므로 뇌물수수죄가 성립하는 데 영향이 없다(대판(全) 2018도2738). [20법행]

┃유제┃ 비공무원은 공무원과 함께 뇌물수수죄의 공동정범이 될 수 있으나, 공무원이 뇌물을 받으면 뇌물을 비공무원에게 귀속시키기로 미리 모의하거나 뇌물의 성질에 비추어 비공무원이 전적으로 사용하거나 소비할 것임이 명백한 경우에 공무원과 공동정범 관계에 있는 비공무원에게는 제3자뇌물수수죄의 성립 여부가 문제 될 뿐이다. (X) [23(1)모]

59. 공무원이 직무에 관하여 뇌물을 수수하면 별도로 뇌물을 요구하거나 약속하지 않았더라도 뇌물수수죄가 성립한다(대판 86도1433). [24(1)모]

60. 형법 제133조 제1항, 제129조 제1항에서 정한 뇌물공여죄의 고의는 '공무원에게 그 직무에 관하여 뇌물을 공여한다'는 사실에 대한 인식과 의사를 말하고, 미필적 고의로도 충분하다(대판(全) 2018도2738). [22법행]

61. 공무원이 투기적 사업에 참여할 기회를 뇌물로 제공받아 실제 참여하였으나 그 후 경제 사정의 변동 등으로 인하여 당초의 예상과는 달리 그 사업 참여로 인한 아무런 이득을 얻지 못한 경우에도 뇌물수수죄가 성립한다. (O) [12변시·22(2)모]

∴ 투기적 사업에 참여할 기회를 제공받은 경우 뇌물수수죄의 기수 시기는 투기적 사업에 참여하는 행위가 종료된 때로 보아야 하며, 당초의 예상과는 달리 그 사업 참여로 아무런 이득을 얻지 못한 경우라도 뇌물수수죄의 성립에는 영향이 없다(대판 2002도3539). [19(2)모·18(2)모]

62. 뇌물약속죄에서 뇌물의 약속은 직무와 관련하여 장래에 뇌물을 주고받겠다는 양 당사자의 의사표시가 확정적으로 합치하면 성립하고, 이때 뇌물의 목적물이 이익인 경우 그 가액이 확정되어야 한다. (X) [18(2)모]

∴ 뇌물약속죄에서 장래 공무원의 직무와 관련하여 뇌물을 주고받겠다는 양 당사자의 의사표시가 확정적으로 합치하여야 하지만 (대판 2012도9417), 약속죄가 성립하기 위해 목적물인 뇌물이 약속 당시에 현존할 필요가 없고 가액·이익의 정도가 확정될 필요도 없다(대판 81도698).

63. 공무원이 같은 사람에 대하여 순차로 뇌물을 요구·약속·수수한 때에는 포괄하여 뇌물수수죄가 성립할 뿐이고 뇌물요구·약속·수수죄의 경합범에 해당하지 않는다. (O) [02행시]

64. 「형법」제134조는 뇌물 또는 뇌물에 공할 금품을 필요적으로 몰수하고 이를 몰수하기 불가능한 때에는 그 가액을 추징하도록 규정하고 있는바, 몰수는 특정된 물건에 대한 것이고 추징은 본래 몰수할 수 있었음을 전제로 하는 것임에 비추어 뇌물 또는 뇌물에 공할 금품이 특정되지 않았던 것은 몰수할 수 없고 그 가액을 추징할 수도 없다(대판 96도221). [24·18변시·20(1)모]

65. 공무원이 수수한 금품에 직무행위와 대가관계가 있는 부분과 그렇지 않은 부분이 불가분적으로 결합되어 있는 경우, 수수한 금품 전액이 직무행위에 대한 대가로 수수한 뇌물에 해당한다(대판 2012도16277). [18(1)모]

66. 뇌물을 수수한 자가 공동수수자가 아닌 교사범 또는 종범에게 뇌물 중 일부를 사례금 등의 명목으로 교부한 경우, 실제 수익은 뇌물에서 사례금을 공제한 금액이므로, 전체 뇌물 액수에서 사례금 상당액을 공제한 금액을 뇌물수수자에게서 몰수·추징하여야 한다. (X) [24·18변시]

: 뇌물을 수수한 자가 공동수수자가 아닌 교사범 또는 종범에게 뇌물 중 일부를 사례금 등의 명목으로 교부하였다면 이는 뇌물을 수수하는 데 따르는 부수적 비용의 지출 또는 뇌물의 소비행위에 지나지 아니하므로, 뇌물수수자에게서 수뢰액 전부를 추징하여야 한다(대판 2011도9585).

67. 공무원이 직무에 관하여 금전을 무이자로 차용한 경우에는 차용 당시에 금융이익 상당의 뇌물을 수수한 것으로 보아야 하므로, 공소시효는 금전을 무이자로 차용한 때로부터 기산한다(대판 2011도7282). [21변시·15(1)모]

68. 법원의 참여주사가 형량을 감경케 하여 달라는 청탁과 함께 금품을 수수한 경우에는 뇌물수수죄가 성립한다. (X) [18(1)모]

: 형사사건의 양형이 참여주사의 직무와 밀접한 관계가 있는 사무라고는 할 수 없으므로 공판 참여주사가 형량을 감경케하여 달라는 청탁과 함께 금품을 수수하였다고 하더라도 뇌물수수죄의 주체가 될 수 없다(대판 80도1373).

69. 공무원 甲은 건설업자 乙로부터 관할 내의 건설공사와 관련하여 편의를 제공해 달라는 청탁을 받았다. 이를 기화로 甲은 乙의 시가 4천만 원 상당의 토지 500㎡에 대한 소유권이전 등기를 받으면서 그에 대한 대가 명목으로 400만 원을 乙에게 제공하였다. 이와 같은 경우 토지상당가액에서 대가 명목으로 제공된 400만 원을 공제한 금액을 추징하여야 한다. (X) [21(2)모]

: 공무원이 받은 뇌물 자체를 몰수하여야 하고, 그 뇌물의 가액에서 뇌물을 받는데 지출한 부수적 비용을 공제한 나머지 가액에 상당한 이익만을 몰수·추징할 것은 아니다(대판 99도1638).

70. 알선의뢰인이 알선수재자에게 공무원이나 금융기관 임직원의 직무에 속한 사항에 관한 알선의 대가를 형식적으로 체결한 고용계약에 터잡아 급여의 형식으로 지급한 경우, 몰수·추징해야 할 금액은 원천징수된 근로소득세 등을 포함한 명목상 급여액이다. (X) [16사시·13법행]

: 이 경우에 알선수재자가 수수한 알선수재액은 명목상의 급여액이 아니라 원천징수된 근로소득세 등을 제외하고 알선수재자가 실제 지급받은 금액이다(대판 2012도534).

71. 사전수뢰죄는 단순수뢰죄와는 달리 청탁을 받을 것을 요건으로 하는데, 그 청탁이 명시적일 것을 필요로 하지는 않는다(대판 99도1911). [22(1)모]

72. 형법 제130조의 제3자 뇌물공여죄에 있어서 '부정한 청탁'이라 함은 청탁의 대상이 된 직무집행을 어떤 대가관계와 연결시켜 그 직무집행에 관한 대가의 교부를 내용으로 하는 청탁을 말하고, 이때 그 청탁은 위법하거나 부당한 직무집행을 내용으로 하는 것이어야 한다. (X) [10(1)모]

: 그 청탁이 위법하거나 사회상규나 신의성실의 원칙에 위배되는 부당한 직무집행을 내용으로 하는 경우는 물론, 비록 청탁의 대상이 된 직무집행 그 자체는 위법·부당한 것이 아니라 하더라도 당해 직무집행을 어떤 대가관계와 연결시켜 그 직무집행에 관한 대가의 교부를 내용으로 하는 청탁이라면 이는 의연 '부정한 청탁'에 해당한다고 보아야 한다(대판 2004도1632).

73. 제3자뇌물수수죄에서 제3자란 행위자와 공동정범 및 교사자와 방조자 이외의 사람을 말한다. (X) [22변시]

: 제3자뇌물수수죄에서 제3자란 행위자와 공동정범 이외의 사람을 말하고, 교사자나 방조자도 제3자에 포함될 수 있다(대판 2016도19659). 따라서 공무원과 공동정범 관계에 있는 비공무원은 제3자뇌물수수죄에서 말하는 제3자가 될 수 없고, [22(2)모]
공무원과 공동정범 관계에 있는 비공무원이 뇌물을 받은 경우에는 공무원과 함께 뇌물수수죄의 공동정범이 성립하고 제3자뇌물수수죄는 성립하지 않는다(대판(全) 2018도2738).

74. 제3자뇌물수수죄는 부정한 청탁을 요건으로 하고, 제3자뇌물수수죄에서 뇌물을 받는 제3자가 뇌물임을 인식할 것을 요건으로 하지 않는다(대판(全) 2018도2738). [21·20법행]

75. 공무원이 직접 뇌물을 받지 아니하고 증뢰자로 하여금 공무원 자신의 채권자에게 뇌물을 공여하도록 하여 공무원이 그만큼 지출을 면하게 되는 경우에는 제3자뇌물제공죄가 성립한다. (X) [18·12변시]

: 그 다른 사람이 공무원의 사자 또는 대리인으로서 뇌물을 받은 경우나 그 밖에 예컨대 평소 공무원이 그 다른 사람의 생활비 등을 부담하고 있었다거나 혹은 그 다른 사람에 대하여 채무를 부담하고 있었다는 등의 사정이 있어서 그 다른 사람이 뇌물을 받음으로써 공무원은 그만큼 지출을 면하게 되는 경우 등 사회통념상 그 다른 사람이 뇌물을 받은 것을 공무원이 직접 받은 것과 같이 평가할 수 있는 관계가 있는 경우에는 형법 제129조 제1항의 단순수뢰죄가 성립한다(대판 98도1234).

76. 제3자뇌물수수죄의 제3자란 행위자와 공동정범자 이외의 사람을 말하는 것이므로, 공무원이 자신이 실질적으로 장악하고 있는 A회사 명의의 계좌로 뇌물을 받은 경우 제3자뇌물수수죄가 성립한다. (X) [24변시]

: 공무원이 실질적인 경영자로 있는 회사가 청탁 명목의 금원을 회사 명의의 예금계좌로 송금받은 경우에 사회통념상 위 공무원이 직접 받은 것과 같이 평가할 수 있어 뇌물수수죄가 성립한다(대판 2003도8077).

77. 공무원인 지방자치단체의 장이 그 직무에 관하여 부정한 청탁을 받고 지방자치단체에 금품을 제공하게 하였다면, 공무원 개인이 그러한 금품을 취득한 경우와 동일시할 수 있으므로 제3자뇌물제공죄는 성립하지 않는다. (X) [21(1)모·12사시]

: 공무원인 지방자치단체장이 직무에 관하여 부정한 청탁을 받고 지방자치단체에 금품을 제공하게 하였다면 공무원 개인이 금품을 취득한 경우와 동일시할 수는 없고 그 공무원이 단체를 대표하는 지위에 있는 경우에도 마찬가지여서 형법 제130조의 제3자뇌물제공죄가 성립할 수 있다(대판 2010도12313).

★
78. 공무원이 부정한 청탁을 받고 제3자에게 뇌물을 제공하게 하고 제3자가 그러한 공무원의 범죄행위를 알면서 방조한 경우, 그에 대한 별도의 처벌규정이 없더라도 제3자에게는 방조범에 관한 형법총칙의 규정이 적용되어 제3자뇌물수수방조죄가 인정될 수 있다. (O) [25·22·20변시·22(2)모][24모사]

: 제3자뇌물수수죄에서 제3자란 행위자와 공동정범 이외의 사람을 말하고, 교사자나 방조자도 포함될 수 있다(대판 2016도19659).
- 제3자뇌물수수죄의 제3자에 대하여 판례는 형법총칙의 공범규정을 적용함에 주의

79. 공무원이 직무관련자에게 제3자와 계약을 체결하도록 요구하여 계약 체결을 하게 한 행위가 제3자뇌물수수죄와 직권남용권리행사방해죄의 구성요건에 모두 해당하는 경우에는 제3자뇌물수수죄와 직권남용권리행사방해죄가 각각 성립하고 두 죄는 상상적 경합관계에 있다(대판 2016도19659). [20변시]

80. 수뢰후부정처사죄는 반드시 뇌물수수 등의 행위가 완료된 이후에 부정한 행위가 이루어져야 함을 의미하는 것은 아니고, 결합범 또는 결과적가중범 등에서의 기본행위와 마찬가지로 뇌물수수 등의 행위를 하는 중에 부정한 행위를 한 경우도 포함한다(대판 2020도12103). [22변시·22(2)모·21(3)]

┃유제┃ 단일하고도 계속된 범의 아래 일정 기간 반복하여 일련의 뇌물수수 행위와 부정한 행위가 행하여졌고 그 뇌물수수 행위와 부정한 행위 사이에 인과관계가 인정되며 피해법익도 동일하다면, 최후의 부정한 행위 이후에 저질러진 뇌물수수 행위도 최후의 부정한 행위 이전의 뇌물수수 행위 및 부정한 행위와 함께 수뢰후부정처사죄의 포괄일죄이다. (O) [24(1)모]

81. 경찰서 교통계에 근무하는 경찰관 甲은 乙의 관내 도박장 개설 및 도박범행을 묵인하고 편의를 봐주는 대가로 금 150만 원을 교부받고 나아가 그 도박장 개설 및 도박범행사실을 잘 알면서도 이를 단속하지 아니하였다. 甲이 교통계에서 근무하여 그의 직접적인 업무가 아니라고 하더라도 수뢰후부정처사죄가 성립한다(대판 2003도1060). [14변시·14사시]

82. 공무원인 甲은 건설회사 대표 乙에게 자신이 속한 부서가 관장하는 관급공사를 수주할 수 있게 해주겠다고 약속하고, 그 대가로 乙로부터 2016. 3. 15. 1,000만 원을, 2016. 4. 1. 1,500만 원을 받았다. 그 후 甲은 乙에게 직무상 비밀인 관급공사의 예정가격을 알려주어 乙이 공사를 수주하게 되었다. 甲에게는 수뢰후부정처사죄 및 공무상비밀누설죄가 성립하고, 양 죄는 상상적 경합관계에 있다(대판 70도562). [17변시]

83. 알선수뢰죄의 '공무원이 그 지위를 이용하여'란 다른 공무원이 취급하는 사무처리에 법률상이나 사실상 영향력을 행사할 수 있는 관계이면 되고, 알선하는 공무원과 다른 공무원이 반드시 상하관계, 협동관계, 감독권한 등의 특수한 관계에 있을 필요는 없다(대판 99도5294). [22(1)모·04사시]

┃유제┃ 알선수뢰죄에 있어서 다른 공무원의 직무에 속한 사항의 알선행위는 그 알선행위자가 결재권한이나 최종 결정권한을 가지고 있어야 하는 것은 아니다(대판 2006도735). [20(1)모]

84. 다른 공무원의 직무에 속한 사항을 알선한다는 명목으로 뇌물을 수수하였지만 알선의 상대방인 다른 공무원이나 그 직무의 내용이 구체적으로 특정되지 않은 경우에는 알선뇌물수수죄가 성립하지 않는다. (X) [19(2)(3)모]

: [1] 반드시 알선의 상대방인 다른 공무원이나 그 직무의 내용을 구체적으로 특정할 필요까지는 없다. 알선행위는 장래의 것이라도 무방하므로, 뇌물을 수수할 당시 상대방에게 알선에 의하여 해결을 도모하여야 할 현안이 반드시 존재하여야 할 필요는 없지만, 알선뇌물수수죄가 성립하려면 알선할 사항이 다른 공무원의 직무에 속하는 사항으로서 뇌물수수의 명목이 그 사항의 알선에 관련된 것임이 어느 정도는 구체적으로 나타나야 한다.

[2] 단지 상대방으로 하여금 뇌물을 수수하는 자에게 잘 보이면 어떤 도움을 받을 수 있다거나 손해를 입을 염려가 없다는 정도의 막연한 기대감을 갖게 하는 정도에 불과하고, 뇌물을 수수하는 자 역시 상대방이 그러한 기대감을 가질 것이라고 짐작하면서 수수하였다는 사정만으로는 알선뇌물수수죄가 성립하지 않는다(대판 2017도12346 등).
[22변시·21(1)모·10(1)모]

85. 배임증재자 甲이 배임수재자 乙에게 무상으로 물건을 빌려주어 사용할 수 있도록 해주던 중 乙은 공무원이 되었고, 甲은 乙에게 뇌물공여의 뜻을 밝히고 종전대로 물건을 계속하여 乙이 사용할 수 있는 상태로 둔 경우, 특별한 사정이 없는 한 뇌물공여죄가 성립한다. (X) [16사시]

: 처음에 배임증재로 무상 대여할 당시에 정한 사용기간을 추가로 연장해 주는 등 새로운 이익을 제공한 것으로 평가할 만한 사정이 없다면, 이는 종전에 이미 제공한 이익을 나중에 와서 뇌물로 하겠다는 것에 불과할 뿐 새롭게 뇌물로 제공되는 이익이 없어 뇌물공여죄가 성립하지 않는다(대판 2015도6232).

★ [사례문제 기출례] 증뢰물전달죄 관련 쟁점 [25·19·12변사, 22모사 등]

86. [1] 증뢰물전달죄는 증뢰자가 뇌물에 공할 목적으로 금품을 제3자에게 교부하거나 또는 그 정을 알면서 교부받는 증뢰물전달행위를 독립한 구성요건으로 하므로, 제3자의 증뢰물전달죄는 제3자가 증뢰자로부터 교부받은 금품을 수뢰할 사람에게 전달하였는지 여부에 관계 없이 제3자가 그 정을 알면서 금품을 교부받음으로써 성립하는 것이며, [12변시·17(2)모]

[2] 나아가 제3자가 그 교부받은 금품을 수뢰할 사람에게 전달하였다고 하여 증뢰물전달죄 외에 별도로 뇌물공여죄가 성립하는 것은 아니다(대판 97도1572). [20(3)모]

★★ [사례문제 기출례] 전달목적 뇌물에 대한 횡령 가부 - 불법원인급여와 횡령죄 [25·21변사, 22·17모사 등]

87. 甲이 乙로부터 제3자에 대한 뇌물공여의 목적으로 전달하여 달라고 교부받은 금전은 불법원인급여물에 해당하여 그 소유권은 甲에게 귀속되는 것으로서 甲이 위 금전을 제3자에게 전달하지 않고 임의로 소비하였다고 하더라도 횡령죄가 성립하지 않는다(대판 99도275). [20(3)모]

★ 사례문제 기출례 횡령금의 내부적 분배시 뇌물죄 불성립 [17변시]

88. 공무원인 공범자들이 국가자금을 횡령하여 그 횡령범행으로 취득한 돈을 공범자끼리 수수한 행위가 공동정범들 사이의 범행에 의하여 취득한 돈을 공모에 따라 내부적으로 분배한 것에 지나지 않는다면 그 돈의 수수행위에 관하여 별도로 뇌물죄가 성립하는 것은 아니다(대판 2018도20832). [22변시·23(3)모·23(2)모·20법행]

89. 수의계약을 체결하는 공무원이 공사업자와 계약금액을 부풀려서 계약하고 부풀린 금액을 자신이 되돌려 받기로 사전에 약정한 다음 그에 따라 계약을 체결한 후 부풀린 금액을 공사업자로부터 수수하였다면 부정처사후수뢰죄가 성립한다. (X) [23변시·13사시·12법행]

: 수의계약을 체결하는 공무원이 해당 공사업자와 적정한 금액 이상으로 계약금액을 부풀려서 계약하고 부풀린 금액을 자신이 되돌려 받기로 사전에 약정한 다음 그에 따라 수수한 돈은 성격상 뇌물이 아니고 횡령금에 해당한다(대판 2005도7112). [17변시]

유사판례 타인을 위하여 금전 등을 보관·관리하는 자가 개인적 용도로 사용할 자금을 마련하기 위하여, 적정한 금액보다 과다하게 부풀린 금액으로 공사계약을 체결하기로 공사업자 등과 사전에 약정하고 그에 따라 과다 지급된 공사대금 중의 일부를 공사업자로부터 되돌려 받는 행위는 그 타인에 대한 관계에서 과다하게 부풀려 지급된 공사대금 상당액의 횡령이 된다(대판 2013도13444). [24모사]

★ 사례문제 기출례 사기죄와 뇌물죄의 관계 [17변시]

90. 뇌물을 수수함에 있어서 공여자를 기망한 점이 있다 하여도 뇌물수수죄, 뇌물공여죄의 성립에는 영향이 없고, 이 경우 뇌물을 수수한 공무원에 대하여는 한 개의 행위가 뇌물죄와 사기죄의 각 구성요건에 해당하므로 형법 제40조에 의하여 상상적 경합으로 처단하여야 할 것이다(대판 2015도12838). [19(3)사]

┃유제┃ 시청 건설국장인 甲은 건설업자인 乙이 건축허가를 신청하자 "해당 토지가 자연녹지라서 건축허가를 내줄 수 없다. 돈을 주면 어떻게든 건축허가를 내 주겠다."라고 거짓말하여 乙로부터 500만 원을 받았다. 甲의 행위는 사기죄와 뇌물수수죄의 상상적 경합관계이다. (O) [20변시]

┃유제┃ 공무원이 직무에 관하여 타인을 기망하고 뇌물을 교부받은 경우에는 수뢰죄와 사기죄의 상상적 경합이 성립하고, 공여자는 증뢰죄가 성립한다(대판 2015도12838). [19(2)모·16(1)모·15(3)모]

91. 甲은 유흥주점 허가를 받기 위해 구청 담당 과장 乙과 친하다는 丙을 찾아가 乙에게 전달하여 달라고 부탁하면서 2,500만 원을 제공하였다. 丙은 乙에게 甲의 유흥주점 허가를 부탁하면서 2,000만 원을 교부하고, 나머지 500만 원은 자신이 사용하였다. 한편, 乙은 구의원 丁에게 丙으로부터 받은 2,000만 원을 교부하면서, 구청장에게 부탁하여 구청 정기인사에서 자신이 좋은 평정을 받게 해달라고 말하였다. 甲에게 유흥주점 허가가 난 후, 甲은 감사의 표시로 자신의 유흥주점에 乙을 초대하였고, 乙은 대학동창인 회사원 3명에게 자신이 술값을 낸다고 말하고 이들과 함께 甲의 유흥주점에 가서 400만 원의 향응을 제공받았다. [16변시]

① 乙에게 추징할 수 있는 금액은 2,400만 원이다. (O)

: 乙이 丙을 통하여 甲으로부터 교부받은 뇌물 2,000만 원과 乙이 대학동창인 회사원 3명과 함께 제공받은 향응 400만 원(제3자의 접대에 요한 비용도 피고인의 접대에 요한 비용에 포함시켜 피고인의 수뢰액으로 보아야 하기 때문)의 합계인 2,400만 원을 추징하여야 한다.

92. ② 丁에게 알선수뢰죄가 성립하기 위해서는 단순히 공무원으로서의 신분이 있다는 것만으로는 부족하고, 적어도 다른 공무원이 취급하는 사무의 처리에 법률상이거나 사실상으로 영향을 줄 수 있는 관계 내지 지위를 이용하는 경우이어야 한다(대판 99도5294).

93. 甲이 공무원 A에게 뇌물공여의 의사표시를 하였다가 거절된 후 상당한 기간이 지난 뒤에 다시 A에게 별개의 행위로 평가될 수 있는 다른 명목으로 뇌물을 제공하여 A가 이를 수수한 경우, 甲의 전자의 뇌물공여의 사표시죄는 후자의 뇌물공여죄에 흡수된다. (X) [24변시]

: 뇌물죄의 죄수는 명목을 기준으로 결정되므로 명목이 다를 경우에는 일죄가 될 수 없다. 피고인이 뇌물을 공여하려다가 거절당하고는 그로부터 수개월이 지난 후에 처음과는 다른 명목으로 뇌물을 공여한 것으로 평가함이 상당하다면 피고인에 대한 뇌물공여의사표시가 수개월 후의 뇌물공여에 흡수되지 않는다(대판 2013도9003).

제2절 공무방해에 관한 죄

1. ① 공무집행방해죄에 있어서 '직무를 집행하는'이라 함은 공무원이 직무수행에 직접 필요한 행위를 현실적으로 행하고 있는 때만을 가리키는 것이 아니라 공무원이 직무수행을 위하여 근무 중인 상태에 있는 때를 포괄한다(대판 99도383). [23(2)모 · 12(3)모 · 16(2)모 · 10(1)모]
② 관공서에서 소란을 피우는 민원인을 제지하거나 사무실 밖으로 데리고 나가는 행위도 민원 담당 공무원의 직무에 수반되는 행위로 파악함이 상당하다. (O) [23(2)모]

답 O, O

2. [1] 공무집행방해죄는 공무원의 적법한 공무집행이 전제가 되나(대판 99도4341),
[2] 업무방해죄에 있어서 그 보호대상이 되는 "업무"라 함은 직업 또는 계속적으로 종사하는 사무나 사업을 말하는 것으로서 타인의 위법한 행위에 의한 침해로부터 보호할 가치가 있는 것이면 되고, 그 업무의 기초가 된 계약 또는 행정행위 등이 반드시 적법하여야 하는 것은 아니다(대판 2001도5592). [12법행]

3. 공무집행방해죄가 성립하기 위해서는 직무행위가 당해 공무원의 추상적 권한에 속하여야 할 뿐 아니라 구체적으로도 그 권한 내에 있어야 하고 또한 직무행위의 유효요건인 법령이 정한 방식 · 절차를 갖출 것이 요구된다(대판 91도453). [18(3)모 · 13(2)모]

4. 무전취식 사기죄를 범한 甲이 도주하던 중 무전취식 사건 검문검색 지령을 받고 정복차림으로 순찰중이던 사법경찰관 P에게 발각되어 "인근에서 무전취식 사건이 있었는데 인상착의가 비슷하니 검문에 협조해 달라"는 P의 정지 요구에 정지하지 않고 지나치자 P는 甲을 가로막고 검문에 응할 것을 재차 요구하였고, 甲은 P를 폭행한 후 도주하였다. 甲에게는 공무집행방해죄가 성립한다. (O) [20(2)모]

★★ 사례문제 기출례 직무집행 적법성의 체계적 지위 및 직무집행 적법성의 착오 [25·14변시, 24·21·18모사 등] : 구성요건요소설(判), 위법성요소설, 처벌조건설

5. 적법성이 결여된 직무행위를 하는 공무원에 대항하여 폭행을 가한 경우는 공무집행방해죄를 구성하지 않는다(대판 2010도13609). [21변시·24(2)모·18(2)모·16(2)모]

6. ① 경찰관 P의 현행범인 체포절차가 적법하지 않은 경우, 체포를 면하려고 저항하는 과정에서 甲이 P를 폭행하여 상해를 입혔더라도 이는 정당방위로서 공무집행방해죄가 성립하지 않는다. (X) [22변시]
② ①사안에서 P에 대한 상해행위는 자기 또는 타인의 법익에 대한 현재의 부당한 침해를 방위하기 위한 행위로 위법성이 조각된다. (O) [25변시·22(2)모]

: 甲의 행위는 공무집행방해죄의 구성요건에 해당하지 않고, 폭행죄 또는 상해죄는 구성요건에는 해당하지만 정당방위로 위법성이 조각된다(대판 2001도300).

7. 객관적으로 보아 업무방해죄 현행범으로 인정할 만한 충분한 이유가 있어 체포하려는 경찰관에 저항하며 폭행한 자라 할지라도 사후에 업무방해죄에 대하여 무죄판결을 받은 경우에 공무집행방해행위는 정당방위로서 위법성이 조각된다. (X) [15(2)모]

: 추상적인 권한에 속하는 공무원의 어떠한 공무집행이 적법한지 여부는 행위 당시의 구체적 상황에 기하여 객관적·합리적으로 판단하여야 하고 사후적으로 순수한 객관적 기준에서 판단할 것은 아니다. 마찬가지로 현행범 체포의 적법성은 체포 당시의 구체적 상황을 기초로 객관적으로 판단하여야 하고, 사후에 범인으로 인정되었는지에 의할 것은 아니다(대판 2011도4763). [20법행]

┃유제┃ 경찰관은 범죄행위로 인하여 사람의 생명·신체에 위해를 끼치거나 재산에 중대한 손해를 끼칠 우려가 있는 긴급한 경우에는 그 행위를 제지할 수 있는데, 그 제지조치가 적법한지는 사후적으로 순수한 객관적 기준에서 판단하여야 한다. (X) [22(2)모]

8. 주최 또는 참가행위가 형사처벌의 대상이 되는 위법한 집회·시위가 개최될 것이 예상된다고 하더라도, 이와 시간적·장소적으로 근접하지 않은 다른 지역에서 그 집회·시위에 참가하기 위하여 출발 또는 이동하는 행위를 함부로 제지하는 것은 행정상 즉시강제인 경찰관의 제지의 범위를 명백히 넘어서는 것이어서 허용될 수 없으므로, 이러한 제지 행위는 공무집행방해죄의 보호대상이 되는 공무원의 적법한 직무집행에 포함될 수 없다(대판 2007도9794). [17(1)모]

9. 피고인이 A시청 옆 도로의 보도에서 철야농성을 위해 천막을 설치하던 중 이를 제지하는 A시청 소속 공무원들에게 폭행을 가한 경우, 도로관리권에 근거한 공무집행을 하는 공무원에 대하여 폭행을 가한 피고인의 행위는 공무집행방해죄를 구성한다(대판 2013도5356). [20·15법행]

10. 현행범인을 체포하는 경우 피의사실 등의 고지는 체포를 위한 실력행사에 들어가기 전에 미리 하는 것이 원칙이지만, 피의자를 제압한 후에 이를 고지하였다 하더라도 위법한 체포라 할 수는 없다. (O) [18(2)모·12(2)모]

: 이와 같은 고지는 체포를 위한 실력행사에 들어가기 이전에 미리 하여야 하는 것이 원칙이나, 달아나는 피의자를 쫓아가 붙들거나 폭력으로 대항하는 피의자를 실력으로 제압하는 경우에는 붙들거나 제압하는 과정에서 하거나, 그것이 여의치 않은 경우에라도 일단 붙들거나 제압한 후에 지체 없이 행하여야 한다(대판 2004도3212).
[21(1)모·18(1)모]

11. 직무를 집행하는 공무원에게 폭행·협박을 하였다면 그 정도가 경미하여 공무원이 개의치 않을 정도였다고 하더라도 공무집행방해죄가 성립한다. (X) [23(2)모·10(1)모·12법행]

: 공무집행방해죄에서 협박이란 상대방에게 공포심을 일으킬 목적으로 해악을 고지하는 행위를 의미하는 것으로서 행위 당시의 여러 사정을 종합하여 객관적으로 상대방으로 하여금 공포심을 느끼게 하는 것이어야 하고, 그 협박이 경미하여 상대방이 전혀 개의치 않을 정도인 경우에는 협박에 해당하지 않는다(대판 2010도15986).

12. 공무집행방해죄를 구성하는 행위로서의 협박은 해악의 고지가 객관적으로 상대방으로 하여금 공포심을 느끼게 하는 것으로 족하고 상대방이 현실로 공포심을 품게 될 것까지를 요하는 것은 아니다(대판 87도453).
[24(1)모·16(2)모]

13. 공무집행방해죄의 행위 유형으로서 폭행이라 함은 공무원에 대한 직접적인 유형력의 행사를 말하고 간접적인 유형력의 행사는 포함되지 않는다. (X) [17(1)모·16(2)모·14(2)모]

: 공무집행방해죄에 있어서의 폭행이라 함은 공무원에 대한 직접적인 유형력의 행사뿐 아니라 간접적인 유형력의 행사도 포함하는 것이다(대판 98도662). [24(2)모]

▮유제▮ 공무집행방해죄에서의 폭행은 사람에 대한 유형력의 행사로 족하고 반드시 그 신체에 대한 것임을 요하지 않는다. (O) [24(1)모]

14. 피고인이 다른 노조원들과 함께 경찰관인 피해자들이 파업 투쟁 중인 공장에 진입할 경우에 대비하여 미리 윤활유나 철판조각을 바닥에 뿌려 놓은 행위는 특수공무집행방해치상죄의 다중에 의한 폭행에 해당한다. (X) [19(1)모·12(3)모]

: 피고인 등이 위 윤활유나 철판조각을 위 피해자들의 면전에서 그들의 공무집행을 방해할 의도로 뿌린 것이라는 등의 특별한 사정이 있는 경우는 별론으로 하고 이를 가리켜 위 피해자들에 대한 유형력의 행사, 즉 폭행에 해당하는 것으로 볼 수 없다(대판 2010도7412).

15. 「형법」 제136조에서 정한 공무집행방해죄는 직무를 집행하는 공무원에 대하여 폭행 또는 협박한 경우에 성립하고, 추상적 위험범으로서 구체적으로 직무집행의 방해라는 결과발생을 요하지 아니한다(대판 2017도21537).
[19변시·22(2)모·13(2)모]

16. 공무집행방해죄와 위계에 의한 공무집행방해죄 모두 공무원의 직무집행을 방해하려는 의사를 필요로 한다. (X)
[19(1)모·13(2)모·15사시]

: [1] 공무집행방해죄에 있어서의 범의는 상대방이 직무를 집행하는 공무원이라는 사실, 그리고 이에 대하여 폭행 또는 협박을 한다는 사실을 인식하는 것을 그 내용으로 하고, 그 인식은 불확정적인 것이라도 소위 미필적 고의가 있다고 보아야 하며, 그 직무집행을 방해할 의사를 필요로 하지 아니한다(대판 94도1949).
[2] 다만 위계에 의한 공무집행방해죄의 경우는 공무집행을 방해하려는 의사가 있어야 한다(대판 74도2841).
[22(3)모]

▮유제▮ 甲이 A가 공무원임을 알았으나 그가 공무집행 중임을 모르고 폭행하여 공무집행방해의 결과를 발생시킨 경우, 공무집행방해죄가 성립한다 (X). [23(2)모]

★
17. 동일한 공무를 집행하는 여럿의 공무원에 대하여 폭행·협박 행위를 한 경우에는 공무를 집행하는 공무원의 수에 따라 여럿의 공무집행방해죄가 성립하고, 위와 같은 폭행·협박 행위가 동일한 장소에서 동일한 기회에 이루어진 것으로서 사회관념상 1개의 행위로 평가되는 경우에는 여럿의 공무집행방해죄는 상상적 경합의 관계에 있다(대판 2009도3505). [16(2)모·12(3)모·10(1)모][21(3)기]

▌유제▐ 범죄피해 신고를 받고 출동한 2명의 경찰관에게 욕설을 하면서 한 명의 경찰관을 먼저 폭행하고 곧이어 이를 제지하는 다른 경찰관을 폭행을 하여 경찰관의 정당한 업무수행을 방해한 경우에는 2개의 공무집행방해죄가 성립하고 이들은 실체적 경합관계에 있다. (X) [25변시·23(2)모·22(3)모·19(1)모·16(1)모]

18. 몰수물이 압수되어 있는 상태에서 검사의 몰수판결 집행업무는 타인의 위계에 의하여 방해당할 수 없는 성질의 업무이므로 이에 관여한 행위를 위계에 의한 공무집행방해죄로 처벌할 수 없다(대판 94도2990).
[22(3)모]

19. 공권력의 행사를 내용으로 하는 권력적 작용뿐만 아니라 사경제주체로서의 활동과 같은 비권력적 작용에 대해서도 위계에 의한 공무집행방해죄가 성립될 수 있다(대판 2001도6349). [24(2)모·17(1)모·16(3)모]

★
20. [1] 상대방으로부터 신청을 받아 일정한 자격요건 등을 갖춘 경우에 한하여 그에 대한 수용 여부를 결정하는 업무에 있어서, 그 업무담당자가 사실을 충분히 확인하지 아니한 채 신청인이 제출한 허위의 신청사유나 소명자료를 가볍게 믿고 이를 수용하였다면, 이는 업무담당자의 불충분한 심사에 기인한 것으로서 위계에 의한 공무집행방해죄를 구성하지 않는다.
[2] 그러나 그 수리 여부를 결정하는 업무담당자가 관계 규정이 정한 바에 따라 그 요건의 존부에 관하여 나름대로 충분히 심사를 하였으나 신청사유 및 소명자료가 허위임을 발견하지 못하여 그 신청을 수리하게 될 정도에 이르렀다면 위계에 의한 공무집행방해죄가 성립한다(대판 2008도11862). [24(1)모·11법행]

21. 甲은 개인택시운송사업면허 양도제한기간 경과 전에 허위진단서를 첨부하여 甲이 1년 이상의 치료를 요하는 질병에 걸려 직접 운전할 수 없음을 이유로 관할 구청에 개인택시운송사업에 대한 양도·양수 신청을 하였고 담당공무원은 그 진단서 내용을 믿고 인가처분을 하였다. 이와 같은 경우 甲에게 위계에 의한 공무집행방해죄가 성립한다(대판 2002도2064).
[14변시]

22. 출원에 대한 심사업무를 담당하는 공무원이 출원사유가 허위임을 알면서도 스스로 중간결재를 하는 등 위계로써 결재권자의 최종결재를 받아낸 경우, 작위범인 위계에 의한 공무집행방해죄만 성립하고 부작위범인 직무유기죄는 따로 성립하지 아니한다(대판 96도2825). [13변시·21(2)모·16(3)모]

23. 대한민국에서 불법체류자로 생활하다가 적발되어 중국으로 강제퇴거 당한 甲은 중국에서 성명과 생년월일이 변경된 신분증과 호구부를 발급받아 위장결혼을 통해 재입국하여 외국인등록을 마친 후, 2009. 12. 24. 법무부에 그와 같은 사실을 숨긴 채 변경된 인적사항으로 귀화허가신청서를 작성하여 이를 접수·심사하는 담당공무원에게 제출하여, 2011. 12. 09.경 귀화를 허가받아 대한민국 국적을 취득하였다면 위계에 의한 공무집행방해죄의 기수가 성립한다. (O) [19(1)모]

: 이러한 경우 행정청의 불충분한 심사가 아니라 출원인의 적극적인 위계에 의해 사증 및 외국인등록증이 발급되었던 것이므로 위계에 의한 공무집행방해죄가 성립하고, 귀화허가가 이루어지지 아니하였더라도 위 죄의 성립에 아무런 영향이 없다(대판 2010도14696).

24. 부동산등기의 등기신청인이 제출한 허위의 소명자료 등에 대하여 등기관이 나름대로 충분히 심사를 하였음에도 이를 발견하지 못하여 등기가 마쳐진 경우, 등기관에게 등기신청이 실체법상의 권리관계와 일치하는지를 심사할 실질적인 권한이 없다고 하더라도 위계공무집행방해죄가 성립한다(대판 2015도17297).

[22(2)모·18(3)모·20법행]

★ 사례문제 기출례 수사기관에 위계를 사용한 경우 위계공집방 인정기준 [22·21·20모사]

25. ① 피의자 등이 수사기관에 대하여 허위사실을 진술하거나 피의사실 인정에 필요한 증거를 감추고 허위의 증거를 제출하였더라도, 수사기관이 충분한 수사를 하지 않은 채 이와 같은 허위의 진술과 증거만으로 증거의 수집·조사를 마쳤다면, 이는 수사기관의 불충분한 수사에 의한 것으로서 피의자 등의 위계에 의하여 수사가 방해되었다고 볼 수 없어 위계에 의한 공무집행방해죄가 성립된다고 할 수 없다(대판 2018도18646).

[20법행]

② 피의자 등이 적극적으로 허위의 증거를 조작하여 제출하고 그 증거 조작의 결과 수사기관이 그 진위에 관하여 나름대로 충실한 수사를 하더라도 제출된 증거가 허위임을 발견하지 못할 정도에 이르렀다면, 이는 위계에 의하여 수사기관의 수사행위를 적극적으로 방해한 것으로서 위계공무집행방해죄가 성립된다 (대판 2018도18646).

[22(2)모·20법행]

26. 음주운전 중 교통사고를 발생시킨 후 형사처벌을 면하기 위하여 타인의 혈액을 자기의 혈액인 것처럼 담당 경찰관에게 제출하여 감정하도록 하였다면 위계에 의한 공무집행방해죄가 성립한다. (O)

[24(1)모·18(1)모·11법행]

: 단순히 피의자가 수사기관에 대하여 허위사실을 진술하거나 자신에게 불리한 증거를 은닉하는 데 그친 것이 아니라 수사기관의 착오를 이용하여 적극적으로 피의사실에 관한 증거를 조작한 것으로서 위계에 의한 공무집행방해죄가 성립한다(대판 2003도1609).

★ 사례문제 기출례 수사기관에서 허위진술시 위계공집방 성부 [24변사, 23·22모사]

27. ① 피의자나 참고인이 아닌 자가 자발적이고 계획적으로 피의자를 가장하여 수사기관에 대하여 허위의 사실을 진술하였다고 하더라도 위계에 의한 공무집행방해죄가 성립된다고는 할 수 없다. (O)

[21(2)·18(1)모]

② 수사기관에 대해 피의자가 허위의 자백을 하거나 참고인이 허위의 진술을 한 것 자체만으로는 위계에 의한 공무집행방해죄를 구성하지 않는다. (O)

[20(2)(3)모·16(3)모]

: 수사기관이 범죄사건을 수사함에 있어서는 피의자나 피의자로 자처하는 자 또는 참고인의 진술여하에 불구하고 피의자를 확정하고 그 피의사실을 인정할 만한 객관적인 제반증거를 수집 조사하여야 할 권리와 의무가 있기 때문이다(대판 76도3685).

┃유제┃ A 게임장의 실제 업주인 甲은 乙에게 "월 200만 원을 줄 테니 바지사장으로 일하고, 경찰에 단속되어 조사를 받게 되면 실제 업주인 것처럼 진술해 달라. 벌금이 나오면 납부해 주겠다."고 부탁하였다. 그 후 乙은 참고인으로 출석하여 경찰에서 조사를 받으면서 경찰관이 "당신은 단순히 바지사장이고, 실제 업주는 甲이지요"라고 물었지만 단순히 "아니다"라고 진술하였다. 乙은 위계에 의한 공무집행방해죄의 죄책을 진다. (X)

[14(1)모]

28. 민사소송을 제기함에 있어 피고의 주소를 허위로 기재하여 법원공무원으로 하여금 변론기일소환장 등을 허위주소로 송달하게 한 경우, 위계에 의한 공무집행방해죄가 성립한다. (X)   [18(1)모·12사시]

: 이로 인하여 법원공무원의 구체적이고 현실적인 어떤 직무집행이 방해되었다고 할 수는 없으므로, 이로써 바로 위계에 의한 공무집행방해죄가 성립한다고 볼 수는 없다(대판 96도312).

29. 가처분신청시 당사자가 허위의 주장을 하거나 허위의 증거를 제출한 경우, 위계에 의한 공무집행방해죄가 성립한다. (X)   [21(2)모·19(1)모·18(1)모]

: 법원은 당사자의 허위 주장 및 증거 제출에도 불구하고 진실을 밝혀야 하는 것이 그 직무이므로, 가처분신청시 당사자가 허위의 주장을 하거나 허위의 증거를 제출하였다 하더라도 그것만으로 법원의 구체적이고 현실적인 어떤 직무집행이 방해되었다고 볼 수 없으므로 이로써 바로 위계에 의한 공무집행방해죄가 성립한다고 볼 수 없다(대판 2011도17125).   [13법행]

30. 과속단속카메라에 촬영되더라도 불빛을 반사시켜 차량 번호판이 식별되지 않도록 하는 기능이 있는 제품을 차량 번호판에 뿌린 상태로 차량을 운행한 경우, 위계에 의한 공무집행방해죄가 성립하지 않는다(대판 2007도8024).   [18(1)모]

31. 변호사가 접견을 핑계로 수용자를 위하여 휴대전화와 증권거래용 단말기를 구치소 내로 몰래 반입하여 이용하게 한 행위는 위계에 의한 공무집행방해죄를 구성한다. (O)   [21(2)모·17(1)모]

: 교도관이 수용자의 규율위반행위를 알면서도 이를 방치하거나 도와주었더라도, 이를 다른 교도관 등에 대한 관계에서 위계에 의한 공무집행방해죄가 성립하는 것으로 볼 수는 없다. 그러나 변호사가 접견을 핑계로 수용자를 위하여 휴대전화와 증권거래용 단말기를 구치소 내로 몰래 반입하여 수용자로 하여금 이용하게 한 경우에는 통상적인 업무처리과정하에서는 사실상 적발이 어려운 위계를 적극적으로 사용하여 그 업무집행을 하지 못하게 한 경우이므로 위계에 의한 공무집행방해죄가 성립한다(대판 2005도1731).

▎유제▎교도관과 재소자가 상호 공모하여 재소자가 교도관으로부터 담배를 교부받아 이를 흡연하거나 휴대폰을 교부받아 외부와 통화한 행위는 위계에 의한 공무집행방해죄가 성립한다. (X)   [05사시·10법행]

32. 방송 제작자인 피고인들이 구치소장의 허가 없이 구치소에 수용 중인 사람을 취재하기 위하여 접견신청인으로 접견허가를 받은 다음 반입이 금지된 명함지갑 형태의 녹음·녹화장비를 소지하거나 또는 녹음·녹화기능이 내장된 안경을 착용하고 접견담당 교도관의 승낙을 받아 접견실에 들어가 수용자를 취재하였더라도 위계에 의한 공무집행방해죄와 건조물침입죄가 성립하지 않는다(대판 2018도15213).   [23(2)모]

33. 위계에 의한 공무집행방해죄에서 '위계'라 함은 행위자의 행위목적을 이루기 위하여 상대방에게 오인, 착각, 부지를 일으키게 하여 그를 이용하는 것으로서, 상대방이 이에 따라 그릇된 행위나 처분을 하여야 이 죄가 성립하며, 만약 그러한 행위가 구체적인 공무집행을 저지하거나 현실적으로 곤란하게 하는 데까지는 이르지 못한 경우에는 미수범으로 처벌될 수 있을 뿐이다. (X)   [24(2)모·22(3)모·19(1)모·16(3)모]

: 만약 범죄행위가 구체적인 공무집행을 저지하거나 현실적으로 곤란하게 하는 데까지는 이르지 아니하고 미수에 그친 경우에는 위계에 의한 공무집행방해죄로 처벌할 수 없다(본죄는 미수범을 처벌하지 않으므로 불가벌이 된다, 대판 2007도1554).

34. 특정 정당 소속 지방의회의원인 피고인들 등이 지방의회 의장 선거를 앞두고 '甲을 의장으로 추대'하기로 서면합의하고 그 이행을 확보하기 위해 투표용지에 가상의 구획을 설정하고 각 의원별로 기표할 위치를 미리 정하기로 구두합의하는 방법으로 선거를 사실상 기명·공개투표로 치르기로 공모한 다음 그 정을 모르는 임시의장 乙이 선거를 진행할 때 사전공모에 따라 투표하여 단독 출마한 甲이 의장에 당선되도록 하였다면, 위계에 의한 공무집행방해죄가 성립한다. (X) [21법행]

: 위의 사실만으로 위계로써 乙의 무기명투표 관리에 관한 직무집행을 방해하였다고 평가할 수 없다. 위와 같은 서면합의와 구두합의의 실행 자체가 곧바로 '지방의회 의장 선거 과정에서 무기명투표 원칙이 구현되도록 할 임시의장의 직무집행'을 방해하였다고 보기 어렵기 때문이다(대판 2018도18582).

비교판례 피고인들은 같은 정당 소속 시의회 의원으로서 시의회 의장선거에서 乙을 의장으로 선출하기로 합의한 다음, 합의 내용의 이행을 확보하고 이탈표 발생을 방지하기 위하여 (만약 합의대로 투표하지 않는 의원이 발생할 경우 사후에 그가 누구인지 확인이 가능하도록 같은 당 소속 감표위원 2명을 내정하는 등의) 공모에 따라 피고인별로 미리 정해 둔 투표용지의 가상의 구획 안에 '乙'의 이름을 각각 기재하는 방법으로 투표하여 乙이 의장으로 당선되게 한 경우, ① 투·개표 업무에 관한 감표위원 및 ② 무기명투표 원칙에 따라 의장선거를 진행하는 사무국장에 대한 위계에 의한 공무집행방해죄는 성립하지만, ③ 공모하지 않은 의원들은 본래의 의도대로 투표를 하였을 뿐 피고인들의 위계로 인하여 오인, 착각, 부지를 일으켜 그릇된 처분이나 행위를 하였다고 보이지 않으므로, 공모하지 않은 의원들에 대한 위계에 의한 공무집행방해죄는 성립할 수 없다(대판 2023도7760).

35. ① 행정청에 대한 일방적 통고로 그 효과가 완성되는 '신고'의 경우에, 신고인이 신고서에 허위사실을 기재하거나 허위의 소명자료를 제출한 경우 위계에 의한 공무집행방해죄가 성립한다. (X) [21(2)모]
② 이미 허가를 받아 적법하게 사업을 영위하는 화물자동차 운송주선사업자가 관할 행정청에 주기적으로 허가기준에 관한 사항을 신고하는 과정에서 허위서류를 제출한 경우 위계에 의한 공무집행방해죄가 성립한다. (X) [19(1)모]

: '신고'는 사인(私人)이 행정청에 대하여 일정한 사실 또는 관념을 통지함으로써 공법상 법률효과가 발생하는 행위로서 원칙적으로 행정청에 대한 일방적 통고로 그 효과가 완성될 뿐 이에 대응하여 신고내용에 따라 법률효과를 부여하는 행정청의 행위나 처분을 예정하고 있지 아니하므로, 신고인이 허위사실을 신고서에 기재하거나 허위의 소명자료를 첨부하여 제출하였다고 하더라도 허위 신고가 형법상 위계에 의한 공무집행방해죄를 구성한다고 볼 수 없다(대판 2010도7034).

36. 형법 제138조(법정 또는 국회회의장모욕)에서 정한 '법원의 재판'에는 헌법재판소의 심판이 포함된다(대판 2020도12017). [22법행]

인권옹호직무방해죄

37. 검사가 구속영장 청구 전 대면조사를 위하여 사법경찰관 甲에게 긴급체포된 피의자의 인치를 명하였으나 甲이 이에 불응한 경우에는 인권옹호직무명령불준수죄와 직무유기죄를 구성하고 양 죄는 상상적 경합관계에 있다(대판 2008도11999). [16(1)모]

공무상비밀표시무효죄

38. 집행관이 영업방해금지 가처분결정의 취지를 고시한 공시서를 게시하였지만, 구체적인 집행행위를 하지 않은 상태에서 피고인이 위 가처분에 의하여 부과된 부작위명령을 위반한 경우에는 공무상 표시의 효용을 해하는 행위를 하였다고 볼 수 없다(대판 2010도3364). [12법행]

39. 공무원이 실시한 봉인 등의 표시에 절차상 또는 실체상의 하자가 있어도 객관적 · 일반적으로 그것이 공무원이 그 직무에 관하여 실시한 봉인 등으로 인정할 수 있는 상태에 있다면 적법한 절차에 의하여 취소되지 아니하는 한 공무상표시무효죄의 객체가 된다(대판 2000도1757). [17(2)모 · 05법행]

40. 압류된 골프장시설을 보관하는 회사의 대표이사가 위 압류시설의 사용 및 봉인의 훼손을 방지할 수 있는 적절한 조치 없이 골프장을 개장하게 하여 봉인이 훼손되게 한 경우 부작위에 의한 공무상표시무효죄가 성립한다(대판 2005도3034). [20(1)모]

41. 집행관이 유체동산을 가압류하면서 이를 채무자에게 보관하도록 한 경우 그 가압류의 효력은 압류된 물건의 처분행위를 금지하는 효력이 있으므로, 채무자가 가압류된 유체동산을 제3자에게 양도하고 그 점유를 이전한 경우, 이는 가압류집행이 금지하는 처분행위로서, 특별한 사정이 없는 한 가압류표시 자체의 효력을 사실상으로 감쇄 또는 멸각시키는 행위에 해당한다. 이는 채무자와 양수인이 가압류된 유체동산을 원래 있던 장소에 그대로 두었더라도 마찬가지이다(대판 2015도5403). [20법행]

특수공무방해치사상죄

42. 국회회의장에서 최루탄을 터뜨려 국회의원 등을 폭행한 경우 최루탄과 최루분말은 사회통념상 생명 또는 신체에 위험을 느낄 수 있기에 충분한 물건으로서 '위험한 물건'에 해당한다(대판 2014도1894). [18(3)모]

제3절 도주와 범인은닉의 죄

도주죄

1. 도주죄는 도주상태가 계속되는 계속범이므로 도주죄의 범인이 도주행위를 하여 기수에 이른 후에 범인의 도피를 도와주는 행위는 도주원조죄에 해당한다. (X) [20 · 19변시 · 17(2)모]

: 도주죄는 즉시범으로서 범인이 간수자의 실력적 지배를 이탈한 상태에 이르렀을 때에 기수가 되므로 도주죄의 범인이 도주행위를 하여 기수에 이른 이후에 범인의 도피를 도와주는 행위는 범인도피죄에 해당할 수 있을 뿐 도주원조죄에는 해당하지 않는다(대판 91도1656).

2. 위법하게 체포된 자가 유치장 입감을 위해 대기 중에 잠시 감시가 소홀한 틈을 이용하여 경찰서를 빠져나가 도주한 경우 도주죄가 성립한다. (X) [12(3)모 · 14(3)모]

: 피고인은 불법체포된 자로서 '법률에 의하여 체포 또는 구금된 자'가 아니어서 도주죄의 주체가 될 수 없다(대판 2005도6810).

범인은닉죄

3. ① 공범자의 범인도피행위 도중에 그 범행을 인식하면서 그와 공동의 범의를 가지고 기왕의 범인도피상태를 이용하여 스스로 범인도피행위를 계속한 경우에는 범인도피죄의 공동정범이 성립한다. (O)
[24(2)모 · 22(3)모 · 18(2)모 · 16(2)모]

② A가 수사기관 및 법원에 출석하여 B의 사기 범행을 자신이 저질렀다는 취지로 허위자백하였는데, 그 후 A의 사기 피고사건 변호인으로 선임된 甲이 A와 공모하여 진범 B를 은폐하는 허위자백을 유지하게 함으로써 범인을 도피하게 한 경우 甲은 범인도피방조죄의 죄책을 진다. (O) [14(2)모]

: 甲의 행위는 정범인 A에게 결의를 강화하게 한 방조행위로 평가될 수 있어 범인도피방조죄를 구성한다(대판 2012 도6027). [22(3)모 · 18(2)모 · 16(2)모]

┃유제┃ 범인도피죄는 범인을 도피하게 함으로써 기수에 이르지만 진범의 도피행위가 계속되는 동안에는 범죄행위가 종료되지 아니하는 계속범이다. (O) [22(3)모]

★★ [사례문제 기출례] 공범에게 범행사실에 대한 허위진술을 교사한 경우 [24변사, 23 · 21모사]

4. 공범 중 1인이 그 범행에 관한 수사절차에서 참고인 또는 피의자로 조사받으면서 자기의 범행을 구성하는 사실관계에 관하여 허위로 진술하고 허위 자료를 제출하는 것이 다른 공범을 도피하게 하는 결과가 된다고 하더라도 범인도피죄로 처벌되지 않으나, 공범이 이러한 행위를 교사하였다면 범인도피교사의 죄책을 면할 수 없다. (X) [20변시 · 22(2)모 · 20법행]

: 공범 중 1인이 그 범행에 관한 수사절차에서 참고인 또는 피의자로 조사받으면서 자기의 범행을 구성하는 사실관계에 관하여 허위로 진술하고 허위 자료를 제출하는 것은 자신의 범행에 대한 방어권 행사의 범위를 벗어난 것으로 볼 수 없고, 이러한 행위가 다른 공범을 도피하게 한 결과가 된다고 하더라도 범인도피죄로 처벌할 수 없다(구성요건에 해당하지 않음). 이때 공범이 이러한 행위를 교사하였더라도 범죄가 될 수 없는 행위를 교사한 것에 불과하여 범인도피교사죄도 성립하지 않는다(대판 2015도20396). - 콜라텍 양도사건

┃유제┃ 甲, 乙은 甲 명의의 콜라텍을 乙 명의로 변경하는 등 허위 양도하여 채권자 丙을 해하였다는 내용의 강제집행면탈죄 공동정범인데, 丙으로부터 고소를 당하자 甲은 乙에게 콜라텍 양도가 허위가 아니라는 취지로 거짓진술을 하도록 부탁하고 乙은 수사절차에서 참고인 또는 피의자로 조사받으면서 자기의 범행을 구성하는 사실관계에 관하여 거짓진술을 한 경우 甲은 범인도피교사죄, 乙은 범인도피죄에 해당한다. (X) [21(3)모 · 19(2)모]

★★ [사례문제 기출례] 자기도피 · 은닉의 교사 [21 · 15변사, 18모사 등] : 적극설(자기비호권 이탈, 공범종속성설 논리), 소극설(자기비호의 연장, 정범적격 없는 자의 교사범 불성립), 판례는 방어권 남용시 인정

5. 범인이 자신을 위하여 타인으로 하여금 허위의 자백을 하게 하여 범인도피죄를 범하게 하는 행위는 방어권의 남용으로 범인도피교사죄에 해당한다. (O) [22(3)모 · 17(1)모]

: [1] 범인 스스로 도피하는 행위는 처벌되지 아니하므로, 범인이 도피를 위하여 타인에게 도움을 요청하는 행위 역시 도피행위의 범주에 속하는 한 처벌되지 아니하며, 범인의 요청에 응하여 범인을 도운 타인의 행위가 범인도피죄에 해당한다고 하더라도 마찬가지이다.

[2] 다만 범인이 타인으로 하여금 허위의 자백을 하게 하는 등으로 범인도피죄를 범하게 하는 경우와 같이 그것이 방어권의 남용으로 볼 수 있을 때에는 범인도피교사죄에 해당할 수 있다(대판 2013도12079).

┃유제┃ 범인 甲에 대한 경찰수사가 시작되자 甲은 乙에게 사례금을 지급하기로 약속하고 자신을 대신하여 자수를 하도록 부탁하였고, 乙이 甲을 대신하여 자신이 범인이라고 자수하자 수사기관은 乙을 긴급체포한 후 영장을 발부받아 구속하였다. 乙은 범인은닉의 죄책을, 甲은 범인은닉교사의 죄책을 진다. (O) [22(2)모 · 18(1)모]

6. 벌금 이상의 형에 해당하는 죄를 범하고 도피 중이던 甲이 A에게 그런 사실을 설명하고 수사기관의 추적을 피하기 위해 A에게 요청하여 속칭 '대포폰'을 개설하여 받고, A를 전화로 불러 그가 운전하는 차를 타고 시내를 이동하여 다닌 경우, 범인도피교사죄가 성립하지 않는다. (O) [20(1)·18(2)·16(2)모]

: 피고인의 이러한 행위는 형사사법에 중대한 장애를 초래한다고 보기 어려운 통상적 도피의 한 유형으로 볼 여지가 충분하다(대판 2013도12079).

7. 술에 만취해 운전을 하던 甲은 교통사고를 낸 후 조수석에 타고 있던 친동생 乙에게 乙 자신이 운전하였다고 경찰에 말해 달라 부탁하였고, 乙은 甲의 부탁대로 자신이 운전하다 사고를 냈다고 진술하였다.
① 乙은 범인도피죄를 범하였으나 범인의 친족이어서 처벌되지 않는다. (O) [22변시·16(2)모]
② 乙을 시켜 경찰에 허위진술을 하도록 한 甲의 행위는 타인의 행위를 이용하여 자신의 범죄를 실현하고, 새로운 범인을 창출하였다는 교사범의 전형적인 불법이 실현되었다고 볼 수 없으므로 범인도피교사죄가 성립하지 않는다. (X) [22변시·19(1)모·16(2)모]

: ① 乙이 범인임을 자처하고 허위자백한 것은 범인도피죄의 구성요건에 해당하고 위법한 행위이다. 그러나 乙은 범인 甲의 친동생이므로 친족특례조항인 형법 제151조 제2항이 적용되어 책임이 조각된다.
② 범인이 자신을 위하여 타인으로 하여금 허위의 자백을 하게 하여 범인도피죄를 범하게 하는 행위는 방어권의 남용으로 범인도피교사죄에 해당하는바, 이 경우 그 타인이 형법 제151조 제2항에 의하여 처벌을 받지 아니하는 친족 또는 동거 가족에 해당한다 하여 달리 볼 것은 아니다(대판 2005도3707). 답O,X

▮유제▮ 벌금 이상의 형에 해당하는 죄를 범한 甲이 자신의 동거가족 乙에게 자신을 도피시켜 달라고 교사한 경우, 乙이 甲과의 신분관계로 인해 범인도피죄로 처벌될 수 없다 하더라도 甲에게는 범인도피죄의 교사범이 성립한다. (O) [23·14변시·22(2)모·20(2)모·17(2)모]

8. ① 연예인 甲은 자신의 승용차를 운전하여 가던 중 도로 좌측 노면 턱을 들이받는 바람에 그 충격으로 조수석에 타고 있던 사실혼 관계인 乙에게 전치 8주의 상해를 각 입게 하였다. 乙은 甲의 연예인 활동에 지장이 생길 것을 우려하여 경찰관 P에게 자신이 위 승용차를 운전하다가 교통사고를 발생하게 하였다는 허위 사실을 진술하였다. 위 승용차가 자동차종합보험에 가입되어 있어 甲을 교통사고처리특례법위반(치상)죄로 공소제기할 수 없다고 하더라도, 乙이 甲을 도피시킨 행위는 범인도피죄에 해당할 수 있다. (O) [24변시]
② 위 ①에서 乙이 P에게 허위 사실을 진술한 행위가 범인도피죄에 해당하더라도 그 범행 당시 乙은 甲과 사실혼 관계에 있었으므로 처벌되지 아니한다. (X) [24변시]

: ① 범인에게 적용될 수 있는 죄가 교통사고처리특례법위반죄에 한정된다고 하더라도 자동차종합보험 가입사실만으로 범인의 행위가 형사소추 또는 처벌을 받을 가능성이 없는 경우에 해당한다고 단정할 수 없을 뿐 아니라, 피고인이 수사기관에 적극적으로 범인임을 자처하고 자신이 운전자라는 허위사실을 진술함으로써 실제 범인을 도피하게 하였으므로 범인도피죄가 성립한다(대판 2000도4078).
② 형법 제151조 제2항 및 제155조 제4항은 친족 또는 동거의 가족이 본인을 위하여 범인도피죄, 증거인멸죄 등을 범한 때에는 처벌하지 아니한다고 규정하고 있는바, 사실혼관계에 있는 자는 민법 소정의 친족이라 할 수 없어 위 조항에서 말하는 친족에 해당하지 않는다(대판 2003도4533). 답O,X

▮유제▮ 사실혼 관계로 동거중인 A가 교통사고를 낸 甲의 사고차량을 치우고 동시에 甲에게 외국으로 도피하도록 한 경우, 친족 간의 특례규정이 적용되지 않아 범인도피죄에 해당한다. (O) [20(3)모·18(2)모·17(2)모]

▮유제▮ 친족 등이 본인을 위하여 증거인멸죄를 범한 때에는 처벌하지 아니하는데, 사실혼관계에 있는 자도 여기에서의 친족에 해당한다. (X) [22(2)모·21(2)모·20(1)모]

9. 甲이 음주운전 혐의로 적발되자 평소 알고 지내던 乙에게 전화를 걸어 음주단속 현장으로 나오게 해서 "어떻게 좀 해 보라"고 계속 재촉하여, 그로 하여금 단속경찰관인 丙이 피고인에 대한 주취운전자 적발보고서를 작성하거나 재차 음주측정을 하지 못하도록 제지하게 한 경우, 甲의 행위는 범인도피교사죄에 해당한다(대판 2005도7528). [22(3)모 · 19(1)모]

【사례문제 기출례】 범인도피죄의 '범인'의 의미 [16변기 등]

10. 범인도피죄에 있어서 '죄를 범한 자'에는 범죄의 혐의를 받아 수사 대상이 되어 있는 자도 포함되므로 그가 나중에 혐의없음처분을 받거나 무죄판결을 선고받은 경우에도 범인도피죄의 성립에는 영향이 없고, 아직 수사기관에 포착되지 않아 수사대상이 되어 있지 않은 자도 포함된다(대판 2003도4533). [20(1)(3)모 · 12(2)모]

▎유제 ▎ 범인은닉 · 도피죄의 객체로서의 '죄를 범한 자'란 범죄의 혐의를 받아 수사대상이 되어 있는 사람을 말하고 진범인지의 여부는 문제되지 않는다. (O) [22(2)모 · 16(2)모]

11. 범인은닉죄는 죄를 범한 자임을 인식하면서 장소를 제공하여 체포를 면하게 하는 것만으로 성립하고, 장소를 제공한 후 동인에게 일정 기간 동안 경찰에 출두하지 말라고 권유하는 언동을 하여야만 성립하는 것이 아니다(대판 2002도3332). [24(1)모 · 20(1)모]

12. 범인도피죄는 위험범으로서 현실적으로 형사사법의 작용을 방해하는 결과를 초래할 것을 요하지 아니하나, 도피하게 하는 행위는 은닉행위에 비견될 정도로 수사기관의 발견 · 체포를 곤란하게 하는 행위, 즉 직접 범인을 도피시키는 행위 또는 도피를 직접적으로 용이하게 하는 행위에 한정된다. (O) [20변시]

: 따라서 그 자체로는 도피시키는 것을 직접적인 목적으로 하였다고 보기 어려운 어떤 행위의 결과 간접적으로 범인이 안심하고 도피할 수 있게 한 경우까지 포함되는 것은 아니다(대판 2002도5374). [06법행]

13. 범인이 기소중지자임을 알고 있는 甲이 범인의 부탁으로 다른 사람의 명의로 대신 임대차계약을 체결해 준 경우 甲은 범인도피죄가 성립한다(대판 2003도8226). [18(2)모 · 16(2)모 · 11(1)모]

★★ 【사례문제 기출례】 참고인의 허위진술시 범인도피죄 성부 [23 · 22 · 21 · 16모사 등]

14. 참고인이 수사기관에서 범인에 관하여 조사를 받으면서 그가 알고 있는 사실을 묵비하거나 허위로 진술한 행위는 범인의 발견 · 체포에 지장을 초래한 것이므로 범죄도피죄에 해당한다. (X) [17(2)모]

: 참고인이 수사기관에서 범인에 관하여 조사를 받으면서 그가 알고 있는 사실을 묵비하거나 허위로 진술하였다고 하더라도, 그것이 적극적으로 수사기관을 기만하여 착오에 빠지게 함으로써 범인의 발견 또는 체포를 곤란 내지 불가능하게 할 정도가 아닌 한 범인도피죄를 구성하지 않는다(대판 2002도5374). [12변시 · 16(2)모]

▎유제 ▎ 甲이 수사기관에서 참고인으로 진술을 함에 있어 범인으로 체포된 사람과 자신이 목격한 범인이 동일함에도 불구하고 단순히 동일한 사람이 아니라고 허위진술을 하여 이로 말미암아 증거불충분으로 범인을 석방하게 되는 결과가 되었더라도 甲에게는 범인도피죄가 성립하지 않는다. (O) [08사시]

15. ① A 게임장의 실제 업주인 甲은 乙에게 "월 200만 원을 줄 테니 바지사장으로 일하고, 경찰에 단속되어 조사를 받게 되면 실제 업주인 것처럼 진술해 달라. 벌금이 나오면 납부해 주겠다."고 부탁하였다. 그 후 乙은 참고인으로 출석하여 경찰에서 조사를 받으면서 경찰관이 "당신은 단순히 바지사장이고, 실제 업주는 甲이지요"라고 물었지만 단순히 "아니다"라고 진술하였다. 乙은 범인도피죄의 죄책을 지지 않고 甲은 범인도피죄의 교사범의 죄책을 지지 않는다(대판 2010도13694). [14(1)모]

② 수사기관에서 조사받는 피의자가 사실은 게임장의 종업원임에도 불구하고 자신이 실제 업주라고 허위로 진술하고 나아가 게임장의 운영 경위, 자금 출처, 게임기 등의 구입 경위, 점포의 임대차계약 체결 경위 등에 관해서까지 적극적으로 허위로 진술하거나 허위 자료를 제시하여 수사기관이 진범의 발견 또는 체포를 곤란 내지 불가능하게 할 정도에 이른 경우에는 범인도피죄를 구성한다(대판 2009도10709). [22(2)모]

▎유제▎ 범인 아닌 자가 수사기관에서 범인임을 자처하고 허위사실을 진술하여 진범의 체포와 발견에 지장을 초래하게 한 경우, 범인은닉죄가 성립한다. (O) [20(1)모 · 06법행]

16. 범인은닉죄에서 벌금 이상의 형에 해당하는 자에 대한 인식은 실제로 벌금 이상의 형에 해당하는 범죄를 범한 자라는 것을 인식함으로써 족하고 그 법정형이 벌금 이상이라는 것까지 알 필요는 없다(대판 93도904). [20(1)모]

17. 乙이 살해혐의로 경찰에서 피의자 신분으로 불구속 상태에서 조사를 받는 甲을 진범인이 아니라고 확신하고 은닉한 것이라면 범인은닉죄의 죄책을 지지 않는다. (X) [12(2)모]

: 甲이 진범인이 아니라고 확신하고 乙이 甲을 도피하게 한 경우에도 甲이 A를 살해한 혐의로 경찰에서 피의자 신분으로 불구속 상태에서 조사를 받고 있음을 알면서 도피시켰다면 범인은닉죄의 고의가 부정되지 않는다. 범인도피죄의 범인은 진범인일 필요가 없기 때문이다.

18. 경찰관인 甲이 검사로부터 범인을 검거하라는 지시를 받고서도 범인에게 전화로 도피하라고 권유하여 그를 도피케 한 경우, 甲은 범인도피죄와 직무유기죄가 성립한다. (X) [19변시 · 18(1)모 · 17(3)모]

: 직무위배의 위법상태가 범인도피행위 속에 포함되어 있는 것으로 보아야 할 것이므로, 이와 같은 경우에는 작위범인 범인도피죄만이 성립하고 부작위범인 직무유기죄는 따로 성립하지 아니한다(대판 96도51).

▎유제▎ 경찰공무원이 지명수배 중인 범인을 발견하고도 직무상 의무에 따른 적절한 조치를 취하지 아니하고 오히려 범인을 도피하게 하는 행위를 하였다면, 범인도피죄만 성립하고 직무유기죄는 따로 성립하지 않는다. (O) [22변시 · 23(1)모 · 20(3)모]

제4절 위증과 증거인멸의 죄

위증죄

1. 가처분 신청사건이 변론절차로 진행되든 심문절차로 진행되든 증인으로 출석하여 선서를 하고 진술함에 있어서 허위의 진술을 한 경우에도 위증죄가 성립하지 아니한다. (X) [12(2)모]

: 가처분사건이 변론절차에 의하여 진행될 때에는 제3자를 증인으로 선서하게 하고 증언을 하게 할 수 있으나 심문절차에 의할 경우에는 선서를 하게하고 증언을 시킬 수 없다고 할 것이므로, 제3자가 심문절차로 진행되는 가처분 신청사건에서 증인으로 출석하여 선서를 하고 진술함에 있어서 허위의 공술을 하였다고 하더라도 그 선서는 법률상 근거가 없어 무효라고 할 것이므로 위증죄는 성립하지 않는다(대판 95도186).

2. 민사소송의 당사자인 법인의 대표이사는 증인능력이 없으므로 증인으로 선서하고 증언하였다고 하더라도 위증죄의 주체가 될 수 없다(대판 97도1168). [18(1)모 · 05사시]

★★ 〔사례문제 기출례〕 공범인 공동피고인의 증인적격

3. ① 공범관계에 있는 甲과 乙의 사건이 병합심리 중 공동피고인 乙의 소송절차가 분리되어 피고인의 지위에서 벗어나게 되면 甲에 대한 공소사실의 증인이 될 수 있다. (O) [21변시 · 20(2)모 · 18(3)모]
② 소송절차가 분리된 공범인 공동피고인이 증언거부권을 고지받은 상태에서 자기의 범죄사실에 대하여 허위로 증언한 경우에는 위증죄가 성립한다. (O) [25 · 23 · 16 · 13변시 · 22(2)모 · 21(3)모 · 17(1)모]

: [1] 공범 아닌 공동피고인은 증인적격이 있다(대판 78도1031).
[2] 공범인 공동피고인은 당해 소송절차에서는 피고인의 지위에 있으므로 다른 공동피고인에 대한 공소사실에 관하여 증인이 될 수 없으나, 소송절차가 분리되어 피고인의 지위에서 벗어나게 되면 다른 공동피고인에 대한 공소사실에 관하여 증인이 될 수 있다(대판 2008도3300). 이러한 결론은 대향범인 공동피고인의 경우에도 동일하다(대판 2009도11249).

┃유제┃ 배임수 · 증재죄를 범한 甲과 乙에 대하여 변론이 분리되었다고 하더라도, 이들은 대향범인 공동피고인이므로 다른 공동피고인에 대한 공소사실에 관하여 증인이 될 수 없다. (X) [22(2)모]

┃유제┃ 게임장의 종업원인 甲이 그 운영자와 함께 게임산업진흥에관한법률위반죄의 공범으로 공소제기되어 공동피고인으로 재판을 받던 중, 소송절차가 분리되지 않은 상태에서 운영자에 대한 공소사실과 관련하여 증인으로 선서를 하고 허위의 진술을 한 경우 甲은 위증죄가 성립한다. (X) [11(1)모]

4. 甲은 Y구청장 乙에게 허가요건을 충족하지 못하고 있는 건물신축에 대하여 허가를 내달라고 부탁하였다. 그러자 乙은 甲에게 자신의 배우자 丙에게 3천만 원을 전달할 것을 요구하였고, 이에 甲은 丙에게 3천만 원을 주었다. 이를 확인한 乙은 甲이 건물신축 허가를 받게 하였다. 이로 인하여 甲과 乙은 공소제기되어 함께 제1심법원의 재판을 받고 있다. 甲과 乙의 소송절차가 분리된 후 甲이 乙로부터 위증을 부탁받고 乙의 피고사건에서 위증한 경우, 甲은 위증죄, 乙은 위증교사죄의 죄책을 진다. (O) [23(2)모]

: [1] 사안에서 甲과 乙의 소송절차가 분리되었으므로 甲은 乙의 특정범죄가중처벌등에관한법률위반(뇌물) 사건의 증인이 될 수 있다. 따라서 甲은 위증죄가 성립한다. [2] 자기의 형사사건에 관하여 타인을 교사하여 위증죄를 범하게 하는 것은 방어권을 남용하는 것이라고 할 것이어서 교사범의 죄책을 부담케 함이 상당하므로(대판 2003도5114), 甲에게 자신의 피고사건에 대해 위증을 부탁한 乙은 위증교사죄의 죄책을 진다.

5. ★★ 사례문제 기출례 유죄판결이 확정된 자의 증언거부권 인부 [23변시, 22·14모사]

① 강도상해죄의 공범 甲이 먼저 붙잡혀 공판과정에서 일관되게 범행을 부인하였지만 유죄판결이 확정되고, 그 후 별건으로 기소된 공범 乙, 丙의 형사사건에서 자신의 범행을 부인하는 증언을 하였더라도 사실대로 진술할 기대가능성이 없어 위증죄는 성립하지 않는다. (X) [24(3)모·20(3)모·14(2)모]

② 이미 자신에 대한 유죄판결이 확정된 증인이 공범에 대한 피고사건에서 증언할 당시 앞으로 그 확정판결에 대하여 재심을 청구할 예정이라고 하여도, 증인에게 형사소송법 제148조에 의한 증언거부권이 인정되지는 않는다(대판 2011도11994). [23변시·19(2)모]

: [1] 이미 유죄의 확정판결을 받은 피고인은 공범의 형사사건에서 그 범행에 대한 증언을 거부할 수 없을 뿐만 아니라 나아가 사실대로 증언하여야 하고, 설사 피고인이 자신의 형사사건에서 시종일관 그 범행을 부인하였다 하더라도 피고인에게 사실대로 진술할 것을 기대할 가능성이 없다고 볼 수는 없다.
[2] 따라서 자신의 강도상해 범행을 일관되게 부인하였으나 유죄판결이 확정된 피고인이 별건으로 기소된 공범의 형사사건에서 자신의 범행사실을 부인하는 증언을 한 경우, 피고인에게 사실대로 진술할 기대가능성이 있으므로 위증죄가 성립한다(대판 2005도10101). 답 X, O

6. 선서한 증인이 증언거부권을 고지받고도 증언거부권을 행사하지 않고 허위의 진술을 한 경우, 적법행위의 기대가능성이 없다고 할 수 없으므로 위증죄의 처벌을 면할 수 없다(대판(全) 86도1724). [25변시·02사시]

7. ★★ 사례문제 기출례 증언거부권의 불고지와 위증죄의 성부 [22·15·13변사, 24모사]

① 증인신문절차에서 법률에 규정된 증인보호를 위한 규정이 지켜지지 않아 당해 사건에서 증인 보호에 사실상 장애가 초래되었다고 볼 수 있는 경우에는 증인이 허위진술을 하였더라도 위증죄가 성립하지 않는다. (O) [23·18변시·16변시·23(2)모·19(2)모·18(3)모]

② 증언거부권자가 증언거부권을 고지받지 못하고 허위진술한 경우라도 증언거부권을 고지받았어도 그와 같이 증언했을 것이라는 취지의 증언거부권자의 진술 내용이 있다면 위증죄가 성립하지 않는다. (X) [16(1)모·13사시]

: 증언거부사유가 있음에도 증인이 증언거부권을 고지받지 못함으로 인하여 그 증언거부권을 행사하는 데 사실상 장애가 초래되었다고 볼 수 있는 경우에는 위증죄의 성립을 부정하여야 할 것이다(대판(全) 2008도942). 답 O, X

|유제| 증인에게 증언거부사유가 존재함에도 불구하고 증언거부권을 고지받지 않은 채 허위진술을 한 경우 위증죄가 성립하지 않는 것이 원칙이지만, 증언거부권을 고지받았더라도 증언거부권을 포기하고 허위진술을 하였을 것이라는 점이 인정되는 등 그 진술이 자신의 진정한 의사에 의한 것이라고 볼 수 있는 경우에는 위증죄가 성립한다. (O) [13변시]

|유제| 택시강도 합동범인 甲과 乙이 공동피고인으로 재판을 받으면서 서로 책임이 없다고 다투던 중 변론이 분리되어 甲이 乙에 대한 사건의 증인으로 채택되었는데, 甲이 증언거부권을 고지받지 못한 상태에서 자신의 종전 주장을 되풀이하다 거짓 진술을 하게 되었다면, 甲은 위증죄의 죄책을 지지 않는다. (O) [17(1)모]

8. 甲은 동생인 乙과 공모하여 함께 丙을 상대로 토지거래허가에 필요한 서류라고 속여서 丙으로 하여금 근저당권설정계약서 등에 서명, 날인하게 하고 丙의 인감증명서를 교부받은 다음, 이를 이용하여 丙 소유의 토지에 관하여 甲을 채무자로 하는 채권최고액 3억 원인 근저당권을 丁에게 설정하여 주고 丁으로부터 2억 원을 차용하였다. 만약 乙이 자신은 가담하지 않은 것으로 증언을 해 달라고 甲에게 부탁하여 甲이 허위의 증언을 하였다면, 비록 甲이 친족인 乙을 위하여 위증한 것일지라도 乙에게 위증교사죄가 성립한다. (O) [20변시]

: 공범자인 공동피고인은 소송절차가 분리되면 증인이 될 수 있는바, 甲은 변론분리 후 증인으로 증언하면서 자신의 단독 범행이라고 허위의 진술을 하였으므로 위증죄가 성립하고, 위증죄의 경우는 친족특례규정이 없으므로 甲이 친족인 乙을 위하여 위증한 것일지라도 甲에게 위증죄가 성립한다. 자기의 형사사건에 관하여 타인을 교사하여 위증죄를 범하게 하는 것은 이러한 방어권을 남용하는 것이라고 할 것이어서 교사범의 죄책을 부담한다(대판 2003도5114). [16(3)모]

9. 만약 甲과 A 사이의 민사소송절차에서 乙이 증언거부권을 고지받지 않은 상태에서 선서와 허위의 진술을 한 경우, 乙에게는 위증죄가 성립한다. (O) [16변시]

: 재판장의 증언거부권 고지의무에 관하여 규정하고 있는 형사소송법(제160조)과는 달리 민사소송법은 증언거부권 제도를 두면서도(제314조 내지 제316조) 증언거부권 고지에 관한 규정을 따로 두고 있지 않으므로 민사소송절차에서 재판장이 증인에게 증언거부권을 고지하지 아니하였다 하여 절차위반의 위법이 있다고 할 수 없고, 따라서 적법한 선서절차를 마쳤음에도 허위진술을 한 증인에 대해서는 달리 특별한 사정이 없는 한 위증죄가 성립한다(대판 2009도14928).

사례문제 기출례 위증죄의 허위의 개념 [14모사]

10. ① A가 공판정에서 기억에 합치하는 진술을 하였으나 그 내용은 객관적 진실에 반하는 것으로 밝혀졌다면 위증죄에서 진술의 허위성을 가리는 기준에 대한 학설 중 주관설에 의할 때 A는 위증죄의 죄책을 부담하지 않는다. (O) [12(2)모]
② A가 공판정에서 기억에 합치하는 진술을 하였으나 그 내용은 객관적 진실에 반하는 것으로 밝혀졌다면 위증죄에서 진술의 허위성을 가리는 기준에 대한 학설 중 객관설에 의할 때 위증죄의 구성요건고의가 배제되어 A는 위증죄의 죄책을 부담하지 않는다. (O) [12(2)모]

: 주관설은 증인의 주관적 기억에 반하는 진술이 곧 위증이 되고, 객관설은 증인의 주관적 기억과는 무관하게 증인의 진술내용이 객관적 진실에 반하는 진술이 위증이 된다. 다만, 증인이 기억에 합치하는 진술을 하였다면 진술 당시 진술자는 객관적 진실에 반하는 진술을 한다는 인식이 없었으므로 위증죄의 구성요건고의가 배제되어 A는 위증죄의 죄책을 부담하지 않는다. - 판례는 주관설의 입장

유제 증인이 무엇인가 착오에 빠져 기억에 반한다는 인식 없이 증언하였음이 밝혀진 경우, 위증죄의 고의를 인정할 수 있다. (X) [24변시 · 20(1)모]

11. 위증죄에서 허위의 진술이란 증인이 자기의 기억에 반하는 사실을 진술하는 것을 말하고 그 내용이 객관적 사실과 부합한다고 하여도 위증죄의 성립에 장애가 되지 않는다(대판 88도580). [13변시 · 20(2)모]

12. 타인으로부터 전해들은 금품의 전달사실을 마치 증인 자신이 전달한 것처럼 진술한 것은 증인의 기억에 반하는 허위진술이라고 할 것이므로 그 진술부분은 위증에 해당한다(대판 90도448). [20(2)모 · 14(3)모]

13. 증언의 내용인 사실의 전체적 취지가 객관적 사실에 일치하고 그것이 기억에 반하는 공술이 아니라면 그 사실을 구성하는 일부 사소한 부분에 다른 점이 있어도 그 진술의 취지가 기억에 일치하는 것이라면 그것만으로는 위증죄의 성립이 인정될 수 없다(대판 81도20). [20법행]

14. 경험한 사실에 대한 법률적 평가나 단순한 의견에 지나지 아니한 경우 다소의 오류가 있더라도 허위의 진술에 해당하지 아니한다. (O) [13변시·10법행]

: 위증죄의 허위진술의 대상은 '사실'에 한하기 때문이다(대판 95도1797).

15. 증인이 자신이 전혀 경험하지 아니한 어떤 사실관계를 법률적 표현을 써서 진술한 경우, 위증죄가 성립하지 않는다. (X) [23(2)모]

: 자기가 지득하지 아니한 어떤 사실관계를 단순히 법률적 표현을 써서 진술한 것이라면 이는 객관적 사실을 토대로 한 증인 나름의 법률적 견해를 진술한 것과는 다르므로 위증죄의 성립을 부인할 수 없다(대판 84도2039).

16. ① 증언의 내용이 타인이 경험한 바를 전해들은 것이거나 기록 또는 문서를 보고 간접적으로 알게 된 것이라면 그 진술이 전해 준 내용이나 알게 된 문서의 내용에 일치되지 아니하는 때에는 그 진술은 일응 기억에 반한 것으로 보아야 하므로 위증죄가 성립한다. (O) [23(2)모]
② 증인이 스스로 경험할 수 없었던 과거의 사실에 관한 증언내용이 증인 나름대로의 단순한 의견이나 추측에 의한 것인 때에는 그 진술이 위증죄의 구성요건인 허위의 진술에 해당한다고 할 수는 없다(대판 83도44). (O) [23(2)모]

17. 증인이 법정에서 선서한 후 허위사실이 기재된 증인진술서의 내용이 사실대로라는 취지의 진술만을 한 경우 특별한 사정이 없는 한 증인이 그 증인진술서에 기재된 구체적인 내용을 기억하여 반복 진술한 것으로 볼 수 없으므로, 위증죄로 처벌할 수는 없다(대판 2007도1397). [16·14사시]

18. 증인의 진술내용이 당해 사건의 요증사실에 관한 것인지, 판결에 영향을 미친 것인지 여부는 위증죄의 성립과 아무런 관계가 없다(대판 89도121). [13변시·18(3)모·18(1)모]

19. 특수절도죄로 기소유예처분을 받은 甲이 공범 乙의 공판절차에서 증인으로서 선서하고 일단 기억에 반하는 허위의 진술을 하였더라도 그 신문이 끝나기 전에 그 진술을 철회·시정한 경우 위증죄가 성립하지 않는다. (O) [24(3)모·20(2)·14(2)모]

: 선서한 증인이 일단 기억에 반한 허위의 진술을 하였더라도 그 신문이 끝나기 전에 그 진술을 취소·시정한 경우에는 위증이 되지 아니한다고 봄이 상당하며, 따라서 위증죄의 기수시기는 신문 진술이 종료한 때로 해석할 것이다(대판 74도1231). [13(1)모]

▎유제▎ 허위의 진술을 한 증인이 양심의 가책을 느껴 당해 증인신문이 끝나기 전에 스스로 그 진술을 취소·시정한 경우 위증죄는 중지미수에 해당한다. (X) [18(2)모]
- 이론상 위증죄의 미수이지만 위증죄는 미수를 처벌하지 않으므로 불가벌

20. 甲이 제9회 공판기일에 증인으로 출석하여 선서한 후 기억에 반하는 허위 진술한 것을 철회·시정한 바 없이 증인신문절차가 그대로 종료되었지만, 그 후 다시 증인으로 신청된 甲이 위 사건의 제21회 공판기일에 다시 출석하여 선서한 후 종전의 제9회 기일에서 한 진술이 허위 진술임을 시인하고 이를 철회하는 취지의 진술을 하였다면 甲에게 위증죄가 성립하지 않는다. (X) [24·19변시]

: 선서한 증인이 수회의 기일에 걸쳐 이루어진 1개의 증인신문절차에서 허위의 진술을 하고 그대로 증인신문절차가 종료되면 그로써 위증죄는 기수에 달하고, 그 후 별도의 그 증인이 다시 신문을 받는 과정에서 종전 신문절차에서의 진술을 철회·시정한다 하더라도 이미 종결된 종전 증인신문절차에서 행한 위증죄의 성립에는 영향이 없다 (대판 2010도7525). [14(3)모·14(1)모]

★ 사례문제 기출례 자기사건에 대한 위증교사죄 성부 [13변시, 24·22모시] : 적극설(비호권 이탈, 공범종속성설 논리), 소극설(자기비호의 연장, 정범적격 없는 자의 교사범 불성립), 판례는 적극설

21. 甲이 자기의 형사사건에서 허위의 진술을 하는 경우 위증죄로 처벌되지 않으나, 자기의 형사사건에 관하여 타인을 교사하여 위증죄를 범하게 하는 경우에는 방어권을 남용하는 것이라고 할 것이어서 위증교사의 죄책을 진다(대판 2003도5114). [24·19변시·21(3)모][22(1)사]

┃유제┃ 자기의 형사사건에 관하여 타인을 교사하여 위증을 하게 하는 것은 피고인의 형사사건의 방어권 행사와 동일한 의미이므로 위증교사의 책임을 지지 않는다. (X) [17·13변시]

22. 위증죄를 범한 자가 그 공술한 사건의 재판이 확정되기 전에 자백한 때 그 형을 감경 또는 면제할 수 있다. (X) [16변선·20법행]

: 제153조 (자백, 자수) 전조의 죄를 범한 자가 그 진술한 사건의 재판 또는 징계처분이 확정되기 전에 자백 또는 자수한 때에는 그 형을 감경 또는 면제한다. - 필요적 감면사유 [12(2)모]

23. 甲이 乙에게 위증을 교사하고, 乙이 甲의 형사사건에서 한 허위 증언이 위증죄가 성립하는 경우, 甲에 대한 형사재판이 확정된 이후라도 乙이 위증 사실을 자수한 때에는 그 형을 감경 또는 면제한다. (X) [24변시]

: 乙의 허위 증언이 위증죄가 되는 경우, 甲에 대한 형사재판이 확정된 이후에 乙이 위증 사실을 자수하더라도 자수·자백특례규정에 의한 필요적 형감면은 불가능하다. 다만 총칙상의 자수에 해당할 경우라면 임의적 감면사유는 될 수 있다(제52조).

24. 甲이 자신의 형 K의 형사사건과 관련하여 乙을 설득하여 허위의 증언을 하도록 한 경우 위증죄의 교사범에 해당하나, 친족 간의 특례가 적용되어 甲은 처벌되지 않는다. (X) [21(1)모]

: 위증죄와 무고죄에는 친족간 특례규정이 존재하지 않는다.

25. 형법 제152조 제2항의 모해위증죄에 있어서 모해할 목적은 허위의 진술을 함으로써 피고인에게 불리하게 될 것이라는 인식이 있으면 충분하고 그 결과의 발생을 희망할 필요까지는 없다. 그리고 허위진술의 대상이 되는 사실은 공소 범죄사실을 직접적으로 뒷받침하는 사실에 한정되지 않는다(대판 2006도3575). [22(2)모·20법행]

증거인멸죄

26. 범죄 현장을 목격하지 못한 사람에게 형사법정에서 범죄 현장을 목격한 양 허위의 증언을 하도록 교사한 경우 증거위조죄의 교사범이 성립한다. (X) [17(1)모]

: 형법 제155조 제1항에서 타인의 형사사건에 관하여 증거를 위조한다 함은 증거 자체를 위조함을 말하는 것으로서, 선서무능력자로서 범죄 현장을 목격하지도 못한 사람으로 하여금 형사법정에서 범죄 현장을 목격한 양 허위의 증언을 하도록 하는 것은 위 조항이 규정하는 증거위조죄를 구성하지 아니한다(대판 97도2961).

★★ [사례문제 기출례] 자기사건 증거인멸교사죄 성부 [22·19·18모사 등] : 적극설(비호권 이탈, 공범종속성설 논리), 소극설(자기비호의 연장, 정범적격 없는 자의 교사범 불성립), 판례는 방어권 남용시 인정

27. 자신의 형사사건에 관한 증거은닉을 위하여 타인에게 도움을 요청하는 행위 역시 원칙적으로 처벌되지 아니하나, 다만 그것이 방어권의 남용이라고 볼 수 있을 때는 증거은닉교사죄로 처벌할 수 있다(대판 2016도5596). [15변시·20(1)(3)모][22(1)·19(2)사]

: 이러한 법리는 그 타인이 형법 제155조 제4항에 의하여 처벌을 받지 아니하는 친족, 동거 가족에 해당한다 하여 달리 볼 것은 아니다(대판 2005도3707). 제3자와 공동하여 그러한 행위를 하였다고 하더라도 마찬가지이다(대판 2015도1000). [20법행]

★
28. 자신이 직접 형사처분이나 징계처분을 받게 될 것을 두려워한 나머지 자기의 이익을 위하여 그 증거가 될 자료를 인멸하였다 하더라도, 그 행위가 동시에 다른 공범자의 형사사건이나 징계사건에 관한 증거를 인멸한 결과가 되는 경우 증거인멸죄가 성립한다. (X) [25·15변시·21(2)(3)모·19(1)모][21(3)·(2)사]

: 피고인 자신이 직접 형사처분이나 징계처분을 받게 될 것을 두려워한 나머지 자기의 이익을 위하여 그 증거가 될 자료를 인멸하였다면, 그 행위가 동시에 다른 공범자의 형사사건이나 징계사건에 관한 증거를 인멸한 결과가 된다고 하더라도 이를 증거인멸죄로 다스릴 수 없고(대판 2002도6134), 이러한 법리는 그 행위가 피고인의 공범자가 아닌 자의 형사사건이나 징계사건에 관한 증거를 인멸한 결과가 된다고 하더라도 마찬가지이다(대판 94도2608).
[20(3)모·13(3)모]

★★ [사례문제 기출례] 공통증거 인멸시 증거인멸죄 성부 [21·17·13모사]

29. 甲이 乙을 교사하여 자기의 형사사건에 관한 증거를 변조하도록 하였더라도, 乙이 甲과 공범관계에 있는 형사사건에 관한 증거를 변조한 것에 해당하여 乙이 증거변조죄로 처벌되지 않는 경우, 증거변조죄의 간접정범은 물론 교사범도 성립하지 않는다(대판 2009도13151). [17변시·23(1)모]

30. 증거위조죄에서 '타인의 형사사건'이란 증거위조 행위 시에 아직 수사절차가 개시되기 전이라도 장차 형사사건이 될 수 있는 것까지 포함하고 그 형사사건이 기소되지 아니하거나 무죄가 선고되더라도 증거위조죄의 성립에는 영향이 없다(대판 2010도15986). [19·15변시·21(2)모]

∥유제∥ 증거은닉죄에서 '타인의 형사사건 또는 징계사건'이란 은닉행위시에 아직 수사 또는 징계절차가 개시되기 전이라도 장차 형사 또는 징계사건이 될 수 있는 것까지를 포함한다. (O) [20(3)모·19(1)모·18(1)모]

31. 증거인멸·변조죄가 적용되는 '징계사건'은 국가의 징계사건에 한정되고 사인(私人)간의 징계사건은 포함되지 않는다(대판 2007도4191). [21(2)모·18(3)모·17(1)모]

32. 증거위조죄에서 말하는 '증거'에는 범죄 또는 징계사유의 성립 여부에 관한 것뿐만 아니라 형 또는 징계의 경중에 관계있는 정상을 인정하는 데 도움이 될 자료까지 포함된다(대판 2020도2642). [23변시・24(3)모]

33. X회사 대표이사 A는 X회사의 자금 3억 원을 횡령한 혐의로 구속・기소되었다. A의 변호인 甲은 구치소에서 의뢰인 A를 접견하면서 선처를 받기 위해서는 횡령금을 모두 X회사에 반환한 것으로 해야 하는데, 반환할 돈이 없으니 A의 지인 乙의 도움을 받아서 X회사 명의의 은행계좌로 돈을 입금한 후 이를 돌려받는 이른바 '돌려막기 방법'을 사용하자고 했다. 며칠 후 甲은 乙을 만나 이러한 방법을 설명하고 乙을 안심시키기 위해 민・형사상 아무런 문제가 되지 않는다는 내용의 법률의견서를 작성해 주었다. 이러한 甲과 乙의 모의에 따라 乙은 5차례에 걸쳐 X회사에 돈을 입금한 후 은행으로부터 받은 입금확인증 5장(반환금 합계 3억 원)을 甲에게 전달했다. 甲은 A의 제1심 재판부에 이를 제출하면서 횡령금 전액을 X회사에 반환하였으니 선처를 해달라는 취지의 변론요지서를 제출하였고, 보석허가신청도 하였다. [23변시]

① 증거위조죄 성립 여부와 관련하여 증거위조죄가 규정한 '증거의 위조'란 '증거방법의 위조'를 의미하는 것이 아니므로, 위조에 해당하는지 여부는 증거방법 자체를 기준으로 하여야 하는 것이 아니라 그것을 통해 증명하려는 사실이 허위인지 진실인지 여부에 따라 결정되어야 한다. (X)

② 증거위조죄에서의 '위조'의 개념은 문서위조죄에서의 그것과 다르게 해석될 수 있으므로, 그 내용이나 작성명의, 작성일자 등에 아무런 허위가 없는 증거라도 그것이 허위의 주장과 결합되어 허위의 사실을 일부 뒷받침하게 되는 경우에는 증거위조에 해당한다. (X) [22(2)모・21(3)모・21법행]

③ 변호인 甲에게 증거위조죄가 성립하지 않는다. (O) [24변시]

: [1] 증거위죄에서 말하는 '증거의 위조'란 '증거방법의 위조'를 의미하므로, 위조에 해당하는지 여부는 증거방법 자체를 기준으로 하여야 하고 그것을 통해 증명하려는 사실이 허위인지 진실인지 여부에 따라 위조 여부가 결정되어서는 안 된다.
[2] 사실의 증명을 위해 작성된 문서가 그 사실에 관한 내용이나 작성명의, 작성일자 등에 아무런 허위가 없다면 '증거위조'에 해당한다고 볼 수 없다. 설령 사실증명에 관한 문서가 형사사건 또는 징계사건에서 허위의 주장에 관한 증거로 제출되어 그 주장을 뒷받침하게 되더라도 마찬가지이다.
[3] 피고인이 제출한 입금확인증 등은 금융기관이 금융거래에 관한 사실을 증명하기 위해 작성한 문서로서 그 내용이나 작성명의 등에 아무런 허위가 없는 이상 이를 증거의 '위조'에 해당한다고 볼 수 없고, 나아가 '위조한 증거를 사용'한 행위에 해당한다고 볼 수도 없다(대판 2020도2642).

34. 증거인멸죄에서 '증거'라 함은 타인의 형사사건 또는 징계사건에 관하여 수사기관이나 법원 또는 징계기관이 국가의 형벌권 또는 징계권의 유무를 확인하는 데 관계있다고 인정되는 일체의 자료 중 타인에게 불리한 것을 말한다. (X) [19(1)모]

: 증거인멸죄에서 '증거'라 함은 타인의 형사사건 또는 징계사건에 관하여 수사기관이나 법원 또는 징계기관이 국가의 형벌권 또는 징계권의 유무를 확인하는 데 관계있다고 인정되는 일체의 자료를 의미하고, 타인에게 유리한 것이건 불리한 것이건 가리지 아니하며 또 증거가치의 유무 및 정도를 불문한다(대판 2011도5329).

35. 타인의 형사사건과 관련하여 수사기관이나 법원에 제출하거나 현출되게 할 의도로 법률행위 당시에는 존재하지 아니하였던 처분문서, 즉 그 외형 및 내용상 법률행위가 그 문서 자체에 의하여 이루어진 것과 같은 외관을 가지는 문서를 사후에 그 작성일을 소급하여 작성한 경우, 그 작성자에게 해당 문서의 작성권한이 있고 그 내용이 진실하다면 증거위조죄를 구성하지 않는다. (X) [20(3)모・19(1)모]

: 증거위조죄에서 '위조'란 문서에 관한 죄에서의 위조개념과는 달리 새로운 증거의 창조를 의미하는 것이므로 존재하지 아니한 증거를 이전부터 존재하고 있는 것처럼 만들어 내는 행위도 위조에 해당하며, 증거가 문서의 형식을 갖는 경우 증거위조죄의 증거에 해당하는지는 그 작성권한 유무나 내용의 진실성에 좌우되지 않는다(대판 2002도3600). [15변시]

36. 甲이 타인의 형사사건과 관련하여 허위의 진술서를 작성하여 수사기관에 제출하였다면 증거위조죄를 구성한다. (X) [14변시·16(1)모·20법행]

: 증거를 위조한다 함은 증거 자체를 위조함을 말하는 것이고, 참고인이 수사기관에서 허위의 진술을 하는 것은 여기에 포함되지 않으며, 참고인이 타인의 형사사건 등에서 직접 진술 또는 증언하는 것을 대신하거나 그 진술 등에 앞서서 허위의 사실확인서나 진술서를 작성하여 수사기관 등에 제출한 것은 참고인이 수사기관에서 허위의 진술을 하는 것과 차이가 없으므로, 증거위조죄를 구성하지 않는다(대판 2010도2244).

▮유제▮ 참고인이 타인의 형사사건과 관련하여 수사기관에서 조사를 받으면서 허위로 진술하여 그 정을 모르는 담당 공무원으로 하여금 허위의 내용이 담긴 참고인진술조서를 작성토록 한 경우 증거위조죄의 간접정범이 성립한다. (X) [20법행]

37. 참고인이 타인의 형사사건 등에 관하여 제3자와 대화를 하면서 허위로 진술하고 위와 같은 허위 진술이 담긴 대화 내용을 녹음한 녹음파일 또는 이를 녹취한 녹취록을 만들어 수사기관 등에 제출하는 것은 증거위조죄를 구성한다. (O) [23·15변시·21(2)모]

: [1] 허위 진술이 담긴 대화 내용을 녹음한 녹음파일 또는 이를 녹취한 녹취록은 그 진술내용만이 증거자료로 되는 것이 아니고 녹음 당시의 현장음향 및 제3자의 진술 등이 포함되어 있어 그 일체가 증거자료가 된다고 할 것이므로, 이는 증거위조죄에서 말하는 '증거'에 해당한다. [2] 녹음파일 또는 이를 녹취한 녹취록을 만들어 내는 행위는 녹음의 자연스러움을 뒷받침하는 현장성이 강하여 단순한 허위진술 또는 허위의 사실확인서 등에 비하여 수사기관 등을 그 증거가치를 판단함에 있어 오도할 위험성을 현저히 증대시킨다고 할 것이므로, 이러한 행위는 허위의 증거를 새로이 작출하는 행위로서 증거위조죄에서 말하는 '위조'에도 해당한다(대판 2013도8085). [22(1)모·19(2)모·15(3)모]

38. 피고인 자신이 직접 형사처분이나 징계처분을 받게 될 것을 두려워한 나머지 자기의 이익을 위하여 증인이 될 사람을 도피하게 하였다면, 그 행위가 동시에 다른 공범자의 형사사건이나 징계사건에 관한 증인을 도피하게 한 결과가 된다고 하더라도 증인도피죄로 처벌할 수 없다(대판 2002도6134). [22(2)모]

39. 형법 제155조 제3항(모해 증거인멸죄)에서 말하는 '피의자'는 수사기관에 의하여 범죄의 인지 등으로 수사가 개시되어 있을 것을 필요로 하고, 그 이전의 단계에서는 장차 형사입건될 가능성이 크다고 하더라도 이에 해당한다고 볼 수 없다(대판 2008도1212). [19(1)모]

제5절 무고죄

★
1. 무고에 있어서 피무고자의 승낙이 있었다고 하더라도 무고죄는 성립할 수 있다. (O) [21(1)모][20(1)사]

: 무고죄는 국가의 형사사법권 또는 징계권의 적정한 행사를 주된 보호법익으로 하므로, 설사 무고에 있어서 피무고자의 승낙이 있었다고 하더라도 무고죄의 성립에는 영향을 미치지 못한다 할 것이다(대판 2005도2712 등). [12(2)모·08법행]

▮유제▮ 甲은 乙로부터 피해를 당한 사람들과 乙사이의 합의를 주선하기 위하여 자신도 피해자인 것처럼 행세하기 위한 방편으로 乙의 승낙을 얻어 乙로부터 차용금 피해를 당한 것처럼 허위사실을 기재하여 乙을 고소하였다. 그러나 甲은 바로 乙에게 합의서를 작성하여 교부해 주는 한편 수사기관의 고소인 출석요구에 응하지 않았다. 이와 같은 경우 甲에게 무고죄가 성립한다. (O) [14·13변시]

2. 타인으로 하여금 징계처분을 받게 할 목적으로 공무소에 허위 사실을 신고한 자가 그 신고한 사건의 징계처분이 확정되기 전에 자백 또는 자수한 경우 형의 필요적 감면사유에 해당한다(제157조). [12(2)모·16사시]

3. 타인으로 하여금 형사처분 등을 받게 할 목적으로 신고한 사실이 객관적 진실에 반하는 허위사실인 경우 무고죄가 성립한다(대판 91도1950). [16(1)모]

4. 신고자가 그 신고내용을 허위라고 믿었다 하더라도 그것이 객관적으로 진실한 사실에 부합할 때에는 무고죄는 성립하지 않으며, 위 신고한 사실의 허위 여부는 그 범죄의 구성요건과 관련하여 신고사실의 핵심 또는 중요내용이 허위인가에 따라 판단하여야 한다(대판 91도1950). [08사시·10법행]

┃유제┃ 甲은 A가 음주운전하지 않았다고 확신하였음에도 A를 음주운전으로 경찰에 신고한 것이었다면 우연히 A 역시 음주운전을 한 것으로 밝혀지더라도 甲에게는 무고죄가 성립한다. (X) [21(1)모]

5. 신고자가 객관적 사실관계를 사실 그대로 신고한 이상 주관적 법률평가를 잘못하고 이를 신고하였다는 사실만을 가지고 허위사실을 신고한 것이라고 할 수 없다(대판 87도1029). [20(3)모]

6. 신고사실의 진실성을 인정할 수 없다는 소극적 증명만으로도 무고죄의 성립을 인정할 수 있지만 신고내용에 일부 객관적 진실에 반하는 내용이 포함되어 있더라도 그것이 신고사실의 정황을 과장한 데 불과한 때에는 무고죄가 성립할 수 없다. (X) [24(3)모]

: [1] 신고한 사실이 객관적 진실에 반하는 허위사실이라는 점에 관하여는 적극적인 증명이 있어야 하며, 신고사실의 진실성을 인정할 수 없다는 소극적 증명만으로 곧 그 신고사실이 객관적 진실에 반하는 허위사실이라고 단정하여 무고죄의 성립을 인정할 수는 없다(대판 2011도15767). [21변시·08법행]
[2] 신고내용 중 일부 객관적 진실에 반하는 내용이 포함되어 있다고 하더라도 그것이 범죄의 성부에 영향을 미치는 중요한 부분이 아니고 단지 신고사실의 정황을 과장하는 데 불과하다면 무고죄는 성립하지 않는다(대판 2021도2656).

7. 성폭행 등의 피해를 입었다는 신고사실에 관하여 불기소처분 내지 무죄판결이 내려졌다고 하여, 그 자체를 무고를 하였다는 적극적인 근거로 삼아 신고내용을 허위라고 단정하여서는 아니 되고, 진정한 피해자라면 마땅히 이렇게 하였을 것이라는 기준을 내세워 성폭행 등의 피해를 입었다는 점 및 신고에 이르게 된 경위 등에 관한 변소를 쉽게 배척하여서는 아니 된다(대판 2018도2614). [21변시·23(3)모·21(1)모·21법원직]

8. 경찰관이 甲을 현행범으로 체포하려는 상황에서 乙이 경찰관을 폭행하여 乙을 현행범으로 체포하였는데 乙이 경찰관의 현행범 체포업무를 방해한 일이 없다며 경찰관을 불법체포로 고소한 경우 무고죄가 성립한다(대판 2008도8573). [16(1)모]

9. 甲이 상대방의 범행에 공범으로 가담하였음에도 자신의 가담사실은 숨긴 채 상대방의 범행부분만을 고소한 경우 甲은 무고죄가 성립한다. (X) [15변시·20(3)모·16(2)모]

: 피고인 자신이 상대방의 범행에 공범으로 가담하였음에도 자신의 가담사실을 숨기고 상대방만을 고소한 경우, 피고인의 고소내용이 상대방의 범행 부분에 관한 한 진실에 부합하여 이를 허위의 사실로 볼 수 없으므로 무고죄가 성립하지 않는다(대판 2008도3754).

10. 甲은 도박현장에서, 100억대 자산을 가진 건실한 사업가 乙에게 도박자금으로 1,200만 원을 빌려주었다가 乙의 부도로 인하여 빌려준 돈을 돌려받지 못하게 되자, 위 돈을 돌려받을 목적으로 乙을 사기죄로 고소하면서, 위 돈을 도박자금으로 빌려주었다는 사실을 감추고, 乙이 "사고가 나서 급히 필요하니 1,200만 원을 빌려주면, 내일 아침에 카드로 현금서비스를 받아 갚아주겠다."고 거짓말하여 이에 속아 乙에게 돈을 빌려주었다고 금전 대여경위를 허위로 기재한 고소장을 경찰관에게 제출하였다. [15변시]

① 甲의 고소는 수사기관이 사기죄의 기망행위와 편취범의를 조사하여 형사처분을 할 것인지 여부를 결정하는 데 직접적인 영향을 줄 정도에 이르는 내용에 관하여 허위의 사실을 고소한 것이므로 무고죄의 허위의 사실 신고에 해당한다. (O)

: 피고인이 공소외인에게 도박자금으로 대여하였음에도 불구하고 단순히 그 대여금의 용도를 묵비한 것을 넘어서 실제와는 다른 장소에서 공소외인의 교통사고 처리비용조로 금전을 대여하였고 공소외인이 그 다음날 바로 변제하겠다고 약속하였다는 내용으로 고소하여 그 대여한 금전의 용도에 대하여 허위로 진술한 것은, 수사기관이 피고인의 고소내용을 근거로 피고소인의 범행방법을 특정하여 수사권을 발동하고, 이를 기초로 하여 당해 행위에 있어 사기죄의 기망행위와 편취범의를 조사하여 형사처분을 할 것인지와 어떠한 내용의 형사처분을 할 것인지를 결정하는 데에 직접적인 영향을 줄 정도에 이르는 내용에 관하여 허위의 사실을 고소한 것이므로, 무고죄의 허위신고에 해당한다(대판 2003도7178).

11. ② 甲이 고소한 사건의 재판이 확정되기 전에 자백 또는 자수했다면 형을 감경 또는 면제한다(제157조).

③ 만일 甲의 고소장이 허위라면 이를 경찰관에게 제출하였다가 반환받았더라도, 경찰관에게 제출하였을 때 이미 무고죄의 기수에 이른다(대판 84도2215). [20(1)모・18(3)(2)모]

④ 만일 甲이 위 고소장에 乙에 대한 다른 사기피해 사실도 포함시켜 고소한 경우, 그 중 일부 사실은 진실이나 다른 사실은 허위인 때에는 그 허위사실 부분만이 독립하여 무고죄를 구성한다(대판 88도1533). [16(1)모]

12. 甲이 A가 변제의사와 변제능력에 관하여 기망하였음을 이유로 A를 사기죄로 고소하면서 차용금을 대여해줄 당시 도박자금으로 사용될 것임을 알았으면서도 고소장에 차용금의 용도에 대하여 내비게이션 구입자금이라고 허위 기재한 경우, 무고죄가 성립하지 않는다. (O) [18(2)모・15(2)모]

: [1] 피고소인이 차용금의 용도를 사실대로 이야기하였더라면 금원을 대여하지 않았을 것인데 차용금의 용도를 속이는 바람에 대여하였다고 주장하는 사안이라면, 그것만으로도 무고죄에서 허위의 사실을 신고한 경우에 해당한다고 할 수 있다. 그러나 단순히 차용인이 변제의사와 능력의 유무에 관하여 기망하였다는 내용으로 고소하면서 차용금의 실제 용도에 관하여 사실과 달리 신고하였다는 것만으로는 범죄사실의 성립 여부에 영향을 줄 정도의 중요한 부분을 허위로 신고하였다고 할 수 없다. [2] 피고인이 도박자금으로 대여한 사실을 숨긴 채 고소장에 대여금의 용도에 관하여 허위로 기재하고 대여 일시・장소 등 변제의사나 능력의 유무와 관련성이 크지 아니한 사항에 관하여 사실과 달리 기재한 사정만으로는 사기죄 성립 여부에 영향을 줄 정도의 중요한 부분을 허위 신고하였다고 보기 어려우므로 무고죄는 성립하지 않는다(대판 2011도3489).

13. 피고인이 먼저 자신을 때려 주면 돈을 주겠다고 하여 A와 B가 피고인을 때리고 지갑을 교부받아 그 안에 있던 현금을 가지고 간 것임에도, 'A와 B가 피고인을 폭행하여 돈을 빼앗았다'는 취지로 허위사실을 경찰에 신고한 경우 무고죄가 성립한다(대판 2010도2745). [15(2)모]

14. 타인에게 형사처벌을 받게 할 목적으로 허위의 사실을 신고하였다 하더라도 그 사실 자체가 범죄가 되지 않는다면 무고죄는 성립하지 않는다(대판2015도15398). [15변시・23(3)모・21(2)모・12(2)모]

15. "피고소인이 송이의 채취권을 이중으로 양도하여 손해를 입었으니 엄벌하여 달라"는 내용의 고소사실은 횡령죄나 배임죄 기타 형사범죄를 구성하지 않는 내용의 신고에 불과하여 그 신고 내용이 허위라고 하더라도 무고죄가 성립할 수 없다(대판 2006도558). [21(1)모]

16. 타인으로 하여금 형사처분을 받게 할 목적으로 공무소에 대하여 허위의 사실을 신고하였다고 하더라도 그 사실이 친고죄로서 그에 대한 고소기간이 경과하여 공소를 제기할 수 없음이 그 신고내용 자체에 의하여 분명한 경우에는 무고죄가 성립하지 아니한다(대판 2018도1818). [24·21·20변시·23(3)모·16(1)모]

17. 타인으로 하여금 형사처분을 받게 할 목적으로 공무소에 대하여 허위의 사실을 고소하면서 객관적으로 그 고소사실에 대한 공소시효가 완성되었음에도 마치 공소시효가 완성되지 아니한 것처럼 고소하였다면 무고죄가 성립한다(대판 95도1908). [20·15변시·12(2)모]

★
18. 타인으로 하여금 형사처분을 받게 할 목적으로 공무소 또는 공무원에 대하여 허위로 신고한 사실이 무고행위 당시 형사처분의 대상이 될 수 있었던 경우에는 무고죄가 기수에 이르고, 이후 그 사실이 형사범죄가 되지 않는 것으로 판례가 변경되었더라도 특별한 사정이 없는 한 이미 성립한 무고죄에는 영향을 미치지 않는다(대판 2015도15398). [24·20변시·23(3)모·21(1)(2)모·18(2)모]

┃유제┃ 甲은 '채권담보를 위해 채무자인 A와 A 소유 부동산에 대해 대물변제예약을 체결하였는데 A가 이를 다른 사람에게 매도하였다'는 내용으로 허위 고소하였다. 甲의 고소 이후 대법원이 위와 같은 경우 배임죄가 성립하지 않는다고 판례를 변경하였어도, 甲의 행위는 무고죄의 기수에 해당한다. (O) [21·19변시]

19. 당초 고소장에 기재하지 않은 허위의 사실을 수사기관에서 고소보충조서를 받을 때 자진하여 진술하였다면 이 진술 부분까지 무고죄의 신고로 보아야 한다(대판 95도2652). [20(3)모·16사시]

20. 수표발행인인 甲이 수표가 위조되었다는 내용의 허위의 신고를 하여 그 사실을 모르는 은행직원이 수사기관에 고발해 수사가 개시되자 경찰에 출석하여 위조자로 乙을 지목하는 진술을 한 경우, 甲은 乙에 대한 무고죄가 성립한다(대판 2005도3203). [11(1)모·13법행]

21. 무고죄의 고의는 신고자가 허위라고 확신한 사실을 신고한 경우뿐만 아니라 진실하다는 확신 없는 사실을 신고하는 경우에도 인정할 수 있다(대판 2005도4642). [25·24·23변시·23(3)모]

22. 무고죄에서 형사처분을 받게 할 목적은 허위신고를 하면서 다른 사람이 그로 인하여 형사처분을 받게 될 것이라는 인식이 있으면 충분하고 그 결과의 발생을 희망할 필요까지는 없으므로, 신고자가 허위 내용임을 알면서도 신고한 이상 그 목적이 필요한 조사를 해 달라는 데에 있다는 등의 이유로 무고의 범의가 없다고 할 수 없다(대판 2022도3413). [24(2)모]

23. 객관적 사실과 일치하지 않는 것이라도 신고자가 진실이라고 확신하고 신고하였을 때에는 무고죄가 성립하지 않는다고 할 것이나, 여기에서 진실이라고 확신한다 함은 신고자가 알고 있는 객관적인 사실관계에 의하더라도 신고사실이 허위라거나 또는 허위일 가능성이 있다는 인식을 하지 못하는 경우를 말하는 것이지, 신고자가 알고 있는 객관적 사실관계에 의하여 신고사실이 허위라거나 허위일 가능성이 있다는 인식을 하면서도 이를 무시한 채 무조건 자신의 주장이 옳다고 생각하는 경우까지 포함되는 것은 아니다(대판 2000도1908). [20(3)모·16사시]

24. 학원 승합차를 운전하던 甲은 학원 수업을 마치고 귀가하기 위하여 승합차를 탄 A(11세, 여)가 혼자 남은 틈을 타 승합차 안에서 A에게 다가가 바지를 벗기고 간음을 시도하였으나, A로부터 "경찰에 신고하겠다"는 말을 듣고 그만두었다. 그 후 A의 아버지인 B가 甲을 고소하자 甲은 'B가 자신을 무고한 것에 해당하므로 B를 처벌해 달라'는 내용의 고소장을 사법경찰관 P에게 제출하였다. 甲이 허위 내용의 고소장을 제출한 것이 자신의 결백을 주장하기 위한 것이라면, 甲에게는 무고죄가 성립하지 않는다. (X) [18(3)모]

: 고소당한 범죄가 유죄로 인정되는 경우에, 고소를 당한 사람이 고소인에 대하여 '고소당한 죄의 혐의가 없는 것으로 인정된다면 고소인이 자신을 무고한 것에 해당하므로 고소인을 처벌해 달라'는 내용의 고소장을 제출하였다면 설사 그것이 자신의 결백을 주장하기 위한 것이라고 하더라도 방어권의 행사를 벗어난 것으로서 고소인을 무고한다는 범의를 인정할 수 있다(대판 2006도9453). [14사시·09법행]

25. 甲은 약사 A로 하여금 형사처벌을 받게 할 목적으로 종업원이 의약품을 처방·판매하지 아니하였음에도 A가 무자격자인 종업원으로 하여금 불특정 다수의 환자들에게 의약품을 판매하도록 지시하거나 실제로 자신에게 의약품을 판매하였다는 취지로 국민권익위원회에서 운영하는 국민신문고에 민원을 제기한 경우, 甲에게는 무고죄가 성립한다(대판 2022도3413). [23(3)모]

26. 스스로 본인을 무고하는 자기무고는 무고죄를 구성하지 않는다(대판 2008도4852). [15변시·16(1)모]

27. 甲이 자기 자신을 무고하기로 乙과 공모하고 이에 따라 무고행위에 가담한 경우, 甲과 乙은 무고죄의 공동정범으로 처벌된다. (X) [20변시·24(2)모·22(1)모·18(2)모]

: 자기 자신을 무고하기로 제3자와 공모하고 이에 따라 무고행위에 가담하였더라도 이는 자기 자신에게는 무고죄의 구성요건에 해당하지 않아 범죄가 성립할 수 없는 행위를 실현하고자 한 것에 지나지 않아 무고죄의 공동정범으로 처벌할 수 없다(대판 2013도12592).

★ 사례문제 기출례 자기무고 교사·방조죄 성부 [20모사] : 긍정설(공범종속성설의 논리), 부정설(정범적격 없는 자는 교사범 불성립), 판례는 긍정설

28. 피무고자의 방조 하에 제3자가 피무고자에 대한 허위의 사실을 신고한 경우에 제3자의 행위는 무고죄에 해당하지만 제3자를 방조한 피무고자에 대하여는 방조범이 성립하지 않는다. (X) [15변시·11사시]

: 피무고자의 교사·방조 하에 제3자가 피무고자에 대한 허위의 사실을 신고한 경우에는 제3자의 행위는 무고죄의 구성요건에 해당하여 무고죄를 구성하므로, 제3자를 교사·방조한 피무고자도 교사·방조범으로서의 죄책을 부담한다(대판 2008도4852). [20·17변시·12(3)모]

29. 무고죄의 구성요건요소인 '형사처분 또는 징계처분을 받게 할 목적'은 미필적 인식으로 족하고 결과발생을 희망하는 것까지 요하는 것은 아니므로, 고소인이 고소장을 수사기관에 제출한 이상 그러한 인식은 있었다고 보아야 한다(대판 2005도4642). [22변시·22(2)모·21(2)모]

30. 변호사인 피해자로 하여금 징계처분을 받게 할 목적으로 서울지방변호사회에 허위 내용의 진정서를 제출한 경우 무고죄가 성립하지 않는다. (X) [20(3)모·18(2)모·13(3)모]

: 변호사에 대한 징계처분은 형법 제156조에서 정하는 '징계처분'에 포함된다고 봄이 상당하고, 그 징계 개시의 신청권이 있는 지방변호사회의 장은 형법 제156조에서 정한 '공무소 또는 공무원'에 포함된다(대판 2010도10202).

31. 무고죄에서의 '징계처분'은 공법상의 감독관계에서 질서유지를 위하여 과하는 신분적 제재를 의미하므로, 사립대학교 교수로 하여금 소속 학교법인에 의한 인사권의 행사로서 징계처분을 받게 할 목적으로 허위의 민원을 제기하더라도 무고죄는 성립하지 않는다(대판 2014도6377). [23·21변시·22(2)모]

32. 한 사람에 대해 수 회에 걸쳐 동일한 허위의 사실을 신고한 경우 무고죄의 포괄일죄가 된다. (O) [12(2)모]

: 무고죄의 죄수는 피무고자의 수를 기준으로 결정한다(통설).

33. 甲의 고소 내용이 허위임이 확인되어 피고소인에 대해 불기소결정이 내려져 재판절차가 개시되지 않고 이후 甲이 무고로 기소된 사안에서, 甲이 위 허위고소로 인한 무고 재판 중 자신의 무고 범행을 자백하였다면, 甲의 위 무고죄에 대하여는 형을 감경 또는 면제하여야 한다. (O) [23변시·21(1)모]

: [1] 무고죄를 범한 자가 그 신고한 사건의 재판 또는 징계처분이 확정되기 전에 자백 또는 자수한 때에는 그 형을 감경 또는 면제한다(제157조, 제153조, 필요적 감면). [2] 그가 신고한 사건을 다루는 기관에 대한 고백이나 그 사건을 다루는 재판부에 증인으로 다시 출석하여 전에 그가 한 신고가 허위의 사실이었음을 고백하는 것은 물론 무고 사건의 피고인 또는 피의자로서 법원이나 수사기관에서의 신문에 의한 고백 또한 자백의 개념에 포함된다. [3] 형법 제153조에서 정한 '재판이 확정되기 전'에는 피고인의 고소사건 수사 결과 피고인의 무고 혐의가 밝혀져 피고인에 대한 공소가 제기되고 피고소인에 대해서는 불기소결정이 내려져 재판절차가 개시되지 않은 경우도 포함된다(대판 2018도7293).

┃**유제**┃ 甲이 A를 사기죄로 고소하였는데, 수사 결과 甲의 무고 혐의가 밝혀져 甲은 무고죄로 공소제기되고 A는 불기소결정되었다. 甲은 제1심에서 혐의를 부인하였으나 유죄가 선고되자 제1심의 유죄판결에 대하여 양형부당을 이유로 항소하면서 항소심 제1회 공판기일에서 양형부당의 항소 취지와 무고 사실을 모두 인정한다는 취지가 기재된 항소이유서를 진술하였다면, 甲은 「형법」 제157조(자백·자수)에 따른 형의 필요적 감면 조치를 받아야 한다. (O) [21변시]

┃**유제**┃ 甲의 乙에 대한 무고죄가 성립하는 경우, 甲이 제1심에서는 이를 부인하다가 제1심 유죄판결에 대하여 항소하면서 항소심 제1회 공판기일에서 공소사실을 모두 인정한다고 진술한 때에는 그 형을 감경 또는 면제할 수 있다. (X) [19(3)모]

- 필요적 감면

형법 핵심 지문 총정리

PART 03

특별형법

제1절 도로교통법

1. '운전면허를 받지 아니하고'라는 법률문언의 통상적 의미에 '운전면허를 받았으나 그 후 운전면허의 효력이 정지된 경우'가 당연히 포함된다고는 해석하는 것은 죄형법정주의에 위반된다(대판 2011도7725).
[17변·19(3)모·15(2)모]

2. 외부차량에 대한 차단시설이 설치되어 있어 특정인이나 그와 관련된 용건이 있는 사람만 사용할 수 있고 자체적으로 관리되는 아파트 단지에서 운전면허 없이 승용차를 약 50m 운전한 경우에는 무면허운전에 해당하지 않는다. (O)
[24변시·22(2)모·19(3)모][20(2)기]

: [1] 무면허운전이 성립하기 위해서는 운전면허를 받지 않고 자동차 등을 운전한 곳이 도로에 해당해야 하고, 도로가 아닌 곳에서 운전면허 없이 운전한 경우에는 무면허운전에 해당하지 않는다.
[2] 운전면허 없이 자동차 등을 운전한 곳이 특정인이나 그와 관련된 용건이 있는 사람만 사용할 수 있고 자체적으로 관리되는 곳이라면 도로교통법에서 정한 '도로에서 운전'한 것이 아니므로 무면허운전으로 처벌할 수 없다(대판 2017도17762).
- 음주운전죄는 도로가 아닌 곳에서의 운전도 포함된다는 점과 구별요

3. 甲은 혈중알콜농도 0.1%의 상태에서 승용차를 타고 에어컨을 가동하기 위하여 시동을 걸어 놓고 잠을 자던 중 변속기를 잘못 건드려 자동차가 앞으로 약 1m 가다가 멈추었다. 도로교통법상의 음주운전죄를 구성한다. (X)
[20변시]

: '운전'은 고의의 운전행위만을 의미하므로 어떤 사람이 자동차를 움직이게 할 의도 없이 다른 목적을 위하여 자동차의 원동기의 시동을 걸었는데, 실수로 기어 등 자동차의 발진에 필요한 장치를 건드려 원동기의 추진력에 의하여 자동차가 움직이거나 또는 불안전한 주차상태나 도로여건 등으로 인하여 자동차가 움직이게 된 경우는 자동차의 운전에 해당하지 아니한다(대판 2004도1109).

4. 甲은 술에 취한 상태로 조수석에 이혼한 전처 乙을 태우고 빌린 승용차를 캠핑장에서 주차하던 중 액셀을 브레이크로 착각하고 세게 밟아 바위에 충돌하여 위 승용차 차량 뒷 범퍼가 파손되었다. 甲은 위 차량에 대한 업무상과실재물손괴로 인한 도로교통법위반의 죄책을 진다. (X)
[23변시]

: 도로교통법상 업무상과실재물손괴죄 규정의 입법취지가 도로운송에 즈음하여 차량운행과 관련없는 제3자의 재물을 보호하려는데 있으므로, 위 법조의 '그 밖의 재물' 중에는 범행의 수단 또는 도구로 제공된 차량 자체는 포함되지 아니한다고 풀이할 것이다(대판 86도620).

★
5. 자동차 운전면허 취소처분을 받은 사람이 자동차를 운전하였으나 운전면허 취소처분의 원인이 된 교통사고 또는 법규 위반에 대하여 범죄사실의 증명이 없는 때에 해당한다는 이유로 무죄판결이 확정된 경우에는 그 취소처분이 취소되지 않았더라도 도로교통법에 규정된 무면허운전의 죄로 처벌할 수는 없다(대판 2019도11826).
[22(2)기]

제2절 교통사고처리특례법

1. 교통사고로 인하여 업무상과실치상죄 또는 중과실치상죄를 범한 운전자에 대하여 피해자의 명시한 의사에 반하여 공소를 제기할 수 있는 「교통사고처리 특례법」 제3조 제2항 단서 각 호의 사유는 같은 법 제3조 제1항 위반죄의 구성요건 요소가 아니라 그 공소제기의 조건에 관한 사유이다. (O) [24(2)모]

: 따라서 단서 각 호의 사유가 경합하더라도 하나의 교통사고처리특례법위반죄가 성립할 뿐 각 호마다 별개의 죄가 성립하는 것은 아니다(대판 2011도3630).

2. 보행등이 설치되어 있지 아니한 횡단보도를 진행하는 차량의 운전자가 인접한 교차로의 차량진행신호에 따라 진행하다 교통사고를 낸 경우, 횡단보도에서의 보행자보호의무 위반의 책임을 지게 된다. (O) [08법원직]

: 비록 그 횡단보도가 교차로에 인접하여 설치되어 있고 그 교차로의 차량 신호등이 차량진행신호였다고 하더라도 이러한 경우 그 차량 신호등은 교차로를 진행할 수 있다는 것에 불과하지, 보행등이 설치되어 있지 아니한 횡단보도를 통행하는 보행자에 대한 보행자보호의무를 다하지 아니하여도 된다는 것을 의미하는 것은 아니다(대판 2003도3529).

3. 자동차의 운전자는 횡단보행자용 신호기가 설치되어 있지 않은 횡단보도를 건너는 보행자가 있을 경우에 그대로 진행하더라도 보행을 방해하지 않거나 통행에 위험을 초래하지 않을 경우를 제외하고는, 횡단보도에 먼저 진입하였는지 여부와 관계없이 차를 일시정지 하는 등의 조치를 취함으로써 보행자의 통행이 방해되지 않도록 할 의무가 있다(대판 2020도8675). [23(3)모]

4. 보행신호등의 녹색등화가 점멸되고 있는 상태에서 횡단보도에 진입한 보행자가 보행신호등이 적색등화로 변경된 후 차량신호등의 녹색등화에 따라 진행하던 차량에 충격된 경우, 횡단보도상의 사고에 해당한다. (X) [08법원직]

: 보행신호등의 녹색등화의 점멸신호 전에 횡단을 시작하였는지 여부를 가리지 아니하고 보행신호등의 녹색등화가 점멸하고 있는 동안에 횡단보도를 통행하는 모든 보행자는 도로교통법 제27조 제1항에서 정한 횡단보도에서의 보행자보호의무의 대상이 되지만,
피해자가 보행신호등의 녹색등화가 점멸되고 있는 상태에서 횡단보도를 횡단하기 시작하여 횡단을 완료하기 전에 보행신호등이 적색등화로 변경된 후 차량신호등의 녹색등화에 따라서 직진하던 피고인 운전차량에 충격된 경우에, 피해자는 신호기가 설치된 횡단보도에서 녹색등화의 점멸신호에 위반하여 횡단보도를 통행하고 있었던 것이어서 횡단보도를 통행중인 보행자라고 보기는 어렵다고 할 것이므로, 피고인에게 보행자보호의무를 위반한 잘못이 있다고는 할 수 없다(대판 2001도2939).

5. 甲은 자신의 승용차를 운행하던 중 차선변경을 하다가 전방주시의무를 게을리 한 업무상과실로 A와 B가 타고 있는 승용차를 충격하였고 피해자 A에게는 뇌손상 등의 중상해를, 피해자 B에게는 전치 2주의 상해를 입게 하였다. 乙은 혈중알코올농도 0.15%의 술에 취한 상태로 자신의 화물차를 운행하다가 전방주시의무를 게을리 한 업무상과실로 편의점 앞에 세워져 있던 피해자 C 소유의 자전거를 충격하여 수리비 30만 원 상당이 들도록 손괴하였다. 이에 관한 설명 중 옳은 것은?

[25변시]

① 하나의 교통사고로 인한 것이므로 甲에게는 더 중한 피해자 A에 대한 교통사고처리특례법위반(치상)죄만 성립하고 피해자 B에 대한 교통사고처리특례법위반(치상)죄는 이에 흡수된다.

② 甲의 승용차가 종합보험에 가입되어 있다면, 피해자 A가 甲에 대한 처벌을 원하더라도 법원은 甲에게 「형사소송법」제327조 제2호에 따라 공소기각판결을 선고하여야 한다.

③ 甲이 진로변경을 금지하는 안전표지인 백색실선을 침범하여 차선을 변경하다가 사고를 일으켰다면, 「도로교통법」은 통행금지와 진로변경금지를 구분하여 규율하고 있기 때문에, 甲의 승용차가 종합보험에 가입되어 있지 않았더라도 공소제기 후 피해자 B가 처벌을 원하지 아니한다는 의사를 표시한 경우 법원은 「형사소송법」제327조 제2호에 의하여 공소기각판결을 선고하여야 한다.

④ 乙이 경찰관의 음주측정 요구를 거부하여 음주측정거부죄로 입건된 후, 혹시 채혈을 하면 음주수치가 나오지 않을지도 모른다는 생각에 채혈을 요구하였고, 그 감정결과 혈중알코올농도가 0.15%로 판명된 것이라면, 도로교통법위반(음주운전)죄와 도로교통법위반(음주측정거부)죄는 별개로 성립하여 실체적 경합관계에 있다.

⑤ 乙의 교통사고와 관련하여, 乙의 음주운전이 인정된다면 乙의 화물차가 종합보험에 가입되어 있어도 乙의 과실재물손괴로 인한 도로교통법위반죄에 대하여 유죄판결이 선고되어야 한다.

① (×) 甲은 A에 대한 교통사고처리특례법위반(치상)죄와 B에 대한 교통사고처리특례법위반(치상)죄의 상상적 경합범의 죄책을 진다.

② (×) 사고차량이 종합보험·공제에 가입되어 있는 경우에도 교특법 제4조 제1항 단서에 해당하면 공소제기가 가능하고, 중상해가 발생한 경우는 피해자가 처벌을 불원할 때에만 공소를 제기할 수 없다. 따라서 甲의 승용차가 종합보험에 가입되어 있더라도, 중상해를 입은 피해자 A가 甲에 대한 처벌을 원한다면 공소를 제기할 수 있다.

③ (×) 진로변경을 금지하는 안전표지인 백색실선은 교특법 제3조 제2항 단서 제1호에서 정하고 있는 '통행금지를 내용으로 하는 안전표지'에 해당하지 않고, 따라서 이를 침범하여 교통사고를 일으킨 운전자의 업무상과실치상죄에 대하여는 동조항 본문의 처벌특례가 적용된다(대판(全) 2022도12175). 따라서 공소제기 후에 처벌불원의 의사를 표시를 하거나 처벌희망의 의사표시를 철회한 경우에는 형소법 제327조 제6호에 의해 공소기각의 판결을 선고하여야 한다(대판 82도2860 등).

④ (○) 주취운전과 음주측정거부의 각 도로교통법위반죄는 실체적 경합관계에 있다(대판 2004도5257).

⑤ (×) 乙의 업무상과실재물손괴죄에 대해서는 교특법 제3조 제2항 단서 및 법 제4조 제1항 단서의 적용이 없으므로, 법 제3조 제2항 및 법 제4조 제1항의 효과가 발생한다. 따라서 피해자가 처벌을 원하지 않거나 종합보험 또는 공제에 가입한 경우에는 공소를 제기할 수 없다.

답 ④

6. 택시운전사인 甲은 차량 신호등이 적색 등화임에도 횡단보도 정지선 직전에 정지하지 않고 상당한 속도로 정지선을 넘어 횡단보도에 진입하였고 횡단보도에 들어선 이후 차량 신호등이 녹색 등화로 바뀌자 교차로에 계속 직진하였다. 甲의 택시는 교차로에 진입하자마자, 사거리 교차로의 신호등이 황색 등화로 바뀐 상태를 알면서도 교차로에 진입하여 교차로를 거의 통과하였던 乙의 승용차 오른쪽 뒤 문짝 부분을 택시 앞 범퍼 부분으로 충돌하였다. 乙은 전치 2주의 상해를 입었고 乙의 승용차 뒷문이 찌그러졌으며, 甲의 택시 범퍼가 떨어졌다. [22(2)모]
① 乙은 황색 등화를 보고도 교차로 직전에 정지하지 않았으므로 신호를 위반한 과실이 있다. (O)

: 차량이 교차로에 진입하기 전에 황색의 등화로 바뀐 경우에는 차량은 정지선이나 교차로의 직전에 정지하여야 하며, 차량의 운전자가 정지할 것인지 또는 진행할 것인지 여부를 선택할 수 없다(대판 2006도3657 등 참조).

7. ② 교통사고에 의해 乙의 승용차 뒷문이 찌그러뜨린 손괴에 대해서는 신호를 위반하였더라도 교통사고처리특례법의 반의사불벌죄 규정은 적용된다. (O)

: 차의 교통으로 도로교통법 제151조의 죄(업무상과실재물손괴죄 또는 중과실재물손괴죄)를 범한 운전자는 법 제3조 제2항 단서의 제한을 받지 않고 반의사불벌 규정인 제2항 본문이 적용되므로 항상 피해자의 명시적인 의사에 반하여 공소를 제기할 수 없다.

제3절 특정범죄 가중처벌 등에 관한 법률

1. 甲은 제한속도를 지키면서 운전하던 중 육교 밑에서 갑자기 뛰어나와 무단횡단을 하던 A(35세)를 충격하였다. 甲은 자신은 잘못한 일이 없으니 그냥 가도 괜찮다고 생각하면서 계속 운전하였고 A는 결국 사망하였다. 甲에게 신뢰의 원칙이 적용될 경우, 甲이 도주하였다고 하더라도 특정범죄가중처벌등에관한법률위반(도주치사)죄는 성립하지 않고, 도로교통법위반(사고후미조치)에 해당한다. (O) [24(2)모]

: 도주차량죄가 성립하기 위하여는 운전자가 형법 제268조의 죄(업무상과실치사상죄)를 범하여야 하므로, 과실 없이 사람을 상해에 이르게 한 운전자가 도로교통법 제54조 제1항에 따른 조치를 하지 아니하고 도주하더라도 사고후미조치죄의 죄책을 질 뿐 본죄는 성립할 여지가 없다(대판 91도711).

그러나 도로교통법이 규정한 교통사고발생시의 구호조치의무 및 신고의무는 교통사고를 발생시킨 당해 차량의 운전자에게 그 사고발생에 있어서 고의, 과실 혹은 유책, 위법의 유무에 관계없이 부과된 의무이므로(대판 2000도1731), 추돌사고에 과실이 없는 경우라도 甲이 아무런 조치 없이 사고현장을 떠났다면 사고후미조치죄가 성립한다.

2. 甲은 왕복 4차선 도로에서 승용차를 운전하여 가던 중 전방주시를 태만히 하여 앞에서 달리던 A의 경차를 추돌하였다. 이 사고로 A의 차량이 전복되고 A는 전치 6주의 상해를 입었다. 사법경찰관 P는 현장에 출동하여 실황조사서를 작성하였다. 사고 후 甲이 A를 병원으로 후송하기는 하였으나 P에게 사고사실을 부인하고 자신을 목격자라고 하면서 참고인조사를 받고 귀가하였다면 도주치상죄가 성립한다. (O) [20(2)모]

: 교통사고 야기자가 피해자를 병원에 후송하기는 하였으나 조사 경찰관에게 사고사실을 부인하고 자신을 목격자라고 하면서 참고인 조사를 받고 귀가한 경우, 특가법 제5조의3 제1항 소정의 '도주'에 해당한다(대판 2002도5748).

3. 甲은 음주운전 전력으로 자동차 운전면허가 취소된 상태에서, 혈중알코올농도 0.15%의 술에 취하여 정상적인 운전이 곤란한 상태에서 자신의 승용차를 운전하여 가던 중, 전방에 신호대기로 정차하고 있던 A가 운전하는 화물차의 뒷부분을 들이받아 그 충격으로 A에게 약 2주간의 치료를 요하는 상해를 입게 하고, 위 화물차의 수리비가 150만 원이 들도록 손괴하였다. [21변시]

① 甲이 범한 도로교통법위반(음주운전)죄와 도로교통법위반(무면허운전)죄는 상상적 경합관계에 있다(대판 86도2731). [24변시·24(3)모]

② 甲이 정상적인 운전이 곤란한 상태가 아니었다면, 甲이 범한 도로교통법위반(무면허운전 및 음주운전)죄와 교통사고처리특례법위반(치상)죄는 실체적 경합관계에 있다(대판 72도2001). [22(3)모]

▮유제▮ 甲은 특가법위반(위험운전치사상)죄와 도로교통법위반(음주운전)죄의 실체적 경합범에 해당한다. (O) [23변시]

▮유제▮ 음주로 인한 특가법위반(위험운전치사상)죄는 도로교통법 위반(음주운전)죄를 기본범죄로 하는 결과적 가중범으로 그 행위유형과 보호법익을 모두 포함하고 있으므로 특가법위반(위험운전치사상)죄가 성립하면 도로교통법 위반(음주운전)죄는 이에 흡수된다. (X) [20(3)모]

4. ③ 甲의 행위에 대하여 특가법위반(위험운전치상)죄가 성립되는 경우, 교통사고처리특례법위반(치상)죄는 그 죄에 흡수되어 별죄를 구성하지 아니한다(대판 2008도9182). [22변시·24(1)모·22(3)모·16(3)모]

▮유제▮ 甲은 교통신호를 위반하여 차량을 운행한 과실로 맞은 편 차로에서 진행하여 오던 자동차와 충돌하여 그 자동차의 운전자인 A로 하여금 치료일수 2주를 요하는 상해를 입혔다. 만약 甲이 A가 운전하던 자동차와 충돌할 때 음주하여 정상적인 운전이 곤란한 상태였던 경우라면, 甲에게는 특가법위반(위험운전치상)죄 외에 교특법위반(업무상과실치상)죄도 성립하며, 이들 범죄는 실체적 경합관계에 있다. (X) [21변시·16(1)모·14(3)모]

5. ④ 甲이 사고 후 「도로교통법」 제54조 제1항의 조치를 취하지 아니하고 도주하여 특가법위반(도주치상)죄와 도로교통법위반(사고후미조치)죄가 성립하는 경우, 위 두 죄는 상상적 경합관계에 있다(대판 93도49).

⑤ 甲에게는 특가법위반(위험운전치상)죄와 업무상과실 재물손괴로 인한 도로교통법위반죄가 성립하고, 두 죄는 상상적 경합관계에 있다(대판 2009도10845). [22(3)모]

6. 운전면허가 취소된 甲은 술에 취하여 혈중알코올농도 0.10% 상태에서 승용차를 운전하여 가던 중 불법 좌회전을 하다가, 甲의 차량 후방 50m에서 따라오던 차량이 중앙선을 넘어 甲의 차량 좌측으로 돌진하여 이와 충돌하였다. 이 충돌로 후행차량 운전자 A가 약 4주간의 치료를 요하는 상해를 입게 되었다. 甲은 A를 구호하는 등의 조치를 취하지 않고 그대로 도주하였다. 甲에게는 특정범죄가중처벌등에관한법률위반(도주치상)죄와 도로교통법위반(사고후미조치)죄가 성립하고, 후자의 죄는 전자의 죄에 법조경합으로 흡수된다. (X) [24(3)모]

: 피고인이 좌회전 금지구역에서 좌회전한 것은 잘못이나 이러한 경우에도 피고인으로서는 50여 미터 후방에서 따라오던 후행차량이 중앙선을 넘어 피고인 운전차량의 좌측으로 돌진하는 등 극히 비정상적인 방법으로 진행할 것까지를 예상하여 사고발생 방지조치를 취하여야 할 업무상 주의의무가 있다고 할 수는 없다(대판 95도1200). 사안에서 甲에게 업무상과실치상죄가 성립하지 않으므로, 이를 내용으로 하는 특가법위반(도주치상)죄는 성립하지 않는다. 따라서 사고후미조치죄만 성립한다.

350 PART 03. 특별형법

> [사례문제 기출례] 도주차량죄 성부 [16변사, 21·19모사 등]

7. 甲은 승용차를 운전하여 가던 중 전방주의의무를 게을리 하다가 인근 고등학교로 등교하던 학생들 중의 한 명인 乙(17세)과 충돌하였다. 甲이 여러 차례 병원에 가자고 하였으나 乙은 괜찮다고 하면서 이를 거부한 채 주변의 여러 사람이 보는 가운데 친구들과 함께 절뚝거리면서 걸어가 먼저 사고현장을 떠났다. 甲에게는 특가법위반(도주차량)죄가 성립하지 않는다. (O) [21(3)모]

: 만 14세의 피해자가 사고 직후 여러 차례에 걸친 피고인의 병원에 가자는 제의에 대해 피해자는 괜찮다고 이를 거절하면서 친구들과 절뚝거리면서 걸어간 점 이외에는 별다른 외상을 발견할 수 없었고, 사고 당시 다수의 목격자가 있어 피고인이 교통사고를 야기한 후 도주할 상황이었다고 보기는 어려운 경우에는 설령 피고인이 피해자에게 아무런 연락처를 남기지 않았다고 하더라도 이 점을 들어 피고인에게 이 사건 교통사고를 야기한 후 도주한다는 범의가 있었다고 보기는 어렵다 할 것이다(대판 2005도1483).

8. 특정범죄가중처벌등에관한법률위반(도주차량)죄에 관한 설명 중 옳지 않은 것은? (다툼이 있는 경우 판례에 의함) [16변시]

① 사고운전자가 사고 후 피해자 일행에게 자신의 인적사항을 알려주었고 근처에 있던 택시기사에게 피해자를 병원으로 이송해줄 것을 부탁하였다면, 피해자의 병원 이송 및 경찰관의 사고현장 도착 이전에 사고운전자가 사고현장을 이탈하였더라도 특가법위반(도주차량)죄가 인정되지 않는다. (X)
② 사고운전자가 사고 후 주변사람의 신고로 도착한 구급차에 올라타서 피해자와 함께 병원에 동행하면서 사고와 무관한 사람인 것처럼 행세하였지만 1시간 가량 경과 후 자신의 잘못을 인정하고 가해자임을 밝혔다면, 특가법위반(도주차량)죄가 인정되지 않는다(대판 2003도8125).
③ 운전자가 11세인 피해자의 왼쪽 손부분 등을 차로 들이받아 땅바닥에 넘어뜨려 약 1주일간의 치료를 요하는 상해를 입게 한 사건에서, 스스로 자기 몸의 상처가 어느 정도인지 충분히 파악하기에는 나이어린 피해자가 집으로 혼자 돌아갈 수 있느냐는 질문에 "예"라 답했다는 이유만으로 아무런 보호조치도 없는 상태에서 피해자를 그냥 돌아가게 했다면 도주에 해당한다(대판 96도1461).
④ 자동차 운전자가 업무상 과실로 동시에 수인을 사상케 하고 도주한 경우, 특가법위반(도주차량)죄는 피해자별로 수죄가 성립하며 이러한 수죄는 상상적 경합관계에 있다(대판 2001도6408).

① 피해자의 병원이송 및 경찰관의 사고현장 도착 이전에 사고 운전자가 사고현장을 이탈하였다면, 이탈 전에 부근의 택시 기사에게 피해자를 병원으로 이송하여 줄 것을 요청하였으나 경찰관이 온 후 병원으로 가겠다는 피해자의 거부로 피해자가 병원으로 이송되지 아니한 사정이 있고, 그 후 피해자가 택시를 타고 병원에 이송되어 치료를 받았다고 하더라도 운전자는 피해자에 대한 적절한 구호조치를 취하지 않은 채 사고현장을 이탈하였다고 할 것이어서, 설령 운전자가 사고현장을 이탈하기 전에 피해자의 동승자에게 자신의 신원을 알 수 있는 자료를 제공하였다고 하더라도 도주한 때에 해당한다(대판 2004도250). 답 ①

9. 甲은 혈중알코올농도 0.12%의 술에 취한 상태로 승용차를 운전하다가 편도 2차선 도로에서 중앙선을 침범한 과실로 다른 승용차를 충격하여 상대 차량 운전자인 A에게 상해를 입혔다. 만약 甲이 위 혈중알코올농도(0.12%)에도 불구하고 교통사고 당시 음주의 영향으로 정상적인 운전이 곤란한 상태였음이 인정되지 않고, 수사기관에 피해자 A의 甲에 대한 처벌불원서가 제출되었다면, 검사는 교통사고처리특례법위반(치상)의 점에 대하여는 공소를 제기할 수 없다. (X) [23변시]

: 교통사고처리특례법은 차의 교통으로 제1항의 죄 중 업무상과실치상죄를 범한 운전자에 대하여는 피해자의 명시적인 의사에 반하여 공소를 제기할 수 없도록 하면서(동법 제3조 제2항), 동조항 단서에서 중앙선침범사고(제2호), 음주운전사고(제8호) 등의 경우에는 피해자의 명시적인 의사에 반하여 공소를 제기할 수 있게 하였다.

★ 사례문제 기출례 동승자의 도주차량죄 공동정범 성립요건 [21·13모사]

10. 동승자가 교통사고 후 운전자와 공모하여 운전자의 도주행위에 적극 가담하였는데 동승자에게 교통사고에 대하여 과실범의 공동정범을 부담시킬 수 있는 경우, 동승자를 특가법위반(도주치사상)죄의 공동정범으로 처벌할 수 있다. (O)   [21(2)모·16(3)모]

: 운전자 아닌 동승자가 교통사고 후 운전자와 공모하여 운전자의 도주행위에 가담하였다 하더라도, 동승자에게 과실범의 공동정범의 책임을 물을 수 있는 특별한 경우가 아닌 한, 특가법위반(도주차량)죄의 공동정범으로 처벌할 수 없다(대판 2007도2919).

★ 사례문제 기출례 위험운전치사상죄 [14변사, 22·19모사 등] : 전방주시능력, 운동능력 저하되고, 판단력 흐려져 주의의무 다할 수 없거나, 기계장치 조작방법 준수하지 못하게 되는 경우 성립

11. 음주로 인한 특정범죄가중처벌등에관한법률위반(위험운전치사상)죄는 도로교통법위반(음주운전)죄의 경우와는 달리 형식적으로 혈중알코올농도의 법정 최저기준치를 초과하였는지 여부와는 상관없이 운전자가 '음주의 영향으로 실제 정상적인 운전이 곤란한 상태'에 있어야만 한다(대판 2008도7143).   [24(2)모]

12. 甲은 만취하여 정상적인 운전이 곤란한 상태로 도로에서 자동차를 운전하다가 과실로 보행자를 들이받아 그를 사망케 하고 자신은 그 충격으로 기절하였다. 甲은 특정범죄가중처벌등에관한법률위반(위험운전치사상)죄와 도로교통법위반(음주운전)죄의 실체적 경합범에 해당한다. (O)   [23변시·24(1)(2)모]

: 음주로 인한 특가법위반(위험운전치사상)죄와 도로교통법위반(음주운전)죄는 입법 취지와 보호법익 및 적용영역을 달리하는 별개의 범죄이므로, 두 죄는 실체적 경합관계에 있다(대판 2008도7143).   [12변시·20(3)모]

13. 부동산중개업자인 甲은 토지개발사업 시행자인 A에게 '공무원 K를 통해 사업인허가를 받도록 도와주겠다'고 제의하면서 금품을 요구하였고, A로부터 7억 원을 송금받았다. 甲은 형법상 알선수뢰죄에 해당하나, 특별법우선의 원칙에 따라 특가법위반(알선수뢰)죄로 처벌된다. (X)   [21(3)모]

: 형법 및 특가법상 알선수뢰죄는 공무원이 그 지위를 이용하여 다른 공무원의 직무에 속한 사항의 알선에 관하여 뇌물을 수수, 요구 또는 약속한 때에 성립하므로 공무원이 아닌 자는 위 두 죄 모두 범할 수 없다.

14. 甲은 친구 乙에게 뇌물 3,000만 원을 공무원 丙에게 전달해 달라며 교부하였다. 甲은 특가법에 의하여 처벌된다. (X)   [22(1)모·20(3)모]

: 뇌물공여죄(제133조 제1항)와 증뢰물전달죄(제133조 제2항)에는 특가법 제2조가 적용되지 않으므로 뇌물로 공여한 액수나 뇌물에 공할 목적으로 교부받은 액수가 3,000만 원 이상일 경우에도 뇌물공여자나 전달자는 특가법에 의해 가중처벌되지 않는다.

15. 형법 제131조(수뢰후부정처사) 제1항은 공무원 또는 중재인이 형법 제129조(수뢰), 제130조(제3자뇌물제공)의 죄를 범한 후에 부정한 행위를 한 때에 가중처벌한다는 규정이므로, 형법 제131조 제1항의 죄를 범한 자는 특가법 제2조 제1항 소정의 형법 제129조, 제130조에 규정된 죄를 범한 자에 해당된다(대판 2003도8077).   [21(1)사]

16. 「특가법」 제5조의10 제2항은 운전자에 대한 폭행·협박으로 인하여 교통사고의 발생 등과 같은 구체적 위험을 초래하는 중간 매개원인이 유발되고 그 결과로서 불특정 다중에게 상해나 사망의 결과를 발생시킨 경우에만 적용될 수 있을 뿐, 교통사고 등의 발생 없이 직접적으로 운전자에 대한 상해의 결과만을 발생시킨 경우에는 적용되지 아니한다. (X) [16변시]

: 운행 중인 자동차의 운전자를 폭행하거나 협박하여 운전자나 승객 또는 보행자 등을 상해나 사망에 이르게 하였다면 이로써 특가법 제5조의10 제2항의 구성요건을 충족한다고 봄이 타당하다(대판 2014도13345).

17. 특가법 제5조의4 제5항 제1호에서 정한 '징역형'에는 절도의 습벽이 인정되어 형법 제329조부터 제331조까지의 죄 또는 그 미수죄의 형보다 가중 처벌되는 형법 제332조의 상습절도죄로 처벌받은 전력도 포함된다. (O) [22·21법행]

: 이 사건 처벌규정(특가법 제5조의4 제5항 제1호)은 '형법 제329조부터 제331조까지의 죄 또는 그 미수죄로 세 번 이상 징역형을 받은 사람이 다시 이들 죄를 범하여 누범으로 처벌하는 경우에는 2년 이상 20년 이하의 징역에 처한다.'고 규정하고 있는데, 이 사건 처벌규정에서 정한 '징역형'에는 절도의 습벽이 인정되어 형법 제329조부터 제331조까지의 죄 또는 그 미수죄의 형보다 가중 처벌되는 형법 제332조의 상습절도죄로 처벌받은 전력도 포함되는 것으로 해석해야 한다(대판 2021도1349).

제4절 폭력행위 등 처벌에 관한 법률

1. ① 「폭력행위 등 처벌에 관한 법률」 제2조 제2항의 '2인 이상이 공동하여 상해 또는 폭행의 죄를 범한 때'라 함은 수인이 동일 장소에서 동일 기회에 범행을 한 경우이면 족하고, 수인 사이에 범죄에 공동 가공하여 이를 공동으로 실현하려는 의사의 결합이 있어야 하는 것은 아니다. (X) [16변시]

② 주점 지배인 甲이 종업원 乙, 丙과 함께 단골손님 A로부터 신용카드를 갈취해 현금을 인출하기로 모의하였고, 甲의 지시를 받은 乙과 丙은 늦은 저녁 한적한 골목길에서 A로부터 신용카드를 갈취하고 비밀번호를 알아내 甲이 일러준 편의점 현금자동지급기에서 300만 원의 예금을 인출하였으며, 이를 甲, 乙, 丙 각자 100만 원씩 분배하였다면, 범죄 장소에 가지 않은 甲에게 폭력행위처벌등에관한법률위반(공동공갈)의 공동정범은 인정될 여지가 없다. (X) [23변시]

: [1] 폭처법 제2조 제2항의 '2인 이상이 공동하여 죄를 범한 때'라고 함은 그 수인 간에 소위 공범관계가 존재하는 것을 요건으로 하고, 수인이 동일 장소에서 동일 기회에 상호 다른 자의 상해 또는 폭행 범행을 인식하고 이를 이용하여 범행을 한 경우임을 요하며, 범죄에 공동 가공하여 이를 공동으로 실현하려는 의사의 결합이 있어야 할 것이다(대판 2013도4430).
[2] 여러 사람이 폭처법 제2조 제1항에 열거된 죄를 범하기로 공모한 다음 그 중 2명 이상이 범행장소에서 범죄를 실행한 경우에는 범행장소에 가지 아니한 자도 같은 법 제2조 제2항에 규정된 죄의 공모공동정범으로 처벌할 수 있다(대판 96도2529 등). [21(3)모]   답 ×, ×

▮유제▮ 만일 甲이 조직원 乙과 丙에게 시위대의 주모자인 A의 집에 미리 가서 A가 시위참여로 집을 비운 틈을 타 시위착수금 2,000만 원을 훔쳐오라고 하면서 A의 집의 내부구조와 출입문의 비밀번호 등을 알려주었고 乙과 丙이 집에 도착해 丙이 집 앞에서 망을 보는 사이 乙이 현금을 훔쳐서 나온 경우 甲은 특수절도죄(형법 제331조 제2항)의 공동정범이 인정된다고 하더라도 폭처법위반(공동주거침입)죄의 공동정범은 성립하지 않는다. (X) [21(3)모]

2. 중학교 2학년인 甲, 乙, 丙은 평소 동급생들을 폭행하여 돈을 빼앗아 오던 중, 자신들의 단톡방을 통해 甲은 丙에게 "싸워서라도 A에게 돈을 받아내라"라고 하고 乙도 丙에게 "무조건 고개를 낮추고 싸워, 영상으로 찍을 거니까 너가 이겨야 돼"라고 말하였다. 이에 丙은 등교 중인 A를 근처 골목으로 끌고 가 폭행하였으며, 甲은 이 모습을 옆에서 지켜보았고, 乙은 이를 영상으로 촬영한 후 "찌질이 A"라는 제목으로 학교 홈페이지에 게시하였다.
그 후 A는 이미 甲, 乙, 丙이 자신에게 진심으로 사과하였고 전학도 이루어졌기 때문에 더 이상 분란을 만들고 싶지 않아 경찰서에 출석하여 "甲, 乙, 丙의 처벌을 원하지 않는다"고 말하였다. 甲, 乙, 丙의 행위는 「폭력행위 등 처벌에 관한 법률」상 '2인 이상이 공동으로 폭행의 죄를 범한 때'라고 하는 구성요건을 충족한다. (X) [24(2)모]

: [1] 폭처법 제2조 제2항 제1호의 '2명 이상이 공동하여 폭행의 죄를 범한 때'란 수인 사이에 공범관계가 존재하고, 수인이 동일 장소에서 동일 기회에 상호 다른 자의 범행을 인식하고 이를 이용하여 폭행의 범행을 한 경우임을 요한다. 따라서 폭행 실행범과의 공모사실이 인정되더라도 그와 공동하여 범행에 가담하였거나 범행장소에 있었다고 인정되지 아니하는 경우에는 공동하여 죄를 범한 때에 해당하지 않고, [19변시]
[2] 여러 사람이 공동하여 범행을 공모하였다면 그 중 2인 이상이 범행장소에서 실제 범죄의 실행에 이르렀어야 나머지 공모자에게도 공모공동정범이 성립할 수 있을 뿐이다(대판 2023도6355).
[3] 사안에서 피고인들 상호 간에 공동으로 피해자를 폭행하자는 공동가공의 의사를 인정할 증거가 없고, 피고인들 중 1인만 실제 폭행의 실행행위를 하였고 나머지는 이를 인식하고 이용하여 피해자의 신체에 대한 유형력을 행사하는 폭행의 실행행위에 가담한 것이 아니라 단순히 지켜보거나 동영상으로 촬영한 것에 불과하여 2명 이상이 공동하여 피해자를 폭행한 경우 성립하는 폭력행위처벌법위반(공동폭행)죄의 죄책을 물을 수 없다(대판 2023도6355).

3. 甲, 乙, 丙은 A에 대한 폭행을 공모한 후, 이에 따라 乙과 丙은 A를 집 앞으로 불러내어 함께 폭행하고 乙은 폭행 중 A의 모습을 휴대전화기로 촬영하였으며, 甲은 언제든 乙과 丙을 태우고 도주할 수 있도록 A의 집에서 멀리 떨어진 공원에서 차량을 대기하고 있었다. 乙과 丙은 폭력행위등처벌에관한법률위반(공동폭행)죄의 죄책을 지고, 甲은 폭력행위등처벌에관한법률위반(공동폭행)죄의 공모공동정범의 죄책을 진다. (O) [24(3)모]

: 사안에서 乙과 丙은 양인 사이에 공범관계가 존재하고, 동일 장소에서 동일 기회에 상호 다른 자의 범행을 인식하고 이를 이용하여 폭행의 범행을 한 경우이므로 공동폭행죄의 죄책을 진다. 그러나 甲은 乙 및 丙과 공모사실은 인정되지만 범행장소에 있지 아니하였으므로 공동폭행에 해당하지 않고 공동폭행죄의 공모공동정범이 성립할 수 있을 뿐이다.

4. 甲과 乙이 A의 택시 운행을 방해할 목적으로 A를 폭행한 사실이 인정되어 甲과 乙의 행위가 업무방해죄를 구성한다면, 그 폭행이 경미하지 않더라도 업무방해죄 일죄만이 성립하고 별도로 폭력행위등처벌에관한법률위반(공동폭행)죄는 성립하지 않는다. (X) [24(2)모]

: 피고인들의 공동폭행이라는 1개의 행위가 폭력행위 등 처벌에 관한 법률 위반(공동폭행)죄와 업무방해죄의 구성요건을 충족하는 경우에 해당한다 할 것이어서 양 죄는 상상적 경합의 관계에 있다(대판 2012도1895).

5. 2인 이상이 공동으로 폭행죄를 범하여 폭처법위반(공동폭행)죄로 처벌되는 경우 피해자의 명시한 의사에 반하여 공소를 제기할 수 없다는 형법 제260조 제3항은 적용되지 않는다(동법 제2조 제4항).

[13변시 · 24(2)모 · 23(3)모]

6. 폭처법 제4조 제1항 소정의 단체 등의 구성죄는 같은 법에 규정된 범죄를 목적으로 한 단체 또는 집단을 구성함으로써 즉시 성립하고 그와 동시에 완성되는 즉시범이라 할 것이므로, 피고인이 범죄단체를 구성하기만 하면 위 범죄가 성립하고 그와 동시에 공소시효도 진행된다(대판 2013도6401). [19변시]

7. 폭처법 제4조 제1항에서 규정한 범죄단체 구성원으로서의 '활동'의 개념은 추상적이고 포괄적이므로 명확성의 원칙에 반한다. (X) (대판 2008도1857) [19(3)모]

8. "정당한 이유 없이 이 법에 규정된 범죄에 공용될 우려가 있는 흉기나 그 밖의 위험한 물건을 휴대하거나 제공 또는 알선한 사람"을 처벌하는 폭처법 제7조는 대상범죄인 "이 법에 규정된 범죄"의 예비죄로서의 성격을 지니고 있다(대판 2017도15914). [21(2)모]

제5절 특정경제범죄 가중처벌 등에 관한 법률

1. 투자금을 교부받더라도 투자원금 반환 및 투자수익금 지불의 의사가 없는 甲은 이러한 사실을 숨기고 중국인 투자자 A로부터 투자금 3억 원을 교부받아 1개월 후 투자금 3억 원과 그에 대한 수익금 3천만 원을 A에게 반환하였다가 재투자 받는 방식으로 A로부터 다시 3억 원을 교부받았다.
   ① 특정경제범죄가중처벌등에관한법률위반(사기)죄의 이득액은 양형참작 사유가 아니라 구성요건의 일부로 보아야 한다. (O)
   ② 甲에 대한 특정경제범죄가중처벌등에관한법률위반(사기)죄의 성립과 관련하여 甲이 A에게 반환한 투자원금 3억 원 및 투자수익금 3천만 원은 이득액 산정에서 공제하지 않는다. (O) [23(3)모]

   ① 특경가법 제3조 제1항은 사기 등의 범죄행위로 인하여 취득한 재물 또는 재산상 이익의 가액이 5억 원 이상일 때를 가중처벌하는바, 여기서 이득액이 5억 원 이상 등이라는 사실은 본죄의 구성요건의 일부에 해당한다(대판(全) 2005도7288).
   ② 피고인이 원금 및 수익금을 제대로 지불하여 줄 의사나 능력 없이 피해자들로부터 투자금을 교부받아 이를 편취하였다면 그 투자금을 교부받을 때마다 각별로 사기죄가 성립하는 것이므로, 교부받은 투자금을 피해자들에게 반환하였다가 다시 그 돈을 재투자받는 방식으로 계속적으로 투자금을 수수하였다면 그 각 편취범행으로 교부받은 투자금의 합계액이 특경가법 제3조 제1항 소정의 이득액이 되는 것이지, 반환한 원금 및 수익금을 공제하여 이득액을 산정해야 하는 것은 아니다(대판 2006도1614). 답 ○, ○

★
2. 乙은 영업이 제대로 이루어지지 않아 자신의 건물을 담보로 X은행에서 3억 원의 대출을 받고, 채권최고액 3억 6천만 원의 근저당권을 설정해주었다. 그럼에도 영업이 나아질 기미가 없자 A에게 건물을 5억 원에 매각하기로 약정하고 계약금과 중도금을 받았다. 이후 乙 건물 인근에 도로확충개발 소문이 돌자 B가 시가 상당액인 7억 원에 건물을 매입하겠다고 하여, 乙은 B에게 매매대금을 받고 소유권이전등기를 해주었다. 乙에게는 A에 대한 특정법위반(배임)죄가 성립한다. (X) [22변시][20(2)기]

: 특정법 제3조 제1항의 적용을 전제로 하여 이중매매 대상이 된 부동산 가액을 산정하는 경우, 부동산에 아무런 부담이 없는 때에는 부동산 시가 상당액이 곧 가액이라고 볼 것이지만, 부동산에 근저당권설정등기가 경료되어 있거나 압류 또는 가압류 등이 이루어진 때에는 특별한 사정이 없는 한 아무런 부담이 없는 상태의 부동산 시가 상당액에서 근저당권의 채권최고액 범위 내에서 피담보채권액, 압류에 걸린 집행채권액, 가압류에 걸린 청구금액 범위 내에서 피보전채권액 등을 뺀 실제 교환가치를 부동산 가액으로 보아야 한다(대판 2011도1651).
따라서 사안에서 乙이 배임으로 취득한 이득액은 부동산 시가 7억에서 피담보채권액 3억을 뺀 4억이 되므로 5억이 되지 않아 乙에게 특경법위반(배임)죄는 성립할 수 없다.

3. 甲은 급하게 돈이 필요하여 그가 소유한 시가 7억 원의 아파트를 丁에게 6억 원에 매도하기로 하고 丁으로부터 계약금과 중도금 합계 1억 5,000만 원을 지급받았다. 그 소식을 들은 乙은 甲에게 "아파트를 너무 싸게 판 것 같은데, 내 친구 丙이 시세에 따라 매수한다고 하니 丙에게 매도를 하라."고 제안하고 수차례 설득한 끝에 甲은 丙에게 위 아파트를 매도하고 소유권이전등기를 마쳐 주었다. 만약 甲과 丁 사이의 위 매매계약이 체결되기 전에 위 아파트에 대하여 근저당권자 A의 근저당권설정등기(채권최고액 1억 7,000만 원, 피담보채권액 1억 5,000만 원) 및 채권자 B의 부동산가압류등기(청구금액 5,000만 원, 피보전채권액 3,000만 원)가 설정되어 있었다면, 「특정경제범죄 가중처벌 등에 관한 법률」 제3조 제1항은 적용되지 않는다. (X) [25변선]

: 판례에 따르면 甲이 이중매매의 배임죄로 취득한 재산가액은 아파트 시가 7억 원에서 A에 대한 근저당권의 채권최고액 범위 내에서 피담보채권액 1억 5,000만 원과 B의 가압류에 걸린 청구금액 범위 내에서 피보전채권액 3,000만 원을 뺀 실제 교환가치인 5억 2,000만 원이 된다. 따라서 甲이 배임죄를 통하여 취득한 재산가액이 5억 원을 초과하므로 「특정경제범죄 가중처벌 등에 관한 법률」 제3조 제1항이 적용된다.

제6절 성폭력처벌법 / 아청법

1. 甲이 새벽에 귀가하는 A(25세, 여)를 발견하고는 강간하기로 마음먹고, A를 따라가 A가 거주하는 아파트 엘리베이터를 같이 탄 뒤 엘리베이터 안에서 주먹으로 A의 얼굴을 수회 때려 반항을 억압한 후 A를 끌고 엘리베이터에서 내린 다음 아파트 계단에서 A를 간음하고 그로 인하여 A에게 상해를 가한 경우, 아파트의 엘리베이터, 공용계단은 특별한 사정이 없는 한 주거침입죄의 객체인 '사람의 주거'에 해당하므로 甲에게는 성폭력처벌법위반(강간등상해)죄가 성립한다. (O) [19변시 · 19(3)모]

: 다가구용 단독주택이나 다세대주택 · 연립주택 · 아파트 등 공동주택 안에서 공용으로 사용하는 엘리베이터, 계단과 복도는 특별한 사정이 없는 한 주거침입죄의 객체인 '사람의 주거'에 해당하고, 위 장소에 거주자의 명시적, 묵시적 의사에 반하여 침입하는 행위는 주거침입죄를 구성한다(대판 2009도3452).

★★ 사례문제 기출례 주거침입강간등죄 [21변사, 24 · 23 · 19모사 등]

2. 주거침입강간죄 등은 사람의 주거 등을 침입한 자가 피해자를 간음 등 성폭력을 행사한 경우에 성립하는 것으로서, 주거침입죄를 범한 후에 사람을 강간하는 등의 행위를 하여야 하는 일종의 신분범이며, 따라서 그 실행의 착수시기는 주거침입 행위 후 강간죄의 실행행위에 나아간 때이다. (O) [24(2) · 23(3)모 · 22법행]

[1] 주거침입강제추행죄 및 주거침입강간죄 등은 사람의 주거 등을 침입한 자가 피해자를 간음, 강제추행 등 성폭력을 행사한 경우에 성립하는 것으로서, 주거침입죄를 범한 후에 사람을 강간하는 등의 행위를 하여야 하는 일종의 신분범이고, 선후가 바뀌어 강간죄 등을 범한 자가 그 피해자의 주거에 침입한 경우에는 이에 해당하지 않고 강간죄 등과 주거침입죄 등의 실체적 경합범이 된다.
[2] 그 실행의 착수시기는 주거침입 행위 후 강간죄 등의 실행행위에 나아간 때이다. 한편, 강간죄는 사람을 강간하기 위하여 피해자의 항거를 불능하게 하거나 현저히 곤란하게 할 정도의 폭행 또는 협박을 개시한 때에 그 실행의 착수가 있다고 보아야 할 것이지, 실제 간음행위가 시작되어야만 그 실행의 착수가 있다고 볼 것은 아니다. 유사강간죄의 경우도 이와 같다(대판 2020도17796).
☞ 피해자를 주점의 여자화장실로 끌고 가 여자화장실의 문을 잠근 후 강제로 입맞춤을 하고 유사강간하려고 하였으나 미수에 그친 경우라면 피고인은 여자화장실에 들어가기 전에 이미 유사강간죄의 실행행위에 착수하였으므로 구 「성폭력범죄의 처벌 등에 관한 특례법」위반(주거침입유사강간)죄를 범할 수 있는 지위 즉, '주거침입죄를 범한 자'에 해당되지 아니한다.

3. 甲, 乙, 丙이 사전의 모의에 따라 강간할 목적으로 심야에 인가에서 멀리 떨어져 있어 쉽게 도망할 수 없는 야산으로 피해자 A, B, C를 유인한 다음 곧바로 암묵적인 합의에 따라 각자 마음에 드는 피해자 1명씩만을 데리고 불과 100m 이내의 거리에 있는 곳으로 흩어져 동시 또는 순차적으로 피해자들을 각각 강간하였다면, 甲에게는 A, B, C 모두에 대한 성폭력처벌법상의 특수강간죄가 성립한다(대판 2004도2870). [13변시]

4. 성폭력처벌법 제5조 제1항에 따라 가중처벌되는 친족강간죄의 친족에는 법률상 혼인에 의한 친족만 포함되며, 사실상의 관계에 의한 친족은 포함되지 않는다. (X) [19(3)모]

: 제1항부터 제3항까지의 친족은 사실상의 관계에 의한 친족을 포함한다(성폭력처벌법 제5조 제5항).

5. 성폭력처벌법 제6조는 신체적인 장애가 있는 사람에 대하여 강간의 죄를 범한 사람을 처벌하고 있다. 여기서 규정하는 '신체적인 장애'라 함은 객관적으로 보아 피해자의 인지능력, 항거능력 또는 대처능력 등이 비장애인보다 상대적으로 낮아서 피해자의 성적 자기결정권 행사를 특별히 보호해야 할 필요가 있을 정도의 신체적인 장애를 의미한다. (X) [21법행]

: [1] 성폭력처벌법 제6조에서 규정하는 '신체적인 장애가 있는 사람'이란 '신체적 기능이나 구조 등의 문제로 일상생활이나 사회생활에서 상당한 제약을 받는 사람'을 의미(피해자의 성적 자기결정권 행사를 특별히 보호해야 할 필요가 있을 정도의 신체적 또는 정신적인 장애가 있을 것은 불요)한다고 해석할 수 있다.
[2] 아울러 본 죄가 성립하려면 행위자도 범행 당시 피해자에게 이러한 신체적인 장애가 있음을 인식하여야 한다(대판 2016도4404). [22법행]

6. 성폭력처벌법 제6조에서 정하는 '정신적인 장애가 있는 사람'이란 '정신적인 기능이나 손상 등의 문제로 일상생활이나 사회생활에서 상당한 제약을 받는 사람'을 가리켜. 따라서 장애인복지법에 따른 장애인 등록을 하지 않았다거나 그 등록기준을 충족하지 못하더라도 여기에 해당할 수 있다(대판 2021도9051). [22법행]

7. 병원 응급실에서 당직 근무를 하던 의사가 경미한 상처를 입고 입원한 여성 환자들의 바지와 속옷을 내리고 음부 윗부분을 진료행위를 가장하여 수회 누른 행위는 업무상 위력 등에 의한 추행으로서 성폭력처벌법위반 죄에 해당한다(대판 2003도7107). [15(3)모]

8. 성폭력처벌법상의 공중밀집장소에서의 추행죄에서 규정하고 있는 공중밀집장소란 공중의 이용에 상시적으로 제공, 개방된 상태에 놓여 있는 곳 일반을 의미하므로, 공중밀집장소의 일반적 특성을 이용한 행위라고 보기 어려운 특별한 사정이 있는 경우에 해당하지 않는 한 추행행위 당시의 현실적인 밀집도 내지 혼잡도에 따라 그 규정의 적용 여부를 달리한다고 볼 수 없다. (O) [13변시]

: 따라서 찜질방 수면실에서 옆에 누워 있던 피해자의 가슴 등을 손으로 만진 행위가 성폭력처벌법 제13조에서 정한 공중밀집장소에서의 추행행위에 해당한다(대판 2009도5704).

★
9. 피고인이 피해자와 인터넷 화상채팅 등을 하면서 자신의 휴대전화를 이용하여 화면에 나타난 피해자의 유방, 음부 등 신체 부위를 그 의사에 반하여 촬영한 경우, 성폭력처벌법 제14조 제1항의 카메라등이용촬영죄에 해당한다. (X) [21(1)모·19(3)모·16(3)모]

: 카메라이용촬영죄의 촬영의 대상은 "성적 욕망 또는 수치심을 유발할 수 있는 다른 사람의 신체"라고 보아야 함이 문언상 명백하므로 위 규정의 처벌 대상은 '다른 사람의 신체 그 자체'를 카메라 등 기계장치를 이용해서 직접 촬영하는 경우에 한정된다(대판 2013도4279).

10. 카메라등이용촬영죄는 카메라나 그 밖에 이와 유사한 기능을 갖춘 기계장치를 이용하여 성적 욕망 또는 수치심을 유발할 수 있는 사람의 신체를 촬영대상자의 의사에 반하여 촬영함으로써 바로 성립하고(성폭력처벌법 제14조 제1항) 촬영으로 인해 피촬영자가 실제로 성적 수치심을 느꼈는지 여부는 문제되지 않는다(대판 2019도16258). [22(3)모]

11. 甲이 휴대전화를 이용하여 A의 치마 속 신체부위에 대해서 동영상을 촬영하는 과정에서 행인에게 발각되어 저장버튼을 누르지 않고 촬영이 종료되었다면, 성폭력처벌법위반(카메라등이용촬영) 범행은 기수에 이르렀다고 할 수 없다. (X) [22(3)모]

: 휴대전화 등의 기계장치를 이용하여 동영상 촬영이 이루어졌다면 그 범행은 촬영 후 일정한 시간이 경과하여 그 영상정보가 그 기계장치 내의 주기억장치 등에 입력됨으로써 이미 기수에 이르는 것이지, 그 촬영된 영상정보가 전자파일 등의 형태로 영구저장되지 않은 채 사용자에 의해 강제종료되었다는 이유만으로 미수에 그쳤다고 볼 수는 없다(대판 2010도10677).

▮유제▮ 甲이 A의 치마 밑으로 휴대전화 카메라를 넣어 약 1분간 속옷과 신체를 촬영한 후 일정 시간이 경과하여 위 영상정보가 주기억장치에 입력되었다고 하더라도 그 촬영된 영상정보가 전자파일 등의 형태로 영구저장되지 않은 채 사용자에 의해 강제종료되었다면 성폭력처벌법위반(카메라등이용촬영 · 반포등)죄의 미수에 해당한다. (X) [24변시]

12. 범인이 피해자를 촬영하기 위하여 육안 또는 캠코더의 줌 기능을 이용하여 피해자가 있는지 여부를 탐색하다가 피해자를 발견하지 못하고 촬영을 포기한 경우에는 촬영을 위한 준비행위에 불과하여 성폭력범처벌법위반(카메라등이용촬영)죄의 실행에 착수한 것으로 볼 수 없다. (O) [24(3)모 · 23(3)모 · 22법행]

: [1] 범인이 피해자를 촬영하기 위하여 육안 또는 캠코더의 줌 기능을 이용하여 피해자가 있는지 여부를 탐색하다가 피해자를 발견하지 못하고 촬영을 포기한 경우에는 촬영을 위한 준비행위에 불과하여 성폭력처벌법위반(카메라등이용촬영)죄의 실행에 착수 한 것으로 볼 수 없지만, [2] 범인이 카메라 기능이 설치된 휴대전화를 피해자의 치마 밑으로 들이밀거나, 피해자가 용변을 보고 있는 화장실 칸 밑 공간 사이로 집어넣는 등 카메라 등 이용 촬영 범행에 밀접한 행위를 개시한 경우에는 성폭력처벌법위반(카메라등이용촬영)죄의 실행에 착수하였다고 볼 수 있다(대판 2021도749).

13. 甲은 내연관계의 A와 합의 하에 촬영한 성관계 동영상을 보관하던 중 둘 사이의 관계가 틀어지자 A에게 '촬영물을 당신 남편에게 보내주면 어떤 반응일까?', '돈 줘, 안 할게, 한 1억 주라'고 문자메시지를 보내 A가 금원을 지급하지 않으면 촬영물을 유포할 것처럼 하였다. 이에 A는 '지금 OTP카드가 없으니 서울 가서 가진 돈을 보내겠다'는 취지로 답장을 보냈으나, 이후 금전을 지급하지는 않았다. 만일 甲이 위 촬영물의 동영상 파일을 자신의 컴퓨터로 재생한 후 모니터에 나타난 영상을 휴대전화 카메라로 촬영한 후 그 촬영물을 친구 B에게 전송하였다면, 甲에게는 성폭력처벌법위반(카메라등이용촬영 · 반포등)죄가 성립하지 않는다. (X) [23(3)모]

: 甲이 위 촬영물의 동영상 파일을 자신의 컴퓨터로 재생한 후 모니터에 나타난 영상을 휴대전화 카메라로 촬영한 것은 카메라등이용촬영에 해당하지 않는다. 그러나 촬영 당시에는 촬영대상자의 의사에 반하지 아니한 촬영물도 사후에 그 촬영물 또는 복제물을 촬영대상자의 의사에 반하여 반포하는 경우 촬영물 · 복제물의 반포 등죄(제2항, 제3항)에 해당하는바, 사안에서 甲이 A와 합의 하에 촬영한 성관계 동영상 파일을 자신의 컴퓨터로 재생한 후 모니터에 나타난 영상을 휴대전화 카메라로 촬영한 촬영물은 촬영 당시에 촬영대상자의 의사에 반하지 아니한 촬영물의 '복제물'에 해당하고, 이를 반포하는 것도 성폭법 제14조 제2항 후단의 복제물반포죄가 성립한다.

14. 乙은 휴대전화기를 이용하여 인터넷 커뮤니티사이트인 R에 닉네임 S로 접속하여 '한국야동'이라는 제목의 글과 함께 신원 불명의 남녀가 나체모습으로 침대에 앉아 있는 모습을 촬영한 사진파일 1개를 위 촬영대상자들의 의사에 반하여 게시하였다. 촬영대상자의 신원이 파악되지 않는 등 촬영대상자들의 의사를 명확히 확인할 수 없더라도 사진파일에 나타난 남녀의 얼굴과 신체적 특징으로 촬영대상자들에 대한 특정이 가능할 경우에 乙에게는 성폭력처벌법위반(카메라등이용촬영·반포등)죄가 성립한다. (O) [23(3)모]

: 촬영대상자의 신원이 파악되지 않는 등 촬영대상자들의 의사를 명확히 확인할 수 없더라도 사진파일에 나타난 남녀의 얼굴과 신체적 특징으로 촬영대상자들에 대한 특정이 가능하고, 위 사진이 촬영대상자들의 의사에 반하여 반포될 경우 촬영대상자들에게 피해와 고통을 야기할 가능성이 상당하다면, 이 사건 사진의 촬영대상자들, 적어도 여성이 위 사진의 반포에 동의하리라고는 도저히 기대하기 어렵다. 피고인의 이 사건 사진 반포는 촬영대상자들의 의사에 반하여 이루어졌고 피고인도 그러한 사정을 인식하고 있었다고 볼 여지가 충분하다(대판 2022도15414).

★
15. 甲이 A의 동의를 얻어 A의 나체를 촬영한 후 A가 다른 남성 B와 사귀자 헤어지게 할 목적으로 A에게 위 나체 영상을 전송한 경우 구 성폭력처벌법 제14조 제2항의 '제공'으로 처벌할 수 있다. (X) [21변시]

: [1] 구 성폭법 제14조 제2항에서 '제공'은 '반포'에 이르지 아니하는 무상 교부 행위를 말하며, '반포'할 의사 없이 특정한 1인 또는 소수의 사람에게 무상으로 교부하는 것은 '제공'에 해당한다.
[2] 촬영의 대상이 된 피해자 본인은 구 성폭법 제14조 제2항에서 말하는 '제공'의 상대방인 '특정한 1인 또는 소수의 사람'에 포함되지 않으므로, 피해자 본인에게 촬영물을 교부하는 행위는 다른 특별한 사정이 없는 한 구 성폭법 제14조 제2항의 '제공'에 해당한다고 할 수 없다(대판 2018도1481).
┃유제┃ 甲이 짧은 치마를 입고 지하철 에스컬레이터를 이용하는 여성 A의 치마 밑으로 휴대전화 카메라를 넣어 약 1분간 속옷과 신체를 촬영한 후 위 촬영물을 A에게 보내 주었다면 촬영물을 타인에게 제공한 때에 해당하여 성폭력처벌법위반(카메라등이용촬영·반포등)죄가 별도로 성립한다. (X) [24변시]

16. 甲이 A의 의사에 반하여 A의 나체를 촬영한 영상을 乙이 A의 의사에 반하여 반포한 경우 甲은 현행 성폭력처벌법 제14조 제1항으로, 乙은 동조 제2항으로 처벌할 수 있다. (O) [21변시]

: 현행 성폭력처벌법 제14조 제2항에서 촬영물을 반포·판매·임대 또는 공연히 전시·상영한 자는 반드시 촬영물을 촬영한 자와 동일인이어야 하는 것은 아니고, 행위의 대상이 되는 촬영물은 누가 촬영한 것인지를 묻지 아니한다(대판 2016도6172).
┃유제┃ 피고인이 제3자가 카메라를 이용하여 성적 욕망 또는 수치심을 유발할 수 있는 사람의 신체를 촬영한 촬영물을 반포·판매한 경우, 성폭력처벌법위반(카메라등이용촬영·반포등)죄가 성립하지 않는다. (X) [24(3)모]

17. 성폭력처벌법 제13조(통신매체를 이용한 음란행위)의 '자기 또는 다른 사람의 성적 욕망을 유발하거나 만족시킬 목적'에서의 성적 욕망에는 상대방을 성적으로 비하하거나 조롱하는 등 상대방에게 성적 수치심을 줌으로써 피해자에게 상처를 주고 동시에 자신의 손상된 성적 자존심을 회복하여 심리적 만족을 얻고자 하는 욕망도 포함된다(대판 2018도9775). [20(2)모]

18. ① 만일 甲이 A에게 협박하여 겁을 먹은 A로 하여금 스스로 가슴과 성기 사진을 찍게 하고 가슴을 만지는 동영상을 촬영하도록 한 다음 A가 전송한 가슴사진 등을 친구와 스마트폰 카카오톡 메신저를 사용하면서 이들 사진이 저장되어 있는 甲의 드롭박스 애플리케이션에 접속할 수 있는 인터넷 주소를 링크하였을 뿐이더라도 甲은 성폭력처벌법위반(통신매체이용음란)죄가 성립한다. (O) [19(3)모]

② 만약 甲이 전송받은 동영상 파일을 그 정을 아는 자신의 동생 乙에게 전송하여 乙이 이를 다운로드 하여 보관하던 중이라면, 甲이 전송받은 동영상 파일은 물론 乙이 보관하던 동영상 파일은 「형법」 제48조 제1항에 따라 몰수할 수 있다. (O) [24(2)모]

: ① '성적 수치심을 일으키는 그림 등을 상대방에게 도달하게 한다'라는 것은 '상대방이 성적 수치심을 일으키는 그림 등을 직접 접하는 경우뿐만 아니라 상대방이 실제로 이를 인식할 수 있는 상태에 두는 것'을 의미하므로, 상대방이 이러한 링크를 이용하여 별다른 제한 없이 성적 수치심을 일으키는 그림 등에 바로 접할 수 있는 상태가 실제로 조성되었다면, 그러한 행위는 전체로 보아 성적 수치심을 일으키는 그림 등을 상대방에게 도달하게 한다는 구성요건을 충족한다(대판 2016도21389).

② 전자기록은 일정한 저장매체에 전자방식이나 자기방식에 의하여 저장된 기록으로서 저장매체를 매개로 존재하는 물건이므로 형법 제48조 제1항 각호의 사유가 있는 때에는 이를 몰수할 수 있다. 피고인이 휴대전화기의 동영상 촬영기능을 이용하여 피해자에 대한 강제추행범행 장면을 촬영하여 저장한 동영상은 이 사건 휴대전화기에 저장된 전자기록으로서 형법 제48조 제1항 제2호가 정하는 '범죄행위로 인하여 생긴 물건'에 해당하므로 몰수할 수 있다(대판 2017도5905).

19. 성폭력범죄의 처벌 등에 관한 특례법위반(촬영물이용협박)죄가 성립하기 위해서는 반드시 행위자가 촬영물 등을 피해자에게 직접 제시하는 방법으로 협박해야 할 필요는 없지만, 협박 당시 해당 촬영물 등을 소지하고 있거나 유포할 수 있는 상태에 있을 것을 요한다. (X) [25변시]

: 실제로 촬영, 제작, 복제 등의 방법으로 만들어진 바 있는 촬영물 등을 방편 또는 수단으로 삼아 유포가능성 등 공포심을 일으킬 수 있을 정도의 해악을 고지한 이상 성폭력처벌법 제14조의3 제1항의 죄는 성립할 수 있고, 반드시 행위자가 촬영물 등을 피해자에게 직접 제시하는 방법으로 협박해야 한다거나 협박 당시 해당 촬영물 등을 소지하고 있거나 유포할 수 있는 상태일 필요는 없다(대판 2023도17896).

20. 아동·청소년이 외관상 성적 결정 또는 동의로 보이는 언동을 하였더라도, 그것이 타인의 기망이나 왜곡된 신뢰관계의 이용에 의한 것이라면, 이를 아동·청소년의 온전한 성적 자기 결정권의 행사에 의한 것이라고 평가하기 어렵다(대판 2018도16466). [25변시]

21. 아동·청소년의 성보호에 관한 법률 제11조 제2항은 영리를 목적으로 아동·청소년성착취물을 공연히 전시한 자를 처벌하는데, 여기서 영리의 목적이란 구체적 위반행위를 함에 있어서 재산적 이득을 얻으려는 의사 또는 이윤을 추구하는 의사를 말하며, 이는 널리 경제적인 이익을 취득할 목적을 말하는 것으로서 반드시 아동·청소년성착취물의 전시 등 위반행위의 직접적인 대가가 아니라 위반행위를 통하여 간접적으로 얻게 될 이익을 위한 경우에도 영리의 목적이 인정된다(대판 2020도8978). [21법행]

22. 甲이 제작한 영상물이 객관적으로 아동·청소년이 등장하여 성적 행위를 하는 내용을 표현한 영상물에 해당하는 한 대상이 된 아동·청소년의 동의하에 촬영한 것이라도, 甲의 행위는 아청법상 '아동·청소년이용음란물'을 제작한 것에 해당한다(대판 2014도11501). [19변시·20(1)(2)모]

23. 乙은 B가 고등학교 여자기숙사의 여러 방에서 여학생들이 옷을 갈아입으면서 속옷을 노출하거나 가슴이나 둔부가 노출되는 장면 등 일상생활을 하는 모습을 밤에 원거리에서 망원렌즈를 이용하여 창문을 통해 몰래 촬영한 동영상을 인터넷을 통해 다운로드 받아 휴대전화에 저장하였다. 乙이 휴대전화에 소지하고 있던 동영상은 여고생들의 일상생활 중의 모습을 촬영한 것일 뿐 적극적인 성적 행위를 한 것이 아니므로 乙은 아동·청소년의성보호에관한법률위반(음란물소지)죄의 죄책을 지지 않는다. (X) [24(3)모]

: 아동·청소년 등이 여자기숙사의 여러 방에서 여학생들이 옷을 갈아입으면서 속옷을 노출하거나 가슴이나 둔부가 노출되는 장면 등 일상적인 생활을 하면서 신체를 노출한 것일 뿐 적극적인 성적 행위를 한 것이 아니더라도 이를 몰래 촬영하는 방식 등으로 성적 대상화하였다면 이와 같은 행위를 표현한 영상 등은 아동·청소년이용음란물(= 아동·청소년성착취물)에 해당하고(대판 2021도4265), 아청법 제11조 제5항에서 정한 소지란 아동·청소년성착취물을 자기가 지배할 수 있는 상태에 두고 지배관계를 지속시키는 행위를 말하는바(대판 2022도15319), 사안에서 乙이 자신의 휴대전화에 아동·청소년성착취물을 저장하였으므로 소지에 해당할 수 있다.

★ **24.** ① 구「아동·청소년의 성보호에 관한 법률」제11조 제5항은 "아동·청소년이용음란물임을 알면서 이를 소지한 자는 1년 이하의 징역 또는 2천만 원 이하의 벌금에 처한다"라고 규정하고 있고, 여기서 '소지'란 아동·청소년이용음란물을 자기가 지배할 수 있는 상태에 두고 지배관계를 지속시키는 행위를 말하므로, 아동·청소년이용음란물 파일을 구입하여 시청할 수 있는 상태 또는 접근할 수 있는 상태만으로 곧바로 이를 소지로 보는 것은 문언 해석의 한계를 넘어선다. (O) [24(2)모]

② 피고인이 자신이 지배하지 않는 서버 등에 저장된 아동·청소년이용음란물에 접근하여 다운로드받을 수 있는 인터넷 주소(URL)를 제공받은 경우, 특별한 사정이 없는 한 아동·청소년이용음란물을 '소지'한 것으로 평가할 수 있어 아동·청소년의성보호에관한법률위반(음란물소지)죄가 성립한다. (X) [24(3)(1)모]

: [1] 아청법 제11조 제5항의 성착취물소지에서 '소지'란 아동·청소년이용음란물을 자기가 지배할 수 있는 상태에 두고 지배관계를 지속시키는 행위를 말하고, 아동·청소년이용음란물 파일을 구입하여 시청할 수 있는 상태 또는 접근할 수 있는 상태만으로 곧바로 이를 소지로 보는 것은 소지에 대한 문언 해석의 한계를 넘어서는 것이어서 허용될 수 없으므로, 피고인이 자신이 지배하지 않는 서버 등에 저장된 아동·청소년이용음란물에 접근하여 다운로드받을 수 있는 인터넷 주소 등을 제공받은 것에 그친다면 특별한 사정이 없는 한 아동·청소년이용음란물을 '소지'한 것으로 평가하기는 어렵다.

[2] 피고인이 자신이 지배하지 않는 서버 등에 저장된 아동·청소년성착취물에 접근하였지만 위 성착취물을 다운로드하는 등 실제로 지배할 수 있는 상태로 나아가지는 않았다면 특별한 사정이 없는 한 아동·청소년성착취물을 '소지'한 것으로 평가하기는 어렵다(대판 2023도5757). 답 O, X

25. 甲은 2023. 2. 16. 16시 30분에 자신의 주거지에서, 乙이 인터넷 트위터 사이트에 게시한 아동·청소년성착취물 광고를 보고 乙이 운영하는 텔레그램 대화에 참여하여 8만 원 상당의 문화상품권 핀번호를 전송하고 아동·청소년성착취물이 저장되어 있는 고액방 텔레그램 접속 링크를 甲 소유의 휴대전화로 전송받아 시청하였다. 甲 소유의 휴대전화로 아동·청소년성착취물을 시청하였으므로, 이는 아동·청소년의성보호에관한법률상 아동·청소년성착취물시청죄에 해당한다(아동·청소년의성보호에관한법률 제11조 제5항). (O) [24(1)모]

26. 甲은 사회 평균인의 시각에서 객관적으로 보아 명백하게 10대 중반의 중학생으로 인식될 수 있는 아동·청소년이 등장하여 성교행위를 하는 만화 동영상을 휴대폰에 저장하고 있었다. 甲이 소지하고 있는 만화 동영상은 아동·청소년이용음란물에 해당한다. (O) [20(1)모]

: 아청법 제2조 제5호에서 말하는 '아동·청소년성착취물'은 '아동·청소년'이나 '아동·청소년 또는 아동·청소년으로 인식될 수 있는 사람이나 표현물'이 등장하여 그 아동·청소년 등이 제2조 제4호 각 목의 행위나 그 밖의 성적 행위를 하거나 하는 것과 같다고 평가될 수 있는 내용을 표현하는 것이어야 한다. 여기서 '아동·청소년으로 인식될 수 있는 표현물'이란 사회 평균인의 시각에서 객관적으로 보아 명백하게 청소년으로 인식될 수 있는 표현물을 의미한다(대판 2015도863).

제7절 정보통신망 이용촉진 및 정보보호 등에 관한 법률

1. 대량문자메시지 발송사이트를 이용하여 불특정 다수의 휴대전화에 불특정 다수와의 성매매를 포함한 성행위 등을 저속하고 노골적으로 표현 또는 묘사하는 문자메시지를 수차례 전송한 행위는 정보통신망을 통하여 음란한 문언을 배포한 것이다(대판 2016도8783). [20(2)모]

2. 음란물 영상을 공유하기 위해 생성된 정보이자 토렌트(torrent)를 통해 그 음란물 영상을 전송받는 데에 필요한 정보인 해당 음란물 영상의 토렌트 파일을 웹사이트 등에 게시하여 불특정 또는 다수인에게 무상으로 다운로드받게 하는 행위는 「정보통신망법」상 '음란한 영상을 배포하거나 공공연하게 전시'한 것과 실질적으로 동일하다(대판 2019도5283). [20(2)모]

3. 음란한 영상 등으로 링크를 해 놓는 행위가 음란한 영상 등이 불특정·다수인에 의하여 인식될 수 있는 상태에 놓여 있는 다른 웹사이트를 링크의 수법으로 사실상 지배·이용하는 것이고 이에 따라 불특정·다수인이 음란한 영상 등에 바로 접할 수 있는 상태가 실제로 조성되었다면 이는 실질에 있어서 음란한 영상 등을 직접 전시하는 것과 다를 바 없다(대판 2001도1335). [20(2)모]

4. 피고인이 상대방의 휴대전화로 공포심이나 불안감을 유발하는 문자메시지를 전송함으로써 상대방이 별다른 제한 없이 문자메시지를 바로 접할 수 있는 상태에 이르렀다면, 공포심이나 불안감을 유발하는 문언을 상대방에게 도달하게 한다는 구성요건을 충족한다고 보아야 하므로 정보통신망법상 협박죄가 성립하고, 이는 상대방이 실제로 문자메시지를 확인하였는지 여부와는 상관없다(대판 2018도14610). [22(3)기]

제8절 기타 특별형법

1. '우당탕' 소리는 사람의 목소리가 아니라 사물에서 발생하는 음향이고 '악' 소리도 사람의 목소리이기는 하나 그것만으로 상대방에게 의사를 전달하는 말이라고 보기는 어려워 특별한 사정이 없는 한 「통신비밀보호법」에서 말하는 타인 간의 '대화'에 해당한다고 볼 수 없다. (O) [23변시]

: 통신비밀보호법에서 보호하는 타인 간의 '대화'는 원칙적으로 현장에 있는 당사자들이 육성으로 말을 주고받는 의사소통행위를 가리킨다. 따라서 사람의 육성이 아닌 사물에서 발생하는 음향은 타인 간의 '대화'에 해당하지 않는다. 또한 사람의 목소리라고 하더라도 상대방에게 의사를 전달하는 말이 아닌 단순한 비명소리나 탄식 등은 타인과 의사소통을 하기 위한 것이 아니라면 특별한 사정이 없는 한 타인 간의 '대화'에 해당한다고 볼 수 없다(대판 2016도19843).

2. 대화당사자의 대화 내용이 공적인 성격을 가지고 있거나 대화당사자 중 한 명이 공적 인물이라고 하더라도 「통신비밀보호법」이 규정하는 공개되지 아니한 타인 간의 대화로 볼 수 있다. (O) [25변시]

: 대화 내용이 공적인 성격을 갖는지 여부나 발언자가 공적 인물인지 여부 등은 '공개되지 않은 대화'에 해당하는지 여부를 판단하는 데에 영향을 미치지 않는다(대판 2020도1538).

3. 「통신비밀보호법」상 감청은 전기통신이 이루어지고 있는 상황에서 실시간으로 그 전기통신의 내용을 지득·채록하는 경우와 통신의 송·수신을 직접적으로 방해하는 경우를 의미하는 것이지 이미 수신이 완료된 전기통신에 관하여 남아 있는 기록이나 내용을 열어보는 등의 행위는 포함하지 않는다(대판 2016도8137). [23·17변시]

4. 丙이 CCTV의 자동 녹음실행에 의하여 처 乙과 내연남 A 사이의 전화통화내용이 녹음·저장된 녹음파일을 발견하고 그 파일을 청취한 행위는 「통신비밀보호법」이 금지하는 공개되지 않은 타인 간의 대화를 청취하는 행위로 볼 수는 없다. (O) [25변시]

: 통신비밀보호법 제3조 제1항은 공개되지 않은 타인 간의 대화의 녹음 또는 청취를 금지하고 같은 법 제16조 제1항은 이를 위반하는 행위를 처벌하도록 규정하고 있는바, 여기서 '청취'는 타인 간의 대화가 이루어지고 있는 상황에서 실시간으로 그 대화의 내용을 엿듣는 행위를 의미하고, 대화가 이미 종료된 상태에서 그 대화의 녹음물을 재생하여 듣는 행위는 '청취'에 포함되지 않는다(대판 2023도8603).

편저자 **이인규**	편저자 **정현석**

[약 력]
부산대학교 법과대학 졸업
부산대학교 대학원 졸업(법학박사)
부산대 경북대 경남대 등 강사역임

[주요저서]
- 형법 중요판례 600선(학연, 2023)
- 형법 진도별 기출지문 정리(학연, 2023)
- 최근 3년 형법판례 OX(학연, 2024)
- 사례문제대비 형법논점 Capsule(학연, 2025)
- Rainbow 변시 모의해설 형사법 사례형(학연, 2025)
- Rainbow 변시 모의해설 형사법 선택형(학연, 2025)
- 형법총론강의(학연, 2025)
- 형법각론강의(학연, 2025)
- 진도별 변시 · 사시기출 형법 사례연습(학연, 2025)
- Rainbow 변시 기출해설 형사법 선택형(학연, 2025)
- Rainbow 변시 기출 · 모의해설 형법 선택형(학연, 2025)
- Rainbow 핵심OX 형법(학연, 2025)
- Rainbow 변시 기출해설 형사법 사례형(학연, 2025)
- 특별형법(학연, 2025)
- 이것만은 알고 쓰자! 형법판례(학연, 2025)
- 작은 변사기 형법(학연, 2025)

[약 력]
서강대학교 정치외교학과 졸업
전남대학교 법학전문대학원 성적우수 졸업
현 베리타스 법학교육원 형법 전임

[주요저서]
- 사례문제대비 형법논점 Capsule(학연, 2023)
- 형법총론강의(학연, 2023)
- 형법각론강의(학연, 2023)
- 진도별 변시 · 사시기출 형법 사례연습(학연, 2023)
- Rainbow 변시 기출 · 모의해설 형법 선택형(학연, 2023)
- Rainbow 핵심OX 형법(학연, 2023)
- 특별형법(학연, 2023)
- 작은 변사기 형법(학연, 2023)
- 최근 5년 형법판례 OX(학연, 2023)

형법 핵심 지문 총정리

발행일 : 2025년 03월 31일
저 자 : 이 인 규, 정 현 석
발행인 : 이 인 규
발행처 : 도서출판 (주)학연
주 소 : 충청북도 진천군 백곡면 명암길 341
출판등록 : 2012.02.06. 제445-251002012000013호
www.baracademy.co.kr / e-mail : baracademy@naver.com / 팩스 : 02-6008-1800

저자와 협의하여
인지를 생략함

정가 : 27,000원   ISBN : 979-11-94323-82-2(93360)

* 파본은 구입하신 서점에서 바꿔드립니다
* 본 서는 저작권법에 의하여 보호를 받는 저작물이므로 무단 전재와 복제를 금합니다.